時間観念の歴史

時間観念の歴史

コレージュ・ド・フランス講義 1902-1903年度

アンリ・ベルクソン 著

藤田尚志・平井靖史・岡嶋隆佑・木山裕登 訳

書肆心水

Henri BERGSON

HISTOIRE DE L'IDEÉ DE TEMPS
Cours au Collège de France 1902-1903

Édition établie, annotée et présentée par Camille RIQUIER,
sous la direction scientifique de Frédéric WORMS

目次

時間観念の歴史

コレージュ・ド・フランス講義　一九〇二―一九〇三年度

凡例

本書は、Henri Bergson, *Histoire de l'idée de temps. Cours au Collège de France 1902-1903*, édition établie, annotée et présentée par Camille Riquier, sous la direction scientifique de Frédéric Worms, Paris: PUF, 2016, 395 p. の全訳である。詳細は「訳者あとがき」に譲り、ここでは原則のみを記す。

- ［ ］は校訂者による補綴。〔 〕は訳者による補足。（ ）は基本的に原綴りを明示するために用いられているが（フランス語・ギリシア語は通常態。英語やラテン語などそれ以外の言語および著作・雑誌名はイタリック）、文意を取りやすくするための日本語表現の工夫として用いられている場合もある。引用和文中の中略は（…）で示した。
- 詳細な目次、各講のタイトル、小見出し、四五・二二六頁以外の図はすべて、読者の便宜を考えた、訳者による追加ないし改修である。図・画像がわれわれの追加したものである場合、その都度注記した。
- 読み上げ原稿のない講義の速記という本講義録の性格上、文章には繰り返しや間投詞、感嘆符など口語固有の表現がかなり多い。翻訳として妥当な範囲で簡素化を心掛けた。意味のある言い換えの場合はもちろん残してある。
- 校訂者リキエは校訂方針を明示していないが、綴りや句読点の打ち方に至るまでタイプ原稿を再現するという立場を選択しているように思われる。速記者・校訂者の判断が解釈上の誤りであると思われたケースは注記し、翻訳をそれにあわせて変更した。その際、本書の原書刊行の翌年（二〇一七年）に発表されたシルヴァン・マットンの批判的書評の指摘を可能な限り取り入れた。指摘・修正がマットンによるものか、訳者によるものかもその都度明確にしてある。
- 本講義録の半分以上を占めるギリシア哲学に関する部分の翻訳について。(1) ベルクソンは基本的にはその場で原典から逐語訳している。したがって講義の原文中には(以下プロティノスを例にとる)、プロティノスのギリシア語とベルクソンによる逐語訳が記されている。これに対して、リキエは補足として、プロティノスのケースなら、フランスで比較的広く流通していたブレイエ版の翻訳を注に付している。本書では、それらに加えて、邦訳『プロティノス全集』の該当部分も併記することにした。特にプロティノスでは訳の揺れ幅が大きく、ベルクソンによる解釈が何をどのように切り取っているかが少しでも精緻に読み取れるようにとの配慮からである。（2）リキエはギリシア語の単語や引用が登場するたびごとに、ラテン文字による翻字・文字転記（translittération）を併記しているが、本訳書ではカットした。

• 原書の注と訳者の注は通し番号を振って巻末に掲載し、訳者の注は冒頭に【訳注】と記して区別した。原書本文に対する編者の注には通し番号が振られており、原書の当該頁との大まかな対応が取れるようにとの配慮から、本訳書では注の末尾にこの編者注番号を［*1］～［*534］の形で残してある。

• ベルクソンの著作の略号は次の通り。なお、邦訳に原著の対応頁数の記載がないDIとECに関しては、邦訳書の頁数も添えた。

DI: *Essai sur les données immédiates de la conscience*（1889）, éd. Arnaud Bouaniche（AB）, Paris: PUF, coll. « Quadrige », 2007, 322 p.『意識に直接与えられたものについての試論』、合田正人、平井靖史訳、ちくま学芸文庫、二〇〇二年。

DS: *Les Deux Sources de la morale et de la religion*（1932）, éd. Frédéric Keck（FK）et Ghislain Waterlot（GW）, Paris: PUF, coll. « Quadrige », 2008, 708 p.『道徳と宗教の二つの源泉 I・II』、森口美都男訳、中公クラシックス、二〇〇三年。

EC: *L'Évolution créatrice*（1907）, éd. Arnaud François（AF）, Paris: PUF, coll. « Quadrige », 2007, 696 p.『創造的進化』、合田正人、松井久訳、ちくま学芸文庫、二〇一〇年。

ES: *L'Énergie spirituelle*（1919）, éd. Elie During（ED）, AF, Stéphane Madelrieux（SM）, CR, GSB et GW, Paris: PUF, coll. « Quadrige », 2009, 508 p.『精神のエネルギー』、原章二訳、平凡社ライブラリー、二〇一二年。

« IM »: « Introduction à la métaphysique »（1903）.「形而上学入門」、『思考と動き』所収。

M: *Mélanges*, éd. André Robinet, PUF, 1972, 1720 p.『雑纂』（白水社版『ベルグソン全集』第八・九巻に一部翻訳あり）。

MM: *Matière et mémoire*（1896）, éd. Camille Riquier（CR）, Paris: PUF, coll. « Quadrige », 2008, 521 p.『物質と記憶』、熊野純彦訳、岩波文庫、二〇一五年。

PM: *La Pensée et le Mouvant*（1934）, éd. AB, Anthony Feneuil, AF, Frédéric Fruteau de Laclos, SM, Claire Marin, CR et GW, Paris: PUF, coll. « Quadrige », 2009, 612 p.『思考と動き』、原章二訳、平凡社ライブラリー、二〇一三年。

校訂者序

カミーユ・リキエ

コレージュ・ド・フランスにおいて一九〇二―一九〇三年度に行なわれたものの、これまで未刊であった*[1]、「時間観念の歴史」に関する本講義は、今後フランス大学出版局〔PUFの略称で知られるフランスの著名な出版社〕から刊行予定の、ベルクソンの講義録の新たなシリーズの冒頭を飾るものである。ベルクソンの死去から七五年が経ち、哲学的著作以外のいかなるものも、草稿ないし草稿の一部も、書簡も、「それについて誰かがノートをとったかもしれず、あるいは私自身がメモを書いたかもしれない」*[2]講義や講演も刊行してはならぬという厳格な禁止の形で彼が表明した遺志から逃れて、年を追うごとに、彼の書いたものや発言の死後刊行が行われるようになってきている。すでに彼の死後八年目の一九四九年には、ベルクソンからアルベール・アデス（Albert Adès）*[3]への書簡と、アデスがその当時（一九一八年に）刊行した論文にベルクソンが手書きで書き込んだメモの刊行によって、最初の逸脱が行われた。しかしながら、当時〔一九九〇年〕の遺言執行者であったアンリ・グイエ*[4]がベルクソンの講義録の刊行を許可するまでには一九九〇年を待たねばならなかった。

そうしてアンリ・ユードの手によって、PUFの「エピメテウス」叢書（collection « Epiméthée »）から四巻の講義録が出版された。それらと部分的に重なるところもある三冊の講義録が別のところから刊行された*[5]。ベルクソンが高校《リセ》（クレルモン＝フェラン）で、あるいはカーニュのクラスで（パリ、アンリ四世高校）教鞭をとっていたときの講義である。それらの講義録の哲学的価値や、ましてそれらが読者に委ねられるに至った理由を疑問視するのではないが、それらの価値や、それらがベルクソンの教養そのものと取り結ぶ関係を問おうとする読者にとって議論は開かれたままである*[6]。議論は二つの極端な立場のあいだで揺れ動いている。一方には、講義録はベルクソンの著作へと導き入れてくれるであろう隠された鍵を握っていると信じる、ありそうもない立場があり、他方には、逆に、学説と講義録のあいだにはいかなる関係も見ないという立場がある。後者の立場をとる人々は、ベルクソンがジャン・ギトン*[7]にしたとされる打ち明け話をおそらくは覚えているのだろう。「人がうまく教育できるのは、調査・研究といった個人的な仕事を題材とはしていない場合のみであり、伝統的な真理、デカルトの言うような、大部分の賢人たちの意見が一致している諸々の真理を与えるような題材の場合のみである」*[8]。ベルクソンは、従うべきアカデミックなプログラムや課されたテーマに忠実であったということは認めておこう。そして仮に、ある観念やある著者について説明する機会に、たまたまそれらに関する幾つかのコメントが同時に、構築されつつある彼自身の独創的な思想を推測させるということはあったにしても、ベルクソンは、これもまたギトンに打ち明けていたように、「教育に必要とされる教条主義と、〔講義内容の〕縁《フリンジ》のところでの示唆とを」*[9]そんな風に組み合わせていたというわけで、つまるところ、これまでに刊行されてきた彼の講義録はとりわけ、第三共和政の優れた教師が与えることのできた教育の代表例であったわけだ。それらの講義録が私たちに明らかにしてくれたものと言えば、最良の場合でも、ベルクソンが教室で開陳していた、古典的な著述家たちや哲学的諸潮流に関する知識にすぎなかったのである。

本書に収められた講義はその限りではない。一つならずの理由で例外的な地位を有しており、歴史的な次元を有していると言っても過言ではあるまい。というのも、この講義録のおかげではじめて、同時代人たちによって非常にしばしば描写されてきた、コレージュ・ド・フランスにおけるベルクソンの伝説の内実へと分け入ることができるからだ。その伝説とは、「ベルクソンのすぐ前に」「同じ教室で講義をしていた高名な経済学者」ルロワ＝ボーリュー氏（Paul Leroy-Beaulieu）を驚かせることに始まり、その後パリの名士たちを講義に惹きつけることになったある教授〔ベルクソン〕の伝説である。ルロワ＝ボーリュー氏は「日頃はほとんど空の講堂が、奇跡的に、見たこともない数の群衆で満たされるのを見た。それはソルボンヌの学生たちやサン＝シュルピスの僧侶たちであった。彼らは、あの哲学者の講義の席を確保するために、〔前の講義から出席して〕気の毒にも一時間のあいだ、盲人の横で〔施しを得るために〕椀を啣えた犬のような、善良な氏の相貌を見つめ続けねばならなかったのである。あるいはまた、形而上学に夢中になった社交界の女性たちのために席取りをしに来た哀れな男たちや家僕たちもいた」*[10]。今日公刊されるこれらの講義はただ単に、一九三〇年代まで続く「ベルクソンの栄光」のはじまりを画するというばかりではなく、それ以上にその「源泉」である。というのも、これらの講義によって、そしてまずもってそれらのおかげで、実際「フランスには、ベルクソン哲学があらゆる文化を彩った一時期があった」*[11]からだ。コレージュ・ド・フランス講義は、書かれた作品――それが生み落とされた世界よりも生き永らえ、主として死後にもたらされた精神《スピリチュアル》的な栄光に包まれて独自の閃光で輝くものとして、ベルクソンはひたすら著作に固執した――と、口頭での教育――

そこから彼の思想が世界へと差し込まれ、一定期間、多くの人々によって受容されることになり、人間ベルクソンに束の間の栄光をもたらしたもの——とのあいだの深淵を飛び越える連結符をなしている。これらの講義はまた、かつてないほどベルクソンの思考を中心として凝縮されたものであり、その思考の理解に新たに特異な光をもたらす〔第一の特権〕とともに、専門的な研究の輪を越えてより広汎に輝きを放つことで、これまで同様、哲学にあまり縁のない聴衆に届くようになり、哲学そのものに興味を向けさせることはできなくとも、彼の著作に関心をもたせるに至る〔第二の特権〕という二重の特権を有しているのである。

まず言わねばならないことは、これらの講義がベルクソンの諸著作とかなり密接な連関をもっているということである。むろん著作だけが、厳密な教義を保証する唯一のものであり続け、作品だけで自足せねばならないことにはいささかの疑いもない。だが、これらの講義は、著作と別のことを言っているわけではないとしても、別の仕方で言っている。時に著作の言葉をまとめ、しばしばそれらに伴う言葉を発し、やがて著作に記されることになる言葉を準備するのに役立っている。実際、そこかしこに見られる著作への慎ましやかな目配せは、難解な著作を書いて大学人の狭いグループ内で読まれ議論される地味な研究者と、見る見るうちに増えていった大勢の聴衆を魅了する有名な教授とを分けたがる人々を反駁するには十分である。「高校《リセ》教師ベルクソンは必ずしもベルクソン主義者ではなかった」し、そうあることを拒絶してすらいた。だが、一九〇〇年にコレージュ・ド・フランスでシャルル・レヴェック*12の後を襲ってからは、講義においてまでも、ベルクソンはベルクソン主義者となった。つまり、ベルクソンの教育は、ますます広汎な聴衆に向かって広がっていくと同時に、絶えずより自由でより個性的な言葉に向かってひたすら発展していったということである。一九〇四年のガブリエル・タルド*13の死に際して、ギリシア・ローマ哲学講座を離れ、現代哲学講座を担当することを望んだベルクソンが、異動願を実現させるべく主張した理由はひとえに、教育と個人的な仕事の「双方を可能なかぎり密接に」*14結びつけたい、というものであった。

あちらで〔教育者として〕話し、こちらで〔哲学者として〕書いているのは、まったく同じ一人の人間であり、哲学の本を書く以外の何事もせず、名声を求めたわけでも、まして望みすらせず、日増しに有名になってしまったのは、同じシルクハット、同じ黒のフロックコート、黒ネクタイ、飾り気のない真っ直ぐのフォー＝コル〔取り外し可能の襟〕を身につけた人物であった。「この慎みのない流行」に嫌気がさし、とタンクレード・ド・ヴィザン*15は書いている、「何度周囲の人々に、「ベルクソンは」この野次馬の殺到について愚痴をこぼし、ギリシア人たちの秘教的な〔仲間内の〕教育のことを羨ましがったことか」*16。〔ベルクソン自身そのような教育を行なっていなかったわけではなく〕実際には、同時にずっと行なっていた土曜日の演習は、金曜日の講義に比べれば、はるかに聴衆は少なかった。したがって、仮にベルクソンが「コレージュ〔・ド・フランス〕ですらも、現在進行中の研究から講義の直接の主題を引き出さないことを格率」*17としていたにせよ、その格率が含んでいる以上の制限〔つまり講義録を出版しないという制限〕を加える必要はないし、ベルクソンが、少なくともコレージュでは、自身の過去の研究から講義の直接の主題を、あるいは、現在の研究から間接的な主題を引き出していたことを認めればよいのである。

一九〇〇―一九〇一年度講義「原因の観念」〔演習　アフロディシアスのアレクサンドロス『運命論』〕
一九〇一―一九〇二年度講義「時間の観念」〔演習　プロティノス『エネアデス』第六巻第九編〕
一九〇二―一九〇三年度講義「諸体系との関係における時間観念の歴史」〔本書〕〔演習　アリストテレス『自然学』第二巻〕
一九〇三―一九〇四年度講義「記憶の諸理論の歴史」〔演習　アリストテレス『形而上学』第一二巻〕
一九〇四―一九〇五年度講義「自由の問題の進展」〔演習　ハーバート・スペンサー『第一原理』〕
〔一九〇五―一九〇六年度休講（代講はクーチュラ）〕
一九〇六―一九〇七年度講義「意志の諸理論」〔演習　ハーバート・スペンサー『心理学原理』の幾つかの章〕
一九〇七―一九〇八年度講義「一般観念」〔演習　バークリ『人知原理論』〕
一九〇八―一九〇九年度講義「精神の本性および思考と脳活動の関係」〔演習　バークリ『サイリス』〕
〔一九〇九―一九一〇年度休講（代講はヴォルムス）〕
一九一〇―一九一一年度講義「人格性」〔演習　スピノザ『知性改善論』〕
一九一一―一九一二年度講義「進化の観念」〔演習　スピノザ哲学の一般的原理〕
〔一九一二―一九一三年度休講〕
一九一三―一九一四年度講義「哲学的方法について、概念と直観」〔演習　スピノザ哲学の一般的原理〕

さらに言えば、これらの講義は、著作の一部を成すものではないものの、著作と無縁のものでもなく、ここに刊行される講義〔本書〕の諸特徴の一つは、著作において繰り返し何度も引用されているということである。〔『精神のエネルギー』所収の〕論文「〈生きている人のまぼろし〉と〈心霊研究〉」において、ベルクソンは、「ギリシア人たちによる「精確さ」の発明」に関して、「コレージュ・ド・フランスで教授したさまざまな講義、とりわけ一九〇二年と一九〇三年の講義において立ち入った説明を加え」*18たと述べている。また彼は、『創造的進化』第四章を次のような注記から始めている。「本章の諸体系の歴史、とりわけギリシア哲学を扱っている部分は、一九〇〇年から一九〇四年にかけて、コレージュ・ド・フランスの講義、とりわけ「時間観念の歴史」（一九〇二―一九〇三年度）〔本書〕に関する講義において、じっくりと展開した議論のきわめて手短な要約にすぎない」*19。以上から、コレージュで行なわれた講義は、実質的に『創造的進化』の執筆を後押ししたのであり、したがって逆にこの著作を解明する手助けにもなりうる、と信じてよいであろう。非常にしばしば、ベルクソンが後に著作においてシンプルな表現でまとめてしまうことを、講義は詳述していたりするからだ。主要な部分に関して言えば、本講義は、著作には見られない息遣いと、時に著作以上の精確さで、ベルクソンが『創造的進化』の〔原書〕三一三頁から三六三頁〔邦訳三九七頁から四五八頁〕にかけて書くであろうことを取り上げている。講義が著作の代わりになることは決してないが、本講義は、講義が著作に伴走することがあり、場合によっては、筆致の簡潔さゆえに複数の解釈に委ねられてしまったあれこれの一節に与えるべき意味を裏付けてくれることがあると、他のどの講義よりもよく示してくれる。

さらに、本講義を読んで諸々の重要な発見をすることは可能であろうが、そのうちでも最も重要な発見を一つ挙げねばならないとしたら、それは、ベルクソンが形而上学の歴史においてプロティノス哲学に与えている重要性であろう。一九〇七年の著作にはほとんど欠けているものの、本講義のおかげで、ベルクソンがプロティノス哲学への言及を消し去ったのは、検討したさまざまな偉大な諸体系の総体を読み解きうるプリズムとしてよりよく用いるためでしかないと気づかれるだろう。こうしてプラトン、アリストテレス、スピノザ、あるいはライプニッツの背後で、プロティノスが形而上学に対してきっぱりと与えた体系的統一性を見出すことは、本講義が私たちに提案してくれる哲学史の大きな独創性である*20。ベルクソンが各々の哲学体系のうちに自らを導き入れる精確さは説得力に満ちており、それぞれの講義では、『創造的進化』（第四章の副題はまさに「諸体系の歴史への一瞥」である）において見慣れていたあの視線の高さに加えて、〔偉大な哲学者たちの〕諸テクストの解説や注解のディテールが加わる。ひとたび形而上学の新プラトン主義的な読解が徹底して復元されるや、ベルクソン的批判の努力は、数年後にハイデガーによって試みられる努力――彼はヘーゲル哲学から出発して形而上学の存在神論的な構造を引き出すことになる——と比肩されるようなものとなることにはいささかの疑いもない。

だが、この講義の特異性はそれだけにとどまらない。というのも、学説に忠実に引き絞った形で示されているだけでなく、この講義はまた、専門家たちの輪をはるかに超えて展開され、それを耳にし得る者なら誰の琴線にも触れるものだからである。実際この講義録は、手の施しようもなく失われてしまったと思い込んでいた哲学者の自由な肉声を、あの人間の思考の殿堂〔コレージュ・ド・フランス〕の中で一世紀以上前に響いていたほぼそのままの姿で、読むことを可能にし、聞かせてくれる。この講義を読むと、ベルクソンの遺志に背いているというよりも、時間の免れがたい法を束の間破っているという奇妙な印象に襲われる。すでにこの講義の痕跡は幾つか残っていた。例えば、ジャック・シュヴァリエ*[21]の本はその表れであり*[22]、さらに精確なものとしては、一九〇四年一月に『哲学雑誌』(*Revue de philosophie*)に発表された要約がある*[23]。だが、それは過ぎ去った出来事によって残された埃にすぎなかった。もはや存在せず、語り継がれてきた諸々の証言によってどれほど力があったのかを推し量るしかない声の遠い反響《エコー》にすぎなかった。思考の内的な流れとの接触を失わず、辛抱強くその流れを辿れるように、「完全に自分自身の内側に向けられた眼差し」*[24]とともに、「ベルクソンはノートもなく、いかなるメモもなしに、小さなハンカチをいじったり、手を組んだりしながら、話していた」*[25]。もしまだ〔未刊の〕痕跡がどこかにあるとしても、それは聴講者たちの手になるものでしかなく、実際まもなく刊行が予定されている他の講義はそういったケースである。だが、本講義で聞かれるのは、これから行われる講義のように、言ってみれば完全に復元された声なのだ。時間の流れを遡り、すでに起こった出来事を、それが奔出した時そのままに生き直したい。そんな私たちのファウスト的欲望を、この講義は見事に過不足なく満足させてくれるかのようなのである。

実際、講義の筆写の厳密さを再度強調しておかねばなるまい。一言一句違わぬことが目指されており、今日これに匹敵するものと言えば、録音による筆写しかない。私たちはこの記録をシャルル・ペギー*[26]の忠誠心に負っている。聴講者なら誰でも、袖なしマントを羽織った彼の姿をベルクソンの講義で見かけないことはなかった。ペギーがノートを取っていたというわけではない。彼は何物にも代えがたい、源泉そのものを飲み干すのに忙しく、まったく取っていなかった。今日二つの講義が欠けるところなく完全に保存されており*[27]、他にも部分的に保存された講義が二つ存在している*[28]のは、ペギーが病に倒れ、出来事《イベント》そのものに可能なかぎり近い代用品が必要になったからである。生徒たちのノートでは、ベルクソンの誰にも真似しがたい声や文体を再現し、生成しつつある思考が迸り出てくる地点をその源泉において捉えることは不可能であっただろう。それにペギー自身も認めていたように、彼は「著者の輪郭《フォルム》と思考をその一番最初の表れにおいて捉え、もし読み上げ原稿があるのであれば、それ自体の秘密を冒す」という明らかな偏愛をもっていたが、それは彼の目からすれば、「形而上学的な深み」*[29]を帯びた偏愛であった。そのような情熱をもった者は、とペギーは続けている、「著作がそこで源泉から分かれてくる歴史のあの地点に」身を移し入れようと望む者である。彼は、「この最初の発出において直接、じかに天才の秘密を取り押さえる」*[30]ことを望んだのであった。したがってペギーは、自分自身が出席できないときには、〔法廷で〕宣誓した〔公認〕速記者であるラウールとフェルナンのコルコス兄弟*[31]を躊躇うことなく送り込んで、代わりにベルクソンの講義を聴講させ速記させた。彼らの速記はかなり長いあいだ、幾つかの段ボール箱の中で忘れ去られていた。ペギー家の手からそれらを受け取ったアンドレ・ドゥヴォーによって速記録がドゥーセ文庫（Fonds Doucet）に委託されたのはたかだか一九九七年のことにすぎない。タイプ原稿の形で保存され、同一型の三つの赤い箱に目録も付されずに収められていたので、それらを調査するには、その存在を知っている必要があった。

　この速記録の価値は計り知れないものがある。というのも、ペギーが自分自身のために望んでいたものを、この筆写は与え返そうとしているからである。最も忠実に、厳密に復元されたベルクソンの講義を読みながら、ペギーが望んでいたことは、書かれたものの塵灰の下に〔ベルクソン〕教授の声の抑揚までも聴き取ることであった。顔以上に記憶にとどまるあの独特の声は、「ベルクソンの語ることすべて」に、「何物にも代えがたいあの個人的な印象」*[32]を与えていた。講義において、言葉〔語〕よりもはるかによく通じるものがある。それは調子であり、存在感や話し方であり、リズムであり、それらを越えて伝えられる生命そのものにほかならない動きである。ベルクソンの教育を記憶し、自らも私たちにベルクソンの音の肖像を残したペギーは、その言葉のうちにベルクソンの人となりを描き出したが、ペギーが探し求めていたのは、ベルクソンの語る内容というよりも、彼がそれを語るシンプルな語り方のほうであった。「彼は講演のあいだじゅう、完璧に、確実に、疲れも知らず、飽くなき細心の厳密さをもって語っていた。一見ひ弱な印象は絶え間なく打ち消され、彼特有の大胆で、新しく、深い繊細さをもって、抜かりなく、しかしながらいかなる気取りもなく、言葉を紡ぎ、文を紡ぎ、けれど決してある観念を、それがいかに重要なものであろうとも、いかに深く革命的なものであろうとも、並べ立てひけらかそうとはしなかった」*[33]。ベルクソンの講義のもう一人の熱心な聴講者であったジョルジュ・ソレル*[34]もまた同様に、「ベルクソンの学説の傾向をよく知って、その著書を理解するためには、ベルクソン本人の肉声を聞くことがどれほど有益であるか」*[35]に気づいていた。

それゆえ、この講義の中には、生きた言葉に起因する〔他の講義録とは〕違った何かがあるに違いない。講義で人間ベルクソンの声を聞いた後で、著作を読むように多くの人々が誘われるのも道理だと、講義から足が遠のいてしまったとしても、ふたたびまたそこへと立ち戻る人々がいるのも道理だと頷ける何かが。「ベルクソンの著作が私に理解させ、感じさせてくれなかったものも」とシュヴァリエは語っている。「人間ベルクソンとの接触、そして彼の言葉が私にそれを明かしてくれました」*36。〔この講義録によって〕可能なかぎり著作との関係、話し言葉との関係を取り戻すチャンスが与えられる。つまり、私たちが連綿と行なってきた読解の〔経年によってこびりついた〕垢が、誤って著作をあまりに身近にしてしまう前に、ベルクソンの考えを、それがみずみずしく開花してくる瞬間に捉えるチャンスが与えられるのである。というのも、聴くこととは反対に、眼差しは、読むという行為のうちでなされる眼差しですらも、私たちがいつも〔ベルクソンの著作を〕分かっているわけではなかったということを、あまりにも早く忘れさせてしまうからだ。そしてペギーは、コルコス兄弟をベルクソンの講義に送り込んだのみならず、社会党の党大会や国会の討論〔つまり生きた言葉で激論が交わされる場〕に送り込んだ張本人であってみれば、なまの魅力を完全に復元し尽くすには、速記された報告にまだ何が欠けているのかということをすべて誰よりもよく分かっていた。「アクセント、調子、身振り、声の力、響き、そして聞こえてくるものだけでなく、輪郭も、眼差しも、背丈も、頭の座りも、そして肩幅も、体全体が〔速記録には欠けている〕」。もし話し言葉を、速記された報告から、それが話されたままに、生き返らせることを望むのであれば、繊細な聴力と極度の慎重さもまた必要となる。なぜなら速記録は「聞こえることも、聞こえないことも、聞こえることに伴うことも、見えるものも、なされることも、よく感じ取れるものも、漠然と感じられることも、予感されることも、そのすべてを」*37与え返すことはできないからである。

にもかかわらず、これらの講義をめぐって巻き起こった前例のない熱狂は、私たちに思い出させてくれる。ある哲学者が、その学説によってラベリングされた一つの名称になってしまう前に、生前から、現代という時間がいずれ安眠をかき乱しにやってくるのをおとなしく待ちながら、彼が図書館にやがて占めることになる場所に還元されてしまうわけではない、ということを。彼は、書き物《エクリチュール》が未だ捉えきってはいなかった一人の人間であり、一つの声であった。その声は、人が耳を傾けたくなるものである以上、本性そのものからして、人の心を乱すものであった。五〇年後、同じ場所で、自身が遠い後継者となったベルクソンの名声を想起しつつ、今度はモーリス・メルロ＝ポンティが、哲学の役割に言及することになる。哲学の役割とは、ある声が決然と大声で話し始め、それを聞きに来る者たちを自分に惹きつけようとして、「それ自体は途方もなく、ほとんど耐え難い」＊[38]ものを窒息させることで、「本の形に」なってしまう前に、呼び止めることである。実際、読みたいと思う本を探しに行くのは私たちだが、必ずしも求めたわけでもないのに、私たちにまで達し、私たちに届くのは話し言葉《パロール》である。私たちが時に著書から離れることがあっても、著書へと私たちを連れ戻してくれるのはまたしてもあの話し言葉《パロール》なのだ。この講義がそれに成功するのは間違いない。

第1講　相対的な知と絶対的な知

一九〇二年一二月五日

みなさん、私たちは昨年、時間に関するいくつかの見方をお示ししました。今年は昨年の講義を継続し、諸体系の歴史を通して、この時間観念を追っていくことにしましょう*39。

まずは、昨年の講義で提示した諸観念のうちのいくつかに立ち戻り、最初の二、三回の講義でそれらを取り上げ直しておくのも、おそらく無駄ではないでしょう。その際、私たちは昨年とはいささか異なる観点に立つことにします。というのは、昨年の講義では脈絡なく散在していた諸観念を二、三の点に可能なかぎり収斂させようと思っているからです。それは、哲学的な諸教説の歴史の中で光を当てるのが不可欠であるように思われる諸点です。そのような歴史においては通常、曖昧な諸観念を目の当たりにすることになります。それらの観念は諸体系に応じて多様な、両義的な形のもとに姿を現すものですし、私たちにとって形而上学一般の中心的な問題である時間の観念を解明するのはきわめて困難なことであるからです。絶対・相対・無限・有限・形而上学・科学といった、私たちがこれから絶えず出会うことになる語の意味について、もう少しだけ精確な観念をもつことから始めるのでなければ、異なる諸体系のうちで時間観念を解明するのは困難なままでしょう。というのも、続く講義で見ていくことになりますが、ある体系の説明を収斂させうるのは、いつも持続の問題の上にであるにもかかわらず、絶対・相対・無限・完了・未完了といった語がうまく規定されず、両義的であることに起因する困難や曖昧さに、いつも行く手を阻まれているからです*40。

ですから私はこの初回の講義を、昨年私たちが身を置いていた観点に立ちつつ、形而上学の根本的・本質的な諸々の語を明らかにすることに、可能なかぎり費やしたいと思います。繰り返しますが、可能なかぎり昨年の諸観点を取り上げ直し、根本的な諸観念の定義のためにそれらを用いたいと思います。もしよろしければ、可能なかぎり単純で親しみやすい幾つかの例を取り上げることにしましょう。

第一の例——英語の発音とフランス人学習者

今私が、発音が難しいある外国語、例えば英語の発音を学びたいのだとしましょう。どう取りかかればよいでしょうか。異なる二つのやり方があります。発音の教科書を手に取ることもできるでしょう。そこでは、アルファベットの文字という手段で英語の発音が形象化されていて、フランス人がそれを発音するような仕方で発音されるに違いありません。このとき私は、英語の発音のよく知られた形での形象化の前にいることになり、もしその教科書がよくできたものであれば、そして私がその種の勉強に励むなら、外国語としては十分な、だいたい合っている発音に達することができるでしょう。その国に行って話せば、注意すれば理解してもらえるような発音です。注意すれば、というのは、結局のところ私は英語の発音を、フランス語を通して、フランス語にあわせて、フランス語に即して学んだ以上、相手は最初耳にしたとき、私がフランス語を話していると思い込むであろうからです。このとき私は、英語の発音について相対的な知をもっていることになるでしょう。

絶対的な知をもつためには何が必要でしょうか。イギリスに赴き、イギリス人たちと暮らし、イギリスの暮らしを送り、英語の発音の流れに身を浸すのでなければなりません。そうすれば、同じことを、同じ発音を、ただしまったく違った仕方で学ぶことになります。諸々の音を作り出すために、諸々の要素や文字を一緒に複合するといった作業に関わり合う必要はなくなります。文字に文字を重ね、シラブルにシラブルを重ね、言葉に言葉を重ねることはありません。そうではなく、おそらくはフレーズから始めることでしょう。心のうちに、いやむしろ耳のうちに、あの音楽のようなもの、あるいはむしろあのメロペー〔古代ギリシア劇の序唱部〕のような実際に発音された英語の話し言葉をもち、そのうえで総体から細部へと移っていくでしょう。フレーズから語へ、語からシラブルへ、シラブルから文字へと達するでしょう。こういったすべては総体のうちにしかと存在するのですが、言ってみればその中に溺れてしまっているのであって、この発音のうちに与えられるもの、それは全体であり総体であり、繰り返せば、それは或る種の音楽なのです。

この場合、私がもっている英語についての知はフランス語に即したものではなく、英語自体に即した英語の知をもっているのであり、つまり、英語の発音に関して絶対的で、相対的でない知をもっていることになるでしょう。これが、私たちに相対的に知ることと絶対的に知ることの違いをありのままに摑ませてくれる、きわめて単純な例です。相対的に知ること、それは外側から知ることであり、学んでいることの外側にいることです。英語の発音を相対的に知るということは、イギリスの外にいて、フランスにいて、フランス人であり続けながら知るということです。それはフランス語の発音の諸要素に応じて英語を知るということです。逆に、この発音を絶対的に知るということ、それは外側からではなく、内側からそれを知るということです。この発音を絶対的に知るためには、私は自分のところに留まっていてはならず、イギリスに行くのでなければなりません。そうすれば、その発音を自分のところではなく、向こうで、哲学者たちがよく言うように*41、それ自体として知ることになります。これがつまり、この最初の例に即して言えば、相対的な知と絶対的な知の、最も目につきやすい、きわめて明白な違いです。

第二の例——絶対運動と相対運動

よろしければ、もう一つ別の例に移ることにしましょう。今度の例は、私たちが追求している対象にもっと私たちを近づけてくれるでしょう。空間内におけるある物体、ある動くものの運動を考えるとします。それを知るには、またもや二つの、きわめて異なる手段があります。一般的に、ある運動について語るとき、外側から考えている何かについて語ることになります。私はここにいて、あちらを見ていて、私の前を動点が移動していく。こんな風に、一般的には、運動を知覚し考えます。

何が起こるでしょうか。この運動は、私がそれに対してとる態度に依存するだろうということです。私自身は動かないと仮定すると、点は、私に対して、ある運動とともに現れます。私がその点と同じ方向に、同じ速さで動くと仮定しましょう。すると、その点の動きと絶対的に同様の運動とともに、それが描く線と平行な線上にいることになります。その点は私に対して同じ位置を占め、私にとっては動いていないことになります。今度は動くものと逆の方向に、それと同じ速さで私が動いていくと仮定しましょう。すると、ふたたびその物体は、以前と比べて二倍の速さで、動き出します。つまり、この運動は、私にとっていつも、言ってみれば私の態度、私の動性、あるいは私自身の不動性に応じて現れるわけです。その運動は私に対して、私の位置・態度・運動に対して、相対的でしょう。相対的であり、私はそれを外から看取し、その外にいます。科学においてひとが運動を思い描くのは、いつもこのような仕方であるということに注意しましょう。数学者にとって、物理学者にとって、あらゆる運動は必然的に相対的なものです。物理学者にとって、数学者にとって、運動の中で興味を惹くものとは何か。それは、その運動を計算し、それを計算に従わせる可能性であり、動くものの位置をある瞬間に決定できる可能性です。そのためには、動くものが何であれ、その運動が参照点ないし参照軸に関係づけられ、その結果、その運動を、それらの参照点や参照軸に相対的に考えることが必要になります。他の言い方をすれば、数学者や物理学者は、運動を距離の変数として、動くものを諸々の継起的な位置を占めるものとして捉えます。科学者にとって何よりも重要なのはこれらの位置なのです。

付け加えておけば、科学者の観点に身を置く哲学者にとっても事の次第は同様です。デカルトのような哲学者は、科学者の観点に身を置き、すべての運動を相対的なものととります。デカルトはこの道をさらに遠くまで進みました。というのも彼は、すべての運動が相互的だと宣言したからです。つまり、点Aが点Bから遠ざかるとすれば、それは点Bが点Aから同じ速さで遠ざかることと厳密に同じことだというのです。二つのケースを見分けるいかなる手段もない、と彼は言います。そういうわけで、もし、すべての運動が相対的であったなら、あらゆる運動が以上のようなものであることになります。

絶対的な運動が存在するためには、何が必要でしょうか。絶対的な運動があるとすれば、何が起きるでしょうか。二つのことが必要です。まず、動くものが、ある内部を、ある心的状態のような何かをもっていることが必要です。そして、ある点が動くものであるか不動のものであるかに応じて、ある速さをもつのか、別の速さをもつのかに応じて、この内部、この心的状態が変化することが必要です。そうだとすれば、運動をもはや相対的なものとしてでなく絶対的なものとして知ることとは、動くものが体験していることを体験するために、それと共感しその心的状態を共有するために、言ってみれば、動くものの内部に身を置くことになるでしょう。その結果、ここでもまた、相対的に知ることは、外側から知ることであり、絶対的に知ることは、内側から知ることになります。一種の知的共感（sympathie intellectuelle）*[42]によって知られるものの内部に身を移す可能性があってはじめて、絶対的な知があるのであって、そうだからこそ、ある内部が存在することが必要になるのです。

運動の相互性に関して、デカルトの理論についてお話ししました。デカルトは、AがBから遠ざかるなら、それは、Bが同じ速さでAから遠ざかるのと同じことだと語っていましたが、ご存知のように、彼の論敵ヘンリー・モアは、デカルトに対して次のように答えていたのでした。私がゆったりと腰を下ろしていて、もう一人の人物が走っており、走ることで私から遠ざかっていくときに、その人物が大きな疲労を感じて、息切れしているとすれば、疲れているのは他ならぬその人物であって、休んでいるのは私なのだ、と*[43]。

この主張はシンプルですがきわめて深いものであって、次のようなことを意味しています。すなわち、絶対的な運動があるとすれば、その運動は心理的な相を含んでおり、ある内部を具えているという感覚をもっているということです。休んでいるとき、私は休息の感覚をもっており、ある人物が走っているとき、その人物は走っているという感覚をもっています。もし運動が何らかの絶対的なものを具えているとすれば、不動の存在と運動中の存在のあいだにある絶対的な差異そのものがあるとすれば、それは、不動性と運動とが互いに、ある内部をもっているということです。不動性と運動とは、ある心理的な相を具えているということです。したがって、そしてさしあたりそれがこの分析から引き出しておきたいことのすべてなのですが、ここでもまた、相対的に知ることとは、外側から知ることであり、絶対的に知ることとは、内側から知ることです。知られるものの内部に身を置くこと、それは知られるものと合致することです。

第三の例——小説家と登場人物

なおも一つか二つ、後に私たちの役に立つであろう例を取り上げておくことにしましょう。ここに、ある人物を私たちに描写してくれる作家、詩人がいるとしましょう。どのように彼らはその作業に取り掛かるのでしょうか。彼らは私たちに、一連の冒険を通じてその人物を紹介し、その人物の物語を私たちに語り、そして私たちは、その人物について、作家たちが物語りたいと思うことを知ることになります。この知は、結局のところ、何に基づいているのでしょうか。それは、一連の出来事ないし心的状態が、言葉によって表現されるということに存しています。それらの言葉はいずれも、〔読者である〕私たちが見たことのある事物、私たちが過ごしたことのある心的状態、ひいては私たちがすでに知っている事物をさまざまに示唆するものです。小説家は、私たちにとっては新たなその人物を既知の言葉で表現するのです。

この登場人物が私たちに提示される際に、私たちがすでに知っているものに即した相対的な知ではなく、絶対的な知を得るためには、何が必要なのでしょうか。小説家が、詩人が、その人物の内側に私たちを移し入れ、私たちをその人物と合致させる手段を発見する必要があるでしょう。ああ、そうすると、まったく別のことになるでしょう。私たちに語られる人物像、その冒険、その心的状態、そういったものすべてはもはや、その人物について私たちが抱く観念に付け加わり、その観念をそのたびごとに何かしらで少しずつ豊かにするようなものではありません。そうではなく、全体的な、完全な、完璧な知を、私たちは一挙に手にすることになるでしょう。その人物の行動、身振り、言葉、冒険、そういったすべてが、源泉からのように、ある人物についてのあの中心的な知覚から流れ出てくるように思われるのです。私たちがその人物について抱いている観念に付け加わる代わりに、諸々の出来事は、逆に、その人物の観念から切り離されることになるでしょうが、しかしにもかかわらずその観念からいささかも差し引くこともなければ、その観念をいかなる形であれ貧しくすることもありません。

この種の知は、不可能なものでしょうか。それはたしかに、小説家自身、詩人自身が、もし本当の小説家であるなら、本当の詩人であるなら、自分の作品の登場人物についてもっているような知でなければならないのですから、不可能なものであるはずはありません。というのも、本当の小説家・詩人なら、描写される人物の内部にいるものだからです*44。ある小説家が提示する人物たちは、もしそれが人物たちに生命を与えるすべを心得ている天才的な小説家の手になるものであるなら、その小説家自身以外の者ではありえないように思われます。彼が描きうるのは自分自身よりほかにないはずです。私たちはみな自分自身、多様な人物たちなのです。私たちがそうであるところのものの傍らに、私たちがそうでもありえた、ありとあらゆるものがあります。私たちの生、私たちの物語は、私たちが生きえたかもしれない実にさまざまな多くの物語のあいだで、私たちがそうもありえた多くの人物たちのあいだで、私たちによって、また私たちを取り巻く状況によって、なされる一つの選択であり、一つの選別です。そして明らかに小説家がしていることは、彼があちらこちらで行なった観察のディテールの並置ではありません。そうすることはあるでしょうし、しばしばそうしてしまっているかもしれませんが、その場合、小説家は、生きていない、生命力のない何かに達してしまっているのです。何らかの生きたものに達している場合には、小説家は、自分のすべて、そしてとりわけ、自分のうちに潜むすべての潜在性が実在するに至ったならば、自分がそうであったかもしれないものすべてをそこに込めたということです。小説家の生命は、いわば自らが走破した河床を掘ったのですが、もし源泉へと遡るのであれば、他の多くの河床が掘られえたでしょうし、他の多くの勾配が辿られたことでしょう。さて、人物たちを創造するときに、小説家がしていること、詩人がしていることは、そういうことなのです。彼らは源泉に遡っているのです。ああ、そうすると、そういった人物たちは、一般的には、普通一般の人間よりも豊かな諸個人であるということは私も認めます。ある詩人、偉大な詩人にあってさまざまな、潜在的な、普通一般の人間におけるよりもはるかに多くの人物たちというものが存在しますが、詩人が大きく具えているものを、私たちはみな小さく具えているのです。私たちそれぞれのうちには、実にさまざまな潜在的人物がいるのであり、私たちの実在の人格は、私たちの意志と環境によってなされた選択なのです。詩人がしていることは、源泉へと身を移すこと、彼が辿りえた、ありとあらゆる勾配を見分けることであり、それらの勾配の各々は、その詩人が創造し、綴った人物であり、この人物を詩人は生き、底のところから知り、自分と合致するのは、それが自分自身であるからです。もし小説を読む者に絶対的知が可能であるなら、これがある小説の登場人物の絶対的知です。絶対的な知が可能でないのは、小説家が私たちに、いくつかの暗示の技法を用いて、彼らが私たちに、その登場人物の歴史にまつわる出来事を、あるいはその人物のある心的状態を物語ったときに、私たちに「それは自然なことだ。それはそうなるはずだ」と言わせる手法を用いて、私たちに幻想を与えようとしている場合です。私たちはそれを事前にではなく、事後に言います。その結果、小説家は、私たちが登場人物の内部にはっきりといる、その人物の根底を私たちは知っている、という幻想をある程度まで私たちに与えるのです。しかし、それは、私たちがもっている相対的な知にすぎません。というのも、結局のところ私たちが、自分たちにとって新しい人物を思い描くのは、すでに知った言葉によってでしかないからです。絶対的な知、つまりある人物を絶対的なものとして知るということは、内側から捉えられた知、内的な知であるのに、私たちはその人物を外から思い描くのです。

第四の例――生命活動と生物学者

最後の例を挙げます。この例にも後でまた戻ってくる必要があるでしょう。ある科学者が――生物学者としましょうか――私たちに、諸器官や諸繊維、諸細胞を描写して見せ、他方で、諸機能を描き、あらゆる種類の運動が有機体のうちで完遂されるさまを描いて見せるとき、その生物学者は、私たちにそれらの運動を、その本質を理解させるような仕方で、すでに私たちが知っていることと絶えず比較することによって、示しています。彼は私たちに、物質を提示し、物質の諸運動を提示します。それはすでに知られているものであり、生命に固有のものではないものです。ですが、彼は、何かそれ以上のものがあること、つまり生命活動それ自体があることを、とてもよく分かっています。生物学者はこの生命活動を捉えられないのですが、生命とともに生きているがために、言ってみれば、生命を操作（manipuler）しているがために、この生命活動がいかなるものであるのかについて、きわめてよく分かっているわけではないとしても、少なくともそれが何でないのかについてはよく分かっているのです。彼は、ある生命論が何の価値ももたず、欠陥のあるもので、他の理論のほうがより良いということを認識することになるでしょう。彼はしたがって、生き物を操作している（manier）がために、対象の内的な知をもっており、その知は、こういった分野に不案内な私たち〔生物学者以外の〕他の者たちが、人によってなされた諸器官や諸機能についての描写によってもちうる知とはきわめてはっきりと対置されるものです。

実際には不完全に、結局のところ否定的にもっているに過ぎないのですが、もし彼が完全にこの生命活動に関する知をもっていたとするならば、それは絶対的な知であることでしょう。彼が私たちに提示し、要するに彼がそれについて研究するあらゆることは相対的なものであり、それは外的に捉えられた生命活動である、となる代わりに、彼はこの活動をある絶対的なものと知覚するでしょう。時間も経っていますので、これらの例についてはこれ以上こだわらないことにして、これまでにお話ししてきたことを要約することにします。

要するに、ある物事を知るには二つのやり方があります。外側から、そしてすでに知られている事柄に応じて、相対的に知るというやり方と、何かに応じてではなく、絶対的に、他のさまざまなことによってではなく、その物事自身によって知ること。外側から知るのではなく、繰り返しになりますが、そのもの自体において、内側から、それ自体で知るというやり方の二つです。

内側から知るか、外側から知るか

これらの表現にさらに迫ってみることにしましょう。内側と外側〔という語〕は、〔通常の空間的な意味ではなく〕形而上学的な表現です。それが意味するところを見なければなりません。すぐにある意味を示し、それを深めなければなりません。その意味自体、外的なものであるからです。

何かを絶対的に知ること、それは、その何かを単純な事物として知ることであり、単純に知ることです。ある事物を相対的に知ること、それはその物事を複合（composition）によって知ることです。ここまでさまざまな事例を挙げてきましたが、それらを振り返ってみましょう。

英語の発音を絶対的に知ること、それは、この発音の流れに身を浸すことである、と言いました。この場合は、発音についての、単純な、それ以上分けられない知（connaissance simple, indivisible）をもっていることになります。あるフレーズ全体の発音は諸々の言葉のうちにあり、切り離された言葉はほとんど発音可能なものではありません。それが発音可能なものとなるのは、フレーズによって補われうるかぎりにおいてのことです。シラブル自体は、それが語に属するものであるかぎりにおいてしか発音されえません。発音の全体は、それぞれの語のうちに、シラブルのうちに、ほとんどそれぞれの文字のうちにと言いそうになりますが、そういったもののうちにあるのです。ある人がイギリス人だと私たちが認識するには、その人が口を開けばそれで十分です。彼の発音全体がそこにあって、それぞれの発音動作のうちに全体化され、それ以上分けられないものとなって存在しています。つまり、発音を絶対的に知ることは、それを単純な事物として知ることです。逆に、発音を複合的に知ることは、それを文字の複合によって知るということです。アルファベットの文字を私に提示し、イギリス人にもそれらの文字を並べたて、そうすることで、私はこの文字の並びを目の前にして、ようやく英語の発音を近似的に理解するに至るのです。私はこの発音を知り、それを単純に、単純な事物として知る代わりに、それをある複合という手段を介して知るのです。

二つ目の例を挙げましょう。動くものの運動の話です。もし私が動くものの内部にいるとしたら、もし私がそれと合致しているとしたら、その運動は、絶対的に単純でそれ以上分けられない事物として、私に対して現れることでしょう。ただし一つの条件付きで、それは〔運動の〕停止がないと仮定して、です。停止を仮定する場合には、複数の運動があることになります。その場合は、それらの運動の各々について、私が言っていることを繰り返すことになります。ただ、もしそれが一個の運動であるなら、それはそれ以上分けられないものです――もしそれが知覚されるものであるなら。

空間を横切る、エレアのゼノンの矢の例を取り上げましょう。もし私がこの矢と合致しているとしたら、私が知覚するであろうもの、それは跳躍（élan）のような何か、単純で、それ以上分けられない何かであるでしょうし、それは、引っ張られる、或る張力あるもの（élastique）の働き、状態であり、単純な何かであるでしょう。その際、私は仮説を立てているわけではありません。というのも、私はゼノンの矢ではなく、諸々の運動を遂行することができるものであって、その運動は、腕を上げる運動のように単純な運動であるからです。腕を上げるとき、私は絶対的に単純でそれ以上分けられない知覚をもっています。私がこの運動を外側から眺めるとき、それはまったく違う事柄になります。この場合、空間を横切るゼノンの矢を検討してみると、矢は絶えず異なる位置にあり、矢の運動は、私に対して一連の位置の連なりとして現れます。

もし私が、上がっていく私の腕の運動を、もはや内側からでなく、外側から検討するとすれば、それを感じそれを遂行しつつある自分を感じる代わりに、それが遂行されつつある事態を外側から眺めるとすれば、私はそれがある点を横切り、別の点を横切り、などなどといった事態を見ることになります。この運動は、望むだけ多くの点を横切ることになり、私にとっては、その運動の軌跡に沿って、動くものの諸々の位置の継起以外の何物でもありません。ここでもまた、絶対的に知ることは、単純に知るということであり、相対的に知ることは、複合という道を通じて知ることです。

注意していただきたいのですが、この動くものの例において、私たちはあまりにも相対的に、複合という道を通じて知るということに慣れてしまっているので、内側から得られる知、内的な知がどのようなものであるかを思い描くのに本当に物凄い骨折りをするわけです。そして、諸々の運動を遂行するのに慣れているにもかかわらず、運動のあの単純さ、あの不可分性をなかなか思い描けないのです。なぜでしょうか。自分が運動を遂行しているときですらも、私たちは、その運動を眺めるために、自分の外に身を移すからです。実生活においては、運動のうちに、何よりもまず、継起する諸々の位置を見ることが実に有用であり、実に不可欠ですらあります。そのため、運動を本質的にそのようなものと考える習慣をつけてしまっており、二つの停止のあいだで理解されるものとしての運動のうちに、何か分割不可能なものを見ようとしても、そのことが腑に落ちるようになるまでにはずいぶん骨が折れるのです。そしてにもかかわらず、と私は少なくとも思うのですが、そこにこそ真理があります。内側から見られた運動は絶対であり、要するに、単純なものです。外側から見られた運動は、定義からして相対的になり、それは複合によって得られるものです。

みなさん、私たちが挙げた他の幾つかの例に基づいて、同じ命題を論証するのはあまりに簡単すぎることでしょう。相対的に知られた小説の登場人物は、複合の道を介して、冒険に次ぐ冒険によって知られます。それぞれの冒険自体の中には、並置された諸要素があります。逆に、その登場人物が絶対的に知られたとすれば、その知は単純で、分割不可能なものでしょう。

この点を深めておかねばなりません。ある小説家が、ある登場人物を私たちに描き出して見せるとき――例えば、セルバンテスがドン・キホーテを私たちに描いて見せるとしましょうか――、彼は冒険を並べ、冒険に次ぐ冒険を並置し、それはきわめて長い時間続けられうるし、際限なく継続されるでしょう。ですが、きわめて確かなことは、彼にとって、現実的であれ可能的であれ、あらゆる冒険、彼がこれまで描き出し、これから先描き出すであろう冒険、そういったすべては、単純で、不可分なヴィジョン、ある一つの身振りのような何かのうちに集約されているのです。ドン・キホーテ文学のすべてはこの表象に集約されるはずであり、彼が私たちに物語る冒険はすべて、この単純な表象に関するさまざまな観点です。もしそれが単純なものでなかったとしたら、これからお分かりになるでしょうが、そこからさまざまな事柄を無限に引き出すこともできなかったことでしょう。さまざまな事柄が無限に引き出されうるのは、単純なものからです。複合されたものは、そこにある分だけの数の諸部分を含んでおり、もしそういったものが存在するなら、それは必然的にある有限な数の*45部分によって複合されているのです。けれども単純なものは、常に数を増していく諸要素によってしか表象されることはできません。そしてそれはまさに、詩人や小説家が登場人物を、ある不可分な運動の単純な方向性という形をとって示しつつも、この分割不可能な運動の軌跡に沿って、望むだけ多くの点を記しうるからです。

ですが、このことは脇に置いておきます。私としては単純に、登場人物を表象するには二つのやり方がある、ということを明確にしておきたかったのです。一方は諸々の複合という道を通じて表象される外的で相対的なものであり、他方は内的で絶対的なものであって、ある単純な事物として表象されるということです。ここでは生命活動について詳しく述べることにしましょう。というのも、これが最後の例だからです。

生命活動は、有機体の有機組織化と機能によって現れます。これはきわめて複雑なものであって、もしこのやり方で、相対的に、生命を知ろうとすれば、私たちが事を行なうのは諸々の複合という道を通じてです。私たちは細胞に並置された細胞、運動によって複合される運動、などを思い描きます。実際、現代では、要するに、生命を思い描き表象するのに、他に手段がないのです。けれども、相対的で外的なものではなく、内的で絶対的な知というものが考えられるのであって、それはおそらくはまったく単純な何かであるでしょう。それはある事物ではなく、むしろある運動、ある運動の方向性でしょう。ここでもまた、絶対とは単純性の同義語です。こうして、この第一講の目的であるところのものに辿りつきました。

単純なものと複合されたもの

同じ事物が同時に単純でかつ複合されたものとしてありうる、ということをどのように表象すべきでしょうか。ここまで申し上げてきたのは、ある事物は絶対的に知られることが可能であり、絶対的に知られるものである限りで、それは単純なものとして知られるということです。他方で、相対的に知られることが可能であり、相対的に知られるものである限りで、それは複合されたものであるということです。いかにして、同じ事物が同時に単純で複合されたものであるということがありうるのでしょうか。この問いに答えることによって、同時に、私たちが幾人かの哲学者たちのもとで出会うであろう、ある混乱を晴らすことになるでしょう。それによって、絶対の観念、無限の観念、完全性（perfection）の観念自体といったもののあいだに存在する関係が解明されることになるでしょう――これらの語は、ある時は同義語として、別の時には根底的に区別されるものとして考えられており、私が思うに、この分析を手掛かりにすれば、それらのあいだに存在する結びつきをたやすく理解することができます。ですが、今は先ほど立てた問いに戻ることにしましょう。

ある事物が、絶対的に知られるものであるかぎりで、単純なものであり、相対的に知られるものであるかぎりで、複合されるものであるということが、いったいどのようにして可能なのか。みなさん、この問いの解決は、結局のところきわめてたやすいのです。と申しますのも、単純なものとして知られるものと、複合されたものとして知られるものは、同じものではないからです。私が何を言いたいのか、すぐにご説明しましょう。

単純なものとして知られるもの、それは事物です。複合されたものとして知られるもの、再構成されるもの、それは事物ではありません。それは事物の人工的な模倣《イミテーション》であり、事物の再構成です。模倣というのは、事物の諸要素と呼ばれるものを介し、実際には多かれ少なかれ人工的で規約的な記号（signe）・表徴（symbole）・表象といったものを介した、ほとんど事物の贋造と言っても良いようなものです。ある事物を絶対的に知ることは、事物そのものを知るということです。相対的に知るということは、記号によって知ることです。

ですが、そういったことはどのようにして可能になるのでしょうか。記号とは、私たちがすでに知っており、すでに所有している何かであり、逆に、私たちが知りたいと願い、研究している事物は、仮定により、新しい何かです。どうして新しい事物が、すでに知られた別のものによって表象されるなどということが可能になるでしょう。それは可能なことではありません。それらは二つの異なる事物です。したがって、ある新しい事物を表象するための一つの記号があるのではなく、私たちが一緒に複合し、その多かれ少なかれ新しい組み合わせ《アレンジメント》が新しい事物を模倣することになる複数の記号がある、ということが必要になります。ですが、模倣は必然的に不完全なものです。というのも、仮定により、提示される新しい事物は単純なものであり、私たちの記号は複数であり、一つの複合体（un composé）を形成するからです。したがって、この諸記号の総体は、完全なものである事物に対して、不完全なものでしょう。

そこでいったい何が起こるのでしょうか。記号は私に事物の不完全な模倣しか与えないので*46、この完全な事物を得るためには、以前の諸記号を補うべく新たな諸記号を追加せねばなりません。そうしてさらに私が模倣したいと願うものに近づいてゆくことになります。けれども、まだそこに到達することはなく、他の諸記号が必要となり、以下同じことの繰り返しです。こんな風に、記号に記号を付け加えながら、記号で記号を添削しながら、私は自分が表現し再現し模倣したいと願うものに、無際限に近づいてゆきます。ですが、結局のところ、そこに至りつくことは決してないでしょう。

これがそのときに生じるであろうことです。対象は単純であり、その模倣は複合されたもの、その複合が絶えず増大していくような仕方で複合されたものです。その結果、それ自身として検討されるなら、対象は単純なのですが、相対的に、すなわちその模倣において検討されると、対象は、決して数え終わることのない諸部分で複合されているのです。さて、一方では単純なものとして把握され知覚されており、他方では決して数え終えられることのない仕方で知られているもの、それはまさしく私たちが無限と呼んでいるものです。これまでに取り上げた例を用いて説明してみましょう。

四つの例に即した「無限」概念の検討

外国語の発音という単純なものを例にとりましょう。私はこれを相対的に、つまり外側から、つまり私がすでに知っているものに応じて知りたいと思います。ここではそれは、私が発音することのできるアルファベットの文字です。切り離されたいかなる文字も、私に発音を与えることはなく、そのためには複数の文字が必要であることは明らかです。仮定により、一つの文字は、私がすでに私なりのやり方で発音している何かであり、文字が複数必要であるとはつまり、その単純で新しい音を再現するために、すでに知っている諸々の音の組み合わせが必要であるということです。ですが、それは単純なものなので、複合体によっては再現されえません。したがって私の模倣は不完全なものです。そこで私は、それを修正しようとします。私は他の諸文字をあいだに挟み、あるいは、自分の発音の仕方を修正するために、例えば、幾つかの楽譜記号(notations musicales)すらあいだに挟むかもしれません。ですが、それでもなお私は不完全のうちにあります。というのも、複合されたものによっては、単純な事物を再現するには至らないからです。私は修正し、ふたたび修正し、ますます自分が再現したいと願うものに近づいてゆくでしょうが、また絶えず不完全な模倣を手にするだけであって、もし完全性(perfection)に到達したいと願うのであれば、終わりなく、無限に続けることが必要でしょう――そうして完全な再現を手に入れられるでしょう――が、それは決して本当には実現されることはないでしょう。

私は取りあげた例を少々遠くまで引っ張りすぎてしまいました。二つ目の例である、動くものの運動の例を考察しましょう。この運動は、内側から検討されると単純な事物であり、外側から、そして相対的に検討されると、それは複合体となります。なぜでしょうか。それは、動くものの位置が運動の一部ではないからです。運動とは諸々の位置からつくられているわけではありません。その証拠に、諸々の位置を並べ、位置に対して位置を並置するならば、あなたは不動性に対して不動性を並置することになります。そのようなやり方では、決して運動を手に入れることはないのです。

さて、動くものの位置（position）とは何でしょうか。それはある想定を行うこと（supposition）です。こういうことです。あなたは、運動の外側に存在しています。あなたはそれを見つめます。あなたは、その動くものがある点で停止したと想定するのですが、実際にはそこで停止はしていません。それでも、それはそこで停止したかもしれない、とあなたは考えます。あなたが動くものの位置と呼ぶもの、それは、停止の想定ということです。動くものは決して、それが過ぎ去る点には存在しません。もしも動くものが過ぎ去る点に存在するのであれば、それはある地点と合致することになるし、その結果、運動は不動性であるということになるでしょう。さて、動くものは、もし停止したならば、そこに存在することになるでしょう。そして、この「もし動くものが停止したならば」という想定こそ、位置と呼ばれているものなのです。それはしたがって、部分的に記号的（symbolique）な何か、不動性による運動の表象なのです。不動性によって運動を作ることは決してできない、ということは明らかです。不動性に不動性を付け加えながら、私たちは、運動の一種の贋造へと至り、私たちの思考にとっての運動の等価物に至ります。ですが、模倣は絶えず不完全なものであり、私たちは、ますますそれをモデルに近づけることを強いられます。何度も点を挿入し、絶えず位置に位置を付け加えねばならないのです。こんな風に私たちは、無限に向かって歩みを進め、尽きることのない数え上げの途上にいるのです。

その結果として言えるのは、ここでもまた、運動は単純な事物であり、まさに単純であるがゆえに、完璧な模倣によって全体的に再構成されることは決してありえない、ということです。まさにそれゆえに、この模倣が始められるや、それは終わりなく続けられねばなりません。単純な事物として〔の運動〕は、この決して尽くしえない、尽きることない数え上げに等価ということになります。それは一つの無限です。なぜなら、無限とは、定義そのものからして、一方では単純な把握を、他方では汲みつくしえぬ数え上げを含むものであるからです。

この無限の問題が惹起する困難のすべては、私たちが要素（élément）と呼んでいるものが部分（partie）ではない、ということがきちんと理解されていないことに由来します*47。一つの要素とは、事物の一部分ではなく、その事物を表現する記号（symbole）の一部なのです。ある事物をその諸要素に分析するということ、それは、ある事物をその諸部分に断片化するということではありません。ある事物をその諸要素に分析するということは、それをある翻訳の体系において発展させるということです。もし要素が部分であったとしたら、所与の事物が一つの無限であるということがいかにして可能になるのか、理解できないでしょう。というのも、所与のものであるがゆえに、その事物は有限であり、必然的に有限な諸部分で複合されているからです。ですが、所与の事物は、もしひとがその諸部分ではなく、その諸要素を考察するのであれば、一つの無限でありえます。なぜなら、諸要素は、その事物の断片ではなく、その事物が表現しているものとはいつも釣り合わない記号的翻訳の断片であるからです。それはいつも不完全で、より完全なものにされ、補完されることを必要としており、そういうわけで、諸要素に諸要素を加えなければなりません。そうして、汲み尽くしえぬ、終わりなき数え上げにおいて、繰り返しになりますが、一方では単純なものと、他方では汲みつくしえぬ数え上げを含むものがあって、それが無限なのです。

私はこの運動の例を取り上げましたが、私たちが検討してきたその他のどの例を取り上げてもよいでしょう。ある小説の登場人物が著者によって描写されうるのは、汲み尽くしえぬ数え上げによってのみであるのはどうしてか、を示すのはたやすいことでしょう。先ほどドン・キホーテについてお話ししました。セルバンテスは、主人公の冒険を積み重ね、最初の部分に次の部分を加え、という風に同じ作業を重ねていったのでした。最後は主人公を死なせてしまいますが、もっと長生きさせることもできたでしょう。これがつまり、汲み尽くしえぬ数え上げであって、どうやってみても、著者が主人公に関してもっている十全な観念を与えるには決して至らないものです。それは、主人公の諸部分ではなく、諸要素、つまり翻訳の諸部分、記号における発展の諸要素であって、それはまったく異なるものなのです。

生命に対しても話は同様です。というのも、生命の分析は無限に進みますが、それは生命が何かきわめて単純なものであることをおそらくは妨げないものであるからです。私たちが生命に関して知っていること、それは私たちの目が把握しているもの、つまり視覚的記号であるということに注意してください。生命は有機体によって、有機的運動によって表されますが、他方で、それは眼球によって、目によって、把握されるのです。科学はすべて視覚的知覚に関わっています。かくして、一方では、生命の諸記号は、私たちが研究する身体のうちにあり、そして、私たち自身の身体のうちにあって、目は私たち自身の生命力の記号です。だとすれば、ただ一つの記号をもっているわけではなく、ある記号体系（symbolisme）に別の記号体系が付け加えられ、それら二つの項の互いに対する相互的な反作用によって、数え上げがあることになります。生み出されるのは一連の要素、記号であって、これらは決して尽きることなく、おそらくは単純性そのもの、そうでありうるような何かに関する、無数の観点となるのです。したがって要するに、事物それ自体は絶対的には単純なものであるがゆえに、相対的には事物はこの無際限の項と要素の連なりを示します。そして、一方で単純なもの、他方で無際限なもの、一方で単純なもの、他方である無際限の数の項を含んでいるもの、繰り返しになりますが、それが無限です。したがって、ある絶対が無限であり、こう言ってよければ、示されうる相対的な翻訳に対して相対的に完全な事物でさえあるというのは、この意味においてなのです。

これが、この第一講で提示したかった考察です。すぐにその目的、射程が何であるのかをお話しします。いずれ立ち戻ることにして、ここまで、ごく簡単に確認してきたのは、分析が事物そのものに関わるのではなく、事物の記号的翻訳に、諸記号に関わるということです。次回は、記号の本質的な諸特徴を規定するように努め、記号の諸特徴を示すもの、すぐれて記号であるもの、それはすでに出来上がった概念であり、はっきりと定まった輪郭を具えた概念である、ということを見ていくことにしましょう。それはすぐれて分析の道具たるものであり、すぐれて記号たるものです。もし記号でないもの、相対的でないもの、つまりは事物であるもの、絶対的なものを探そうとすれば、私たちは、記号とは逆の諸特徴を示すものを探さねばなりません。それこそまさしく、私たちが持続と呼ぶもの、時間であるということを見ていくことになるでしょう。そこから帰結するのは、持続が、絶対のすべてであるというのではありませんが、絶対のうちで最も接近しやすく、最も驚くべきものであるということです。ア・プリオリに言えるのは、持続の問題は形而上学の中心的な問題であるということ、諸体系の歴史においては、時間について、持続について語られていないときでさえも、確実に問題はそこにあって、ひそかに扱われており、この問いは中心的なものであるということです。持続は、見かけにもかかわらず、体系の中心そのものなのです[48]。

〔持続の問題は形而上学の中心的な問題である、という〕このア・プリオリな命題をこれから確認していくことになります。もっとも、私たちは諸体系の歴史を、教義・理論の観点から、少なくとも歴史的でもあるような観点から紹介していきますので、これによってこの仮説〔命題〕が裏付けられるだろうと思っております。

第2講　記号による知　一九〇二年一二月一二日

記号とは何か（第一の一般的事例——外国語の発音）

みなさん、前回の講義で私は、純粋に相対的な、すなわち外側からの知と、内的な知、私たちが仮に（あえて言えば相対的に）絶対的なものと呼んでいたものに到達することのできる知とのあいだに、区別の線を引こうと試みたのでした。そして、その講義の終わりがけに、これら二つの知のうちで、二つ目のものは、事物そのものに到達する、ないし到達することを目指すものであって、それに対して、第一のものは、記号や表徴による知であると申し上げました。本日私が詳しくお話ししたいのは、この記号という観念についてです。

記号の一般的な特徴はどのようなものであるか。記号という観念のうちに何が含意されているのか。記号のうちに必ずや見出されるものは何であるのか。それを一緒に探っていくことに致しましょう。私たちがもはや記号ではなく、意味される事物の諸特徴を何とか積極的に規定しようと望むなら、このような研究は不可欠です。それらの諸特徴は、記号のそれとは反対のものであることが分かるでしょう。そこから実在的なものについてのある考え方がくっきりと表れてきます。それは持続についてのある考え方であり、時間の諸理論の研究にとりかかるにあたって、可能なかぎり精確なやり方で引き出すことが必要であるように思われる一定の結論です。

では、記号というものの特徴とは何でしょうか。前回取り上げた四つの例を取り上げ直すことにしましょう。これらの例を私たちは偶然に選んだわけではなく、まさしくそこからありとあらゆる記号に共通のものを引き出すために、可能なかぎり異なるものを取り上げたのでした。それでは、第一の例を取り上げ直します。覚えておいででしょうが、外国語の発音が問題となっていたのでした。

発音を会得するには二つのやり方がある、と私たちは言いました。その国に行って、いわば言語とその発音を生き直すことで、内側から我が物にすることもできます。自分をその環境の中に置き入れるわけです。すると、この発音の学習と知に関しては、絶対と言うほかない状態にあることになります。次に、この発音を会得するもう一つのやり方があります。それは、外国語の発音が、私たちに馴染みの文字で、私たちのアルファベットの文字で、つまりはフランス語の音で書かれている教科書を手にすることです。

同じ事柄を学ぶこれら二つのやり方のうちで、第一のものは単純です。それは、発音が内側から、長い付き合いによる或る種の慣れ・馴染み（une espèce de camaraderie prolongée）*49によって学習され、単純な事物として現れるという意味においてです。分析にかければそこに諸部分が見出されるとしても、その部分のうちに全体が含まれています。それは、リズムが諸部分の各々のうちに含まれているような音楽です。

逆に、幾つかの記号やアルファベットの文字を用いて言葉を学ぶ二つ目のやり方は、複合（composition）と再構成（recomposition）の道を介するやり方です。ここでは、もはや単純な事物に関係しているのではなく、複合された事物に関係しています。文字の脇に文字を並べ、それらを並置し、この並置が再構成すなわち単純な発音の模倣を生み出しますが、それは必然的に模倣にすぎません。というのも、複合されたものは、単純なものと同一的であることはできないからです。それは模倣であり、近似です。対象そのもの、真の発音と、この接近された模倣、この近似との関係は、完全なものと不完全なものとの関係にあたります。そしてこの意味で、記号による再構成は、モデルの不完全な再生には到達するのですが、そのモデルはというと、仮定により、定義によって、ここでは完全なもの（perfection）であると言えるでしょう。

他方で、そしてまさにこの理由のために、模倣は可能なかぎり完全な*50オリジナルに近づいていこうとします。模倣は、自らをより完全なものにしていこうと欲します。したがって、記号に記号を付け加えねばならないでしょう。記号を加えれば加えるほど、モデルに近づいていきますが、決してモデルに到達することはありません。なぜなら複合体は、単純なものを作ることは決してできないからであり、翻訳は決してオリジナルになることはできないからです。この再生の運動は際限なく続行されますが、モデルやオリジナルは、ここでは翻訳に対して何か単純なものであり、ひとはそれに対して複合的な等価物（équivalent multiple）を探しますが、その対応物をますます複合的なもの、際限なく複合的なものとしなければなりません。複合性＝多様性（multiplicité）は絶えず伸びていき広がっていきます。何か単純なものを手にし、その等価物を探し求めているのですが、その探求は決して終わることはありません。さて、一方で単純なもの、他方で際限なく分解可能なものは、定義自体によって、無限です。これが前回立ち止まった地点でした。

第一の特徴――一般性

ここまで行なってきた分析そのものから、記号の諸特徴は、この特定の例において、きわめてたやすく引き出されます。あらゆる特徴のうちで最も驚くべき特徴、それは一般性です。記号とは必ず一般的なもの、つまり、複数の意味される事物に共通のものです。英語の発音を知らない私に、発音を教えたいとすると、ひとは私に諸要素の再構成によってそれを教えようとします。必ず私がすでに所有している知識に頼らざるをえません。既知の諸要素によって、未知のものを再構成しなければならないのです。もし私がフランス語のアルファベットの文字の音を知らなかったとしたら、並置されたアルファベットの文字による再構成は私にとって何も意味しないでしょう。したがって、ここで頼りにされる記号とは、私がすでに知っている何かを代理表象する記号なのです。しかし他方で、記号は仮定により、私が知らないものの少なくとも一部を代理表象しているのでなければなりません。したがって、記号は、私の知っているものと知らないものに共通のものを代理表象しているのです。つまり、ある特定の個人に固有のものではない、何か共通のもの、絶対的に特殊化されているわけではない何かを代理表象しているのです。記号はいつも、異なる事物のあいだで、異なる対象のあいだで共通の何かを記すもの（notation）です。さもなければ記号は何の役にも立たないでしょう。記号は少なくとも、私が学ぶ新たな対象と、私がすでに知っているものに共通のものである必要があります。私に対して、私が学ぶものに関して、私がすでに知っているものとの接点を表象してくれるのでなければなりません。記号はしたがって一般的に、分析の要素であり、それは、学ばれる新たな対象について、すでに知られている何かに対応する一定の見方を表象しているのです。ですから、記号とは、異なる諸対象に共通の何かです。記号は、その本性からして、何か個人的なもの、何か完全に特殊化された、特殊的なものを意味することはできません。記号とはすでに一般的な何かであり、それだけですでにきわめて注目すべきものです。記号はそれ自身のうちに、言ってみれば内的な力（force intérieure）をもっているのであり、その力によって記号はますます一般的なものになるように押しやられるのです。あらゆる記号はしたがって、その本性によって、普遍化されていく（s'universaliser）傾向をもっています。

ここまで、外国語の発音を翻訳するアルファベットの記号について語ってきました。この観点からすると、ヒエログリフ文字の研究以来再構成されてきたアルファベットの歴史を追ってみるのは、きわめて興味深いことです。エジプトの石碑において、書字《エクリチュール》の記号がどのように変化していったのかを見るのは、きわめて重要なことです。文字の記号は当初、具体的な諸対象を指し示し象徴していたのですが、やがて徐々に対象ではなく、対象を指示する語の音を象徴するようになりました。次いでそれは、語のシラブルの音を象徴するようになり、そして最終的には（完全にアルファベット的なエクリチュールに到達したわけではありませんが）、文字を、つまりは要素的な音を象徴するようになったのです。記号はますます一般的なものになったのでした。最初はある事物を指していたのが、ある音を、しかしまだ合成的な音を指し示すようになり、少しずつ単純なほうへと変化して行き、ついにはある単純な事物〔要素的な音〕を指すようになったのです。

アルファベットの最初の文字、Aという文字を取り上げてみましょう。フェニキア的アルファベットであるこの文字は、どうやら牛の頭を、つまりは完全に具体的な何かを代理表象していた表意文字的な記号から徐々に生まれてきたものである、ということが知られています。

それは単純化され、ますます削ぎ落とされた形象となり、αとなり、セム語族の諸語に近いものになっていきました。少しずつこの記号はもはや事物ではなく、複雑な音を、最終的には文字Aを記すようになっていったのです。すなわち、一般性の方向への進展があったのであり、記号はその本性によって、できるだけ多数の事物を代理表象しようとする傾向をもっているのです。というのも、牛の頭が、何かしらきわめて規定された、きわめて具体的なものであるのに対して、文字Aは、aという音を含みうるすべての語におけるすべての音Aを表象しているからです。

これが記号に内在的な力（force inhérente）です。記号は一般性に向かう。それが第一の点です。引き続きこの〔文字の〕例に基づいて、私が記号の第二の特徴と呼ぶものを規定していくことにしましょう。

第二の特徴——行動誘導性

あらゆる記号は、実践・行動に方向づけられています。あらゆる記号は、多かれ少なかれ、行動への誘《いざな》いです。絶対的に利害関係のない、思弁のために作られた記号というようなものはありません。記号とはいつでも、それが現実的な行動であれ、潜在的ないし可能的な行動であれ、多かれ少なかれ行動の示唆です。ある言語の発音を指示するアルファベットの文字ということまで用いてきた例を、引き続き取り上げることにしましょう。ひとが私の知っている記号で、つまり私のやり方で発音されるアルファベットの文字で、英語の発音を私に記してくれるとしたら、遊びで〔実生活に向けて方向づけられることなく〕それらの文字を記しているのでないことははっきりしています。それは、私が言葉を発音できるようにするためであり、私に発音を教えるためです。つまり私から一定の行動を得るためです。記号とは、ここでは、私に対する事物の態度が記されたもの（notation）*51と言ってもよいでしょう。これによって、事物に対する私の行動が可能になり、事物に対する手掛かりが私に与えられるのです。イギリス人による英語の発音は、私に関係しないものです。イギリス人が〔普通に〕発音するとき、彼は私に関心をもっているわけではありません。問題となるのは、記号によって、この発音が私のほうに向き直り、私に対して一定の態度を採るようにし、その結果、私がそれに対して手掛かりをもてるようにすることです。これが、諸要素への解体によって――あるいは記号による表象によって、と言っても同じですが――到達するところです。分析するにせよ、記号によって表象するにせよ、それは同じことです。アルファベット記号、それは、事物と私のあいだに架けられた橋のようなもので、事物に向かうことができるよう、辿るべき道筋を私に指示してくれるものです。あらゆる記号は一つの態度（attitude）*52、例えば、ダンスをする人物の態度のようなものです。ダンスをする人とその態度を記す瞬間的な写真を思い浮かべてみてください。その態度が記されるや否や、私はそれを模倣することができ、それは私に理解されるようになります。記号による表象には、この種の力（vertu）があります。それは、事物が単純に事物であるのではなく、事物自身のために存在するのではなく、最終的に私のために存在することになるようにするものです。それによって私は、事物に対する手掛かりを得るようになるからです。あらゆる記号はかくして、行動への呼びかけであり、可能な行動の示唆なのです。

これは注目すべきことであり、ここでもまた、記号自身に内在する力のようなものがあります。記号には、そのようなものになろうとする傾向があり、ますますそうなろうとし、私たちが思っているよりもずっとそうなろうとする傾向があります。私たちが記号を前にし、それを解釈するたびごとに、私たちによって遂行される積極的な行動があります。ひとは受動的に記号を受け取ったりはしないのです。

言語を取り上げてみましょう。誰かが話しているのを聞き、その音を観念に翻訳するとき、事はひとりでになされ、聞かれた音に対して観念が位置づけられにやって来るように思われます。言語解釈のメカニズム研究は、言語に関する病気の分析のおかげで非常に発達した研究ですが、この研究の示すところによれば事態はずっと複雑であって、私たちの活動は、私たちが思っているよりはるかに〔言語解釈のメカニズムに〕介入しているのです。

ここに、聞いたことについて何も理解できない患者がいるとしましょう*53。テーブルという語を発音し、その対象を指さすように言うと、彼は椅子や家や、何でも構いませんが、そういったものを指さします。何も理解できていないのです。聴覚に異常がないことは確かめられており、彼は、聞くことと一般については完全です。知性にも異常がないと確かめられています。さらに言えば、人が言ったことを何も理解しないとしても、患者はいつも通り――いや完全にいつも通りというわけではなく、ちょっとした違いはあるのですが、ここでの議論に関係するものではありません――自分の考えを表現できるという意味で、語の記憶にも異常がないと確かめられています。したがって彼は話すことができ、語の音を忘れたわけではないのです。では何が損傷を受けているのでしょうか。患者に、彼が聞いたことを繰り返すように頼むと、彼はできません。つまり、彼の聞いた音は、彼のもとでは、対応する分節《アーティキュレーション》によって翻訳されることはできないのです。これが損傷を受けているものであり、患者が自分の聞いていることを理解できなくなるには、それで十分なのです。

これによって何が証明されているのでしょうか。何かを聞くとき、私たちはそれを密かに繰り返しているということです。それは生まれつつある、素描されただけの運動であり、図式的な（schématique）反復であり、反復の始まりです。さもなければ、音は理解されません。したがって、メカニズムは次のようなものです。私にある観念、ある考えを話す人は、それを言葉で、分節《アーティキュレート》された言葉で表現します。これらの分節された言葉は、音として私にやってきて、私はそれらの音を分節された言葉に変換するのでなければなりません。つまり、対応する観念が分節運動の内部に挿入されるためには、言われた言葉を、私が反復できるのでなければならないわけです。結論として言えば、記号は、ここでもまた、行動への呼びかけであり、それが記号の本性・本質そのものなのです。これが第二の特徴です。

第三の特徴――固定性

第三の特徴についてはあまり強調しませんが、次のようなものです。記号とは固定的な何かであり、固定性（fixité）に向かうものです。記号とは本質的に固定化するものであるとすら付け加えてもいいかもしれません。記号と安定性・固定性のあいだには調和があり、親和性があります。先ほど取り上げた例でも、たしかにやや気付きにくいかもしれませんが、やはりそのことが確認されます。ある言語を発音することは、ある音楽とともに音を分節することだと、この多様性が一であるような仕方で音を分節することであると申し上げておりました。各々の音のうちに、言ってみれば、これからやってくるものがあらかじめ形成されていると同時に、それ以前にあったものの反響のようなものがあるのです。発音を再構成するのがこれほど難しいことであるのは、まさにそのためですらあります。ひとは内側から一挙に学ぶのではありません。決して外側から、完全性へと到達するのでもありません。したがって発音というのは、運動の連続性なのですが、それを連続的な運動の代わりに記号によって記すや否や、先ほど申し上げた通り、私は並置された態度をもつことになります。それぞれの文字は、自分自身で自足している独立した音であって、並置された態度、部分的な諸運動、準不動性（quasi-immobilités）、いずれにしても不連続的な行動とともに、私は連続的なものを探し求めに行くのですが、決してそこには到達しないでしょう。というのも、分析の、それゆえ分解の道具であるというのが、記号の本質そのものであり、また分解、あるいはむしろ再構成――いわゆる分解と言われるものはすべて人為的な再構成です――というのは、諸要素の非連続性のことだからです。したがって、記号とは運動を固定する何かであり、可動的連続に沿って諸々の停留（station）を印づける何かであり、いずれにしても非連続性を本質そのものとし、にもかかわらず、それ自身の蓄積によって（記号は記号に付加されていくものです）、連続性を制限し再現しようとするのですが、そもそも決してそこに到達することのない何かなのです。これが、私たちがこの第一の例の中に見出した、記号の三つの特徴です。

ここまで見てきた通り、記号とは一般的なものであり、能動的なもの、さらに行動を呼びかけるもの（appellateur d'action）であり行動の着想を与えるもの（inspirateur d'action）であります。また最後に、記号とは不動なものであり固定するものなのです。これから私たちは、これらの特徴を、これまでに取り上げた他の例のうちに見つけ出していくことにしましょう。振り返って点検しておくことが必要不可欠です。と申しますのも、同じ特徴がふたたび見出されるとはいえ、まったく同じ形態の下にというわけではないからです。

第二の物理的事例――運動と軌跡

私たちが取り上げた第二の例は、運動の例でした。運動を検討するには二つのやり方があるのでした。外側から検討することもできれば、内側から検討することもできます。外側から検討されると、運動は位置移動、すなわち空間内で動くものが占める一連の位置となります。外側から検討された運動は、したがって、点と点、位置と位置の並置によって踏破される軌跡になります。他方から検討されると、運動はまったく異なるものになります。運動は単純な何かになるのです。私たち自身がある運動を遂行するとき、例えば腕を上げるとき、私たちは不可分の印象をもちます。というのも、この運動を内側から捉えるからです。私たちが歩くとき、私たちの足取りの一歩一歩は、あるいは少なくとも、一歩を構成している基本的な諸運動のそれぞれは、不可分の一です。一歩が不可分だと宣言されるか、それともその諸部分のしかじかが不可分だと宣言されるか、それは私にとってはどうでもよいことです。自分が体験していることに十分に注意深い意識に与えられた不可分のものがあるのです。内側から見られた運動は、一つの不可分なものです。そして私たちは、こうも付け加えていました。同一空間を横切る同じ一つの運動が、異なる速さで行なわれると、内的には、異なる知覚を与えるという意味で、これは一種の心的状態である、と。同じ速さで遂行され、しかし異なる軌跡を踏破する運動は、内的には異なる感覚を与える。それゆえ、内側から見た異なる運動は、異なる不可分の印象を与えるのだ、と。

この運動を外側から検討するとき、私たちはそれを、空間内で踏破された軌跡として知覚します。この軌跡は、運動の外的な表れであり、現実の運動、絶対的な運動を象徴的なやり方で、記号によって表象しようとするとき、私たちはまずある位置を、次いで別の位置を考えています。ここには、継起的な位置取り（situations）の並置があるのです。

このとき記号の、運動の外部の特徴とは何でしょうか。運動の外的な表れ、その指示であり、それを運動そのものから区別するものとは何でしょうか。私たちが例の三つの特徴をふたたび見出すであろうことは見やすい道理です。

まずは、一般性です。分析され外側から見られた運動は、継起的な位置です。あるいは、より科学的に言うのであれば、軌跡の無限小的な諸要素です。一連の方向が区別されます。軌跡は曲線、一連の無限に小さい諸要素ないし諸方向です。次いで、この運動の速さについては、無限に小さな要素のそれぞれに、対応する無限小の速さを想定します。こうして諸々の点や位置、無限小の要素、すなわち非常に小さな直線、直線的要素があることになります。ここで問題となっているのは名前であり、何か共通のもの、何にでも適用されうる何かであるのに対し、私がそれぞれの運動をそれ自身において取り上げるなら、それはある個別のもの、何か個別化されたもの、他の何物にも帰しえない何かです。この世界には同じ運動は二つとありませんし、同じ軌跡を踏破する二つの動くものなどありません。同じ一連の速度、同じ内的運動法則をもつような二つの動体もありません。それゆえ、互いに似通った、互いに同一であるような動体の二つの内的状態、動性を意味する二つの心的状態などないのです。ですが、運動を外側から、その表れによって検討するや否や、運動を運動の記号によって置き換えるや否や、私たちは何か普遍的なもの、一般的なものと関係することになります。一般性とはここでもまた、記号の必然的な特徴なのです。記号とはしたがって、ここでは一般的なものです。

加えて言えば、記号とは何よりもまず、実践へと方向づけられたものです。ああ！ これは極度に驚くべき特徴ですが、昨年度のこの講義で言われたこと*54を示唆するに留めておきましょう。私たちの精神が運動を、私がたった今述べたような仕方で思い浮かべるにあたって、つまり、二つの停止点のあいだにある運動を何か単純で不可分のものとして思い浮かべるにあたって感じる、極度の、法外な困難について強調してきたことを覚えておいででしょう。哲学の、哲学史のかなりの部分は、こうしたやり方で運動を検討することに対する抗議です。〔そのやり方に従えば、〕運動とは、ある点を、次いで別の点を占める動く物体であり、位置移動であり、空間内の位置移動の継起ということになります。そうなるともう、これとは別のやり方で、つまり内側から運動を思い浮かべることなどできなくなります。にもかかわらず、こちらのほうがはるかにずっとたやすいことであるはずなのです。というのも、私たちが最もよく知っている運動とは、私たち自身が遂行する運動であり、あのような仕方で、つまり何か内側の、単純なものとして現れる運動であるからです。

それゆえ運動は要するに、直接的に絶えず与えられているものです。にもかかわらず、運動を内側から思い浮かべるに際して、私たちが抱く法外な困難はいったいどこからやってくるのでしょうか。困難は結局のところ、無益な知識、純粋に思弁的な次元に属する知識が、それに対応する、生活の中で役立つものになりうる知識によって絶えずずらされ、抑圧され*55、取って代わられるということに由来するのです。たった今述べたような〔内在的な〕仕方で運動を思い浮かべるのは、まったく無駄なことです。それは思弁には有益で、多くの困難、私が思うに、運動が惹起するあらゆる困難を解消することができるでしょう。ですが、生活の実践において、それは何の役にも立ちません。逆に、運動を外側からのみ、一連の位置として思い浮かべることは極度に有益なことです。なぜでしょうか。なぜなら、私たちに利害関係があるのは、動くものがいかに動くかを知ることではないからです。それは純粋哲学の問いです。有益なのは、動くものがどこにあるのか、ある特定の瞬間にはどこにあることになるのかを知ることです。なぜなら、動くものとは、私たちに益をもたらしたり害をもたらしたりするものであり、本質的なのは、その事物に対して私たちがいかに影響力を行使しうるかを知ることであるからです。対象に対する影響力を私たちに与える運動の表象は必然的に、形而上学的な価値しかもたない運動の表象に取って代わることでしょう[*56]。ところで、運動の有益な表象とは、運動を空間内の一連の位置として捉えたものです。そこにはつまるところ、記号による表象にすぎない運動の表象があります。それはひとがそのようなものとして把握している運動そのものではなく、運動のある種の外的な記号であり、有益であるがゆえに事物に取って代わるあの記号なのです。なぜ有益なのかといえば、この記号は可能な行動を示唆するものだからです。ここであらゆる記号の第二の特徴がふたたび見出されます。可能な行動、二次的な行動ということです。

常識がいかに巧緻なものであるかお気づきでしょうか。ここで巧緻さは、運動が不可分なものであると述べる哲学者の側にあるように思われるかもしれません。実際には、常識の側にあるのです。常識は、あたかも運動が諸々の不動性によって作られることが可能であるかのように――それは馬鹿げたことでしょう――、運動を一連の位置として表象します。しかし本当は、動くものが取りうる一連の位置取りを表象しているのです。運動はそこを通過するのですから、そこに在るのではありません。もしそこに在るのだとすれば、運動はそこで停止することになってしまうでしょう。動くものは、通過すると言われる地点に在るのでは決してなく、もし停止するのであればそこに在るだろう、ということです。それは実際の位置取り（situation réelle）ではなく、潜在的な位置取りです。動くものが通過する地点は、もし動くものが停止するのであればそこに在るであろう地点なのです。

この潜在的位置取り（situation virtuelle）という観念は、極端な巧緻さをもつ観念ですが、何か実際に有益なことが問題となっている場合、常識はそういった巧緻さを前に尻込みしたりはしません。そして、運動をそんな風に思い描くことは実際有益なことなのであって、違った風に思い描くのは実際には有益ではないのです。したがって、ここでもまた記号、外的な表れは、ある行動を示唆する現実的ないし潜在的な態度を記したもの（notation）です。それは行動への呼びかけです。事物と私たち（さまざまな手段を用いて事物に働きかけることのできる存在）のあいだに渡された橋なのです。

科学における運動の表象という点については、まだまだ言いたいことがたくさんあるのですが、詳しくお話しするだけの時間がありません。科学は常に運動を相対的なものとして表象しますが、それはただこの理由のためなのです。ある運動に対して科学的に影響力をもつ手段、私たちはそれを昨年お示ししましたが[*57]、それは、運動の中に一連の同時性しか見ないということです。ある運動を計算にゆだねること、それは運動を捉えることではありません。運動を〔数学の〕式の中に閉じ込めること、それは、時間の尺度（mesure du temps）として、動くものの諸々の位置としかじかの現象のあいだに、一定数の同時性を規定し確立することにすぎません。したがって、ここでもまた、記号による事物の表象は、何よりもまず有益性に向けて方向づけられているのです。

最後の特徴〔固定性〕については、ここでふたたび見出されるのはあまりに自明のことです。自明のことですので、詳しくお話しすることはしません。この場合、記号の本質的な機能とは何でしょうか。運動とは、動性です。動性そのものです。そうした運動のうちに、空間内の一連の位置を見ること、それはこの動性に関して諸々の不動の眺め（vues）をとることです。これらの位置については、別のときに語りました。昨年申し上げましたが、それは動く物体がとる位置ではありません。もしそうだとすれば、動くものは停止することになるでしょう。その位置を取るのは私たちです。それは、私たちが事物に関してとる眺め（vue）です。私たちがとる観点（point de vue）は、私たちにとって不動です。それは不動性であり、私たちは運動のうちに、一連の可能な停留を区別します。これこそ、私たちが軌跡の継起的点と呼ぶものであり、動性の不動な区分です。ここにふたたび見出されるのは、先ほどお示しした三つの特徴である、一般性、行動への呼びかけ、そして固定性あるいはむしろ固定化の力、不動化です。

第三の心理的事例——登場人物と描写

三つ目の例に移ることにすると、また別の形でこれら三つの特徴が見出されることになります。

私たちが取り上げたのは、心理学的な次元の例、小説家によって描写され分析される小説の登場人物の例でした。この人物を絶対的に知ることとは、小説家がその人物と知り合いであるかのように、その人物のうちで知ることだと申し上げておりました。というのも、小説家は登場人物のうちに身を置いており、この登場人物は、結局のところ彼自身である以上、彼の人となり、彼がそうであったかもしれないところのものだからです。他方で、この登場人物についての相対的な知は、小説家が言葉で複合した描写や分析によって私たちに与えるものです。記号はここでは言葉です。

次のことに注意しましょう。心理的な状態とは、本質的に個的（individuel）な、個人的（personnel）な状態です。心理的な状態は、それがいささかでも深いものであれば——そして、小説を書いているのはまさにそのような状態にある人たちなのですが——、その人物の全体を大なり小なり表象しています。その人物が感じる愛や憎しみのうちには、その人物の全体が集約されています。記号へと向かうのはしたがって、一つの不可分な（indivisible）、分解不可能な、そして何よりもまず個的な、その種において唯一の（en son genre, unique）全体なのです。記号は、ただ一つの実例しか存在しないこの唯一的な事物と、私がすでに知っている多くの他の事物とのあいだの接触点を記していく（noter）ことになります。一つの語が一つの心的状態を表象すると言っても、それは必然的に、多くの人物に共通であるようなそれなのです。それゆえ語は、他の語と結びついて、良かれ悪しかれ、心的状態を再構成していき、絶えず近似的な模倣を再構成していくことになります。したがって語は、ある個別的な状態から、確実なものだけ、ある観点（point de vue）だけ、ある共通の眺め（vue）だけ、この状態と他の諸状態、皆の諸状態のあいだで捉えられる共通の何かだけを留めおくのです。語は、心理状態のうちにある平凡で非人称的なものしか記しません。そうでなければ、私たちは語が含んでいるものを理解できないでしょう。私たちが語を理解できるのは、皆が感じているものに訴えるという条件の下でのことにすぎないのであって、ある特定の人物の私的（privé）なものによってではないのです。そして、小説家の技術は、今与えられているものは唯一的（unique）なものであるという示唆を私たちに与えるべく、諸々の語を一緒に複合するところにあるのです*58。

さて、この点についてはこれくらいにしておいて、ここでもまた、記号の本質的な特徴、それは一般性です。ですが、付け加えておけば――そしてそれは記号の最も重要な特徴ですが――、記号とは、ある態度、ある可能な行動を記すこと（notation）です。実際、ある語がある心理状態から留めおくことのできるものとは何でしょうか。一般的に、ある語がある心的状態から記しうるのはほとんどその外部にすぎず、その心的状態が規定する態度にすぎません。

心理学の抱える大きな困難の一つがそこから来ているということに注意しておきましょう。心理学の研究に取り組むとき、私たちは、愛・憎しみ・快・苦といった、言語によってなされた分類の前に立たされています。そして私たちはこれらの語を、それに対応する章のタイトルとして受け取る他ないのです。それらの語の内容を実際に分析してみようとすると、それらが極端に異なる諸々の事柄を一緒に取り集めていることがわかるのですが、それらは実際のところ、時として、互いに何の関係もないものなのです。心理学概論の第一章を取り上げてみます。だいたい快と苦からはじまります。快*59。快についての満足のいく理論はありません。存在しないのです。結局のところ、ありえないのです。なぜなら私たちは、この語の下に、この見出しの下に、極端に異なる、おそらくは何の関係もない、あるいはむしろ互いにただ一つの関係しかない諸事物を取り集めているからです。ただ一つの関係とは、何かへと向かうある人物の状態を指し示すことです。ある事物へと向かうとき、ひとは快を期待するのであって、快は、一般的には、何かへと向かうある人物の状態を指示しています。快はしたがって、外的な態度を指し示しており、それは、おそらくは互いに何の関係もない実に多様な諸原因によって外的に規定されうるものなのです。

ここで記号を選ぶように常識を規定してきたもの、それは事物の本性ではありません。事物が行動と結ぶ関係です。記号が指し示しているのは事物ではなく、態度であり、現実的ないし潜在的な行動なのです。このことは、大部分の心理学の用語について言えることです。付け加えておけば、私たちはこの方向にかなり遠くまで進むことになるのですが、このことは、大部分の哲学の用語についても言えることです。言語は、一つの語によって、きわめて異なる諸事物を取り集め、指し示してきましたが、それは、諸事物の本性を考慮に入れながらではなく、それらが私たちの行動と結ぶ諸関係を考慮に入れながらのことでした。私たちがここで二年前に行った、原因という観念に関する研究は、この疑問を解消するための試みに他ならなかったということを注意しておきましょう*60。原因という名のもとに、最も異なる諸事物が、ある同じ一つの色の（おそらくはかなり異なる色であってもいいのでしょうが）実にさまざまなニュアンスが取り集められたのです。ただし、それらはすべて、実際にはある一つの同じ態度に呼応しています。それらすべては、行動という観点から見れば、つまるところ同じ意味をもっているのです。何よりもまず心理学に（哲学に、とも付け加えておきましょう）課される任務は、語の下に、事物を探し求め、その結果、常識が一つの語のうちに取り集めたきわめて異なる意味を分離することです。哲学者はこれらの異なる意味を混同する傾向がありますが、それは、彼が同じ語の下にいつも同じものを探し求めるからです。

さて、本題に戻りましょう。ここでもまた、心理学においても他のところでも、記号は何よりもまず、行動を示唆し、実践へと方向づけられたものです。ふたたび第三の特徴がたやすく見出されます。あらゆる記号のもつ、固定し、不動化しようとする傾向です。まったく明らかなことですが、内的生は、連続的な流れであり、動性そのものです。けれども、ある状態（*état*）、立っていること（*status*）、立つこと（*statio*）、それは停止（station）です。私たちはこの流れを止め、それを一定数の点に固定しますが、次いで私たちが内的生の動性を、常に不完全ながら、再構成しようとするのは、これらの並置された立ち止まり点によってなのです。記号は運動を記すことはできません。記号は本質的に、運動を固定するものであるからです。こうして三つの特徴がふたたび見出されます。

最後に取り上げた例は、おそらくかなり教えるところの多いものでしょう。生命活動からとられた例です。

生命とは、もしそれを内側から、絶対的なものとして、捉えたとすれば、おそらくは何か単純な、不可分のものとして現れてくるであろう。外側から見られれば、それは、生理学的には諸運動から複合される諸運動であり、解剖学的には諸細胞に加わる諸細胞であり、諸原子に加わる諸原子である。そう申し上げておりました。したがって、ここでもまた、内部の観点、それは単純性の観点です。相対的なものの、外部の観点、それは複雑性ですが、私たちはさらにこうも付け加えておりました。それはもはや事物そのものの観点ではなく、その記号的な表象の観点である、と。というのも私たちは、生命(vie)、生命力(vitalité)を感覚を通してしか覚知しないのですが、その感覚が依存している感覚器官は、すでにして生命の結果であり構築物であって、結局、私たちは事物そのものに到達することはできず、ただその可視的な記号に到達することができるのみだからです。私たちが結論として申し上げていたように、記号は記号に語りかけるのです。

もし私たちがここで関わっているのは記号であるということを考慮に入れ、この記号の諸特徴、意味される事物から記号を区別するものを探し求めるのであれば、ふたたび三つの特徴が見出されるでしょう。それはおそらく、生物学の哲学の観点からは有益性のないことではないでしょう。

実に注目すべきことですが、解剖学的に、きわめて隣接した種ですらも――人間とサルを取り上げましょう。これは古典的な比較ですから――、この二種を考察すると、差異は内的には深いはずですが、外的にはきわめて軽いものです。人間とサルの呼吸器官やその機能を分析するとおおよそ同じ、おそらくは同一のものです。細胞レベルでの差異が見つかるのかは分かりません。おそらく顕微鏡では大したことは見つからないでしょう。にもかかわらず、差異ははっきりと存在するはずです。というのも、一方のケースでは人間が、もう一方のケースではサルが問題となっているのですから。ここで、記号の外的なあらわれ(manifestation)のきわめて驚くべき特徴とは何でしょうか。それは、外的には、記号は共通のものでありうるということです。記号が異なる諸事物のあいだで共通であるのは、必然的ですらあります。

こうして、異なる種があれば、二つの異なる生命力(vitalité)原理があるということになります。生命の振る舞い(geste vital)は二つのケースでは明らかに異なっています。ですが、外的には、それを諸要素において分析しようとするや否や、あるいは同じことですが、それを諸記号に翻訳しようとするや否や、共通の諸記号が見出されるのです。ですが、それは記号にすぎません。記号にすぎないという証拠、それは、たとえ私たちが細胞を作ることができたとしても、人間やサルを作るには至らないだろうということです。それは明らかです。実在しているのは全体であって、部分とされるものを区別しているのは私たちなのです。それらは全体に関する観点（points de vue）であって、分析の道具であるそれらの眺め（ces vues）は異なる事物に対しても同一です。その結果、私たちは、それらの事物のあいだに、深い類似性を想定し、同一性を想定するに至るのですが、そんなものは言うまでもなく存在しないものです……

私はここでダーウィンの理論のことを念頭に置いています。科学者たちはそれを放棄しようとしているように思います。進化論はますますダーウィニストでなくなりつつあります。このことを、これまでお話ししてきたことの光の下に検討してみましょう。

ダーウィニズムの本質的な公準とは何でしょうか。それが私たちに語るところによれば、変異は次のような仕方で生じます。偶有的変異、すなわちある個体において生じる特性が存在し、それは偶然（hasard）に由来するものである、と。この特性は、それが有利に働くようなものであれば、生存競争下にある動物にとって役立ちます。こうして自然淘汰〔自然選択〕が生じ、この変異、この特性は、その動物の他の諸特徴に付け加わり、他の、同じ方向に向かって（と言っていいと思いますが）有利に働く諸特性とともに蓄積されて、目に見える、そしてしばしば実に著しい変異を生じる結果をもたらすのです*61。

この理論の公準はいかなるものでしょうか。それは、特性とは、それ自体によって存在するものであるということです。ここにある動物がいるとします。その動物は、同類の生物の諸特徴をもっています。偶然的な特性が生じ、残りの部分を修正することなく、それら共通の諸特徴に付け加わるというのです。それはまるで、動物においてある小さな点が修正され、豊かにされたかのようです。

物事がそんな風に進んでいくなどと想定することはできるのでしょうか。ある動物に生じた新たな特性はすべて、生命力（vitalité）全体の一般的で根底的な変化を含意しているのは明らかではないでしょうか。ここにいつも白かった花、いつも白い花の種《しゅ》があるとしましょう。いつか、この種《しゅ》の花が赤くなります。自然は絵筆を手にとり、かつて白かった花の上に、ただ単にさっと鮮紅色をひと塗りしたのでしょうか。明らかに違います。何がしかが付け加わった、あらかじめ存在していた諸特徴に付け加わってきたというのではなく、この新しい花は、言ってみれば、その根に至るまで赤くなければならないのです。この色はその花に浸透しているのであって、その生命力の明らかに深い修正であるはずです。

この理論全体が、記号とそれによって意味される事物との混同に基づいています。記号を取り上げるなら、それらは互いに並置されます。実際、ある変化を得るためには、アルファベットの一文字を挿入すれば十分ですし、すでに存在しているものに何かを付け加えれば十分だということになります。変化は機械的に生じるというわけです。しかし、私たちは記号しか見ておらず、そしてまた意味される事物のうちで多様に思われるものが、実際には一であるということをよくよく考えてみるなら、最も軽微な変化のためにすら、全体の深い内的な変容（transformation）が必要であるという結論に達するのです。

進化論はそのことを自ら理解し始めているように思われます。と申しますのも、進化論が変容の原理を探し求めるのは、動物の内的努力のうちにであって、もはやある種の外的な偶然的諸状況のうちにではないからです*62。進化論は、論理の告げることからして、ますますこの道に誘《いざな》われることになると予見することができます。なぜなら、他方のものの見方は明らかに、記号と意味される事物の混同に基づいているからです。意味される事物は個別的なものであるのに対し、人はその個別的な事柄を一般的な記号の並置によって再生しようと試みます。〔しかし〕それらは記号なのであって、自然はそんなやり方で事を運ばないのだということを忘れてはならないのです。

〔一般性以外の〕他の二点〔行動への呼びかけ、固定化〕については言うべき多くのことがあるでしょう。ここではただ、生命活動のうちで私たちの目に現れ、私たちの感覚を打つもの、生命活動の外的諸記号は、生物・生命の実在的な諸要素ではなく、私たちの可能的な行動とのあいだに取りもたれた諸関係のうちに示された生物・生命であるということは、いともたやすく示しうるであろうと言うにとどめておきます。ある動物に見て取られることは、その動物について私たちの視覚器官が私たちに示すものであって、私たちの視覚器官は、私たち自身が諸事物一般に、とりわけこの事物〔動物〕に働きかけうる可能的行動を何よりもまず示すという仕方でつくられているのです。ここでもまた記号は、何よりもまず私たちの潜在的行動を表象していますし、付け加えておけば、記号とは固定するものです。というのも、生命の本質そのもの、それは動性であるからです。

生物の根本的固有性〔特性 propriété〕とは何でしょうか。それは老いること、死へと歩みを進めることです。死とはおそらく、生命のうちで本質的なものであり、不可避的なものです。どんな生物も、特定のプロセスによって、死へと歩みを進め、老いる、一つの存在です。老いとは、生命のうちにある不可避的であり、本質的であるものです。つまり、生命とは一つの運動であるということです。もし私たちが物質性と諸機能からなる覆いを突き破ることができたなら、私たちの目に見えてくるのは、明らかに単純で、不可分な何かです。これは先ほど申し上げた言葉で言えば、生命の振る舞いであって、その形態はもちろん種ごとに変わります。そして、私たちの振る舞いの一つが、絶対的に単純な一つのものとして内側から知覚されるのに、外側からは、並置された諸点によって定義される一つの無限として現れるのと同様に、この生命の振る舞いは、分析の軌跡の下では、諸無限のうちに覆い包まれた諸無限として私たちに提示されますが――というのも、一つの細胞は一つの世界なのですから――、内側から見られた生命のこの振る舞いは、私たちには何か単純で分割されないものとして現れてくるでしょう。ですが、科学がその点に達することができないのははっきりしています。私たちの科学は、少なくとも現状の方法によっては、内部に到達することができないのです。おそらくは決してそこに到達することはないでしょう。これは形而上学に属する事柄なのです。

さて、話を終えることにしましょう。私は、まさに次の点に議論の全体を向かわせてきたのでした。つまり、あらゆる記号に共通の根本的な三つの特徴があるということです。一般性、固定性、そして行動への呼びかけです。記号は、これらの条件に答えれば答えるほど記号的なのであって、あらゆる記号のうちには、内在的な力（force immanente）のようなものがあり、それが記号をして、それらの特徴をもつようにますます促すということです。

次回と次々回の講義で導入部を終えることになりますが、そこでは、時間論に関して、幾らかの結論を引き出してみることにしましょう。

第3講　一般観念の起源　一九〇二年一二月一九日

記号の三つの本質的特徴——一般性・行動誘導性・固定性

みなさん、前回私たちは、記号一般の諸特徴を規定しようと試み、それらの特長を三つの本質的な特徴にまとめてみたのでした。そのときお話ししていたのは、記号とは本質的に、一般的なものであるということです。実際、記号は何かを意味しなければなりません。記号である以上、私たちがそれまでに知っている言語のうちで、仮定により私たちの知らない何かを表現しなければならないはずです。続いて、既知のものと未知のものとに共通の側面を表象しなければなりません。それはつまり、記号が表現する対象に固有の、特別なものを表現することはできないということです。したがって記号は、その起源からして、一般性の要素を含んでいるのであって、この一般性の要素、それこそ記号が、ある種の内在的なエネルギーによって、ますます一般的になっていく傾向をもつ、その力なのだ、そういうお話をしておりました。発展していく記号の進展のうちには、一般性への進歩があります。これが第一点です。

第二点は次のようなものでした。あらゆる記号は、多かれ少なかれ行動への呼びかけです。私たちには、記号と意味されたものしか見ないようにする傾向を強くもっており、それはあらゆる知的プロセスにおいてそうなのです。出発点と到着点ははっきりと見ているのですが、途中の移行のメカニズムにはあまり興味もなければ、それを気にかけることもなく、一般的に言えば、それを見て取るのははるかに難しいものなのです。〔もちろん〕いつもそうとは限りません。少なくともある程度まではこの法則から逃れるような、純粋に科学的な次元の記号があるということは私も認めます。

一般的に、記号と意味される物とのあいだにあるものこそ、主要なものであり、最も重大な働きです。それは、可能な行動への呼びかけであり、私たちが現実的にせよ潜在的にせよ、行なっているある種の態度決定であり、それなしでは記号は解釈されえないでしょう。これはさまざまな芸術において非常にたやすく認めることができる考えです。前回の講義ではこの点に触れませんでしたが、諸芸術というのはつまるところいろいろな物事を意味し象徴する（symboliser）さまざまなやり方である以上、事物の表象によってというよりむしろ、それらが私たちをそこに置き入れる態度によって私たちに働きかけるものなのだということは苦もなく分かることでしょう。絵画であれ、彫刻であれ、とりわけ音楽であれ、芸術家が私たちをそこに置き入れるような、私たちにあって決定された、ある生まれかけの*63態度がたしかに存在するのであって、そういった生まれかけの態度のうちに、芸術家が、意識的にせよ無意識的にせよ、私たちに暗示することを欲したいくつかの感情が入り込んできます。記号が私たちに働きかけるのは、実際に行なわれたものであれ、開始されたものであれ、あるいは生まれかけの、あるいは想像されたにすぎないものであれ、そういった態度や行動への呼びかけによってなのです。記号とは、多くの場合、ある態度の固定化なのであり、それこそが類似の、あるいは相補的な態度を私たちのうちで決定するのであって、そのような態度のうちに、芸術家を彼の象徴表現（symbolisme）へと導いた諸感情が入り込んできます。要するに、暗示された態度とは、芸術家の魂と私たちのそれとのあいだに渡された橋なのです。

　しかし前回、私は、科学的に仔細に検討することがはるかにたやすい、ある例のことを強調しておきました。それは言語の例です*64。私たちが発音《アーティキュレート》された音を聞き、それを観念へと解釈するとき、私たちが知覚しているのは、一方では音であり、他方では音が演ずる〔解釈する interpréter〕*65観念です。ですが、その移行のメカニズムはきわめて複雑であり、行動への呼びかけを前提しています。言葉《パロール》の解釈の障害に関する研究によって、発音された音をはっきりと聞いたときですらも、そしてその音を解釈するのに必要なすべての観念をもっており、理論的には、語の意味を知っているときですらも、解釈がなされるためには、なお私たちのほうに一連の行動がある必要があります。その行動は、遂行されたものである必要はありませんが、生まれかけの行動であって、それによって私たちは、自分が聞いたものを内的に強調するのです*66。内的な、完璧ではありませんが、図式的な反復のようなものがあるのであって、それは、私たちが聞いたものの区切りを際立たせ（scander）、強調するのに役立ちます。そして、そのような物質的な態度を採用することで、話している者の感情や観念のうちに入り込むというやり方で、私たちが想像上で、話者の状態のうちに自らを置き入れ直す、この能動的なプロセスがなければなりません。この内的なプロセスがなければ、解釈というものは存在しないのです。

　さて、これがあらゆる記号の第二の特徴です。記号は一般的であるだけでなく、あらゆる記号のうちには、それがますます増大していく一般性をもつように導く内的な力があるというだけでなく、記号一般はさらに、ある行動、ある態度、能動的ないし運動的な次元の現象への呼びかけなのであって、解釈がなされるのは、このように実際にないし潜在的に遂行された行動を介してのことなのです。これが記号の第二の特徴です。そして最後に、第三の特徴として申し上げていたのは、記号は本質的に安定的なものである、ということでした。内的に見られた現実は、申し上げたとおり*67、何か単純なものであり、またとりわけ何か動くもの（mouvant）です。現実とはつまるところ、一つの傾向であり*68、移行であり、或る仕方で理解された変化なのです。私たちは、傾向や移行を、停止を想定することによってしか、自らに表象することができないのですが、記号によって表現されるのはまさにそれらの停止なのです。記号はしたがって本質的に非連続的です。現実は連続性であると想定したとしても、それは非連続的なやり方によってしか、停止を記す記号によってしか、決して表現されはしないのです。そういうわけで、現実は記号によって完全に表象可能なものでもなければ表現可能なものでもありません。というのも、みなさんがお望みの分だけ停止点を並べていくことができるでしょうし、それが増えれば増えるほど、連続性に近づいていき、運動の方向に進むでしょうが、決してそこに到達することはないからです。

そのうえ、分かり切ったことですが、もしこの内的現実が単純なものであれば、私たちは結局は、望むだけ近づいたそれらの模倣しか手に入れないということになるでしょうし、それらは決してモデルの正確なコピーではないでしょう。この点を詳述するつもりはありません。あまりにも重要すぎますし、これは昨年の講義の対象であったからです*69。またいつか、そこに立ち戻る機会もあることでしょう。今はただ、みなさんの注意を、記号は本質的に安定的で固定的（fixe）であり、さらに固定させるもの（fixateur）でもある、というこの点に引き付けておくにとどめたいと思います。記号によって象徴し表現するというまさにこのことによって、運動は固定されます。それが記号の本質です。そしてこれが前回、記号一般に見出された三つの特徴でした。

概念における行動誘導性と固定性

ここから、以下のことを導けます。すなわち、優れた意味での記号、これらの諸特徴を可能な限り高い地点においてまとめ上げているような記号こそ、哲学者たちが概念と呼ぶもの、すなわちすべて知的操作のために準備され整えられた観念、表象である、と。それは、有機組織化の高い成熟度に達し、より複雑な有機組織化に入って、ついには知的作業に取り組む準備が万端整った表象にほかなりません。

概念を、ここまでお話ししてきた〔記号に関する〕三つのテストにかけてみましょう。概念のうちにも三つの特徴が見つかるでしょうか。まずは一般性です。これほど平凡な真理もありません。概念とは一般的なものです。

昨年は幾つかの留保をしていました。どんな概念でも一般的であり、普遍的であるというのは、まったく正確な言い方というわけではない、と。私たちがお示ししようとしていたのは、そしてその考えは目新しいものではなく、ロッツェやジグヴァルト、ヴント*70、複数のドイツの論理学者たちの幾つかの所論を取り上げ直したにすぎませんが、概念は必ずしもある類（genre）を表現しているわけではないということを示そうと試みたのでした。概念は個体（individu）を表現することができるのです。概念という言葉によって、知的操作のためにすっかり準備された観念のことを意味するとすれば、諸々の個別的な概念（concepts individuels）というものがあります。その一例を引用してもいました。月、これは天文学的な概念です。月というのは、一つのこのうえない概念ですが、しかし月は一つしかなく、これは個別的な概念です。したがって、概念は常に一般的であると言うべきではありません。

しかしながら、たしかに、個別的な概念のうちには何かしら一般性の要素が入っています。月という知覚から、イメージから、月という概念を区別するものは何でしょうか。月のイメージは、変化し、月のさまざまな段階に応じて、さまざまな時期に応じて、地平線か天頂かといった月のさまざまな位置に応じて、変容するものです。逆に、月の概念は、何か安定的なものであり、その安定性は明らかに、ありとあらゆる月の変容するイメージに共通の或る要素が選り出されたということを含意しているのであって、その結果、やはり個体そのもののうえになされた一般化の作業があるということになります。それが概念の起源であるとまでは言いませんが、概念のうちには一般性の要素がある以上、この一般性の要素は、先ほどお話しした、概念が増大する一般性をもつように促すあのエネルギーを有しているとすら言うことができます。というのもひとたび形成されるや、月の概念は一般的なものになる傾向を有し、何でもいいですが何かの惑星の周りを巡る衛星の概念となるからです。したがってそこには一般性の要素があり、一般性に向けての内的な進展があります。ですから、お望みであれば、概念とは一般的であり、一般性の要素を含意し内包しており、一般性に向かい、記号一般に見出される諸特徴を顕著に示している、と言って差し支えないでしょう。

けれども、これは概念の本質的な特徴というわけでもなければ、その他諸々の記号の本質的な特徴というわけでもありません。私たちが取りまとめ、ただ一つの、こう言ってよければ、能動的な特徴へと溶かし込む、あとの二つの特徴のほうがどれほど重要なことか。それは、ある態度の示唆ないし行動への呼びかけという特性であり、また、何らかの安定的なもの、安定性を生み出し、本質的に固定させるものという特性です。私はこの点こそが重要であり、見てとるのが難しいものであると言っておきたいと思います。というのも、私たちの精神は、概念をこのようなやり方で検討することに抗議するものだからです。私たちには概念のうちに、知的操作のためにすっかり準備された観念のうちに、何か純粋に思弁的なもの、絶対的に没利害的なもの、形而上学的な起源ないし少なくとも形而上学的な目的を有する何かを見ようとする傾向があります。これこそが私たちの思考の一般的な傾向です。

理念化された心理学の弊害

純粋に実際上の〔実践的な〕ことを目的とする知的プロセスに関わっているときでさえ、私たちには、それを理念化し、何か思弁的なもの、思弁のためにしか存在しない何かと考える傾向があります。そしてそれは概念や、概念を形成する操作についてのみあてはまることではなく、あらゆる種類の知的操作にあてはまることです。時に、深くまで、自分自身の観察、内観心理学に害を与えるのは、私たちの自然な心理がもつ、理念化する（idéalisant）、理念化的（idéalisateur）なこの傾向であると言ってもいいでしょう。

この一世紀来生み出されてきた内観心理学の仕事を見渡してみると、とりわけ記憶や観念連合、さらには判断や推論についての諸理論を見渡してみると、これらの〔記憶・観念連合・判断・推論といった〕諸操作はすべて、ほとんどの場合、知るために知ろうと努めるような、起源や使命からして哲学者や形而上学者であるような精神の操作として私たちに提示されています*71。

一般には立てられないのですが、それでも、心理学の各章の冒頭で、〔後に続く〕心理学のあらゆる問題のために立てられるべき問い、それは、いかなる目的の下で、いかなる有用性のために、いかなる生命的な必要性に従って、この能力、この機能は存在しているのか、というものです。もしこの問いが立てられるなら、多くの困難が解明され、多くの問題が霧散するのを目の当たりにすることになるでしょう。ともかく、精神の働き、知的操作を適切に分析するためだけにであっても、この問いを立てることが必要です。

死者を解剖する解剖学者の場合と同様に、私たちはここで、合目的性、達成される目的についての考察を排除することはできません。そうした考察なしでは、分析は空虚に陥り、曖昧なものになります。つまるところ、これこそ分析において大切なことなのですが、私たちが分析によって提供されるさまざまに異なる要素を、「この操作の本質的な目的とは何か。いかなる目的に向かっているのか」というこの基準に関係づけないとすれば、何が付随的で、何が本質的なのかをどうして知り得ましょう。物質的な事柄の分析に関して言えば、さまざまに異なる要素のそれぞれの重要性について調べるための計測器具がありますが、精神的な事柄の分析に関しては、諸要素の重要性は、それらを達成される目的と関係づけることによってしか判断することはできないのです。絶えず立てられる問いとは、目的――非常に具体的な(terre à terre)もの――、物質的な目的、死活的な目的(le but vital)とは何か、というものです。私たちの研究するこういった操作がそれに服し、それらの操作がまずもって目的とするような、生命の根本的な必要性とはいかなるものなのでしょうか。

このような方法に対してどういった非難がなされるのかもよく承知しております。そんな風に扱うことで、人間の知性を貶め、それを道具のように、ある必要の満足ということに服する手段と見なしてしまっているのだというわけです。それは、私たちの知的能力に与えられた侮辱である、と。私はまったくそう思いませんし、逆の方法、つまり通常の方法こそが、最終的には、一種の論理的必然によるがごとく、そうした侮辱へと至るものであると思います*72。

実際、思うに、私たちの通常の〔知的〕能力が通常どおり、習慣的なやりかたで行使されると、私たちは、思弁において、形而上学においてさまざまな袋小路へと導かれてしまいます。つまり、さまざまな大問題について、そういった能力が等しく証明するに至ってしまうようなテーゼとアンチテーゼに導かれてしまうのです。このことが示しているのは、どちらも確実でなく、受け入れられるものでもないということです。私たちの知的能力の通常の、習慣的な行使は、カントが示したように、解決不可能なアンチノミーに私たちを導くのだと思うのです*73。通常どおりに行使される通常の能力は、思弁に向けられた能力であり、その目的は知るために知ることだと考えてきた人には、いったい何が、どのような手立てが残されているというのでしょうか。

その〔知的能力の〕機能、目的とは、まさにこういうものだったわけです。知的能力は、その目的に合致した仕方で機能し、解決不可能なアンチノミーに私たちを導いてきたのです。とすれば、私たちに残された道は、形而上学的な思弁を断念することを措いてほかにないことになります。さらに、私たちの知性が通常は観想的(contemplatif)なものであると思い込んできたわけですから、最高度の観想を断念するということにもなります。これこそ、カント的批判がアンチノミーを介して私たちを導く先です。ただし、それは私たちが、通常の形態のもとで通常どおりに行使される知性のことを、観想に向けられ、思弁に方向づけられた知性として位置づけるのであれば、です。

自然に反する努力としての哲学

しかし、私たちがはじめから次のことを認めたとすれば――経験も分析もそれが正しいということを示しています――、つまり通常どおりに、習慣的なやり方で行使される諸能力は、思弁に向けられたものではなく、行動に向けられた諸能力であって、何よりまず実際的〔実践的〕な目的をもっているということ、私たちは何よりもまず行動のほうを向いており、行動によって魅了されているようなものであって、そこには私たちの思考にとっての磁力（aimantation）のようなものがあり、一種の摩擦によってのように磁化された〔aimanté 抗しがたい魅力によって惹きつけられた〕私たちの思考は、北を指す方位磁石のように行動のほうを向くのだということを認めたとすれば、もしそうだとすれば、そのとき、あの習慣的な思考方法の適用がそこへと導いていく不条理あるいは少なくともアンチノミーのことを私たちに告げ知らせにやってくるであろう哲学者に対して、私たちはこう答えることができるでしょう。理性はまだ最後の言葉を言ってはいなかったのだ、と[*74]。理性は、おそらく、あなた方が思ってもみなかった或る力を温存していたのだ、と。私たちが示したように、たしかに理性は実践へと向けられており、行動へと磁化されているのですが、それを脱磁する（désaimanter）こともできるのではないだろうか、と。理性の自然な傾向に従えば、〔私たちは〕アンチノミーへと導かれます。なぜなら、理性の自然な傾向とは、行動の傾向であるからです。私たちを惹きつける実践から私たちを引き離すように努めましょう。魅惑を断ち切るように努めましょう。それはおそらく不可能なことではありません。それが不可能ではない証拠は、みなさんが今話題にしている問題を私たちが立てているということです。このことがはっきりと示しているのは、私たちのあらゆる能力が行動へと向けられているとしても、そこには可能な思弁の縁暈《えんうん》（une frange de spéculation possible）のようなものがあるということです。したがって問題は、知性の注意や、行動を、それらを惹きつける観点から逸らし、そうすることによって知性を、〔はっきり言ってしまえば〕自然に反する努力によって、純粋な思弁へと連れていくということなのです。

ええ、それはとても難しいことで、そのように解された哲学は、自然に反する努力になります。しかし、そうであることが必要なのです。哲学すること、それは純粋に人間的な諸概念を、つまり行動へと向けられた知性がもつ諸概念を超越することだからです。哲学するとは、通常そう言われるように、より多くの強度をもって思考することではありません。私はほとんどこう言いたいほどです。それは、反対方向に思考することだ、と。自然の傾向に逆らわねばならないのです。

この長い余談を終えることにします。それは必要な迂回でした。

一般と抽象の循環

さて、その前に申し上げていたのは、この観念の分析において、一般に、知的機能は思弁のほう、認識のための認識のほうを向いていないことを示す必要がある、ということでした。そして、私たちの諸能力一般について真であることは、優れて知的な能力である、諸概念を形成し概念によって思考する能力についても真です。したがって、ここで私は昨年の講義でお話ししたことをふたたび取り上げますが*75、実践的な目的を具えたものとしての概念の本質的特徴を検討してみることにしましょう。概念が形成されるのはいかにしてであるのかを探究してみることにしましょう。これが先ほど私たちが立てていた問題です。

昨年お話ししていたのは――この点を思い出していただくのは、それが本質的なことであるからです――、もし私たちが、概念とは純粋に思弁的な物であり、何よりもまず認識の道具であって、知るために知ることを目的とするものであるという考えを受け入れると、もしそのような考えを受け入れるとすると、概念の形成について、概念の起源について心理学的に理解することが、不可能とは言わないにしても、きわめて難しくなるということでした。

一般的に言って、概念の形成をどのように理解すればよいでしょうか。よく言われるのは、知性は己が知る、知覚する個別的な諸対象を取り上げる、ということです。これが第一段階です。知性はそういった諸対象を互いに比べ、お互いに似ているように思われるものを一つの同じグループに取り集めます。それが第二段階であり、それが比較です。第三段階としては、知性はこれらの異なる対象から、一つの共通の性格を抽出〔抽象〕するのであって、この共通の性格は、望むだけの数の個別的対象がその下に分類される項目として役立つであろうということです。この段階で、概念は、単に抽象的なもの〔抽出されたもの〕から、一般的なものになったということになるでしょう。こうして完璧で決定的な概念が一つ手に入るということになります。もし人間の知性に、純粋に思弁的な役割が与えられたとしたら、これが到着地点となります。知性は認識することしかできず、したがって知覚することしかできず、知覚に関して言えば、まったくもって没利害的なやり方でしか動作することができないということになります。

たった今描き出したような操作はありえないということはすでに申し上げておきました。実際、そういったプロセス全体は何を前提しているのでしょうか。例を一つ取り上げましょう。青という概念を形成しなければならないとしてください。これは知覚にきわめて近い概念です。私たちは多様な仕方で色づけられた諸対象、青のさまざまに異なるニュアンスを見て取ります。すると、私たちは青〔である〕という点で互いに類似した諸対象を取り上げ、それらをグループ化し、そこからこの青の性質を抽出〔抽象〕し、この性質を一つの概念に転換することになります。そしてこの概念が、現実的であれ可能的であれ、あらゆる青い対象を表現することになるのです。

なるほど。しかし、任意のニュアンスを示す諸対象ではなく、青のさまざまに異なるニュアンスを示す諸対象を一緒にグループ化することになったのはなぜでしょうか。さらに言えば、どうして青を、音や形、動物などとではなく、青と比較することができたのでしょうか。私たちが、或る共通性、何か共通なものの観念をすでにもっているのでなければ。何か共通のものを〔最初から〕認めていたのでなければ、〔これから〕生み出すと言われているその概念をすでに所有していたのでなければ[76]、どうして、さまざまな項を一緒にグループ化し、それらの項を比較し、共通の性格を抜き出し、一般化するという考えが浮かぶでしょうか。

このことを単純な形で言えばこうなるでしょうか。二つに一つです。一つは、すでに私が青の観念をもっているとすることです。その場合、私がこの観念を形成する操作を描写するのは子どもじみたことです。それは子どもじみたことであるばかりか、悪循環に陥っています。というのも、これから生み出すべき概念を前提してしまっているからです。もう一つは、私がこの青の観念をもっていないとすることです。そうであれば、私は、異なる青のニュアンスを示す、異なる諸対象のあいだに共通の諸性格を見て取ることができません。何か共通のものの観念をもっておらず、それゆえに、青を家や犬と比べるのでなく、青を青と比較するいかなる理由ももたないことになります。概念がまだ存在していないのであれば、似たような諸対象のあいだにいかなる比較も可能ではありませんし、概念が存在するのであれば、それを生じさせる操作を描写することには悪循環があることになります。

このジレンマから逃れようと、概念の現前と不在のあいだ、青の一般観念の概念の現前とその全面的な不在とのあいだに、何か中間的なもの（intermédiaire）を置くことによってそれを成し遂げようという試みがあることはよく存じております。何か中間的なものがあって、その何か中間的なもの、純粋に自動的なもの（automatique）、純粋に無意識的・機械的なもの（machinal）によって、まず似たような諸対象をグループ化し、そしてそれらに対して観察と一般化という意識的な作業を行なうことが可能になるというわけです。

この何か、それこそ、心理学者たちが類的イメージ（image générique）ないし一般的イメージ（image générale）と呼んできたものです*77。あの写真、あの〔互いに〕似通ったポートレートが、互いに重ね合わさることで、一つの同じ家族の全てのメンバーの合成写真（portraits composites）を作り出すのと同じように、さまざまな知覚は、互いに似ているときには、ひとりでに、多かれ少なかれ重ね合わせられると想定されることを思い出していただければよいでしょう。このプロセスは私たちから独立に、自動的な仕方で産出されるので、私たちは最初の、無意識的で、機械的な一般化を手にすることになり、このプロセスに、さらに一般化の意識的なプロセスが接ぎ木されるようになるのです。その結果、悪循環を避けられるように思われるかもしれません。似たような諸対象がすでにグループ化されているのが見出されるとき、それらは、ひとりでに、暫定的にではありますが、グループ化されていたのです。そのうえで私たちが、意識的に、このグループ化の不完全なところを訂正し、完全であれば、それを利用して、最終的には、本来の意味における一般化と概念形成の作業を実行することになるのです。

すでに申し上げたとおり、この類的イメージは一見、まったくもって心理学者たちが自分の都合のいいようにつくりあげたでっちあげであるように見えます。そんなイメージが形成されるなどとはついぞ思われません。類的イメージがどんなものであるのか分かりません。人は、輪郭のはっきりしないという点で、それを個別的イメージと区別しようとします。私たちの精神の中で、記憶の中で重ね合わさって、合成イメージ（image composite）、類的イメージを形成するに至る諸々のイメージがあるとして、その類的イメージを個別的イメージから区別するのは、輪郭のはっきりしないこと、その不鮮明さだと言うのです。ですが、もしより仔細に見つめるならば、どんなイメージも輪郭がはっきりしていなかったり、不鮮明であることが分かるでしょうし、むしろそれこそが、イメージを知覚から区別する特徴の一つでありさえするのです。したがって、個別的イメージですら〔輪郭が〕はっきりしないものである以上、どのようにしてこのはっきりしないことによって類的イメージが個別的イメージから区別され、また類的イメージが構成されるのかがわかりません。

そのうえ、この種〔類〕のイメージが存在しているとしたら、それをいつも使用しているのですから、私たちはその存在を見て取るでしょうし、わかるはずです。知的作業においては、そういったイメージを介入させること以上に有用なことは何もありません。抽象的に幾何学を学ぶ者にとって、その表象の基盤として、三角形の類的イメージを、つまり不等辺三角形でも二等辺三角形でもない、同時にこれらのいずれでもあるような三角形のイメージを与えること以上に有用なことは何もないでしょう。三角形一般について考え、心的なイメージを探すとき、私たちはたしかに三角形を見て取っていますが、それは、私たちが無意識的にしかじかの決まった形へと気持ちが傾いているか否かに応じて、不等辺三角形であるか、二等辺三角形であるか、あるいは、この方がより頻繁にあることなのですが、それら両者のあいだにあるような何かであるかのいずれかでしょう。ですが、それはいつも決まった形です。輪郭がはっきりしないことが見て取られるからといって、そのためにイメージを一般的なものないし類的なものと感じられることはありません。したがって、類的イメージは存在しないのです。いずれにしても、私たちの意識のうちには何も、自然な内観のうちには何もその存在を肯定するように誘うものはありません。そうだとすれば、この類的イメージは、心理学者たちによってつくりあげられた一種の理論的なでっちあげであり、一定の心理学的な理論によって、精神の活動についての一定の考え方によって要請されるような（しかしいささかも経験によって提示されるものではない）何かであると考えられるでしょう。

行動誘導性による解決

しかしながら、必要なのはまさしく、この困難から抜けだすこと、そしてまたこうした概念の下に、概念への準備のようなものとして――これこそ、この類的イメージの中にある真なるものなのですが――、まだ概念でない何か、にもかかわらず概念を準備するような、その物質的〔質料的〕な準備のような何かが存在することなのです*78。ごく当たり前の常識ですが、動物たちは、概念はもっていないとしても、少なくとも概念と等価の何かをもっています。犬は、動物の或るカテゴリーを別の動物のカテゴリーと区別していますし、猟犬はさまざまな種の区別をきわめてうまくやってのけています。したがって、動物には、概念と、あるいは私たち人間の諸概念の幾つかと等価の何かがあるのですが、にもかかわらずそれは概念ではないのです。概念の下で、それを準備するのに役立つものとして、概念の制作に関わるものとして、今しがた検討したばかりの〔類的イメージの〕理論が言うような、個別的なものの概念作用でもなければ、一般的なものの概念作用でもないような何かがあるのでなければならないのです。しかし、それは本当に今しがた見たもの〔類的イメージ〕のことでしょうか。それとはまったく別のものなのではないでしょうか。

そう、それはまったく別のものなのであって、まさにここで概念は、まずもって可能な行動の示唆、行動への誘《いざな》いのようなものとして私たちの前に姿を現すのです。少なくともはじめはそういうものであったのです。

先ほど動物についてお話ししましたので、知性の点から言えばきわめて劣る種類の動物、色を識別できる昆虫を例にとりましょう。羽があって、多かれ少なかれ遠くから花々の色を見ることができるような昆虫を取り上げましょう。青い花々に寄ってくる昆虫だとします。その虫は青い花々とそうでない花々を区別するでしょう。したがって、概念的思考の大雑把な基礎（rudiment）をもっているわけです。では、この昆虫が、青の観念を表象している、青を一般観念ないし概念の形式で表象しているということが認められるでしょうか。明らかに否です。ですが、まったく無意識的・機械的な仕方でこの昆虫が行動しているというのも、認められないことです。昆虫は意識をもっています。もちろんそれは私たちの意識とは非常に異なるものですが、昆虫は自分の身に起こることについての意識をもっているのであって、この〔青という〕色とその他の色のあいだの区別が明瞭にその昆虫に現れてくるのは、まさに意識という形のもとにおいてなのです。この形式とはどのようなものでありえるでしょうか。昆虫が青を他の色と区別するのは、この青がその昆虫にとって自らの必要と直接に関係づけられる何かであるからであることは明らかです。それは、死活的な（vital）必要性という深みにまで根を下ろしている何かです。昆虫は、青を他の色と区別できなければならないのです。この青は、おそらくは、昆虫の知覚に語りかけ、働きかけ、その知覚の仲介によって、種々の運動器官に働きかけます。それゆえに、昆虫は、目標物〔である青い花〕が知覚されるや否や飛び立つことになるのです。昆虫は、自らを惹きつける青に向かって飛び立つ傾向を有しているのであって、そうだとすれば、この青のうちの一般的な部分についての意識は、その知覚が昆虫を置き入れるほとんど必然的な態度についてその昆虫がもつ意識以外の何物でもありえません。この知覚は昆虫の運動器官に働きかけます。昆虫はこの行動についての、自分が遂行する、ないし遂行することになる行動についての、自分がとる態度についての意識をもっています。そして、この、昆虫がとる態度の意識、あらゆるニュアンスの青についてのあらゆる知覚にとって常に同一である意識こそが、昆虫にとっては、私たちが概念の表象と呼んでいるものの代わりとなっているということは明らかです。別の言葉で言えば、多かれ少なかれわずかに異なっているさまざまなケースから、それらのケースに共通のものを引き出すのは、昆虫の開始された行動ないし潜在的な行動、あるいは遂行された行動なのです。行動とは、きわめて異なる大地から、自分にとって栄養の役割を果たす同一のエキスを抽出する植物の根のような何かです。動物は、さまざまに異なる、しかし生命維持の観点からすれば似たような知覚によって、自動的に似たような態度のうちに置かれる以上、状況の多様性のうちでのこの態度の同一性についての意識が、概念作用の一般性と呼ばれるものの基礎そのものとなっているのであり、このときその同一の表象が概念となるのです*79。けれども、もっと明晰に説明することに致しましょう。

困難はどこからやってくるのでしょうか。私たちの感覚器官は、一つの同じものの実に多様なニュアンス、多様な差異、多様な変化を知覚します。もし感覚器官がそのまま働いているだけであれば、私たちの知覚能力がそのまま放置されているのであれば、概念形成は明らかにまったく不可能となるでしょう。すべては似通っていると同時に、すべては異なっているからです。あれとこれとを近づけてみるいかなる理由もないことになるでしょう。そして、概念形成の基礎そのものであるグループ化は不可能となるでしょう。

ですが、知覚が私たちに無限の数のニュアンスを示し、すべてはすべてから区別されるということを示すとしても、知覚がはっきりとした差異を与えないとしても、行動は、反対に、はっきりとした差異によってしか可能ではありません。あらゆる行動は一つの選択なのです。行動は肯定か否定によって事を進めます。中間はありません。イエスかノーかです。青でもどんな色でもいいのですが、私たちはその色の多くのニュアンスを想像することができますが、昆虫にとっては、飛び立つことと飛び立たないこととの中間はないのです。するかしないかなのです。

人間の知覚する温度の度合いを例にとりましょう。私たちは、一定の範囲のあいだで温度のあらゆる度合い、可能なありとあらゆるニュアンスを知覚します。熱いのか、冷たいのか。知覚にすぎない知覚にとっては、熱いも冷たいもありません。温度の度合いしかないからです。しかし、もし知覚であるかぎりの知覚にとって、熱さと冷たさのはっきりとした区別がないとしても、行動にとってはまったく事情が異なります。というのも、ある冬の日、私が窓を開ければ、自分が［外気に触れて］魅惑を感じているのか、嫌悪を感じているのか、外出するために、さらに衣服を身にまとうべきであるのかどうかはきわめてよく分かるからです。するかしないかです。行動ははっきりとした選択によって事を進めます。必要なのはイエスかノーかなのです。一方では知覚し、他方では行動する存在を思い浮かべてみてください。そういった存在の知覚はさまざまなニュアンスしか記録しないでしょうが、行動は生命の必要性そのものによって規定された選択を行なうでしょう。知覚はグループ化を行なわないでしょうが、行動は行なうでしょう。というのも行動は、あれこれの態度をとるように求められるか、そうでないかのどちらかであって、ここではそれははっきりとした選択であって、イエスかノーかであるからです。その結果、遂行された、あるいは遂行すべき、あるいはたいていの場合は潜在的な行動は、さまざまに異なる知覚から、時にはきわめて異なった知覚から、何かしら共通のものを、すなわち生命の必要性という生命維持の観点からすれば似たようなものを引き出してくることになります。

事態を理解させてくれるような物質的な例を取り上げましょう。鉄道の駅で見かけるような、ああいった自動の秤ないし台秤が一つあるとしましょう。中には重さによって作動するバネがあると思います。ありとあらゆる重さのニュアンスがこのバネによって知覚されるのは、もちろん明らかなことです。ですが、重さを記す秤の針が、例えば、5の倍数しか示さないようなメカニズムによって動いていると想定することはまったくもって可能です。2½と7½のあいだにある全ての点を考えることにしましょう。そして重さが2½と7½のあいだにある場合には常に5を示すという仕方で、秤が作られていると想定します。したがって、7½と2½のあいだには無限に異なる重さがあるのですが、それらはみな5と示されるわけです。針という秤の動く装置は、或る選択をしたことになりますし、似ていないものを似たものとして近づけたことになるでしょうが、それは単に、知覚装置があらゆる可能な事物を知覚しうるのに対し、行動装置が決まった数の可能な行動のあいだでしか選択肢をもっていないからです。その結果、一つの同じ行動は、一定の間隔のうちに含まれた、きわめて大きな数の、望むだけ大きな数の知覚に対応することになるのです。

ここで立てられる問いは次のようなものです。人間のような高等動物も、この秤と同じように組織されているのでしょうか。卓越した有機体〔=人体〕についての考察は、人間をこの秤と比較する可能性を私たちに示唆するでしょうか。そのような有機体のうちには、望むだけ多くのものを知覚することのできる知覚装置と、ある限られた数の可能な自動的態度の中からのみ選択する行動装置があるのでしょうか。

実はそのとおりなのでして、有機体に関する考察が示すところによれば、そのようなことが起こっているのです。私たちの感覚器官は、知覚においてはきわめて豊かです。それらは脳と関係しており、脳自体も脊髄と関係しています。脊髄のうちには、私たちが一つの知覚に関して幾つかの態度を取りうるような、あるいは自動的にそのような態度を取るわけではないとしても、取る傾向をもちうるような、一定数の複雑なメカニズムが組み立てられています。その結果、私たちの動的メカニズムは、類似を引き出す道具のようなものなのです。諸々の差異がそれほど大きくなく、一定の範囲内に収まっている場合には必ず、生命機能の同一性、可能な行動への諸関係の同一性を前にして、そういった差異は消失してしまうのです。ここには、一般化の操作に対して基礎のはじまりとして役立つメカニズムがあります。一般化を開始するのは、イメージの上に積み重ねられるイメージの蓄積ではありません。そうだとすれば、あらゆるものがどんなものにも積み重ねられることになりましょうし、何も何にも積み重ねられないということになりましょう。なぜある種の一般化はなされるのに、他の一般化はなされないのかが理解できないでしょう。イメージにイメージを重ね合わせたところで、そのイメージが一般化されるなどということはないのです。この事実の必然的な帰結によって、知覚が連続性において与えられる一方で、可能な自動的行動が非連続性のうちに与えられるというこの事実によって、一般性を生み出すのは、行為なのです。知覚が無際限に存在するのに対し、可能的あるいは潜在的な自動的行動ないし態度は一定数しか存在しないという事実です。したがって、概念形成の基礎となるのは、いわば私たちの行動の怠惰（paresse）——私はこの語を秤の鈍重さ（paresse）の意味で用いています——なのです。自然が望んだ、幸福な怠惰とでも言うべきでしょうか、なまの物質（matière brute）に対して劣位にあるのではなく優位にあるものです。というのも、この鈍重さなしでは、私たちの体はまさしくなまの動力（moteur brut）となってしまうからです。ですが、体が限られた数の反応によって、無制限で無際限の数の知覚を選び、継続し、延長するための能力、この機能によって、私たちの体はまずもって、無機的な物質から区別されるのです。

私は、概念が私たちがこれまで述べてきたとおりのものであるとまでは言いません。自然に形成されたこの概念の大地に、人間が接ぎ木したものが何であるのかを示すには時間が足りないからです。私たちはただ、概念形成プロセスのうちで、人間と動物に共通のものを描写してきたにすぎません。ですが、これらの基礎的な諸概念から、人間は、言語のおかげで、概念に関する思索のおかげで、何がしかを引き出すのでしょうし、とりわけ自然の営為を無際限に延長し、それらの自然に形成された諸概念に、他の——自然がすでに人間のうちに素描しておいたものを模倣することで形成された——人為的な諸概念を重ね合わせるのでしょう。

次回の講義では、時間の問題の大いなる困難がどこからやってくるのか、なぜ時間が概念的表象から逃れるのかについてお話しすることに致しましょう。

第4講　概念と時間　一九〇二年一二月二六日

一般観念の生物学的基礎

みなさん、前回私たちは、概念、すなわち一般的で単純で抽象的な観念が、信じられている以上に控えめで、慎ましい――概念の役割は何よりもまず思弁的な役割であると思われていることを考慮に入れるならば、そういうことになるでしょう――起源をもっていることを明らかにしました。概念の、抽象的で一般的な観念の形成メカニズムを説明するのは、概念というものがただ思弁的で利害関係を離れた役割しかもっていないとすると、つまり、概念とは認識の道具、知るための道具であって、知るために知る手段であるとすると、きわめて難しいことであると申し上げておりました。そして、このことについて私たちが与えていた主要な理由は次のようなものでした。

〔そうした考えが正しいとすれば〕すべてがすべてと似通うことになり、すべてはすべてと区別されることになります。知覚される事物がいかなるものであれ、知覚される質がいかなるものであれ、一般性の系列を十分に高くまで登っていくなら、それら相互のあいだにはいつも類似が見出されるでしょうし、個別化（spécification）の系列と呼びうるものを十分に低くまで降りていくと、いつも差異が見出されることになるでしょう。事物を、それらが知覚に提示されるままに受け取るとすると、これとあれでなく、これとこれを一緒にグループ化し、それらに対して、心理学者が言うところの、組み合わせ・抽象化・一般化の作用が実行されるいかなる理由もありません。幾つかの対象ないし質を互いに比較し、そこから類似を引き出してくる、そうした比較が前提しているのは、集められる諸対象のあいだには、すでに何らかの共通のものが把握されていたということです。ところで、もし共通のものが把握されていたのであれば、もはやそれを探し求める理由はありません。〔もしそうしてしまえば〕人は悪循環に陥ってしまい、そこから抜け出そうと、狭義の一般化以前に、種々の対象や種々の質が互いに重ね合わさりはじめて、続いて、この大地の上に一般観念が植えつけられることになるという、一種の合成写真的な操作を想定するという無駄な試みをすることになるのです。前回お示ししたのは、脳に関するものであれ精神的なものであれ、この種の合成写真の存在は、控えめに言っても、最も疑わしく、最も異論の余地のあるものです。したがって、たしかに、一方では、概念の形成は、もしこの操作より以前に、より機械的な何かがあるのでなければ、可能ではありません。しかし他方で、より機械的なこの操作は、イメージの本性をもつものではありえません。意識の告げるとおり、その種のイメージは存在せず、そもそもア・プリオリに言って、いかにしてそのようなものが存在しうるのかがわからないゆえに、それはイメージの形で一般観念を予告する何かではありえないのです。

したがって、私たちが純粋な思弁ないし純粋な認識、あるいは純粋な知覚の領野にとどまるかぎり、一般化は、より端的に言えば、概念の形成は、不可能なものに思われます。

しかし、行動の領野に身を置くや否や、事態は同じではないとも、私たちは言っておりました。純粋な認識ないし純粋な知覚の領域では、一切は一切と類似し、一切は一切から区別され、類似ないし差異の連続性があるのに対し、行動とは、反対に、不連続な何かなのです。行動は行われるか行なわれないかのいずれかです。行動とは選択です。行動とは何かはっきりとしたもの、明瞭なものであって、この特徴によって知覚と対置されるものなのです。知覚になしえないこと、すなわち諸対象を近づけ、そこから概念の基礎を形成することは、行動にはなしうることなのです。

例えば、視覚のような感覚の器官は、望むだけ多くのニュアンスを、何千何万というニュアンスを知覚することができますが、知覚だけでは決して概念を準備するには、つまり他のさまざまな類似点から成るグループから区別されるさまざまな類似点を接近させるには至らないでしょう。ですが、もし行動を例に取れば、あるいはより単純に、ある生命体、〔生命進化の〕系列のうちで十分に高等な生物において組み立てられた運動メカニズムは、限られた、決まった数しかなく、その結果、受け取られる刺激、受け取られる知覚が無際限の数あるのに対して、ある決まった、限られた数の可能な反応しかないのです。したがって、グループ化がなされなければならず、また、それら自体大きかったり小さかったりするけれども、生物のしかじか反応という観点から見れば大差ないようなさまざまな差異は消去されなければならないのです。

金箔検電器のような道具を取り上げましょう。実にさまざまな物質によって、あなたはそれに電気を通すことができます。検電器にはなすべき運動は一つしかない以上、つまり、箔は、動く際には、開かなければならない以上、検電器は一つの行動しかなしえない以上、その唯一の行動＝作用によって、これらの実にさまざまな対象に共通のものをすべて引き出すのでなければならないのです。

私たちは、この検電器よりも複雑なものですが、同じ種類のものです。私たちは、多数の異なる感覚によって影響されうる装置をもっているのです。ですが、運動のメカニズムは、たとえこれらの異なる作用に等しく関わっているのだとしても、同じ仕方で反応するのです。だとすれば、この同一の反応は、互いに似ていないさまざまな知覚へといわば遡って、それらを一緒にグループ化するのです。こうして生物は、それが働きかけるものであるかぎりで、動かすシステムを備え、事物から類似を引き出し、行動の必要のために有益で必要なものだけを引き出すものと考えられます。したがって、一般化・概念形成のはじめには、生物・動物によって、異なる刺激に対して同一の態度を機械的に選択すること（adoption）があるわけですが、異なる刺激といっても、生命的な利害という観点からして、類似の反応を伴わず、要請もしないほど十分に異なっているというわけではないのです。そして、知覚に続いて起こるこの態度は、知覚そのものに対して一種の反動によって戻ってきて、それらをグループ化し、異なっていて、互いに似ていないそれらを一つの同じカテゴリーにグループ化し、それらを同一の枠に入れてしまうのです。さて、一つの同じ項目の元にグループ化された、多様な対象や性質こそまさしく、概念ではないとしても、少なくとも概念を作り出すために必要なすべてであるのです。

にもかかわらず、人間においては、何かそれ以上のものがあります。たしかに、動物においては、概念はそういったものです。動物は概念を思考するのではなく、概念を演じます。猟犬は、どんな種類の獲物〔gibier、狩猟の対象となる野禽獣〕を前にしても、臨戦態勢となって立ち止まります。〔でもだからといって〕「獲物」概念を、獲物の一般観念をもっているということになるでしょうか。おそらくはそれを表象としてはもっておらず、行動としてもっているというわけです。どんな種類の獲物を前にしても臨戦態勢となって立ち止まるというただその事実によって、概念を演じているのです。猟犬が、多様な刺激、異なる知覚の多様性を前にして、この態度の同一性を意識しており、その意識をもっている場合、概念の表象のはじまりがないと言っているのではありません。猟犬がさまざまな獲物を異なった風に見ているというのはありうることです。それはたしかです。猟犬は私たちのように、そしてしばしば私たち以上により良く物を見ています。また他方で、それらの対象に対して、同一の無意識的〔機械的〕な態度を採る以上、それらを互いに相似たもの、類似のものと感じています。その結果、そこにはたしかに一つの概念の基礎となるものがすべてそろっています。そして、人間において、概念のはじまり、最初の出現とは、そのような類のものであることもまたたしかです。しかし、人間においては、はるかに多くの他の事物が加わってくることになります。

まず、人間は、さまざまに異なる作用や知覚に対して自らがとる、ないし、とるであろう現実的あるいは潜在的なこの観念に関して明瞭に反省を加えることができます。したがって人間は、自身が演じている概念と呼ばれうるものについて反省を加え、それによって、概念をより高い領域へとのぼらせる傾向をすでにもっているわけです。人間はそのうえ、話す存在、社会的な存在であって、この概念を彼は語によって指し示すことになります。そしてこの語は、人間がとる身体的態度よりもはるかに操作しやすい記号なので、概念をはるかに操作しやすいものとし、またより動員しやすいものとすることになります。人間は語を他者たちに対して話しかけるためだけでなく、自分自身に話しかけるために用いることになります。とりわけ、そしてこれが主要な差異なのですが、動物が一定数の生きられた概念、自分で演じる諸概念――動物の欲求、その存在、現実的ないし模造的な欲求に直接関わりのある諸概念であり、自然が望み必要とした概念そのもの――しかもっていないのに対して、人間は、そしてこれこそ人間のありとあらゆる巧知（industrie）の秘密なのですが、それによって、自然が人間のうちに機械的に生み出すことから始めたものを模倣することができるのです。人間は自然の業（œuvre）を延長するのです。自然に形成された、限られた数しかない諸概念に、人間は、自分が造り出した望むだけ多くの数の諸概念を付け加え、重ね合わせます。こうして、自然を模倣し、自然の働きを延長することで、概念的思考の領域を無際限に押し広げるに至るのです。

けれど、どれほど人工的であっても、概念はその起源のしるしを絶えず保存しています。概念はその起源を行動のうちに有しており、概念は何よりもまず行動の道具なのです。あらゆる概念は、多かれ少なかれ、実践的な目的を有しており、あらゆる概念は、私たちが現実に対して取るべき、あるいは、現実が私たちに対して取る態度に関わる視点から*80、現実に対して私たちが立てる問いです。一つの概念は、一つの項目であって、その中に対象を入れる一つのクラスなのです。ある対象がどのクラスに入るのかを探し求めること、あのクラスかこのクラスかとその対象に問い尋ねるということは、つまるところ、その対象が私たちとの関係において何であるのか、私たちがそれをどうできるのかを問い尋ねるということです。それは絶えず、多かれ少なかれ、実践に関わり、可能な行動に関わる、現実的なものに対して立てられた問いなのです。先に申し上げておいたことですが、概念が最も高い次元に属するものである場合ですらも、哲学的な諸概念でさえも、この規則から逃れることはありません。例えば、多様性や統一性のような概念を例にとっても、それらの概念が行動によって形成された諸概念であることは、はっきりと見てとることができます。自然のうちに、多様性というもの、数というものがあるでしょうか。数とは、数えるために私たちが遂行する一定数の行動です。一匹の犬を三つのリンゴと三軒の家の前に置いてみてください。犬はそこから三という類似を引き出すことはできないでしょう。私たちがそれを引き出すのは、それら二つの場合において、私たちに要請されるのが同一の行動、つまり一、二、三と数える行動であるからです。

多様性の概念はしたがって、このことを詳細に示すのはたやすいことでしょうが、何よりもまず、行動に関わる概念であって、行動を表現する概念であるのです*81。

したがって、最も高い形態の下ですらも、概念はなおも行動の領域に属する何物かを表現するのであり、最も高い形態の下においてすらも、概念は絶えず、現実に対して立てられた問いを含意しているのであって、その問いに対して現実はイエスかノーによって答えることしかできないのです。これは概念のしるしです。或る概念は、ある判断の可能な属性です。判断は肯定的であるか否定的であるかのいずれかです。中間はありません。肯定するか否定するかしなければならないのです。肯定と否定は、結局のところ、まさにこの理由によって、純粋認識のカテゴリーであるよりはるかに行動のカテゴリーなのです。というのも、もし物事をありのままに受け取るなら、それらがイエスとノーの両方、つまり、（さまざまに異なる度合いで）これでありかつその逆でもあるのでないことはきわめて稀なことであるわけですが、行動は、これらの混合体にたやすく甘んじておくことはできないからです。選ばねばなりません。対象がどちらかといえば、よりいっそうそうであるものを選ばねばならないのです。その結果、選択はまず何よりも行動のカテゴリーなのであって、肯定と否定は、選択であるかぎりで、行動に関わる事柄であるのです。

実在の新規性に対する概念の原理的困難

この点について、そしてまったく純粋な哲学的認識の観点からして、心理学的次元のさまざまな考察から引き出されうる帰結に関しては、多くのことを言わねばならないでしょう。というのも、そういったすべてのことから帰結するのは、概念による認識とは非連続的な認識なのだということであるからです。私たちが連続的な実在、諸運動の連続性、例えば、概念によって任意の連続性を取り上げるならば、それは、ある瞬間に、その連続的な発展のある点において、イエスかノーかによる答えを含む問いを生じさせ、立てることになるでしょう。お前はこれなのか。それともこれではないのか。と。概念による認識は、したがって、非連続なのであり、そこからして、決して実在の連続性を厳密に表現するには至らないでしょう。それは非連続的な認識なのです。加えて言えば、そしてこれははるかに深刻なことですが、それは、すでに知られていたことを通じての認識です。概念によって知るとは、出来上がった、すでに存在している諸観念の後に続いてやってくることであり、実在に対して、それが入りうる枠とはどれであるのかと問うことに他なりません。

ですが、もし実在がそれらの枠のどれにも入らないとすれば、そして結局のところ、新たな、本当に新しい対象の場合、それはいかなる枠にも入らないでしょうが――にもかかわらず私たちはそれを概念によって認識したいのです――、〔その場合〕私たちは、その新しい対象を、すでに所有していたさまざまな枠の一つないし複数の枠に力ずくで入れなければならないでしょう。もしそれをさまざまな枠組みの一つに入れることになれば、必然的にその表現は不正確になるでしょう。この枠組みは私たちがすでに知っていた何かを思い起こさせます。対象は、仮定により、新たなものであり、その枠に完全に入ることはできません。その結果、新たな哲学者はきっと、もう一つ別の枠組みを用いて、対象がその場合もまたおおよそそこに入ることを見出すことになるでしょう。こうして私たちは、同一のものに関する二つのシステム、二つの異なる観点をもつことになります。もし対象をそれらの枠組みの幾つかに同時に入れさせようと試みるなら、そしてそれは常に可能なのですが、私たちははるかに実在の近くにいることになるでしょう。ですが、その場合、それらの枠組みがどのように互いに接近しうるのか、一つの同じ事物のうちで共存しうるのかを説明する必要があるでしょう。ところで、たいていの場合見出されるのは、二つの正反対のものです。いかにしてそれらは、同一の事物のうちで共存しうるのでしょうか。要するに、そして、これがこの第一の点に関して私が向かってきた結論なのですが、哲学においては、対立するさまざまな学説、さまざまなシステムは、いつでも一つの同じものに関して取られた対立する視点なのだと示すのはたやすいことでしょう。その一つの同じものは、それらの視点の一方でも他方でもなければ、他方でもありません。というのもまさにそれらは視点にすぎないからです。それらは、外側から取られた視点であって、内側から見られた、内側から捉えられた実在はこれとは別のものなのです。

たしかに、こうおっしゃる方もいらっしゃるでしょう。だとすると、哲学的に認識する手段がないではないか、と。認識するとは、判断すること、肯定したり否定したりすること、概念を適用することだ。もし概念によって哲学的真理に到達することができないのであれば、どうやってそこに到達すればよいのだろうか。と。私たちが哲学的認識から諸概念を排除できないことは言うまでもありません*82。ですが、いつでも思い起こさねばならないのです。概念とは、外側から取られた視点、行動に関わる視点であって、もし実在をありのままに認識しようと望むならば、また別の手法（procédé）を試してみなければならないのだ、ということを。その手法は、概念的思考と絶対的に異なるとは言いませんが、にもかかわらず、今しがた私たちが理解したような意味での概念的思考より上位にあるものです。

知的拡張の努力としての直観

その手法とはどのようなものでしょうか。それは、すでにこの表現を用いたことがありますが、私たちが「知的共感」（sympathie intellectuelle）、直観と呼んだものです*83。直観の努力によって、私たちは、思考したいと望む事物の中に自らを置き入れ直そうと努めるのでなくてはなりません。外側からその事物に関するさまざまな視点をとる代わりに、それと知的に共感しようと努めるのでなければならないのです。

みなさんはこうおっしゃるでしょう。そんなことが可能なのか、と。もし諸存在と諸事物が、そう思われているよりもはるかに、互いに外的なものでないと示すことができるのであれば、それは可能でしょう。もし私が、自分の知覚している対象と絶対的に区別されるものであり、あれこれの他の人物と絶対的に区別されるものであり、私が研究したいと思うしかじかの形而上学的対象から絶対的に区別されるものであるのならば、私がそのようなものについての直観を決してもたないであろうことは明らかですが、概念についてもそれは同じことなのです。私がある対象を何らかのやり方で認識するに至るとすれば、それは、私がその対象に対して絶対的に外的であるわけではないということです。つまり、諸事物と諸存在の相互的な外在性は、すでに人間的な、少なくとも人為的な、取るに足らない見かけであり、生命にとって必要な何かであるということです。というのも、生命は、諸存在のエゴイズムとして、分離を要求するのですが、それは生命の必要性であって、思考の必要性ではないからです。そして私たちはおそらく、習慣的な思考の努力とは絶対的に異なる努力をするという条件で、このエゴイズムを超越することができるのです。というのも、習慣的な思考はそれとはまったく正反対のもので、概念から事物へと向かうことに存するものだからです。私たちは諸概念を取り上げて、たくさん有し、それらを試しに対象にあてはめてみるのですが、それはまるで、たくさんの既製服をもって、どれが一番似合うかを試すかのようなのです。

まずもって、この方法では、私たちは決して事物そのものをすっかり把握するには至りません。次に、私たちは絶えず互いのあいだで言い争い続けることになるでしょう。なぜなら、こちらのほうがいい、あちらのほうがいいと言えるからです。たしかに、これは最も確かめやすいものではあります。しかし、私たちがお話ししている手法はきわめて苦痛に満ちた努力を要求するもので、私はそれを知的拡張・膨張（dilatation intellectuelle）の努力と呼びたいと思います*84。自分のままでありながら——もちろんそうあるほかはないでしょうが——、自分自身以上のものにならなければなりません。自身から外に出て、自らを膨張させ、自身のうちに他の諸事物を入らせなければならないのです。これは、ひとが何らかの仕方で、諸事物の根拠と一つになっているのでなければあり得ないことでしょう。だとすれば、この思考法は、最初にお示ししたものとは逆のものです。私たちは、諸概念から諸事物へ向かうのではなく、諸事物から諸概念へと向かうのです。私たちは直ちに事物の中へ自分を置き入れようと試み、次いで、一旦そこに到達した後で、さまざまな異なる諸概念のほうへとふたたび降りていくことができるのです。こうすれば、どのように、なぜそれらの概念が事物に適用されるのか、どうして適用されないのかがきわめてよく分かるのです。

もし私が、先ほどお話ししたような連続性のうちにいて、一種の共感によってそのうちに自らを置き入れるのであれば、その道すがら、この連続性に対して取られた諸概念と出会うことになります。私はそれらの概念と見知りになり、その場所を跡づけます。それらの概念がどのように〔連続性に〕適合するか、どのように適合しないかが分かります。逆に、もし私が複数の概念をもつ〔ところから始める〕とすれば、それらのあいだで望むように比較することはできますが、決して事物を再構成することはできないでしょう。というのも、視点から、事物を作り出すことはできないからです。写真が何枚あっても、それによって立体的な対象を作り出すことは決してできません。その代わりに、立体的な対象を見て取る〔ところから始める〕のであれば、あらゆる観点から、どのように写真が撮られうるのかが理解されるでしょう。したがって、このような事の進め方は——そして思うに、これこそ意識的であれ無意識的であれ哲学で用いられるやり方であって、私たちはこれを直観への依拠と呼んでいるのですが*85——、概念的な思考ではありません。というのも、諸概念は、その道すがらに見出されるものだからです。それは〔概念的思考とは〕別の何かであって、要するに一つの方向、何と言いましょうか、概念に対して、精神によって取られた正反対の、対称的な姿勢なのです。習慣的な、通常の思考では、ひとは概念の側にいますが、逆の側に自らを見出すことが必要なのであって、それなしでは、哲学的反省はなく、とりわけ形而上学は可能ではないのです。

そろそろこの序論が目指してきた結論へと到達するときでしょう。これまでにお話ししてきたことから分かることでもありますし、昨年すでに提示したことでもありますので、ずいぶん端折りますが、結論は次のようなものです。諸概念によって表現されえない何かがあるのだとすれば、あらゆる種類の記号的表象に逆らう何かがあるのだとすれば、それはまさしく私たちが今年お話しするつもりの対象、つまり時間、持続だということです。私たちはそのさまざまな理論を検討していくつもりです。

運動と概念的表象

その本性からして、持続、時間は、あらゆる種類の概念的表象に逆らうものです。これは見てとりやすいことで、まず時間をその最も外的な（ほとんど「触れそうなくらいの」「最も物質的な」と言いたいところですが）形で捉えるなら、つまり、空間内において遂行された運動という形で時間を捉えるなら、そしてまさにそのように人々は一般に時間を表象しているのですが、時間とは、（空間内を動くものの一様性を規定するのはきわめて難しいことでしょうが）、一様な運動（＝等速運動、**mouvement uniforme**）だということになります。ただしそのためには、この運動を、他のあらゆる運動が関係づけられることになる単位（unité）と見なすという条件が必要です。

仮に時間を、すでにこうして外在化された、すでに大部分空間化された*86ものだと考えるにしても、それを記号的に表象し、そこから観念を、概念的な表現をつくりだすのは困難であり、不可能ですらあると言っておきましょう。

実際、空間内におけるこの運動を見る、思い浮かべるやり方は二つあります。一つ目のやり方を示します。〔まずは〕動くものの内部へと、思考によって、身を移し替え、それと一緒に空間を進んで行く自分自身を表象することができるでしょう。そのとき私たちは、自分が何を内的に体験しているのかと自問することができるでしょう。そして私たちは、運動に内在的な、このまったくもって特殊な認識、この内的で心理的な側からの運動のヴィジョンは、私たちの腕がある地点から別の地点へと動いていくときの運動のように、まったく単純な何かであって、私たちはその内的で、分割しえない知覚をもっているのだと申し上げていました。これが運動を表象する第一のやり方です。

たしかに、もし時間と運動をこのやり方で自らに表象するとすれば、自分が体験しているものを、それは何らかの内的なものなのですから、他者に表現するいかなるやり方もないということになるでしょう。私が内的に体験していることを、どうやって語によって表現し、一般観念に翻訳することができるでしょうか。私にできることと言えば、みなさんの経験に頼って、似たような場合にあなた方が体験されたことを思い出していただくようにお願いすること、もし思い出していただくことがかなわない場合には、それを示唆し、あなた方の想像力や記憶の働きを活性化させるよう試みることです。ですが、この持続の表象を、記号によって表現し、概念の下で把握することはできないでしょう。

もう一つ別のやり方があり、実はそれが概念的表象です。私は時間を――今度はより詳細に言うとすれば――動くものの運動を、そのもののうちに身を置き入れなくとも表象することができます。これは最初は非常に意外な仮説であるように思われるかもしれませんが、私は、ものが動いているのを単に眺めることによって、それを表象することができるのです。動くものは、空間内のさまざまな位置を占め、a、b、c、dといった特定の位置を通過します。時間とは、そういったa、b、c、dという諸点の継起そのものだと私は述べることになるでしょう。これが第二の虚構、時間に関する外的な虚構であって、それは明らかに諸概念に翻訳可能なものなのです。

先ほどお話しした二つの概念を取り上げることにしましょう。多様性と統一性（単位）です。私たちは、これらの概念をたやすくこの〔時間の〕表象に適用できるということが分かるでしょう。お話ししていたのは、a、b、c、dという諸点の、位置の多様性があるということ、次いで、そういった位置の統一性があるということでした。なぜなら、申し上げていたように、位置の継起ということがあるからです。したがって、ある種の多様性があり、ある種の統一性があり、ある種の統一性と多様性の混合さえもあり、この混合が私たちに、実際、時間のある種の概念的な形象化（figuration conceptuelle）を与えるのです。

実際には、時間はこの第二の表象にはまったく介入してきません。あるいは、仮に介入してくるにしても、それはこっそりと、暗黙裡になされることにすぎません。実のところ、動くもののa、b、c、dという位置は空間内の点であり、空間の点である以上不動な点なのです。動くものにa、b、c、dという点を通過させれば、あなたは、それが移動していくあいだ、動くものをそれらの点と合致させないわけにはいかないでしょう。そして、運動するものが移動していくあいだに点と合致するのなら、点の方は不動である以上、運動するものの方も不動なのです。そして結局のところ、動くものは、その運動のあらゆる瞬間に不動なのです。一つの位置は一つの停止です。それは停止だとしても、無限に短い停止だとおっしゃるでしょう、たしかにそのとおりですが、しかしそれでも停止なのです。

それは停止ではなく、移行ではないのかとおっしゃるでしょうか。ですが、その移行と言ったところで無駄なのです。この場合の移行は、動くものと不動の点との合致を導き入れるものである以上、やはり不動性なのです。したがって、一連の不動の点a、b、c、dがあるというわけです。これらの点によっては、決して運動、そして時間は作り出されないのです。

しかし、それを望んだわけでなく、時には、あるいはいつもそれと知らずに、運動のもう一つの概念に身を移しているという場合もあります。みなさんはこうおっしゃるでしょう。たしかにa、b、c、dという点があるが、さらにaからbへ、bからcへという移行もあるではないか、と。〔しかしながら〕、そういった移行を表象するには、運動のもう一つの条件、すなわち内的な条件に戻るより他ありません。運動とは、みなさんが腕を上げるときに遂行されているように、不可分の行為であり、みなさんはその内的な感情をもっているからです。事態はそんな風ではない、自分の腕のaからbへcへという移行はそれとは別のものだと自分自身を説き伏せようと試みることはたしかに可能です。〔aとb、bとcという〕両者のあいだには間隔があるではないか、とみなさんはおっしゃるでしょう。ただ、私が移行と呼んでいるのは、動くものがa′、a″、a‴といったaとbのあいだにあるあらゆる点において過ぎ去る操作のことなのです。

もしみなさんが以上のように推論されるのであれば、私は自分の論証を取り上げ直すことに致しましょう。まず申し上げておきたいのですが、動く物体がa″にいるかぎり、それは不動です。a‴にいるかぎり、また不動です。運動は常にそれらの位置のあいだの間隔にあります。したがって、みなさんはご自身の観点に、ご自身がそこに留まることを望む観点、つまり位置の観点に留まるわけです。みなさんがその観点に留まり続ける限り、手にするのは不動性にすぎず、運動ではありませんし、持続ではありません。真実はと言えば、みなさんが運動について話し、持続を回復させるたびごとに、みなさんが身を移しているのは、運動のもう一つの表象のほうなのです。

したがって、空間内の運動として考えられた持続は、いや単純に空間内の運動はと言いましょう、もしそれが本当に運動として考えられ知覚されるのであれば、それを概念によって表現することはできません。もしそれが多かれ少なかれしっかりと互いに結びつけられた多数の諸点によって、多かれ少なかれ人為的ないし自然的な統一性によって概念的に表現しうるのであれば、その場合はもちろん、私たちは概念的表象を手にしているわけですが、しかし、私たちはもはや持続を手にしてはいません。少なくとも、こっそりともう一つの表象を介入させているのでない限り、持続を手にしてはいないのです。つまり時間は、この単純な形では、一つの概念によっても、複数の概念によっても、表現できるものではありません。諸概念は常に私たちに、時間に関する諸観点を、時間に関する多数の観点を与えてくれるでしょう。けれども決して、時間そのものを私たちに与えてくれるわけではありません。時間は一つないし複数の概念的表象のうちに閉じ込められるものではないのです。

持続と概念的表象

もし私たちが持続を、その真の、内的な形で、私たちの意識状態の継起として捉えるとすれば、どうなるでしょうか。――このように述べるのは、持続とはそのようなものであるからです。持続とは、私たちが、自らを見つめ、意識的な生、内的な生を生きるに任せるとき、自分自身の奥底に見られるものなのです。

その場合、私たちは何を見出すのでしょうか。私たちが見つけるのは心理的な諸状態の継起だと言われています。ここでもまた、それらの状態を表象する二つのやり方があります。まず一つの状態を、次にもう一つ別の状態を、次いで三番目の状態をという風に表象していくこともできます。状態a、b、cなどが次々と並置されていき、持続とはそういった諸状態の継起だと言われるわけです。そうして多かれ少なかれ人工的な統一性によって、多かれ少なかれ互いに結びつけられた諸状態の多様体を手にすることになるのです。

なるほど。しかし、諸概念によって表現されたこの持続、これが持続しない持続であることはきわめて見てとりやすいでしょう。持続と本当に関係をもつには何が必要でしょうか。後続するものへの先行するものの浸透（pénétration）が必要です。連続性が必要であり、記憶が必要です。先にお話しした諸状態の一つ、例えば状態bがあるとしましょう。もしそれが真に心理状態であるなら、その過去の何かがしかがその現在のうちに存続しているはずです。もし現在の瞬間がまだ次の瞬間のうちにないのであれば、状態は絶え間なく終わり、再開するだけです。絶え間なく終わり再開する意識、それは無意識（in-conscience）です。したがってこの意識状態の前の部分が、後の部分に、後発の部分に延長されている必要があるのです。

もし今、一つの状態を取り上げる代わりに、二つ、状態aと状態bを取り上げるとすると、同じことがこれら二つの状態に関してあてはまるでしょう。aがbのうちに連続していかないことはありえず、bのうちにaを延長する何かが存在しないこともありえません。お望みであれば、一つの多様な状態を取り上げても構いませんが、そうした多様性＝多様体が存在するのは、反省、すなわち外から取られた視点が、連続性に区分を与え、諸状態を区別するからにすぎず、その状態の各々を人は、一様なもの、多かれ少なかれ不変で、多かれ少なかれ安定的なものだと見なしているのです。ここでもまた、もしひとが事物の外側に身を置くなら、概念的な表象があります。そして、もし事物の外側に身を置くのであれば、ひとは分割し、固定し、その結果、もはや持続はなく、流れ（écoulement）はありません。流れが捉えられるのは、内部に身を置くとき、観点（vision）が真に内的で心理的である場合だけなのです。しかしそうだとすれば、もはや区別された判明な多様性はなく、概念的な表象もないということになります。

私たちは絶えずジレンマの前に立たされています。一方で、表象は概念から逃れるような性質のものだとすれば、表象は直観的であり、動くものの流れの中に身を置き直し、その運動を採用するものとなる。それは概念的なものではありません。他方で、実際に関わっているのが概念的な表象というものだとすると、持続は逃れ去ってしまいます。あるいは持続を捉えたと信じるにせよ、実際に取り押さえたのだとしても、それは前者の表象の仕方を回復させたにすぎません。それを取り押さえ、後者に導入したというだけのことです。

私はこういった諸々の見解にはこだわらないことにします。昨年度の講義のあいだ中ずっとこういった話を展開したからです。ここではただ、こう結論づけるだけにしましょう。昨年度の講義と今年度の講義の導入部から言えるのは、時間とは、その本質からして、記号的に表現されえない、純粋な諸概念によって表象のうちに収まりえない何かであって、そこから予見しうることは、時間をその種の表象に閉じ込めようと試みたり、その種の表象に従属させようと試みたりする哲学者は、乗り越えがたいさまざまな困難に遭遇するであろうということです。そしてそれこそまさしく、古代ギリシアにおいて哲学をその初めから立ち止まらせてしまったものなのです。彼らはただちに（幸運な偶然によってではなく、ギリシアの哲学者たちの慧眼そのものによってと言いましょうか）、最大の問題に遭遇することになったわけです。どうすれば、変化そのもの、持続を、概念的に表象できるようになるのか。そしてただちに、さまざまな重要問題が提起されるようになったのです。これこそ、私たちが次の講義で示していこうと思っていることです。

反論への応答（一）二重の記号性

ですが、私は〔今回の講義を終える前に〕わざと何分かを残しておきました。この講義の二人の聴講者から私に送ってこられた、きわめて興味深い二つの反論にお答えするためです。それらの反論は、〔講義の本筋からすれば〕付随的な問いに関係していますが、それなりの重要性をもっています。

私たちは例として、記号に関して、まずは有機組織によって、次いで諸器官の機能によって記号的に、外的に表現される生命、生命原理を取り上げました。この例を私たちは、複数の他の例と一緒にとりあげ、それにきわめて大きな重要性を付与しましたが、それには特別な理由がありました。というのも、来年度ではないかもしれませんが、少なくともその次の年度には*87、生物学者の視点からではなく、哲学者の視点から、さまざまな生物学理論に含意された哲学的諸観念の視点から見た生命の諸理論というこの問いについて講義を複数年にわたって続けようという意図を私たちはもっているからです。

したがって私は、これらの反論がある付随的な点にしか関わらないにせよ、それらに或る程度の重要性を認めます。一つの反論はこういうものです。生命は、私たちの目を通して、私たちによって知覚される。なぜならある生物について話しているとき、それは私たちによって視覚的に知覚された存在のことだからだ。そして、そこには、まったく記号的な、二重に記号的ですらあるような見方（vision）がある。というのも、私たちの目もまた生命の一つの記号であり、生命の一つの表徴なのであって、そのような私たちの目が、それ自身一つの記号である有機体を知覚するのだから。したがって、ここには、記号によって知覚される記号が、つまりは二階の記号性なるもの（un symbolisme au second degré）があるということになります。

先の聴講者は、このことが含意しているのは、外的な知覚、身体の知覚は、記号、つまり純粋に記号的な実在しか捉えず、把握しないということを私に指摘したうえで、これがこの講義で説明された、あるいは伏在している意見であるのかどうかと尋ねてきたのです。

繰り返しになりますが、以前の講義において、私はまさに正反対のことを言いました。知覚は人が言うほど記号的なものではなく、ヘルムホルツのように*88私たちの知覚が現実の記号にすぎないのだと言うことは（もし記号を現実といかなる類似ももたないものと見なすのなら）間違っていると私は断言したのです。にもかかわらずこう付け加えます。別の観点からすれば、つまりこの講義において、今年度、説明された観点からすれば、知覚とはまさに記号である、と。

実際、どのようなときに記号は存在するのでしょうか。記号が存在するための必要十分条件とは何でしょうか。記号とは本質的に固定化するものであると申し上げました。運動を取り上げ、動く実在を取り上げることにしましょう。種別化する（spécifier）、記号化するとは、まずもって固定化することです。それは、次いで、或る態度を採ることです。記号とは、行動に関わる一定の態度のことである、と申し上げていたのでした。意味作用とは、行動を通して見られた現実である、と。次いで、記号は分断し、分割します。ところで、事物の直接的な知覚というものがあります。私たちはただちに諸事物の全体を知覚します。私たちは諸部分から全体へ向かうのではなく、全体から諸部分へと向かうのです。知覚は、まずもって不可分のものとして与えられた一つの全体を分断し、断片化します。こうして、或る物体〔身体〕の知覚をもっているとき、私たちは、全体から切り離された、全体の一つの断片にすぎないものの知覚をもっているということです。ちなみに、そのときにも申し上げておりましたが、現実とは動くものであり、本質的に運動なのです。

ですが、知覚するとは固定することであり、不動化することです。それは、行動の必要のために固定し、不動化することであって、私たちの知覚器官は、行動の必要を記号化し、行動の必要を表現するのです。こういったあらゆる理由のために、或る意味においては、あるがままに知覚される物体が、別の意味においては、記号的に知覚されるにすぎないこととなります。というのも、物体は一つの断片として、動かない何かとして知覚されるにすぎないのに対し、全体というのは運動であり、私たちに関する何か〔物体〕の方は、その全体の部分をなしつつも、私たちに対してというよりも、自身に対して存在しているものだからです。こういった理由のために、私たちの知覚は記号的なのであり、私たちの目は、知覚器官として、つまり準備される行動の器官として、生命的な必要を記号的に表象し、この必要が、記号性（symbolisme）を生じさせるのです。したがって、あらゆる知覚される物体は、まさにそれゆえに、記号的に知覚されるのです。

もしそれが任意の物体ではなく生きた身体であるなら*[89]、記号性は二重になります。というのは、その身体はただ単に全体から切り離され固定された部分を表象しているだけでなく、さらにある非常に謎めいた働きをも表象しているからです。哲学者はその謎を探求せねばならないのですが、私たちがはっきりと知覚できるのは、その外側だけです。というのも、一つの有機体は無数の要素によって複合され、また有機体の機能は無数の運動によって構成されていますが、これらすべてが、ある一つの単純な鍵をもっているはずだということ、私たちはそのことを予感しており、また見抜いています。こういったすべては、何か単純なものの等価物であるような複合物であって、単純なものの等価物である複合的なもの、それが、定義そのものからして、記号なのです。

したがって私たちには、ここには二乗された記号性（un symbolisme à la seconde puissance）、二重の記号性（un double symbolisme）がある、と言う資格が十分にあるわけです。

反論への応答（二）ダーウィンについて

二つ目の質問については、もっと特殊なものなので、一言くらいしか申し上げることができません。それはダーウィニズムに関するものです。私たちは通りすがりに*90こう申し上げました。ダーウィンの理論の中では、ある生物の中に表れる特徴は、いずれも生存競争においてその生物の長所〔優れた点〕をなしており、この特徴は、残りの部分を変化させることなしに、その残りの部分に付け加わってくるものとして扱われている、と。言ってみれば、その特徴は機械的に扱われているのですが、ごく軽微な変化でさえも、その全体に影響を与えることなく、生物のうちに生じるなどということはきわめて考えにくいことです。

そのとき申し上げていたのは、普通は白いものとして現れてくる花が、或る日赤くなったとしたら、その花は――比喩的に言えば――根まで赤いのでなければならず、すなわち、赤がその花の全体にまで浸透しているのであって、そのうえに赤色をひと塗りしたわけではないのです。

聴講者の方の質問によれば、まず私は「偶然」（hasard）という語を発したそうです。偶然という語を発した覚えはありません。まずもって、偶然は存在しないからです。もし偶然という語によって原因の欠如を意味するのであれば、偶然に帰される変異、つまり偶有的変異（variation accidentelle）はありません。

ですが、さらに重大な問題があります。ダーウィンは、最も軽微な変異ですらも、深い変異、言ってみれば存在そのものの死活的〔生命的〕な変異に由来するものだと認めるでしょうか。彼がそれを認めるかどうか、私には確信はありません。ある変異とそれとは別の変異、ある特徴と別の特徴のあいだには相関関係があるということは、はっきりと認めるでしょう。そもそも、『種の起源』*91という彼の著作の最初の部分は或る特徴と別の特徴との相関関係に関する、今や古典的となった一定数の例を含んでいます。ですが、私の知る限り、ダーウィンは、生物の或る特徴とその全体のあいだに、或る特徴と、その生命の内的で不可分な原理のあいだに、或る特徴と、私が生命的〔死活的〕な努力と呼ぶものとのあいだに相関関係があるとは言っておりません*92。

彼はそうした努力についてほとんど語っておらず、その結果、遺伝に関する彼の説明（これこそ〔これまで〕私の念頭にあったものです）の中には――私はその機械論的（mécanistique）な部分のことを念頭においていたのですが――本質的に機械論的（mécaniste）な仮説があるのです。卵の粒子ジェミュール〔ダーウィンが遺伝を説明するのに考案した仮説粒子〕というあの仮説によれば、各々の粒子は有機体の一つの要素を代表しているものの、互いに区別され分離しているため、しかじかの要素の特徴、様態は、この仮説によれば、生命の根底そのものには触れていないのです。この仮説によれば、〔有機体の〕特徴は、有機体の生命力（vitalité）そのもの、生命力の全体性と結びついているようには思われないのです。

ですが、そしてこれこそ私がこのちょっとした議論においてとどめておきたいことのすべてなのですが、反駁の余地のない点が一つあります。これこそ私が言いたかったことのすべてであり、私たちみなが認めることなのです。ダーウィンの理論は、もし人がそこから哲学的精髄《クインテッセンス》を引き出そうと試みるなら、機械論的な本性の理論であって、それによれば、差異というものは、互いに付加されるものと考えられるのであって、一つの不可分の原理のうちで互いに深く密接に浸透し合うものとして考えられてはいません。

そのうえ、ダーウィンの理論は、ギリシアの機械論的な哲学者たちの幾つかの理論とたびたび比較されてきました。もちろん類似は、ダーウィンの理論に含意されている形而上学という哲学的な観点からのものにすぎません。というのも、ダーウィンの偉大な功績をなしているものは、まったく異なるものであるからです。それは彼が積み上げた莫大な量の事実であり、観察です。けれども、哲学的な観点からすれば、この学説のうちに見つかるのは、まさに機械論的な方向性なのです。

私が少しく時間を割いて応答することにしたこれらの反論は、今年度に関しては、講義のごく一部に関わるにすぎず、大した重要性をもちませんが、それ自体としてはきわめて興味深いものであり、これから数年のうちにお示しするつもりの私たちの研究成果においてはさらに大きな重要性を獲得するものでありましょう。

第5講　ギリシア哲学と精確さ　一九〇三年一月九日

精確さの発明者としてのギリシア人

みなさん、本講義のイントロダクションとしての役割を担った最初の数回の講義では、記号一般の本性と特徴に関する研究によって、続いて、昨年度の時間観念に関する本講義で述べたことの要約によって、時間、持続とは、その本性そのものからして、記号による表現には最も適さないものであり、記号的表象から最も逃れ去るものであるということを示そうとしたのでした。持続を表象するためには、或る努力が必要です。それによって、思考の働きの傾向に逆らうことができるのです。思考するとは、語の習慣的な意味では、幾つかの概念から、つまり幾つかの記号から出発して、記号によって、現実を迎えに行くことです。思考するとは、語の通常の意味では、現実に対して、すでに出来上がった、前もって定式化された一定数の問いを立てることです。それは、不動のもののうちに、安定したもののうちに、既知なるもの*93のうちに身を安らげることであり、過ぎ去る現実を待ち構え、通りすがりにそれを捉えることです。

ですが、そうだとすると、運動は、つまり時間は、持続は逃れ去ります。そしてこの実在をしっかりと捉えたいと望むのであれば、十分に時間と持続を表象しようと望むのであれば、適用しなければならないのは、逆の方法です。自然の傾向に逆らいつつ、思考の働きの習慣的な方向を転倒させ、方向転換させつつ、一挙に運動のうちに、持続するもののうちに身を置くように——たとえその後で、道筋の道標［マイルストーン］となる諸概念と道すがらふたたび出会うことになるとしても、です——試みなければならないのです。したがって、時間がひとたび内的努力によって、意識によって捉えられるや、時間から諸概念へと私たちは移行することができるのです。ですが、概念から時間へと移行するいかなる手段もありません*94。その結果、諸概念の中に腰を据え、概念を認識の唯一の手段とするような哲学は、時間を逃れ去るままに放置し、時間を無視し、完璧に黙殺する、あるいは単なる幻想とすることを余儀なくされた、そういう哲学なのです。時間とは、この観点から言えば、分析可能なものでもなければ、表現可能なものでもありません。

したがって、言葉というものを、まったき現実に到達し、それを表現することのできるものと見なしていた人々が、持続を軽視し、あるいはそれを単なる幻想と考えるに至ったのはごく自然なことでした。

ギリシア哲学は、端から端まで、生成変化に関する、持続に関するこの観点を採用したのであり、このギリシア的精神の特徴そのものに鑑みて、そのような観点を採用せねばならなかったのです。この精神の特徴的な特性とは何か、その最も驚くべき特性とは何かと問うておくことは——これは付け足しのことにすぎませんが、ギリシア文化が、消滅とは言わないまでも、少なくとも間違いなく少数のエキスパートたちに限定されている〔現代のような〕時代にあっては*95——、おそらく無益なことではないでしょう。これがまさに、今日扱う問いの一部を成すものです。

だからと言って私は別に特別目新しいことをみなさんにお教えするわけではありません。申し上げたいのはただ、ギリシアの天才のさまざまな著作の至る所に見られる、特徴的で本質的なその特性、それは精確さ（précision）である、ということです。ギリシア人たちは精確さの発明者でありました*96。

精確さは精神に不可欠の、本質的な性質ではありません。それなしで済ますこともできます。「だいたい」ということで、実践的な、そしてある意味では理論的な事柄でさえも、あらゆる事柄に間に合います。私たちはごく自然に「だいたい」をもっており、「だいたい」で満足しています。精確さは発明されたものなのですが、発明されなかったこともあり得た、そのようなものなのです。精確さとは歴史上の偶発事なのです。或る場所で、或る時に、生み出された、さまざまな状況の幸運の一致によって、人間たち、何人かの人間たちが、たまたま、精確さ、つまり内容と形式の完全な合致に、形式の中への観念の挿入に決定的な重要性を認めたのであり、この形式とこの観念のあいだにはいかなる遊びも、いかなる懸隔も、いかなる間隔もないのです。

ヘレニズム文学と科学

観念が形式のうちへ完全に・完璧に挿入されるということによって探求されているのは、何よりもまず精確さであって、もちろんこれこそギリシア精神の特徴的な特性です。このことは、ギリシア人たちがまずは彼らの文学という形で私たちに遺してくれたもののどこを見ても明らかです。何よりもまずは文学でした。文学というものは、別に必ずしも精確さへの配慮によって導かれているわけではありません。ギリシア文学以前にさまざまな文学がありましたし、それ以後にも他のさまざまな文学があり、それらはすべてギリシア人たちから着想を得ていたというわけでもなく、私たち西洋の文学だけを例に取っても、イギリス文学、ドイツ文学などは、たしかに古典主義（classicisme）に浸され、諸々の古典（classiques）からきわめて多くの着想を得ているとはいえ、それでもやはり、ヘレニズム文化の直接的な遺産継承者たちではありません。

そうした西洋の文学をギリシア文学やラテン文学から区別するように思われるもの、西洋の文学が、そのモデルとしてしばしば役立った文学から遠ざかることになる要因、それは、西洋文学がただひたすら表現する（exprimer）ことを目指してはいない、ということです。それらの文学はまた示唆しよう（suggérer）とも努めるのであって、つまり［そこでは］形式がいつも、観念の輪郭を精確に表現するものではないということです。形式はしばしば、絶対的に明示された内容を含んではいません。著者は読者に、あらかじめ絶対的に決まっているわけではなく、部分的に不確定な内容で、それが表す形式、型を埋めるよう求めるのです。この文学は観念を表現するものであると同時に、観念を示唆するものでもあります。ですが、ヘレニズムの、そしてこう言っても差し支えないでしょうが、古典主義の本質そのもの・古典主義を作り上げているものとは、形式のうちに観念が与えられているのでなければならないような、そういった形式と観念の合致なのです。純粋に示唆的な、純粋に個人的な解釈にいかなる余地も残されていないような仕方で、合致が全体化されているのです。それは形式にはめ込まれた観念の忠実さであり、誠実さであり、言ってみれば完全な開陳なのです。これこそ、一般的に古典主義、とりわけヘレニズムと言われているものです。そしてまさにここに私たちがギリシア文化のうちに探し求めていたものがあります。この意味で、そのゆえに、私たちフランスの文学はたしかにギリシア文学の直接の遺産継承者であるのです。

私たちが、少なくとも教養ある人々の大部分が、こうした涵養（culture）の手段を断念してしまったことは、後悔すべきことでしょうか。おそらくはそこには不可避の経緯があったのであって、それはずいぶん前から、ギリシア語を古典学習の目的・目標にするのをやめたその日から始まっていたことなのでしょう。ラテン語がギリシア語よりも精確でないと言っているわけではありません。ですが、ラテン語使用者たちが精確さを発明したわけではなく、彼らはそれを受け取り、模倣し、ごく少数の観念に、［ギリシア語に比べて］はるかに少ない数の観念に制限せざるを得なかったのです。彼らは、探究の領域を切り縮めなければならなかったのです。要するに、完璧な精確さ、内容への形式の完璧な適用は、ギリシア人たちの発明であり、偶有的なものであるように思われるのです。これは或る種の素質〔優れた点・長所 qualité〕にかかっているものであって、それはおそらく他の面からすれば短所でもあるようなものですが、ギリシア精神の主たる素質なのです。

そのことはギリシア文学を見れば明らかであり、ギリシア科学を見れば明らかです。ギリシア人たちは、証明というものを発明しました。彼らは数学的証明というものの真の発明者です。それは彼ら以前には存在しませんでした。

数学は、幾何学は、ギリシア起源のものではなかったということはよく言われますし、実際、エジプト人たちが幾つかの幾何学的命題を知っていたことは確かです。しかし最近の研究によって、それらの幾何学的特性をエジプト人たちは経験的な手段によって得ていたということもまた確かめられたのです。それはおそらくは経験の一般化であったのです。証明はありませんでした。証明はギリシアの発明です。すなわち、命題相互の連関、あるいは諸命題と最初の定義との連関は、非常に完璧で、厳密なものであるため、演繹の過程のどこをとってみても隙間も、逸脱も、遊びもないほどなのです。それは厳密さであり、形式における絶対です。幾何学的な証明とは絶対的なものです。ひとたび証明されるや、どうしてそれが別様でありえただろうかということが分からなくなるのです。

このことは人間精神においてはなおも偶然的なものです。それは生み出されたことであり、決して生み出されないでいることもできたものです。数学はそれでもやはり存在したでしょう。というのも証明は数学にとって本質的なものではなく、また人間精神が次のような道を辿ったということは考えられるからです。すなわち、近代の人々が考えついたような数学——一つないし複数の大きさの連続的な変化（variation）に関する研究としての数学——へと、私たちは、即座に到達しえたかもしれないのです。証明とは、きわめて特殊なものです。それは、この連続性に沿って、さまざまな変化、いくつかの停止、休止の場を集め、選ぶものであり、そのようにして獲得されたいくつかの静的な関係を研究するものです。証明とは、存在しないこともあり得たような何かです。ですが、もし証明がまったく存在しなかったのだとしたら、数学は、それでもやはり存在し続けたでしょうが、現在あるような姿、つまり精確さ、厳密さのモデル、厳密さと精確さの類型そのものにはならなかったでしょう。これこそ、ギリシア人たちが発明したものです。

精確さの代償としての静態化

私が申し上げていたのは、精確さとは偉大な素質であるということでした。それは時には短所となるときもあります。メダルには裏側もあります。何よりもまず精確さにこだわるような場面では、完璧な精確さをもって表しえないものは、まして やまったく表現しえないものは、どうしても、存在しないものとして考えられてしまうことになります。そういった状況下では、進展（progrès）、生成変化（devenir）であるようなものはすべて、発生（génération）、進化（évolution）を含意するようなものはすべて、そういったものはほぼ完璧にギリシア精神から逃れ去るものでしょう。それは、ギリシア文学やギリシア科学を見ればきわめて明らかなことです。ギリシア人たちが知らなかった、あるいは少なくとも彼らの文学が知らなかった、完全に脇に置いていた心的状態（états d'âme）というものが存在するのです。そしてそれはまさしく、より深い心的状態であり、言葉によって完全には表現することのできないものです。ましてや、言葉によってはまったく表現できない心的状態、表現することはできず、暗示することしかできないものすべて、つまり要するに近代人たちの抒情詩に活力を与えているものの大部分、そういったものをギリシア人たちはすべて脇に置いていたのです。

ギリシア科学を見れば明らかだと私は申し上げました。それは静的な科学、きわめて精確な科学ですが、証明の厳密な枠組みに入らないものはすべて一貫して省く科学です。かつて存在した中でおそらく最大の数学的天才であろうギリシア人がいます。それはアルキメデスです*97。さて、アルキメデスは力学（mécanique）の発明者ですが、即座に、今日では現実から最も遠く、最も人為的に私たちには思われる力学の部分に向かいました。それは、精神の構築であり、それを前提とするような部分です。逆に、現実的なものに到達し、現実的なもの、運動へと生成変化するような現実を仔細に検討する力学の部分、すなわち動力学（dynamique）をアルキメデスは知りませんでした。なぜでしょうか。なぜなら、静力学（statique）は、証明の絶対的に精確で厳密な枠組みに入るものであったからです。私は近代的な形態の動力学はより精確でなくより厳密でないと言っているわけではありませんが、それをあの〔ギリシア的〕厳密さへと導くには、多かれ少なかれ人為的にそれをする必要があったことは確かです。動力学は、元から厳密であったわけではないのです。

アルキメデスの例は、この観点からすると、彼の数学について考える際に、きわめて多くを教えてくれます。彼は、適用の最も困難な、最も複雑な数学的手法を考え出しました。彼は今日では積分と呼ばれているものを作り上げたのです。ですが、きわめて興味深いことに、アルキメデスは、自分が適用したこの手法、この方法を、およそ事物に対して外的な足場の一種として、数学者たちが一時的に、見積もりを行うために構築したもの、そして彼らが可能なかぎり速く解体しようと努めるものとしてしか考えませんでした。積分を行なうとき、アルキメデスは、彼の計算の正確さをひとが認めない場合には、それを個別の証明によって、そのたびごとに背理法〔帰謬法 per absurdum〕によって正当化していますが、計算に関与する要素が実在的な要素であるなどという考えは彼には決して浮かびませんでした。もしそのような考えが彼の頭をよぎることがあったとすれば、無限小の観念を基礎に置き、無限小の観念を、実在の一部をなす、実在的な要素と考え、近代人たちのような数学の構築へと導かれることになったでしょう。そのような考えは彼には浮かびませんでした。仮に浮かんだのだとしても、頭からそれを追い払ったのです。それでは、精確さを、証明の絶対的な厳密さを断念することになってしまうからです。したがってこれこそ、ギリシア精神の真に特徴的な特性です。もし表現やとりわけ表現可能性が絶えずギリシア人たちにとってもってきた決定的な重要性に関して、ギリシア哲学の外在的な研究によって得心したければ、根源的に、本質的に、言葉（parole）を意味する語が哲学において辿った歴史を追いかけてみるだけで十分でしょう。

ロゴス（Λόγος）、それは言葉であり、またそれは証明です。かくして〔ロゴスによって〕数学的証明のことが指し示されることになります。ロゴス、それは次いで推論（raisonnement）一般です。それはまた、一般的に、理性でもあります。それから概念、プラトンやアリストテレスが理解するような形でのイデアです。概念、それはまさしく定義のことです。それが概念というものなのですから。ロゴス、それは定義のことです。それから、私たちがギリシア哲学の歴史の中を進むにつれて、元の意味のきわめて近くに留まりつつも、語の意味はさらに拡大していくことになります。ストア学派の人々とともに、ロゴスは、生命を説明し引き起こしさえするもの、種子的根拠（raison séminale）、発生的根拠（raison génératrice）となります。それは生命的有機組織化の原理です。それから、プロティノスの哲学において、ロゴスは最前面に登場してきます。それはきわめて見えやすいというものではありませんが、もしプロティノスのことを理解しようと望むのであれば、私たちが昨年申し上げたことですが、まさにこの［概念］*98から、ロゴス、すなわち発生的根拠から出発するのでなければなりません。それは、何か観念と生成変化のあいだに張り渡されたものなのです。

プロティノスが、ひそやかなやり方ではあれ、この有機組織化という意味がロゴスという語の元々の意味にどのようにして付け加えられるのかを、私たちに示すように心を砕いていたことは確かです。このように理解されたロゴスは、役者の役のようなものです。実際ロゴスは元来そのような意味をもっていたのです。人が語る言説＝演説（discours）とは、役者が朗誦する役の台詞でもあるのです。ある生物の生命、それは或る台詞の朗誦であり、巻き取られていた（enroulé）ものの展開（déroulement）です。それはしたがってまたさらに或る意味では、書かれた台詞の朗誦でもありました。こうして、表現するものすべて、思考されるものすべて、生命性であるものすべて、つまり要するに現実の本質的な二つの側面、そういったもののすべてがいわば、言説という語を意味する同一の語〔ロゴス〕によって表現されることになったのです。それは、ギリシア人たちにとって、言説、表現、表現可能性が、思考の全体であったということ、表現しえないもの、完璧には表現できないものは思考にとって重要なものではなかったというのと同じことです。

パルメニデスにおけるロゴス

もしそうだとすれば、はじめからすでに、ギリシア観念論（idéalisme grec）の最初の出現からすでに、完璧な表現が可能なものしか実在的なものはないという、この考えが表明されていたというのは驚くべきことでしょうか。エレア学派の哲学*99は、厳密な観念論の最初の形態であるように思われますが、パルメニデスのもとに見出され、その先行者クセノファネスより少しはよく知られているエレア学派の哲学、この哲学はまったくもってその全体がこの原理に基づいています。残されたパルメニデスの断片から私たちは、ロゴスが、実在を幻覚から区別するのに役立つべきものであるということを知っています。もし私たちが幻覚的なものとは何か、実在的なものとは何かを知りたければ、ロゴスを適用すればよい、というわけです。では彼は、ロゴスによって何を意味していたのでしょうか。残された彼の断片には、「考えることと話すこと」という二つの語が何度も並んで登場します。彼にとってこれらは同じものなのです。「お前は知るにも表現するにも至らないであろう」とか、「それは思考可能なことでも表現可能なことでもない」といった具合です*100。二つの語が断片では並べられています。これはきわめて意味深いことです。そのうえ、私たちはロゴスが彼によって、実在的なものと幻覚的なものとを識別するものとして指し示されていたことも知っているのです。

したがって出発点は次のようなものになります。もし私たちが実在的なものとは何か、幻覚的なものとは何かを知りたければ、思考可能ないし表現可能なものとは何か、そうでないものとは何かを探せばよい、と。

残された断片から、パルメニデスの考えの順序を正確に再構成するのは、私たちにはきわめて難しいように思われます。ここではただ仮説によってしか考えを進めることができないわけですが、真理の基準に関するこうした立場から引き出される第一の帰結は、ある事物は存在するかしないかのいずれかである〔在るは在る、在らぬは在らぬ〕ということです。これこそ、パルメニデスの断片に表明されている原則であって、おそらくはこの観念の第一の帰結です。完全に表現可能なものだけが実在的なもの、真なるものであるということです。

彼が定式化した矛盾律は次のようなものでした。事物は存在するかしないかのいずれかである。これが、矛盾律のラディカルな形態です。そして実際もし、完全に定式化可能なものだけが真であると宣言するとすると、矛盾律は次のような仕方で表明されることになるでしょう。すなわち、事物は存在するかしないかのいずれかでなければならない、と。これこそ言語（langage）が語っていることです。存在することと存在しないことのあいだはないのです。

もしこの原則を認めるのであれば（実はこの原則は見かけほど自明なものではまったくないのですが――特にエレア学派の人々がそれに与えたラディカルな形のもとでは――）、そしてこれこそパルメニデスがこの原則から引き出す帰結なのですが、結果として二つの帰結がそこから出てきます。ここでは二つ目だけを検討することにしますが、第一の帰結は、「多は思考不可能であり、知解不可能であり、存在せず、すべては一である」というものです。それがパルメニデスの結論の一つでした。さらに強く私たちの関心をひく〔第二の〕結論は、結局のところ第一の結論のもう一つの形態にすぎませんが、「あらゆる種類の変化、あらゆる種類の生成変化は知解不可能である」というものです。もし私たちが、「事物は存在するかしないかである」と認めるのであれば、生成変化は存在せず、何物も生成変化しないのです。なぜでしょうか。事物は存在するかしないかのいずれかであるという、この論理的な原則を立てると、どうして、そのことによって生成変化が排除されることになるのかを理解するのは、論理や言語の諸条件による排他的な説明をもたないことに慣れている今日の私たちにとっては非常に難しいことです。しかし、事情はまさにそうなっているのです*101。生成変化とは、在るものが在らぬという状態のことであり、これであるものがこれでないという状態のことです。というのもそれは同時にそうであるということだからです。これからあれへの移行とは、在るのであり在らぬのであるものの移行なのです。実のところを言えば、事物とはそのようなものではありません。事物について話すや否や、それを固定してしまっているのです。

「子どもが大人になる」のではない

もっと分かりやすくご説明しましょう。もしひとが現実の観点に、私たちがこの講義の冒頭で記していたような観点に身を置くなら、もしひとが現実をそれがあるがままに、あらゆる表現とは独立に考えるなら、現実とは何よりもまず明らかに一つの移行、通過、運動であって、だとすれば、生成変化、変化は、諸概念のうちに、すでに出来上がった諸概念のうちに入っていく必要はありません。おまけに、そもそも入っていくことなどできないのです。そうでなく、人はただちに諸概念の外部に、経験のうちに身を置くのです。そのときひとは、生成変化を、持続を、それら自身において捉えるのです。逆に、認識するとは、概念から事物へと向かうことであって、事物から概念へ向かうのではないという主張がなされるのであれば、必然的に認識するとは不動化すること、固定化することであることになり、その結果として生成変化は逃れ去ることになります。ここで例を一つ取り上げて、さらに分かりやすくご説明することに致しましょう。

私が取り上げるのは、主語と属詞がどちらも名詞であるような例です。そのほうが分かりやすいでしょう。「子どもが大人になる」という命題があるとします。私がこの命題をそのものとして理解したいと望むのであれば、現実を現実そのもののうちで捉えたいと望むのであれば、私は何を前面に押し出すでしょうか。それはもちろん生成変化です。言ってみれば、すでに出来上がった子どもなどいないということ、すでに出来上がった大人などいないということです。現実に存在するもの、それは進展（évolution）であり、生成変化であり、決してすっかり全部子どもということはない子どもの、決してすっかり全部大人ということはない大人への進展です。現実に在るのは幼年期から壮年期、老年期への進展だけなのです。幼年期、壮年期、老年期、そういったものはすべて、生成変化の途上にある停止です。生成変化の外に置かれ、それをはっきり表現しようと望んで、不動化し、幾つかの時点でスナップ写真を取るような精神にとって存在している停止であり、こうしてきわめて精確な表現に対応している「子ども」「大人」などといった諸概念が生まれてきます。したがって、私たちが運動や生成変化といった現実の事実そのものから出発すれば、すべて分かりやすいものになりますし、論理学が幾つかの譲歩を行なうという条件で、論理的な困難はたやすく許容されることになります。

しかしながら私が思うに、そしてこれがギリシア人たちの観点ですが、ひとは子どもや大人といった諸項が実在のものであるかのようにそれらから出発してしまうのです。[ですが]*102だとすれば、現実とはすっかり出来上がったものです。子どもがいて、大人がいて、そうすると一方から他方への移行は、[子どもと大人というすっかり出来上がった二つの項に]付け加えられ、確認される、けれど大問題を引き起こす、精神と論理にとって大問題であるような何がしかの偶発事となります。というのも、定義からして子どもである子どもが大人でもあるということはいかにして可能となるのでしょうか。子どもが大人になる。主語として「子ども」を置いたとして、主語である「子ども」と属詞である「大人」とを同一視するということはいかにして可能となるのでしょうか。それはつまり、子どもは子どもであって、大人である子どもであるわけではないということです。みなさんは、「いや、属詞はある。それは、子どもは「大人になるもの」である（l'enfant est devenant homme）」だと私におっしゃるでしょう。たしかにそのとおりですが、それでは困難を先延ばしにしたにすぎません。というのも、子どもは仮説からして事物であり、すっかり出来上がった何かにすぎないからです。それは、はっきりと規定された概念に対応するものであって、「子どもとは大人になるものである」と言うことは、「子どもとはすっかり出来上がったものではない、そのように言われていたもの〔子ども〕とは異なるものである」と言うに等しいのです。ここには何か論理を粉々にするようなものがあります。与えられるものは事物であって運動ではない、移行ではない、ということを認めるなら、事物について、次のことしか言えなくなります。事物とはそれがあるがままのものである、と。子どもは子どもである、大人は大人である、だが、子どもから大人へ、可能な論理的移行は存在しない、と。

これこそパルメニデスが述べていたことです。事物についてはただ次のことしか言うことができません。すなわち、事物とはそれがあるがままのものであって、それ以外のものではないのです。次いで、次のような必然的な結論が出てくることになります。すなわち、生成変化、変化というものはすべて、非論理的で、表現不可能なものであり、また他方で、非論理的、表現不可能で非合理的なものは非実在的であるなら、変化も、生成変化も存在せず、私たちの変化に富み、動的な経験は全て幻覚であるということになるのです。これがパルメニデスの結論であり、エレア学派の結論です。論理、知解可能性、そしてとりわけ完全な表現可能性といった諸概念、言語における（そしてその結果として論理における）絶対的な精確さの諸条件を発見し、この発見に酔いしれたようになって、「論理に、単純な論理の適用に、精確な言説の適用に適さないものは存在しない」と結論づける哲学者たちの結論です。こうして、変化や、私たちが持続と呼ぶもの、すなわち時間一般が否定されることになるのです。

もっとも、私たちの手元に残された断片の中には、はっきりと時間や持続に関係するものはまったくありません。次回の講義で見ていくことになりますが、私たちが時間について、持続について、まったく精確で、非常に興味深い何かをはじめて見出すのは、プラトンにおいてなのです。

ゼノンの逆理（一）飛ぶ矢・二分法・アキレス

ですが、時間についての明確な理論はないとしても、時間、継起が必然的に幻想である理由をこっそりと明かしてくれる理論ならあります。それはパルメニデスではなく、エレアのゼノンのものです。私が念頭に置いているのは、運動〔の存在〕を反駁するエレアのゼノンの議論です。

私たちは昨年度、それらの議論を研究しました[*103]。たしかに、最もよく知られたアキレスと亀の議論に限定されてはいましたが。あの議論に立ち戻りはしませんが、困難の要点、問題の決定的な点、困難な点を、エレア学派の人々はきわめてよく見抜いていたということは示しておきたいと思います。もし言説の極度の精確さに到達したいと望むのであれば、もし論理を実在の基準にまで昇格させるのであれば、ある点から別の点への移行（passage）、推移（transition）を、何らかの偶有的なものとして、事物に後から付け加わる何かとして考えるに至るのでなければならないということを、彼らはきわめてよく分かっていました。言い換えれば、もし諸事物の基礎をなしているのが、彼らが理解していた意味での論理、つまり絶対的な無矛盾であるなら、推移は、移行は、偶有性にすぎないと論証するに至るのでなければならないということを、彼らはきわめてよく分かっていたのです。そうです、ゼノンの議論はすべてこの一点に収束します。それらを詳細に説明する時間はありませんが、昨年度すでに何度も問題になっていた論証を取り上げることに致しましょう。それは〔飛んでいるが、止まっている〕矢の議論です。これは、私たちの観点からすると最も多くのことを教えてくれる議論です[*104]。

ここに飛んでいる矢がある、と彼は言います。その行程の各地点において、矢は不動です。なぜなら、仮説からして矢は、その行程の各点において、自分自身に等しい空間を切り取っているからです。その行程の各瞬間に矢は、自分に等しい或る空間を満たしているのです。飛んでいる矢が自分に等しい空間を満たしている以上、それはつまり、その瞬間、飛んでいる矢は不動である〔止まっている〕ということです。というのも、もし矢がその瞬間、運動中であったとしたら、自分自身より大きな空間を占めていることになるでしょう。したがって、その行程の任意の瞬間に、矢は正確に自身を含む空間を占めているのです。したがって、矢は不動であり、その行程のあらゆる地点において不動である以上、矢は動かないのです。

話をもう少しシンプルな形でお示ししましょう。或る矢がa〔地点〕からb〔地点〕へ向かうために一定の時間を必要とするとしましょう。もし私がその矢をある瞬間に、その行程と不可分なものである〔切り離しえない〕と考えるのであれば、その矢は不動であることになります。なぜなら、動くためには、複数の継起的な瞬間を考えなければならなくなるからです。ただ一つの瞬間しか考えられないがゆえに、矢はあらゆる瞬間に不動であって、動かないのです。とすると、動性とは幻想であるということになります。

この論証の基礎を成しているのはどのようなものでしょうか。私たちは、これまでの数回の講義でそれをはっきりと申し上げておきました*105。それは、aからbへ向かう矢が一定の空間を横切るということであると。もし私が現実を、現実の過程を理解したいのであれば、私は矢の中に自らを置くのでなければなりません。矢は一飛びでaからbへ向かいます。したがってそれは、何かしら不可分なものであり、一つのものです。それは一つの不可分な現実なのです。〔ところが〕もしその矢のうちに自ら身を置く代わりに、それを外側から眺めるとすれば、私は軌跡abを見て取っています。矢は、道のりabを踏破したのです。そこでもし、私が実在的なものは推移でなく位置だということに同意するとすれば、ああ、その場合私は、ゼノンがしたように推論したことになるでしょう。すなわち、矢が通り過ぎる各地点を取り上げたことになるでしょう。それらの地点の各々に、矢の位置があり、必然的に各位置において矢は不動です。なぜなら、その瞬間に矢はその位置を占めていると仮定していたからです。その行程の各瞬間に矢は自分のいる地点と合致している以上、そしてその地点が仮定からして不動の空間の一地点である以上、その矢はどの瞬間においても不動であり、こうして運動は不動性からなるということになります。

ですが真実は、矢は決してその行程の一地点にあるのではないということです。矢は決してそこにはありません。私たちは、運動を外側から捉え、踏破された空間を眺め、その空間を好きなように分割し、不可分の一地点をここに、もう一つの地点をあそこにと置きます。ですが、これは運動を位置によって、不動性によって人為的に再構成することに他なりません。もし私たちが事物をあるがままに捉えようと望むのであれば、私たちは、不動なものの中にではなく、運動そのものの中に自らを置くのでなければなりません。そうすれば私たちは、矢がある地点において動いていないのは、そもそも諸々の地点というものがないからだと言うことになるでしょう。いかなる瞬間においても矢が決して動かないのは、そもそも瞬間というものがないからだというわけです。矢の行程があり、空間があり、私たちはそれを人為的に分割できるわけですが、そのとき私たちは好きなだけの不可分な点を仮定している〔にすぎない〕のです。ですが、運動のうちにでなく、空間のうちにでなく、時間のうちにでなく、空間のうちに身を置くとき、ゼノンは完全に自分の仮定の論理の中にいます。それゆえに、諸々の位置しか存在しないことになり、ある位置から別の位置への通過が論理にとって大問題である以上、ひとたびこの観点が採用されるや、この通過は存在しないということになります。私たちがこの通過を理解したいと望むのであれば、二つの位置のあいだには新たな不動の諸点が見出されることになります。そしてそれらの諸点のあいだにはまた他の諸点があり、こうして私たちは望むだけ遠くまで進むことができますが、そこにあるのはいつでも不動性であって、決して運動ではありません。実際、もし不動性を取るのであれば、決して運動を作り出すには至らないでしょう。そして、それだけが唯一可能な、矢の詭弁《ソフィスム》に対する論駁なのです。

議論は、二分法〔のパラドックス〕に関しても同じです。ゼノンのあの議論は覚えておいてでしょう。一つの動くものがあるとします。今それが点aにあって、点bに到達したいとすると、線分abの中点である点mを経なければなりません。点mに到達するためには、〔線分〕amの中点であるpを経なければなりません。以下同じように、私たちは無際限に続けることができますが、決して動くものはそれが望む点に到達するには至らないでしょう。というのも、その物体が分かつ諸点〔が成す線分〕の中点を経なければならず、それが無限に続けられるからです。この詭弁は、人が思うよりはるかに深刻なものです。というのも、結局のところ、これは詭弁ではなく、運動を前にした哲学者の行く手に（その哲学者が内部に身を置く代わりに、外側から運動を再構成できると思い込んでいる場合には）現れる乗り越えがたい困難を言い表したものであるからです。とはいえ、この詭弁の解決策はとても単純なものです。

現実には、動くものがaからbに至る運動は、具体的な何かです。それは一飛びに空間abを踏破する矢であるかもしれませんし、空間abを踏破する歩行者であるかもしれません。一〇回で、一五回で、あるいは一〇歩ないし一五歩で横切るかもしれません。それが何であってもいいのですが、とにかく何かがあるのです。それは一定の仕方で分節化され、有機組織化された、ある一つの運動です。私にこの分節、この有機組織化が与えられれば、必ずや、そのたびごとに、一定数の不可分の行為があるのですから、私たちは運動というものを、このような仕方で構成されたものとして捉えなければならないでしょう。aからbへ向かうのが一人の歩行者であるとしましょう。その人は、ゼノンがやるようには空間を分割しないでしょう。b地点を越えていくために、例えば五歩、六歩と歩いて、結果としてb地点に到達したことになるでしょう。ですが、ゼノンは、この運動そのものを取り上げるのではなく、この運動の下に張り巡らされている空間を取り上げ、この空間が望むだけ分割可能であると考え、望むように、任意の仕方で運動を解体し、次いでそれをさまざまな空間、さまざまな不動なもの、外的な何かによって再構成するのです。すると必然的に、ゼノンは運動を否定するに至ります。なぜなら、運動を、不動なものによって作り出すことはできないからです。

そしてこれはアキレスの詭弁に関してもまた同じことです。私たちは昨年度これを詳細に検討しました。それは常に運動

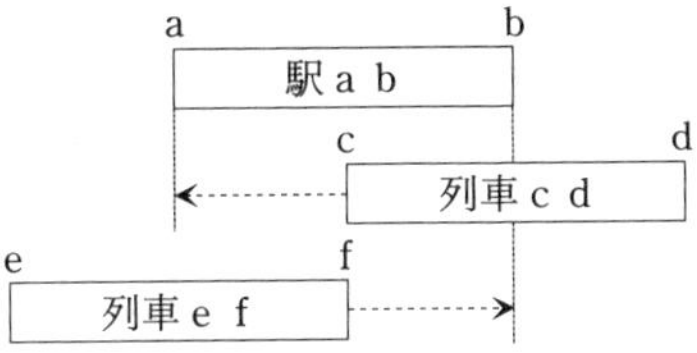

半分まで通過した状態

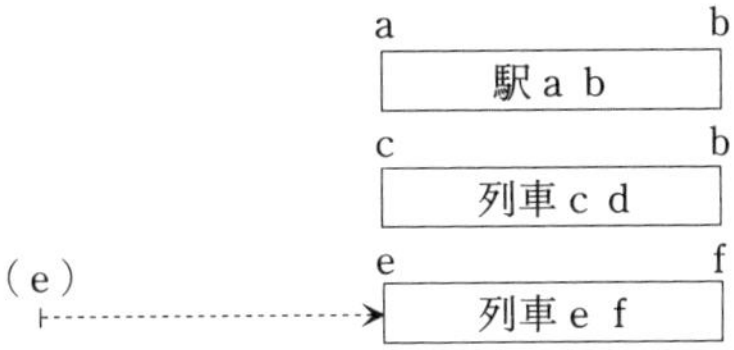

駅の長さ分通過した状態

（原書の図を改修）

と踏破された空間の混同、あるいは少なくとも常に、運動は踏破された空間と合致する、踏破された空間のように扱われうるという考えです。そこから実際、空間が不動である以上、運動もまた不動であるということが、あるいは、運動は存在しないということが帰結してくることになります。

ゼノンの逆理（二）競技場

ゼノンの議論のうちでおそらく最も多くのことを教えてくれるのは、冒頭に引用した矢の議論の次には、きわめて特異で、他の議論よりも知られていないあの議論、競技場《スタジアム》の議論でしょう。これはなかなか言葉で説明するのが難しいので、図が必要になります。次のような形で表されて、これでよりはっきりとわかるようになりました＊[106]。

鉄道の駅があるとして、これをａｂと呼ぶことにしましょう。逆方向に、同じ速さで走ってきて、駅の中央で互いの脇を通り過ぎる二台の列車があるとしましょう。したがって列車ｃｄがあり、次いで列車ｅｆがあることになります。これらの列車ｃｄとｅｆは同じ長さをもち、それらは正確に駅と同じ長さであるとしましょう。

点ｃが点ａの位置に到達したとき、つまりそれらの列車のうちの一台〔ｃｄ〕の機関士が駅の突端〔ａ〕に到着した時、もう一方の列車、列車ｅｆの機関士〔ｆ〕は点ｂに、つまり駅のもう一つの突端に到着しています。その結果、点ｅにいる機関士は、ｅｆの長さをすべて走破することになるでしょう。線分ｅｆのすべての点の前を次々に通過することになるからです。〔さて、列車ｃｄの先端がａｂの中点に来た時、列車ｅｆの先頭ｆと並ぶことになります。＊[107]〕それゆえ、点ｃは〔そこから〕、ｆｅの全区間を走破することになります。ですが、点ｃはまた、線分ａｂの半分を走破することにもなります。というのも、点ｃは、駅の突端〔ａ〕に到達することになるからです。こうして、ｃにいる機関士はｅｆの半分を走破し、と同時に、ｅｆの半分に等しい長さを走破したことにもなるわけです。一方が他方の二倍であるような二つの道を同時に走破したことになるわけですが、実際、もし運動が走破された空間に対して適合すると想定するならば、これは不条理なことです。ここにゼノンの詭弁のすべてがあります。一つの同じ運動が、一方が他方の二倍であるような二つの空間に同時に適合するというのは、不条理な事態です。ですが、もし運動が走破された空間に対して適用されるのではなく、運動に対して空間を張り巡らせるのは私たちであると認めるなら、私たちが今身を置いている観点によれば、私たちの仮説によれば、同じ運動の下に、ある一定の空間やその二倍の空間を置くことができるというのは、とてもよく理解されるでしょう。その結果、もし運動の内部に身を置くなら、すべては明らかとなり、その外側に身を置くなら、すべては曖昧となります。ゼノンのこの議論について、もし運動を捉え、その可能性を理解したいと望むのであれば、必要なのは、運動のうちに身を置くことであって、諸項（運動そのものではなく、不動で、その結果、その積み重ねないし並置によっては動性を作り出すことができないような諸項）によって外側から運動を再構成しようと試みることでないのは、はっきりと分かります。

次回は、私たちが哲学史の中で出会った最初の時間論を取り扱うことに致しましょう。その理論が開陳されている『ティマイオス』の頁がどのような形でプラトン哲学の或る部分全体にきわめて大きな光を投げかけているかをお示しすることに致しましょう。その部分とは、プラトン哲学にあって、長らく比較的無視してもよいものと考えられてきた後で、今日になってより詳しく研究され始めてきた部分、すなわち生成を取り扱い、神話によって表現されている部分です。

第6講　プラトンの時間論　一九〇三年一月一六日

みなさん、私たちはこれから、プラトンの時間論について、いくつかの指摘を行いたいと思います。そもそも時間論といえるものが最初に見出されるのが、プラトンなのです。『ティマイオス』のある頁で素描されている理論のことです。私は、そのテクストのいくつかの主要な文、すなわち『ティマイオス』の三七―三八*[108]に注釈を与えたいと思います。プラトンはちょうど、神――偉大な芸術家であるデミウルゴス――が、世界霊魂（âme du monde）――事物に生命を与え、動かすよう定められた魂――を作る際の非常に複雑な過程について語り終えたところでした。その後で彼はこう続けています。

『ティマイオス』の時間論

世界を生み出した父は、永遠なる神々の似像すなわち世界霊魂を見たとき、それが自ら動くところを見たとき、満足し、大いに喜び、それをさらによりモデルに似たものにしようと思いました（ἔτι δὴ μᾶλλον ὅμοιον πρὸς*[109] τὸ παράδειγμα）。このモデルは、それ自体が、永遠なる生き物（ζῷον ἀΐδιον）なのです。彼は、宇宙そのものをも、できるかぎりそのようにあるように、つまり永遠なものにしようと努力しました。永遠性を生成物に完璧に（complètement, παντελῶς）・完全には与えることができなかったのですが、しかし神は永遠の動く似像（image mobile de l'éternité）を作り（εἰκὼ δ' ἐπενόει κινητόν τινα αἰῶνος ποιῆσαι）、同時に天球（ciel）を秩序付けました。永遠を一のうちに留めつつも、数に即して動く永遠の似像を作ったのです（ποιεῖ μένοντος αἰῶνος ἐν ἑνὶ κατ' ἀριθμὸν ἰοῦσαν αἰώνιον εἰκόνα）。神は、一のうちに留まっている永遠を作りました。そしてこの似像こそまさに、私たちが時間と名付けたものなのです。というのも、日々や年月は、天球が生じるまで存在しなかったものであり、それらが生じるように神が仕組んだのは、まさに天球を秩序付けることによってであったからです*110。

過去と未来に関するいくつかの文は飛ばしますが、次のフレーズは引いておきましょう。

これら〔過去と未来〕は、永遠を模倣し、数に即して円運動をする時間の諸形式なのです*111（κατ᾽ ἀριθμὸν κυκλουμένου）。

時間は数で回転運動をするのです。

こうしてついに、この一節の結論に辿り着きます。

それゆえ、時間が天球とともに生み出されたのは、ともに生み出された以上、いつかそれらが解体されうるのだとすれば、ともに解体されるようにするためであり、また時間が永遠の自然をモデルとして作られたのは、〔天球をできるだけそのモデルに似たものにするためだったのです〕*112。というのも、モデルの方は、永遠に、ある（ἔστιν ὄν）のですが、〔似像としての〕時間については、絶えず、あった、あるだろう*113（εγονώς τε καὶ ὢν καὶ ἐσόμενος）と言わねばならないからです*114。

したがって、「ある」と言うことができるのは、永遠についてだけなのです。時間は決して「ある」ことはないのです。そうではなく、私たちは絶えず、それが「あった」、そして「あるだろう」と言わなければなりません*115。精確なテクストです。この一節の後――ここで引用はやめますが――プラトンはついに神を描くことになります。第一の円環の内側にさまざまな円環を作り、そこでさまざまな天体を回転させる神のことです。次いで、その宇宙の内部に生み出されたその他の事物が描かれます。この宇宙においては、自転している天球が、その外皮を成しています。

これが、みなさん、時間にかんする『ティマイオス』の一節です。これは重要なものです。というのもこの一節は、おそらく、今日いくらかの人々が二つの哲学と呼んでいるもの――私たちはこれを単にプラトンの二つの観点と呼ぶことにしましょう――のあいだの移行・推移を示し、またそれを理解するのに役立つものだからです。

その二つの観点とは何でしょうか。それらを示し、また定義すること、これが、この節に対して可能な最良の注釈となることでしょう。

第一の観点――イデア論

プラトンの出発点は、みなさん、疑いようがありません。それはまさしく私たちが前回説明した問題、すなわちエレア学派の哲学者たちによって提起され、彼らによってある意味では解決された問題です*116。いかにして私たちは、事物が生成し、したがってまた、事物が持続することを、矛盾も不合理もなく認めることができるのか。いかにして、熱いものが冷たく、小さいものが大きく、子どもが青年や大人になることを不合理なしに認めればよいのか、という問題です。先日、私たちはこう言いました。原理を絶対的な形で提示し述べるなら、ここにはたしかに何らかの矛盾がある。というのも、熱いものは熱いものであり、冷たいものは冷たいもの、子どもは子ども、大人は大人である以上、一方が他方になると言うことは、その一方が自分自身であり、かつ自分自身でないことを認めることなのだから、と。

そう、ここにはたしかに一見したところ不合理が存在します。しかし私たちは、先日、生成や変化のうちに、それらの本来の姿、事物の存在の根源そのものを見るのであれば、この不合理は見かけ上のものでしかないと言いました。私が、子どもが大人になると言うとき、その子どもをすっかり出来上がった実在、大人をすっかり出来上がった何かと見なすなら、私は子どもと大人という理屈の上では不動の二つの項を手に入れることになりますが、そうすると、子どもから大人への変化ないし移行は、当然、理屈の上では理解不能な何かとなってしまうでしょう。というのも、仮定からして子どもでしかない子どもが、子どもでありながら、移行におけるある瞬間に大人であることを認めなければならないだろうからです。しかしすでに述べたとおり、実在とは、子どもでも大人でもなく、進展、進化、生成であって、これによって子どもは青年へ、青年は大人へ、大人は老人へと生成するのです。幼年期や青年期、成人、老年期といった項は、実在ではなく、変化しつつある実在に対する精神のさまざまな観点ないし視点です。真の実在とは、変化、生成であり、連続的な推移です。そして、私たちの精神にとってしか存在しないもの、私たちの第一講の表現を用いれば、記号という価値しかもたないもの、それが幼年期や青年期といった項なのです。こうした記号は、姿を変え過ぎ去って行く実在に対する精神の不変の視点ないしヴィジョンに相当します。

さて、事態をこのように考えるなら、子どもが大人に、大人が老人になることに、不合理なところはまったくありません。反対に、実在を子どもや大人や老人と見なすなら、すなわち実在を、概念によって構成されたもの、概念をモデルとして構成されるものと見なすなら、ここには当然不合理が存在することになるのです。

これが私たちの示した解決です。この解決は、少なくとも私たちの意見では、近代の哲学には多かれ少なかれ浸透しているものです。しかし、古代の人々は、この解決を提起することができず、まったく異なる観点に身を置いていました。すなわち、概念こそ、私たちが自然な仕方で（naturellement）形成するものであり、概念は、私たちが自然な仕方で形成するものである以上、実在そのものに相当するものでもあるのだと信じられていたのです。その結果、これとは異なる、先ほどお示しした解決を試みる以前には、まさに概念だけに頼ることで不合理や矛盾から抜け出そうとしなければなりませんでした。エレア学派の人々は、変化を否定するに留まりました。プラトンは、実在が不変なもの、すなわち概念であることを主張しながらも、変化を説明し、残そうとしました。彼はどのようにしてことに当たったのでしょうか。〔プラトンの〕解決は、みなさん、次のとおりです。熱いものが冷たいものになる、あるいは小さいものが大きいものになると言うことは、不合理です。しかし、熱いものは熱いもの、冷たいものは冷たいもの、小さいものは小さいもの、大きいものは大きいものであると主張しつつ、これらはいずれもそれ自体では変化しないものであり、熱いものと冷たいもの、大きいものと小さいものは、いわば同一の場所において、互いに継起し、出会い、入れ替わっているのだと想定するのであれば、不合理は消失することになるというわけです。

今ここに幻灯機と、さまざまな色をしたいくつかのガラス板があるとしましょう*117。この比喩はすでに取り上げたと思いますが、プラトンの教説、ならびに有名な洞窟の比喩の考えのうちにあるものです。例えば、青いガラス板と赤いガラス板、それからスクリーンがあるとしましょう。幻灯機は、スクリーンに向けて、赤色と青色を順番に投射するとします。すなわち、スクリーンは、最初に赤色に、次いで青色になるということです。赤が青になると言ったり、赤いスクリーンが青いスクリーンになると言ったりすれば、たしかにそこには不合理があるでしょう。しかし、赤色と青色がスクリーン上で相継起すると述べることに不合理はありません。というのも、赤色は変化しないもの、赤色のままであり、青色は青色、スクリーンはスクリーンのままだからです。それゆえ私たちは、三つの不変なもの、すなわち、赤色と青色、そしてスクリーンを手にしているのですが、にもかかわらず、私たちは変化や生成、あるいは少なくとも、変化や生成の見かけを与えるすべてのものを手にしていることになるのです。

さて、これがプラトンの解決の原理です。この原理は、アリストテレスによって非常に明確に示されています。アリストテレスもこの原理を採用していたのですが、彼の言うところによれば、この点についての彼の教説は、プラトンの教説から離れています。しかし、『形而上学』第一二巻において彼は、エレア学派によって提起された困難、すなわち、ある反対のもの（un contraire）がそれとは別の反対のものに変化しうるということ、例えば赤色が青色になりうるということを認めることの困難を指摘した後で、こう述べています。「私たちの原理の下では、二つの反対のものに加え、ある第三項が認められることによって、困難が消失します（Ἡμῖν δὲ λύεται τοῦτο εὐλόγως τῷ τρίτον τι εἶναι）」*[118]。第三の原理とアリストテレスが呼んでいるのは、反対のものたちの基礎にあるもの、より正確に言えば質料（ヒューレー）*[119]のことですが、プラトンはすでに、ずっと曖昧な形ではありますが、第三の原理を認めていました。彼にとっては、無限が第三の原理でした。彼にとってそれは、大きいものでありかつ小さいものであり、未規定な何かでありながら、しかし諸イデアや変化するさまざまな質にとって基体（*substratum*）の役割を果たすものでした*[120]。

また私は、この原理を最も明確に定式化したのはアリストテレスだと言いましたが、これはプラトン自身においてすでに、非常に明瞭な形で見出されるものでしょう。例えば、『ティマイオス』には、あの受容者（réceptacle）、逐語的に訳せば、刻印を受け入れる柔らかいもの（τὸ*[121] ἐκμαγεῖον）について語られている一節があります。その次に、そこに入ってきたり出て行ったりする諸事物について語られるのです（τὰ εἰσιόντα καὶ ἐξιόντα）。

プラトンは、そうした事物が、諸イデアの模倣だと付け加えています（τῶν ὄντων μιμήματα）*[122]。

このように、〔まず〕スクリーンすなわち受容者があり、次いで永遠の事物の像の去来があり、これらすべてによって生成や変化の見かけが私たちに与えられるというわけです。

『国家』の第七巻には、多様な、したがって、変化する事物を永遠のイデアへと解消するという弁論家（dialecticien）の役割を非常に明確に引き出しているテクストがあります*[123]。そこにあるのは〔これまでと〕同じ考えです。すなわち、それ自体では変化しない諸事物、不変の本質を帯びた諸事物に加え、受容者という、何ものでもないもの、あれやこれといえるものでなく、あれやこれやその他のすべてがそこで過ぎ去ることができるものを変化の構成要素と見なすのであれば、変化は説明されるか、あるいは少なくとも変化に固有の不合理は消え去ることになる、という考えがここにはあります。

これが、みなさん、プラトンによる解決の原理です。要約すれば、生成についてのこうした説明の本質、より正確に言うなら生成の還元の本質は、次のように表現することができるでしょう。つまり、変化や生成は、永遠なもの、永遠なもののある種の頽落にすぎないものと見なそうということです。変化しないもの、永遠なもの、さまざまな対象から引き出されそれ自体で存在すると見なされる諸性質を考えれば、私たちの知覚に与えられるもの、私たちの知覚に対し変化や運動として与えられるものはすべて、〔永遠なものの〕減少によって得られるということです。ここでも私の比喩に立ち戻って、不変不動の色付きガラスを想像してみましょう。色付きガラスの背後、上方には光があり、下には、広大な空虚の暗闇が広がっています。そしてその光は、暗闇を通じて、ガラスに塗られた色を投影します。そうして投影されたさまざまな色は、あたかもスクリーンを探しているかのように進み、ついにそれを空虚の暗闇のうちに見出すことになります。そうした色のすべてが混交し互いに混ざり合うことで、私たちが生きる世界、私たちが目の当たりにするさまざまに変化する現象を生み出すことになります。これこそがまさしく、私たちの知覚に与えられるものなのです。

しかし、学問を作り上げ、実在そのものにまで到達したいのであれば、私たちは、あの色付きのガラスへ、そしてとりわけ、その上方、後方にある光へと遡らねばなりません。さて、このガラスこそがプラトンのいう諸イデアであり、光が、イデアのイデア、第一のイデア、プラトン自身が光、叡知的世界の太陽と呼んだもの、つまり〈善〉のイデアなのです。そして、哲学者や弁論家の役割とは、そうしたイデアへと遡り、その正確な場所を見出すことであり、さまざまなイデアが互いにどのような関係に置かれているのかを知り、どれとどれが互いに類似していて、また反対にどれとどれはまったく似ていないのかを規定することであり、最後にとりわけ、可能であれば、その他すべてのイデアを支配し、それらが自らの光と実在性とを借り受けているところの〈善〉のイデアへと到達することなのです。

これが、図式的ではありますが、イデア論の本質的な部分だと言えるでしょう。繰り返しになりますが、この理論によれば、言語（langage）のうちで私たちに示される諸概念は、実在の単なる記号でも、私たちの精神による構築物でもありません。言語のうちで見出されるような諸概念、あるいはむしろ矯正された（rectifie）概念は――というのもプラトンは、言語が私たちに示す諸概念には矯正が必要ではあるが、最終的には、事実上とは言わぬまでも権利上では、諸概念は言語のうちにあると見積もっているからですが――、部分的に規約的で作為的な何か、つまるところ人間的な何かではありません（近代人であればそうだと言いそうなところですが）。そうではなく、そうした概念は、それ自体で存在を有し、権利上存在するもの、神的な何かであって、私たちが知覚の世界で出会うものの方が濁った概念、堕落した概念なのです。そして、それ自体では不変不動な概念――プラトン曰く永遠の概念――から出発して現実に至るためには、概念を衰退させ、衰退した概念を不完全なもの、堕落して行くものと想定しさえすれば良いのです。

さて、まずはこうした論点がイデア論にはあります。次に、もう一つ、私たちが二年前に*124強調した論点があります。それは、数学ないし幾何学――これはプラトンの時代においては唯一の体系化された学問でした――から本質的な部分を取り入れる必要があるという考えです。哲学史のどの時代をとってみても、哲学に対する数学の影響は非常に大きなものです。哲学の形態は常に、同時代において最も厳密さと精確さ(précision)を示し、精神に最も大きな満足を与えた諸学がとってきた形態によって規定されてきたのです。

さて幾何学者は、現実の不完全で変化する形象から、完全で不変なモデルへと身を移します。幾何学者は、モデルの役割を果たすそうした不動の形象について、証明によっていくつかの命題を打ち立て、次いで、そうして得られた命題を、今度は近似的に、現実世界の形象へと適用するのです。

現実一般についての学を得たいと望むとき、私たちは、これと同じ仕方で事を進めます。私たちは理解しやすいモデルから、不変の完全で純粋なイデアへと身を移します。このときイデアは、変化する不完全な事物に対して、幾何学者の描く形象が現実の形象に対してあるのと同じ関係にあります。こうして、私たちは、より広大な数学、偉大な数学を手に入れ、もう一方の〔従来の〕数学はその特殊な事例にすぎなくなるのです。

そこで、私たちが言語のうちに見出す諸概念を取り上げ、それらを矯正し、数学的形象(figures mathématiques)と合流させましょう。数学的形象を、あらゆる概念のうちで最も高尚なものでなく、もはや、特殊な事例にすぎないもの、さまざまな概念のうちのいくつかにすぎないものとするのです。そうすれば、結果として、あらゆる概念が数学的形象であることになりますが、それらは〔以前の〕数学的形象よりも豊かで、高次で、より完全なものとなります。このとき私たちは、言語に従って創造された流れと、数学によって開かれる道に従って創造された流れという二つの流れが合流する点において、プラトンのイデア界を手に入れることになるでしょう。

こうした主張が、みなさん、非常に単純化され図式化された形ではありますが、プラトンのイデア論であると私には思われます。ここには、事物に対する第一の視点、今日幾らかの人々がプラトンの第一哲学と呼ぼうとしているものがあります。

いずれにせよこれが、プラトン主義におけるいわゆる二つの哲学ないし二つの視点のうちの少なくとも半分、あるいはひょっとするとそれ以上を占めているかもしれないものです。しかし〔プラトンには〕もう一つ別の視点があります。

第二の観点――神話

みなさんご存知のとおり、プラトンの対話篇において、神話すなわち寓話が非常に大きな地位を占めています。その寓話の本性、その射程と価値については、多くのことが書かれてきました。急いで言っておけば、それらをすべてひとまとめにして、同じ価値と射程をもっているなどと考えてはなりません。もちろん、そうした神話のうちいくつかは、延々と続く隠喩やアレゴリー、詩的な空想でしかありません。というのも、プラトンは詩人であることから事を始め、いずれにせよ、生涯を通じて詩人であり続けたと言われているからです。一つ思いつくままに〔プラトンの〕神話を、例えば『パイドロス』*125に見られる神話を取り上げてみましょう。女神たちが歌っているのを聴き、寝食を忘れ、蟬になってしまった人々の物語のことです。そうした類の神話は、数多く存在しますが、もちろん詩的な空想にすぎません。しかもプラトンはそれを半ば陽気な調子で語っているのです。

しかしこれとはまったく異なる調子で語られる神話があります。重々しく厳かで、時には神秘的な調子で始まることさえあるいくつかの神話のことです。プラトンがそうした、たいていはある程度の長さをもつ神話を、異境の人、とりわけ東方の人や、ピュタゴラス学派の哲学者に語らせることは珍しくありません。例えば、〔『饗宴』における〕マンティネイアのディオティマ、〔『国家』における〕アルメニオスの子のエル、そしてピュタゴラス学派の哲学者ティマイオス*126――『ティマイオス』は神話という形をとっているのです――などのことです。以上が、そうした神話の外観です。

神話の内容について言えば、それは結局のところいつも同じものです。そこにはいつも、人間の魂にせよ、世界霊魂にせよ、あるいは宇宙霊魂にせよ、常に魂の問題があります。またそこには、プラトン的な意味における神ないし神々の問題、神の魂の問題、そして――これは神の魂の問題からの直接的な帰結ですが――生成や変化の問題、つまり私たちに現れる事物、物理的な事物についての説明があります。なぜなら、変化が説明されるのは、魂、人間の魂、宇宙霊魂、神によってなのであって、プラトンにとっては神と魂とが運動と発生の原理であったからです。

そうした神話の価値と意義については、みなさん、すでに多くの議論がなされてきました。しかし一般にそれらをプラトン哲学における二次的なものと見なす点においては、意見の一致がみられます。ある人々にとって、あのさまざまな神話はみなまったくの空想にすぎません。別の人々によれば――そしてこちらの方が真実に近いように思われるのですが――あのさまざまな神話は、プラトン的なディアレクティケーから逸れたもの、すなわち学問そのものからは逸れたもの、臆見（opinion）に属するものとされます。あのさまざまな神話は、事物の発生のプロセスを思い浮かべるための順序や方法についての、プラトンによる説明だというわけです。そうしたプロセスは、ディアレクティケーという形で扱うことができません。なぜなら、ディアレクティケーが到達するのは諸イデアすなわち永遠的なものだけだからです。しかしこのプロセスは物語という形で、つまり神話的な話という形でなら扱うことができるのであって、プラトンがさまざまな神話において語っているのは、まさにそうした物語なのです。

要するに、あれらの神話の価値と意義については、さまざまな理解があり、共通見解がなかったのですが、それらを二次的なものと見なすという点では人々の意見は一致しており、とりわけ一致が見られるのが、あれらの神話、つまり魂と神、プシュケー（ψυχή）とテオス（θεός）についてのさまざまな理論が、プラトン哲学におけるイデア論と同時共存的なもの、プラトンにおいて常に並走している対であると見なす点であったのです。

プラトン対話篇の年代学

〔しかし〕五年ほど前に、プラトンの論理学に関するルトスワフスキ氏*[127]の仕事が出版されてから、状況は一変しました。この哲学者は、すでに存在していた数多くの成果を用いながらではありますが、プラトンに対して、いわゆる計量文献学的（stylométrique）な方法〔文体統計法〕を、現在まで行われてきたよりもはるかに厳密な仕方で適用したのです*[128]。ご存知のとおり、プラトンの対話篇の執筆順序は、ほとんど知られていません。いくつかの対話篇については例外的にプラトンの全著作における位置をほぼ確実な仕方で推定することができていましたが、その他の対話篇については憶測の域を出るものではなく、結局のところ、これまでなされてきた分類はほとんど論点先取のようなものだったのです。というのも、これまでの対話篇の分類は、要するに、プラトン哲学の進展に基づいてア・プリオリにつくられた仮説によるものでしかありえなかったからです。

反対に、計量文献学的方法によって、私たちは、プラトンの対話篇の、客観的で、おそらくはほぼ決定的な分類へと、つまりは対話篇の時系列順の再構成へと到達することができたのです。

この方法の本質は、いくらかくだけた表現を用いるなら、作家の癖とでも呼びうるものを考察する点にあります。どんな作家にも、またどんな演説家にも、その人なりの癖があります。つまり作家にはそれぞれ、好んで繰り返すいくつかの表現や言葉、言い回しがあるのです。それらを考察することによって分かるのは、言葉や言い回しのそうした反復、ギリシアの著述家の場合であれば小辞――というのも、ギリシア語における小辞の役割はみなさんご承知のとおりのものであるからです*129――の反復は、演説家や作家の人生のさまざまな時期によって変化するということです。それゆえ、対話篇の長さやいくつかの表現の出現頻度を考慮に入れて比較統計・関連性分析を行ない、異なる統計同士を互いに比較すれば、ある作家の著作全体のうちに、文体上の変化に対応するいくつかの時期が区別されうるということがお分かりいただけるでしょう。

見事というほかない巧みさと忍耐強さをもって、この方法をプラトンの対話篇に適用することによって、著者〔ルトスワフスキ〕はまず、執筆時期が正確にないしほぼ確実に知られていた対話篇に関して、著作全体におけるその位置づけを再確認するに至りました。すでに知っていたことを再確認したわけですが、このことは、計量文献学的な方法の信憑性と価値の証左、保証となりました。その一方で、他の対話篇についても、この方法は、多くの場合、非常に斬新な仕方で、プラトンの思索の歩みと進展を実に大きく生き生きと照らし出すような仕方で、それらの執筆時期の決定に至ったのです。

その分類をごく簡潔に、手短にまとめれば次のようになるでしょう。まず、ソクラテス的対話篇〔『ソクラテスの弁明』『クリトン』『プロタゴラス』『メノン』など、おおむね三〇歳代を通じて、おそらくは四〇歳前後までに書かれた、比較的短い一連の初期著作〕があります。皆が一致して述べているように、ここにはまだイデア論の痕跡はありません。次に来るのが、その理論の素描《エスキース》を含んでいるいくつかの対話篇、すなわち『クラテュロス』『饗宴』『パイドン』であり、イデア論はこれらの著作においてすでに明瞭なものとなっています。最後に来るのが、イデア論が最も精確かつ明瞭に説明される対話篇であり、これらはプラトンの教説の極みを示しています。『国家』と『パイドロス』のことです。『パイドロス』はこのように『国家』の後に位置づけるべきでしょう。そこにはすでに新しい何かが現れているように思われます。

しかしこれらの対話篇の後に、プラトンの思索の批判期を画するいくつかの対話篇がやってきます。『テアイテトス』と『パルメニデス』のことです。これらの対話篇はこれまで一度もこの〔批判期の〕位置に置いて考察してみようと試みられたことがなく、まさにそれゆえに理解しがたく、あまりの難解さにそれらが真筆であることを疑う人もいたほどでした。その次に来るのは、移行期の作品でありながら新たな方向性に向かっていることが明瞭な対話篇、『ピレボス』*130と『ソピステス』です。最後に来るのが、プラトンの思索の最後の時期を明瞭に示している対話篇、『ティマイオス』と、『クリティアス』の諸断片、そして『法律』です。ルトスワフスキ氏によれば、この晩年の時期は、イデア論の放棄、少なくともその当初の形態の放棄によって特徴づけられます。プラトンは、あの永遠なるイデア、叡知的世界に独立してそれ自体で存続しているイデアという考えに達していたが、晩年、最後のいくつかの対話篇においては、さまざまなイデアがそのようにそれ自体で存続することはできないと理解するに至ったというのです。だとすれば、前面に押し出されてくるもの、プラトンにとって存在そのものであるようなものとは、つい先ほどお話しした二つのもの、叡知的世界の素材そのものをなす二つの項、すなわちプシュケーとテオス、魂と神となるでしょう。そしてこの第二の哲学において、イデアはもはや、神の知性と人間の知性のさまざまな様態にすぎないものであることになってしまうでしょう。

それゆえ、この最後の時期において、プラトンは、イデア論を放棄ないし根本的に修正することによって、魂と神を前面に押し出し、それらを真の絶対的な実在へと仕立て上げたというのです*131。

みなさん、私はそこまで言う必要があるとは思いません。私の考えでは、まずもって、ルトスワフスキによるプラトン対話篇の分類は保持すべきです。おそらくその中には疑わしいものもあるでしょうが、おおよそあの分類はそのとおりであるに違いないと思われます。おそらくはまさにあのとおりの順序で、プラトンの対話篇は執筆されたのです。しかしながら、ルトスワフスキによって導かれた結論に関しては、多くの留保がなされるべきでしょう。なかでも主要な留保は、プラトンによるイデア論の破棄に関する留保です。イデア論をプラトン哲学における一つの偶発事にすぎないものと見なすのは、明らかに度を超した誇張をしでかすことです。そうでなければ、私たちはアリストテレスを理解できないことになるでしょう。もしプラトン哲学にその種の〔イデア論の放棄という〕形態をとった時期があったとして、当然のことながらプラトンのことを、その初期の哲学だけでなく後期の哲学についても知っていたアリストテレスが、それについては何も語らず、〔依然として〕プラトン哲学これすなわちイデア論なりと考えていたことになってしまうからです。

加えて言えば、プロティノスについては〔アリストテレスよりも〕さらに理解できなくなるでしょう。というのも、プロティノスはまさしくイデアと神性のあいだをつなぐ連結符を探し求め、可能なかぎりプラトンに忠実であり続けようとした人なのですから、〔ルトスワフスキの言うように〕プラトンがイデアは神の表象でありイデアは神のうちにあると述べたのだとすれば、当然のことながらこの見解を受け入れたはずだからです。ところが、実際には彼の哲学は〔イデア論放棄説とは〕まったく異なっていて、プロティノスは、イデア・叡知的なもの・ノエータ〔「知性により把握されるもの」の意〕を神的な一性の投影・減少と見なしていたのです。

ですから、私たちは〔ルトスワフスキほどに〕そこまで遠くへ行くことはできません。プラトン哲学についてのこうした考えにそこまでついていくことは不可能です。ただ、その中にも保持すべきものはあります。それは、ある時点から、すなわちイデア論が一旦完成した後で、プラトンの注意はイデアから逸れ、あたかもこのイデア論によって袋小路に導かれ、そこからどうにかして抜け出そうとしたかのように、いくつかの新しい問題に取り組んだように思われるという点です。

イデア論の問題とその解決

その袋小路とはどのようなものでしょうか。みなさん、過ぎ去る事物の世界から永遠のイデアへと一旦遡った後でそこから下ることが非常に困難なことは明らかです。過ぎ去る事物、生成、変化を永遠のイデアへと解消するとき、私たちは永遠のうちにいます。どのような理由で、そこから出て行くというのでしょう。またどうしてそこにイデア以外のものがあるのでしょう。それゆえ、本当の問題は次のことだったのです。それはプラトンに対して課されるべきだった問題です。何人かのプラトン注釈者が信じているように、あるいは信じているように思われるように、どうしてイデアが存在するのかということが問題となっていたわけではないのです。したがってまた、そのうちであればイデアが存在するような神ないし知性を想定することが問題となっていたわけでもありません。そうではなく、問題は、どうして事物があるのか、どうしてイデア以外のものが存在するのかということだったのです。

さて、みなさん、ここで私は、この講義の最初の話題、すなわちこの問題の解決でもって話を終えたいと思います。その解決、あるいはその解決の原理は、先ほど読み上げた『ティマイオス』の一節のうちにあります。問題は次のようなものでした――私たちが永遠なもののうちにいるのなら、そこから出るいかなる理由も存在しない。永遠なものは自足しているのに、どうして事物は変化するのか。この問題は、次のことを確立することができたなら、解消されるか、あるいは少なくとも、無理や論理的譲歩をする必要はまったくなくなるでしょう。すなわち、永遠なものが一旦定立されれば、まさにそれが定立されるという事実によって、人は同時に、また必然的に、そこに含意されているもの、含まれているもの、永遠なものの小銭であるような何かを——金貨のうちに小銭が含まれているのとちょうど同じように*132——定立することになるということです。

　プラトンが思い描いていたような永遠性とは何でしょう。それは、何か一なるものであり——というのも、すべてのイデアはある意味〈善〉のイデアに包まれているからです——、それ自体のうちに閉じ込められたもの、変化しないもの、要するに、絶対的に完全に叡知的なものです。こうしたものすべてに可能な限り近づく何か、数学者であればそれに接している（tangent）と言うような何か、動く量がその極限に対するのと同じ関係を〈善〉のイデアに対して有しているところの何かがあるとして、私たちはそれをどのように思い描くべきでしょうか。ここに自転する球があるとしましょう。変化する事物のすべてが自転する球であると考えるのです。その球は、規則的に（κατ' ἀριθμόν）、すなわち周期的に、数に従って自転するとしましょう。すると私たちは、永続的な運動を手にすることになります。たしかにそれはそうです。ですが、これはやはり不動で不変なものです。というのも、自転する球は常にそれ自体のうちにある、すなわち常に同一の場所を占めているからです。その諸部分について考えるなら、それらはすべて動いていますが、全体を考えるなら、それは不動で、自己のうちに閉じ込められてもおり、一でもあるのです。その全体はある一性（unité）を有しており、結局のところ、叡知的なものに最も類似しているものなのです。というのもそれは数に従って動き、そして数や数学こそがプラトンにとって叡知的なものに最も近いものであったからです。

　それゆえ、さまざまなイデアと〈善〉のイデアを措定し、〈善〉のイデアのうちへの、つまりは永遠なもののうちへのあらゆる永遠の事物の包含を措定すれば、私たちは、望むだけ〈善〉のイデアに近いもの、すなわち規則的に数に従って自転する球を得ることでしょう。この球の運動こそが時間なのです。この球の運動は、一旦措定されると、おそらくは、次第に、どんどん下方へと伝達されることになるでしょう。［こうして］私たちは、あらゆる変化、生成の世界を手にすることになるわけですが、この生成の世界は、要するに、永遠の世界が与えられるという事実だけによって、与えられていたということになるのです。

　私がいま定式化した解決は、実際には、プラトン的解決というよりもはるかにアリストテレス的な解決です。次回の講義で、アリストテレスの時間論を考察する際、彼の解決を以上のように思い浮かべる必要があることがわかるでしょう。とはいえ、アリストテレスの時間論の本質的な部分、少なくともその基本的要素は、先ほど読み上げた『ティマイオス』の一節のうちにあります。それらの要素はすべて、ある余分な要素と一緒に、そこに見出されるのです。そしてその余分な要素こそ、まさしくアリストテレスが取り除いたものでした。そしてそのことによって、アリストテレスの時間論はより優れたものとなり、存在理由を獲得したのです。あの一節には、アリストテレスの時間論が有する諸要素に加え、世界霊魂があります。アリストテレスはこれを拒否しましたが、しかしあたかもそれを受け入れるかのように拒否したのです。世界霊魂、デミウルゴス、世界を作り整えた神——アリストテレスは、こうした考えを破棄しました。アリストテレスの神は、もはやまったくもってデミウルゴスではなく、思考の思考（νοήσεως νόησις）なのです。

つまり、アリストテレスは、ただ文字どおりの神話であるような要素を消去しただけです。なぜ、そうしてどのようにして彼はそれを消去したのでしょうか。それは、プラトンが曖昧にしか見えなかったものを、アリストテレスは明瞭に見たからです。すなわち、アリストテレスは、プラトンとは異なる仕方で、因果性の理論を提示したのです。そしてその因果性の理論の本質は、これから示す通り、結果は原因のうちに含まれているという考え、結果とは減少した原因、原因の減少であるという考えのうちにあります。原因を措定すれば、暗黙のうちに、結果を、原因の減少として措定したことになるということです。したがって、アリストテレスの因果理論を認めるのであれば、叡知的なものからの感性的なものの派生は自ずから、因果理論によって説明されることになります。この理論はプラトンには存在しません。彼は、私たちが列挙してきた諸要素に、テオス、すなわち事物に整序を与え、原因であるところの神、デミウルゴスを付け加えねばならないと考えました。プラトンは、持続、生成、時間を表象するのに十分に抽象的な因果性についての考えにはいたらず、永遠のものを一旦措定した後で、そこから持続や生成、時間を生じさせざるを得なかったのです。

したがってプラトンには、アリストテレス以下でなく、アリストテレス以上のものがあります。そしてその余分なものが、この論点についてのプラトンの教説の神話的でまさにそれゆえにアリストテレスよりも劣った性格を形作っているのです。

次回は、アリストテレスにおける時間論を論じる予定です。私たちはその理論が——みなさんはすでにこれまでのお話からお気づきかもしれませんが——多くの論点において、プラトンの理論を解明してくれることを理解するでしょう。

第7講　アリストテレス　一九〇三年一月二三日

プラトンからアリストテレスへ

みなさん、アリストテレスについての今後二、三回の講義において、私たちは、アリストテレスによって明確に論じられた時間の問題が、おそらくはその他の問題よりも明瞭に、アリストテレスとプラトンの観点の精確な区別の確立を可能にすることを見ていきたいと思います。

この区別は一般的なもので、また彼らの哲学の全体にわたるものであるために、確立することが困難なものです。たしかに、アリストテレス自身、自分はプラトンのイデア論を退けていると言っています。しかしイデアを退けているとしても、彼は形相を保持しています。その形相を、彼はしばしばモルフェーというほぼ彼に固有の言葉で呼んでいますが、エイドスと呼ぶことのほうが多く、これはプラトンがイデアを指示するのに用いていたのと同じ言葉です。それゆえ、結局のところアリストテレスは、プラトンと同様に、エイドスすなわちイデアについて語っていたことになるのです*133。

アリストテレスの語る形相とは、実在のうちにある何かであり、形相が諸事物のうちにあるのに対し、プラトン的なイデアとは感性的実在の外部にある何かである、と言われるでしょうか。その場合、アリストテレス的形相は、事物に内属的（inhérente）なもの、今日の言葉を用いれば内在的（immanente）なもので、プラトン的イデアとは、感性的事物に外的なもの、超越的なものであることになるでしょう。これはまさにアリストテレス自身が確立した区別です。というのも、形相すなわち彼の理解するところのイデアが実在に内的で内在的であるのに対し、プラトン的イデアは感性的実在から分離された（χωριστόν）*134何かであることを彼は非難したのですから……。とはいえ、そもそも、プラトン自身において超越が根本的なものであると主張することは、もちろん難しいことでしょう。というのも、プラトンの対話篇のテクストには、プラトン的イデアのうちに感性的実在から完全には分離・区別されていない原理を見出すことを許容するものがたしかにあるからです。その結果、さらに踏み込んで、プラトン的イデアは実在に内在的なものであると主張するに至った哲学史家もいます。しかし、さしあたりこの問題に深入りしたり決着をつけたりせずに、次のように言うだけにしておきましょう。すなわち、内在(immanence)、内部(intériorité)――そして超越(transcendance)、すなわち相互の外在(extériorité réciproque)――といった諸々の観念は、決して明晰な観念ではない、と……。このランプはこの机に対して外的であると言うとき、私の言っていることはまったくもって明晰です。それは、ランプと机は〔それぞれ〕空間内の異なる場所を占めているということです。また、この机はこの部屋の中に置かれていると言い、机はもはや他の事物の外にはなく、他の事物のうちにあると言うときにも、私が心に抱く観念は明晰なものです。〔空間的な〕*135包含関係、すなわち包含、除外、内属、相互外在、内在、超越といった用語は、〔空間的な〕*136メタファーに訴えている限り、つまり私たちが空間のうちに身を置いている限りは、非常に明晰なものなのです。しかし空間を捨て去るや否や――プラトンのイデアやアリストテレス的な形相は延長を有する事物である、などと誰が言うでしょう――、空間という領域を捨て去るや否や、内在や超越ということで何が理解されているのかを述べるのは非常に難しくなります。そしておそらく時間という問い、時間という問題は、まさしくこうした問題をとりまく曖昧さの一部を消し去るのに役立つことになるでしょうし、一定の精確さでもって、アリストテレス的な形相が内在的であり、プラトンのイデアが感性的実在に対して超越的であるのは、いかなる点において、またいかにして、そしていかなる意味においてであるのかを明らかにしてくれることになるでしょう。

両者の共通点――形相とイデア

とはいえ、まずは、プラトンとアリストテレスの共通点、両者が明らかに共有しているいくつかの論点を見出しておくのも無駄ではないでしょう。

アリストテレスの出発点はプラトンのそれと同じであり、またアリストテレスが提起した問題も〔プラトンと〕同じであったと言うことができます。つまり〔いずれにとっても〕問題は、変化、生成一般を、矛盾に陥らず、ギリシアの最初期の観念論者たちによって示された不合理を回避するような仕方で説明することだったのです。プラトンが思いついた解決について、私たちは先日*137その原理を示しました。それは結局のところ、原理としてはアリストテレスが採ったのと同じ〔次のような〕

解決です。小さいものが大きくなると言うのは——小さいものは小さいものであり、かつ小さいものは小さいものでないと想定することになる以上——不合理であり、熱いものが冷たいものになると言うのも、冷たいものが熱いものになると言うのも、最後に反対のものがそれとは別の反対のものに変化し得ると言うのもまた、不合理でしょう。この原理をアリストテレスは何度も繰り返しています。そもそも反対のものは相互に働きかけることができず（ἀπαθῆ γὰρ τὰ ἐναντία ὑπ' ἀλλήλων）[138]、互いから帰結することもできない（τὸ ἐναντία μὴ ἐξ ἀλλήλων）、と彼は『自然学』[139]で述べています。〔ここにある〕考えはどれも同じです。すなわち、ある性質は別の性質になることはできない。ある性質は、その性質がそれであるところのものである。したがって、性質が変化すると言うことに含まれているであろう不合理を回避すると同時になお、変化を説明し認める必要がある——というわけです。ところで、それが可能となるのは、性質を次のようなものと見なす場合でした。すなわち、諸性質はそれ自体では不動であるが、互いにその場所を譲り合うことによって、そこから姿を消し、反対の性質と入れ替わる。ただしこのとき、それらの性質はそれ自体では不動で、変容しえないものであり続けるものなのだ、と。たしかに、このように考えるためには、感性的対象を、出会いの場所、すなわち、先日述べたように、互いに入れ替わる多数の性質が通過する場と見なす必要もあるでしょう。アリストテレスは、とりわけ『形而上学』の第一二巻において——私たちは前回、このテクストをすでに仄《ほの》めかしておいたのですが——先人たちにおける変化の問題に固有の困難について語った後、次のように述べています。私たちの場合、この困難は第三のものの仮説によって解消される（Ἡμῖν δὲ λύεται τοῦτο εὐλόγως τῷ τρίτον τι εἶναι）。ある反対のものと、これと入れ替わる反対のもの、例えば、熱いものと冷たいものがある。冷たいものは熱いものに入れ替わる——これらが二つの反対のものたちである。次に、第三のものがあり、これは二つの反対もののいずれでもなく、まったく規定されておらず、規定可能なものですらない。しかし、この第三のもののうちで、二つの反対のものたちが入れ替わり、場合によっては、互いに併置されることさえあるのだ、と[140]。この第三の要素について、プラトンも語りはしたものの、精確な定義を与えず、また決定的な仕方で名付けもしなかったのですが、アリストテレスは、それを彼の哲学体系の——最高位とは言わないまでも——次席に位置づけました。その常に注目される概念、アリストテレスが精確な名前を与え、〔今日でも〕継承されている概念こそが、質料（ヒュレー）なのです。

したがってここで、二人の理説のあいだには、精確さの点で違いがあります。この論点において、一方は比較的曖昧で、他方は非常に精確なのです。しかしこれは、結局のところ形式的な違いでしかありません。この点は根本的な違いではないのです。

ではみなさん、イデアの総体、あるいは形相の総体について考えるとしたら、二つの形相や二つの反対のもの、あるいは質料のうちで交替するイデアではなく、何と呼ぶかはともかく、イデアないし形相の全体を考えるとしたらどうでしょうか。プラトンのイデアの世界と、アリストテレスの形相の体系について考えても、違いは根本的なものでも、際立ったものでもありません。

プラトンのイデア界とは、結局のところ何でしょう。それは、複製（*duplicatum*）の仮説、すなわち感性的世界の叡智的な複製をとるという仮説です。感性的世界は、私たちに偶然に混ざり合う諸事物や、まったく偶然に、互いに継起したり併置されたりする事物を提示しますが、そこに留まるのであれば、人は物語を語り、説明することしかできません。そうした物語は、継起の時系列的な関係しか与えないものなのですが、学者や弁論家、哲学者——これら三つの言葉は古代の人々にとっては同義語でした——は、それを時系列的でなく論理的な関係に置き換えます。すなわち、人は、諸々のイデアや性質、属性（**propriété**）を区別し、それらを類似性によって分類、整理し、それらのあいだに等位や従属といった諸々の関係、すなわち、いずれにせよ、時系列的な関係に取って代わる論理的な関係を打ち立てます。そうした関係こそが、結局のところ、プラトンにとって、イデア界を構成するものなのです。

この点において、アリストテレスはプラトンと本質的には変わりません。科学についてのこうした考えの基礎、本質、精髄《クインテッセンス》を成しているのは、結局のところ次のようなことです。科学とは、すでに出来上がったもの、大昔に出来上がった何かであって、学者や哲学者の役割は、それを構築したり、作ったりすることではなく、単にそれを再発見したり、明確にしたり、照らし出すことにすぎない。科学とはすでにそこにあるものであって、学者がしているのは、そのあらゆる点を継起的に照らし出すことなのである——。〔このことを理解するため、〕記念碑の輪郭を象る、祭日の夜にしか点灯しないガス灯の連なりのようなもの——私はすでに以前この比喩に頼ったことがあったと思います*141——を思い浮かべて下さい。連なりはすでにそこにあり、記念碑の形を象りながら、ただ点灯しにやってくる人ないし人々を待っています。しかし、結局のところ彼らは何も加えず、何も創造せず、すでにそこにあったもの、存在していたものに火を灯すだけでしょう。それゆえに、古代の人々にとって、科学的見解における哲学者や学者の個性はどうでも良いものだったのです。火を灯すのがあの人であろうと、この人であろうと、どちらでも構わない。それはいつも同じ明かりでしょうし、暗がりのうちにあった点に火が灯される順番がどのようなものであっても、どうでも良い——順序がどうであれ、結果は同じでしょうし、科学はそこにあるのですから、ある意味では諸事物のうちでそれを取り集めさえすればそれで良い、というわけです。

さてこうした考えは、アリストテレスの考えでもあります。彼も科学を、出来上がったものと見なしています。〔アリストテレスにとっても〕学者の役割は〔すでに出来上がったものとしての〕科学を検証することなのです。彼は『霊魂論』において、精神は、潜勢的には（en puissance）あらゆる事物であり*142、形相という意味でのイデアはすべて精神のうちにあると述べています。また彼は精神を「諸イデアの場」*143（トポス・エイドーン）と定義し、こう付け加えています。すなわち、あらゆるイデア、あらゆる形相は、潜勢的には精神そのもののうちにあり、精神とは、潜勢的にはあらゆる形相なのである、と（ἔστι δυνάμει πάντα τὰ εἴδη）。

これはつまり、事物のうちだけでなく精神のうちにさえ、科学があるということです。イデア界は〔すでに〕そこにあり、いわば感光板上に描かれているのですが、写真はまだ現像されておらず、ただ現像液〔に浸るの〕を待っているだけで、科学はすでに出来上がっているのです。

さてみなさん、まさにこの点において、近代の人々は古代の人々から分かたれることになります。もちろん理論においてはそうでないことは承知していますが、実践においては分かたれるのです。〔たしかに〕近世におけるさまざまな科学理論について考えると、それらはまだ、プラトンやアリストテレスの精神がまったく染み込んでいるものであることがわかります。科学理論というのは、権利上存在し、権利上はまったく出来上がっている何かについての理論であり、科学的な発見にはさまざまなものがあるとはいえ、それらは発見であって、発明ではないのです。人は単に発見し、いわば覆いを取り去る（dé-couvrir〔dis-cover と同じ〕）にすぎず、事物は〔最初から〕そこにあったというわけです。普遍学の可能性について、幾人かの近世の哲学者、近世の大部分の哲学者たちが抱いている考えさえ、こうした類のものです。というのも、それは、〔互いに〕完全に結びつき、権利上は科学全体を構成するような諸々の真理から成る体系〔がある〕という考えであり、その全要素が徐々に学者へと開示されていくことになるのですから。

しかし、近世の哲学者や学者が語ることでなく、行っていることを考えるのなら——そしてこれこそ常にすべきことなのですが——彼らの考え方は〔アリストテレスやプラトンのものとは〕まったく異なるものだということがわかります。私が言っているのは、彼らの科学観のことです。

近代の人々にとって科学とは、その実践において、人間と自然の協働であり、これはたしかに恣意的な考え方でも人為的な考え方でもありません。しかし、記号の発明――大変な数に及ぶものですが――は、学者に依存しており、その学者には、さまざまな問題が提起される順序やそれらが提起される形式が依存しています。したがって、偉大な学者が異なる人物であったとすれば、それらの形式は今とは異なるものになっていたでしょうし、科学の基礎も、ある程度異なるものになっていたことでしょう。科学のラディカルな偶然性、ましてや自然における真の偶然性について語るところまでいかなくとも、科学が、少なくとも部分的に偶然であることに疑いの余地はないように思われます。

もし力学が重力の考察から出発していなかったら……〔と考えてみましょう〕。重力は力学の最初のいくつかの法則を確立するのに役立ったものですが、そうした仮説に身を置いてみましょう。もちろん、それはほとんどありそうにないことですが、しかしそうしたことも可能ではあったのです……。もし力学が電磁気的かつ力学的な現象の考察から出発していたとしたら、おそらく力学の記号は〔現在のものとは〕非常に異なったものとなっていたでしょうし、力学の緊密に絡み合ったさまざまな真理から成る体系さえも非常に異なったものとなっていたでしょう。まったく異なったものになっていただろう、とは言いません。しかし、違いは非常に大きなものでありえたのです。

ましてや、もし諸科学それ自体が今とは異なる順序で進んでいたのなら、ルネサンスの偉大な学者たちが数学者でなく生物学者であったなら――何といってもそれは可能だったのです――もし生物学がもっと発展していたなら、物理学は〔現在と〕異なった様相を呈していたかもしれません。物理学のすべてがとは言いません、しかし物理学のいくらかの部分は、おそらく現在よりも力学的な性質を弱めていたことでしょう。おそらく、生命的な現象は……。そのためには、当時なされなかった、そして今もなおなされていない、大きな発見がされていた必要があったでしょう……。しかし、そうは言っても、純粋に力学的な現象、空間における純粋運動ではなく、生命的な現象がモデルの役割を果たし得た、ということは考えられます。そうしたことは、十分考えられ得ることであって、いずれにせよ、近代の学者は、あたかも科学がそのようなものであるかのように、すなわち科学とは人間と自然の協働であるかのように事を進めているのであって、単に覆い――既成のものとしてはるか昔から定式化済みであり、事物に内在的なり超越的である科学なるものがそうした覆いによって私たちの目から隠されているというわけです――を剥ぎ取るだけの作業としては見なしてはいません。

さて、アリストテレスの仮説は、プラトンの場合もそうですが、事物のうちにある、そうした、すでに形成され、出来上がった永遠の科学についての仮説でした。アリストテレスとプラトンに共通のそうした仮説は、非常に重要な何か、すなわち二人の理説の中で最も重要なものの一つであり、両者を非常に密接に近づけるものであるがゆえに、この観点において二人の哲学者のあいだの精確な区別を確立するのは、非常に難しくなるのです。

アリストテレスによるプラトン哲学の再構成――神話の排除

両者のあいだの区別をいかにして確立すべきでしょうか。それは、質料に対する形相の関係や、質料に対するイデアの関係のうちにあるものでもなければ、イデア同士や、形相同士の関係のうちにあるものでも決してありません。とすれば、違いはどこにあるのでしょう。

みなさん、その違いはとりわけ、〔一方の〕はるか昔から存在する、互いに等位的ないし従属的な諸々の真理から成る体系――お望みであれば、あの出来合いの科学――と、他方の、私たちがそれぞれその科学を見出す際の障害・妨げとの関係ないし関連のうちにあるように思われます。

プラトンにとって、そうした科学を露わにするために必要であった努力は、肯定的な内容をもつものではありませんでした。それは肯定的な何かではなかったのです……。先に私は覆いを剥ぎ取ると言いました。プラトンにとって、それはまさにそのようなことです。たしかに、ディアレクティケーによって、諸イデアのうちで徐々に上昇していくために必要な努力があります。しかしその努力は、もっぱら〔イデアを〕見るのを妨げている何かを剥ぎ取るためのものなのです。

アリストテレスの場合、なすべき努力には、単に否定的な内容だけでなく、肯定的な内容があります。というのも――ここに本質的で根本的な違いがあるように思われるのですが――イデアは――イデアと呼ぶことにしましょう。エイドス（εἶδος）*[144]をイデア（Idée）と訳すか形相（Forme）と訳すかは重要ではありません――、事実上、完璧には実現されていないからです。イデアには常に何かが欠けています。このことをアリストテレスは、〔イデアには〕現実的な部分とともに、常に潜勢的な部分があると述べることで表現しました。イデアが現実態において完璧に与えられることは決してないのです。正確に言えば、そうした場合が一つだけあります。それは、イデアのイデア、思考の思考、すなわち神のことです。しかしその他のさまざまなイデア、形相について言えば、それらが完璧に与えられること、完璧に実現されることは決してありません。形相の体系、イデアの体系は権利上存在するものであり、権利上それはそこに〔すでに〕あるのですが、事実上存在するものではなく、常に何かを欠いているのです。

アリストテレスの形相を取り上げてみましょう。その形相、イデアはそこにあるのですが、常に減少した形で存在するのです。この点については、明確化のために、以前にある比喩を用いたことがあります。アリストテレスにおけるエイドスを縮められたバネとして思い浮かべて下さい。縮められたバネがあるとしましょう。これは、まさに縮められていることよって、減少させられており、完全に自分自身ではないのです。アリストテレスの形相とはこのようなものです。

さて、まさにここにおいて私たちは、今年度扱っている特殊な問題、すなわち時間と生成の問題に近づくことになります。アリストテレスにおいて非常に特徴的なのは――新しい、とは言いません。それはこの問題がすでにプラトンによって示されていたものだからですが、そうだとしてもそれは明示的なものではなかったのです――、この減少がまさしく生成、変化であるという点です。それ自体においては、イデアの減少、イデアの非完足態（incomplétude）であるもの、それこそが、私たちに対して、あらゆる事物の生成、変化という形で存在するように思われるものなのです。バネは縮められると、広がり、大きくなろうとします。バネは弛緩しようとするのですが、この弛緩は、肯定的な側面をもたず、単にバネの減少を、つまりバネに欠けているものを表現しているにすぎません。

生成、変化しつつある実在、実在における変化している部分、アリストテレスにとってこれらは〔こうしたバネと〕同じものです。これらは、イデアの減少、形相の減少なのです。

それゆえ、プラトンのイデアを取り上げ、それが減少し圧縮された状態になったと想定し、その減少、圧縮のうちに、生成、変化一般を見る必要があります。そうすれば、アリストテレスにおける形相の理説が得られることになり、またこの減少という要素の導入によって、アリストテレスとプラトンの主要な違いが得られることになるでしょう。しかし、この違いが重要なのは、プラトン哲学には、先日お話しした通り*[145]、二つの非常に異なる部分があるためです。すなわち、一方にイデア論すなわちディアレクティケーがあり、他方にプラトンが語る神話すなわち寓話があります。では、なぜ神話、寓話があるのでしょう。それは、プラトンにとってイデアとは、完璧に実現したもので、完全な形で存在し、障害やそれを妨げるものをもたないものであり、イデア界すなわち科学的真理の体系がそこにあるからです。ではこれとは別のもの、すなわち感覚的実在や変化があるのはなぜでしょうか。変化を説明するために、プラトンは、イデアに加えて、イデアの下方に、変化の原理を導入せざるを得ませんでした。そしてその原理については、それが時間において働くものであるとしか言うことしかできず、その諸々の作用は時系列的にしか説明できません。そしてこうした時系列的な記述こそが、プラトン的な神話なのです。

ところで、奇妙なことに、アリストテレスが非難するのはプラトンのイデア論だけであり、神話について彼はほとんど語っていません。彼はイデア論を拒否しているかのように見えるのです。しかしながら、実際のところはというと、彼はイデア論を受け入れているのであって、彼が拒否しているのは神話の方なのです。アリストテレスの哲学はプラトン哲学を神話なしに再構築する努力に他なりません。そしてその努力は、彼が上手くできたところまでは成功しています。アリストテレスが自分の示した目標に到達したのは、イデアのイデアを除きどんなイデアも*146完璧には存在しないという単純な想定によってでした。イデアはほぼ存在しているが、常に何かを欠いている。イデアは権利上は存在するが、事実上は存在しない、というわけです。権利と事実のあいだには隔たりがあり、その隔たりこそが運動、変化なのです。それゆえ、変化は否定的なものです。〔アリストテレス的〕形相を与えれば、私たちは、実在を手に入れるために、プラトンがそうしたように、『ティマイオス』のテオス、すなわち物理的原理を加える必要はありません*147。私たちは何も付け加えなくて良いのです。何かを付け加えるとすれば、それは精神に対して何らかの譲歩を求めることになるでしょう。というのも、〔それでは〕結局、なぜイデアの論理的な完全性以外の何かがあるのか〔ということが問題になってしまうからです〕。何も加える必要はなく、何かを削除するだけで良いのです。このある種の算術的な差異、形相の現にある姿と形相が全面的に自己自身であるためにあるべき姿とのあいだの隔たり、それこそが生成であり、世界における変化なのです。

それゆえ神話は必要ありません。私たちは、プラトンが認めていた実在に加えて、認めざるを得ない何かを認めれば十分なのです。というのはその何かとは、実在的なものでも、肯定的な何かでもなく、否定だからです。

アリストテレスにおける形相と質料

みなさん、ですから、感覚的で動的な実在を得るためにイデアに付け加えなければならないもの、それは否定的な何か、アリストテレスが質料すなわちヒュレーと呼んだものなのです。

例を挙げましょう。人間ないし成人の形相は、十全に実現されたとしたら、完璧に不変なものでしょう。しかし人は決して完璧には人でありません。形相は実現しようとしますが、完璧には実現しえません。形相は質料に加わると言うことでアリストテレスが意味していたのは、進展、連続的な発展によって表現される形相と質料の混合体のことであり、この進展のうちで人は自らを探し求めるのですが、決して完璧に自らを見出すことはないのです。人が自らを見出そうとするとき、その人は移動し、別の人が現れねばならず、その〔新しい〕人が〔以前の〕人を模倣します。この実在は、円環的なプロセスによって絶えず自らを探し求めることになり、決してまったき自己自身であるような状態には至らないのです。そうした実在は永遠を模倣する、とアリストテレスはある箇所で述べています*148。存在が生きるのは、諸々の個体が入れ替わり、永遠を模倣するという円環的な継起によってなのです。これは模倣ですが、ものそのものではなく、自らを探し求めるが決して完璧に自らを見出すことはないものなのです。

つまり、イデアすなわち形相が存在し、それに加え、イデアないし形相につけ加わるものとして、否定があるのです。このことを数学者のように思い浮かべてみましょう。すなわち、一方が正（positive）*149、他方が負（négative）の二つの量を足し合わせるとしましょう。形相があり、そこに私たちは質料を加えるのですが、この質料はまったく肯定的なものではないのです。

私があなた方に、「一五を得るには二〇に何を足せば良いでしょう」と問えば、あなた方は「マイナス五を足す必要があります」と答えるでしょう。では、アリストテレスの場合も同様に考えると、不動の形相、プラトン的なイデアに何を足せば、変化の世界が得られるのでしょうか。加える必要があるのはマイナスの何かです。質料とは、この「マイナス」、すなわち減少のことなのです。形相プラス減少これが、実在です。

この減少、お望みならばこの質料を、アリストテレスは、まさにこうした理由から、彼なりの仕方で、原因であるもの、一つの原因と見なしました。曰く、原因、真の原因とは、形相すなわちアイティオン（αἴτιον*150）であり、これがcausa〔ラテン語で「原因」の意〕なのです。一方で、質料を彼は、シュナイティオン（συναίτιον）と呼びましたが、これは別の原因〔アイティオン〕に関係付けられた原因です。変化を手にしようと思うなら、アイティオンに加え、減少が必要です。これら二つの項によって、あなたは変化、運動を措定することになりますが、この運動は二つの異なる観点から捉えることができます。運動を形相に起因するものと見なすなら、あなたは作用因果性（causalité efficiente）を手にすることになります。運動を形相へ向かうものと見なすなら、目的因果性（finalité）を手にすることになります。こうして、質料、形相、原理――すなわち運動の開始点（τὸ ὅθεν ἡ κίνησις）〔作用因〕と目的因*151――を手にすることになります。同じことをより簡潔に、より精確に述べるとすれば、こう言うことができるでしょう。アリストテレスにとって、実際に存在するもの、それは減少を伴った形相であり、それこそが具体的な実在*[152]、変化しつつある実在なのである、と。

ところで、抽象によって、私はこれら二つの項を互いに切り離した状態で考察することができます。二つの項を分離して、「形相」だけを考えるなら、私はプラトン的なイデアを手にすることになります。これは、完璧に実現されている場合の形相の姿です。しかし具体的なもののうちにおいて、形相はこの姿ではありません。マイナスの方だけを考えるなら、私は質料を手にすることになるでしょう。二つの項を一緒に考えるなら、私は、具体的なもの、すなわち変化しつつある実在を手にすることになります。

さてそうすると、この「形相－（マイナス）」という表現は、二つの異なる仕方で読むことができるようになります。すなわち、〔一方で〕私はこれをこの矢印の方向に*[153]、すなわち形相からマイナスの方向に読むことができ、他方で、反対の方向、すなわちマイナスから形相への方向に読むこともできます。第一の観点に身を置くなら、私はそれ自体が減少・下降し、その結果働く（travailler）ように見える形相を手にすることになります。というのも、減少・衰退するとは、働くことだからです。したがって、問題をこの観点から考えるのであれば、原因とは、作用因であることになります。反対に、私がマイナスから形相へと向かう矢であるとすれば、私は埋められようとする否定、無、空虚、すなわち希求（aspiration）を手にすることになりますが、これが目的の方向、すなわち上昇（ascension）なのです。

第一の場合、アレクサンドリア学派の人々が言ったように、発出（procession）が得られ、第二の場合、方向転換（conversion）*[154]が得られることになります。しかし、これらは、ただ一つの同じものに対する四つの視点にすぎません。さきほど列挙したアリストテレスの四原因は、一つの同じ事物、すなわち減少した形相に対する四つの視点です。そして、減少そのものは否定にすぎないのですから、これらは形相に対する四つの視点なのです。アリストテレスにとっては、結局のところ、形相が唯一のもの、ただ一つの実在であって、そしてその形相に加え、否定を語らなければならず、これは根本的に形相に還元不可能なものなのです。

形相の減少としての変化

これが、みなさん、アリストテレスの哲学の出発点です。しかし、アリストテレスの時間論を理解し、また比較的簡単な形で説明しようとするのであれば、——続く二回の講義はまさに彼の時間論の特殊な点に割かれることになるのですが——すなわち、まったく純粋な形相というアリストテレスの哲学の最高原理から、円運動や周期性、持続が生じる際のメカニズムを理解しようとするのであれば、アリストテレスが、まったく純粋な質料まで形相の系列を下降するプロセスや、純粋な形相まで形相の系列を昇るプロセスをどのように想像しているかということを探求するのが良いでしょう。

先ほど板書した表現について考えましょう。この表現が示しているのは、実在のうちにあるもの、それは減少した形相すなわち欠如を伴った形相だということです。そこでAと呼ばれるある任意の形相を取り上げるとすれば、存在するのは、減少した形相、すなわちAマイナス（A−）となります。これは何かというと、Aであることへの希求、すなわち、〔Aで〕あることを求める完璧でないAなのです。したがって、Aであることを希求する何かがなければなりません。それをBと呼びましょう。これは、先の形相よりも劣った新しい形相、Aに達する進展においてより低い段階にある形相です。すると、Bのうちで新しい形相が得られることになりますが、この形相もまた、他の形相と同様に、完璧には存在し得ません。そこでその形相をBマイナスと呼ぶことにしましょう。この下には、Cマイナスがあり、以下同じように言うことができます。系列を下るにつれて、次第に形相の完璧さは減少していき、したがって、質料すなわち否定は徐々に増加することになります。そして、終端まで行くとすれば、終端があるとすれば、私たちが見出すのは、そこでは形相がゼロで否定がすべてであるような何かであることでしょう。私たちは、終端において、あるXを得ることになるでしょうが、これはまったく純粋な否定であり、これこそアリストテレスが質料、純粋な質料と呼んだものなのです。この質料は、まったく規定されておらず、抽象にすぎないとさえ言えるでしょう。というのも、人がこの質料に完璧に到達することは決してないでしょうし、それゆえにアリストテレスは、この純粋な質料、このプローテー・ヒュレー（πρώτη ὕλη）*155は、潜勢態としてしか存在しない、この質料は現実的には存在しないと述べたからです。一つの光源——これはアリストテレス的というよりもアレクサンドリア学派的〔な比喩〕だろうと思いますが——を思い浮かべて下さい。光源から発出した光は、遠ざかるにつれて、徐々に暗さを増していきます。無限に〔遠くに〕行くとすれば、完璧な暗闇、光の完璧な否定が得られるでしょうが、人はそこに決して到達しないでしょう。それは考えられただけの極限であり、決して完璧に実現されることはないのです。アリストテレスの第一質料とはこうした類のものであるように思われます。

ではこれと反対のプロセスを辿ってみることにしましょう。何をすべきでしょうか。Aよりも高いところへ昇ると、私たちはMマイナス等々と呼ばれるより高次の形相を手にすることになるでしょう。すると、私たちが手にする否定は上昇するにつれて減少し、肯定は増加することになり、極限すなわち頂上にはZがあることになるでしょう。このZはまったく純粋な、質料なき純粋な形相、つまり完璧に実現したイデアなのです。さてこのZがXと異なるのは、Xが可能的であり、決して実現したものではないのに対し、Zすなわち形相の形相、最高の形相は、反対に、十全に実現されており、現実態において与えられているという点においてです。こうでなければならないのは、もし形相の形相が現実態において与えられていなかったら、何も存在しなくなってしまうだろうからです。というのも、この形相以外のあらゆるものは、その減少にすぎないのですから。

それゆえ私たちは、頂上において、十全に実現された、純粋現実態（acte pur）であるイデアを手にし、最も低いところでは、潜勢態として存在する質料、すなわち単なる否定を手にすることになります。このまったく優れた形相、十全に、完璧に実現された形相を、どのように思い浮かべるべきでしょうか。時間の発生について理解しようとするなら、この点についていくつか述べておかねばなりません。

この十全に実現された形相、これこそが、みなさん、アリストテレスの神なのです。彼はそれを自らを思考する思考、ノエーセオース・ノエーシス（νοήσεως νόησις）と呼びました。しかしまさに説明が必要なのは、アリストテレスがこれによって何を理解していたかです。思考の思考は、私たちが意識と呼んでいるものと比較可能な何かである、などと思ってはなりません。〔もっとも〕アリストテレスはこの点を明確に示したことは一度もありませんし、そもそもアリストテレスには、意識の理論を見出すことができません。しかし、私たちが理解しているような意識は、時間、持続を前提とする何かです。ところで、これから見る通り、アリストテレスの神は、時間の外、持続の外にあり、そこから時間が生じるものなのです。それゆえ、私たちが思い浮かべるような経験的意識は、思考の思考においては理解し難いものです。しかし古代の人々にとって、経験的意識は、次第に非常に明確なものとなっていきました。プロティノスにおいて、意識は分割を前提としています。プロティノス曰く、意識は――彼はそもそも、古代の哲学者の中で、意識そのものを分析した唯一の哲学者なのですが――分割、分裂を前提としており、それによって精神――お望みであればイデア――は、鏡を見るように（οἷον ἐν κατόπτρῳ）*156、自らを観想するに至るのです。こうしたものが意識です。さて、そうした分裂は神においては存在し得ません。というのも神は、絶対的な一性において自己を思考する思考なのですから。プロティノスはさらに先へと進みました。とはいえ、この点において彼が、プラトンの思想に忠実でないとは思われません。プロティノス曰く、私たちが理解している意味での意識は――これは私たちの考えとは反対なのですが――、自己自身を知ることはない、ということを含意しています。意識によって自らに到達するとは、自己自身を知ることができないということなのです。というのも、意識によって到達するとは、二つの部分へと分割されることであり、そのうちの一方は他方を知るのですが、そうであるがゆえに、知るものと知られるものはもはや合致することがなく、したがって意識は、私たちがこの語に与える意味においては、自分自身を知ることがない存在を含意しているのです。

ところが自らを思考する思考である神は、自己を絶対的に、完全に知るものです。ではこの思考の思考をどのように思い浮かべるべきでしょうか。

それには、みなさん、この点について私たちが現在もっている考えを一掃し、主体としての、働きかける思考でなく、対象としての思考を思い浮かべれば十分です。私たちが考えるとき、そこには二つのものがあります。すなわち、思考するものと思考されるものです。私たちにとって本質的なのは、思考するものの方です。思考について語る際、私たちは、思考する誰かを思い浮かべますが、〔私たちにとって〕思考の本質とは思考するものなのです。古代の人々にとって本質的なのは思考されるものです。知性が思考するときに本質的なのは、知性ではなく叡知的なもの〔知性により把握されるもの〕であり、アリストテレスのノエーセオース・ノエーシスという表現において最も重要なのは、ノエーシス*[157]ではありません。重要なのは、思考する思考ではなく、思考される思考なのです。これはつまり――より明確な用語で述べることにしましょう――思考の思考という表現の同義語、現代の人々にとってノエーセオース・ノエーシスという表現よりも理解しやすい同義語を見出そうとするなら、思考の思考ではなく、形相の形相、イデアのイデア（エイドス・エイドーン、εἶδος εἰδῶν*[158]）と言わねばならないだろう、ということです。

さて、現代の観点、すなわち、アリストテレス的な思考をきっとよく理解させる観点、つまり、アリストテレスの神へと到達し――その神は私たちが神的実体について語っているときに思い浮かべているものとどれほど異なるものであるか、という点には注意してください――、アリストテレスの神を思い浮かべるための観点に身を置くのであれば、アリストテレスが語っているすべての形相、プラトン的イデアに類似したさまざまな形相のすべてを取り上げ、それらすべてが、互いのうちに入り込み、いわば球のうちに集められていると想定せねばなりません。この表現はアリストテレスの思想に反するものではないでしょう。というのも、これから見るとおり、円運動とは思考の思考から直ちに帰結するものだからです。必要なのは、さまざまなイデアのすべてが完璧に実現され一つになっている状態を思い浮かべることです。そしてそれこそが、イデアのイデア、自己に集中し、自己に回帰する思考なのです*159。

さて、このイデアのイデアに、否定、すなわちアリストテレスが質料と呼ぶものを加えてみましょう。すると、あなた方はあらゆる感覚的事物の連続性を手にすることになり、それらの感覚的事物には、常にさまざまなエイドス、すなわち完璧ではない仕方で実現された形相があることになるでしょう。形相が完璧に実現されるとすれば、それは神であり、思考の思考と合致し、その他のあらゆる形相をそのうちに含むことになるでしょう。というのも、諸形相の多様性は、まさしくそれらが完璧ではないこと、すなわち存在に対して加えられる否定的なものがあることに由来するものだからです。そしてその結果として、他のあらゆる形相は、例外なしに質料を伴っており、完璧ではない仕方で実現された形相でなければならないのです。

先ほどの比較に戻って、いつものことですがここでも光の点を思い浮かべてみましょう。もしその光の点しか存在しないとしたら、仮説によって、他のものは存在せず、すべては一つであることになるでしょう。しかし、あなた方は、光と同時に、闇を与えざる得ません。つまり、光の点を措定したならば、闇をも措定せざるを得ないということです。しかし光の点に闇を加えるときでさえ、あなたはその光の点を拡散させるのですから、それは放射になります。さて、こうしたものが、アリストテレスの世界観です。形相の形相、すなわち明るさそのものを与えましょう。しかしあなた方は、闇を与えることなく光を与えることはできません。闇とは無のことです。光に闇を加えましょう。そうすればあなた方は、放射を、そしてその結果、あらゆる対象、多様な光、光と影の混合物としての諸対象、闇が混ざった完璧でない光、すなわち質料が混ざった形相、減少した形相、徐々に減少していく形相を手にすることになります*160。

このようにして、アリストテレスは、神話に訴えることも、またイデアという仮説ないし形相という仮説から離れることもなく、事物の発生、形成、変化、生成に説明を与えるのです。

みなさん、続く二つの講義で、私たちは、このような抽象すなわちアリストテレスの哲学に対するこうしたいくぶん図式的な観点から離れ、もっとテクストに寄り添って、円運動と時間に関するアリストテレスの理論へと至らねばなりません。

第8講　アリストテレスの運動論　一九〇三年一月三〇日

アリストテレスにおける運動

みなさん、今日の講義で私たちは、アリストテレス哲学における神と世界の関係、すなわち不動と運動の関係をより詳細に検討し、この問題を、今年度私たちが集中的に取り組んでいるいくつかの用語によって、つまり永遠と時間のあいだの問題として提起せねばなりません。

アリストテレスによれば、変化とは、宇宙において永続的な（perpétuel）ものです。変化は始まることも終わることもできなかった、と彼は『形而上学』第一二巻で述べています。彼は自らの考えをまさに次のような言葉で表現しています。すなわち、運動が生まれることも、消滅することも不可能である（ἀδύνατον κίνησιν ἢ γενέσθαι ἢ φθαρῆναι）、と。そして彼は、こう付け加えています。すなわち、それは時間にも不可能である、と*[161]。『自然学』第八巻で、アリストテレスは、この点に立ち返って、言葉の順序を入れ替えながらこう述べています。すなわち、運動は始まることも終わることもできなかった。なぜなら、運動が始まったり終わったりするとすれば、時間の始まりや終わりがあることになるだろうから、と。ところで、時間は始まることができなかった、その時間とは、運動の様相（une modalité du mouvement）（πάθος τι κινήσεως）であると彼は言います*[162]。次回の講義では、このこと、すなわち時間が運動の様相であるということが何を意味しているのかを理解する必要があるでしょう。つまり、運動に始まりがあったとしたならば、時間にも始まりがあったということになりますが、これは理解できないこと、したがって不可能なことなのです……。

この一節において、アリストテレスは、自らの思想をこのような形で示しています。実際のところ、彼はここで考えの順序を――彼にはよくあることなのですが――入れ替えているのです。彼が結果であるものを原因として与えることは珍しくありません。そして〔実際〕、運動がいつまでも続くのは、時間が永続的であり、始まりも終わりももたないからではないのです。私たちはこれから、事態はその反対であること、つまり運動が始まりも終わりももたないからこそ、時間には始まりも終わりもない、ということを理解することになるでしょう。

さて、運動には始まりも終わりもなく、運動は永続的なのですが、アリストテレスによれば、運動が連続的であること、つまり、宇宙における変化に中断はありえない、ということを付け加えねばなりません。私たちが知覚しているような宇宙、すなわち世界は、休止や中断もなく続いていく変化なのです。実際、中断や間隙があるとしたら、あらゆる運動は消滅し、その結果再開するであろう運動は無から帰結することになるでしょうが、これは先ほど立てた仮説に反することです。私たちは先ほど、今日であれば運動の絶対的な始まりとでも呼ばれるものがありえないということを指摘しました。それゆえ、運動には終わりも始まりもなく、運動は中断も間隙も許容せず、したがって、運動は宇宙において連続的なものなのです。

要するに、この一般的な命題が意味しているのは、世界には、始まったことも終わるであろうことも中断することも決してない、ある種の運動が存在しなければならないということです。私たちは、始まったり終わったりする運動、中断する非連続な運動を知覚しています――このことを私たちに証示するのは感覚なのです――が、そうした部分的な運動はすべて、いわば無尽蔵の運動の源泉から汲み取られたようなものであって、そのような、互いに隔てられた非連続的な諸々の運動はいずれも、決して中断することのない一つの運動の連続性から切り離された断片なのです。

この始まりも終わりももたず、決して中断することのない運動とは何でしょうか。アリストテレスはこの問いを自らに提起し、消去法によってそれを解決しています。思い出してください。彼には、三種の運動、運動ないし時間、変化の同義語があるのです。アリストテレスの用語には、三種の変化があります。〔まず、〕性質による変化、アリストテレスがアロイオーシス（ἀλλοίωσις*[163]）と呼ぶ変化〔があります〕。性質によるというのは、例えば、冷たいものから熱いもの、熱いものから冷たいものへの〔変化〕ということです。〔次に〕大きさによる変化、カタ・メゲトス（κατὰ μέγεθος）と呼ばれる変化があります。増加と衰退（αὔξησις καὶ φθίσις）のことです。そして最後に、場所による変化すなわち並進（translation）、キーネーシス・カタ・トポン、ポラ（κίνησις κατὰ τόπον, φορά）、今日私たちが本来の意味で空間における運動*[164]と呼んでいるものがあります。私たちが取り組んでいる観点から、これらの異なる種類の運動を検討してみましょう。

まずもって、始まることも終わることも中断することもない運動とは性質の変化である、としてみましょう。宇宙のどこかには、中断なく起こる、反対のものから反対のものへの移行が存在するということになりましょうか。アリストテレスは、これは不可能であると答えます。なぜなら、変化——例えば、冷たいものから熱いもの、熱いものから冷たいものへの変化——を想定するということは、振動（balancement）、ある種の振り子の運動、往復運動だからです。そうした変化の両端に休止や中断が存在しないことはありえません。というのも、そうした休止や変化は、そのうちで、向きないし方向の変化が生じることを本質とするものだからです。それゆえ、そうした運動は連続的ではなく、分節を伴う間欠的なものでしょう。これと同じことが、増加や衰退の運動についても当てはまるでしょう。すなわち、変化の両端に必然的に間隙が存在してしまうのです。

すると残るのは、場所による運動です。私たちが求めている運動、私たちが求めている、非間欠的、連続的、永続的な運動、そのうちで他のあらゆる運動がいわば汲み取られる運動は、空間内の移動、移行の運動でしかありえません。この移行の運動とはどのようなものでしょうか。ここでもまた、私たちは消去法によって議論を進めねばなりません。アリストテレスによれば、二種類の移行の運動があります。直線運動と円運動のことです。他のすべての運動は、この二つの運動から複合されるものなのです。

直線運動について考えましょう。アリストテレスによれば、まずもって、無限の直線はありえません。というのも、アリストテレス哲学において実在的なものはすべて有限であり、無限は潜勢態としてしか決して存在しないものだからです。彼が述べるように*[165]、実無限（infini actuel）は存在しません。理由は非常に単純で、実無限とは、思考され得ない、捉えられない何かであり、考えられ得ないものは不可能だからです。それゆえ、それは実在的でなく、可能的なもの、実在ではないものなのです。したがって、直線運動がいつまでも中断なく続くとすれば、それは有限な線上の往復運動でしかありえないことになるでしょう。線分ABがあるとすれば、AからBへの運動とBからAへの運動が無際限に反復されるということです。ただし、そうした運動が生じるとしても、先に示した理由によって、それは連続的ではないでしょう。というのも、両端にはなお休止の瞬間があるだろうからです。AからB、BからAへと行き来する振り子を考える場合、そこにある休止の瞬間は〔たしかに〕無限小なのですが、それでも、それはAおよびBにおける休止なのです。というのも、今日〔これから〕述べるとおり、〔そこでは〕速度が、向き、方向、符号を変えるからです。〔まず〕速度は連続的に減少し、次いで、連続的に増加します。したがって、それはゼロを経たということになり、そこには中断の瞬間があるのです。

それゆえ、アリストテレスに従うのであれば、こうした運動は連続的ではないことになるでしょう。このまったく特筆すべき、巧妙な考えは、歴史において、とまでは言いませんが――、力学の歴史においてある重要な役割を担ってきました。というのも、こうした類の運動のうちには中断があるというアリストテレスの考えは、ルネサンス期の人々を驚かせ、さらに彼らはそこからまったく異なるさまざまな帰結を引き出したからです。彼らは次のように考えました。恒常的に再生される振り子の運動に、両端における休止の時間があるとしたら、運動がないように思われるところから運動がふたたび生まれることができる。これはつまり空間内の移動という形の運動において私たちに現れるものは、運動のすべてではないということである。そして、極限において運動が間欠的であるように思われるとしても、そこにはなお何かが、つまり運動の内部があるのだ、と。そしてここから運動の動力学的な研究が生まれ、それが〔運動についての〕純粋に外面的な研究に取って代わることになったのです……*166。

さて、余談はここまでにしましょう。アリストテレスの目的は、こうした類の運動が、連続的で間欠的でない運動、そこで他のあらゆる運動がある意味汲み取られることになるような運動ではありえないことを確立することなのですから。すると、私たちが求めている運動は、性質による運動や大きさによる運動でなく、場所による運動でしかありえないことになりますが、場所による運動のうち、直線運動は排除すべきですから、円運動だけが残ることになります。私たちが求めている運動は、円運動以外ではありえないのです。

そこで宇宙を、アリストテレスの言う第一の天球――第一のというのは、他にも多数の天球があるからですが――によって境界が定められた一つの大きな球として思い浮かべてみましょう。まず、第一の天球、宇宙の外皮があります。アリストテレスはこれが、無際限に自転しているもの、つまり連続的な等速運動であると想定することになります。そして次に、その円運動が、徐々に、宇宙全体を構成している諸々の同心天球へと移されることになります。宇宙とは、諸々の同心球から成る一つのシステムなのです。

それゆえまず、より外側の球から内側*167の諸球へと伝わっていく運動があり、この運動は、伝達される際に、他のどんな運動でもそうなるように、変質し、衰えることになります。この運動は次第に完全ではなくなっていき、太陽に達すると、楕円軌道における太陽の不均一（irrégulier）で――アリストテレスにとっては――非等速な運動へと変化します。第一の天球の運動は、こうした不均一な運動へと変化するのですが、太陽のそうした不均一な運動が、月下の世界（monde sublunaire）、すなわち私たちがいる世界で起こっているあらゆる変化の条件であり原因なのです。太陽がその軌道上を進む経路は、増大と衰退、生と死、物質相互のあらゆる変形の原因であり、そうした変形はすべて、アリストテレスにとっては、交替(alternance)なのです。例えば、彼によると、水は空気に変化し――というのもアリストテレスにとって水は気体としては空気だからです――、空気は水へとふたたび変化します。

物理的な要素でなく、生きているものを考えるなら、発生、成長、死があり、さらに、ふたたび円(cercle)が形成されることで、誕生、成長、そして再度の死のすべてが繰り返されるのです。〔ここで〕私たちは一つの円環を手にしているのですが、これは、アリストテレスが『動物発生論』および『霊魂論』*[168]において述べているように、永遠を模倣する何か、可能な限りにおいて永遠である何か(ἀΐδιον καθ' ὃν ἐνδέχεται τρόπον)なのです。曰く、動物は動物を生み、植物は植物を生むのですが、それはそれらが永遠と神的なものとに与るためなのです(ζῷον μὲν ζῷον, φυτὸν δὲ φυτόν, ἵνα τοῦ ἀεὶ καὶ τοῦ θείου μετέχωσιν)*[169]。

それゆえ、反対のものたちの振動としての、交替、変遷があり、その反対ものたちが、最高位の球体の運動の完全な円環性(circularité)を、遠くから不十分な仕方で、それを歪めつつも、模倣するのです。この円運動は、アリストテレスによれば、至るところにあり、人間のさまざまな運動のうちにさえ見られるものです。というのも、アリストテレスは、政体のさまざまな形態が円環的かつ規則的に繰り返されるものであるなどとはどこでも述べていませんが、『自然学』第四巻の非常に奇妙な一節で、人間的事象は円環的に繰り返される(φασὶ [...] κύκλον εἶναι τὰ ἀνθρώπινα*[170] πράγματα)*[171]と述べているからです。

かくして、円環性、同一の原因と同一の結果の周期的な再現、往復運動、反対のものから反対のものへの振り子運動、こうしたものは、アリストテレスにとって、月下の世界に特徴的なものであって、第一の天球で起こること、つまり世界の最後の外皮の円運動の、不完全な、美しくなく、完璧でない再現にすぎないのです。

したがって、私たちの知覚を惹きつける部分的な運動を、この円運動が投影されたものとして思い浮かべる必要があります。以下の図によって*[172]、上のことが理解できるでしょう。この垂直な平面、つまり黒板面上にある円を、時間としましょう。また点Nはこの円上の矢印の方向への運動とします。さて、点Nはこの円上を、矢印が示す方向に無際限に動くのですが、それは常に同じ方向です。そこで水平な面、つまり黒板面と垂直に交わる面として、平面Pがあるとし、その運行のす

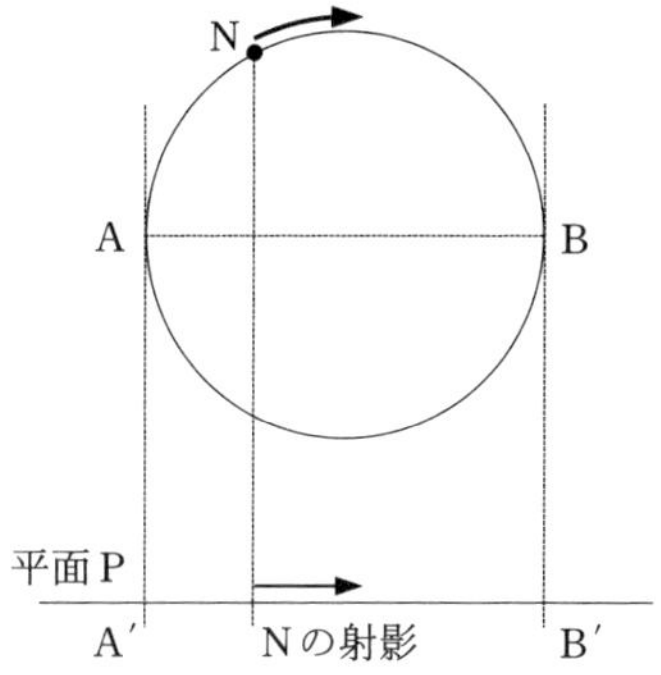

（訳者作図）

べての瞬間において、点Nを平面Pへと投影＝射影するとしましょう。先ほど描いた円は、当然、平面P上に、直線として射影されます。というのも、私たちは、円が存在する平面を、平面Pに対して垂直なものと仮定したからです。

直径の両端をAおよびBと呼びましょう。すると、私たちは、射影の両端として、A′およびB′を得ることになります。点NがAからBへと等速円運動によって移動するあいだに、その射影は、A′からB′へと移動します。運動体NのAからBへの運動は等速運動ですが、その射影の運動、つまりA′からB′への運動が等速運動でないことは明らかです。というのもその運動は、A′*[173]から直線の真ん中までは、加速し、そこから〔もう一方の〕端までは減速するため、私たちは、変速運動、したがって、アリストテレスによれば不完全な運動を得ることになるからです。

さて、運動体Nが、AからBへ移動し、円の上半分を踏破するあいだに、その射影はA′からB′へと移動します。運動体Nが、BからAへと動き続け、円の下半分を踏破し、円の下半分を踏破するあいだに、その射影はB′からA′へと戻ってきます。このようにして、等速円運動へと伝達されるものは、変速的で、等速的ではない、振り子運動へと射影されるのです。この運動は、私たちに、世界を十分正確に表現可能な図を与えることでしょう。宇宙とは、アリストテレスによれば、等速円運動であり、この運動は自らを月下の世界に投影し、徐々に自らを伝達し、自らを、振り子運動という形で、生と死、死と生の交替、反対のものからそれとは別の反対のものへの移行、またその逆の移行という形で投影するのです。みなさん、世界に関わる限りにおいて、大部分の古代の哲学者に共通の考え——もちろん変更を伴いつつですが——、彼らの世界観を特徴付けているものは、一般に、円環性なのです。

現代の、私たちの考え方はこれとは根本的に異なるものです。私たちは、物理学、生物学、歴史、道徳のいずれにおいても、円環性を認めません。物理学において、私たちは、世界を一つの全体と見なすとしても、それがまったく同一の状態を経ることができるなどということを認めません。そんなことがあれば、それはいわゆるカルノーの原理に反するでしょうから、可逆性はありえないのです*[174]。博物学においても、同じことが見出されます。地質学や生物学は私たちに、継起的な諸々の出来事や変化、特徴的な形態や年代を示しますが、同じ時点への回帰を示すことは決してなく、私たちは、歴史をこうした類の進展（progrès）と見なすのです。そして道徳においても、政治においても、正しいか間違っているかは別として、そこにあるのは連続的な進展であって、振動や円環性ではないと私たちは信じています。最後に、私たちは、進化（évolution）を直線として思い浮かべます。古代の人々は、進化を円環的なものとして思い浮かべ、アリストテレスはその進化を、本源的な円環性、第一天球の運動の円環性が、いかにして次第に伝達され、変質し、その変遷がいかにして生成と破壊*175の交替を与えるのかを示すことで、最も精確に定式化したのです。

アリストテレスにおける神

とはいえ、私たちはまだアリストテレスの神には到達していません。私たちは〔まだ〕天球の端で、第一天球の円運動をつかんでいる〔にすぎない〕のです。アリストテレスは、いかにしてそこから、この天球を動かすもの〔動者〕としての神へと移行するのでしょうか。

アリストテレスによれば、あらゆる運動は——これは『自然学』第八巻*176で述べられる原理なのですが——動者を前提としています。この動者がそれ自身動く、つまりそれが動的であると想定するなら、この動者とは別の動者が必要となり、さらにその動者についても同様のことが言えるでしょう。そのように、私たちは常に、運動から動者へと遡ります。運動から動者へのこうした後退は、その動者が動的であれば、それとはまた別の動者を想定していることになります。この〔最後の〕動者についてもまた同じことが言えますが、この後退は無限に続けることができるでしょうか。いいえ、止まることが必要です。そしてそれはこれまでと同じ理由からです。すなわち、アリストテレスによれば、実現された無限、与えられた無限はありえず、ある動者で止まらなければならないのです。動者が動的だと想定するなら、それは真の動者ではなく、より高いところへと昇らねばならないでしょう。それが部分的に動的で、部分的に不動だと想定するなら、動的な部分は不動な部分によって説明されるでしょうし、その結果それを説明する必要はなくなるでしょう。いずれにせよ、結局は、不動の動者（moteur immobile）で止まらねばならないでしょう。

それゆえ、運動から運動へと〔移行することで〕、人は不動の動者へと到達するでしょう。そしてそれゆえにアリストテレスは、常に運動状態にあり、円環的に動く第一天球の上方に、その第一の動者としての神を措定するのです。

しかし、指摘しておけば、みなさん、こうした神の存在証明は、神の存在に対して与えられる伝統的な証明——これもまた時折言われるように*177第一の動者から引き出されるものなのですが——と、まったく共通点をもたないものです。人はかつて言いました。運動は運動を前提としており、後者の運動は運動を前提としており、以下同様のことが言える。そしてもちろん、〔このプロセスは〕不動なもの、ある動者で止まらねばならず、この動者が自分以外のあらゆるものを運動させたのだ、と。こうした類の証明は運動が始まったということ、運動が創造されたということを含意しています。この証明のうちには創造の観念がありますが、この観念は、アリストテレス哲学にも、古代哲学一般にとってさえもまったく無縁なものです。アリストテレスは創造を一度も信じませんでした。しかも、運動に関して、アリストテレスは、先ほどこの講義の冒頭で引用したテクストにおいて、それは一度も始まったことがない、と明確に述べています。そして、私たちの観点からしてより注目すべきなのは、運動が一度も始まったことがないからこそ、第一の動者が必要である、という点です。アリストテレスは、第一の動者によって神の存在の必然性を示す際に、運動が一度も始まったことはないということを強調しているのです*178。

では、運動が一度も始まったことがないとして、なぜ、第一の動者が存在しなければならないのでしょうか。それは、アリストテレスにとって、第一の動者がまさしく、お望みならば、運動の原因であるからです。第一の動者は運動の原因なのですが、それが運動の原因であるのは、原理、すなわちアルケーという意味においてです。アリストテレスはこの原理という用語、すなわち論理的な理由であると同時に作用因でもある原理という用語を用いているのです。これはつまり、第一の動者とは運動の説明を与えるものである、ということです。

さて、私たちは、神が不変であること、永遠であることを望みます。運動が永続的でないとしたら、運動が始まりをもつとしたら、それを説明するために永遠的な原因を想定する必要はないでしょう。原因は、近代の人が言ったように*179、結果が含んでいるすべてのものを、優勝的に含んでいなければなりません。結果が永続的な運動であるなら、原因は運動だけでなく、その永続性までをも説明しなければならないのです。言い換えれば、運動に始まりも終わりもないとすれば、私たちは運動を永遠に対してもたせ掛けねばならないということです。そして、運動には始まりも終わりもないからこそ、その原理を、永遠的な存在のうちに求めねばならないのです。

それゆえ、神が運動の原因であるのは、歴史的な観点から（historiquement）ではありません。神は時間において（dans le temps）運動の原因なのではなく、ある瞬間に運動を生じさせたのではないのですが、近代的な言い方をするなら、運動と神は共永遠的（co-éternel）なのであって、それはちょうど帰結と原理が共永遠的である——例えば幾何学において定理がその定義に共永遠的である――のとまったく同様な次第だと言えましょう。

アリストテレスは事態をこれとまったく同じような仕方で考えたわけではないとはいえ、〔彼にとって〕運動と神は、時間における結果と原因ではありません。両者は、一方が他方に対して、帰結が原理に対してあるのと同じ関係にあるのです。それゆえ、私たちは、結局、そのような仕方で〔運動から神へと〕上ることになります。以上が、生成と消滅が繰り返される月下の世界において観察される、さまざまな変化についての〔アリストテレスの〕全論証の骨子です。私たちは、生成と消滅の繰り返しから円運動へと、そしてその運動そのものから、不動の動者という神へと上昇するのです。

こうしたことが、アリストテレスにおける考えの流れ――少なくとも説明の流れ――であるように思われます。ここに留まってしまえば、アリストテレスにおいて神と諸事物とのあいだに存在する関係、そしてとりわけ天球の円運動によって生じる時間と永遠とのあいだにある関係が、きわめて不完全な仕方でしか理解されないことになるでしょう。その関係がまったく不十分にしか理解されないのは、こうした〔説明の〕順序をとると、説明されないままに、もっと言えば、説明不可能なままに留まってしまう論点があるからです。この第一の動者、アリストテレスがこうした論証によって到達する第一の動者は、いかにして、そしてなぜ思考の思考であり、アリストテレスが思い浮かべるところの神であるのでしょうか。それが運動の永遠の原因であるとしても、どうして神は、自分自身を思考する思考であるのでしょう。以上に述べたことが、実際にアリストテレスの思想における神と事物の関係であるとすれば、そこには説明不可能な空白があることになります。以上が関係のすべてであるとすれば、当然、〔まだ説明されていない〕別のものが存在することになります。そして、アリストテレス自身のテクストを理解可能な仕方で解釈することによって、とりわけ〔彼の〕後続の著作を通して解釈することによって、議論を補い、その空白を埋めることができるようになると私は思います。

二つの永遠――純粋形相と純粋質料

前回の講義で述べた点に立ち戻りましょう。私たちは、イデアないし形相*180の理論という観点から、プラトン哲学とアリストテレス哲学の違いを確立しようと努めました。そして私たちが述べたのは、アリストテレスにとってイデアは――あるいは彼が述べているとおり、形相といっても同じことですが――決して完璧には実現されないということでした。イデアは常に完璧ではないのです。プラトンにとってイデアは完璧なものですが、アリストテレスにとってそれは決して完璧ではありません。イデアは自分自身を常に探し求めます。イデアは常に、ほぼ自己自身なのですが、何かを欠いており、イデアに欠けているものこそ、まさにそのイデアの質料性ないし質料性一般なのです。アリストテレスが質料*181と呼ぶものは、結局のところ、イデア、形相にとって、それが完璧に自己自身であるために欠けているものなのです。まさにこの意味において、アリストテレスの形相が内在的であるのに対し、プラトンのイデアは、なるほど常に超越的ということはないでしょうが、彼曰く、超越的であろうとします。内在、超越、内部、外部といった言葉は非常に曖昧なもの、空間的な〔言語*182〕から借りてこられた比喩表現です。こうした言葉に精確な意味を与えようとするなら、内在は、完璧でないこと、欠陥、何かの欠如によって定義されねばなりません。反対に超越はというと、それは完成（achèvement）です。アリストテレスのイデアが内在的なのは、それが完璧でなく、全面的に与えられることが決してないからです。イデアは、したがって、定義上、質料のうちにあり、その質料は、定義上、形相が完璧に自分自身であるために欠いているものなのです。

以上が、〔この講義の〕冒頭で、二つの理説のあいだに私たちが確立した相違です。さらに私たちは、アリストテレス哲学における形相を次のように思い浮かべうる必要があると言いました。すなわち、諸々の形相は互いに従属し合っていて、下るにつれて次第に完璧ではなくなり、その結果、形相から形相へと下っていくにつれ、人は形相の絶対的な欠如であるもの、形相の無であるところのもの、それゆえアリストテレスが第一質料*183（プローテー・ヒュレー）と呼ぶものへと向かっていくのである、と。この質料は、決して実現されず、潜勢的にしか存在しないのですが、形相の系列をより低いところへと下るにつれて、人はそうした質料へと向かうのです。そしてまた私たちが述べたのは、これと反対の道を進むことで、つまり徐々により完璧になってゆく形相へと昇っていくことで、完璧な形相、純粋形相へと至るということでした。

さて、この純粋形相はもはや、〔純粋〕質料のように、潜勢的にしか存在しないものではありません。アリストテレスが述べるとおり、この形相は、現実態において（en acte）存在し、さらに言えば、この形相が、完璧に現実態において存在する唯一のものなのです。純粋形相は、純粋現実態（acte pur）である唯一のものです。したがって、アリストテレス哲学において、私たちが手にしているのは、結局のところ、いずれにせよ、二つの項であることになります。すなわち、〔まず〕純粋な質料があり、これに人は決して至ることはないでしょうが、それでも人は、それをいわば極限、純粋な無、形相の否定として目指すのです。そして次に、純粋な形相があり、これは単に理念的な極限であるのではなく、実在です。完璧に実現された完全な形相、それは神、アリストテレスの神です。さらにその形相に加え、質料、すなわち無があるのですが、これは与えないわけにはいきません。というのも、全体が与えられれば、無も与えられることになるからです。アリストテレス哲学の二つの極とは、このようなものです。

さて、これら二つの項は、言うまでもなく、いずれも永遠的なものであることを指摘しておきましょう。純粋形相、すなわち神にとって、永遠性とはその本質です。それ自身に集約され、変化の可能性がない思考の思考こそが、神であり、永遠です。しかし純粋質料もまた永遠です。というのも、それはいかにしても変化しないだろうからです。アリストテレスにとって、変化とは、性質の変化であるか、大きさの変化であるか、場所の変化であるかのいずれかです。しかし質料は性質をもたず、性質を変えることができません。また質料は大きさをもちません。それゆえ、大きくなったり小さくなったりすることができません。さらに質料は場所をもちません。というのも、それは何のうちにも含まれてはいないからです。それゆえ、質料は移動することができません。質料もまた永遠なのです。

したがって、私たちは、アリストテレス哲学において、向かい合わせになった二つの永遠を手にしています。すなわち、形相の永遠と、無の永遠と呼ばれうるものの二つです。そこで、この二つの永遠を与えましょう。すると私たちは、感性的世界、すなわち運動状態にある世界を得ることになりますが、これはアリストテレスにとって、あの完全性すなわち全体とあの無とのあいだにある隔たり、間隔、算術的な意味における差異以外のものではありません。感性的世界とはこれ以外のものではないのです。ある数を、ピュタゴラス学派にとって完全な数である一〇を与えましょう。この数しかないとすれば、私たちはこれを、一つの単位、つまり一〇というひとまとまり（dizaine）、すなわち不可分な何かと見なすことができるでしょう。しかし私たちはこの数に加え、〇を与えざるを得ません。そして、一〇と〇とを措定すれば、その間隔の可能性、つまり一、二、三、四、五から九まで、一〇までを措定することになります。さて、アリストテレスの思想を極限まで推し進めると——というのは、こうした議論の典拠となるテクストを引き合いに出すことはおそらくできないからです。アリストテレスの思想において、こうした議論はどこにもないのですが、いたるところにあるのです——、諸々の事物、運動とは、この間隔、すなわち結局のところ無である第一質料と、神であるあの思考の思考とのあいだの間隔なのです。そしてこれらの間隔の二つの極は永遠的である以上、間隔もまた永遠的であり、運動も永遠的なのです。運動が常に存在するのは、それが純粋形相と純粋質料のあいだの隔たりだからです。この隔たりこそが、常に運動状態にある感性的世界であり、運動の永続性です。というのも、この隔たりは、永遠で不変な二つの項のあいだの算術的な差異を測るものだからです*184。

こうしたことが、アリストテレスにとって、神と諸事物の関係、すなわち第一の動者と運動の関係が意味するもの、神と諸事物の関係のあり方です。そして、この意味において、それもこの意味においてのみ、神の永遠性と宇宙における運動の永続性とは、互いに連関するのです。

第一の動者と思考の思考

さてこの方向に議論を続けていけば、アリストテレス哲学における第一の動者として解された神と、思考の思考として、すなわち自らを思考する思考として解された神のあいだにある隔たりを埋める*185ことができるように思われます。繰り返しになりますが、こうした解釈方針を、少しだけ前に進めれば十分なのです。ここでもまた、私たちは、絶対的に明白なテクストを引き合いに出すことはできないでしょうし、おそらくはアリストテレスの理説の言葉のうちに絶対的に身を置くことにもならないでしょうが、だからと言って私は、私たちが彼の精神に背いていることになるとは思いません。

自己のうちに集約された、あの思考の思考とは何でしょう。先日述べたとおり、それはありうるすべての形相が相互に浸透し合った全体のことです。それは、あらゆる叡知的形相の共浸透（co-pénétration）であり、それこそが思考の思考である、とアリストテレスは言います。それはもちろん、すでに述べたように、形相の形相、エイドス・エイドーン、「ノエーセオース・」ノエーシスでもあるでしょう。これが自己のうちに集約された存在です。神は自己自身を思考すると言うとき、私たちがそれによって示唆しているのは、神は自身にとって、固有の場所であるということです。つまり神は自らを含んでいるのです。私たちはというと、自らを思考するとき、二つに分かれます。そこには、思考するものと思考されるもの、主体と対象があります。しかしあの神的な思考、あの思考の思考は、主体が対象を、対象が主体を含むような思考です。互いに含みあっているために、両者は互いに、含むものと含まれるもの〔容器と内容〕の関係にあります。アリストテレスの神は、自身にとって、自らに固有の場、固有の場所であり、神は、第一義的には、まずもってそのような仕方で定義されるものであるということができるでしょう。他方で、自己自身を思考する思考とは、その対象へ向かう思考です。とはいえ、その思考は、注目すべきことに、自己自身へと回帰します。というのも、主体と対象はもはや区別されないからです。神は自己自身を思考し、自らを思考する限りにおいて、自己へと回帰します。私たちの方はというと、自らを思考するときには、対象へと向かう主体であり、この主体は対象へと向かうのですが、その対象は主体から区別されるものなのです。次いで、主体は自らへと回帰します。〔さらに〕主体は対象にふたたび向かいます。これは振り子運動、お望みなら振動、不完全な運動なのですが、アリストテレスの神にとって、事態はこれと異なる仕方で生じます。主体は、対象へと向かい、その対象のうちで、自己自身を見出すのです。これは円（*circulus*）、閉じた円環なのです。

したがって、その場におけるある種の円環的な運動によって、アリストテレスにおいては、神的な思考が定義されます。これが、アリストテレスの神です。

すると、アリストテレスは、自らの神から世界へと下ることで、まずもって、自らの前に、神に最も類似したもの、神を最も良く模倣するものを見出します。神を最大限に模倣するものとは何でしょう。私たちが最初に見出すもの、それは当然延長をもつ何かでしょう。というのも、もしそれが延長をもたなければ、つまりそれが自己のうちに集約されているのであれば、それは一であり、神自身であるだろうからです。したがって、それは当然、延長をもつ何かでしょう。

しかし、その延長をもつ何かが宇宙的容器〔含むもの〕、つまり何ものにも含まれていないであろう何かであるとすれば、私たちはすべてを含む何かを、何ものにも含まれず、自己自身を含む何か、延長のうちで神を可能な限り模倣する何かを得ることになるでしょう。ですから、こう言いましょう。私たちが見出す第一の形相、それは世界の究極の外皮であり、これこそが神に最も類似したものなのである、と。私たちはこのようにして第一の形相を構成するのです。

そこでこの外皮について考えてみましょう。それに対してどのような形を与えるべきでしょうか。また、それが動いていると想定すべきでしょうか、それとも不動のものと想定すべきでしょうか。ここでもまた、不動であると想定することはできません。というのも、完璧で完全な不動とは、定義からして、神の特性だからです。とはいえ、この外皮は球形であるとし、またそれに均一な、等速円運動を与えてみましょう。すると、一方で私たちは、延長のうちで神的な永遠を可能な限り模倣する何か、常に自己自身に類似した永続的運動を得ることになるでしょう。他方で、それはある意味では不動な運動でもあるでしょう。というのも、『天体論』においてアリストテレスが述べるところによれば——彼はこの考えに何度も立ち戻り、執着しています——、円運動、球の運動とは、諸部分は移動するのに全体は移動しないがゆえに、その場で生じる運動だからです。諸部分は場所を変えつつある場所を占めるのですが、全体は場所を変えることがなく、常に同じ天球の外皮のうちにあるのです。諸部分はどれも場所を変え、その意味でそれは運動であるのですが、全体は不動なのです。もっともその全体は、何のうちにも含まれてはいない以上、場所をもちません。しかしいずれにせよ、全体は、球の自転運動である以上、不動なのです。したがって、私たちは、可能な限り正確に、神的な思考の運動、その場における運動――その回転のすべてを遂行しつつも、その場から外に出ることのない何かの運動――を模倣する運動を手にしているのです。

これが、おそらくは、アリストテレスの思想における、世界に対する神の関係です。今回の講義の最初で採用した説明の流れに正確に従って、世界の諸運動から円運動へと、そして円運動から第一の動者へと上昇するとすれば、この第一の動者がなぜ思考の思考であるのかを述べることは非常に困難であり、不可能でさえあります。しかし形相の形相として理解される思考の思考から出発するのであれば、私たちはそこから、神に最も近い形相が、球の形をした、最終の、自転する外皮であることの必然性を導くことができます。そしてそのとき私たちは、その円運動が、徐々に伝達され、徐々に減退していくのを理解することになるでしょう。

以上が、アリストテレスの思想における、永遠の神と諸事物の永続的な運動との関係であるように思われます。

しかし私たちは、みなさん、これは次回の講義の目的となる予定ですが、この関係をより詳細に検討し、アリストテレスが、神と世界の接触――永遠から時間を帰結させる接触――ということで正確には何を理解していたのかということを探求せねばなりません。そしてこのことによって、私たちは、『自然学』第四巻に見られる、時間についての精確な理論の分析へと導かれることになるでしょう。

第9講　場所論から時間論へ　一九〇三年二月六日

『自然学』第四巻

みなさん、前回の講義で私たちは、アリストテレスがいかにして第一天球の円運動を、思考の思考、すなわち神へと結びつけるのかを示そうとしました。今日は、『自然学』第四巻のなかから、アリストテレスに特有の時間論を検討することになります。この特別な検証が終わった後、私たちは、そこから離れて、私たちが立ち止まっていた論点へと戻り、神と最終の球——第一天球——との接触点に身を置くことによって、神——永遠——と時間とのあいだにアリストテレスが確立する正確な関係について、より精確な仕方で探求することになるでしょう。

その時間論は、『自然学』第四巻の後半の全体を占めています。前半は空間について、あるいは少なくとも、アリストテレスが述べているとおり、場所について——というのも空間とは、アリストテレスにとって場所だからです*186——、紙幅を割いていています。この点において、アリストテレスの後に続くすべての人々、彼の〔直接的な〕継承者となる哲学者たちや近代の哲学者たち、私たちの時代の哲学者でさえもみな、彼〔の考え〕に従うことになるのですが、アリストテレスは、これから見る通り、場所と時間を同列に置き、同じ仕方で検討しています。アリストテレスの場所論を手短にでも分析しておくことは、彼の時間論をよりよく理解するために、有用であるとさえ言えるでしょう。というのも、アリストテレスは空間を、あるいはむしろ場所を、時間よりも詳細に分析しており——この点においても、他の多くの哲学者たちが彼に従っています——、時間については『自然学』第四巻の後半で素描するにとどまっているのに対し、場所の観念についてはこの巻の前半で非常に詳細に検討しているからです。とすれば、その場所論について一言述べておくとしても無駄ではないでしょう。私たちは、時間論より場所論においての方が、アリストテレスがどのような方法に従ったのか、どのような考えの進展を経たのか、そしてまた常識的な考えから出発しながらいかにして次第に自らに固有の哲学へと辿りつくのかといった点について、はるかに明確に理解することができるでしょう。アリストテレスが常識から出発して自らの哲学へと向かうことは、驚くべきことではありません。というのも、彼の哲学は、根本的には、言語のうちに蓄えられているような概念的思考の、理論的な〔漸進的〕体系化に他ならないからです*187。

アリストテレスの場所論

では彼にとって、場所とは何でしょうか。アリストテレスは、常識的な考えから出発します。場所とは、常識的な人々にとって、含むもの〔容器〕です。こうした常識的な考えを受け入れることにしましょう。場所とは含むものなのです。含むものとは何でしょう。まずもって、ある対象を含むものとはその対象が満たす空虚（vide）であると思われるでしょう。たしかに、今日私たちが空間について語るとき、空間とは、物体によって満たされる空虚な空間のことです。しかしアリストテレスは、この点について、『自然学』第四巻の一部を割いています。彼は、空虚は存在せず、不可能であり、考えられ得ないものであるとさえ想定し、多くの理由から空虚を否定しているのです。その理由のうち、主要なものとしては、彼の論証において重要な位置を占めている明白な理由と、数学的で非常に奇妙な理由の二つがあります。

アリストテレスは、物体は落下するとき、それが通過する媒体の密度に応じて、より速く動いたりより遅く動いたりするため、その速度はその密度に反比例すると考えます。とすれば、密度が減少すれば、速度はそれに比例して大きくなり、また密度がゼロになれば速度は無限になる、と言えるでしょう。ところで、物体が無限の速度で動くということは不可能です。したがって、空虚はあり得ない――これが、〔アリストテレスの論証の〕大部分を占めている*188理由です。〔彼の論証には〕もう一つ、より重要な理由があります。これは明示的な仕方で示されているものではないのですが、アリストテレスによって与えられた理由の基底にあるものなのです。

その理由は次のようなものです。もし空虚が存在するとすれば、それは形相であるか質料であるか、あるいは両者の複合体であるかのいずれかでしょう。というのも、アリストテレスにとっては、これらしか存在しないからです。ところで空虚は、形相をもちません。それは規定されているものではないのです。また空虚は質料でもありません。というのも、私たちは、質料とは何かへ向かう傾向であり、まったくの無（rien）ではないということを知っているからです。ところで、空虚はというと、まったくの無であることになります。したがって、空虚は存在しないのです。そしてそれゆえまた、場所は含むものであっても、空虚ではありません。

残る〔選択肢〕はもはや、空虚は対象を含む物体であり、この含むものが、場所を含んでいるのだと想定することだけです。すると、私たちは暫定的に次のように言えるでしょう。すなわち他の物体を含む物体とはその場所である、と。しかしこの含む物体のうちには、多くの無駄なものがあります。含まれる対象に直接接触しないすべての部分は、無駄なものです。とすれば、この含む物体から、その内側の表面——含まれる事物に触れる、内側の境界——だけを保持することにしても良いでしょう。すると私たちは、場所についての最初の定義を得ることになります。すなわち、場所とは含むものの内側の表面なのです。

とはいえ、そうだとして、含むものとは、そしてまた含まれるものとは何でしょうか。〔上の場所の定義に従えば〕一つの場所が存在するためには、一方が他方のうちに含まれているような二つの物体が必要です。しかしどうして、これらが二を成すということ、そしてまたある物体の部分がその物体自身と二を成すことはないということが、保証されるのでしょうか〔そのような保証はないのです〕。それゆえ、これらの物体の二性（dualité）を定義する必要があります。というのも、二つの物体のあいだにそれらを区別するための空虚があるわけではないからです。〔そこで〕一方の物体が他方の物体から独立に動くことができるときに、一方の物体は他方の物体から区別される、と言いましょう。これはまったく正確な定義です。そのうえ、これはまだ常識の範疇にあります。常識によれば、場所は不動なのです。したがって、不動な外皮のうちに動的な物体があるとき、場所とは不動な外皮のことであり、この含むものに対して含まれるものであるのが運動体であることになるでしょう。そこで、場所とは含むものの不動な表面である、と言いましょう。

含むものの不動な表面とはどのようなものでしょうか。ある一つの物体を取り上げ、それがもう一つの別の物体にはめ込まれ挿入されているとしましょう。このとき、後者は前者と同様に動的でしょう——後者の運動は、おそらく、前者に依存*[189]したものだとしてもです。〔というのも〕私が不動な何かを見出すとしたら、私はそのとき止まらなければならないだろうからです。さて、みなさんは、アリストテレスには土・水・空気・火という四つの元素があることを覚えていると思います。これらの元素は、土は水のうちに、水は空気のうちに、そして空気は火のうちにというように、一方が他方のうちにはめ込まれています。さらに、ある任意の物体——水でも空気でも土でも火でも、あるいはこれらの物体の複合体でも構いません

――を取り上げるとすれば、その物体は、自らの元素から分離されると、そこに戻ろうとします。というのも、空気が上昇し、火が上昇し、土が下降するのは、その物体が、自らの元素から切り離された後でも、その元素に繋ぎとめられたままであり、ゴム紐のように自らの元素へとその物体を連れ戻そうとする何かがあるからにすぎないからです。それゆえ、自らの元素から分離した物体が不動であるとしても、それは事実上のことでしかなく、権利上のことではありません。そうした物体は、ただ自らの元素へと戻る機会を待っているだけなのです。それは拘束（βιαίως*190）されたのだ、とアリストテレスは言います。物体をそこ〔元の元素以外の元素〕へと導いたのは、拘束運動であり、物体は、その自然な（κατὰ φύσιν）運動によって、自らの元素へと戻ろうとします。したがって、真の不動性を、四元素のうち以外に求めてはなりません。

さて私たちは、四元素、すなわち水・空気・土・火を手にしており、これらは互いに入れ替わり、互いのうちにはめ込まれています。〔そこで〕場所とは、これらの元素のそれぞれを限定する不動の表面であると言いましょう。この不動の表面はそれぞれが、それが含むものに対する場所なのです。

しかしここで、結合を乱すものが介入します。諸元素は、たしかにある意味では不動なのですが、別の意味では動的であることが判明するのです。アリストテレスによれば、諸元素は、常に円環的な交代（permutation）の途上にあります。例えば、水は空気へと変化する、つまり水は蒸発するといったことです。アリストテレスは空気を蒸気と見なしました。〔そして〕空気はふたたび水になります。ここには常に、徐々に伝達される円運動の効果による、循環的な変態――例えば、水から空気への、空気から水への変化――があり、この変化は連続的に生じます。それゆえ〔たしかに〕、諸元素はまったく不動であり、分離した諸部分も不動であるように見えるのですが、その不動性は相対的なものでしかなく、決定的なものではないのです。要するに私たちは、任意の含まれる物体から任意の含む物体へと、任意の含む物体からその物体の元素へと、移行しなければならなかったのです。さてそうすると、私たちは元素の系列を横断し、中心から徐々に遠ざかっていくことを余儀なくされ、最終の球へ、つまり第一天球へと到達することでしょう。それが含むもの、宇宙的な含むものです。これは不動なものでしょうか。そうではありません。この含むものは連続的に運動することを私たちは知っています。しかしそれは円運動であり、空間、場所による真の円運動なのです。この運動が円運動であるのは、その諸部分が円を描くように動くからです。〔第一〕天球に繋ぎとめられた星について考えると、その星は円運動をすることが確認されます。つまり、各部分は円状に動きます。しかし全体は動くのでしょうか。

まずもって、一般的に言えば、アリストテレスによると、球の運動、すなわち、中心の周囲を回転する球体の運動は、全体が常に同じ含むものを有するがゆえに、その諸部分が場所を変える一方で全体は場所を変えないような何かの運動です。つまり、円運動について、一般的には、その諸部分は移動するがその全体は運動しない、と言うことができるということです。ところで、任意の球に当てはまることは、最も高次の球、すなわち第一天球の運動に対しては、よりいっそう当てはまります。というのも、第一天球は、定義からして、何ものにも含まれてはいないからです。それは何ものにも含まれておらず、それゆえに場所をもちません。場所をもたないがゆえに、それは場所を変えることができず、したがって、私たちは、あらゆる意味において、全体としてみれば不動であると言うことができる外皮を前にしていることになります。そして、これは宇宙的な含むものである以上、真の場所、すなわち宇宙的な場所（lieu universel, τόπος κοινός）とは、アリストテレスが言うように、第一天球である、と言えるでしょう。

単なるありふれた考え方、すなわち場所について常識が与える定義、つまり不動な含むものという定義から出発したアリストテレスが、どのような考えを経て、次第に場所を——私たちが神に近いものであることを示した——あの第一天球によって定義するに至るのか、この点についてみなさんはすでにお分かりでしょう。自らに固有の思考の場所であるがゆえに自分自身を含む神と同様に、神に近く、神をそれ固有の仕方で模倣する、あの最高次の球は、それ自体、自らに固有の場所、つまり宇宙的な場所なのです。しかし、その球は徐々に、より低次の球へ、諸元素へ、諸元素の諸部分へと、ある種の衰退によって、場所と呼ばれるための力を伝達します。それゆえにアリストテレスは、水や土や火といった元素は場所であると述べたのでしょう。諸元素は、彼の言う固有の場所（lieu propre, τόπος οἰκεῖος）なのです。次いで、どんなものであろうと、一時的に不動な物体、あるいは少なくともその物体の内側の表面は、それもまた一時的な場所、あるいはアリストテレスの言う、第一の場所（lieu premier, πρώτος τόπος）であることでしょう。ここには、近接する場所（lieu prochain）、固有の場所、そして宇宙的な場所という三つの場所があります。そしてこの〔宇宙的な場所という〕真の場所が場所であるのはそれ自体によってであるのに対し、残りの〔二つの〕場所が場所であるのは、真の場所の模倣、あるいは先に述べたように、真の場所の衰退によってでしかありません。この〔近接する場所と固有の場所という二つの〕場所は、私たちが、認識の水準において、私たちの歩みにおいてまずもって見出すものであり、認識という水準においては第一のものなのですが、存在という水準においては、最後のものなのです。お望みであれば、〔これらの場所は〕事実上は第一のものであるが、権利上は最後のものであると言えるでしょう。

アリストテレスの時間論

私たちはこれから、時間の本性の探求のためのアリストテレスが辿った歩みが、その全詳細は与えられることがないとはいえ、これと似たような歩みであることを見ることになります。アリストテレスは次のように議論を始めています。

まずもって、変化がなければ時間はありません。というのも、彼の言うことをそのまま訳せば、私たちが私たちの思考において変化しないとき（ὅταν μηδὲν μεταβάλλωμεν τὴν διάνοιαν）、私たちには時間がなかったように思われる（οὐ δοκεῖ ἡμῖν γεγονέναι χρόνος）。これは、神話によれば、サルディニア島で眠りこんだ人々が、目覚めたとき、時間が経ったとは思わないのと同じことである*191。それゆえ、とアリストテレスは続けます。複数の今、継起的な諸々のニューン（νῦν）〔ギリシア語で「今」の意〕がなければ、つまり唯一の今、一にして不可分な今しかないとしたら、私たちの心にとって時間はないでしょう。暗闇にいる人、つまり外的な変化をまったく知覚しないような人、自分の意識のうちに閉じ込められた人を想定するとしても、彼の心のうちに運動が存在するようになるや否や――文字どおりに訳しますが――時間も直ちに存在することになるのです。これが〔議論の〕出発点です。

とすれば、時間とは運動そのものなのだろうか、とアリストテレスは自問します。そうではありません。それには二つの理由があります。第一に、彼曰く、運動は各々の事物のうちにあるものだからです。運動は、動く事物のうちにあります。運動状態にある事物の数と同じだけ異なる運動が存在するのに対し、あらゆる事物およびあらゆる運動に対して同じ一つの時間しか存在しないのです。

第二の理由は第一の理由に非常に近いものです。一つの運動には、自らに固有の速度があり、異なる運動には〔それらに応じた〕さまざまな速度があります。〔しかし〕時間には唯一の速度しかありません。時間は一様な〔等速の〕流れから出てくるものです。さらに言えば、この一様な時間との関係によって――このことは、まだ力学的な諸概念がなかった時代、力学が存在していなかった時代であったことを考えれば特筆すべきことなのですが――この一様な時間との関係によって、さまざまな速度やさまざまな運動が測定されていたのです。その結果、言うまでもなく、さまざまな運動、さまざまな速度が存在するからこそ、一様な時間が存在するということになります。こうした〔運動の〕多様性そのものが、時間の一様性を前提としていることです。したがって、時間とは運動とは異なるものなのです。

それゆえ、一方で、これが第一の点ですが、運動が存在しなければ――運動ということでアリストテレスが変化一般のことを考えていたのは、みなさんご存知でしょう――時間は存在しないでしょう。また第二に、時間は運動ではありません。それゆえに、時間とは、運動についての何か、運動のある様相（πάθος τι κινήσεως）である、とアリストテレスは結論するのです。これらが出発点です。

では運動とは何でしょうか。前と後、プロテロン（πρότερον）とヒュステロン（ὕστερον）がない限り、つまり私たちが今[192]のうちに（ἐν τῷ νῦν）自らを見い出す限り、時間は存在しませんが、魂が二つの今がある、つまり前と後があると言うとき、私たちは二つの時間があると言います。それゆえ時間は、私たちが前と後を区別し、今の系列を区別するや否や生じるものなのです……。アリストテレスの言葉をほぼ文字通りに訳しましょう。彼はまた、私たちがそれらを数えるや否や、と付け加えています。ここから、時間とは前と後による運動の数である（ὁ ἀριθμὸς κινήσεως κατὰ τὸ πρότερον καὶ ὕστερον[193]）という時間の定義が帰結します。彼は、数というのは――この論点にはこの後すぐ立ち戻らなければなりません――二つの異なる観点から考えることができると付け加えています。すなわち、数えられる数[194]（ἀριθμητόν）、カウントされる数と、私たちがカウントする際の手段として用いる数（ἀριθμούμενον）――お望みならば「数える数（nombre nombrant）」と訳しましょう――とが、つまり数えられる数と数える数があるのです。さて、時間とは数える数ではなく、数えられる数です。言い換えれば、数には区別すべき二つのものがあるということです。〔まず〕数えるという働き、カウントするという行為があります、これが、数える数です。そして次に、本来の意味における数、一旦カウントされた数、数えられる数があります。数える数は、明らかに――これは検証が必要なことでしょうが――、主要なものであるとしても、数の一要素でしかありません。それは数の一要素でしかないのです。数える数が数であるためには、カウントする人の働きが必要ですが、それに加え、カウントされる何かがなければなりません。〔数えるという〕操作が実行されるときにのみ、つまり形相と質料があるときにのみ、数は存在するのです。したがって、本来の意味における数とは、数えられる数であり、時間とは、数える数ではなく、数えられる数のことなのです。

〔ではそれは〕何の数なのでしょうか。この数を構成する単位とはどのようなものでしょうか。アリストテレスは、結局のところ、時間があるためには、複数の今、ニューンがなければならないと述べたとき、前もってその単位を定義していたのです。単位とは、今のことです。とはいえ、今〔という言葉〕を彼はどう理解していたのでしょうか。それは数学的な点、持続の一瞬間（instant）なのでしょうか。アリストテレスは、そうした解釈を慎重に退けています。第一に、一般的に言うなら、アリストテレス曰く――彼は、多くの箇所、とりわけゼノンの論証を批判する際にこの点を説明しています――時間は、不可分なもの（indivisibles）からは複合され得ないものです。しかしより目立つ箇所として、『自然学』第四巻でアリストテレスは、慎重にも、今を単なる極限すなわち直線の境界の役割を果たす数学的点のような何かと見なすなら、時間が存在すると言うことはできない、と述べています。ここで問題となっているのは、一定の大きさをもつ現在、一定の持続の長さであるところの現在なのです。

とはいえ、そこで私はこう問いたいと思います。この現在とはどのようなものだろうか、時間の単位という役割を果たさねばならず、また先に述べたとおり、単なる瞬間、単なる数学的点ではありえない、この今とはどのようなものだろうか、と。

この問いに対してアリストテレスは、明確には答えていません。とはいえ、アリストテレスが場所の真の本性、空間の本性を確立するために辿ってきた歩みを思い起こしてみましょう。彼は、低次の場所、すなわち、暫定的に、ある種の衰退によってのみ空間であるような空間から出発して、徐々に、事実上のみならず権利上場所であるような場所へと、つまりは宇宙的な場所、第一天球へと向かっていったのでした。

ここでアリストテレスは、外的な運動に関しては私たちの眼前にある任意の運動から、内的な運動に関しては私たちが内的に知覚する運動から出発しています。そして彼は、そうした多様で調和を欠いた運動、それらのあいだに単位を見出すことが――これらの運動がすべて派生的で劣ったものであるために――不可能であるようなさまざまな運動から、他のあらゆる運動に対する尺度の役割を果たすことができ、決定的であるような運動へと、継起的な諸段階を経つつ昇っていくように思われます。『自然学』第四巻の後半部には、こうした歩みについてのいくつかの示唆が見られますが、それはあくまで示唆にすぎません[195]。アリストテレスは〔そこで〕あらゆる場所を包括する唯一の場所が存在するのと同じように、あらゆる時間を包括する唯一の時間が存在すると述べています。〔時間論と場所論のあいだに〕厳密な並行性があることはお分かりでしょう。

私は〔先ほど〕、文字どおりに訳しました。少し先の方で、彼は次のように付け加えています。第一のものが同種のあらゆる事物にとっての尺度なら、円環的で規則的な運動、円運動が何よりもまず尺度である。それゆえ、時間は球の運動であるように思われる（δοκεῖ εἶναι）――この表現は、アリストテレスにおいては、「である」を意味します（彼は常に控えめな言い方をしているのです[196]）――というのも、他の運動が動くのは、まさにこの運動によってなのだから、と[197]。

つまり、アリストテレスの結論に疑いの余地はないということです。場所の定義に到達するためには、最後の天球すなわち第一天球によって、あらゆる事物を包み込むことをその本性とするあの場所へと徐々に向かわねばならず、また全体として考えられたその天球の不動性に、空間を構成するために必要なもののうち本質的な部分が見出されたのでした。それと同様に、時間とは任意の運動のある種の様相、運動を測る数であるという考えをもちつつ任意の運動から出発するなら、月下のどんな運動にも安定的かつ決定的な尺度を得ることを可能とする規則性は見出されない以上、私たちは、球の運動へと、そしてとりわけ、第一天球の規則的な運動へと次第に昇っていくことになるのでして、そして私たちが他のあらゆる運動の尺度を求めるのは、この天球の運動に対して[198]なのです。というのも、この天球は、その全体が不動であるとは言え、その諸部分は動的なものだからです。時間とは、他のあらゆる運動を測る数であり、結局のところ、最終天球の自転の数であると言えるでしょう。これが、宇宙的で、他のあらゆる時間にとっての尺度の役割を果たす時間なのです。ここから、第一天球の運動のあのパトス、あの様相が生じ、それが、すでにみたとおり、あの究極の天球の運動から派生する他のあらゆる運動へと徐々に伝達され下降して行くことになるのです。この様相は、徐々に伝達されることによって、任意の運動を測ることにもなるのですが、この意味において、それもこの意味においてのみ、あらゆる運動が一つの同じ時間のうちにあり、その時間とはそれらの運動にとっての尺度の役割を果たす数であると言われるのです。以上が、非常に短いまとめではありますが、『自然学』第四巻に見られる時間論です。

時間と魂

ここまでに留めておくなら、アリストテレスにおける時間論と場所論の並行性は完全なものでしょう。しかし、類似が非常に大きなものだとしても、私たちが今年取り組んでいる観点においてはある重要で本質的な相違があります。思い出してください。アリストテレスは時間とは心のうちに――今日では、意識のうちにと言われるでしょう――変化が存在し始めたときに開始されるものだと述べ、自らの説明を始めたのでした。巡礼者たちがサルディニア島の神殿で眠り込んで、目を覚ましたとき自分たちが眠っていたと思わないという〔神話の〕場合にそうであるように、意識のうちに変化がないうちは時間もまた存在しない、というわけです。これがアリストテレスの出発点でした。彼の議論の終着点は、次のとおりです。文字通りに訳します。アリストテレスは自ら次のように自問しています。「魂がなければ、時間はないのだろうか」（πότερον μὴ οὔσης ψυχῆς εἴη ἂν ὁ χρόνος）。そして彼はこの問いに次のように答えます。「数える者、カウントする者がいなければ、数えられる者*199もおらず、その結果、数はない。そして、魂と魂の知性を除いて、数えることができる者がいないとすれば、時間はありえない」*200。

このようにアリストテレスは、時間を定義するために、私たちであれば心理学的な次元の考察と呼ぶであろうものから出発して、意識的な諸事実の内的な流れ（fil）がなければ私たちにとって時間はないだろうという指摘から議論を開始しています。そして、さらにそうした考察から遠く離れ、徐々に時間を第一天球のある種の運動性によって定義するようになり、結論にあたって、議論の出発点へと立ち戻り、魂がなければ時間もないだろう（ἀδύνατον εἶναι χρόνον ψυχῆς μὴ οὔσης）と述べているのです。

こうした主張をどのように理解すべきでしょうか。この主張は非常に現代的に聞こえます。この主張は、時間に対して、今日で言うところの、主観的な現れ（apparence）、あるいは少なくとも私たちの精神に対して相対的な現れ〔という身分〕を与えています。たしかに、アリストテレスは、慎重にも、時間はカウントする働きではなく、数えられる数であって数える数ではなく、したがって時間とは、人がカウントする際の主観的で内的な働きではないと述べています。時間が完璧（complet）であるためには、数も完璧でなければなりません。ところで、回転し、自転を遂行する天球しか存在しないうちは、数は潜勢的にしか存在しないと、アリストテレスであれば言うでしょう。数には質料があるのです。数が完璧であるためには、つまり数が単に潜勢的であるのでなく、現実的（acte）であるためには、働き（acte）の介入が必要であり、したがって、数が完璧であるのは数えるものと数えられるものという二つの要素が同時に与えられるときだけなのです。

この意味において、時間としての数は、まさしく外的で、客観的な何かであります。にもかかわらず、アリストテレスはまったくもって精確に、魂がなければ数はないだろうと主張したのです。そして、この主張に留まるのであれば、時間を人間の精神の存在に従属したものと見なす――したがって、人間の精神がなくなれば、時間も消失すると主張する――時間についての現代の〔さまざまな理説とアリストテレスの理説*201〕とを精確に差異化するのは非常に難しいように思われます。

要するにこの主張、すなわち、プシュケーの知性という意味における魂がなければ、時間はありえない、つまり考える人、人間の精神がなければ時間はありえないという主張は、時間とは私たちの感性の純粋な形式であると述べたカントが認めるような主張なのです。

しかしながら、アリストテレスの思想がカント的でないことはまったく明らかですし、さらに言えば、私たちはこの点において、カントから非常に離れたところにいます。では、相違は正確に言ってどこにあるのでしょうか。

近代の人、とりわけカントが言うところによれば、純粋に心理学的な意味にせよ、批判哲学的な意味にせよ、時間は私たちの精神に相対的です。これはつまり、時間とは偶有的な何か、すなわち、現に存在してはいるが、存在しないことも可能であるような何かだということです。理由は非常に単純で、現在そうあるような姿で作られた人間精神が存在しなければ、時間は消失するだろうからです。さて、アリストテレスはたしかに、魂がなければ時間もないだろうと述べていますが、魂がないことはあり得るのでしょうか。アリストテレスにとってそれは不可能なことです。

このことがアリストテレスにとって不可能だということを確立できるとしたらどうでしょうか。つまり、アリストテレスにとって、天球が、とりわけ第一天球の運動が与えられれば、魂が必然的なものとして与えられることになるということが確立できるとしたらどうでしょう。その場合に、彼の主張がどの程度限定されることになるのかを見てみましょう。魂をなくせば、時間もないというのは、おそらく、もっぱら次のことを意味しています。すなわち、あらゆる事物を含む天球の運動が与えられ、その天球が規則的な運動によって動くとすれば、それとともに天球に包括される魂が与えられざるをえない以上、時間は、作用と反作用、つまり運動から魂への作用と魂から運動への反作用とに由来するものだろう、と。とすれば、時間とはまったく必然的なものであり、魂がなければ時間はないだろうという表現が意味しているのは、もっぱら次のことでしょう。それは、時間を定義するためには、もちろん何よりもまず天球とその運動を考慮に入れなければならないのですが、それだけではなく「その天球のうちに与えられ、その定義のうちにいくらか含まれねばならない何か」をもまた考慮に入れる必要がある、ということです。

したがって要するに問題なのは、どの程度、そしてなぜ、アリストテレスにとって、魂と魂の知性が必然的なものであるのか、ということです。天球の運動によって定義されるこの宇宙において、どうして、さまざまな魂がなければならず、知性がなければならないのでしょうか。なぜそれは必然的なのでしょうか。どうして、第一の存在〔第一天球〕を措定するだけで、こうした第二の存在が措定されるのでしょうか。

みなさん、これは非常に曖昧な問いです。というのも、〔この点について〕私たちはテクストを欠いており、アリストテレスは知性について、まずもっていくつかの論考において示唆的な仕方でしか述べておらず、また『霊魂論』の第三部の二、三のパラグラフでも言及していますが、それらは多くの困難に満ちたものだからです。この問いは非常に漠然としたものなのですが、私たちはこれを〔いまは〕明確化することができません。というのも、この問いは、次回、あるいは少なくとも今後の講義で検討する予定のプロティノスの時間論において重要となるものであり、新プラトン主義の理論は、中世、そしてとりわけルネサンス時代を経て、ルネサンス時代における幾人かのプラトン主義者たちを介して、近世の人々にまで伝わり、私たちが扱っている論点について、近世以降の哲学の方向性を、少なくとも部分的に規定するに至るからです。それゆえ、プロティノスのあの非常に重要な理論は、結局のところ全面的に、魂と知性の関係についてのあの問い、すなわち、まずは魂の知性に対する関係、次に魂の世界に対する関係をめぐるものなのです。

そうしたプロティノスの理論の諸要素は、すでにアリストテレスにおいて存在するものですが、それは漠然とした、曖昧な形においてです。いまのうちに、それらを可能な限り引き出しておくことは重要です。

最初に提起される問いは、天球とその円運動とが措定されたからといって、どうしてさまざまな魂が存在しなければならないのか、というものです。この第一の形において、問いを解決するのは容易です。魂とは何でしょう。アリストテレスは魂をどのように定義するのでしょうか。それは、彼曰く、生物のエンテレケイア〔完全現実態〕です。つまりアリストテレスによれば、魂とは形相であり、身体がその質料なのです。お望みであれば、生命というあの多様性の統一、私たちであれば生物の発生や進化の法則と呼ぶような何かなのです。これが、まずもって、魂なのです。

さて、このように魂が定義されるとすれば、その発生を思い浮かべねばなりません。私たちは、第一天球の円運動が、徐々に伝達され、太陽がその軌道を回る運動を規定するに至ること、そしてこの運動は、第一天球の運動を、変質し、歪んだ、衰えた形で表現するということを知っています。そして、この太陽の運動こそが生成と腐敗の交替を規定するものであり、したがってまた生物の成長と衰えを説明するもの、それらの理由となっているものなのです。それゆえ〔この太陽の運動は〕、生物、したがってまた生物の形相、すなわち、第一天球の運動を特徴付けるかの円環性という形のうちに優勝的に包摂され含まれていることが判明する諸々の魂の理由となっているのです。

こうした解釈のために引用すべき精確なテクストはないものの、ここまでのところ、困難はありません。とはいえ、私たちがこのようにして到達する魂とは、決してアリストテレスが言うところのカウントする魂ではありません。これは、束の間の魂であり、またお望みであれば、感覚的な魂であって、この魂は知覚と想像力、つまりファンタジアを、またしたがって記憶――記憶は想像力に対する視点、想像力の一様相にすぎないからです――を有しています。それゆえ、〔ここで〕私たちは束の間の感覚的な魂を手にしているのであって、魂および魂の知性と訳すべき、数える魂すなわちプシュケーを手にしているのではないのです。そうではないのです。知的な魂とは、数える魂の知性のことです。重要なのは――この点に私たちは問いを帰着させるのですが――、なぜ、またどの程度、アリストテレスにとって、知性――魂のうちに見出されるような知性――は必然的なものであるのか、そして天球がその円運動とともに措定されるならば知性をも措定することになるというのが本当なのかどうか、です。

もちろん、ここで問題となっているのは、知性を天球の円運動から演繹することではありえません。むしろ、おそらく、知性と第一天球の円運動は〔いずれも〕、唯一の同じ原理から必然的に派生するものであることでしょう。これが、私たちが検証しなければならない論点です。

アリストテレスにとっての知性、すなわち、ご存知のとおり「ヌース」は、魂の部分ではありません。知性は魂に付け加えられるものである、とアリストテレスは言います。知性は、魂へと、戸口を通じて（θύραθεν ἐπεισιέναι）*[202]入ってきます。『動物生成論』の有名なテクストによれば、知性は、魂のうちに、戸口を通じて入ってくるのです。知性は魂に付け加わります。知性とは、魂に付け加えられる何かなのです。アリストテレスは、二つの知性でなく、知性の二つの形態、二つの側面、お望みならば知性の二つの部分を区別しています。受動知性、ヌース・パテーティコス（νοῦς παθητικός）と、能動知性ないし能産知性、ヌース・ポイエーティコス（νοῦς ποιητικός）*[203]と呼ばれるもののことです。アリストテレスは、受動知性ということで何を言おうとしていたのでしょうか。それはもちろん――少なくともこれはテクストから言えることのように思われるのですが――、私たちが十全に意識を有している知性、すなわち自分たちは知的な存在者だと言うときに私たちが日常的に語っているような知性のことです。これは、私たちが意識し、時間において発展、作用、機能する知性、要するに、アリストテレスがディアノイアと呼んでいるもののことです。私たちが意識する唯一の知性は、このディアノイアです。これは、知覚、感覚および想像力に由来する所与以外には質料をもたない知性です。ヌース・パテーティコスは、感覚および想像力に由来する所与以外に質料をもちません。ただしこの知性は、形相を、思考の形相*[204]、すなわち普遍性をもたらします。それゆえ、ヌース・パテーティコス、受動知性は、知性のうち、魂のうちに入りこむことによって魂に対して実際に思考を伝達するような部分なのです。この伝達は、魂に新しい質料をもたらすことによってでなく、高次のものに由来する形相、普遍的な形相――この形相によって、本来の意味における思考つまり反省を、動物における知覚および自発的な想像力でしかないものへと適用することが可能となるのです――をもたらすことによってなされます。この知性は、時間のうちで働く何か、つまり論証的知性です。論証的（discursive）という言葉のうちには、cursive、つまり走るもの〔ラテン語で「走ること」はcursus〕、過ぎ去るもの（διεξέρχεται*[205]）があります。プロティノスであれば、運動状態にある知性と言うでしょう。しかし、アリストテレス曰く、この知性の背後には、別の知性、すなわち能動知性、ヌース・ポイエーティコスと呼ばれたものがあります。アリストテレスの言うことに従うのであれば、この能動知性について、私たちは意識をもたないことになるように思われます。というのも、私たちが認識するのは論証的知性だからです。私たちは能動知性について意識をもたず、それは時間を占めることもありません。というのも、能動知性は、変化し得ないものだからです。

ではその能動知性とは何でしょうか。人は言いました――この解釈はすでに古代ギリシア*[206]からあるものです――、それは神の知性、すなわちノエーシス*[207]である、と。もっとも、アリストテレスがこれと反対のことを述べているテクストを引くこともできるでしょう。しかし、少なくとも私には、能動知性は、神の知性に非常に近い何かであるように思われます。神の知性を、光として思い浮かべるとすれば、能動知性はその光から出てくる光線、光そのものと同様に不動な光線のようなものでしょう。人間の知性について考えれば、それはある種の方向転換によって、神へと向かいます。方向転換というのは、そのように方向が示されており、また神から人間の魂へと向かう光線のようなもの、つまり移動、移行の場所があるからです。すると、この移行、移動の場所こそが、ヌース・ポイエーティコス、能産的知性でしょう。この知性は、神自身と同様に、永遠的なものであり、不動なものです。そしてまさに、この光線が魂へと入り込むとき、能動知性はその魂の動きに与ることによって、時間のうちで展開される論証的知性へと変化するのです。

ですから、能動知性とは、おそらくは神から汲み取られる、知性のこうした本源的な部分に他ならないのです。しかし、そうすると、私たちにとって唯一重要なのは、次の点であることになります。それは、そうした、永遠で、不動で不可視の知性の本源的部分が、常に、持続のうちで展開され、働いている受動知性の背後にあるという点です。

さて、これにはきっと、みなさん驚かれたことでしょう。

アリストテレスは、第一天球の規則的な円運動について語るとき、その運動を――この点には後で戻ってきます――、神の永遠性の、運動における展開、時間という形での表現にすぎないものと考えています。このように解された神は、天球の不動の動者なのです。受動知性に対する能動知性の関係もこれと同じであるように思われます。能動知性とは、不動の動者であり、受動知性、ディアノイアとは、その能動知性の推進力に由来する連続的な運動によって動くものであるように思われるということです。能動知性は、そこにあるのですが、その永遠ゆえに、意識からは逃れてしまうのです。

ここから何を結論すべきでしょう。私はここで、アリストテレスの〔思想の〕再構成を試みていますが、二つのものの完全な並行論という彼の理説の精神からそれほど離れているとは思いません。思考の思考を与え、神を与えれば、私たちは必然的に天球の円運動を措定することになります。また私たちは、神へと向けられた視線（regard）の可能性を認める以上、能動知性をも必然的に措定することになります。そしてこの能動知性は、魂に出会うと、論証的知性、すなわち、カウントする知性へと変化します。それゆえ、神的実在の衰退した表現に他ならないものとしての天球の円運動を措定すれば、魂と、その魂のうちへと入り込む思考を措定せざるをえず、したがってまたその思考による数え上げ、そしてそれゆえに時間をも措定せざるをえません。その結果、時間は、魂が存在する限りでしか存在せず、また、私たちが規定してきた範囲において、つまりその魂の思考によってしか存在しないのではありますが、絶対的な必然なのです。

次回の講義では、アリストテレスについてのこの講義の結論を述べる予定ですが、私たちがいま定義したような時間を、神の永遠性へと結びつける関係をより詳細に検討することを試みたいと思います。次回の講義は、私たちにとって、プロティノスへの橋渡しの役割を果たすことになるでしょう。私は、次回かその次の講義において、この講義の聴衆の一人から寄せられた非常に興味深い手紙を取り上げて、その手紙に関連して、古代ギリシアにおける時間論を研究するにあたって、私たちがどうしてプラトンとアリストテレス、そしてプロティノスだけを選んだのかという点について、説明を試みたいと思います。

第10講　アリストテレスの時間論　一九〇三年二月一三日

イデア論と形相論

みなさん、今日の講義では、アリストテレスの時間論から、私たちにとって最も本質的と思われる原理、ともかく、最も抽象的であると思われる原理を引き出そうと思います。そうすることで、私たちは、アリストテレスの時間論とプラトンの理論とを、これまで以上に厳密に接近させ、比較することができるでしょうし、アリストテレスの理論がいかにしてプラトンの理論に結びつくのか、前者は後者からいかにして派生するのか、そしてとりわけ前者は後者に何を付け加えているのかを示すことができるでしょう。

私たちは、アリストテレスにとってもプラトンにとっても、事物において本質的なのは、そのイデア*208すなわちエイドスであると言いました。たしかに、このエイドスという語を、アリストテレスにおいて見出したとき、私たちはイデアでなく形相と訳したのですが、そう訳したのには理由があります。というのも、アリストテレス的なイデアは、プラトン的イデアとは異なって、事物のうちにあるものだからです。それは、事物を規定するものであり、事物を表現し、また事物の定義のうちに含まれる概念なのです……。

さて、イデアはアリストテレスにとって、事物のうちにあります。しかし注意したとおり、内や外〔といった言葉〕は空間的な言葉から借用された比喩であり、哲学においてそうした言葉は、定義が与えられない限り意味をもたないのですが、ここでは、つまり目下の場合は、内部と外部、内在と超越といった言葉はまったく明確な意味をもっています。すなわち、超越は完璧な実現（réalisation complète）を、内在は完璧ではない実現（réalisation incomplète）を意味しているのです。イデアが諸事物のうちにあるというのは、イデアが、アリストテレスの言葉を用いるなら、質料ないし質料性と混ざり合っているということであり、イデアが質料と混ざり合っているというのは、単にイデアが完壁には実現されていないということ、つまりイデアに何かが欠けているということにすぎません。そうした欠如、イデアが現にある姿と、完壁にあるならばそうあるべきである姿との隔たり、あの数学的減算の残余こそが、結局のところ、アリストテレスが事物の質料ないし質料性と呼ぶものなのです。

それゆえ、アリストテレス的イデアが事物のうちにあるのは、それが完壁ではないという意味においてであり、アリストテレスにとってすべてのイデアは、一つを除いて、この場合、完壁ではない仕方で実現されているものなのです。

他方で、諸々のイデアが完壁でない仕方で実現されていて、その完壁でないあり方が質料性であるとすれば、結果として、諸イデアは必然的に、空間および時間における変化ないし生成という形で現れざるをえません。それゆえに、私たちは、階層化され、互いに積み重ねられた諸々の形相の系列を有しているのです。そしてそれぞれのイデアは、完壁ではないがゆえに、またそれが完壁ではない程度に応じて働きます。その結果、私たちは常に一定の欠如に直面することになるのですが、その欠如によって、私たちはより高いところへと昇るよう強いられることになるのです。とはいえ、最終段階までは到達しなければなりません。というのも、減算が生じる以上、結局のところ、残りがそこから差し引かれてくることになる、一つの真の量というものが存在するからです。この真の量と他のあらゆる量との差異が、さまざまな隔たりを測り、そうした隔たりが空間と時間における同じ数だけの変化として現れ表現されることになるわけです。

ここから、高次の形相へと上昇する必然性が出てきます。アリストテレスはその形相を、自らを自分自身で思考する思考と呼びました。私たちが形相の形相と呼び、また〔一般に〕そう呼ばれるであろうもの、そのうちに、圧縮された状態で、あらゆる可能な形相における実在的なもの、叡知的なものを、集約、縮約しているもの、この完壁に実現された形相、完壁に実現されている唯一のもの、これこそがアリストテレスの神なのです。

したがって、アリストテレスの形相論がプラトンのイデア論からまずもって区別されるのは、プラトンの諸イデアがすべて完壁に実現されているのに対し、アリストテレスの形相には、結局のところ、一つしか、つまり神だけしか、完壁に実現されているものはないという点においてだということになります。しかしその形相、思考の思考、形相の形相について考えるなら、その形相と、プラトンにとって叡知的世界の頂点にあるイデア、すなわち〈善〉のイデアとのあいだに明確な区別を確立するのは非常に難しいように私には思われます。プラトンが〈善〉(Αγάθον)のイデアと呼ぶものは、そのうちに他のあらゆるイデアを集約し、それらの叡知性のすべてを表現するものなのです。

たしかに、より近代的な要素から着想を得つつアリストテレスによる神の定義を考えるなら、つまり思考の思考をまずもって意識的である何かと見なし、思考の思考のうちにまずもって思考するという働きを、つまりある種の知的な働きを見出すのであれば、アリストテレス哲学の頂点には、プラトンにみられるような〈善〉のイデアから、心理的な諸属性によって区別されるように思われるような存在があることになります。しかし、アリストテレスによるこのノエーセオース・ノエーシス、すなわち思考の思考〔という言葉〕の用い方を考慮するなら、つまりあらゆる思惑、あらゆる近代的な解釈から身を引き離し、思考の思考のうちに、アリストテレスが本当に見て取っていたもの、すなわち、無数の可能なすべての形相を自らのうちに、圧縮され統一された状態で含み、包んでいる、あの形相の形相を見るよう努めるなら、アリストテレスの神をこのような仕方で、このような範囲で考えるなら、そのときにはアリストテレスの神とプラトンの〈善〉のあいだの隔たりが次第に縮まるのが見られるでしょうし、その結果、最終的には、神すなわち支配的なイデア――一方にとっての〈善〉のイデアと他方にとっての神――についての考え方における二つの理説のあいだの差異は、他のさまざまなイデア〔ないし形相〕についての考え方の場合よりもはるかに小さいものであるように思われるでしょう。他の多くの論点において、〔両者は〕異なっているではないかと言われるかもしれません。というのも、〈善〉のイデアや神以外の諸イデアは、プラトンにとって完璧であるのに対し、アリストテレスにとっては完璧ではないからです。お望みであれば、それらはプラトンにとっては、――たとえ彼が年をとるにつれてそれを可能な限り減らそうとしたのだろうとしても――超越なのです。しかし結局のところ、権利上は、〔〈善〉のイデア以外の〕あらゆるイデアがプラトンにおいては〈善〉のイデアと同じく超越的であるのに対し、アリストテレスにおいては神だけが超越なのです。とはいえ、まさにこの〔神ないし〈善〉のイデアという〕点について見れば、どちらにおいても超越が認められるというまさにその理由で、両者の差異は非常に小さいものであり、分析と探求を推し進めるにつれて、ゼロに近づいて行くものであると言えるでしょう。

それゆえ、不変的なもの、すなわち永遠の観点に身を置くなら、一方にとっての思考の思考、他方にとっての〈善〉のイデアの観点に身を置くのであれば、二つの理説のあいだの相違は非常に小さいものなのです。

しかし、不動でなく生成について、永遠でなく時間について考えるとしても、二つの理説、プラトンの理説とアリストテレスの理説のあいだの相違はごくわずかなものです。

アリストテレスにとって、生成とは、月下の世界においては、太陽の軌道上を回る、不完全な円運動を表現するものです。この不完全で不規則な運動そのものは、第一天球の完全で規則的な運動の効果ないし減少、変質にすぎません。第一天球のこうした規則的で完全な運動は、それゆえ、徐々に伝達され、絶えず減少し、変質することによって、ついには結果として、変化、生成と消滅の循環を与えるに至り、これらが私たちの感覚を引きつけ、私たちの知覚へと現れることになるのです。

他方で、プラトンも、これとまったく似たようなことを述べています。もっとも、彼は『ティマイオス』において、変化をこれとまったく同じような形で提示しているわけではありません。しかし、思い出してください。世界の全体で生じる変化は、彼によれば、世界霊魂へ、世界霊魂そのものは天球の円運動へと緊密に結びつけられており、『ティマイオス』のデミウルゴス、『ティマイオス』における神、すなわち、諸事物を作り、調整するあの神は、世界霊魂を作り上げた後、天球に等速運動を与え、そうすることで時間を作るのでした。そしてその時間こそが、永遠の動くイメージであり、天蓋（voûte céleste）の運動と合致するものであったのです。

もちろんアリストテレスは、しばしば自らの理説とプラトンのそれとのあいだに実際に存在する相違よりも大きな相違を確立しようとしていますし、先日注釈した『自然学』の第四巻において、明らかな仄《ほの》めかしによって、この論点において、自らの理説をプラトンのそれと区別するよう注意しています。アリストテレスは、時間を大空ないし天球の運動と同一視する人々を非難していますが、結局のところ彼は、プラトンを、名前を挙げずに非難しているのです。アリストテレスによれば、こうなります。時間は円運動ではない。時間とは、円運動を測る数であり、この数はカウントする魂の存在を含意しており、したがって、時間とは、世界のそうした円運動とその自転を数え上げ加算する魂の働きとの協働に由来するのだ、と。

それはそのとおりです。しかし先日示したように、アリストテレスの考えでは、カウントする魂は、天球とその円運動の存在そのものと密接に結びついています。天球の円運動を仮定するとして、時間が生じるためには、その運動が一旦与えられた後でも与えられないことが可能であるような何かをその運動に対して付け加えねばならない、などとアリストテレスが述べたのだとすれば、プラトンとアリストテレスの相違は大きなものでしょう。しかし、私たちが確立しようとしたのは、円運動と、天球から天球へのその伝達、そして月下の世界における生成と消滅の循環を仮定するなら、生命が生じねばならず、したがってまた人間が存在しなければならないこと、そしてその人間が完全性の十分な段階にあるなら、その人間のうちへと、一旦魂の中に入ったなら論証的なものとなるあの思考が、光線のごとく射し込むのでなければならない、ということでした。これこそが、カウントする思考であり、したがって、円運動と、それが含意する完全性のすべてとを仮定するなら、私たちは同時に、人間を、そしてカウントする知的な人間さえをも措定することになり、さらに最終的には、これら二つの項の相互作用を前提としている時間を措定することになるのです。したがって結局、この点でもなお、プラトンとアリストテレスの相違は、最初の見かけよりもはるかに小さなものなのです。

要するに、第一の原理の不変性、永遠性を考えるにしても、時間や生成一般を考えるにしても、私たちは、アリストテレスとプラトンの双方において、言って見ればほとんど似たような二つの体系化を手にしているということなのです。

アリストテレスは、第一に、プラトンと同様、あらゆる形相を、お望みなら、あらゆる概念を互いに入れ子状にし、一つの統一（unité）を構成します。これが、叡知的なものの極致、形相の形相、イデアのイデア、思考の思考です。プラトンも同じことをしています。彼が〈善〉のイデアと呼ぶものは、これと同じ類のものです。また他方で〔第二に〕、諸々の現象、今日的な言い方をすれば、持続における諸変化に関して言うと、プラトンとアリストテレスはいずれも、あらゆる変化を、諸変化から成るある種の連続体から切り出されたものと見なしていますが、この連続体は、原因の系列をより高い所へと昇るにつれて、徐々に規則的なものとなり、頂点に至ると、連続的で、等速、均一な変化、すなわち天球の円運動が得られ、そこにおいてその他のあらゆる運動、あらゆる部分的な生成が、いわば無尽蔵の根源から汲み取られることになるのです。それが時間です。プラトンにおいてもアリストテレスにおいても、永遠についての理論、時間についての理論は、似たようなものと見なされており――繰り返しになりますが――、その精髄《クインテッセンス》を抽出すればするほど、〔両者は〕類似してきます。したがって、二人の哲学者が互いに区別されるのは、第一の点においてでも、第二の点においてでもありません。

両者の相違

では相違はどのようなものなのでしょう。それはもちろん、みなさん、二人の哲学者が、二つの項のあいだに確立する関係のうちにしか存在しえません。一方のアリストテレスは、他方〔のプラトン〕よりもはるかに進んでいます。彼は、プラトンにおいて、明示的というよりもむしろ、潜在的、非明示的な仕方で存在していたある考え*209を掘り下げたのです。〔ではまず〕プラトンにとって、二つの項はどのような関係にあるのでしょうか。

神のイデア、善、そしてさまざまなイデア一般を仮定するとして、時間のうちにあり、時間によって表象される生成と、時間におけるその諸継起の、第一原理に対する関係を、どのように思い浮かべるべきでしょうか。

『ティマイオス』においてプラトンは、デミウルゴスの介入が必要だと述べていますが、次以外の説明は見られません。すなわち、偉大なる製作者としての神、至高の神、あらゆる神々のうち第一のものである神が存在し、その神が諸イデアをモデルとして、諸事物を作りあげるのであって、世界を現にあるように整序し、世界に自らの運動を与え、また結局のところ時間を生み出す生成の規則性を構成するのは、他ならぬ神なのである〔、とプラトンは言うのです〕。

それゆえ、プラトンの理説においては、媒介者が必要です。その媒介者は、言うまでもなく、幾人かの歴史家たちが言ったように、〈善〉のイデアではありません。あの有名な哲学史家、エドゥアルト・ツェラーの解釈は、非常に深いものであったとしても、完全な誤り、まったくの誤読です*210。『ティマイオス』の神が〈善〉のイデアではないこと、そもそもイデアでないことはあまりに明らかです。『ティマイオス』の神は、諸イデアをモデルとして諸事物を作り上げるのであり、それは媒介的な本質、イデアと生成とを媒介する何かなのです。この神はイデア以下のものです。プラトンにはこうした本質が必要だったのであり、彼はそれなしで済ますことができませんでした。イデアから諸事物への移行を説明しなければならなかったために、そしてまた、媒介なしで済ませることを許すような、今日で言うところの因果性の理論を思いどおりに用いることができなかったために、プラトンには、モデルの役割を果たすべきイデアと生成一般とのあいだに、神話的な説明が必要だったのです。そして、それゆえに彼は、『ティマイオス』において定義されるような神――芸術家のように、イデアを構想し、それを、一定の抵抗性をもちながらも〔イデアを受け入れる〕一定の傾向を有する質料のうちへと実現することができる媒介的な本質――を付け加えるのです。以上がプラトンによる説明です。

アリストテレスによる説明はこれとはまったく異なるものである、と私たちは言いました。それはこの講義の冒頭のことでしたが、この点について述べて結論としたいと思います。私たちが言ったのは、アリストテレスはプラトンから、自らが非難しているイデア論を大部分借用しているが、プラトン主義のうち、神話的な部分を完全に退けており、そうした部分についてほとんど語っていないということ、そしてとりわけ、『ティマイオス』の端から端までを成している神話を削除したことのうちにこそ、アリストテレス哲学の本質的な功績のうちの一つがある、ということでした。

『ティマイオス』の神を排除するために、彼は何をしなければならなかったのでしょうか。それは、生成を不変から、また時間を永遠から、いわば自動的に出来させることを可能とするような、因果性の概念に至ることでした。アリストテレスは、因果性の理論によって、『ティマイオス』のデミウルゴスを取り除かねばならず、より正確に言うなら、第一原理の不変的な永遠性と時間の円運動とのあいだに、以下のような関係を確立しなければならなかったわけです。すなわち、そのような関係があったなら『ティマイオス』におけるデミウルゴスすなわちテオスも、ノエーセオース・ノエーシスという至高の原理のうちにいわば戻ることができたような、そういう関係です。プラトンがディアレクティケーの頂点においたあの〈善〉のイデアは、諸事物へと働きかけることができないものでしたが、アリストテレスはそのイデアを、自身から抜け出ることなく諸事物への作用をもつように、そしてそれこそが、その不動性にもかかわらずすべてを作るようにアレンジしたのです。そして、すべてを作る以上、このイデアはまさにデミウルゴスと化すのであり、〈善〉のイデアと諸事物のあいだにいわば配置されていたプラトン的な神は、〈善〉のイデアのうちへと戻ることになります。そしてまさしくこのプラトン的神、デミウルゴスが〈善〉のイデアへと戻るときに、私たちは、〈善〉のイデアを手にすることになるのです。このイデアのイデアは、イデアのイデアであるという事実によって、神なのです。そしてそれゆえに、このイデアのイデアは、アリストテレスにおいては神であるのに対し、プラトンにおいては神ではないことになります。プラトンにとって、神とは諸イデアよりも劣ったものであるのに対し、アリストテレスにとって神が形相の形相のうちにあるのは、整序する者（arrangeur）・デミウルゴスとしての神に割り当てられていた役割が、思考の思考へと割り当てられるようになるからであり、したがってまた、アリストテレス哲学においては、思考の思考こそが、いわば神の機能を果たすことになるからです。両者の大きな相違は、以上の点に存しています。

アリストテレスにおける神と世界

すると問題は、アリストテレスはいかにして、思考の思考にこうした考えを与えることができたかということになります。プラトンの〈善〉のイデアに完全に類似した、この思考の思考、この神は、それ自体確固としているにもかかわらず、いかにして、絶えず自己から出ていくように振る舞うことが可能なのでしょう。そしてまたいかにして、この神は――アリストテレスの定義によれば、働きかけることも、生み出すこともできないのに――、絶えず働き生み出しているかのように振る舞うということになるのでしょうか。

アリストテレスは、『天体論』において、またとりわけ『ニコマコス倫理学』第一〇巻において、彼に固有の言葉で、神から働きを、そしてとりわけ*[211]産出を排除すべきであると述べています。神から働きと産出を排除しなければならない（τοῦ πράττειν ἀφαιρουμένου*[212]）としたら、神には観想以外に何が残るのか（τί λείπεται πλὴν θεωρία;）。神は、働きかけることも、産出することもなく、観想するのですが、にもかかわらず、あたかも彼が働きかけまた産出しているかのようなのです。

思い起こしましょう。神の外に存在するすべてのもの、私たちの世界、世界一般にあるすべてのもの、それらはすべて、可能な限り、そしてまた第一天球へと近づく程度に応じて、神を模倣しています。また、そして第一天球は、宇宙的〔普遍的〕な場所と時間であり、宇宙的な場所である限りにおいてそれは自己自身を含み、自己自身を含むことによって神を模倣するのであり、神はというと、それ自体、自らに固有の場所なのです。つまり、思考は、その全体が自己自身の上に、神のうちに集約されているのです。思い出してください。この天球は、規則的で等速で無際限な円運動によって回転する限りにおいて、可能な限り、神的な永遠、すなわちcirculus、つまり、思考のその場における円運動を模倣するのであり、この思考は自己自身を思考することによって、その対象へと向かう限り、自己へと回帰するのです。

それゆえ、アリストテレスは、全体としての世界を、可能な限り神へと近づけるための手はずを整えていたのです。彼はほぼすべてを手にしているのですが、何かを欠いています。第一天球（πρώτος οὐρανός*[213]）と、第一天球がその模倣であるところの神とのあいだには、一定の隔たりがあるのです。問題は、いかにして神から第一天球へと移行するのか、〔両者の〕関係、〔一方から他方への〕移行は正確に言ってどのようなものであるのか、という点にあるのです。

みなさんはすでにご存知のとおり、通常のアリストテレス解釈によれば、神と諸事物のあいだに存在する因果的な関係は、引力（attraction）の関係です。それは引力の関係なのです。一般的に典拠とされるのは、『形而上学』第一二巻第七章*[214]の有名なテクストです*[215]。そのテクストで、アリストテレスは、第一天球がいかにして、永遠の運動によって円運動するのかを示しています。アリストテレス曰く、それはある動者なのでして、第一天球のあの運動はその他のすべてを運動させるのです。しかし、あの運動は、第一の動者ではなく、動かされる動者（κινοῦν καὶ κινούμενον*[216]）である、と彼は付け加えています。したがって、この第一の天球の運動の上に、不動の動者が必要だということです。そして、欲求と知性の本性によって適切に基礎付けられた一連の考察を経て——私はここでそのテクスト全体の要約をしています——アリストテレスは、次のような結論に到達します。神は愛の対象としての世界を動かす（ἐρώμενον δὲ τἆλλα κινεῖ*217）。そして、そのようにして動かされる第一天球を介して、神は残りのすべてを、愛の対象として求めるのである、と。ここから以下のことが結論されます。すなわち、アリストテレスの神は、一つの理想（idéal）として表象されねばならない、そして世界は、自らが模倣しようとする神の完全性によってまるごと引き寄せられることで動くものとして表象されねばならない、ということです。

アリストテレスにこうした目的論的な考え方があったことに、疑いの余地はありません。しかし、そうした考えが暫定的なものではなく決定的な観点であるということは、私にははるかに疑わしく思われます。それは、古代において、注釈者テオフラストスによってすでに主張されていた理由——彼によれば、世界は引きつけられるために魂をもたねばならないのですが、アリストテレスは世界に魂を与えていなかった——からではありません。テオフラストス曰く、欲求が存在するためには、私たちは、生きている（ἔμψυχα*218）ものとかかわっているのでなければなりません*219。世界はそうではありません。ドイツの哲学史家、哲学者のツェラーも似たようなことを言っています。意識をもたないのに、この世界が完全性への希求から、まるで欲求によるかのごとく動かされるという考えは、不可解なものだと彼は主張しています*220。

これでは、実際のところ、事柄を幾分狭い観点から捉えることになってしまいます。欲求のうちには、二つのものがあります。意識もありますが、とりわけ傾向というものもあるのです。ところで、私たちや近代の人々にとって、意識はたしかに非常に重要なものですが、古代の人々にとって、とりわけアリストテレスにとってそれは、はるかに重要度の低いものです。傾向という意味における欲求は、たとえ知的な傾向であったとしても、必ずしも意識を伴うものではありません。それゆえ、この点に困難はありません。困難はそこではなくむしろ、神的因果についてのこのような説明を決定的で最終的なものと見なすためには、アリストテレスにとって世界がすでに実際に存在しているのに、その形相とともに神との協働の外部へといわば締め出されているということを認めなければならなくなる点、つまり世界は、神なしに世界として存在しつつも、神へと向かうのだと想定しなければならなくなる点にあるのです。さてたしかに、アリストテレス哲学において神を消し去ってしまえば、それはあらゆる規定、あらゆる形相、あらゆる現実性の起源そのものである以上、純粋な無、純粋な可能性であるところの第一質料以外にはもはや何も存在しないことになるでしょう。とすれば、この純粋な可能性が、いったいどうやって、神へと向かい、神によって引きつけられることができるというのでしょうか。

引きつけられる、引力を被る、欲求を抱く、愛を享受する――これらの言葉は、たとえまったく比喩的な意味で受け取られるとしても、一定の規定、一定の存在を有しています。しかし、このことはすでに神の働きを前提としています。とすればどうして、その神の働き、神の因果性を、すでにそうしたものが与えられている場合にしか存在しえない何かによって説明できるというのでしょうか。

ここには大きな困難があります。とはいえ、私はさらに一歩進んで、こうしたアリストテレス解釈は、この哲学者のいくつかの明確なテクストと合致していないとまで言いたいと思います。以上の仮説の下では、比喩として、あるいは幾人かの哲学史家によれば、理解不可能なものとして、そして理解不可能であるがゆえに、無視できるものとして見なし、無視しなければならないような一連のテクストが存在するのです。

まずもって、一般に――私はここでいくらか専門的な説明を与えねばなりませんが、それは必要なことなのです――、アリストテレスにとって動者は――そして神は第一の動者なのですが――接触によってしか運動を伝達できません。このことは『自然学』第三巻（202a7）ではっきりと述べられています。

運動は動者の接触によってしか生じえない（συμβαίνει δὲ τοῦτο θίξει τοῦ κινητικοῦ）*221。

とりわけ、『自然学』第七巻において、アリストテレスは、この原理を、神の働きに適用しています。

第一の動者は、触れられるものに触れるか、あるいはそれに隣接していなければならない（ἀνάγκη τὸ πρῶτον κινοῦν ἢ ἅπτεσθαι ἢ συνεχὲς εἶναι τῷ κινουμένῳ）*222。

さらにこの少し後で、アリストテレスは、第一の動者は、目的因ないし作用因と見なすことができ、この最後の観点において、第一の動者は運動体と接触している（αμα τῷ κινουμένῳ）のだと述べています*223。αμα という語は、アリストテレスがいつも接触を表すのに用いている語です。『自然学』第六巻において、彼は接触をこう定義しています。

私はその末端が一緒に（ἅμα）あるような諸事物を、接触と呼ぶ*224。

したがって、アリストテレスによれば、神は天球に触れるのですが、神は天球に一度〔だけ〕触れるわけではありません。神と天球の接触は、世界に対して与えられる最初の指弾きのような何かではあり得ないのです。アリストテレスにとって、運動は、衝撃が絶えず続く場合にのみ、存在し続くものだということを思い起こさねばなりません。このことを彼は、『自然学』第八巻*225やその他のテクストにおいて明確に述べています。

アリストテレスにとって、投げられた一つの石が動き続ける場合、それは、石の背後で空気が閉じられ、空気が常にその都度衝撃を更新するからです。言い換えれば、アリストテレスはまだ慣性の法則を知らなかったということです。それゆえ、彼にとって運動が続くのは、原因がその作用を無際限に更新するという条件の下においてでしかなく、したがってまた、神が天球に働きかけるのが接触によってであるとすれば、接触は連続的かつ永続的なものなのです。さらに、アリストテレスがこの点に立ち戻って、自らの言葉で語っているテクストがあります。『自然学』267b6で彼は次のように述べています。

第一の動者の作用は中心または周辺に与えられねばならない（αὗται*226 γὰρ αἱ ἀρχαί – ἐκεῖ ἄρα τό κινοῦν）。

そして彼は、最も速く動くのは円周であると続けます。

ところで、最も速く動くものとは、第一の動者に最も近いものである。それゆえ、円周にこそ、第一の動者が存在する……*227。

みなさん、私たちは、「それは愛の対象として動く」〔という主張〕からいまやとても離れたところにいます。しかしまずは、アリストテレスが空間を天球に止まっているものと考えていることを思い出してください。彼はあるとき、天球の外には、時間も場所もない。ところで神は天球の外にいる。したがって、神は場所のうちにも、空間のうちにも存在しない……と述べていたのでした。

それだけに、神がどうやって天球に触れるのかを理解するのはいっそう難しいように思われます。しかし、ここには注釈者たちの注意が十分与えられてこなかった論点があります。アリストテレスは、接触について述べています。では、彼にとって接触とは何でしょう。接触とは知覚、アイステーシス（αἴσθησις*[228]）であり、接触とは、本来の意味における知覚でさえあるのです。というのも、他のあらゆる知覚は、多かれ少なかれ、接触ないし触覚のさまざまな様相であるからです。

アリストテレスにとって知覚とは何でしょう。彼は知覚を、知覚される対象の形相が知覚する存在へと移行すること、と定義しています……*[229]。

したがって、接触とは、形相の伝達なのです。

しかし、そうだとすれば、つまり〔一方で〕アリストテレスにとって接触は神的な作用を説明するものであり、また他方で彼にとって接触とは形相の伝達を意味しているとすれば、神は、事物への永続的な接触によって、諸事物と第一天球との永続的な接触によって働いたと述べられているあのテクストは何を意味しているのでしょうか。あのテクストが示しているのは、もっぱら、天球とその他すべての形相の運動とは、神によってその形相が可能な限り伝達されることに他ならないということです。天球は、伝達であり、円運動することによって私たちに神の形相の伝達をもたらす――このような仕方で与えられるものとして、神と天球とを思い浮かべねばならないのです。

たしかに、事態がこのようであり、私たちの解釈が正確であるとすれば、非常に奇妙なことになるでしょう。つまり、神は天球に何かを伝達し、その意味において、天球に触れるのにもかかわらず、天球の方はというと神に何も伝達せず、したがって、神に触れないということになるのです。要するに、この仮説においては、神は触れられることなく触れることになるだろうということです。

さて、まさしくこのことこそ、注釈者たちを戸惑わせた『生成消滅論』323a31において、アリストテレスが述べていることです。

> 不動の動者が存在するとすれば、それは運動体に触れるが、何ものもそれに触れることがない……（εἴ τι κινεῖ ἀκίνητον ὄν

［…］＊230）＊231。

不動の動者は運動体に触れるだろうが、不動の動者に触れるものは何もない。どういうことでしょうか。これは要するに、神的因果は、減少による伝達の一種と見なされねばならないということにすぎません。神を思考の思考として思い浮かべ、次いで、できる限りわずかな減少、ただ結局のところはその本質の減少であるものを想像するのです。その減少は、空間および時間における延長、天球、天球の外皮、無際限に自転する天球であり、その円運動によって徐々に実行され、規定されるすべてのものなのです。

それゆえ、アリストテレスにとって、因果性とは、まずもってこうした、諸形相の漸進的な下降なのです。アリストテレス哲学においては、因果をまずはこのように思い浮かべねばなりません。つまり、因果とは――すでに用いたイメージにここでも立ち返れば＊232――金貨の換金のようなものなのです。金貨が与えられれば、それと同時に、そこに含まれている小銭が与えられざるを得ません。〔同様に〕不動な思考（ヌース）が与えられれば、動的で論証的な思考を与えざるを得ず、この思考は天球の小銭のようなものなのです。そして〔同じように〕不動で永遠の神が与えられれば、規則的で周期的な天球の運動、すなわち、その永遠の無際限な展開としての時間が与えられる、というわけです。因果とはこのようなものです。それは、上位のものが与えられるときに下位のものが与えられることの必然性であり、完璧なものが与えられるや否や完璧ではないものが存在するようになることの必然性です。さらに言えば因果とは、自己自身の減少による、つまり形相のうちに含まれているものの減少による伝達なのです。

アリストテレスが作用因と目的因の両方について語っていたという点に注意しましょう。彼はさらに、接触についても語ることができたでしょう。これらはすべて彼にとっては同じことなのです。引き起こされたもの〔結果〕のうちに身を置くなら、私は引き起こされたものを運動状態にあるものとして見て取るのですが、その運動は形相の完全性を実現するための働きなのです。これが目的性です。原因のうちに身を置くなら、私はその原因のうちに、そのうちに含まれているものとして、その原因のあらゆる減少を見て取りますが、そうした減少は結果であると言えるでしょう。またそうすると、そうした原因は作用的であると言えるでしょう。結果のうちにいる場合、私は目的について語り＊233、原因のうちにいる場合、私は作用因について語り、最後に、引き起こすものと引き起こされるもの、つまり原因と結果を一緒に与える場合、――これは結局のところ最も完全な観点なのですが——私は接触があると言うでしょう。このことが示しているのは、形相の参与には、伝達（transmission）という仕方と減少（diminution）という仕方があるということでしょう。

みなさん、私たちは、アリストテレスの哲学の根本原理についての非常に抽象的な表現に到達しました*234。この原理は、アリストテレスの形而上学の全体に、『自然学』のうちにさえも、つまり彼が書いたもののすべてのうちに、多かれ少なかれ潜在的に存在しているように私は思います。

さて、この原理は、次回の講義で分かることになると思いますが、プロティノスの哲学を検討することによって、まったき光のもとに現れるでしょう。というのもプロティノス哲学は、ある面においては、アリストテレス哲学の一解釈にすぎないからです。この原理は、プロティノスにおいては、照射（irradiation）の原理でしょう。この考えによれば、光を措定すれば、同時に光線を措定せざるをえず、その光線は闇と混ざり合うことによって、常に減少し、衰退していくことになるのです。お望みであれば、闇とは、この衰退そのものに他ならないと言っても良いでしょう。

本講義の観点から見た古代哲学

しかし、この講義の始めの方、特に去年の講義で私たちが身を置いていた観点に身を置き、こうした類の哲学の基礎をなしているのは何であり、より近代や現代の人々の考えとの対比において、この哲学の位置づけはどのようなものであるかということを探求するように努めるなら、隔たりがどれほど大きいものかがわかります。この哲学は、私たちにとっての時間や持続一般についての考え方とは反対のものだと言えるでしょう。私たちは言いました。生成を理解しようとするなら、私たちは、ある種の知的な共感によって、実在的持続の直観によって、生成のうちに身を置かねばならず、このことこそ、意識が私たちに示すものである。そしてまた、他のあらゆる持続、変化一般を思い浮かべようとするなら、意識を延長することによってこそ——つまり私たちに固有の持続を拡散し、それをもっと広いものと想定するか、あるいは反対に、それを次第に集約することで、私たちに固有の持続に対し、増大していく生命を与えることによって——、私たちは変化一般へ到達せねばならないのです。とはいえ、私たちは常に、心理学的な形において、私たちが内的に*235感じることをモデルとして、時間を思い浮かべねばなりません。それゆえに、実在についての哲学とは、そうした持続の内的な感情（sentiment intérieur de la durée）を一方で拡散、他方で集約することによって、その他のあらゆる持続を生じさせる哲学なのです。事物の論理的な側面は、まったくもって正当な側面なのですが、結局のところそれは、実在そのものではなく、むしろ記号的なものなのです。

さて、古代の人々の観点――アリストテレスにおいてすでに明示的で、プラトンにおいてはさらにずっと明らかな観点――は、これとは逆の観点です。古代の人々は何をしたのでしょうか。彼らは反対に諸概念を取り上げるのですが、それらの概念を私たちは、それらと同じだけの数の、実在の不動化、動的な持続への不動な観点と見なすのです。古代の人々はそうした諸概念をすべて、可能な限り入れ子状にし、そこから精髄《クインテッセンス》を抽出し、これら数多の概念のうちに含まれる一切を切り詰めた形で要約するような一つの統一を得ようとします。そのようにしてプラトンは、〈善〉のイデアへと、またアリストテレスは、思考の思考、あらゆる思考の精髄へと到達するのです。そのとおりです。しかしこれらは、絶対的な不変性です。いかにしてそこから運動を出来させるのでしょうか。いかにしてそこから経験が私たちに示すあらゆるものを出来させるのでしょう。それは、未証明の、〔むしろ〕証明不可能でありながら絶対的に必要であるような〔次のような〕公準によってでしかあり得ません。概念的な不変性を仮定すれば、金貨から小銭が出てくるように、残りのすべてはそこから出てくる〔という公準〕、すなわち、そうした絶対的な不変性を仮定すれば、規則的な運動や時間は必然的に与えられ、可能な限りそうした移行を含意するような因果性についての考え方が首尾よく得られるばかりか、時間はその規則性およびその循環性とでも呼びうるものによって永遠を模倣し、そうすることで可能な限り永遠に近づくという、時間ないし持続についての考え方も首尾よく得られることになる〔という公準です〕。

つまり、以上に述べたことは、みなさん、非常にシンプルな話なのです。かつて人は生成や時間を取り上げましたが、それらをそれ自体において探求しようとはせず、時間や生成を、それらに対してとられうるあらゆる概念的視点へと置き換え、それらの概念的視点や概念をすべて、互いに入れ子状にし、そこから絶対的に不変なものを引き出しました。すべての問題は、そこから、結局のところ実在そのものであるように思われるもの――ここはこう言っておかねばなりません――を出来させることでした。そしてこの問題は、一方で時間の概念、他方で、とりわけ因果関係によってしか解消されないものだったのです。というのもこれらによって、私たちは、ア・プリオリに――論点先取によってとまで私は言いません。しかしここにはたしかに、そうした類の非常に厳しい批判がありえましょう――不変から永続的な変化および時間への移行を、必然的なものとして捉えることができるようになるからです。

時間および永遠、そして両者の関係についてのアリストテレスの考え方を限界にまで推し進めるなら、こうしたものになると私には思われます。しかしこの、限界にまで押し進めるというのが、私たちがこの講義で従っている方法なのです。つまり、私たちは、さまざまな哲学者の原理を取り上げ、それを限界まで推し進め、そこから精髄を抽出しようと試みているのです。次回の講義では、プロティノスに議論を移したいと思います。

第11講　プロティノス哲学への導入　一九〇三年二月二〇日

プラトン、アリストテレスの時間論

みなさん、ここまで見てきたように、プラトンにおいて時間の理論はほんの小さな場所しか占めていません。私たちはこの講義で、『ティマイオス』のなかから、時間の発生についての説明がなされている頁を読み、これに注釈を施しました*[236]。なるほど、プラトンの哲学において時間の問題は、はじめに思っていたよりは多くの場所を占めています。というのも、ひとたびイデア論が構成されてしまえば、残る大きな問題はと言えば、どのようにしてイデアから諸事物への移行、つまり永遠から時間への移行が果たされるのか、になるからです。しかしながら、プラトンにおいてこの問題の解決はまったくもって神話的な解決である、ということもまた確かなことです。象徴という形で示されたこの解決は、あるいはそれが解こうとする問題自体も、プラトン哲学において重要な位置を占めるには程遠いのです。けれども、すでにアリストテレスにおいて、問題は前進しています。依然として第一級の位置を占めるというわけではありませんが、疑いなくその方向へ踏み出しているのです。

まず、物量の点から見ても、この問題は『自然学』第四巻の丸々半分を占めており、かつアリストテレスは他の論考においても何度もこの問題を取り上げ直しています。物量的な位置づけを別にしても、アリストテレスがこの問題を自身の教説の支配的な諸原理に結びつけるかたちで取り扱っている、ということは言えます。というのもアリストテレスはまず手始めに、すべての運動を徐々に円環運動に還元していくからです。第一天球の円環運動そのものが、魂によって知覚され数えられることによって時間を与え、時間のほうは、私たちが前回の講義でその本性を定義しようとしたあの接触を介して、永遠すなわち思惟の思惟に結びつけられるのです。接触とはこの場合、移行であり、すなわちアリストテレス哲学全体に含意されているような因果関係であり、高次のものから低次のものへの必然的な移行、完全なものから完全でないものへの移行です。ここで完全でないものとは、必然的に〔完全なものに比して〕縮減されたものでしかないのです。

それゆえ、アリストテレスにおいては時間の問題は、最重要の位置を占める諸問題に通りがかりで触れる程度のものでしかありません。

プロティノス哲学の中核をなすもの

プロティノスでは、時間の問題が最重要の位置を占めます。ただし即座に言わなければなりませんが、プロティノスの哲学において最重要の位置を占めるものが何なのかを知るのは難しい問題です*237。この哲学者は、ご存知のように五四の論考を私たちに残しました。これを編集し九つの論考からなる六つのグループに統合したポルピュリオス*238が、彼のこだわる五四という数字に合わせるために、そのうちのいくつかの論考を二つなり三つに切り分けることはしなかったと認めるとしても*239、『エネアデス』のどの一つの論文をとっても、あるいはほとんどどれも、教説の総体に関する陳述であり、彼の体系全体についての一つの見解を示すものになっています。これがプロティノスのやり方なのです。彼はこのように問題を扱うのです。彼は諸問題を別々に切り離したり分離したりして、まったく独立の仕方で扱うことを望みませんでしたし、実際そうすることはできませんでした。教説の外側に留まって満足している限り、その教説は、これらの論考の一つ一つのうちに、人が普通提示する通りに、すなわちまさしく三つのヒュポスタシス〔基体・位格〕、三つの実体の理論として、提示されます。頂点には、絶対的な一性、一なる神。一者は一でしかなく、それについては何も語ることはできません。次に、その下に、知性、すなわちプラトン的なイデア界、叡知的なものがあり、知性・ヌース（νοῦς）の下に、魂、プロティノスの呼び方で言えばプシュケー（ψυχή）があります。これは知性が展開したものとでも言うべきものです。この魂は、今度は、肉体へと引き継がれます。プロティノスのエネルギッシュな表現に従えば、肉体が魂のうちにあるのであって、魂が肉体のうちにあるのではありません。肉体とは、輝きを失いつつある魂であり、したがって、物質化しつつある魂です。物質性とは、光のうちに闇が織り交ぜられてくることなのです。

したがって、もし外側に留まって満足しているのであれば、そこに現れるのは三つのヒュポスタシスの教説であると言うことができますし、まずはそれに目が奪われるのも当然のことです。

しかしながら、もう少し歩みを進め、プロティノスの考えをさらに掘り下げてみると、かなり異なった考えが基調的な思考になっていることが分かります。それは、心理学的な本性の考えです*[240]。この点については、昨年の講義で第六エネアス第九論文を説明する際にお話ししました*[241]。プロティノス哲学において、残りのすべてに随伴し、いわばその深い基礎となっている支配的な考え、それは彼によってロゴス（λόγος）――発生的根拠（raison génératrice）とでも訳しておくことにしましょう――の名を授けられている観念であり、彼はこの発生的根拠を、発展（développement）、展開・繰り広げ（déroulement）のようなものとして表象しています。私としてはほとんどこう言いたくなります。すなわち、プロティノスの本質的な考え、考えというよりはむしろヴィジョンのようなものですが、それは展開というヴィジョン、それも必然的な展開というヴィジョンなのです、と。ロゴスを根拠と訳しましたが、役（rôle）、役者の役と訳すこともできるかもしれません。ロゴスとは、役者の役において、いわば時間と独立に、一挙に与えられているもの、すでにしっかりと書かれているものであって、そして役者によって生きられるもの、時間において展開され繰り広げられるもののことなのです。プロティノスの思考の重要な局面のすべてにおいて、ロゴスについてのこうした考えが陰に陽に介入しているのが見受けられます。純然たる神的な一性である一者が、一つの知性のうちへと、多数の可知的なものへと放散するように仕向けるのは、つまるところロゴスなのです。というのも彼はこの話題に関してロゴスという言葉を使っているからです。それはすでに展開ですが、まだ時間の中にはありません。そして次に、可知的なもの、知性がいわば自らを展開し繰り広げ、繰り出して魂となるようにさせるのも依然としてロゴスなのですが、魂はと言うと、その頂点においては非時間的ではあるものの、その底辺においては時間のうちで発展するものなのです。ロゴスとは、したがって、プロティノスの体系のいたるところにあるものです。それは単純なヴィジョンなのです。

ある哲学者において、そのいたるところに、一つのヴィジョンが現前していないということは稀です。残りすべての鍵となるものをもたらす、あのきわめて単純な何か、残りはそれについての数々の観点でしかないような、そんな何かについてのヴィジョンです*[242]。プロティノスにおいて全般的に現れている考えとは、発生的ロゴス（λόγος）、発生的根拠という考えであり、この展開の必然性が、彼の体系の底辺にも頂点にもあるのです。これによって、なぜ体系の頂点に、可能な限り巻き取られた（enroulé）絶対的な一性がなければならないのか、そして、底辺の一番下には、可能な限り無際限に多数のもの、可能な限り完全に展開され繰り広げられたものがなければならないのかが説明されます。それゆえ、これこそが、プロティノスにおいて指導的な考えと見えるものです。このことはつまり、時間の問題は、転がり行か（roule）ないものの展開として受け止められてはいるものの、つまり持続の問題は、永遠が展開され繰り広げられたものと受け止められてはいるものの、この哲学者の関心において第一級の位置を占める問題であるということを意味するのです。

三人の哲学者において進展する一つの思考

さて、この考えと、そこからプロティノスが引き出した一切について研究していく前に、これはすでにこれまでの講義の一つ*243で扱ったことですが、なぜ私たちが古代における時間論の研究をプロティノス、アリストテレス、プラトンに限るのかという点について述べておくのも無駄ではないでしょう。ストア学派の哲学者たちや、さらにはエピクロス派の哲学者たちにおいてさえ、彼らの残した断片の中から、時間論の原基となるものを見つけ出すのは容易《たやす》いはずです。アリストテレスの先人たちにおいても同様です。私は、この講義の聴講者のお二人から、この主題について、プラトンの先人たちについて、きわめて興味深いことを伝えていただきました。

シンプリキオス、テオフラストス、ストバイオス、あるいはアリストテレスその人のテクストに依拠しつつ、初期のギリシア哲学者たちのうちに、時間論の原基となるものを見出すことがどのようにして可能であるかを示すこともできます。それは、まさに持続の理論であって、生成として直接的に与えられた実在の理論と言えるものです。そしてまた、プラトン哲学の根底に見出され、少なくともプラトンが仄《ほの》めかしているこの理論が、おそらく十全には表現することのできないものを明晰な仕方で表象することの困難さないし不可能性のゆえに、あっという間に諸概念の哲学に取って代わられてしまった経緯を示すこともできます。むろんここにこそギリシア的天才は存しているのです*244。

まさにそこにこそ、きわめて洞察力と才気に富んだ見地があり、私たちも大筋それを受け入れることができます。

しかしながら、典拠とするテクストについては、いくつかの制限がなされるべきでしょう。これらきわめて旧い古代哲学者たちについては、アリストテレスよりもずいぶんと時代の下った証言、例えばストバイオスやシンプリキオスの証言については、かなり慎重な取り扱いが必要です。アリストテレスは信頼できますし、エレア学派に関していくらか詳しく検討しましたが、それはまさにアリストテレスのお陰で、ゼノンの論証やエレア学派の哲学者たちの主要な考えを知っているからです。しかし、すでにアリストテレスにおいても、彼の先駆者たち、彼に先立つ哲学者たちの考えについては、彼自身の教説を介した形でしか、ほとんど見ることができません。それらは時にアリストテレス自身によって作られた考え、例えば可能態と現実態、質料と形相といった考えとの関連で、そういった用語によって開陳されたのでした。ですから、すでにここにおいて、考えはいくらかの変形を被っているわけです。ただ、アリストテレスは、〔ストバイオスやシンプリキオスよりも〕はるかにこれらの哲学者たちの近くにおりましたし、それに何より、彼には彼らを理解する能力がありました。

しかし、もっと後代の証言ということになりますと、たいていの場合、そこで語られる人物や書物について直接的に知ってはいなかった哲学者たちによる証言です。彼らは、いくつもの仲介を経てしか知らないわけです。そういうわけで私に言わせれば、アリストテレスの書いたものの中にすでにその確証の兆しでもないかぎりは、非常に慎重である必要があるのです。あるいは、問題となっているテクストが、それを引用した哲学者によってしか知られておらず、オリゲネス*245のテクストの言い換えである疑念が残る場合、その引用は価値のないものということになるでしょうし、私たちはオリゲネスのテクストで満足しておくべきでしょう。

言い換えれば、私たちが今年度行なっている研究にとっては、これらの断片に基づいて仕事をするのはきわめて困難であるか、不可能なことでさえあるのです。私たちがアリストテレス、プラトン、プロティノスだけに留めておく理由は――もちろん、単なる注釈者たち、あるいはポルピュリオスやイアンブリコスといった弟子たちは別にして〔随時参照しますが〕――、独創的な哲学者たちのうち、彼らに関してのみ、私たちは著作の全体を手にしているからです。断片では、これをいくら真剣に校訂したところで、ある特定の論点について理論の外面を再構成するくらいのことはできるかもしれませんが、その精神をつかむことは不可能です。ところで、この精神こそ、私たちの求めるものなのです。というのも、私たちが研究している〔時間の〕問題は、これまでいつも明示的な仕方で扱われてきたわけではない問題なのですから。それゆえ、プラトン、アリストテレス、プロティノスだけに限ることを余儀なくされるのは、まさに私たちが扱っている主題の本性からくることなのです。

加えて述べておくなら、この三人の哲学者たちにおいては、一つの同じ思考が発展し進展しつつ、三者それぞれがこれに独特の刻印を刻んでいく次第が、非常にはっきりと、明らかに示されています。時間論に関して言えば、彼ら三人において常に試みられてきたのは、一切をますます濃縮された諸概念へ、絶対的統一にいよいよ接近する諸概念へと収斂させたうえで、ある必然的なプロセスによって、この統一から時間における展開が出てくるように仕向ける、そうした試みなのです。

プラトンにおいては、必然的なプロセスがあるとは言えません。というのも、それは芸術家であり、神的な芸術家なのであって、すべての芸術家たち同様、あるモデルに基づいてものを拵えるからです。プロセスはそのような仕方で作動しているのですが、別な仕方で作動することもできたように思われます。ですが、アリストテレスにあっては、移行はすでに必然的なものとして登場してきています。というのも、絶対的とも言えるような必然によって、ひとたび思惟の思惟が措定されさえすれば、この完全性のうちに潜在的に含まれている一連の模倣群が、そこから次第に降りていき、ますます不完全なものになっていくという形で［措定される］必要があるからです。そして、これから見ていくように、プロティノスにおいては、移行の必然性という考えがさらに際立ち、原理ははるかに明確なものとなり、十全な光の下に開陳されることになります。それというのも、プロティノスは一個の思想家、独創的な哲学者なのであって、時に言われてきたように、非常に数多くの教説を寄せ集めいわば収斂させることで、西暦三世紀頃アレクサンドリアに生じた、よく分からない無個性的な潮流の単なる代表者といったものではないからです。長きにわたってこの哲学〔潮流〕は、自然発生的に生じたもの、あるいは少なくとも、何も書き残さなかったある哲学者、アンモニオス・サッカスに誘発されて形成されたものであり、プロティノスは、きわめて慧眼ではあるものの、所詮はアンモニオス・サッカスの弟子にすぎないと考えられてきたのでした*246。

プロティノスとアンモニオス

私たちは昨年、これは単なる伝説にすぎないということを明らかにしました。アンモニオス・サッカスは間違いなく実在の人物ですが、プロティノスが自らの教説を彼に負うていないことも確かなのです。プロティノスの五四の論考では、アンモニオスのことは問題にされていませんし、名前も言及されていません。プロティノスの弟子であり友人でもあったポルピュリオスは、プロティノスの伝記においてアンモニオス・サッカスの名前に言及していますが、ただプロティノスがアンモニオスの講義を受けたと述べているだけで、それ以上のことではありません。ポルピュリオスの書いたものにおいても、またイアンブリコスが書いたものにおいても、アンモニオス・サッカスのことはもはや問題になっていないのです。

たしかに、ネメシオスという名の、キリスト教の司教による五世紀の証言があります。ネメシオスは、アンモニオスのテクストを二つ引用しているのですが、それらはプロティノスと同じ考えを表明しており、しかも、プロティノスにおいて重要度の高い考えを、まさにプロティノスの用いた用語そのものを用いて述べている点で、大変注目すべきものです*247。とはいえ、まさにそのゆえに、この証言には用心しなければなりません。というのは、みなさんにも納得していただけるでしょうが、アンモニオスが何も書き残していないことを私たちは知っているのですから。ですから、いったいどうやって、二世紀も後になって、彼の言葉をテクスト的に引用することができたのでしょうか。しかもその間、ポルピュリオスもイアンブリコスも、彼について語っていないのです。ですから、次のように考えるほかはありません。すなわち、ひとたびアンモニオス・サッカスこそがアレクサンドリア学派の思想の創始者であったという伝説が確立するや、アンモニオスの書いたものはないわけですから、アンモニオスの思想を探し求めるとすれば、それはプロティノスのところをおいてほかにないということです。これでは結局、循環していることになります。

反対に、昨年も述べましたが、五世紀の証言がもう一つありまして、それが〔アレクサンドリアの〕ヒエロクレスの証言です。こちらは、より曖昧で一般的な言明に留まるがゆえに、はるかに信憑のあるものです。それによれば、アンモニオスが逍遙学派とプラトン学派との対立に終止符を打ったのです。アンモニオスが登場するまでは、プラトンとアリストテレスの教説は、本質的に異なるものと考えられていました。しかし、この哲学者は、実態は異なっていたことを示し、ヒエロクレスの表現を引用すれば、あらゆる真理はプラトンの教説を純化したもののうちに見出されることを理解させたのです*[248]。

他方でポルピュリオスは、プロティノスの伝記の中で、プロティノスが進むべき道を捜していて、まだ哲学者ではなかったときの逸話を語っています。彼はアレクサンドリアの学校から学校へ転々としていました。さまざまな教師の話を聞きましたが、どれも満足がいかない。ある日、アンモニオス・サッカスの講義を聴いて、彼は叫びました。τοῦτον ἐζήτουν*[249]（「私が求めていたのはこの人物だ」）と*[250]。

このポルピュリオスの証言をヒエロクレスのそれと付き合わせてみると、おおよそどんなことが起きた可能性があるのか再構成することができます。ある哲学者の教えがプラトンとアリストテレスの一致を示してみせたことは、おそらくプロティノスにとって一つの啓示であったでしょう。これがプロティノスの出発点となったのであり、その点で、彼はアンモニオスに借りがあるわけです。プラトンとアリストテレスは同じことを述べている、これこそ、プロティノスの全哲学を支配している考えです。そのためにプロティノスはしばしば、疑いなくアリストテレスの理論であるものをプラトンに帰したりしているほどです。この点を踏まえれば、プロティノスについて語ってきた歴史家たちの一人であるキルヒナーが、新プラトン主義者と呼ばれるプロティノスはむしろ新アリストテレス主義者であると述べる理由も説明できますし、それは十分納得できることです*[251]。実際、プロティノスのうちには、プラトンよりもアリストテレスが多く含まれているのです。とはいえ、プロティノス自身はプラトンに一切を負っていると考えていたのですが。プラトンの熱狂的な弟子であった彼は、プラトンのことを神的な存在として崇めていて、引用する際には名前を用いず、代わりに「師」である「彼」という形で言及するのです。

ですから、プラトンとアリストテレスの完全な合致という〔アンモニオスの〕考えに、プロティノスの心に訴える何かがあったことは確かです。しかし、それが彼の心に訴えたすべてなのであって、彼の教説の根底、主要な考えには、プロティノス自身の考えがはっきりとあるように思われます。

プロティノスと東洋思想・ユダヤ教・キリスト教

プロティノスは独創的な天才です。プロティノスがしかるべき認知度を得ていないのは興味深いことです。彼はほとんど研究されていません。それはおそらく彼の言語が非常に難解であることに起因しています。彼の言葉はきわめて難解で、不正確で、省略や暗黙の了解がかなりあります。これは、彼自身言うように、「観想しつつ」書く者の文体です。彼によれば、自然は、観想しつつ、ある種の放心状態（distraction）で、ものを産み出します。自然は観想し、そしてその放心状態において産出するので、産出とは、観想の放心状態に過ぎないわけです*[252]。伝記作者たちによれば、プロティノスも、そのような仕方で執筆を行なっていました。「彼が観想すると、文章はひとりでに生じた」ということです*[253]。彼の文章がなぜこんなに晦渋であるかが分かります。最初に読むときには晦渋ですが、理解を深めて行くにつれて、思考の根底にあるものは明晰であると気づかされます。考えは明晰なのです。プロティノスにおけるほどの偉大な明晰さと、彼の示すほど決定的な結論に達しうる哲学者などいないとさえ言えるかもしれません。というのも、私たちは彼の全著作を手にしているのです。これは特別なケースです。私たちはさらに、彼の弟子であり忠実な友人であったポルピュリオスの手になる伝記も読めます。さらに、私たちには、同じくポルピュリオスによるプロティノス学説のさまざまな解説、しかもはるかに分かりやすい文体で書かれた、まとまった解釈も有しているのです。

ですから、こうした手段にもれなく訴えれば、プロティノス哲学のかなり明晰で相当に行き届いた理解に到達できます。これまで述べてきたように、それは一つの哲学でありながら一人のきわめて興味深い人物でもあり、現代の言い方で言えば、一つの心理学的な症例なのです。これはプロティノスの症例というある特異なケースです。この人物は、まずギリシア人であり、ギリシア人たり続けることにこだわったギリシア人です。これこそ、彼を特徴づけるものの中でも最も目立つ特徴です。プロティノスは、「すべての真理はギリシア哲学者たちのもとにある」という揺るがぬ信念をもち、その信念を飽くことなく繰り返し表明した人物です。「彼らはみな同じことを述べている」「プラトンに先立つ哲学者たちは、プラトンを予感していたのであり、予感していたまさにその限りにおいて真理のうちにあった」「プラトンの後に現れた哲学者たちは、プラトンの学説を繰り返したり発展させたりしたのであり、やはりまさにその限りにおいて真なるもののうちにあったのだ」というわけです。要するに、ギリシア哲学の全体は、その始まりから終わりに至るまで、一つのものであり、この統一こそが、真理の徴しだというのです。

プロティノスの際立った特徴がここに見られます。ですから、直ちに気づかれるでしょうが、プロティノス哲学を説明するのに、東方の学説の影響を探し求めたりするのは間違いです。プロティノスは何よりも東洋の影響を受けているとか、最近ではユダヤ教やキリスト教の影響を受けているなどとも言われてきました*[254]。

これらの影響のうち、前者つまりユダヤ教の影響について言えば、プロティノスはおそらくフィロンの書いたものを直接は知りませんでした。もし知っていたとしても、ヌーメニオスという名の、ピュタゴラス学派の哲学者経由でしょうが*[255]、私の見る限り、プロティノスの全五四論文の中に、こうした影響の痕跡は見つかりません。

プロティノスの一なる神は、プラトンとアリストテレスの教説を一点に収斂させれば必然的に到達するような神です。プラトンとアリストテレスが同じことを述べているという例の考えから出発すれば、そして、二つの教説の原理を押し進めて、両者が合致するところまでもち来たらせれば、まさにあの神性という概念、神性よりも高次なる一性、プロティノスの言う存在に到達するのです。外来の影響を想定する必要はまったくありません。

キリスト教については、プロティノスが、アレクサンドリアのクレメンスやオリゲネスの教えなど、キリスト教思想を直接知っていたという証拠は何もありません*[256]。いずれにせよ、彼自身、この点について自らの思いを何も語ってはいないのです。とはいえ、彼は、ある形のキリスト教、しかもきわめて変質してしまっており、多くの他の要素が混じり込んだキリスト教思想についてなら知っていました。それはグノーシス主義と呼ばれるもののことで、これについてプロティノスは、第二エネアスの第九論文全体を割いて論じています*[257]。この論文は、端から端まで、厳格な反駁で貫かれており、あえて言えば、この著作の残りの部分とは不釣り合いなほどに暴力的なトーンに満ちた反駁となっています。それを読むと、グノーシス主義者たちの考えや、とりわけ彼らの用いる表現のことを、どこか野蛮であり、ギリシア精神に対立するものと彼が見なしていたことが伝わってきます。要するに、素材の面から言えば、プロティノスの五四に及ぶ論文のうちに、まずもってプロティノス自身の才気によって、それはもちろんのことですが、知識や影響も考慮に入れようとするのであれば、次にプラトン、そしてとりわけアリストテレスによって説明できない箇所は一行たりともないのです。プロティノスの哲学がはっきりと表しているのは、或る努力、身に迫る脅威を感じていた〔キリスト教にとって〕異教〔たるギリシア精神〕の最後の努力なのです。彼の中で異教は力を結集し、ギリシアが産み出したありとあらゆる卓越したもの、強固なものを探し求め、それをすべて一つの学説体系にまとめあげ、これを、興隆するさまざまな新しい思想に対する一種の堤防として対置しようと試みたのでした。

プロティノスは、純然たる哲学者としては、何よりもまずそうした存在です。彼の哲学〔がはっきりと表しているの〕は、まさに異教の最後の努力です。彼は何よりもまず知性によって異教徒なのでした。

それは心からの、感情に基づくものだったでしょうか。それは別の問題です。周りの環境からの影響を逃れることは難しいものです。精神・知性・推論によってはそこから逃れることができたとしても、気持ちの面で、つまり人間の最も内奥に属する部分で、そこから逃れるのははるかに難しいのです。

ですから私は、プロティノスの残した文章の中で、プラトン、アリストテレス、ギリシア哲学の影響によって説明できないものは、素材の面では存在しないと述べたのです。つまりこのこと〔影響関係云々〕は、一文単位では言えますが、段落単位ではかなり当てはまらず、論文単位ではもはやまったく当てはまりません。ましてや、プロティノスの書物全体ではなおさらのことです。

プロティノスによる哲学のかつてない進展

プロティノスのうちには、何か絶対的に新しいもの、息吹のようなもの、えもいわれぬ熱狂めいたもの、プラトンにもアリストテレスにも、少なくともここまではっきりした形では存在しない何かがあります。プロティノスには、祈りの調子《トーン》、祈りを捧げる人の調子《トーン》があるとしばしば言われてきました*[258]。そして実際、それはあります。彼の論述は、どこか祈りのようです。古代ギリシアの哲学者たちに、論述のこうした静謐さ、安寧さに通じるものは見出せません。これはたしかに宗教的なものであり、近代人がこの語に与える意味で宗教的な何かです。

最近、ある心理学者*259が以下のようなことを述べていました。すなわち、宗教的な感情を、その宗教とは独立に捉え、これを、客観的な価値はともかく、一つの事実と見なしてそれを分析すると、二つの本質的な要素が見出される、と。第一に、歓びの感情が起こり、万物がえも言われぬ悦ばしき天啓の光に照らし出されます。とはいえ、外から見ただけでもこれはきわめて明白なことで、この点でこの心理学者は特に何も新しいことは言っていません。しかし続けて彼はおそらくさらに遠くまで分析を押し進め、それ以外に、第二の要素として、何か高次の存在との結合の感じがあると述べています。力を感じ、あるきわめて大きなエネルギーを感じるわけで、エネルギーの無際限な源泉からひとはそのエネルギーを汲み出しに行くことでしょう。この源泉へは、ひとは意志の努力を通じて接近するのです。

プロティノスのうちには、これら二つの要素が見出されます。そしてこれらの要素こそが、彼の論述に、きわめて特別で斬新な色合いを添えているのです。ですから、教説の字面だけ追えば、純粋にギリシア哲学の影響だけから説明できないものは何もないのですが、たしかに調子《トーン》や文体《スタイル》、つまり学説の魂とでも言うべきもののうちには、きわめて新しい何かがあるのです。ここから、プラトンとアリストテレスの考えを調停しただけに見えるこの哲学者が、どうして哲学のかつてない進展をすべて準備することになったのかが説明されます*260。近代哲学、とりわけ近代人たちにおける時間の問題を研究してみると――ここでは触り程度のことしかお話しできません――、ルネサンスの新プラトン主義者たちがどれほど重大な役割を演じたかが分かりますが、彼らはみな骨の髄までプロティノス哲学の信奉者だったのです。そして彼らこそが、観点の変更を準備したのでした。すなわち、空間における外的運動と、意識における内的運動という二つの観点です。さて、この中心の移動は、すでにプロティノスのうちに素描されていたと言うことができます。ただし、あくまで素描にすぎません。見かけ上は、用語の使い方は先人たちのそれと変わりません。運動や変化は空間における外的なものだったり意識における内的なものだったりしますが、変化の方は、大まかに言えば、いつも何か内的なものとして捉えられています。しかし、注目すべきことは、この変化がはじめてそれ自体として研究されているということです。プロティノスこそは、意識の理論に関して完璧な深い洞察力を発揮した最初のギリシア哲学者なのです*261。彼は、意識の生成、すなわち時間における内的生の生成を示そうとすらしています。したがって、私たちが近代哲学と呼んでいるもの、ひいては近代科学さえも作り出すことになるはずの軸の移動、中心の移動を準備したのは、まさに彼なのです。この点は、『エネアデス』にはっきりと見て取れます。そこには一つの意識の理論というものがあって、これについては次の講義でしっかりと取り上げるつもりですが、それは時間において思考が展開するという理論であり、その原理だけでもここで指摘しておいたほうがよいでしょう。なぜなら、この原理は、大まかに言えば、すでにアリストテレスのうちに秘かに見出されるものだからです。しかし、プロティノスは、最終的にアリストテレス哲学の逆を行く（prendre le contre-pied）ことになるような哲学を準備する形で、この原理を引き出したのです。

意識理論のプロティノス的原理

この意識の理論は、全体として以下の点に依拠しています。すなわち、意識とは、イデアの二重化・分裂（dédoublement）のようなものである、と。私たちは、プロティノスと違って、何らかの観念なり表象について語るときには、この表象を、意識のある様態（modalité）として考えます。意識は時間の中で展開し、諸観念をもつ。諸観念は意識のうちにあり、それぞれが意識の一つの様相である、と。プロティノスは逆の仕方で物事を思い浮かべています。しかし、すでに述べましたように、この哲学に含まれている数々の目印のお陰で、私たちは前者の〔私たちにとって馴染み深い〕考え方から出発して徐々に進み、正反対の〔プロティノス的な〕観点に到達することができるはずです。というわけで、プロティノスは逆の観点で考えます。つまり、彼によれば、意識のほうがイデアの一つの様態なのです。どうしてそうなるのでしょうか。簡単な例を取り上げましょう。何らかの表象、三角形の観念にしましょうか、私たちはそれをイメージの形で表象します。私は一つの三角形を、空間のうちで、またそれによって時間のうちで表象します。これは時間の中を進む一つの空間的表象です。私の意識は時間の中で展開し、この表象はそれに随伴しています。黒板上に見えている三角形、ないし想像上で思い描いている三角形のこうしたイメージから、三角形の純粋観念、三角形という抽象一般観念に移ろうと考えるとします。私は、このイメージから身を引き剥がそうとするでしょうが、完全には成功しません。イメージは観念の後を追って依然としてそこに留まっており、観念の基盤となっています。私は相変わらず時間の中にいるわけです。さらに付け加えれば、私は相変わらず意識の中にいます。というのも、自らの表象について、はっきりと意識しているのですから。イメージとしての三角形を意識的に表象し、これを観念としての三角形の支持基盤として用いているのです。

さて私は、一切のイメージから引き剝がされた三角形の純粋観念、単純観念に到達したいのでした。これは、もはや空間のうちにはなく、空間的なものを含まず、それゆえ時間に対して高次に立つ観念であり、つまるところ、三角形を生成・形成する法則の表象です。

この表象へ向けて歩みを進めるにつれ、私は、自分が時間から出て行き、持続から自らを分離し、次第に意識から出て行くのを感じます。この完璧で完全な、一切のイメージ・物質性・持続から独立な表象に到達するならば、おそらく私は時間の外に立つでしょうが、そこは意識の外でしょう。それは下意識（le sub-conscient）ではなく、超意識（l'hyper-conscient）でしょう。それはもはや意識以上の何かとでも言うべきものでしょう。

というわけで、もし仮に、こうした三角形の純粋観念を得るために、時間から出ると同時に意識から出なければならず、時間の上方へ昇ると同時に意識の上方へ昇るのでなければならないのだとしたら、三角形の意識、三角形のイメージの意識、あるいは言ってみれば三角形の意識的なイメージは、逆に、三角形のイデアが頽落（déchéance）することによって得られる、と言えないでしょうか。純然たる三角形のイデアは、時間に対して高次ですが、超意識的でもあります。三角形の意識（実際には三角形のイメージの意識にすぎないわけですが）が生じるためには、この三角形の非時間的なイデアが縮減し、いわば落下する（tomber）ことが必要であり、かつそれで十分なのです。

プロティノスの考えはこうしたものです。プロティノスはこの考えを、魂に当てはめました。人間の魂を考えてみましょう。一方に、本来の意味での魂、つまり私たちが意識によって知覚する魂というものがあります。また、他方で、イデア、魂のイデアと呼ばれるもの、叡知的な観点から捉えられた魂というものがあります。時間の中で展開するソクラテスと別に、その上方に、非時間的なソクラテスがいるのです。というのも、プロティノス自身はプラトンの言っていることを繰り返しているだけだと述べているものの、彼の考えはプラトンとは逆で、諸々の個体的なイデアが存在し、諸個体は、叡知界において、それぞれが一つのイデアによって表現されていると考えるのです*262。

例えばソクラテスを例にとれば、彼は私たちにとっても、彼自身にとっても、時間内の展開として現れます。ただ、彼は、言ってみれば彼自身の一部分によって、そのような現れ方をしているのです。そしてそれゆえに意識をもつのです。しかし同時に、イデアとしてのソクラテスというものがあり、これと実在者としてのソクラテスの関係は、ちょうど三角形のイデアと三角形の意識的で時間的な特定のイメージの関係に相当します。そこで、ソクラテスのイデアからソクラテスの魂、時間の中で存在するソクラテスに移行するには、何も付け加える必要はなく、何かを除去するだけでよいのです。転落（chute）を想定してみて下さい。そうすれば、イデアは自ずから落下し、それだけで意識が生まれます。意識とは、イデアを二重写しにしたもの〔イデアの分裂〕に過ぎないのです。イデアが、鏡のうちに自らを見つめ、こうした分裂を経て、一種の屈折を通じて二重化したもの、それが意識なのです。このような意識の理論から、時間一般の生成、持続の生成の理論へとどのように移行していくことができるのか、何となく見えてきたのではないでしょうか。

今回はただちに〔プロティノス〕学説の最も難解で最も抽象的な原理を取り出そうと努めましたが、次回の講義では、はるかに明晰な論述、プロティノスの学説のうちで個体的魂と意識について論じられている箇所を、そういった魂や意識に関する理論がどのように時間一般の理論を準備するのかに注目しつつ、お話しすることに致しましょう。そこでは時間論は、もはや個体的魂、人間の魂にではなく、プロティノスが宇宙霊魂・世界霊魂と呼ぶものに結びついているのです。

第12講　プロティノスの意識論　一九〇三年二月二七日

プロティノスが提示する三つの観点

みなさん、私たちはプロティノス哲学における意識の理論について究明せねばなりません。

この理論は、一見すると、時間の問いという私たちが今年度専心している主題とは直接結びついていないように見えるかもしれません。しかしながら、これから見るように、プロティノスの思想において、これら二つの問題は切り離すことができないものです。というのも、追々お分かりいただけるでしょうが、プロティノスにおいて意識とは、ある独特の展開（déroulement）、すなわちイデアが展開し繰り広げられたものであるからです。さて、プロティノス思想におけるこの展開というのは、ある特定のイデア（ある個物のイデア）が、ある特定の意識のうちで、つまりはこの個体の内的持続であるような意識のうちで展開される事態のことを指すのですが、このような展開は、知性（プロティノスはヌース（νοῦς）と呼びます）のうちに濃縮・集中した諸イデアの全体が、時間のうちで、宇宙霊魂というかたちで展開されるのと並行した事態であり、両者は同一であるとさえ言えるかもしれません。ただし、このことの説明は次回の講義をお待ち下さい。今回は、この特別な展開、すなわち、イデアによる意識の創造を示すこの特別な発展について究明していこうと思います。

プロティノスは、意識の理論を提示した最初にして唯一の古代哲学者です。この理論は、結構な分量の彼のテクストで展開されています。これらのテクストの曖昧さやこの理論の難解さについてはこれまで誇張されてきましたが、それも理由のないことではありません。というのも、プロティノスは、彼以前には明示的な形で扱われたことのない新奇な問いを前にして、新たな用語法を作り出し、語彙をひねり出す必要に迫られたのだという事実に、人々は注意してこなかったからです。だからこそプロティノスは、かなり異なるさまざまな用語や語句で意識のことを指し示すことになったのです。

これらの用語の一つ一つがそれぞれ、意識についての一つの観点を構成しています。彼は、意識を究明し、分析するに当たって、これらの異なる観点に代わる代わる身を置いたのです。ですから、こうした観点の複数性、ニュアンスや意味・用語の多様性を考慮に入れなければ、プロティノスにおける意識の理論について十分に完全な考えを形成し、そこから明晰な考えをもつに至ることは期待できないでしょう。

プロティノスが用いる用語は、三つ組みになっています。彼は時折、いや、かなり頻繁に、(1)パラコルーテーシス（παρακολούθησις）ないしパラコルーテーマ（παρακολούθημα）〔随伴〕という語、さらに(2)シュナイステーシス（συναίσθησις）〔共感〕という語、そして最後に(3)アンティレープシス（ἀντίληψις）〔把捉〕という語を用います*[263]。これら三つの語は、どれも意識のことを指し示しています*[264]。しかしこれらはかなり異なるニュアンス・意味を有しており、そのニュアンスは、互いに可能な限り精確な仕方で区別されなければなりません。

一般的観点――随伴（パラコルーテーシス）

これら三つの用語のうちで、最も一般的な仕方で意識を指し示すのが、随伴（accompagnement）です。したがってプロティノスにとって、意識は何か内的な状態に随伴するものです。今日でも、やはり同じように私たちは意識を定義していると言えるでしょう。意識とは何でしょうか。それは、魂のある状態に随伴しているものであって、魂の状態を魂自身に露わにするようなものです。ある状態を感得しており、その状態を感得していると分かるというのは、何ものかのうちでこの状態に随伴しているということにほかなりません。そしてこの何かこそ、意識なのです。今日の私たちなら、意識とは、心理的状態に随伴する光のようなものだと好んで言うところでしょう。プロティノスにとって、意識は随伴ではありますが、光ではありません。それはむしろ反対のもの、暗くするものであり、影のようなもので、これが真なる実在に随伴するのです。

今日の意識の理論では、というよりずいぶん前からそうなのですが*[265]、意識はいわゆる随伴現象であるとされています。つまり、意識は、あるプロセスに上乗せされる（se surajouter）何かであり、しかもこのプロセスは、この学派の人々に言わせれば、ひたすら物質的で機械的なプロセスです。脳内で、特定の物理化学的現象が生じており、さまざまな複雑さを有した分子運動が起きている。これらの運動が一定の複雑さの度合いに達すると、ある特定の諸性質（ただしこれは未規定の性質なのですが）を呈し、意識がそこに上乗せされにやってくるのだ、というのです。それはちょうどマッチ棒を壁にこすりつけたときに生じる燐光にも比すべき、まさに一種の燐光的な何かなのです。マッチ棒の運動は燐光の痕跡によって壁面に沿って描き出されますが、ちょうど同じように、脳実質の内部で遂行されている諸運動のいくつかが、一種の心的な燐光によって描き出されるわけです。ですから、この理論において、意識は一つの随伴現象なのです。プロティノスの言葉で言えば、パラコルーテーシスです。これは、随伴現象と訳すことができるでしょう。ただし、これはまったく異なる意味の随伴現象で、近代の機械論者たちが込めているのとは反対の意味であるとさえ言えます。彼らにしてみれば、意識が随伴現象であるというのは、上位のものが下位のものに上乗せされるように、意識が上乗せされに来るものであるということを意味しています。すでに申し上げましたように、それは光であり、ある瞬間に心理的状態がまとう後光のようなものなのです。それは、心理的状態の上を動き、往来する鬼火のようなものであり、何か内的状態に加わるもの、加えられる何かなのです。プロティノスにとって、それは減じられるものです。それは否定的な随伴であり、意識とは暗くするものなのです。

　プロティノスのこうした考えをきわめてはっきり示しているテクストが一つ、いやむしろたくさんあります。しかし、この考えがとりわけはっきり分かるのは、プロティノスが知性、ヌース（νοῦς）を論じているときであり、あるいは、知性よりも高次なるもの、つまりプロティノスにおける神である一者について論じているときはなおのことです。例えば、一者について論じる第五エネアスにおいて彼は、一者とは ἀναίσθητον ἑαυτοῦ である、すなわち自分の感じをもたない、自分のことを知らないものだと述べています。そして、こう付け加えて結論とするのです。一者は意識をもたず、意識という自己随伴を有さない（οὐδὲ παρακολουθοῦν ἑαυτῷ）、と*[266]。したがって、プロティノスにとって、意識は随伴現象であると言ってよいのですが、ただし、その随伴現象を、受動的な内的状態に加わるマイナス分と見なすという条件のもとでのことです*[267]。言ってみれば、数学者の言う負《マイナス》量（quantité négative）のようなもので、これを一定の正《プラス》量に加えると、その量は減る。プロティノスにおける(1)パラコルーテーマないしパラコルーテーシスという〔意識の〕一般的な意味は、このようなものです。

第一の特殊的観点――共感（シュナイステーシス）

　いよいよ彼の理論の核心部分に入っていくことにしましょう。今度は、内的状態への随伴としてのこの意識というものについて、プロティノスは二つの異なる観点から検討を加えます。そしてこれらの二つの異なる観点が、(2)シュナイステーシス（συναίσθησις）と(3)アンティレープシス（ἀντίληψις）という二つの表現に対応しています。

プロティノスの意識理論について難解さが誇張されてきたのは、この二つの観点を区別してこなかったからで、そのために、実際には存在しない矛盾を人々はこの理論に見出してきたのでした。

第一の観点からすると、意識は、一種の⑵シュナイステーシスとして定義されます。この語は元々は意識を意味する言葉ではありません。むしろ共感、あるいはもっと近いのは同意や一致といったものでしょう。ですから、シュナイステーシスは、ある種の調和であり、ある種の一致であるということになります。プロティノスは例えば、シュナイステーシスを宇宙霊魂、彼がψυχὴ τοῦ παντός*[268]〔全体の霊魂〕と呼んでいるものに帰しています。宇宙霊魂は、シュナイステーシスはもちますが、意識はもちません。それゆえ、シュナイステーシスはまずもって、何にもまして、同意であり一致なのです*[269]。

例えば、プロティノスが述べるところに従うなら、世界は、世界における全体の霊魂が展開することで構成されるのですが、そのすべての部分は互いに共感し、共感的に一致し、シュナイステーシスしているのです。

彼はこの一致を多くのやり方で証明しています。第一に、彼が信じていた占星術によって。星々のうちに人間の宿命、未来や現在、とくに現在が重要ですが、そうしたものを読み取ることができるのはどうしてでしょうか。彼によれば、それは星々が人間の行いや彼らの宿命に影響するからではなく、世界のすべての部分が互いにきわめて緊密に共感し合っており、そのためどんな小さな部分であろうと、全体を反映していないようなものは存在せず、各部分のうちに全体が現前しているからなのです。各部分は、秘密の文字で書かれた一冊の書物のようなもので、鍵を手にして暗号が分かりさえすれば、全体のうちに見出されるものを各部分のうちに読み取ることもできるのです。

こうして占星術が、プロティノスにとって説明可能なものとなるように、魔術も、霊薬も、呪文も、彼が信じるすべての物事は、同じようにして説明されるのです。例えば、世界の異なる諸部分は竪琴の弦のようなもので、一本の弦を振動させれば、残りの弦もまた振動するのだ、と彼は述べています。どうしてでしょうか。それらの弦が同じ和音のシステムに属しているからであり、これによって、一本の弦の運動が残りのすべての弦の運動と共感的に交流することが説明されるからです。

愛もまた同様に説明されます。彼にとって愛は、一種の魔術です。音楽も愛に近いものだと彼は好んで考えていますし、魔術もそうで、こういったものはみな、プロティノスにとって同じ本性に属するものです。そしてこれらはみな万物の相互的な交流を証し立てるものであって、ちょうどそれは、各事物が、他のすべての事物からの知らせに接して、共感的に振動しているような具合なのです。
この共感、一致、宇宙霊魂においてすべてがすべてと一種の予定調和を果たしている状態に対して、プロティノスはまずシュナイステーシスの名を与えるのです。このことから、プロティノスにとって、意識的知覚が個体的霊魂において、すでにして一つのシュナイステーシスである理由が分かります。なぜなら、彼にとって知覚するとは、知覚される対象との、したがって全体との共感的な交流のうちに身を置くことであるからです。
例えば、第一エネアスの第一論文第九章には、こういうテクストがあります。

τὴν διάνοιαν ἐπίκρισιν ποιουμένην τῶν ἀπὸ τῆς αἰσθήσεως τύπων εἴδη ἤδη θεωρεῖν καὶ θεωρεῖν οἷον συναισθήσει*[270].
論証的な知性、ディアノイア（διάνοια）は、感覚由来の諸印象の中から一つを選び、イデアを観想します。そしてこれらのイデアは、ちょうどシュナイステーシスによって……

――この語は、ここでは明らかに予定調和としか訳しようがありません。そしてそれは同時に意識でもあります。この予定調和は、意識なのです――

τῶν ἔξω πολλάκις πρὸς τἄνδον ὁμοιότης καὶ κοινωνία*[271]
……というのもこの知性は、外的なものと内的なものの類似性であり共通性のようなものであるから……*[272]。

こんな風に、プロティノスの用語法において、シュナイステーシスという語には独特の意味があります。それは共感を指すのですが、お分かりのように、この共感という意味から、ごく自然に意識という意味に移っていきます。意識というのは、私たちの魂が宇宙霊魂や残りの諸事物と共感的に*[273]振動する際に出す音のようなものなのですから。
さて、このシュナイステーシスという語が、内と外の共感、部分と全体の共感を指し示すのであれば、たとえ他の一切を考慮に入れず魂についてのみ考察するとしても、魂の全部分が相互に共感するということも、この語は同様に意味することになるでしょう。

人間の魂と、そこに生じている多数の現象を取り上げてみましょう。それらの諸現象が共感し合い、そのあいだに一種の一致、一種の調和があるとき、シュナイステーシスが生じているのであり、ここで、この語は同時に、一致および意識という二つのことを意味しています。

例はいくつも見つけることができますが、その中から一つのテクストを取り上げましょう。第四エネアス第四論文第四五章です。そこでは、生物においては、συναίσθησις παντὸς πρὸς πᾶν、全体と各器官（organe）との一致、同意、共感があると述べられています。一致が重要なのです。生命とは、ここでは有機的な（organique）同意のことです。さらに、プロティノスは別の箇所で、各生物は、大いなる世界をモデルにして形成された一つの世界、μικρὸς κόσμος、ミクロコスモスであると述べています。そして、ここからプロティノスは少しずつ、先ほどお示しした、別のきわめて近接した考えに移っていきます。すなわち、私たちの魂においては、数多くの多様な印象があり、これらの印象が一致に至るや否や、意識が生じます。なぜなら、これら諸部分のあいだには相互的な交流が成立しているからだ、と彼は言うのです。例えば、第五エネアス第一論文第一二章には、このことをはっきりと示すくだりがあります。

οὐ γὰρ πᾶν ὃ ἐν ψυχῇ ἤδη αἰσθητόν*[274]

魂のうちにあるものすべてがいつも知覚可能であるわけではない。知覚が生じるのは、――私〔ベルクソン〕は逐語訳しているのですが――「それ」が、魂全体を駆け抜けるに至ったときだけである（δι᾽ ὅλης ψυχῆς ἐλήλυθεν）。

τὸ δὲ γνωρίζειν, ὅταν μετάδοσις γένηται καὶ ἀντίληψις.

魂のうちで起きていることについての認識が生じるのは、相互交流（intercommunication）――メタドシス（μετάδοσις）という語を、私はこう訳します――があるときだけである*[275]。

この同じ第五エネアスの第三論文第一三章には、同じことをもっと簡潔に述べているテクストが見つかります。

ἡ συναίσθησις πολλοῦ τινος αἴσθησίς ἐστι*[276].

シュナイステーシス（συναίσθησις）は、複数性の知覚である*277。

プロティノスと現代心理学

このように、この〔シュナイステーシスという〕第一の観点から、プロティノスにおける意識の理論がどのようなものであるかがお分かりいただけると思います。この理論には、現代の意識概念にかなり近いところがあります。現代の心理学が述べているのはどういうことでしょうか。それは、精神状態と、私たちがそれについて抱く意識とを区別せよ、ということです。ある精神状態が意識されるためには、それが存在するだけでは十分でありません。現代の心理学はすべての精神状態が意識的であることを認めていませんし、私もそれは理に適っていると思います。〔ある精神状態が意識されるためには、〕その状態が人格の総合的な統一と呼ばれるものによって捉えられる必要があります。本来の意味での意識とは、総合のようなものなのです。ある状態が、意識のうちに参入するためには、それがこの総合によって受け入れられ、受容され、したがってその人格の素地をなす残りの全体との調和・交流のうちに置かれるのでなければならないのです。

この多数の総合的諸状態が意識に現前しているところを考え、そこから一つの状態が切り離されて、総合の一部をなさなくなったと仮定します。するとこの状態は、無意識へと落下します。互いに十分に整合的かつ体系化された多くの諸状態が、全体から切り離されたと仮定すると、これらの体系化された諸状態もまた、無意識へと、あるいは今日時折用いられる言い方では下意識へと落下することになります。そうすると、本来の意味での自我の脇に、その下に、一つないし複数の二次的な人格性というものが形成されることになるでしょう。いずれにしても、このテーゼからどんな結論を引き出すにせよ、そこにははっきりと一つの主張があるのです。すなわち、心理状態と、それについて抱かれる意識とは別個のもので、この意識は、互いに一致することが可能な多数の心理状態の総合であるか、またはその総合から帰結するものである、という主張です。まさにこれは現在の心理学の主張にほかなりません。

私はこれが決定的なテーゼであるとは言いません。むしろ反対です。自我についてのこうした概念は、意識についての原子論的な概念であり、外界を真似てつくられた、あるいは外界を正確に表象すると称する仮説にあわせてつくられた、内的生の捉え方にすぎないことは明らかです。心理学はますます別の仮説のほうへ向かっているというのは十分にありうることではないでしょうか。すなわち、似たような帰結に導き、おそらくは同じことを説明する仮説ではありますが、〔上述の仮説とは〕その本性をかなり異にしているような仮説です。

この別の仮説においては、原子のように別々に存在することができるような心理状態というものはありません。そのような原子論的な諸状態がもしあるとすれば、ある場合には意識的な総合へと上昇して意識的な状態と化し、また別の場合には下意識の深みへと下降していくのでしょう。しかし、それは違うのです。心理状態が意識的であるか無意識的であるかはどうでもよいのであって、それらの諸状態の全体を――分かたれない一つの統一体を形成するものとして――考察しなければならないのです。ただし、この集塊のうちで明るく光り輝いているのは一点だけです。この点はまさに、現在の行動の必要と私が呼ぶもののうちへと、厳密な仕方で挿入されることになります。私たちは、何よりもまず行動するために作られた存在です。そして、行動するためには、自らを凝縮させる必要があります。行動するとは、自己自身から気を逸らせることだとさえ言えるかもしれません。もしくは別の意味では、自らの心理的な生の全体を、ある一点へと注意させる、集中させることです。このことは結局、自らのほとんどの部分を忘却することに帰着します。意識とは、何よりもまず、そして必然的に、自己の大部分についての忘却であり、一点へと注意を固定することです。それなりの強度で注意を固定しなければ、現在という瞬間に関して実践的に有益なこの一点に収斂することはできません。そのため、残りは暗がりに留められることになるのです。それは自らの背後に引きずっている暗い集塊のようなものです。そして、そうでなければならないのです。現在という瞬間に不可欠でないことはすべて忘却し無視できる人間であればあるほど、より行動に適合した、いわばより健康な精神をもった人間であり、より強靭な心理的健康*278を手にするのです。すなわち、精神疾患、ある種の神経疾患、心の病といったものは、本来なら隠されているべきものが、私たちの自我の照らし出されている部分へと、時宜を得ず闖入してくることにほかなりません。意識と利用中の記憶に現れているものの中に、忘却されたままになっているべきものが闖入してくるのです。知的な健全さが完全であるというのは、なるほど思い出す術を知っていることではあるでしょう。しかしまた、そしてとりわけ、忘却する術を知っているということでもあるのです。生きるということは、集中・注意という現象でありながら、それゆえ相補的に、忘却という現象でもあります。そしてこのことは、意識、内的生というものが、分かたれない一つの全体であることを含意します。ただし、意識の光は、この内的生の動的な先端部分だけしか照らし出さないものなのです。

思うにこれが、はじめの〔現代の心理学の〕意識概念のように原子論的なものに陥ることなく、また必然的に記号的であるような捉え方（というのも、あらゆる原子論は程度の差はあれ記号的であるからですが）がもたらす不都合も免れるような意識概念であり、事実を同じくらいしっかりと説明できる概念です。

いずれにしても、プロティノスのテーゼは、内的生についてのこうした原子論的な捉え方にきわめて近接しています。加えて言えば、これから見るように、プロティノスにおいてこの主張は暫定的なものです。決定的な観点ではないのです。それでもこの観点から、意識をシュナイステーシスという諸部分の一致として捉えてみると、プロティノスの見地と現代の幾人かの心理学者たちの見地との類似や親和性に驚かされます。ただし、すでに言いましたように、プロティノスにおいてこれはまだ暫定的な観点に過ぎず、この観点の他に、もう一つかなり一般的な観点があります。この観点は、常にというわけではありませんが――なぜなら絶対というものはありませんし、哲学者が絶対的に固定された用語法をもつなどということは決してありませんから――、どちらかと言えば(3)アンティレープシス（ἀντίληψις）という表現に対応する観点です。

第二の特殊的観点――把捉（アンティレープシス）

この第二の観点から見ると、意識はまったく異なるものとなります。それは一つの総合である代わりに、一つの分析となります。第二の観点からすれば、意識はもはや、肉体の諸部分、次いで魂の諸部分が多数、一点に寄せ集まり、互いに調和するときに生じるものではありません。反対に、これは分裂であり、分割であり、分析なのです。分析と言っても、もはや先ほどのように総合のうちに包摂された下位の諸項の分析ではなく、上位の一つの項、すなわち、プロティノスがエイドス（εἶδος）という語に与えている意味、叡知的なものという意味でのイデアの分析なのです。イデアの分析は、行為のうちへと引き延ばされます。他日申しあげましたように*279、プロティノスは、いくら彼自身がプラトンを復唱しているだけだと言い張ろうとも、ここでプラトンから離れています。プロティノスは、叡知界において、諸イデアは単に類のみならず、個物にも対応していると考えているからです。少なくとも人間、個々人に関してはそうです。私たち一人一人は、叡知界のうちに、自分を表現している自分のイデアを有しています。ノエートン（νοητόν）は、ヌース（νοῦς）という知性のうちに巻きとられ包含されたまま、私たち一人一人を表現しています。時間のうちに、さらには空間のうちにも展開している私たちの魂と呼ばれるものは、この叡知的なもの、すなわち魂に対して上位であるイデアが、空間および時間のうちへと引き延ばされたものにほかなりません。

この第二の観点からすれば、意識はイデアの分割であり、分裂であり、分析であるということになります。私たちは、自らの人格と呼ぶものを、プロティノスの言い方では高みに座しているものとして表象する必要があります。そのうえで、この人格を、むしろこのイデアを（イデアは人格ではありませんから）、非時間的で超空間的、そして言うまでもありませんが、無意識的・超意識的なものと表象しなければなりません。この観点に身を置くなら、意識というものが生じるのは、この統一から多様への移行のうちに、この統一性たるイデアの展開のうちに、プロティノスの言うように、このイデアの分裂・分割のうちになのです。

テクストは数多くあります。かくも興味深いこの思想を十全に分かるようにするためには、たくさん引用する必要があるでしょうが、ここでは主要なものだけを引用することにします。

プロティノスはまず繰り返し、思考するとはいかなることかを説明します。彼が語の本来の意味で思考と呼ぶものは、私たちがそう呼んでいるものとは、まったく異なります。それは観念をもつことではなく、そのイデアになること、そのイデアと合致することなのです。彼は例えば次のように言うのですが、これはとても意味深いことです。すなわち、私たちは、自分の考えていることを知らないまま考えることができるし、私たちが考えているときでさえ、本来の意味では私たちは自分の考えていることを知らない、私たちは自分の思考を知覚しないのだ、と。第四エネアス第三論文第三〇章で、プロティノスは、イデアとイデアの意識の違い、イデアとこのイデアを有しているという認識との違いがどこにあるかという問いを立てたうえで、こう答えています。

τὸ μὲν γὰρ νόημα ἀμερὲς καὶ οὔπω οἷον προεληλυθὸς εἰς τὸ ἔξω ἔνδον ὂν λανθάνει, ὁ δὲ λόγος ἀναπτύξας καὶ ἐπάγων ἐκ τοῦ νοήματος εἰς τὸ φανταστικὸν ἔδειξε τὸ νόημα οἷον ἐν κατόπτρῳ, καὶ ἡ ἀντίληψις αὐτοῦ οὕτω καὶ ἡ μονὴ καὶ ἡ μνήμη*[280].

思考の働き（τὸ νόημα）は不可分なものであり、いまだ外に向かう手順を有するものではない。それは内部に留まって身を隠しているが、ロゴス（λόγος）は……

――ここで用いられるロゴスという言葉は、以前お話ししましたように、一般に展開の必然性とか展開される必然性と訳すべきもので、ここでもロゴスは展開の必然性としか訳しようがありません――

> ……思考の働きを発展させ、これを純然たる思考の状態から引き出して、想像力の方へと押し進めることで、この純然たる思考の働きを、ちょうど鏡におけるような仕方で示したのである。そしてこのロゴスが自らについて抱く意識がアンティレープシスである*281。

お分かりのように、絶対的な不動者としてのイデアから、必然的に持続のうちにあり、時間を占めるものである意識へと移行するためには、プロティノスに従うなら、イデアが自らの外へと走り出る（excursion）ようなことを想定する必要があります。プロティノスが鏡による反射として描き出すような何かが生じるのです。この鏡のイメージをプロティノスは頻用します。思うに、彼がもし近代物理学を知っていたなら、同じくらい見事に彼の思想を表すものとして、プリズムのイメージを選んでもよかったでしょう。白色光がプリズムに投じられるというイメージです*282。イデアは、この種の自己屈折によって、要は自己縮減によって、意識を生み出すのです。同じ考えを第一エネアス第四論文第一〇章にも見ることができます。これはきわめて奇妙なテクストで、そこにおいてプロティノスは手始めに、意識は思考にとっても徳にとっても幸福にとっても不可欠なものではないと述べています（近代の観点からいかにかけ離れているかがお分かりでしょう。というのも、近代の観点にあたるのは、シュナイステーシスの観点であるからです）。勇気をもって行動するものは、行動するあいだは自らが勇気をもって行動していることを知らないし、むしろ知らない分だけよりよく行動できます。行為についての意識は、行為のエネルギーを弱めるものであると言えるでしょう。強度の高い生命は、感情や意識にまで拡散しないのです*283。そうしてついにプロティノスは、このくだりで、いかにして、またどのような場合に、思考が意識で二重化され、思考の知覚で二重化されるのかという問いを立てます。彼の答えは以下のとおりです。

> 意識つまりアンティレープシスは、思考が道を引き返すときに生じるように思われる（ἀνακάμπτοντος τοῦ νοήματος）。

プロティノスは、思考が降下する様をこのように解しています。οἷον ἀπωσθέντος πάλιν, ὥσπερ τὸ ἐν κατόπτρῳ περὶ τὸ λεῖον καὶ

λαμπρόν ἡσυχάζον*[284]、それは、後ろへの押し返しのようなものであり、それはちょうど、鏡の中で――相変わらず鏡のイメージです――、鏡像が滑らかに輝く表面に沿って拡散しているようなものです*[285]。プロティノスはこの同じ考えに頻繁に立ち返っています。第五エネアス第八論文第一一章にも、これに似たテクストがあります。そこでプロティノスはこう述べています。例えば、美のことを完全に理解し、美の完璧なイデアを手にするためには、美そのものになり、美そのものと親密な結合を果たさねばならない、と。彼は続けてこう言います。私たちが最も意識を有しているものは、私たちから最も疎遠なものだ、なぜなら私たちは健康よりも病気のほうを感じるが、病気のほうが疎遠ではないか、と言うのです（この考えがどれほど私たちとかけ離れているかお分かりでしょう）。そして、私たち自身について、また本当に私たちのものになっているものについては、私たちはいかなる感覚ももたない、ἀναίσθητοι*[286]、つまり、私たちは感覚なしの状態にある、と彼は付け加えています。さて、こうした意識状態において、私たちは、自らのうちにあるものについては完全に所有しています。なぜなら私たちは自らの存在を、それについて有する認識と合致させるに至っているからです。私たちは自分と、自分が認識するものとを一体のものにしたのです。しかしだとすれば、私たちが用いている意味での意識は、もうそこにありません。
〔論証のために〕いくらでもテクストを挙げられます。第四エネアス第四論文にはこうあります。

無意識に所有している方が、それを知っている場合よりもよりよい。というのも、もし所有していることを知っている場合、それを疎遠なものとして所有し、自らも疎遠なものとなるであろうから。それに対して、所有していることを知らなければ、人は、自分が所有するものそのものとなりうるのである*[287]。

このように、第二の観点からすると、意識は、意識を超越する何ものかが分割され、縮減されたものであるように思われます。この意識を超越した何かとは、プロティノスがイデアと呼ぶものであり、近代におけるのとは異なる意味で純粋思惟です。これはいささかも思考の働きのことではなく、思考対象、イデア、観想の対象という意味で用いられています。

意識についてのこうした考え方の原基が、すでにプラトンやとりわけアリストテレスのうちに見出せることは疑いの余地がありません。しかし、これらの哲学者たちにおいては、意識についての定義も理論もないのです。この種の考え方の原基が、プロティノスに先立つ哲学のうちにあることはきわめて確実なのですが、プロティノスにおいてまずもって発展させられ、体系化され、次いでとりわけこの哲学者に固有の響き、心理的な響き（note psychologique）を伴った形で見出されるのです。

私はこれを理論と呼びますが、プロティノスにとって、これは理論ではありません。彼は、意識についてのこうした考え方を、一種の内的な観察事実として示しているのです。思考から意識へのこうした移行を、一つの事実として語っているテクストがいくつも存在します。例えば、第四エネアス第八論文の讃嘆に値するあの冒頭部分を引用してみましょう。そこでプロティノスは書いています。ちょうど眠りから目覚めるように、彼が肉体のまどろみと呼ぶもの（ギリシア語での表現はもっとエネルギッシュで、「肉体から目覚めつつ」と実際は述べているのですが）から抜け出て、純粋な思惟の状態に身を置いたときに、彼自身が体験する状態、そしておそらくはあらゆる魂が体験しうる状態を、彼は記述しているのです。これはおそらく忘我の恍惚（extase）ではないかもしれませんが、いずれにしてもまったき純粋思惟であり、叡知的なものへと帰っていく魂です。そこで、この状態からふたたび降り戻ったとき、彼が自問したのは、どうやってそこから降り戻ってくることができたのか、どうやって〔純粋〕思惟は意識へと分割されえたのか、そしてどうやって彼は肉体のうちに戻りえたのか、という問いでした*288。言い換えるなら、彼にとって問題は、どのようにして意識から何か高次なものへ移行するかではなく、本当の困難は、意識より高次なところから、いかにして意識そのものへと降下してしまうことができるのかを知ることにあるのです。かの場所に、向こう側にいたならば、私たちもこうした問題を立てるでしょうし、これこそが真に困難な事柄であるということも分かるでしょう。

ですから、ここには、プロティノスに固有の、個人的なもの、言ってみればきわめて独創的なものがあるのです。意識をイデアの縮減されたものと考えるこの捉え方は著作のさまざまな箇所に現れていますが、プロティノスにおいてこれは一種の個人的で内的な観察に依拠したものなのです。

二つの観点はいかにして交わるか

さて、この講義で提起した問題を解こうと思うのであれば、持続の発生（la genèse de la durée）とはどのようなものかという問いを立てることが不可欠です。そしてこの問いは、プロティノスにおいては、今お示しした二つの観点〔(2)と(3)〕がどのようにして交わるかという問いになります。たった今述べたように、プロティノスにとって意識とは、一つの総合であると同時に、一つの分析です。すなわち、ある意味では、おそらく肉体に由来する多数の下位の諸状態の総合でありながら、別の意味では、叡知的なものに由来する何か高次のものの分析、分割でもあるわけです。プロティノスにとって、これら二つの観点は、どのようにして交わるのでしょうか。そして、意識はどのようにして同時にこれら二つのものであることができるのでしょうか。

この問いに答えるためには、プロティノスにとって魂とは（それが生物の魂であるかぎりで）何であるか、彼にとって生命とは何かを知る必要があります。この点についてのプロティノスの理論は、実に深く独創的なものです。それをここで詳しく開陳することはできませんので、次回の講義でお話しすることを理解するうえで不可欠な点だけをお話しすることにしましょう。

永遠が、時間という形で展開されること。プロティノスにとっては、これが生命なのですが、それは二つの異なる、むしろ対立する流れが出会う地点に位置しているのです。下から来るものと、上から来るものがあります。生物の肉体、とりわけ人間の肉体を取り上げてみると、まずは物質的諸部分を組み立てたものからなっています。それはプロティノスが全体の魂と呼ぶもの、私たちなら自然の諸力と呼ぶであろうものによって産み出されたものです。人間の肉体は、部分的には自然の諸力の産物であり、その意味では自然がそれを作ったことになります。プロティノスは、自然が人間の肉体をほとんど作ったであろうと述べています。物理的力、プロティノスの言う世界霊魂が、生命体をほとんど作ったであろう、と。しかし、そうした肉体には何か欠けているものがあります。そうした自然の作品、宇宙霊魂の作品には、その肉体を生気づけるはずの魂、個体的霊魂の働きが、その輪郭を辿りなおす形で、付け加わってくるのでなければなりません。自然は、ほとんど生命に満ちた肉体であり、またそうあろうと希求するもの、完全に生命に満ちたものでありたいという希求（aspiration）のうちに高められていくものを産み出すのです。すると、肉体がこうした希求によっていわば高められているあいだに、何かが降下してきます。この肉体に惹きつけられる形で、この肉体に類似した何かが降下してくるのです。上昇と下降のこの二重の現象、魂が肉体に惹きつけられる（attraction）というこの二重現象こそが、魂を落下させ（tomber）下降させる（descendre）ことになります。そして肉体が、完全に自分自身になり、生命に満ちたものになりたいと願う希求によって、肉体が高められること、それこそが生命をなしているものです。

となると、それこそが生命をなしているものです。

もすでに見当がつき始めているでしょう。つまり、総合であるというのは、それが宇宙霊魂ないし自然の諸力の影響下で組み立てられているという意味です。生命に満ちた肉体を形成すべく、互いに調和的に諸部分が組み立てられているとすれば、意識とはこの全体の一種の総合ということになるでしょう。しかし、別の観点からすれば、それは分析でもあります。なぜならイデアは、魂の形で落下することで、分割され、分離され、多数のものになろうとするからです。したがって、生命の起源自体が二重であるわけで、意識の起源が二重であるということもそこから必然的に帰結することになります。

しかし、二つの流れがどのようにして出会うのか、なぜこれら二つの流れは出会わなければならないのか、そして、どのようにして自然、つまりは全体の霊魂が、自らの作品のうちに個体的霊魂が入り来るような仕方で働くことになっているのか。これらの点を理解しようとするならば、個体的霊魂がどのように生じ、イデアがどのように落下し、イデアのうちに潜在的な仕方で含まれていた魂が、どのようにして転落（chute）することになるのかを知らなければなりません。この主題については、素描することしかできません。次回の講義ではこの点に素早く立ち戻った後で、時間一般のプロセスをお示しすることにしたいと思います。ともかく、プロティノスが言うように、宇宙霊魂が構成される働きは転落ではないにしても、全体霊魂の形成については、プロティノスの心づもりでは、ここで問題となっている個体的霊魂の転落をモデルとしてつくられているのです。

転落とは何か

それでは、潜在的な仕方で自らのイデアのうちに含まれていた魂が、こうして転落するというのは、どういうことなのでしょうか。プロティノスの論じ方は、多種多様です。まず始めに、神話的な提示方法というものがあります。

第一の観点からすると、この転落は道徳的・精神的な堕落（chute morale）です。それはイデアの縮減であり、頽落（déchéance）です。いや、むしろイデアのうちに包まれていたものの失墜と言うべきでしょう。プロティノスはまず、人間を示す肉体、人間を表わす肉体を見れば、それが他の諸々の肉体との絶え間ない闘争に巻き込まれているように思われることを指摘します。『エネアデス』の中で何度も取り上げられる喩えですが、彼はこの地上の事象全体を、一つの戯曲に見立てています。そこではいっさいが統率されていて、息を合わせて呼応・協働して（conspirant）います。ただし、その統一性は、多くの戦いを含んだ戯曲のそれである（ὥσπερ ἂν εἰ δράματος λόγος - εἷς ὁ τοῦ δράματος ἔχων ἐν αὑτῷ πολλὰς μάχας*289）と彼は付け加えます*[290]。ここでロゴス（λόγος）という語が登場していることに気付かれたでしょう。これが戯曲の台本のようなものを指しています。それは戦闘であり、闘争であり、この戦闘を調べてみれば、物体や部分のそれぞれが全体であろうと希求しているかのように万事が進んでいることに気付かされることでしょう。生命体の特徴は、一種のエゴイズムにあります。各自が、全体であることを欲しているのです。

例えば、第三エネアス第二論文第一七章で、プロティノスは、各自が自らの善に汲々としている（εἰς τὸ αὑτῶν ἀγαθὸν σπεύδοντα*[291]）と述べています。そして、その理由を挙げています。すなわち、各自においては、生きる欲望が何にもまして支配的である（ἡ τοῦ ζῆν ἔφεσις）、と*[292]。ショーペンハウアーなら、生きようと欲することは、エゴイズムの原理、悪の原理と厳密に同じものであると語るでしょう。プロティノスもまた同様に、各自が全体たろうとする希求を生んでいるのは、まさにこの生きる欲望、生きようと欲することなのであり、これこそがあらゆる悪の原因である、と述べています。

さて、肉体の考察からすでに予感されていたことが、魂の観察を深めることによって確証されます。第五エネアス第一論文第一章において、プロティノスは魂の落下を、イデアの落下の一種に帰しています。魂は純粋イデアのうちに潜在的に含まれた状態にあります。魂がイデアのうちにあるその在り方は、ちょうど暗黙の事態が、それを暗黙の仕方で含んでいる何かのうちにあるのと同じようなものです。魂は、自らの父である神を忘れてしまうのです。

いかにして霊魂は、自らの父である神のことを忘れることができたのだろうか。
τί ποτε ἄρα ἐστὶ τὸ πεποιηκὸς τὰς ψυχὰς πατρὸς θεοῦ ἐπιλαθέσθαι.

彼は付け加えます——

あらゆる悪の原理は、不遜さにある（ἀρχὴ μὲν οὖν αὐταῖς τοῦ κακοῦ ἡ τόλμα）*[293]。

これは、叡知的なもののうちで自分勝手に振る舞おうという欲望です。一切は一切のうちにあり、イデアの各々は他のすべてのイデアのうちにあり、そしてすべてのイデアは各イデアのうちにあります。魂の降下が生じるためには、分割・分離の原理、つまり忘却の原理のようなもの、生きる欲望と闘争欲求への服従のようなものがなければならないのです。

この不遜さとは、いったい何でしょうか。プロティノスが語る不遜さ、トルマ（τόλμα）とは、何に存するのでしょうか。それは、第四エネアス〔第三論文〕第一二章によれば、人間の魂が、バッカスの、ディオニュソスの鏡で自らの姿を眺めた後で、他の魂のもとへと飛び出していったことを指します（ἀνθρώπων δὲ ψυχαὶ εἴδωλα αὐτῶν ἰδοῦσαι οἷον Διονύσου ἐν κατόπτρῳ ἐκεῖ ἐγένοντο ἄνωθεν ὁρμηθεῖσαι）。ですから、鏡のように、魂を惹きつける（attire）蜃気楼の効果があるのです*294。プロティノスにとっては、単に物質を想定し、それが魂の生じるプロセスに先立っているのだと、神秘的な仕方で（mystiquement）想定しているだけかもしれませんが、私たちにしてみれば、これはむしろ神話的（mythique）な論述です。物質による引力・魅力（attraction）のようなものがあるというのですが、ここでは魂に現前している物質はまだ存在していません。存在しているのはイデアだけであり、物体の形をとった自己の像としては存在していないのです。〔にもかかわらず〕イデアから出て肉体を生気づける何かに対して引力のようなものが働き、こうして、個体的霊魂が産み出されると同時に、魂の落下もまた生じるというのです。

このように、第一の観点から分かるのは、プロティノスにとって道徳的・精神的な次元の理由、エゴイズム、不遜さという理由によって、イデアが自らの外に出て、あるいはイデアから何かが外に出て、こうして意識というものが作られ、意識とともに魂が時間の中で展開されることも生じるということです。

しかし、次回の講義では、プロティノスがとるもう一つの観点があり、そちらの観点からは、同じことがより興味深く、より深みのある仕方で、ある必然的なプロセスとして提示されるのだということをお話ししたいと思います。イデアのうちに内属する必然性のようなものがあって、そのために、諸イデアから魂たちは出なければならず、降下し落下していくのです。そしてこの同じ必然性によって、彼の言葉を用いれば、ヌース（νοῦς）のうちに集められていた知性の全体、叡知的なものたちの全体性、叡知的なものの一なる全体性が、諸項の有限な多数性へと引っ込められ、下位分割されるのです。かくして、永遠から、ある必然的なプロセスを経て、時間が出てくるわけです。

次回の講義でお話ししようと思っているのは、このプロセスについてです。

第13講　プロティノスの時間論　一九〇三年三月一三日

第一の暫定的観点——神話的・精神的観点（相互浸透）

みなさん、前回の講義で私たちは、プロティノスに見出される意識の理論を通じて、彼の所論に拠りながら、魂が肉体を所有するに至る働きについて研究することへと導かれました。

覚えておいででしょうが、神話的（mythique）観点とでも呼びうる第一の観点において、プロティノスは私たちに、この働きを降下（descente）として、そして落下（chute）としてさえ示していたのでした。

互いに現前しあっている二つの潜在的なものがあるのでした。宇宙的イデアがあり、これが例えばソクラテス、あたかもイデアのうちに埋葬されているかのようです。〔一方で〕魂は、まだ現実存在しておらず、叡知的なソクラテスを表象しています。魂は、この叡知的なもののうちに潜在的に存在し、潜在的にのみ存在しているのです。

他方で、肉体は魂が降下してくるのを待っています。プロティノスによれば、肉体もまた、まだ現実存在していないのです。あるいは、少なくとも彼の表現を用いるなら、肉体はまだ終わりに至っておらず、自らの完成を希求（aspirer）しているというのです。

したがって、肉体という潜在的なものと魂という潜在的なもの、相互に現前しあう二つの可能なものがあって、それらは互いに惹きつけ合っているのですが、彼によると、この相互に惹きつけ合う引力（attraction）から出会いが生じ、そしてこの出会いこそが生だというのです。それは時間における生、魂の意識的な生です。

かなり奇妙なことに、以上のような理論はすべてのギリシア哲学者のうちに見出されるとプロティノスは主張しています。例えば、第四エネアス第八論文第一章を開いてみましょう。彼はそこで、この理論はすでにエンペドクレスの考えであったと述べています。その一節を訳してみます。

エンペドクレスが言うには、肉体のうちへと落下することは罪ある魂の定めであり、その魂がこの地へやって来て猛り狂った不和の奴隷となったのは、神から逃れて後のことである（原文では、「神からの逃亡者」というより力強い表現となっています）。（ἁμαρτανούσαις νόμον εἶναι ταῖς ψυχαῖς πεσεῖν ἐνταῦθα καὶ αὐτὸς «φυγὰς θεόθεν» γενόμενοςἥκειν «πίσυνος μαινομένῳ νείκει»）*[295]

プロティノスはさらに次のように付け加えていますが、これに関しては言うまでもないでしょう。

魂が肉体のうちへ降下することに関してプラトンが語ったとき、彼は魂が肉体に鎖で繋がれ、そこに埋葬されていると言ったのだ。（ἐν «δεσμῷ» τε εἶναι καὶ τεθάφθαι ἐν αὐτῷ）*[296]

このように、プロティノスによれば、この第一の観点のうちには、ギリシア哲学の伝統的な考え方がある、ということになります。私たちはこの観点を神話的観点と呼んでいましたが、精神的・道徳的観点とも呼べるでしょう。要するにそれは半神話的で半精神的（semi-mythique semi-moral）なのです。

魂が肉体を手に入れる働きは、傲慢ないし不遜の効果として、不遜効果（effet d'audace）として提示されます。プロティノスは、魂、叡知的なもののうちにある限りでの人間の魂は、他のあらゆる魂どもの本性を分有していると述べています。一つの叡知的なものが、他のあらゆる叡知的なものどもを含んでいるというのです*[297]。

プロティノスが何度も用いていて、かつ私たちに彼の思想を理解させてくれる喩えがあります。彼は、叡知的なものを命題に、一つの同じ学に属するさまざまな命題に喩えるのです*[298]。ここで学とは幾何学のことと解さなければなりません。古代哲学者たちは常に、それについて語らないときでさえ、幾何学のことを念頭に置いていたからです。さて、プロティノスが言うには、学において、一つの定理、一つの命題は、他の複数の命題を含んでいます*[299]。実際、円周に関する一つの命題を言明することは、その命題のうちに、円周の定義を、したがってまた円周に関する他のあらゆる命題とを折り込み、包含し、内包する＝理解することなしには不可能です。ある一つの命題のうちに、理論の全体が含まれているというわけです＊300。叡知的なものに関しても事情は同じだと彼は言います。ある一つの叡知的なものを取り上げるなら、それは他のあらゆる叡知的なものを含み、またそれらの各々に含まれています。あらゆる叡知的なもの同士の相互浸透があるというのです。しかしそうだとすると、魂をその源泉において、つまり魂を叡知的なものにおいて取り上げてみれば、他のあらゆる魂どもに浸透し、また他のあらゆる魂どもに浸透されているということになる。相互の折り込み（implication）があることになります。

ただし、この相互の折り込みの状態の下には、相互の折り広げ＝明示化（explicitation）ないし分離と呼びうる状態があって、これは空間における現実存在、それゆえ時間における現実存在でもあるようなものです。

空間において、物体は他の物体に対して外在的であり、ある存在は他の存在に対して外在的です。したがってこの現実存在、すなわち、すべてがすべてのうちに相互に折り込まれているという現実存在の形式とは別に、その下に、それとは反対に、すべてがすべてに対して外在的であるというもう一つ別の形式があるのですが、これこそ物質性、物質的な現実存在です。すると、プロティノスによれば、魂の錯覚のようなものがあるということになります。どう言えばいいでしょうか。魂は叡知的なもののうちで溺れている。いや、そうではありません。それは溺れているのではありません。それは叡知的なもののうちですべてに浸透し、すべてに浸透されているのです。魂は、各々が自足しているように見える事物の相互外在性の状態へと移行すれば、自分はより独立し、より思う通りに振る舞えるようになると想像しています。将来の肉体はというと、まさにこの期待を表現しています。〔魅惑する〕魔術的効果のようなものがあるということです。魂は、ひとたび肉体の中に入るや、完全に自分の思い通りに振る舞うことができるようになると想像しているのです。だからこそ魂は肉体への落下に身をまかせるわけなのですが、しかし魂は、そこへ落下するや否や自らの錯覚に気づきます。魂は罠にかかったのです。全体のうちのこの一部分は、なるほど全体から分離してはいますが、しかしまさしくこの制限によって魂は緊縮（resserrée）＊301しながらも意識的であり、自分が全体であることを思い出し、全体であり続けたいと意志するのです。そこから内的な推力が、より多くの場所を占めようと、すべての場所を意志する傾向が、生じてきます。これこそ、後にショーペンハウアーが取り上げ直すことになる表現を用いて、プロティノスが生きんとする意志（le vouloir-vivre）、生きんとする欲望と呼んだものです。彼が言うには、これによって各々の存在はエゴイズムを固持し、ますますのめり込んで、個人的な善に熱をあげるようになります*[302]。彼はさらに、ここから争い、戦いが生じることになると言います。それはあらゆる魂同士の争い、絶え間のない争いなのですが、しかし注目すべきことに、その光景は、ショーペンハウアーの場合とは違って、決してプロティノスをペシミスムへと赴かせたりはしません。まったくそのようなことはなく、プロティノスが言うには、この争いとは調和、宇宙的な共感であり、これによって、魂および他のあらゆる存在が互いに争うなか、すべてはユニゾンで振動しているのです。事物を高みから観想する哲学者からすれば、そのような事態は律せられたものなのだと彼は言います。ある種のダンスには、まさしくこの争い、この戦いのようなものが見られます。魂同士の戦いは、戦舞《ピュリケー》〔古代ギリシア、特にスパルタやクレタで、武装し実践を模して行われた激烈な舞踏〕のような規則性をもって次々と生じてくるのです*[303]。したがってここにもまた、宇宙的な連係（coordination）、呼応（conspiration）*[304]が見出されます。

そうは言っても、ひとたび肉体を所有してしまった魂のこの状態のうちに、ある不満の状態、心が離れた状態が見出されるのも確かです。これによって、魂は自分を追い求め、自分を探し求め続けますが、決して見つけることはできません。というのも、魂が自らを充足するに至るのは、今向かっている方向においてではないからです。そのためには、プロティノスが言うように、道を引き返し、観想によって後方へと、叡知的なもの、一性へと立ち戻らなければならないでしょう。逆に、その道を進めば進むほど、魂はますます物質の方向へと進み、終局に近づけば近づくほど、逃れたがっていたはずの暗闇へ、宇宙的な散逸へと沈み込んでいくことになるのです。

第二の最終的観点——神秘的・物理的観点（分割・分散）

みなさん、以上がプロティノスが身を置く第一の観点ですが、これは最初の出発点にすぎません。以上の理論が開陳され、プロティノスがなおも落下する魂について教示している第四エネアス第三論文にはすでに、より物理的・自然学的（physique）でより神秘的（mystique）*[305]でさえある説明が現れているのが見られます。この話、すなわち魂の転落の話を語るあいだ、プロティノスは時間の中にいます。ここで満足のいく説明を与えたいのであれば、彼はたしかに時間の外に身をおく古代形而上学の精神に忠実であり続けなければなりません。というのも、叡知的なものは時間の外にあり、まさにそこから出発しなければならないからです。そして、叡知的なもののうちにいるかぎり、まだ時間は存在しません。だからこそ、彼の思想のうちでも、この説明は神話的で暫定的な本性をもった説明となるのです。すでにこの第三論文でプロティノスは、魂の転落を描いた後、次のように付け加えています。

おそらく、魂が下方へと惹かれる（attiré）のは、その多様な要素（τὸ πολὺ αὐτῆς*[306]）によってなのだろう。

おそらく、魂は、魂に内属する多様性によって、下方へと惹かれるのだろう*[307]。

彼はさらに付け加えて、常に同じ言葉遣いで何度も出てくるある考えについて述べます。すなわち、魂とは発生的根拠*[308]の乗り物（le véhicule des raisons génératrices）、ロゴスの本性をもち、まさしくロゴスでありさえする諸ロゴスの乗り物であるが、その魂は何より分割する力能（puissance divisante）、分割する活動性である、というのです。それは分割するという本性です。魂とはそれゆえ分割力（force de division）のようなものだということになります。

一見すると先ほどの出発点と矛盾するように見えるかもしれませんが、彼は、魂こそが自らの肉体を作るのであり、自らの肉体を構築し、そのあらゆる部品を創造するのは魂なのだ、と付け加えます。少し先ではさらに、光が暗闇に包まれているように、魂は物質に包含されている、と述べられます*[309]。

実際、これは『エネアデス』の端から端まで、いつも繰り返し出てくる喩えです。一つの光点から発する光の束という喩えです*[310]。一つの光点と、その点から発する光の円錐があります。光点から発する光線を一つ取り上げてみると、当然のことながら近代的な光学を知らないプロティノスは、その光線を、中心から遠ざかるにつれて次第に強度を縮減しながら進んでいくものとして思い浮かべます。ここで強度を縮減するとは、すなわち暗がりに覆われていくということです。光の縮減という言い方もできますし、こう言ってよければ*[311]、別の意味では、暗闇の増加という言い方もできます。

この後者の観点に身を置き、進むにつれて暗闇の方が光に付け加わるのだという言い方をしてみれば、魂が降下するにつれて肉体が魂に加わってくるのだと述べるのとほとんど同じことを述べたことになるでしょう。

今からこの考えを説明してみましょう。すでに述べたように、私たちがまず最初に思い浮かべなければならないのは、魂が自らのイデアと、つまり叡知的なものと渾然一体になっている状態です。その叡知的なもの自体も、さまざまな光線が発散してくる元の点において相互浸透しているように、互いに相互浸透し合っているのでした。

ですから、これが出発点です。すべての魂は一緒に叡知的なもののうちにあり、すべての叡知的なものは渾然一体となっているのですが、〔混然一体にも程度があり〕それは光線が中心から逸れていく程度に応じて、叡知的なものが出発点から逸れていく程度に応じて、なのです。ただ一つの点において渾然一体であり続けるのでないということは、絶対的な一性とは別のものがあるということであり、叡知的なものが逸れていっているのでなければならないのです。

それゆえ叡知的なものは、逸れていく程度に応じて、暗闇に覆われ、その光の強度は縮減していきます。まさにこうした暗闇が増加していくことによって、肉体の物質性が構成されます。まさにこの意味において、プロティノスは次のように述べるのですが、これはしばしば繰り返される有名な文句です。すなわち、「魂が肉体のうちにあるのではなく、肉体が魂のうちにあるのだ」*312。魂が肉体のうちにあるのではありません。肉体が魂に先立って存在し魂を受け取るのだと言うことはできないからです。肉体は実在ではなく、否定である。肉体が魂のうちにあるのだ。以上が、この論点に関してプロティノスが実際にもっていた最終的な考えです。

二つの観点の収束、一方から他方への自然な移行

私は説明の便宜のために二つの観点を区別したわけですが、そもそも奇妙なのは、プロティノスの思想の中では、二つの観点が収束していて、非常に隣接し、いくつかの場合には合致してさえいる、ということです。一方の観点から他方の観点へと自然に移行しているのです。

第四エネアス第三論文では、先ほど述べたように、まず魂の降下が〔魅惑的な〕魔法にかけられた旅（voyage magique）という形で提示されています。実際、これは魔術的な現象です。魂が魅惑的な魔法にかけられているようなもので、この魂は肉体に魅せられています。魂は、引力＝魅力の力（force de l'attraction）、魔法の力によって動かされ、降下するというのです。それゆえ私たちはなおも神話的で精神的な〔第一の〕観点に身を置いているわけなのですが、しかし同じ一節では、或る種の必然性が問題になってもいます。すなわち、各々の魂が決まった時に降下するように仕向ける必然性、各々の魂が、然るべき時が来れば、あたかも伝令*313に呼ばれたかのように（οἷον κήρυκος καλοῦντος）、順々に降下する、しなければならないという必然性です。

つまり、プロティノスはこの同じ一節において、魂はいわば自動的に（οἷον αὐτομάτως）降下すると述べているのです。そしてこれは彼の最終的な思想〔第二の観点〕を表現しています*314。

ちなみに〔魂の降下のみならず〕、選択に関する理論、すなわち魂による肉体の選択についての理論の中にも、〔第一の観点から第二の観点への自然な移行に関して〕同じニュアンスが見てとれます。プロティノスは、魂が肉体を選択すると言うのですから。やはりこの〔第四エネアス第三論文第一三章の〕同じ一節の中に見つかるので、他の箇所を探す必要はありませんが、そこで言われているのは次のようなことです。魂がそこへと赴く肉体とは、魂が自らの好みで選んだ、自らの本来的な性向からくる似像であるような肉体であり、己の性向との類似によって準備された肉体、あるいはまた、ぴったりと合った肉体のことなのだ、と。

プロティノスは、これに類した表現を非常に多く用いていますが、彼の思想においてそれは常に心理的（psychologique）・精神的（moral）な〔第一の〕観点です。〔例えば〕魂に対して、その美質と欠点とを具えた似像を提示する肉体のようなものがある場合、魂は鏡のうちに己を見るように、その肉体のうちに自らを見出す*315。これは、しばしば用いられる喩えですが、このとき、魂は惹きつけられ降下しているのです。

さて、〔第一の観点が示された〕その直後に、形而上学的（métaphysique）とも呼びうる自然学的（physique）観点が現れます*316。プロティノスは「魂は然るべき肉体（πρόσφορον σῶμα）のうちに向かう」と付け加えるのですが、ここでは必然性が問題になっているのです。私は第四エネアスの文章を引用しましたが、他にもいくらでも見つかるでしょう。それゆえプロティノスは、第一の観点から第二の観点にまったく自然に移行しているのです。

この第二の観点は、したがって、プロティノスの哲学においてきわめて重要で決定的なものです。これこそまさしく私たちの関心を引く観点なのであって、すなわち一なるものすべての展開・繰り広げ（déroulement）、一性として現れるものすべての展開についての観点です。この原理は、プロティノス哲学のすべてに端から端まで浸透しています。一者に内属的な必然性がある。やはり一である叡知的なものに内属的な力がある。何らかの一性を有している限りでは魂にさえも内属的であるような力がある、という原理です。それは展開の必然性なのですが、この必然性によって、各々の存在は自分自身から、自らが一性という形で含んでいるものを、分割と多様性の方向へと引き出すようになるのです。

私たちがすでに用いた喩えにここでも立ち戻らなければなりません。金貨を換金するという喩えです*317。一枚の金貨が与えられれば、小銭の全体が必ずそこから引き出されます。そして、魂というこの無限に高価な硬貨を取り上げると、そこから引き出される小銭もまた無限なのです。ひとたびこの途に入れば、人は無限へと向かうことになるでしょう。

したがって、イデアが意識的なものになり、叡知的なものが魂へと延長される——それはすでにして魂ではあったものの、魂の高次の部分を考えるならば消えてしまう——ということになるのは、まさに展開の内的必然性によってのことなのです。プロティノスが言うには、この必然性によって、魂は前を向いて進み、絶えず多様なものの方向へと歩みを進めることになるのであり、したがって魂が肉体のうちで自らを二重化し分裂させ、いわば自らを物質化するようになるのです。

心理学者プロティノス

思うに、以上が意識、受肉、魂が肉体に入ることについてのプロティノスの思想です。プロティノスに見出される時間の一般理論に辿りつくには、以上のような迂回路を経る必要がありました。というのもプロティノスは、魂が肉体へと、イデアが意識へと*[318]展開することについての理論を与えたうえで、それを単に一般化ないし拡張しようとするからです。

プロティノスは、つまるところ心理学者です。私たちは以前、これが彼の哲学の支配的な響き（note dominante）であると述べました*[319]。彼はまず意識の前に身を置き、そしてその延長ないし一般化という方途で事を行なうのです。

叡知的なものから生じる世界を考察するならば、二つのものがあります。もう一度確認しておきましょう。個体的魂、例えばソクラテスの魂があり、そして宇宙霊魂、世界霊魂、すべてを含んだ魂があります。

プロティノスが〔『エネアデス』を〕どう論述しているかという［観点］*[320]からすると、彼は常に全体の魂から出発して個体の魂に、個体的魂に至っていると思えるのですが、しかし彼がどう発明していったのかという観点からすると、彼の歩みはそれとはまったく異なっています。どうも彼は、個体的魂から出発して宇宙霊魂へ至っているように思えるのです。ところで、意識における内的展開と個体的魂の関係は、時間ないし持続一般における展開と宇宙霊魂の関係に等しいわけで、まさしく個体的魂とその発展のほうから宇宙霊魂へ向けて出発することによってこそ、時間の魂（âme du temps）の発展を理解できるようになるのです。

この書物のいくつかの文章でプロティノスは時間について以上のような理論を提示しているのですが、その理論を考察すると、アリストテレスの理論との非常に強い類似が見出され、両者を同一のものだと信じてしまうほどです。事実はというと、これから見るように、二つの理論は非常に隣接してはいるのですが、しかし着想は非常に異なっています。プロティノスの着想のほうがはるかに心理学的な本性を帯びていて、この特徴だけでプロティノスの理論が〔アリストテレスと比べて〕まったくもって新しく、まったくもって異なるものだと認めるのに十分なほどです。

古代人たちはこの点を見誤りませんでした。後継者の一人であるプロクロスは、プロティノスよりかなり後の人物ですが、私たちにそのことを伝えています。彼が言うには、プロティノスが最も霊感を授かっていた（ἐνθεαστικώτατα）、逐語的に訳せば、最大限の霊感を伴っていた〔最も豊かな着想を示していた〕のは、この時間の理論においてです*[321]。プロティノスは、まさしく最大限の着想を伴って時間について語ったのだというわけです。

シンプリキオスにも〔プロクロスと〕同様のものが見出されますが、彼はもちろんアリストテレスをあらゆる者たちよりもかなり上に位置づけていました。シンプリキオスは、アリストテレスの時間論に関する詳細な注釈を残しています。『自然学』第四巻後半に関する箇所なのですが、彼はそこで最近の人——彼にとっては最近の人だったわけです——について語る際、プロティノスが時間についての真の理論を作ろうと考えた最初の人であった（πρώτος τὸν πρώτον ἐπιζητήσας χρόνων*[322]）、と述べています*[323]。

ですから古代人たちは、この点を、すなわちプロティノスにおいてこの〔時間の〕理論が重要だったという点を見誤ってはいませんでした。アリストテレスとの外的な類似にもかかわらず、彼らはプロティノスの独創性を理解していたのです。

プロティノスの独創性はすべて、この理論の心理学的な性格のうちにあります。時間のあるところには魂があり、時間とは魂そのものだ、という議論です。時間とは心理学的な性質のものだというのです。常に立ち戻らねばならないのは、プロティノスが各々の叡知的なものを、発出し、多様性へと歩みを進めるものとして、自らを展開し、繰り広げてゆくものとして、思い浮かべているという点です。

各々の叡知的なものに関して事情がこうであるならば、叡知的なものの全体に関しても同様のはずです。

叡知的なものの一つ、光線の一つを取り上げてみましょう。それは前に歩みを進め、そして弱くなり、暗闇に包まれていきます。光線の全体、叡知的なものの全体を取り上げてみましょう。同じことが言えます。叡知的なものの各々について言っていたことは、それらの総体に関しても言えるのです。では、叡知的なものの総体とは何でしょうか。それは、諸イデアのイデア（εἶδος εἰδῶν）*[324]です。諸イデア、叡知的なものどもは、その全体において考えるなら一つになっていて、ヌースの一性を形成しているのですが、プロティノスにおけるこのヌースの一性は要するに、アリストテレスにおいて思惟の思惟*[325]であったものとほぼ同じものです。諸々のイデアは前進し発展し、例えばソクラテスのイデアであれば意識へと発展するわけですが、時間のイデアは、意識へではなく——というのも宇宙霊魂は意識的ではありませんから——持続へと発展するわけです。

ですから、諸イデアのイデアを、知性、ヌースを取り上げて、この諸イデアのイデアを発出するものと見なすなら、それは宇宙霊魂に、時間の魂になるのです。イデアが降下していくと、降下するというただそのことだけで物質性に包まれ、あるいはむしろ物質性に覆われるのと同様に、時間のイデアのほうもまた、物質性に覆われます。こうしてプロティノスは、人間の肉体が人間の魂のうちにあるのとまったく同じように、世界は宇宙霊魂のうちにあるのだ、と述べることになるでしょう。以上の項のあいだには対称《シンメトリー》が、照応関係があるのです。

第一の神話的観点から見た時間の発生

ここまで続けてきた予備的考察によって、私たちは第三*[326]エネアス第七論文で披瀝される時間の理論を理解できるようになるでしょう。この第七論文は、プロティノスが書いたもののうちで最も注目すべきものの一つです。ただし、これをきちんと理解することができるのは、第八論文と関連づけた場合だけです。第八論文は、プロティノス読解への入門として役立つに違いないもので、「観想と自然について」*[327]というタイトルをもつ有名な論文です。

この論文はプロティノス理解にとって本質的なものであると申し上げましたが、ギリシア哲学一般の理解にとって不可欠なものであると付け加えてもいいかもしれません。ここにはギリシア哲学を生み出す本質的な考えが見出されるからです。

この論文の基本的な考えは、タイトルが示すように、自然は観想から派生するということです。自然とは諸々の存在の産出、あらゆるものの産出です。観想とはイデアであり、純然たるイデア、純然たる可知的なものです。

さて、産出としての自然とは、可知的なものの縮減以外の何物でもありません。それは観想の放心状態（distraction）*[328]のようなものです。観想とは、自らのうちに留まっていて、純然たる可知的なもの、純然たる可知性なのであって、それが自らの外へ出るのは自らを忘却するからでしかありません。放心状態のようなものなのです。全体が問題になっているときには不完全性ではありませんが、部分が問題になっているときには不完全性であり、とにかく要するに放心状態なのです。

行動とは劣った観想であるというこの考えは、アリストテレス哲学の基底そのものですが、プラトン哲学についても同じことが言えるでしょう*[329]。それは、実在性（réalité）をすべて概念のうちに置く理論の不可避的で必然的な帰結です。実在性とは概念なのだというこの考えから出発するなら、概念そのものに近づく分だけより多くの実在性があるということになるでしょう。魂は、概念のうちに沈潜し、自らのイデアに溺れる分だけ、より実在的になり、より魂そのものになるのです。したがって、産出、まして物質的産出が問題になっているとしても、この場合の産出とはまさしくイデアの縮減そのもの、観想の縮減にすぎないわけです。概念の哲学は必然的に、行動とは劣った観想だという結論に行き着くのです。

第三エネアス第八論文は、この考えを詳しく展開しています。ポルピュリオスがイデアに関するこの論文を自然に関する論文の直前に置いたのは、理由のないことではないのです。彼は、これら二つの観念には関連性があるということ、時間とは知性が魂へと展開され繰り広げられることである一方、行動とは劣った観想であるということを見て取っていたのです。

さてでは、件の〔第三エネアス〕第七論文を非常に簡潔にではありますが要約しておきましょう。プロティノスは、いつものように、まずは神話的な言葉遣いで自らの考えを表現していきます。原文に忠実に翻訳してみます。

われわれは、一性と、一性への方向転換とのうちに残っている、不動で、同質的で、逸脱のない生へと、立ち返らなければならない……*[330]。

ここで問題となっているのは、可知的なもの、知性、ヌースです。プラトンのイデア界のことだと言ってもいいでしょう。

時間はまだまったく存在していなかった。時間は、魅力（attrait）を生み出す前には、自らのもとにあって、存在のうちで安らっていた*[331]。

時間は存在のうちで安らっていました。プロティノスにおいて、存在とは常に可知性、思考と同義語です。

時間は可知的なもののうちで安らっており、まだ時間ではなかったが、落ち着きのない本性（φύσεως πολυπράγμονος*[332]）がいて、自らの支配者となって自己充足したいと望んで、運動し始めた*[333]。

この落ち着きのない本性（nature agitée）とは、可知的なもののうちに潜在的に存在する魂のことです。

落ち着きのない本性は運動し始め、かのものすなわち時間もまた運動し始め、われわれをいつも魅力（attrait）*[334]へ、いつも以後（ultérieur）へ、いつも異なるものへと至らせることで、われわれは時間を永遠の似像にした*[335]。

以上は、学説の神話的な形式です。可知的なものは自らのうちで安らっていますが、しかしその可知的なもののうちには、混乱を引き起こす本性が、落ち着きのない本性が、落ち着きのなさと混乱を帯びた欲求が、潜在的に現前しているというわけです。こういう次第で、ある種の落ち着きのなさによって、すなわち以前を常に以後へと進ませ、終わりなき前進、終わりなき展開・繰り広げを生じさせる落ち着きのなさによって、かの不動のものが運動し始めるのです。時間とは永遠から出てくるものであり、時間とは永遠の似像です……。ちなみに、この言葉はプラトンに由来しています*[336]。

第二の形而上学的観点から見た時間の発生

ですがプロティノス*[337]は、すぐに神話的観点を放棄して、それとは別の観点へ、すなわちイデアに内在的な繰り広げの必然性へと至ります。翻訳を続けます。

ロゴスが不動の種子の中で自らを繰り広げつつ進展し、続々と出て行き（διέξοδον*[338]）、これはそもそも翻訳不可能なのですが、ある系列のすべての要素を踏破する行為のことです……、多性へと進展し、弱まりながら伸び広がって行く（εἰς μῆκος ἀσθενέστερον προϊόν*[339]）のと同じように、例の魂――世界霊魂のことです――もまた、可知的なものを模した類似の世界*[340]をなし、かの高きところの運動ではなく、かの高きところの運動に類似した運動をする世界をなし……*[341]

プロティノスにとってイデア界には運動がある、という点をおさえておかなければなりません。どのような運動でしょうか。その場での運動だ、と彼は付け加えます。それは、不動の運動、可知的なものを取り上げるとそこに含まれる諸イデアのことを考えずにはいられないという意味での運動なのですが、それはその地点から出て行くことなく行なわれる運動なのです。例えば、円に関するさまざまな命題を吟味する幾何学者を考えてみましょう。そのために彼は時間を必要とします。すべての命題を吟味するには必然的に時間がかかるのですから。しかし彼が幾何学に習熟すればするほど、彼に必要な時間は減るでしょう。もし彼が幾何学そのものであったとしたら、彼がすべての命題について、ただ一つの命題に含まれる形で精通するのは、一瞬のこととなるでしょう。これこそが件の運動、可知的なもののうちで生じるような運動です。
　これが、世界の運動――かの高きところの運動ではなく、かの高きところの運動に類似し、その似像であろうとする運動をする世界――、という先の表現の意味するところです。

　魂は自らを時間的なものにした……（ἑαυτὴν ἐχρόνωσεν*[342]）

プロティノスのこの言葉は翻訳不可能です。この事態を表現するために作られた言葉なのですから。

　それは自らを時間化し、自らを時間的なものにして、自らの活動性を一部分ずつ提供し、この活動性によって継起を生み出した*[343]。

それからプロティノスは、この魂が知性、諸イデアのイデアをあらゆる点で模倣し偽造する（contrefaire）のはいかにしてなのか、そしてまた時間があらゆる点で永遠の模倣であり、いわばその偽造物（contrefaçon）のようなものであるのはいかにしてなのか、ということを私たちに示します。
　このことをその証明に関してまで追跡するつもりはありません。証明の概要は以下のとおりです*[344]。かの高きところの生、可知的な世界の生ではなく、それとは他の生が問題になります。観想的魂の運動――観想的魂の運動とは、可知的なもののうちにある魂の運動、すなわちたった今お話しした、その場での運動のことです――ではなく、魂のある一部分の運動が問題になります。というのも、可知的なもののうちで高きところにとどまる魂の部分と、それとは別の、降下する魂の部分とがあるからです。物質的世界を構成するのは後者のほうです。同一性、一様性ではなく、言ってみれば行為を一つまた一つと成し遂げる安定性が問題となるのです*[345]。不可分のものと一ではなく、自らの連続性のうちでしか一ではない「一」の似像です*[346]。無限と時間*[347]ではなく、次に来るものへと常に向かう無限への歩みです。時間、あるいは逐語的に言うなら、ひと塊りの時間ではなく、一部分ずつの時間であることができ、常に時間へと生成する状態にあるものが問題となっているのです*[348]。

ご覧のとおり、プロティノスによるこの考えは非常に明快で、彼は時間についての自分の理論を今でも有名な定式によって要約しています。

時間とは魂の生、魂がある顕現（manifestation）*[349]から別の顕現へと順次移動していく運動の生である（ψυχῆς ζωῆς ἐν κινήσει μεταβατικῇ ἐξ ἄλλου εἰς ἄλλον βίον ζωὴν εἶναι）*[350]。

この一節では、ビオスとゾーエーが対置されています。ゾーエーは生命の進展を意味し、ビオスはある規定された行為、ある進展の状態です。力強い定式で、時間が心理的実在と切り離せないこと、時間とは魂の展開・繰り広げそのものであることを示しています。そしてこの定義の系としてプロティノスは、やはり古代哲学の要約と見なしうるかもしれないことについて付言します。

したがって、永遠がイデアの外にないのと同様、時間は魂の外にはない*[351]。

換言すれば、これらの項のあいだには比例性があると言えます。時間と魂の関係は、永遠と可知的なものの関係に等しい、ということです。この比例性は、例外を探し求めるのでなければ〔平均から抜け出さなければ〕、常に真となります。時間の魂に対する関係は、永遠のイデアに対する関係に等しいのです。〔こうして一方には〕イデアがあります。それは永遠であり、概念です。それから、魂があります。これは時間における展開・繰り広げです。

そうなのです。あの古代哲学のすべては、プロティノスとともに、古代人たちが正当にも決定的なものと見なした書物

『エネアデス』の中で、ますます精確さを増した時間の理論へと行き着いたのです。すなわち、時間の魂を考えるならば、時間は次第に個体的魂における意識という形式、継起一般という形式でのイデアの展開・繰り広げになっていったのです。

光の円錐とその諸断面による物質界の発生

さて、これはプロティノスから近世の思想家たちへの移行《トランジション》部となる次回の講義のために必要なのですが、以上のプロティノス哲学および彼の時間理論を完璧に表現しようと思うなら、私が昨年度プロティノスについて論じた際に描いた図に立ち戻らなければなりません。そもそもこの図は不可欠なものだったのです。プロティノスの全論述を通して、この図は彼の精神に現前していたに違いありません。もう一度お話ししましょう。点Aを描きます……。

ベルクソン氏は黒板に次の図を書いた――

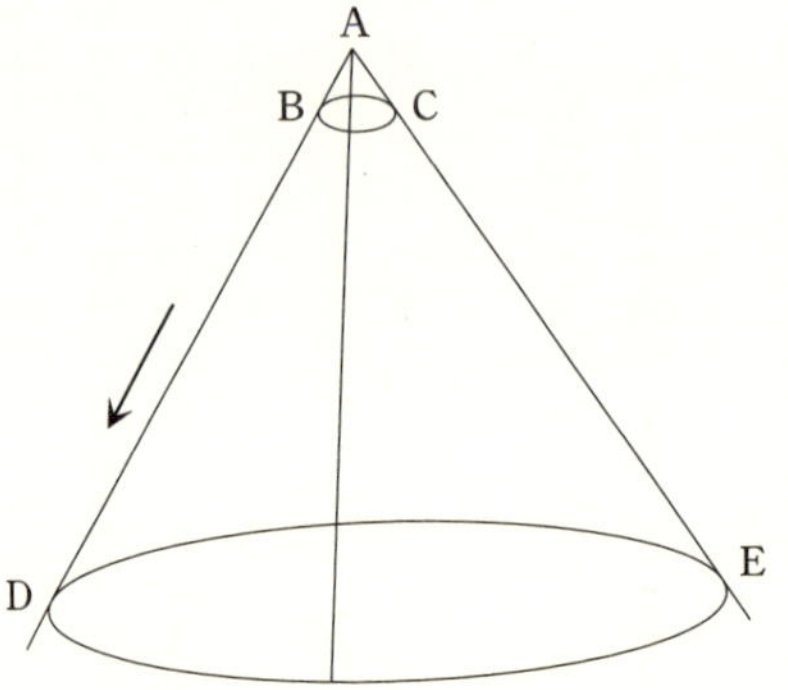

まず一つの点を取り上げ、点Aと名付けましょう。これは光の円錐の頂点となります。これがプロティノスの一者、絶対的な一性でして、今回は要約で済ませましたので、まったく、ないしほとんどお話ししませんでしたが、プロティノスにおいてはかなり大きな役割を果たしているものです。プロティノスは、自らの体系がもたらす必然性からそこへと至っています。彼の体系のすべてが完全に結集し統一されているような一点があるのでなければならないのです。プロティノスの一者は、知性やとりわけ魂――これは彼において本質的なヒュポスタシス〔基体・位格〕(hypostase)です――ほどに能動的な役割を担ってはいません。

この点Aを光源として思い浮かべる必要があります。そしてこの光源から光の円錐が発しています。

プロティノスに従って、ある可知的なもの、あるいは諸々のイデアを思い浮かべようと思うなら、光線を一つ、それが点Aから出てくるところで、可能な限り出てくるところの近くで、捉える必要があります。

例えば点Aに非常に近い断面を一つ取り上げて、BCと名付けましょう。

プロティノスは、諸々の可知的なもの、諸々のイデアを定義する際、多くの箇所で、その可知的なものとは神のヴィジョンであると述べています。それは一者に接する一点、イデアに接する一点のようなものです。点Aから出て、直ちに点Aへと帰っていく諸々の光線を思い浮かべなければなりません。それらの光線は、あたかも出て行くや否や、一者との接触を取り戻したがっているかのようです。それは点Aと断面BCとのあいだの一連の往復のようなものです。

光線は、点Aから出るや否や、点Aに帰ることを希求します。実を言うと、この出て行くことと帰ることとが存在するのは、点Aの観点からのことでしかありません。プロティノスの言うように、その場での運動があり、一者と可知的なものとを等価にする名状しがたい何か（je-ne-sais-quoi）があるのです。一者のことを考えるや否や、多様な可知的なものを相手にすることになりますが、これらはまさに、そこから出てきた光点へと合致しに行くところなのです*[352]。

昨年度*[353]私は、この断面BCをゴムのようなものとして思い浮かべなければならないと述べました。そのような断面、膨張可能な諸々の点を、膨張するや否や最初の位置に戻るゴムのようなものとして思い浮かべなければならないのです。

プロティノス哲学においては、断面BCにある諸々の可知的なものと点Aとのあいだには同じ〔類縁〕関係（rapport）があって、これら二つのヒュポスタシスは人が思うほどには区別されていません*[354]。

以上のことは私たちに次のことを理解させてくれます。すなわち、プロティノスの語る忘我の恍惚（extase）、ポルピュリオスが言うところではプロティノスが人生で二度体験した忘我の恍惚が、なぜ精確に言えばキリスト教神秘主義者たちの忘我の恍惚ではないのか。なぜそれとは異なるものなのか。なぜプラトンやアリストテレスが純粋な観想と呼んでいたもののほうにはるかに近い何かなのか。こうしたことを理解させてくれるのです*[355]。それはたしかに純然たる知性を超えた何かではありますが、しかしなおも可知的な本性を帯びたものであることも確かなのです。プロティノスにおいて、可知的なものと一者のあいだには、連続性の解消などまったくありません。

〔可知的なものという〕このヒュポスタシスが断面BCですが、この断面は望むだけ恣意的に作り出すことができます。

さて、残りのすべて、すなわち宇宙霊魂と世界とを手にしたいなら、光線を図中の下向きの矢印の方向へと延長すること、それも無限に延長することが必要です。

注意していただきたいのですが、私たちが点Aおよび断面BCに、つまり領域ABCにいる限り、私たちは永遠のうちにいます。すなわち永遠、一者のことであって、したがって神のヴィジョンです。時間が始まるのは、点Bから下へ降下していくときです。だとすれば、プロティノスが宇宙霊魂と呼ぶものとは、断面BCの下方へ降下し続ける光線すべてを無限に延長したもの以外の何物でもありません。これが宇宙霊魂であって、それはすべての光線を無限に延長したものなのです。

ところで、この宇宙霊魂は物質界を生み出します。プロティノスの思想において、それは何を意味しているのでしょう。それが意味しているのは単に、それらの光線が光から離れるにつれて光が縮減するということ、すなわち暗闇が増すということで、これこそが物質性なのです。したがって、物質を生み出すのは時間であると言うことができます。プロティノスの言うように、魂が一者から出て物質で覆われることで自らを二元化するという意味で、そう言うことができるでしょう。

ちなみに、これは先ほどと同じ操作なのです。すなわち、物質性をさらに精確に定義したいなら、第二の断面を作る必要があるということです。この新たな断面をDEと名付けましょうか。最初の断面から可能な限り離れた断面だとしましょう。DEが降下すればするほど、プロティノスの考えに沿うことになります。ですから、非常に離れたところ、底面のあたりに、切断面の一つDEを取らなければなりません。それが物質界となります。「物質が世界霊魂のうちにあるのであって、霊魂が物質のうちにあるのではない」とプロティノスが述べるとき、彼が言いたいのはこうしたことです。

お分かりでしょうが、物質性を表すこの切断面のうちに、個体的魂、例えばソクラテスの魂、ソクラテスの肉体を表したい場合、次のようなことをしなければなりません。光線の一つを取り上げます。そうですね、光線ABとしましょうか。この光線ABは、可知的なもの、一者のヴィジョンです。つまりソクラテス、可知的なソクラテスです。さて、BDとなり、さらに無際限に延長されるものとしての光線の中には、降下し、可知的なものから出て物質へと歩んでゆく魂があります。ソクラテスの肉体を表したいなら、点Dを取り上げましょう。点Dの付近一面には、諸々の暗い光線があって、これは降下すればするほど暗くなってゆきます。物質的なソクラテスとは、減弱して(affaibli)暗闇に包まれたものとしての光線なのです。

こうして、ある意味では魂こそが自分の肉体を作るのだと言え、また別の意味では魂は準備された肉体を見つけ出すのだと言えるのがどうしてなのかを理解することができます。光線ADの観点に身を置くと、この光線こそが暗闇を生み出しているものです。しかし平面DEに身を置くなら、この光線が物質界の一部をなしていることが認められ、また物質がソクラテスの魂に対して、ソクラテスという可知的なものに対して、すっかり準備済みの肉体を提示し、魂はそこに入ってゆき、落下してゆくがままになることが認められるというわけです。

二つの観点がかなり容易に両立するのがいかにしてなのか、今やみなさんは理解されたことと思います。プロティノスの思想を完璧に理解したいのであれば、このイメージを絶えず心に留めておかねばなりません。

近世哲学への移行部の役を果たすことになる次回の講義では、プロティノスにおいて、自由の問題*356が、近世の思想家たちが与えるのと同じ形式、あるいはほとんど同じ形式で、すでに立てられていたということ、すなわち時間と永遠との関係、概念の展開・繰り広げと概念そのものとの関係の必然的な帰結として自由の問題が立てられていたということを明らかにしていくつもりです。

第14講　プロティノスの自由論　一九〇三年三月二〇日

はじめに――古代哲学の決定的な問題

みなさん、前回の講義では、プロティノスにおける時間の理論についてお話しし、その理論の原理を取り出そうと試みました。そこで、プロティノスとともに、プロティノスのおかげで、はっきり分かるようになったことがあると思います。常に明白であったというわけではありませんが、しかしながら時間の問題は決定的な問題であるということ、それも古代哲学の決定的な問題であるとさえ言えるものだということです。このことは、プロティノスにおいて見てとることができます。アリストテレスとプラトンにおいても同様に見てとることができたのですが、ただ、彼らプロティノスの先駆者たちにおいてすでに時間の問題が決定的な問題であったということに、十分な明晰さをもって気づかされるのは、あくまでプロティノスのもたらした光の下でのことだと思うのです*357。彼のおかげで私たちは問題の重要性に気づかされ、問題を解決するための原理にも気づかされたわけです。その原理は、プラトンにおいては隠れていて（latent）、無意識的なもので、要するにかろうじて垣間見える程度でした。アリストテレスにおいては、依然として暗黙のうちに（implicite）ではありますが、十分見て取ることができるものとなっていました。プロティノスにおいてその原理は明示的（explicite）となり、まったき光のもとに引き出されています。

その原理とは、必然性の原理、展開・繰り広げの原理のことで、永遠・不動性が運動や時間になる発展の原理です。先ほどプラトンにおいてその原理はかろうじて垣間見える程度だと言いましたが、実際、もしプラトンがその原理に明晰に気づいていたなら、彼はおそらく事物の発生や生成について語るために、神話的形式で事に当たりはしなかったでしょう。〔実際のところは〕神話的形式で事にあたり、『ティマイオス』において私たちにデミウルゴスを、すなわちイデアと諸事物とのあいだの媒介的な諸本質を提示しています……。それは偉大な芸術家です。以前申し上げましたように、『ティマイオス』が私たちに示しているデミウルゴスは、イデアをモデルにして事物を拵え、とりわけ世界霊魂を製作し、世界霊魂とともに不動の永遠をモデルにして時間を製作します*[358]。したがって、このように神話によって事に当たり、要は一つの作り話（histoire）を物語ることで*[359]、プラトンは自らが完全に件の原理の支配者とはなっていないこと、その原理を全面的に支配・統御してはいないということ――とはいえ、彼の哲学から出てきたものに照らして判断するに、それは彼の哲学の原理となってはいるのですが――を示してしまったのです。

こういうわけで、プラトンにおいてその原理は存在しているのですが、それは目に見えない潜在的なもの、明示的であるというよりは暗黙のもので、ともかくかなり漠然としているので、そこから諸事物の生成プロセスについての純粋に学（問）的・科学的（scientifique）で、純粋に哲学的な説明を引き出すことはできません。

学的で哲学的な説明ということで私が言いたいのは、必然性を証示するような説明のことです。プラトンがかの媒介的な諸本質を介入させたとき、まさにそのことによって彼はプロセスが偶然的だと認めたのであり、したがって彼の説明は純粋に理性的なものではなく、精神を完全に満足させるものではなくなっているのです。

アリストテレスの説明ははるかに満足のいくものとなっているのですが、それはなぜでしょう。それはアリストテレスが、まさにプラトン的神話を排除しようと意図して*[360]――というのもこれが彼の形而上学の主要な目標であるように見えるからですが――、そのためにプラトンがしなかったことをしなければならなくなったからです。源泉を分析し、それもある特定の方向に分析しなければならなくなったのです。アリストテレス哲学の下には、その哲学を貫通し、まるで地下水脈のように、体系を貫いて流れるある原理があります。この原理は〔アリストテレスの著作の〕どこにも定式化されていませんが、あらゆるところに存在しています。すなわち、最大のものを与えることで最小のものも与えることになるという原理、最も完全なものを定立すれば、最も不完全なものをも定立することになるという原理です。最も不完全なものは、最も完全なものに包含されており、必然的に存在することになるからです。小銭がそうであるように……。私はいつもこの金貨を小銭に崩すという喩えに立ち戻ります*[361]。あらゆる実在性、あらゆる形相はただ一つの形相へと、〈神的思惟〉であり〈思惟の思惟〉である形相の形相へと集中させられたわけです。こうして〈思惟〉を想定したなら、この〈思惟〉がありとあらゆる可能な形で減少したもの、必然的に減少したものすべて、この〈思惟〉の劣った不完全な模倣のすべてをも、想定しないことは不可能です。すると直ちに、自らのうちに閉じこもり自らへと立ち戻るこの〈思惟〉の下には、天の円環運動があるということになります。天とは時間の乗り物（le véhicule du temps）*[362]であり、この天の円環運動とは時間そのものであり、時間とは不動な永遠の必然的な展開・繰り広げであるということになります。

それから、この円環の中に、より小さな、次第に小さくなっていく同心円がいくつも順々に固定されていくことになります。順に質を減じていくもの、円環運動のプロセスが順に減少していくところを想像しなければなりません。次第にこの運動は変容し、縮減し、変質して、私たちが経験の中で見出すような生成と消滅が交互に生じることになる、というわけです*[363]。

このように必然性の力で諸形相が存在することになるのです。形相は質料を伴う〔質料によって自らの二重写しを作る〕ことになります。ここで質料とは要するに形相の否定、形相の縮減にすぎないわけですが*[364]、同様のプロセスによって、永遠は時間に伴われる〔時間によって自らの二重写しを作る〕ことになります。この場合、時間とは何ら肯定的なものではなく、永遠に何も付け加えることなく、むしろその反対に時間とは、否定を、負量（quantité négative）を加えることで永遠から帰結するものなのです。

以上が、アリストテレスの形而上学において、依然として不可視で隠れてはいるものの、至るところに現前している原理です。プロティノスにおいて、この原理はまったき光のもとに現れます。この原理が前景に現れていない論文は、プロティノスの『エネアデス』五四論文の中には一つたりともないと言えます。この原理が、体系の鍵を私たちに与えてくれます。プロティノスの三つのヒュポスタシス〔基体・位格〕を説明し、とりわけそれら三つのヒュポスタシスのあいだの関係を理解させてくれるのです。

まず、〈思惟の思惟〉、神的〈思惟〉があって、プロティノスはこれを知性と呼んでいます。なるほど、必然的な発展や展開によって、そこから時間、生成変化のプロセス、あるいは、プロティノスの言うように、宇宙霊魂とそれが生み出す自然とを引き出すことができるとは思うのですが、しかしなぜこの思考に内属的なもの、すなわち神的実体があるのでしょうか。何が、この時間における展開を必然的なものたらしめているのでしょうか。なるほどこうした必然性は完璧に可能ではありますが、しかし目に見えて明らかというものではありませんし、神的〈思惟〉の定義そのものと呼びうるようなもののうちには、神的〈思惟〉と異なるものが存在するように要請するようなものは何もありません。ところで、プロティノスの技巧はすべて、それこそ彼がアリストテレスに対して付け加えたものなのですが、この側面すなわちヒュポスタシスの学説の側面でプロティノスが新しくもたらしたものはすべて、次の点にかかっています。すなわち、知性が生成変化のプロセスへと展開し繰り広げられ、宇宙霊魂とともに全自然を生み出すということの必然性を、神的〈思惟〉の中に、彼がヌースと呼ぶものの中に、知性の中にまで、読み取ることができるようにする何かがある、という点です。どうしてそうなるのでしょうか。それはプロティノスが、知性のうちに諸々の可知的なものを示しているからです。知性とは、諸々の可知的なものの全体、諸イデアの世界、アリストテレスの諸形相の全体です。アリストテレスもこのことを述べてはいましたが、しかしプロティノスにとってあらゆる形相、あらゆるイデアとは観点のようなもの、何か高次のもののさまざまなヴィジョンのようなものです。何か高次のものとは、だとすれば、厳密に言えば神であり、プロティノスによれば第一のヒュポスタシスであり、高次の本質たる神のことです。これは純粋な一性で、知性より高次のもの、彼が言うには存在より高次でさえあるようなものです。

知性、プロティノスが第二のヒュポスタシスと呼んでいるもの、つまりヌースを思い浮かべたいときには、この神的一性の可能なヴィジョンすべてを取り上げなければなりません。その結果、プロティノスにおける知性すなわち第二のヒュポスタシスとは時間の外にある何かであるということになります。ヌースは、あらゆる可知的なものが一つになっているのですからたしかに一性なのですが、しかしすでに展開の必然性を証し立ててもいるのです。それはすでにして展開なのです。

プロティノスの技巧は要するに、アリストテレスがなしたよりもはるかに多くのものを集約し、きわめて高次の一性へと集約したという点にありました。すなわち、諸形相の全体、諸々の可知的なものの全体を、アリストテレスがなしたよりもはるかに多く集中させ、そしてあらゆる可知的なものをすべて高次の一性へと収束させたのです。この一性は非常に高次であるために、可知的なもののすべて、つまり知性のうちには、すでにして展開・繰り広げがあるほどです。その結果、この途を辿っていくだけで、宇宙霊魂や自然、要するに時間へと到達することになります

プロティノスは、知性・宇宙霊魂・ヌースから時間を必然的に生じさせるために、いわば後退し、アリストテレスやプラトンよりも高いところに遡ったのだと言うことができます。彼は時間を生み出すための躍動（élan）を探し求め、躍動を高次の原理の中に探し求めたのですが、その原理とは非常に一なるもの、非常に単純なものであって、時間すなわち諸生成のプロセスは、すでにその途上にあるかのように、躍動——この躍動の中で時間が産み出されます——の途中にあるかのように

現れるのです。つまるところ、プロティノスは、アリストテレスの学説とプラトンの学説の原理を激化（exaspérer）させ、生成変化の必然性や永遠による時間の生成について両哲学者がなしたよりも容易に考えることができるようになったのです。

時間と自由——プロティノスによる問題提起

以上が要するに、最近二、三回の講義で私たちが示そうとしたことでした。さて、プロティノスに決着をつけるために、そして何よりプロティノス哲学から近世以降の哲学（philosophie moderne）への移行を示すために、私たちに残された仕事は、プロティノスにおいて非常に重要な位置を占める問題について一言述べておくことです。これは、古代哲学者たちの中でプロティノスだけがそのような仕方で扱い、第一級の位置を与えた問題です。その問題とはまずは自由の問題なのですが、そもそもこれはプロティノス自身においてすでに時間の繰り広げの問題であり*365、以来常にそうであり続けました。〔時間と自由という〕これら二つの問題はかたく結びついており、実のところ一つのものでしかありません。

プロティノス以前、自由の問題が明確に立てられたことはありませんでした。ストア学派の人々のうちに決定論の理論が見出されますし、これは自由の問題に関してすでに非常に深い考察を含んではいるのですが、しかし私の考えでは、プロティノス哲学のような哲学、つまりは知性的な哲学こそが問題の解決を求めうるということが必然であり唯一の途であると、プロティノスほど理解していた人は、彼以前には誰もいませんでした。これによってプロティノスは、近世以降の哲学の少なくとも一部を準備したことになるのです*366。

以前にも述べたことですが、プロティノスのうちには、彼の先駆者たちの誰のうちにもなかったもの、心理学的な響き（note psychologique）があります*367。そのときお示ししたように、すでに時間の問題・持続の問題は彼にとっては部分的にであれ心理学的な形式の下で姿を現していたのであり、彼は意識の理論を提示した最初の人であったのでした。そして彼はまた、彼が示したような学説においてこの問題の解決が出会う諸困難についてよく理解した最初の人でもあり、そうした困難に打ち勝とうと努力した最初の人でもありました。プロティノスにおける自由の理論について少しばかり念を入れて論じておくのは、有用でしょうし、必要ですらあるでしょう。この研究は単に歴史的な意義を有しているだけではありません。プロティノスの自由論の中には、今年度のあいだに、あるいは以前の諸講義で、すでに一度ならず私が仄《ほの》めかしてきたある命題に対して、少なくとも部分的に証明として役立ちうるものが見出されます。その命題とは、哲学的問題の多く、哲学において克服不可能であるとさえ思われている困難の多くは、事物の本性、ひいては人間精神の本性にさえ起因しているわけではなく、むしろある種の偶有的な状況に、すなわち歴史の中で人が問いを立て解決するに至ってきた仕方に起因するのだという命題です。人はまず、部分的には偶然的な理由から、ある観点に身を置き、ある象徴の体系を採用して、ついにはその観点が唯一可能であると、あるいはその象徴体系が唯一可能なものであるとすら信じることになりました。こうして少しずつ、まずは生まれ、次いで進行し、膨らんでゆき、途方もなく膨らむことになった困難は結局のところ、繰り返しになりますが、事物の本性やわれわれの精神の本性にではなく、問題の立て方に起因するのです。

このような場合、ある問題の来歴を歴史的に説明する（faire l'historique）こと、いかにして人が問題をある特定の形式で立てるに至ったのか、その形式で問題を立てているからこそ、解決が困難でいわば不可能なものとなっている次第を示すこと、これがつまりは問題の来歴を歴史的に説明することなのですが、これはほとんど問題を解決するということです。自由の問題に関しても事情は同じです。

自由は意識によって、内的観察によって、事実として私たちに与えられます。持続を一つの現実・実在と見なしており、その結果、存在するものについての証言を意識以外のところに探し求めないような人にとっては、自由とは確認されるだけでよく、事実として確認されるだけでよいものです。行動しながら、私は自分が自由であるという感じをもちます。すなわち私は、自分がすでに存在していたものに対して自由に行動したなら、私のなすことは現実的《リアル》・実在的な何かを、新たな何かを付け加えるのだということを理解するのです。ここには創造があります。持続が現実的なものであるということは、人は先行する事柄に対して何かを、それも絶対的に新たな何かを付け加えるということです。

私の意識を信じ、以上の点についての意識の証言を受け入れるなら、それ以上遠くへ行くこともなく、私の意識およびあらゆるアナロジーを信じるだけでよいのです。なぜなら、私の意識や自我に問いかけると同時に、私は自我の周りを一瞥し、そこで起きていることを見ることができ、その意識が有機的な諸々の種の世界の中に現れているのを見てとります。空間の至るところに運動があります。要するに、行動し選択する必要性と有用性というものがあって、私がまさに行動し熟慮し選択しなければならないときに、自我のうちで意識が強くなるのが見て取れます。また反対に、自動的な習慣があるところでは、意識は縮減し、ついには消えてしまいます*368。それゆえ、私の意識は私に、自由を一つの事実として明かし、時間の現実性を事実として明かし、そして何より、意識が多ければ多いほど、意識の強度が高ければ高いほど、要するに持続のうちに現実性・実在性が多くあればあるほど、より多くの自由があるということを私に理解させ信じさせてくれるのです。

以上が、私が経験と事実だけで満足する場合に思い浮かべていたことです。では、あの問題がこれまでに引き起こし、そして今もなお引き起こしている手強い困難は、どこから来るのでしょうか。それはいつも、人が事実を超えたところへ赴きたがり、何らかの記号への翻訳を探し求めたがることからやって来るのです。

ここでは手短に、困難のすべてはつまるところ因果法則を絶対的に厳格な形式の下で適用することから来ているのだ、と言うにとどめておきます。人がこれまで自由に対して唱えてきた、またこれからも唱えるであろう反論はすべて、常に以下のようなものに帰着します。創造の中には自由があるというなら、それはつまり、遂行された行為が先行事象から必然的に帰結するわけではないということ、それゆえその行為が先行事象によって決定されているわけではないということになってしまう。したがって因果法則は厳密に真なる法則ではないということになってしまうではないか。以上が、自由に対するあらゆる反論が行き着く先なのです。

しかし、私たちは因果法則をこうした厳密さでもって適用する権利を有しているのでしょうか。何が、このような厳密な形式の下での適用を保証しているのでしょうか。とはいえ、私は自由行為が原因のない行為であるとか、説明不可能な行為であるなどと言いたいわけではありません。言うまでもなく、自由行為は理由のある行為なのであって、人は常に自由行為についての理由を与えることができます。すなわち、自由行為は、ひとたび遂行されれば、それの先行事象によって説明できるのです。しかし、先行事象が与えられれば、行為を予見することができるのでしょうか。問いのすべてはここにあります*[369]。

行為は、ひとたび遂行されれば、それの先行事象によって説明できます。躊躇や熟慮を経てから決心する行為を、それに先立った事柄によって説明できるのですが、他の行為を決心したとしても、これはこれでまた同じ先行事象によって等しく説明可能だったことでしょう。ある行為を先行事象によって事後的に説明することはできますが、前もって説明することはできないのです。結局、先行事象は後続することの「説明」*[370]を与えることはできても、後続することを全面的に決定し規定するには十分でないということです。特定の諸条件が与えられても、どうやら複数の物事が可能なのであって、その証拠に、人が熟考し躊躇するところには、時間があります*[371]。もし行為が自由でないならば、もし行為が先行事象によって絶対的に決定されているならば、なぜ持続があるのか、なぜ時間や継起があるのか、なぜすべてが一挙になされないのか、こうしたことが理解できなくなってしまうでしょう。

自由への反論──因果法則とエネルギー保存則

こうして困難が始まります。考えてみてください。なぜ人は因果法則にあれほど大きな価値を与えるのでしょうか。いえむしろ、なぜ人は因果法則をあのような厳密な仕方で定式化するのでしょうか。そして、因果法則の厳格さを主張することのうちには、どのような暗黙の前提が含意されているのでしょうか。すると、その暗黙の前提とは以下のようなものであることがわかるでしょう。すなわち、諸条件が与えられ、諸原因が与えられると、結果もまた与えられている、という前提です*372。諸条件が与えられれば、行為はそれらの条件のうちに先行形成されているということです。行為は条件に何も付け加えないということも、あるいは、現在は過去に何も付け加えないという言い方もできます。あるいはまた、現在は過去のうちに与えられているという言い方も、さらには、現在は過去を繰り広げている、または現在と過去は、現在でも過去でもない何か、時間の外にある何かを繰り広げているという言い方もできます。最後に以上から、因果法則をあのような厳格な形式の下で立てることは、全古代哲学の暗黙の前提をはっきりと表明することにほかならないという帰結が生じてきます。すなわち、時間とは、時間ではない何かの展開であり繰り広げでしかないということ、時間とは永遠を展開するだけのものにすぎないということです。

したがって、自由の問題が惹起するすべての困難は要するに、私たちが体系的であるとき、私たちが体系を構築するとき、プラトンからプロティノスに至る哲学の暗黙の前提であるところの、あの前提を今日なお否応なしに採用してしまっている、ということから来ているのです。

もちろん私は、他にもさまざまな反論が唱えられるであろうことを承知しております。自由の問題は、近世・近代や現代の人々においては別の形式をとったのだ。あなたがたった今話された因果法則ではなく、より精確な諸法則、例えば有名なエネルギー保存則を引き合いに出せば、あるいはよりシンプルに、自然のうちには諸法則があり、自然は諸法則によって支配されているという例の決まりを引き合いに出せば、自由というものに反対できるではないか。もし自由が存在するとしたら、それは自然法則に、とりわけエネルギー保存則に対する違反ではないか*373。そんな風におっしゃる方々もいらっしゃることでしょう。行動を創造すること、自由であることは、運動を創造することです。さて、エネルギー保存則について、科学がそれに与える形式の下にある限りは、誰もそれを否定しようなどとは考えません。この保存則は実験の一般化であって、実験がなされる限界内においては真であり、物理的・化学的事実に関して、実験室での実験に関しては真であり、要するに自由に関していかなる余地もないところではどこでも真なのです。というのも、意識がないところで、自由が認められることはないと思われるからです。意識の存在するところで、意識とともに、生とともに、自由が始まるのです。エネルギー保存則が科学的な法則であり、実験の所与《データ》であるなら、この法則は、それが実験的に確証されたところではどこでも適用されますが、ただそこでのみ適用されるにすぎない、ということです。もし人がこの法則をさらに拡張して使用し、生物に見られるようなこのうえなく高度で複雑な現象にまで、まったくもって厳格な仕方で*374適用すると言いはるのであれば、その人はこれまで実験が与えてくれたものから大きく超え出ることになり、したがってもはや実験の内部にいるのではなく、仮説を作っていることになります。この仮説の暗黙の前提を探してその下を掘り下げてみると、この仮説には、私たちの精神にとって自然になってしまった信仰、古代の最初期にまで遡る信仰、厳格な形式の下にある因果法則への信仰以外の存在理由はないことが分かります。この信仰は、時間とは何物でもなく、何も創造できず、いささかも肯定的なものではないという考え、未来は過去に何も付け加えず、未来・現在・過去はどれも非時間的な何かあるものの線的な展開にすぎないという考えにほかなりません。

第一の観点——因果法則を曲げる魂の内的エネルギー

つまるところ、これがプロティノスひいては全ギリシア哲学によって明晰に定式化された原理です。さて、みなさん、私は、プロティノス自身の中に自由の理論の定式を探し求めることは無益ではないだろうと言っておりました。この点に関してプロティノスは、彼以降の純粋に知性主義的な哲学者の全員が辿ったのと同じ歩みを辿りました。私はここで、知性主義的（intellectualiste）という言葉を語の常識的な意味で取り、純粋に論理的な、概念の知性主義のことを意味しています。プロティノスは、彼以降にもなお辿られた歩みを辿りました。すなわち彼は、つまるところ自由に対する注意を喚起するものである意識から出発して、まず意識が時間のうちで「与える」*375ような自由、現象的な自由と言ってもいいかもしれませんが、そうしたものを打ち立てようとしたのです。これは本能的な所作でしたが、しかし彼は直ちに、これが彼の仮定と両立しないことに気づきました。そこで彼は、時間は「非」時間的な何かある「もの」*376を繰り広げているという考えと両立しうるような自由の定義を探し求めるのですが、しかし自由のそうした定義はもはや、意識が提示するような意味での自由を否定するものでしかありません。要するに意識が立てる問いに示唆されたものである自由の理論を求めて出発したのに、この途を辿っていった結果、反対に、意識の証言を否認し、それと絶対的に矛盾するような理論に行き着くことになるのです。

こうした歩みがプロティノスのうちに見られるのですが、それは以降同じ途を辿った人々のうちにも見られるものでした。私はみなさんに、できるだけ簡潔な言葉でこの自由の理論の概要を提示してみたいと思います。まず非常に興味深いのは、プロティノスが第三エネアス第一論文の第七章と第八章で精確に問題を立てた、その立て方です。

プロティノスは、すでに自由の問題にきわめて真剣に取り組んでいたストア学派の人々の見解を吟味しています。その見解によると、人が認められるのはただ一つの原理のみであって、そのただ一つの原理が――プロティノスが翻訳しているように――全事物を相互に結びつけ、各事物を個別に規定しているというのです[377]。

この学説に近い、類縁のものとして、あらゆる態度（attitude）とあらゆる運動は宇宙霊魂から派生してくるという学説――ヘラクレイトスのことです――があります。

プロティノスにとって宇宙霊魂とは自然のことであり、自然法則のことです。彼は付け加えて言います。

> この学説を認めるなら、われわれの表象やわれわれの傾向はあの必然的原因の効果によって産出されるということになり、かくしてわれわれの自由とはもはや単なる言葉にすぎないということになる（ὄνομά τε μόνον τὸ ἐφ᾽ ἡμῖν ἔσται）[378]。

私は、プロティノスが自由の問題をこのうえない精確さをもって定式化していると言いました。彼はこんな風に表現しているのですが、近現代の人々であっても、自由の問題を定式化する際に、これと別の仕方で語りはしないことがお分かりになるでしょう。

> 問題となるのは、一方で因果性の原理を保存し（ἀναίτιόν τε οὐδὲν καταλείψει[379]）、事物の連結と秩序（l'enchaînement et l'ordre）とを保存しつつも（ἀκολουθίαν τε τηρήσει καὶ τάξιν）、しかし〔他方で〕われわれ自身が何者かであることを許すような（ἡμᾶς τέ τι εἶναι συγχωρήσει）、そのような解決法を見つけ出すことである[380]。

現代人であってもこれと別の仕方で問いを立てはしないでしょう。

ではこの解決法とはどのようなものになるのでしょうか。先ほど述べたように、プロティノスはまずある解決法を素描するのですが、それを直ちに放棄するよう強いられることになります。その解決法とは、時間のうちでは自然のメカニズムは曲げることが可能である、というものです。これこそ、意識の言うところです。哲学者がまず探しに行くのはいつもこの側面からなのであって、他のところへ探しに行くのは、この途を辿るのを断念するよう強いられるときを除いてはありません。こうして、プロティノスは以下のような解決法を与えることになります。

> 宇宙霊魂が唯一存在するものであるというわけではない。われわれの肉体は、もちろん自然のうちに挿入されているが、しかし宇宙霊魂の他に（ἡ τοῦ παντὸς ψυχή*381）個体的魂（ψυχὴ ἑκάστου）もあるのだ。この個体的魂は始発原因（πρωτουργὸς αἰτία*382）である。この個体的魂は、肉体の外にあるとき、自分自身の支配者となって自由であり、自然の因果性から独立（indépendant）している（κοσμικῆς αἰτίας ἔξω）。その魂は、肉体のうちに挿入されているが、しかし自分自身でありたいと思う限りにおいて自由なのである*383。

別の一節を取り上げれば、第四エネアス第四論文第三二章においてプロティノスは、完全に宇宙の部分となっている肉体と、全面的には宇宙の部分になっていないという特権を有している肉体との差異を設けています。後者は、宇宙霊魂に属すると同時に、さらに他の魂を分かちもってもいるようなもののことです。そこでプロティノスは、偉大な洞察力を働かせて、自然の影響――彼は自然の影響のうち、とりわけ遺伝すなわち両親からの影響を前面に押し出しています――のすべてが魂には到達せず、ただ肉体にのみ到達するのはいかにしてなのかを示しています。そうした影響が届くのは肉体になのであって、ここで肉体とは宇宙の諸部分の一つと考えられているのです*384。

彼は言います。

> 魂は、自らの意志への呼びかけによって自らのうちへ帰るという条件のもとで、これらの影響を支配することができる

＊[385]。

以上すべてからは次のようなことが帰結するように思われます。すなわち、プロティノスは個体的魂、私たち個々人の魂に対してある内的エネルギーを認めており、魂はこのエネルギーに訴えて因果のメカニズム——宇宙霊魂によって、あるいは今日の私たちならもっぱら自然法則によってと言いたいところですが＊[386]、こうしたものによって結びつけられている因果のメカニズム——を支配し、それを曲げることができる、と考えているのではないかということです。

プロティノスは、かたく意を決してこの途を辿っています。彼の発言としては例えば……すべてのテクストを引用しようとは思いません。「徳は魔術の魅惑を断ち切る力能を有している」、すなわち、徳と呼ばれる魂のこうしたエネルギーは、物理法則にすら打ち勝つことができるというのです＊[387]。

以上の観点にとって重要な第四エネアス第四論文第三九章のいくつかの文章で、プロティノスはそうしたことを述べています。例えば、彼はストア学派の人々に反対して、自然の諸力の働き、ストア学派の人々が種子的ロゴスと呼んでいたものを考慮するだけではいけないと主張しています。ロゴスという言葉が出てきましたが、ストア学派の人々はこれをプロティノスとは異なる意味で、すなわち諸存在から発出する影響、われわれの各々から発出する影響になる影響、諸存在が互いに行使し合う影響（τῶν δρωμένων εἰς ἄλληλα παρὰ τῶν γενομένων）のことだと解しています＊[388]。

第二の観点——予定調和的反復

プロティノスの第一の解決法は以上のようなものですが、しかし彼はこの解決に満足することができませんでした。実際、宇宙霊魂とは何でしょうか。自然とは何なのでしょうか。それは繰り広げです。私がいつも立ち返る表現を使うと、それは時間という形式の下での一性の繰り広げです。可知的なもののうちにイデアという形式で存在するものはすべて、自然のうちでは生成プロセスという形式で必然的に展開するのです。これは必然的な展開です。個体的魂は、そのより高い部分に関しては可知的な世界の部分となっており、そして時間のうちでの展開に関しては知性一般の展開の部分、それゆえ宇宙霊魂の展開の部分となっているのです。

しかし、先ほどの個体的魂の〔内的エネルギーに関する〕理論は、彼の体系の原理そのものと矛盾し、それに逆らって、宇宙霊魂のメカニズムを曲げてしまう可能性があるため、プロティノスは別のほうへ赴きます。そこで第二の解決法が『エネアデス』に見られることになるわけなのですが、それはいくつものテクストで詳説されている、以下のようなものです。個体的魂は、事実すなわち宇宙霊魂がなすであろうことに対して、何らの変化ももたらすことができない。つまり、私たちは、自分の意志の力によっては、自然がなすであろうことに対して、いささかの変化ももたらさないのだが、しかし私たちはある意味では自然に協力している、私たちは自然の部分をなしている、というのです。自然がなすことを私たちもなすのですから、私たちは自然の部分なのです。私たちが繋がれている可知的なものは知性の部分なのですから、私たちの魂は宇宙霊魂の部分をなしています。自然がなすことを、私たちはいわばやり直すのです。自然は私たちの行動の見取り図を描いているのですが、その行動を私たちが実際にやり直すというわけです。要するに、私たちは、自然が私たちのために準備したことをなすのですが、自然は、私たちが自分でなすであろうことを私たちのために準備するのです。

これは予定調和です……。私がこの表現を使うのは、それがプロティノスのうちに見出されるからです。そこにはすでに、ライプニッツの予定調和の理論のすべてが見出されるのです*389。〔ただ類似の考え方が見出されるというだけでなく〕シュンフォニア（συμφωνία）、すなわち事物相互の調和という言葉すら見出されます。魂と時間のあいだに必然的な予定調和があって、それも、個体的魂が自らなすことになる物事を、時間もまた自ら——魂がそこになかったとしても——同じようになすことになる、そのような調和があるのです。

これが、プロティノスが非常に精確な仕方で展開したことなのですが、その際に彼は、人間の肉体を始まりから、誕生から、その形成そのものから、いわんや全生涯にわたって、その全運動において、その全行程において示しています。空間において、肉体は同時に二つの側面で産み出されます。すなわち、肉体は自然によって産出され、そして個体的魂によって、すなわち肉体を生気づけ賦活し肉体がその部分となっているところの魂によって、産出されるのです。ここでたくさんのテクストを引用しなければならないのでしょうが、きわめて重要で本質的なもののみにとどめておきます。

例えば第四エネアス第三論文第一二章でプロティノスは次のように述べています。

> 魂たちは降下しながら、秩序に依存することなく秩序に繋ぎ留められている。宇宙の秩序における魂たちの交響（symphonie）があるのだ（συμφωνίας τῶν ψυχῶν πρὸς τὴν τοῦδε τοῦ παντὸς τάξιν）*390。

これは、すべてを結びつける必然性を強調し、魂は自身が依存する可視的な身体に繋ぎ留められているのだと述べるストア学派の人々に対する一種の論争です。プロティノスが言うには、ストア学派の人々は真実の一部分しか見なかったのであって、自然の他に宇宙霊魂の働きというものがあるのです。

しかしわれわれの振る舞いが良いものであれ悪いものであれ、またわれわれの運命が幸運なものであれ不運なものであれ、それらすべての起源は、先行事象と偶然的事象との系列の外部に位置する原因にあり、したがってそこに正確に挿入されに来るような原因にあるのだ……*391。

ここに実に奇妙なテクストがあるのですが、私にはそれを指摘することしかできません。それは第六エネアス第七論文第七章の中にあります。プロティノスが密かに抱いている考えが何であるのかをよく理解していただくため、原文に忠実に訳す必要があります。

宇宙霊魂が肉体の準備的な素描（προϋπογραφὴν）を産み出すことを妨げるものは何だろうか。そして宇宙的なロゴスとは何だろうか。個体的魂が現れる前に、形成的魂（âme informatrice）があり、個体的魂はそれの輪郭に拠りながら（τοῖς τοιούτοις ἴχνεσιν ἐπακολουθοῦσαν）、部分ごとに結合させて（κατὰ μέρη τὰ ἴχνη διαρθοῦσαν）、自らの肉体を産み出し（σχηματίσασα ἑαυτὴν）、そして自らは*392、自らがつけ加わった先のものではなかったために、ちょうどダンスの全体を形作る動き（figure de danse）に自らをあわせていくように、その〔肉体の〕姿（figure）へと挿入され、自らに与えられた姿にすでに適合しているのだ*393。

プロティノスの考えは実に創意工夫に富んでいます。それをよく理解していただくために、ある喩えに助けを求めることにします。よろしければ、一群の幾何学模様、つまりあらゆる方向に走る沢山の線がちりばめられたカーペットを思い浮かべてみてください。可能な限り多くの模様が、望むだけ多くの模様があって、それらは幾何学的な線によって構成されています。私がそこへ現れ、そのカーペットを眺めます。そして眺めながら、特定の箇所に注意を固定すると、その箇所は特定の図形（figure）、例えばひし形を描きます。私は、一度それをカーペット上に見たなら、もはやその箇所に他のものを見ることはできません。私の注意がそこにその形を切り抜いたのであって、このカーペットが描いている一群の事物の各々は明確な形をもっておらずいわば不定形《アモルフ》であり、私の注意が、その各々の部分に対して、それにふさわしい生を与えるのです。私は模様に何の変化ももたらしていません。カーペットはそれがあった通りにあり続けているのですから。しかし私はそれを生気づけ賦活し、私に属する私固有の何かをそれに関してなしたので、ある意味では私がそこで切り抜いた図形は私の作品であると言えるのです。

さて以上が、肉体が形成され、その運命が構成される際に、個体的魂が宇宙霊魂に対してもっている関係です。自然がある肉体を産出するのは、他の諸々の肉体〔物体〕とともにであって、これはまさしく無限に模様がちりばめられたカーペットなのです。個体的魂が現れ、それに肉体をあつらえるのは、その魂の注意を特定の部分に固定し、全体のうちからその部分を切り抜くことなのですが、この切り抜きが物質の賦活を構成し、これ以後、肉体が魂に帰属するようになります。個体的魂が見ることになるものは、宇宙霊魂の状態や本性がどのようなものであれ、個体的魂の状態だけということになります。魂は、自然によってすでに描かれている痕跡や輪郭に拠りながら、ある形の中に入り、ある姿の中に入って、組み上げられた諸部分を自分なりの仕方で結合するのだ、と言うことができるでしょう。

みなさん、以上がプロティノスの思想の第二の形式です。この点に関して彼は、ある側面からは魂と自然とのあいだの予定調和説を喚起させるような主張に至っています。自らの力だけに委ねられた自然が何事かをなし、魂はそれを反復しますが、魂はそれを自由に反復するのです。なぜなら、たとえ自然がそこになかったとしても、魂は魂で、それを自分でなすのですから。あるいはむしろ、魂と自然は互いに連携しているのだと言ってもいいでしょう。こうして魂は、自然法則のメカニズムをいささかも断ち切ることなく、もっぱら自らを恃《たの》みとするようになっています。この意味で魂は自由なのです。

第三の観点――必然性ないし可知性との合致

さて以上が第二の観点ですが、しかし第三の観点があります。そしてプロティノスはこの第三の観点に到達しなければなりませんでした。たしかに、もしそこ〔第二の観点〕に満足していたならば、自由はとりわけ、魂が行動し自らに肉体を与えるという働きに、すなわち魂が降下するという働きに存すると言わざるを得なくなってしまいます。というのも、覚えておいででしょうが、プロティノスにとって、行動すること、自らに肉体を与えること、時間のうちに入ることは、降下することなのですから。だとすれば、自由とは劣ったもの、悪であるということになるでしょう。ところでプロティノスは、こうしたことを受け入れることができず、最後のエネアスの最後から二番目の論文*[394]で、反対に、自由とはすぐれて善なるものであるということを示しています。自らの学説の原理からして最終的にそこに行き着かねばならなかったのでしょう。自由は降下のうちにあるのではない、と言うに至らざるを得なかったのです。

そればかりでなく、プロティノスが最終的にそこへ行き着かねばならなかった他の理由もあります。自然のうちに予定調和――私は意図的にこの表現を用いています――があり、個体的魂の働きが宇宙霊魂の働きに正確に合致しているなら、この予定調和は可知的なもののうちにあるすべての魂の一性にしか起因しえないものとなります。その結果、可知的なものに帰れば帰るほど、〈思惟〉*[395]へと遡れば遡るほど、この調和がその源泉において捉えられれば捉えられるほど、それによってますます真の自由のうちにある、ということになります。つまるところ、これが、たったいまお話しした第六エネアス第八論文において、プロティノスが辿りついた結論です。この論文は端から端まで驚嘆すべきものです。プロティノスの学説と、スピノザおよび近世の思想家たちの学説のあいだにある類似には驚かされます。この類似はきわめて驚くべきものです*[396]。プロティノス哲学は、近世以降の哲学に何度も侵入しました。今度お話しするように、ルネサンスの新プラトン主義者たちのもとで、近世以降の哲学の起源となったのです。プロティノス哲学はライプニッツとともに再来したのですが、彼はプロティノスを読んでおり、そのことを述べてもいます。加えて彼は、プロティノスには取りあげるべきものが数多くあると述べ、そればかりか実際、プロティノスから数多くのものを取り出してもいます。というのも、オプティミスムに与する『弁神論』の最もよく知られた議論、予定調和に関する彼の理論、そしてモナド概念のいくつかさえ、すべてプロティノスのうちにすでに見出されるのです。このことは苦もなく示すことができるでしょう。

この第六エネアス第八論文でプロティノスは、真の自由（τὸ αὐτεξούσιον*[397]）がどこにあるのかを問うています。彼の結論は、真の自由は純粋な知性のうちにあり、行動する魂のうちにはない、というものです（οὐκ ἐν πράξει τὸ ἐφ' ἡμῖν）*[398]。なぜなら、彼が言うには、行動は私たち次第のものではない*[399]から、すなわち、行動とは時間のうちで生じるものですが、そうしたものが私たち次第であるはずがないからです。時間とは一性の必然的な展開であり、行動であるものや時間であるものはすべて、私たち次第ではないというわけなのです。自由が行動することに存しているということはありえず、自由は行動のうちにはありません。そうではなく、自由は行動から切り離された可知的なもののうちにあるのです。

もう少し先の箇所で彼は、自由は行動にも外的活動性にも関係せず、内的活動性すなわち〈思惟〉*400、観想に関係するのだと付け加えます。これによってプロティノスは何か非常に精確なことを言おうとしています。〈思惟〉、観想とは、人が自らを時間から完全に抽《ひ》き離し、純然たる可知的なものへと帰り、もはやイデアそのもの以外の何物でもなくなった状態のことです。

そして実際、最後のエネアスの最後から二番目の論文以降、プロティノスはスピノザに非常に近い自由の考え方に辿りついています*401。自由とは、魂そのものです。知的存在にとって、自由とは、あらゆるものの外部で、自分自身である〔自ら存在する〕ということに存しているのです。自由とは、純然たる可知的なものの状態、もっぱら自分に拠り恃《たの》む限りでの永遠的なものとしての、純粋に可知的なものの状態なのです*402。

おわりに――自由の三つの段階

みなさん、以上、三つの位相ないし段階を指摘しました。これらは、直観の哲学であることを望まず、時間を真の実在と見なそうともしない哲学が必然的に通ることになる三つの段階である、と私は考えています。

自由の問題を立てる意識というものから出発して、人はまず良くも悪くも自由を時間のうちに探し求めます。そして、この時間のうちでの自由を手に入れることができるのはただ、私たちの魂に自然法則のメカニズムを断ち切る力能を付与するという条件の下でのことにすぎないということ、しかしながら、私たちの魂にそうした力能が付与されることなどありえないということに気づかされるのです。そこで、第二の段階、第二の位相が登場します。私としては予定調和の位相と呼びたいところです。すなわち、自然のメカニズムを事実として容認したうえで、自然がなすことを魂も自分でなすということに自由は存している、と言われる段階です。魂と自然のあいだには調和があるというわけです。こうして、この考えを深めていくことで、必然的に次のような結論に至ります（これは当然のことで、というのも、どんな形式のものであれ予定調和について語る人は、必然性について語ることになるからです）。すなわち、この必然性を肥大させてゆく原理のロジックそのものによって、自由を維持したいのであれば、それを必然性そのものと同一視し、その必然性を可知的なものの存在そのものと合致させるに至るのです。

これがプロティノスの到達点です。これが、直観のうちに留まらず、概念を実在と見なす、すべての哲学の到達点です。そしてここにこそ問題の核心があります。全古代哲学は、実在を概念のうちに、時間の外に探さなければならないという原理に基づいているのです。ここから、時間とは永遠の展開にすぎず、概念の不動性の展開でしかないという帰結が出てくることになります。

みなさん、古代哲学に関しては、これで終了です。次回の講義では、新プラトン主義的な考えがどのように別の考え、とりわけ科学者たちの考えと結びついて、ルネサンスおよび近世以降の哲学を準備することになったのかをお示しするつもりです。

第15講　近世哲学への移行　一九〇三年三月二七日

意識の内的持続とその実在

みなさん、今回と続く何回かの講義では、きわめて足早にではありますが、時間の問題についての、古代の人たちの観点から近世の人たちの観点への移行を研究していこうと思っています。

まずは、昨年度の講義で私たちが辿りついた時間の考え方を、ごく手短にではありますが、思い出していただきたいと思います。私たちはそれを斬新で新奇なものとして提示したのではまったくなく、反対に、近世の人たちの思弁、近世の人たちの哲学的で何より科学的でさえある思弁から、かなり自然に出てくるものとして提示したのでした*403。

時間についてのこの考え方を、私たちはいくつかの異なる観点から提示しました。すなわち、まずは時間を私たちの意識において〔内的持続として〕研究し、次いで意識の外において〔事物の持続として〕研究したのです。私たちに属する持続に関しては、それを複数の要素で再構成しようとしても無駄だということを述べました。私たちの持続とは単純で不可分なもの、実在そのものであるか、あるいは直観のうちでそれに肉薄することを諦めなければならないかのどちらかだということです。みなさんは持続を複数の状態で再構成しようとされるでしょうか。しかし、まず、そうした諸状態がいかにして互いに結びつき、誰によって何によって結び合わされるのかを思い浮かべることは非常に困難であり、不可能でさえあるということがあります。そして何よりも、並置された諸状態でもって、どのようにそれら諸状態がいつか接着することになるのかという問いが残りますが、この問題は脇に置いておくことにします。それら諸状態が持続を欠くなら、持続の無であるなら、各々が瞬間的なものであり持続しない単位であるなら、そのときにはそうした諸単位を加算していっても決して持続を作り出すことにはならないでしょう。そして、そうした単位がすでに持続を帯びているとするならば、持続を総合として、ないしは並置として、多様性として考えたのですから、今度はこれら〔単位となる〕諸状態のことを複合されたものと考えなければならなくなります。私たちは、分解に分解を重ねて、ある種の心理的なちりへと歩みを進めるのであって、こうして英国の哲学者たちは、この「心のちり」(*mind-dust*)という表現を用いて、心的諸事実*404は捉えようとするほど絶えず遠ざかっていくという事態を言い表したのです。すなわち、そうした諸状態が十分小さいものであることは決してなく、どんなに小さな意識の間隔の中にも無限が実現されているのです*405。

しかし、真実はというと、この持続はいささかも複合体でも総合でもありません。部分から全体が再構成されるような具合に、持続が心理的諸状態から再構成されたりはしません。それは模倣・翻訳なのであって、心理的諸状態が分離され、したがって切り離されたものとして、したがってすでに人工的なものとして取り上げられているのです。現実の心理的諸状態は、それとは非常に異なっていて、こう言ってよければ、多様性において連続性を構成しているのですが、私たちは、そのような諸状態の記号を取り上げ、それらを並置して、言ってみれば知的な――あるいはこちらの言い方が良ければ、そしてそのほうがより的確なのですが、実際的(pratique)な――等価物です。こうして私たちは、連続的な持続の実際的な等価物を獲得するというわけです。しかし、これは持続ではないのでして、思弁する哲学者がこれを持続と同一視しようとするなら、あらゆる類の不合理へと導かれてしまうことになります。なぜなら、たしかに翻訳はその総体において、それが翻訳している全体と実際的に等価であると見なすことができますが、しかしその翻訳の諸要素をその総体の諸部分に対応するものと見なすことはできないからです*406。

たびたび示してきたように、困難のすべて、ほとんど不条理と言ってもいいもののすべては、ここから来ています。それゆえ私たちは、内的時間・持続を、多様な部分から形成され構成されているものとして見なすことを放棄しなければならない、と言っておいたのです。それは不可分の全体であって、いわゆる部分(partie)と称されているものは、構成要素(élément)のようなもの、翻訳の際に見られる記号的要素のようなものであるか、あるいは、今年度講義の初回に述べたように*407、流れの連続性の上にとびとびに取られた不動の眺めであるかのどちらかです。以上が、内的持続に関して私たちが到達していた結論です。

他にも結論があるでしょうか。内的持続とともに私たちは自らのうちにあり、結局のところ、私たちの意識は自らを自分自身のうちに閉じ込めたままにしておくのだ、と言われるかもしれません。私たちは自分自身の外へ出ることができるでしょうか。そして私たちの持続の外部にもいくつかの持続が存在しているのでしょうか。他のいかなる理論においてもそうですが、私たちの理論においても、私たちの外部にある何か、私たちの実在とは異なる実在が存在することを絶対的・数学的に示すことは不可能です。不可能と言いましたが、それは言いすぎです。非常に難しくはありますが、私たちの仮説に類した仮説のもとでは、他の仮説と比べて困難が軽減されるということはあります。

実際、先ほど持続の流れと呼んだものに肉薄するために、私は絶対的に自分自身のうちに閉じ込もり、私自身を狭縮(rétrécissement)*[408]せざるをえないのですが、それがまさに狭縮であることははっきりと意識しています。本当のところは、自分自身に専心し、自分の知的本能*[409]とでも呼びうるものに、それがはじめに働いているがままに身を委ねていても、私はもはや自分自身のうちにいるのではなく、至るところにいるのであって、私が知覚するものすべてのうちに存在しているのです。私たち各々の心理的経験・知的発展の歴史がはっきりと示しているところによれば、自身の人格性とは判明に区別される〔外界の〕知覚は、漸進的な狭縮によって、集中によって、知覚の狭縮によって、ある認識——これは私たちが後に意識的人格性と呼ぶことになるものを無際限にはみ出してゆくことから始まる認識です——の狭縮によってです。だとすれば、その人格性が私たちによってはるかに広大な何かのうちから切り抜かれたものである以上、自らの人格とは判明に区別される実在を定立しうるために、自分自身のうちに自らを据える〔無の状態から新たに自己措定する〕ような一種の「跳躍」(*saltus*)は必要ありません。私たちは、知的本能と呼びうるものの流れのうちに自らを置き直しさえすればよいのです。私たち自身についての知覚が、一種の区画設定のようにしてそこから切り出されてくる、より広大な知覚に立ち帰ればよいのです。要するに、私たちの実在から判明に区別される実在の存在は、私たちの仮説のような仮説の下では、もはや単なる要請ではなく、きちんとした証明さえ必要とせず、私たちの存在に関して与えられる直観と同種の直観において与えられるのであって、私たち自身の存在も、それとは異なる存在も、意識と反省の進展によって唯一の同じ全体のうちから切り抜かれる二つの異なる部分なのです。

したがって、この種の学説は、純粋に概念的な認識を脱し直観を信頼するわけですが、こうした学説においては、より合理主義的な実在論であれば直面しうるような諸困難は消え去るか、あるいはいずれにせよ非常に弱まります。

しかしこれは、今私たちが関心をもつ問題ではありません。問題は、私たちに属する私たちの持続という実在とは異なる実在があるとして、それは何であるのか、そして何よりそれは持続するのかどうか、です。私たちとは異なり私たちに外的である何かが現実存在するということが認められる以上、この点に関して疑いはありえません。というのも私は、私が知覚するその〔外界の〕実在を、私自身の存在と同時的なものとして知覚するからです。私の意識の外部に何かあるものが現実存在すると考え、想定する以上は、私の意識が流れるのと同様にして、私の意識の外部で何かが流れているのです。単なる常識はそのように言います。

私が昨年引いた例は、まったくもって注目すべき事実ですが、あらゆる他の仮説においてはまったくもって神秘的な事実となります*410。すなわち、ひとかけらの砂糖をコップの水に落として、砂糖水をつくるためには、砂糖が溶けるだけのある程度の時間を待たなければなりません。何をしても無駄で、待たなければならない。すなわち物質的な外的実在が成熟する、あるプロセスが生じるのでなければならないというわけです。もし事物のうちなる持続、事物に内的で私自身の持続に類比的である持続がないとしたら、この種の事実をどう理解できるというのでしょうか。もし時間が名前でしかないとしたら、その単位は何でもいい任意のもの、未規定なものだということになってしまい、この種の〔砂糖水が溶けていくという〕現象がもつ持続は、私に属する私の持続の流れに比べ、規定されていないということになってしまいます。〔ところで〕この〔私の持続の〕流れは何か具体的なもので、縮めることも引き延ばすこともできません。そして、ある特定の内的時間が流れなければならず、これが例の〔砂糖水が溶けていくという〕現象に対応しているのですから、この現象は持続しているのでなければならず、それも同じ仕方で持続しているのでなければなりません。同じ仕方でと言いましたが、それは単に数学者が持続するという言葉に与える意味でのことではありません。そうではなく、ある一定の数の同時性を数えることができるという意味、あるいは正確に言えば、諸々の同時性のあいだに、質に関して厳密に規定された間隔があるという意味でのことです。というのもある一定の数のこうした間隔が、集合的な持続（durée collective）をなし、それが私の持続となるのですから。こういうわけで、事物自身は持続しており、それも私自身が持続しているのと類比的な仕方で持続しているのです。以上が、当該の事柄〔事物の持続とその実在〕について私たちが到達していた結論です。

二つの実在を分かつ本性の差異

たしかに私たちは、この〔事物の〕持続は私たちの持続に類比的ではあるが、ある本質的な点で私たちの持続から区別されるのではないかということも問うていました。そしてこの点に関して疑いはないでしょう。というのも、こうした事物の持続が私たちの持続と同一であるならば、これらの事物は私たち自身の人格性と一つになっているということになってしまうからです。したがってそこには本性の差異があって、ここから二つの実在の区別が帰結するのですが、この差異は遠くまで探しに行くまでもないものです。

以前、私たちの持続とは私たちの意識そのものであると言いましたが、私たちの意識とは異質性そのものです。それは、先立つものから際立つ何か、先立って与えられた諸要素から再構成されることも予見されることもできない何かが連続的に創造され、連続的で恒常的に出現するということなのです。

物質的な持続であるところの持続を取り上げるなら、たった今述べた諸々の性格が無限に弱められ、まるで薄められた*411かのようなものを想定しなければなりません。経験がそのことを示していると述べましたが、経験が私たちに教えるところでは、私たちの持続のうちで知覚可能な最も短い間隔、私たちにとって可能な限り最も短い持続のうちに膨大な数の諸現象が収まることができ、事物のうちで実際に生じています。私たちに属する持続の非常に小さい間隔、可能な限り小さい間隔の中に、数百万掛ける数百万〔＝数兆〕もの外的現象が場を占めているというわけです*412。こうした現象の本性が何であれ――物理学者たちはこうした現象の本性に関して意見を異にしているかもしれません――、それを何と呼んでもいいのですが、しかしその数は規定されていて、このことこそが重要なのです。

したがって、私たちに属する持続とは、以上に述べた持続と比べるなら、一つの凝縮（contraction）として、無限に豊かで無限に異質的なものとして、膨大な要約の力能を自身のうちに含み、しかもそこから膨大な行動の力能が帰結するような何かとして、考えることができるものなのです。行動とは、ある点からは、この凝縮の別の側面に他ならないからです。そして以上のことは物質の特質である必然性の網の目をくぐり抜ける力を、存在がもてばもつほど当てはまることです*413。必然性というのはおそらく適切な言葉ではありませんが、物質の部分を考えるならば、実際上は必然性です。私たちは物質界の限定された一部分だけしか、そして現象のいわば閉じた諸々の円環だけしか相手にしないという意味で、実際上は必然性なのです。しかし、その円環を広げて宇宙の全体へと歩みを進めるにつれて、全体的な存在を相手にすることとなっていきますが、これは私たちの意識の存在に比すことができるものです。とはいえ、きわめて下位にある存在と想定しておかなければなりません。

上述のような結論に至るのは、全体へと歩みを進めれば進めるほど、道を後戻りし引き返すことができると想定するのが不条理であるような体系を相手にすることになるからです。〔宇宙全体に関わる〕その体系の持続は一つの前進、絶えず前へと歩みを進める前進と見なしうるものです。それは、全体のなかの各瞬間が、先行するものに対しておそらくは一つの創造となっているような歩みですが、創造と言っても、その大部分について予見したり計算したりできないような創造ではありません。仮にいつかかくも莫大な総体が計算によって包括されうると仮定しても、その計算が与えるであろうものと実在とのあいだにはおそらく常に余白が残るでしょう。いずれにしても、全体へ歩みを進めるにつれて、私たちが相手にすることになる〔宇宙全体の〕存在は、大小の程度の差はあれ〔私たちのような〕意識的な存在に比すことができるようなものです。ただしそれは、私たちの持続の進展を特徴づける非決定性よりも無限に弱い非決定性を〔宇宙全体に〕想定するという条件の下でのことです。また、〔宇宙全体に〕意識があるとしても、それは非常に希薄で、私たちの意識のうちで最も短い時間と比べても非常に短い時間の中にかき集められたものであるので、その意識は実際上は無意識と等価であると想定するという条件の下でのことです。というのも、瞬間的精神（*mens instantanea*）*414とは無意識的なものであり、ほとんど瞬間的な精神とは、ほとんど無意識的なものだからです。ところで、事物の持続の要素は瞬間的なものではありません。それは持続を帯びたものなのですから。ただそれはほとんど瞬間的なもので、したがって非決定性があるとしてもそれは非常に弱いのです。意識があるとしてもそれは実際上は無に等しい何かなのですが、しかしそれが無であるというのは真実ではなく、形而上学的には、私たちに属する持続・私たちの内的持続に応じて計算可能な何かあるものなのだと言えるでしょう。

しかし、この点についてはこれくらいにしておいて、ここまでの議論から結論を引き出すだけにとどめておきます。実在のことを、こうして複数の持続によって構成されるものと見なすなら――私は先ほど二つの持続、私の持続と物質の持続とについて語りましたが、物質と私のあいだには中間的な存在を数多く想定することは可能ですし、そうするべきです――、（この問いについてはまだお話ししておりませんし、お話しするには及びませんが）私を超えたところに〔私の持続よりも〕より緊張した持続はないと想定するいかなる理由もありませんし、〔逆に〕そうした持続が存在すると想定する強力な理由さえあります*415。それに加えて、高次の秩序に属するこうした諸々の持続の存在を前提として、無際限とは言いませんが非常に大きな弛緩から、完全な集中に至るまでの、諸持続のさらに完璧な連続性を認める強力な理由があるのです……。そうした持続のすべては、数において無限の、無際限の持続であり、隣り合いひしめき合っています。人が唯一の時間（temps unique）と呼ぶところのものはと言えば、それは一つの数であって、単なる数え方〔numération 記数法〕、いくつかの同時性の数え方として表象されるべきものです。よろしければ、全持続のうちに平行な切断面（coupe）、断面（section）をいくつか想定しましょう。持続が垂直の線で、無限の数の垂直線で表されるなら、切断面はすべて水平で、したがってすべて互いに平行となります。そして、これらの切断面が互いに等距離だと想定しましょう。その距離を定義するいかなる手段もないのですから、等しい距離という想定は恣意的なものですが、しかし結局は規約によってこうした断面すべてが互いに平行で等距離だとしてよいことになるでしょう。さて、まさにこうした数多くの断面こそが等質的時間を構成するのですが、この時間は記号的な表象にすぎません。それは計算することを可能にする数であり、その計算によって、しかじかの具体的な展開・進展があるときには、別の展開・進展がある点に達してしまっているだろうといったことが言われるのです。したがってそれは尺度〔計測 mesure〕の手法、計算の要素であって、それ以外のものではありません。

私たちがすでに到達していた時間の考え方とは以上のようなものです。直ちに注意していただきたいのは、仮に以上の考えが仮説であって内的経験の事実ではないとしても、こうした仮説とともに私たちが到達する哲学は総体として、全古代哲学が向かわせる結論とは逆の結論に向かうものであるということです。

古代における時間の理論――実在的なものの降下としての時間

古代哲学の考え方はどのようなものだったでしょうか。諸項の秩序は次のようになっています。第一に、諸イデア、非時間的な諸本質があります。モデルであれ、原型であれ、法則であれ、それらをどのような仕方で表象するかは重要ではありません。ともかく第一に持続しない諸イデアの体系があり、この諸イデアの体系の下に、私としては等質的時間と呼びたいところのものがあります。というのも、覚えておいででしょうが、プラトンがデミウルゴスによってイデアの後にまず創造させたのは永遠の動く似像である時間であり、時間の乗り物の役を果たすべき世界霊魂でした。それから、この世界霊魂や時間の後で、彼は生成変化の個体的プロセスすなわち私たちが諸々の具体的な持続と呼ぶものを創造させたからです。こうして、イデアから離れ、イデアから宇宙霊魂と時間へ、そして次いで時間一般から具体的な仕方で持続する現実存在たちへと移行するにつれて、私たちは実在から降下し離れて、より実在的ではないもの、希釈（dilution）にすぎないもの、発展、真なる実在の減弱（affaiblissement）でしかないものへと到達することになるのです。

私たちが到達した説《テーゼ》はこれとちょうど逆のものでした。実在的であるもの、揺るぎがなく、私としては堅固（solide）であるとさえ言いたい——というのもこの持続以外に堅固なものはなく、この持続とは意識なのですから——ような実在であるもの、こうした実在とは、流れてゆく個体的な現実存在たちなのです。そして等質的な時間・必要な実在のすべてを備えた時間はというと、すでにして何か記号的なもの、全持続に共通の尺度であって、尺度でしかなく、記号でしかありません。そのときイデア*416は、時間と持続する実在とから絶対的に切り離されたものとして考えられるなら、記号としての価値以外決してもたないことになります。私は、こうした考えが反知性主義的な意味で解釈されて欲しくないと思っています。たしかに私たちは、プラトン的なイデアの厳格さをもたない諸観念のことを考えることができると何度か述べましたが、しかしそれはイデアを降下させ、イデアが生と持続とを分有するようにするからです。もし語のプラトン的な意味で厳格なイデアを考えるとしても、それはもはや記号でしかなく、語の生を分かちもった何かではありますが、語とは慣習的で人工的な何かなのです。したがって、以上いくつかの考察から出発して到着する哲学とは、まさしく古代哲学を逆転させたものなのです*417。

近世の科学と哲学の起源——ベーコンの位置づけの再検討

この逆転が近世哲学なのでしょうか。そのように言っては誇張になるでしょう。近世以降の哲学——私たちはこれからそれについての非常に一般的な見解をいくつか提示しなければなりません——は、はっきり区別される二つの部分を含んでいます。体系的な部分に関しては、私は古代哲学の延長を、そしてそうしたものとして、多かれ少なかれ形を変えた（modifié）プラトン主義を見ずにはいられません。これは、ある種の伝統が哲学に課した枠組みです。それから次に、それとは別のもの、すなわち直観があります。人はそれをこの枠組み内でどうにか維持しようと努めたのですが、そもそも直観は常にその枠組みを超え出るもので、すぐにではなかったとしても、ついには、みなさんの予想通り、その枠組みを破裂させるものです。さて以上が二つの区別される部分なのですが、直観の部分について判断しようとするなら、純粋な哲学に満足してはならず、哲学と常に密に混ざり合ってきた科学のことも考慮に入れなければなりません。哲学が科学から分離されるようになったのは、ほんの少し前からのことでしかないのです。

　科学と哲学をまとめて一緒に検討すると、体系的思考の枠組みを超え出る直観を見出さずにはいられません。こうした直観が私たちを先述の持続の考え方へと必然的に導くのだとは言いませんが、しかしこの考え方はそうした直観に関連づけることができると思いますし、いずれにしても近世哲学はこの考え方に非常に近い、あるいはむしろ、こうした持続の考え方は古代哲学よりは近世哲学のほうにはるかに近い、と私は思います。

　しかし当面の問題はそこにはありません。今回と次回の講義で探求したいのは、そもそも哲学史の多くの仕事によって十分解明された点なのですが、古代人たちの観点と近世の人たちの観点とのあいだの移行が正確に言ってどこにあるのかということです。人がかつて述べ、その後も頻繁に繰り返してきたのは、その移行の考えないし場面を探し求めるべき先はベーコンであるということ、ベーコンこそが古代哲学の延長たるスコラ哲学に反旗を翻し、純然たる概念の論理学に反抗したということ、彼こそが人間精神を実験の道へと投げ入れたということ、こうしたことです。

　哲学史家たちがこうした考えを放棄してからすでにある程度の時間が経っています。今日私たちのあいだでは、以前認められていたような影響を実はベーコンはいかなる程度においても与えなかった、ということで合意が得られているのです*418。彼はたしかに透徹した精神の持ち主ではありましたが、哲学と科学に関しては単なるアマチュアで、数学的な物事にはほとんど精通しておらず、あまりに純粋数学に疎すぎて——ここで私は疎いという言葉を非常に弱い意味で使っています。というのも彼は数学を知ってはいたはずですから。ただ彼は数学を深く掘り下げはしなかったのです——、彼の時代の科学の発展を悟り理解することはできませんでした。彼が『大刷新』〔全六部で完成する予定であったベーコンの著作。『ノヴム・オルガヌム』はその第二部〕を書いていたとき、科学の改革——改革というものがあるとして——は、もうすでになされていたのです。したがってベーコンは、自分の周りで何が起きているのかをまったく理解することなく、しかしある漠然とした感じを抱いていたというわけなのです。それは、彼の時代になされつつあったことについての感じではなく、かなり後になってからなされるはずのことについての予感とさえ言えるものです。

　かなり後になってからなされるはずのことについての予感を有していたと言いましたが、それがなされた理由は『ノヴム・オルガヌム』とは独立したものです。実際、実験的方法は一九世紀になるまで発展しませんでした。一九世紀以前までに存在した科学は、物理数学的な科学であって、それは数学への執心に支配された科学でした。たしかに実験へも目を向けてはいましたが、しかし人が実験に求めたのは、つまるところ、物理的な大きさ・可変的な物理的大きさのあいだに、非常に単純な関係一般を与えることでした。そしてその関係を獲得したときには、それに対して数学的に働きかけ、数学的に発展させて、その数学的発展が精神に新たな問いを立てさせるまでこうした作業を続けるということをしていたのです。そしてこの新たな問いは、経験に訴えることでしか解決されえないものでした。

こういう次第で、実験とは間欠的〔・非連続的〕なものでした。科学は、間欠的に経験を参照するもの、それも数学が経験を使用するために参照するものだったのです。一八世紀末までの実験科学とは要するにこのようなもので、〔数学への〕執心に従属していたのです。

実験科学は数学的なものであり、「科学は数学の侍女である」(*scientia ancilla mathematicæ*)というわけです。〔しかし〕連続的実験に関していうと、これは実在の運動を辿るための手順の総体です。すなわち、実在とのある種の知的共感によって自己を客体化することに存する方法を間断なく辿るのです。この方法は、この点それからあの点というように複数の点を取り上げていき、次いでそれらを連続的ではあるものの結局は人工的である線によって結びつけるというものではありません。それは、連続的運動の曲線を描くという方法なのです。——曲線は点によって描くことも連続的運動によって描くこともできますが、経験の間欠的な参照として理解された実験とは点によって描かれたものであり、純然たる実験とは連続的に描かれたものです。——こうした実験が実践されるようになったのはほとんど一世紀前からにすぎず、このように解された実験を学者たちが実践するようになったのは生物学的な問題に導かれてのことです。ベーコンはおそらくこうした連続的実験を予感していたのでしょう。いずれにせよ『ノヴム・オルガヌム』で描かれた方法は、ベーコンと同時代の学者たちや一八世紀末までの後続する学者たちが適用した方法〔間欠的実験〕よりも、この方法〔連続的実験〕のほうに近いと言えるものでした。〔しかしながら〕ここから引き出せる結論は、『ノヴム・オルガヌム』は一九世紀に対していかなる影響も与えていない以上、ベーコンの科学に関する影響は実際上はゼロだったということです。

私たちの〔現代の〕哲学と科学の起源はまったく別のところにあります。起源は一つではありません。あらゆる歴史的出来事においてと同じく、偶有的なものもかなりあります。確実に言えることですが、もしも数学が開拓され続けていなかったなら、現に生じた革命、あるいはむしろ進化は、生じえなかったことでしょう。古代以来、人は倦むことなく数学を開拓し続けてきました。数学は、少しずつ完成されてきた道具であり、少しずつ柔軟さを獲得してきたことで、いつでも変質（transformation）を果たしうるほどになっていたのです。まずはこうした偶有的な理由、すなわち連続的で決して絶え間のない数学の開拓がありました。それから、キリスト教が非常に深い影響を行使したということにも異論の余地はありません。何よりそれが内的生に与えた重要性によって、またそれが純然たる概念に満足しないよう教えてくれた限りで、深い影響があったのです。というのも中世哲学は、完全にアリストテレス論理学に、あるいは私は純粋に合理主義的な論理学と言いたいところですが、そうしたものに完全には収まってはおらず、思考が概念を超越するようにする大いなる流れがあるからです。しかし、決定的で主要な影響を探すなら、遠くに探す必要はないのでして、古代哲学そのものの内部に探せば良いのです。というのも、人間精神は自らの所有物を簡単に放棄したりはしないからです。古代哲学はすでに獲得された既存のものであって、人はこれほど甚大な仕事の成果物を投げ捨てたりはしないものです。とりわけ、変化をもたらし、深い変化を導入したい場合には、手始めに所有済みの要素を用いて、とはいえそれを違う秩序に配置し、あまり重要でなかったものに大きな重要性を与えることによって、異なる成果を得られないかどうかを探求するものです。そして最後に、私たちが取り組んでいる特定の問い、すなわち古代の観点と近世の観点の移行に関して、生成変化に関して、持続に関して、事物一般に関して、すべてはある逆転によって説明されると思います。それは古代の観点において徐々に進んだ逆転でしたが、後期のギリシア哲学者たち、私たちが特に取り組んだプロティノスによって指摘されていました。

哲学において、そしてどれほど逆説的に見えようとも、科学においてさえ生じた刷新、改革はとりわけ、三つのヒュポスタシスのうち古代人たちにとっては最低位にあったもの、すなわち世界霊魂・宇宙霊魂を前景へと移し、最重要のものとした点にあったのです。

ルネサンスの哲学者たちにおける世界霊魂——クザーヌス、ブルーノ、ケプラー

これは仮説などではありません。このことについて納得するには、ルネサンス期の哲学の変様を辿れば十分です。ルネサンスの哲学者たちの大部分、あるいは全員とさえ言えるかもしれませんが、彼らは多かれ少なかれ、程度の差こそあれ、新プラトン主義者であり、新アリストテレス主義者でもありましたが、しかし何よりも新プラトン主義者でした。ルネサンスと中世のあいだの移行部〔transition 過渡的段階・つなぎ部分〕を画すると見なされる哲学者にして神学者である人物がいます。ニ

コラウス・クザーヌスです*[419]。時間があれば、彼の著作集が刊行される場合には真っ先に印刷されるのが慣わしとなっている著作、『知ある無知』からいくつかのテクストを読みたいところです。この著作は非常に興味深い論考で、というのもこれは哲学および科学さえもが向かい始める方向をすでに示しています。それは、ある二つの事柄が同時に必然的であるのがいかにしてなのかを示す努力の結晶なのです。二つの事柄の一方とはすなわち、宇宙が、心的本性を帯びた、プラトンが世界霊魂と呼んだような何かであること、それ*[420]は何か心理学的なものであることの必然性のことでして、他方とはすなわち、それが何か――何と言えばいいでしょうか――数的・計算可能なものであることの必然性です。ここでの〔クザーヌス的な〕世界霊魂はある種の観念の乗り物ですが、ただしそれは数であるプラトン的イデアよりもはるかに柔軟な観念なのです。

引用する時間はありませんが、『知ある無知』第一巻の全体と第二巻第一〇章について素描しておきましょう。ここでクザーヌスは、自然とは運動から生じるあらゆるものの錯綜（enchevêtrement）であるということを示しています。運動はいかにして普遍的〔宇宙的〕なものから個別のものへと凝縮するのでしょうか。彼が言うには、それを次のような喩えによって理解することができます。私が「神は存在する」と言うとき、これらの語はある運動から決まった順序で生じるわけでして、私はまず文字を、次いで音節を、それから語を、そして最後にフレーズを、発音することになります。まさしくこのようにして、運動が普遍的〔宇宙的〕なものから個別のものへと降下し（*ab universale contrahutur in particulare*）、時間のうちで具体的な形式を獲得するのです。ところで、たった今お話ししたように、言葉を話す人にはある精神があって、これが話すという行為において外在化し具体的形式をまとうのと同じく、この精神からあらゆる運動が生じます。したがって、あらゆる事物を賦活し、すべてが出てくる元となり、言葉が思考から出てくるように諸現象がそこから出てくる元となるような、精神があるのです。まったくもって驚くべき喩えです。単純な観念があるのですが、しかしこの単純な観念は音節や語を形成する文字へと外在化します。そして、人は語を分析すればまず音節を、次いで文字を見出すのですが、精神を見出すには至りません。しかしそれでも全体であるのは精神なのです*[421]。

宇宙的〔普遍的〕精神と個別の運動および諸現象に関しても事情は同じです。それでクザーヌスは、第一巻*[422]において、いかにして全古代哲学（なお、ここで彼は事柄を誇張しています。というのも彼は、アリストテレスのものではない考えをアリストテレスに帰属させているのですから）が一致して「数が事物のうちへと降下するのであって、事物を説明するのは数である」と述べるのかを示しています。

こうして、本来の〔狭義の〕ルネサンス以前にすでに、〔つまりクザーヌスにおいて〕古代哲学から最低位のヒュポスタシスすなわち世界霊魂を残して保持しようとする努力があったことがわかります。世界霊魂については、そもそもプロティノスにおいて、最低位のヒュポスタシスでしたので前景に押し出されていたとまでは言いませんが、他のヒュポスタシスよりもはるかに強調されていました。私たちは、意識と時間、時間一般、さらには自由、すなわち時間と外在的なものとの関係、こうしたものについての完全な理論を彼のうちにはじめて見出すのですから。

以上のことをこれらの哲学者、次いでルネサンス期の哲学者のうちに見出すことができますが、ジョルダーノ・ブルーノにおいてはそれらと似た考えがはるかに精確になっているのが見られます。ある一つの論考、『原因・原理・一者について』(*Della causa, principio e uno*)*423を参照するにとどめておきましょう。これは五つの対話からなる論考で、その全体のうち最も興味深いのは最後の対話です。ここでブルーノは、宇宙霊魂すなわち全体に浸透する魂があるのはいかにしてなのかを示しています。ところで、イデアすなわちプラトン的イデアに関して言うと、プラトンからは世界霊魂を残しておくものの、本来の意味でのプラトン的イデアといったものはありません。ブルーノにおける観念とは(今私は正確な用語を引用できないのですが)むしろ概念的な観念、関係の観念です。宇宙的な共感(συμπάθεια)があり、観念は事物そのものというよりは結びつきを表現しているのです。非常に重要な考えは、プラトン主義から残され保持されたのが最低位のヒュポスタシスだということです。そしてこれも非常に意義深いことなのですが、ブルーノは頻繁に、絶えずプロティノスを引用しており、プロティノスをプラトン主義者たちの王子、princeps platonicorumと呼んでいるということを銘記しておきましょう。

しかし、興味深いことがあるとすれば、それはケプラーの文献を研究することでしょう。好奇心を大いにそそられることがあります。ケプラーの『序説ないし宇宙形状誌の神秘』(*Prodromus seu mysterium cosmographicum*)*424の第一版と第二版の相違です。第一版の二〇章でケプラーは宇宙霊魂のプラトン的な理論を披瀝しています。とはいえ、彼なりの仕方で整理してのことでして、というのも彼は直接プラトンの理論を知ってはいなかったように思われるからです。以下のように説明されます。

> 精確な真実に辿り着きわれわれの手にしている諸々の比の等しさを獲得したいなら、すなわち法則へ辿り着きたいなら、次の二つのうちの一つを主張しなければならない。すなわち、動者である魂——天体たちの動者である魂のことだが、

それらは太陽から離れる分だけ弱くなるか（*quo sunt a sole remotiores eo sunt imbecillores*）、もしくは、唯一の動者である魂があって、太陽に近い物体はその近さの分だけ強く押し（*eo vehementus incitet*）、離れた物体に関しては自らの力（vertu）が枯渇することでいわば活気がなくなってゆく（*quodammodo languescat*）。というわけで、光の源泉が太陽のうちにあるのと同様、生命・運動・世界霊魂（*vita, motus et anima mundi*）――こうした言葉で語られるのです――はふたたび太陽のうちへと舞い戻ってくるのだ……。

ですから、ケプラーが確実なものとして出発点にするのは、まさに世界霊魂の考え方なのです。一つの魂があって、それを太陽のうちに置き、そのただ一つの魂の存在を信じてもいいですし、あるいは幾人かの古代哲学者がしたように、それに加えて複数の魂を天体のうちに置いても構いません。このとき、天体の運動を説明するのは魂であって、その力というのは太陽から離れるにつれて弱くなります。より正確に言えば、本来の意味での魂をいわば宇宙中に放射する太陽から離れる分だけ、その魂が減弱するということによって天体の運動は説明されるのです。
以上はケプラーが第一版で述べていることです。第二版では次のような注が加えられます。

魂という言葉に代えて力（force）という言葉を用いるなら（*se pro voce anima vim substitues*）、私が天体の自然学を引き出してきた元である原理そのもの（*principium ipsissumus*）を得ることになる。というのもかつての私は、天体の動者である原因は魂だと思っており、それもスカリゲルの学説を信じ込んでいたためにそう思っていたからである。

スカリゲル*425は、まさしく新プラトン主義者たちに、ポンポナッツィやパドヴァ学派に連なる哲学者です。

……しかし、この動者としての原因が距離とともに減弱するということ、そして太陽の光もまた太陽までの距離とともに弱まるということ、これらのことについてよく考えることで私は次のような結論に至った。すなわち、例の力とは何か物体的なものであり、しかも本来的に物体的というわけではないにしても、少なくとも多義的に（*se non proprie saltem equivoce*）すなわち語を拡張しての物体的なものなのである。これは、光とは、何か物体的なものすなわち物体から引き剥がされた一側面ではあるが、しかし脱物質化（*dématérialisé*）されたもの、非物質的（*immateriata*）物質であると私たちが言うのと同様である。

彼は力をこのように定義しています。近世の物理学者たちは、力をこれとは別の仕方で定義するように言われても困惑して、できないだろうと思います。力は物質ですが脱物質化されており、諸事物間に張られたある種の糸ではありますがその物質性を取り除かれています。それは心理学的なもので、しかし物質的なもの・数学的なものでもあるようなものなのです。簡単な素描をするだけで、人がいかにしてこのような力の観念に徐々に至ったのかが分かります。一方で、力はプラトン的イデアや数の乗り物なのですから、それは数学的、ピュタゴラス的な宇宙霊魂です。こうして力は、一方では数学的なものであるわけですが、しかし他方で宇宙霊魂は心的なものであり、この名が示す通り意識に類比的です。力とは、非物質的物質のような何か、心的なものと数学的なものとの混合・総合・相互浸透であるような何かを物質のうちに探し求めるという考えを徐々に示唆するような宇宙霊魂なのです。

次回の講義では、以上の考えの数学的な諸帰結をより際立たせて考察することで、この移行過程にいっそう肉薄することを試みたいと思います。

第16講　近世の哲学と科学における「無限小」革命　一九〇三年四月三日

古代哲学の根底にある運動についてのヴィジョン

みなさん、過去数回の講義の帰結として言えるのは、哲学体系は、一つの非常に複雑なものであっても、そしてひと連なりの諸体系でさえも、あるただ一つの極度に単純なヴィジョンから出てくることがありうるし、また通常出てくるものなのだ、ということです*[426]。古代哲学はというと、その形而上学的な発展の本質的な部分に関して言えば、空間内の運動についてのある種のヴィジョンから出てきたものであるということは疑いえないように思われます。そのヴィジョンによれば、運動とは空間内で生じるもの、人が空間内で覚知するものに還元されるものと見なされます。運動には内部がなく、運動は人が目にするもの、人がそれと看取するもののうちにすっかり存している、というのです。

これは運動に反対するゼノンの諸議論が暗黙の裡に想定していることです。運動がそういうものであったとして、さて、そのとき移動の各瞬間において動体はそれが位置している点に合致するわけですが、その点は（空間内の点である以上）不動なのですから、動体もまた不動であるということになります。ゼノンの議論のすべては、つまるところ以上に帰着します。この論証方法がはっきり目に見える形になっているのは矢に関する詭弁においてだけなのですが、しかし他の議論においても論法は同じです*[427]。すなわち、運動のすべては人が見るもののうちにあり、人が見るものとは空間内の点であるので、運動は移動の各瞬間においてその軌跡と合致することになる。ここから運動は不動のものから成っているということが帰結するが、これは不条理である、という論証です。あらゆる変化について同じことが言えます。質的変化はと言えば、人がはっきりそれと看取するもののうちに全面的に存しているのだとすると、その場合、精神が孤立させる質とあらゆる瞬間に合致することになり、質とは何か不変のもの・不動のものだということになる。したがって変化は不動のものから成るということになるが、これは不条理だ、という具合です。

まさしくこうした不条理が、かなり早い時期から哲学者たちの精神を捉えていました。そして、人が感覚的世界のうちで目にするあらゆるものは何と言っても変化であり運動であるので、運動と変化が不条理なのであれば、ここから感覚的世界の基底には不条理が存在しているということになります。そして、このとき哲学者たちが与する見解とは、私たちの感官に知覚される感覚的世界をこうして宿命づけられた不条理へと打ち捨て、感覚的世界とは別に、あるいは感覚的世界のうちにさえ、論理的世界であるような世界、あるがままの世界ではなく、そうあらねばならないような世界、理性の世界、こうした世界を再構成するという見解です。そして、人が到達する諸概念や概念間の関係、人が提案する諸概念のヒエラルキーといったもののすべてが一つの論理的な自然を、可知的な世界を構成し、哲学はそこに身を移そうというわけです。

このようにして人は、運動についての単純なヴィジョンから、プラトンのイデア論のような理論へと移行するわけです。ただ、真実はというと、一度そこに辿り着き、一度その高みに登ったなら、そこからふたたび降下し、感覚的世界を再発見しなければなりません。以上の仮説における運動とは、可知的なものからの帰結でしかありません。さらにこう言ってよければ、私たちが目にするもの、運動・変化、そういったものはすべて、概念の世界・イデアの世界で適用される論理ではありますが、しかし、減弱した論理、調子外れの〔活力を欠いた manquer de ton〕論理だということになります。変化・時間・人が目にするものとは、やはり変化しないものの移動なのであって、人が「持続とは永遠の展開・繰り広げでしかない」と言うときに表現しようとしているのはこのことです。可知的なものと感覚的なものとのあいだを媒介するものという方向で魂*428を表象しようとするのが、まさに古代的な考え方なのです。それが宇宙霊魂、世界霊魂という考え方です。それはある名状しがたい何かであって、高いところではイデアを帯び、低いところでは物質を帯びるのであり、時間の乗り物(と私たちは呼んでおきました)として、自らのうちに巻きとられた不動性すなわち永遠を、時間という形式のもとで展開し繰り広げるのだというわけです。この考え方は、最初は神話的で、私たちは名状しがたい何かだとも言いましたが、しかしこれは次第に明晰になっていき、プロティノスとともに少なくとも次第に精神をより満足させるものへとなっていきました。世界霊魂、宇宙霊魂が、真に可知的な学知(science)となったのです。プロティノスが何と言おうとも、世界霊魂とはつまるところ心理学的な学知なのでして、世界霊魂は意識を有していませんが、個体的魂の機微においては意識を獲得することが可能です。世界霊魂は意識を有してはいませんが、しかし何か心理学的なものなのであって、イデアが世界霊魂のうちへ降下するための手段を見出すという点で、それは何か理性的なものでもあるのです。
ともかく、プロティノスは世界霊魂を〔三つの原理的なもののうちでは、一者、ヌースに続く〕最低位のヒュポスタシス〔基体・位格〕としたものの、彼があまりにその研究に入れあげたために、まさに世界霊魂こそが『エネアデス』を読む者の精神を目覚めさせ、その注意を引き止めることになったのです。それで、ルネサンスのプラトン主義者たちが、プラトンの弟子を標榜しながらも、結局のところプラトン主義的というよりもはるかに新プラトン主義的であり、プラトンよりもはるかにプロティノスとの結びつきが深いとしても意外ではないのです。それらの哲学者たちが結局のところ〔一者・ヌースという〕他の二つのヒュポスタシスを傍らに放置し、少なくとも哲学の本質とは見なさず、最低位のヒュポスタシスすなわち宇宙霊魂にしか留意しなかったとしても、驚くようなことではないわけです。

ルネサンス以降の運動のヴィジョン——ベネデッティ

前回の講義で見たように、こうした動きを準備した神学者にして哲学者であるニコラウス・クザーヌスや、そして彼の後でカルダーノ*[429]はすでに、つまるところは宇宙霊魂で満足し、事物を次のように考察していました。すべては心理学的であるが、にもかかわらず、すべては多かれ少なかれ数学的である。この二つが両立し、そうして世界に関して、数学を排除しない心理学的な考え方——これこそ今日私たちが取り組むことになるポイントです——および心理学を排除しない数学の考え方へと徐々に至るのでなければならない、と。おそらくここにこそ、本講義で最も注目すべきものがあります。すなわち、きわめて単純な運動の考え方から出発しながら、最終的には、万物を包括する宇宙霊魂という考え方へと展開していく。そして、その霊魂をいわば凝縮させることで、そこ〔単純な運動の考え方〕へと回帰していく、ということです。以前私たちは、運動についてのこの考え方から出発して、いかにしてある哲学体系へと到達するかを示しました。最低位のヒュポスタシスという位置づけを利用して世界霊魂が宇宙的実体となるさまを前面に押し出したのに対して、今度はそうして到達した哲学体系のほうから取り上げるのです。今回は〔世界霊魂が万物を包括する哲学体系を〕凝縮させることで、この〔単純な運動の〕哲学的考え方が、空間における運動についての新しい考え方に至る様子に迫ることにしましょう。そこから、科学の、哲学の*[430]新しい考え方が出てくることになります。

運動についてのこの新しい考え方が最初に登場したことが見出せるのは、一六世紀後半のヴェネツィアのある数学者においてです。〔すぐにその考えが広まったわけではないにしても〕少なくともその人物の書物はこの時代に現れました。ベネデッティです。彼は、『アリストテレスのいくつかの臆見について』(*Sur certaines opinions d'Aristote*)*431というタイトルの本を書きました。この著者において、運動についてのアリストテレス的な考え方から近世的な考え方への移行の現場をおさえることができます*432。アリストテレスの臆見については、天球から天球へと伝播する円環的運動を扱った際に引き合いに出す機会がありました。覚えておいででしょうが、アリストテレスにとって、有限な直線上の運動は線Ａ……Ｂに沿って続きます。この線上を移動する動体Ｎは、この線に端があって有限であるなら、ＡからＢへ行きそしてＢからＡへ行くという形でしか移動できません。アリストテレスによると、ＡとＢには休止があるのでなければなりません。

より単純な例として、ＢからＡへそしてＡからＢへと揺れ動く振り子の例を取り上げるなら、振り子の速度は軌跡の真ん中から端まで行くにつれて減少するということは明らかですし、望むなら、振り子が元に戻る方向転換時の両端には停止があり、そこで速度はゼロとなる、と言うことができます。

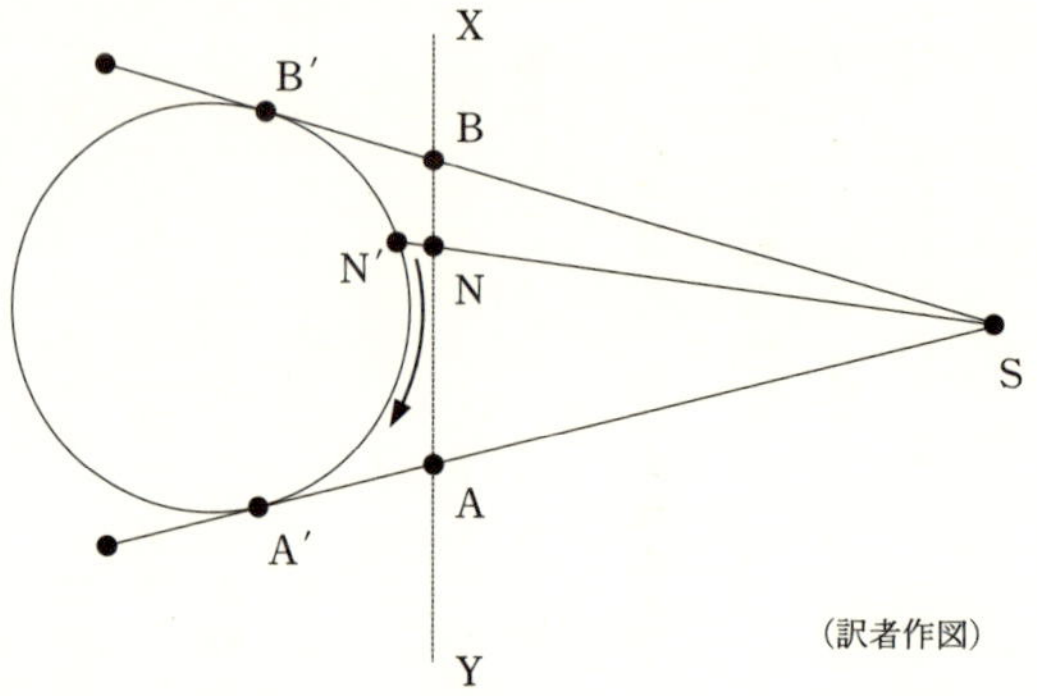

(訳者作図)

ベネデッティは自身の論考の中で、この点についてのアリストテレスの臆見を説明し、まったくもって独創的な考察によってこの臆見が誤りであることを論証しています。

彼の論証は簡単に言うと以下のとおりです*433。円周が一つ、その外部に直線〔直線ＸＹ〕が一つ、そして直線の外部で円周とは反対の側に点が一つ〔点Ｓ〕あると考えてみましょう。それから、円周上を一様な運動で移動する動体〔点Ｎ′〕があり、それが円上を時計の針の方向に回っていると想定しましょう。そして、この点Ｎ′を動かします……。ベネデッティの推論を理解するのに必要ですので、この点Ｎ′がその運動の各瞬間に点Ｓと線で結ばれているとします。直線ＳＮ′を考えると、この直線は点Ｎ′と同様に動いています。それから、この動く直線ＳＮ′が線ＸＹと交わる点をＮと呼びましょう。こうして、円周上を動く動点Ｎ′と直線ＳＮ′があり、この直線ＳＮ′上の点Ｓは固定点で端の点Ｎ′は動点であるということになりますが、ここで動く直線〔ＳＮ′〕と直線ＸＹとの交点Ｎ

もまた、当然動く点であることになります。さて、今、直線SAN′が円周の接線となるとして、その直線SAN′が位置している点から、点N′を動かします……。N′がB′から降下し続けるとき、点NはBからAへ戻っていき、以下同様に続きます。それゆえ、N′は円周上に一様な連続的運動を描くのに対して、Nは直線XY上にAからBへそしてBからAへと振動する、角ばった運動を描きます。ここで線SN′は、いかなる瞬間においても、A′とB′においてでさえ、不動ではありません。この線〔SN′〕は、円周と接しているのですから、円周との共有点を絶えずただ一つもっていて、したがってこの観点からするとA′とB′は他の諸々の〔交〕点と同じものです。この直線が常に動いているなら、この直線の一部である点Nもまた常に動いていて、ゆえにAにもBにも停止はないということになるのです。

以上がベネデッティの推論です。これはきわめて重要なものです。というのもこの推論はつまるところ、運動とは全面的に空間的[*434]であるのではないと述べることに存しているからです。アリストテレスがしたように空間の観点に身を置くなら、AとBに不動性があることは明らかで、このことは疑いようもないのですが、しかしベネデッティがAとBにはなおも運動があると言うとき、それはつまり彼が事柄をただ空間の観点からのみ考察してはいないということです。彼は点AとBにおいて、現在起こっていることではなく、これから起きることのほうを考えているのです。彼の考えによれば、人は持続する運動から数学的点を孤立させる権利を有していません。空間内の数学的点の各々には、この点で生じていることだけではなく、さらにこれから後続することになるものの先取り(anticipation)も存在している、というのです。言い換えれば、彼は運動を、純粋に広がりをもつ外延的(extensif)[*435]なものとしてではなく、ある側面からは内包的で強度的(intensif)なものとして、内部(un interieur)をもつものとして、考えているのです。

このことは、アリストテレスのもう一つ別の臆見(これについても同じように、すでにお話ししましたが)に関するベネデッティの議論からも示されます。

覚えておいでてしょうが、アリストテレスにとって、衝撃〔impulsion 撃力・力積〕を受け取った物体は、その衝撃の力だけでは行程を進み続けることができないのでした。『自然学』第四巻や『天について』でアリストテレスは、投げ放たれた物体がなぜその軌道を進み続けるのかを説明するためのメカニズムを思い描いています。彼の想定では、物体の背後で空気がふたたび集まり、そうすることで、圧迫された物体が軌道の各瞬間に小さな揺れ、小さな衝撃を受け取ることになります。〔物体の背後で〕ふたたび閉じ合わせられる空気の諸断片、ないし〔上下・左右から押し出される〕空気の二重の断片があって、これが投げ放たれた矢に働きかける小さな射手の役割を果たすというわけです。つまり、矢を投げ放った射手を補う射手、矢に最初の衝撃をもう一度与え直す射手がいるということです*436。

ご注意いただきたいのですが、このことは古代的な仮説の論理の中に絶対的に存在しています。というのも、運動が空間内に見られるもののうちに全面的に存在しているのなら、その行程の各瞬間において動体はそれが占めている場所に合致していることになるからです。すると、動体は停止しているはずだということになります。もし動いているなら、それはすなわち衝撃があるということ、新たな衝撃が生じているということになるわけです。したがって、以上のことは、例の仮説すなわち運動についての古代的な考え方から出てくる直接的な帰結なのです。

ベネデッティが主張するのは、アリストテレスはこの点に関して誤っており、衝撃が動体に刻み込まれたなら、動体はその衝撃によって、無際限にではないにしても、行程を続けるはずだということです。この点に関してベネデッティは事柄をはっきりと見て取ったとは言えません。あるいは少なくとも、彼の後で理解されていったようには、力学を理解しませんでした。ベネデッティによると、物体に刻み込まれた力は、減少しながら進むが、しかし保存される、というのです。

ここには何か新たなものがあります。彼と同時代の、あるいは彼に先立つ他の数学者たちのうちにも、すでにこの考えが見出されます。とりわけニコラウス・クザーヌスやカルダーノには、動体が行程を続けるために衝撃が更新され続ける必要はないという考えを見出すことができます。こういったことすべてが私たちに証しているのは、時代の雰囲気のうちに、そして自然についてのこの新たな一般的ヴィジョンの帰結として、次のような傾向があったということです。すなわち、運動のうちに、その［空間的］*437で外的な側面だけでなく、その内部（intérieur）、内包性・強度（intensité）*438と呼べるようなもの、生、内的な生と呼べるようなものをも考察しようとする傾向が存在していたのです。それは時代の雰囲気のうちにあり、さまざまな思想家たちにおいては多かれ少なかれ曖昧なものでしたが、私たちが今話題にしたばかりの数学者ベネデッティにおいては非常に明瞭なものでした。

運動の数学的記法――ガリレオ

みなさん、もし運動がこのように内部をもっているなら、その内部とは何であり、どのようにそれを定義できるのか、と問う余地があります。この問いは古代人たちにとっては存在していませんでしたが、運動のうちにある種の内部性（intériorité）

があるのであれば、そしてもしもいつかその運動がもつ内部とはどのようなものかを数学的概念によって、数学的な仕方で表現するに至りうるならば、それは科学の観点からして最高度の重要性をもつ事柄だということになるでしょう。

運動のもつ内部性とは何でしょうか。それは何か意図（intention）*[439]のようなものだと言っておきます。それは、いわば（pour ainsi dire）数学的な瞬間、つまり空間の或る一点にある瞬間——というのも本来の意味における時間は、内包性をもたないため——なのですが、後続する瞬間・数学的に後続する瞬間への直観であり、言い換えれば持続を帯びたもの、実在的《リアル》な持続を帯びたものです。実在的な持続は本来の意味での大きさ（dimension）をもっているわけではありませんが、かといって実在的な持続のうちに数学的な点があるわけでもありません。この一本のチョークを手に取り、黒板に押し付けてみましょう。こうすることで私は黒板の上に大きさをもったある点を生み出します。これはある具体的な点です。さて、持続とは常にこうしたものです。なぜならそれは心理学的なものだからです。持続とは必然的に以前と以後を含み込んだ何かなのですが、それは、もし以前と以後がないならば記憶も意識もないことになるがゆえに、そうなのです。したがって、具体的な持続とは常にある大きさを有した何かなのですが、ただし私がチョークを押し付けて生み出したこの具体的な点に関して、その両端を考察してみることもできるわけで、このとき私は空間の中にいることになり、数学的な点を前にしていることになります。作り出したばかりのこの大きさをもった点を、一つ目の数学的点を二つ目の数学的点に結びつけるものと見なすかぎりで、私は、ある先行事象と別の事象とのあいだに架けられた橋のような、現在のうちに未来をあらかじめ形成する何か、要するに意図を目にしているのです。

もし数学的な手続きによってこの運動の意図を書き留める（noter）に至ったとすれば、数学が以前には有していなかった実在そのものに関する手がかりを与える手段を、数学のうちに導入したということになるでしょう。

まさしくこの点にガリレオ*[440]の革新があります。そしてより一般的に、運動についての近代的な観点がまさにこの点にあるのです。

古代人たちが決して速度を定義せず、まして運動の加速はなおのこと定義しなかったということに注目してみましょう。等速運動というケースに関してなら彼らが速度を定義したことを認めてもよいのですが、しかしまずこの等速運動の定義は実践的な適用に耐えない実りのないものでしたし、そのうえ古代人たちの観点からの等速運動の定義は、ガリレオがきわめて偉大な深遠さをもって指摘したとおり、欠陥含みでさえありました。というのも、等速運動とは、等しい空間を等しい時間で踏破する運動だと言うのでは不十分であって、有限な空間と有限な時間を考えるのであれば、各瞬間・時間の各部分においで運動が等速であるかどうかが常に問われることになるからです。つまり、考慮される時間と空間が有限である以上、等しい時間に踏破された空間の等しさは、複数の不等性が互いに相殺しあった結果*441、空間と時間の両者が等しいものになったことから生じているわけではない、ということです。実際には、等速性が完全なものであるためには、いわば無限小の時間があるのでなければならず、したがって無限小の観念を導入しなければならないでしょう。いずれにせよ、これは変速〔非等速〕運動の速度を定義するために不可欠なものです*442。というのも、変速運動の速度とは何でしょうか。それは現在的《アクチュアル》な何かではなく、空間的*443観点からは潜在的であるような何かです。それは、動体が思いのままに動いたとしたら、なしたであろうことです。それは意図であり、意図を書き留めたもの（notation）なのです。

さて、私たちは、この意図の書き留めというものをまさしくガリレオに負っています。すなわち、空間同士を結びつける関係があるとして、そのうちの或る関係から別の関係へと移るためには、運動のうちに速度を与えるものがあるのだということを示したガリレオに負っているのです。ここで速度を与えるものとはすなわち、空間がさらにある無限小分増加し、そして時間もそれに対応してある無限小分増加するようにさせる、ある規定された原因のことです。速度と加速とを書き留めたものとは意図を書き留めたもの以外の何物でもなく、それは運動についていわば心理学的な見方をとる数学、時間は内部を有していると考える数学のうちでしか可能ではありません。結局のところ、近世数学の支配的観念、近世数学の指導的観念はつまるところガリレオにあるということになるのです。これは疑いのないところであって、ガリレオは精確な記号すなわち以上のような無限小のための特別な記法（notation）を与えはしませんでしたが、それでも近世数学が出発したのはここからなのです。彼は特別な規則、すなわちこの記法を適用するための一般規則を与えはしませんでしたが、しかしこの概念は、これから私たちが見るように、ガリレオによる運動の考察や彼の業績から出てくるのです。

みなさん、私は、この講義の領分を超えていて、とりわけ教える者の資格を超える研究に従事することはできません。それに、この点に関して、私たちが立てた前提から出発した場合の研究であれば行き着くような結論は、数学者すなわちその資格のある人が行き着く結論とは大変異なるものとなるでしょう。これは当然のことです。数学者たちは数学的な観点、数学の可能な限り最も厳格で精確な論述の観点に身を置きます。そしてこの観点では、ここ数年で非常に偉大な進歩が達成され、数学的解析の根本的な諸概念に対してこれまでにはなかった的確さと厳格さが与えられましたが、しかし、厳格さすなわちこの分野での完全な論理と、実在的な起源の観点・歴史的観点・原初的（primitive）な直観すなわち残りすべてがそこから出て来るような直観の観点、こうした観点とは、別の事柄であるのです。この直観は歴史的事実であり、したがって歴史の領域に、とりわけ哲学の歴史の領域にあるので、その起源を摑むためには、結局のところテクストを検討し著者自身を研究すれば十分なのです。

二つの無限小理解——空間の否定的観点と持続の肯定的観点

さて、以上の観点に身をおくなら次のような結論に至ると私は言いました。すなわち、要するに無限小を理解する二つの仕方があるという結論です。一つ目はきわめて古いものです。数学が存在して以来、ないしほぼそれ以来、人は無限小について語り、無限小を操作しています。アルキメデスはこの方法を用いました。彼はその著作の一つで、自らの先駆者を名指ししています*444。アルキメデス自身はというと、それをたくさん、かつ実りある仕方で適用するということを行なったのです。はるか古代から、人は無限小に取り組み、数学において無限小を用いてきたわけですが、しかし興味深いことに、一六世紀終わりから一七世紀初頭あたりの近世の数学者たちが無限小を用いたのは、計算のための工夫としてでしかなく、これはせいぜいどうしようもないときにのみ訴えるべき手段であったということを指摘できます。これは他の手順と同じ平面にありましたが他の手段よりも劣っており、つまりは追い詰められて他にやりようがない場合の最後の手段としてしか頼ってはならないような手段なのです。近世の数学者たちは、無限小を利用するにもかかわらず無限小という名を口にせず、また結局のところは形式において常に帰謬法であるような推論を行なうにとどめるという意味で、彼らはこの方法を用いることに関して常に弁解しているように見えます。かくして無限小は単なる計算のための工夫と見なされ、またこちらの方が重要ですが、何よりそれは不毛で実りのないものとなっていたのです。こう言ったからといって私は、彼らが無限小から多くの重要な帰結を引き出すことができないでいたということを言いたいのではありません。そうではなく、私が言いたいのは、彼らが無限小から引き出す諸帰結は常に、個々の数学者がもつ固有の才能、その独創性に負うものとなっていた、ということです。実り豊かなのは数学者の精神であって、方法そのものではなかった、ということです。

数学において最初は副次的な役割しか果たしていなかったこの概念が、ある時期から、単に重要な概念となっただけでなく、すべてに圧倒的な影響を及ぼすものとなったように見受けられます。いずれにせよ、最重要のものとなり、何よりも固有の生命力をもち、それ自身で実り豊かな、自ら重要な諸帰結をもたらすものとなったように思われるのです。

こうして得られた二つの無限小概念、すなわち私が誇張して不毛なものと呼ぶ概念と、実り豊かなものと呼ぶ概念とを比較するなら、次のことが見出されます。一つ目のケースにおいて、無限小は単なる計算のための工夫として、私が先ほど述べたようなものとして扱われます。二つ目のケースにおいて、無限小は実在として扱われます。もっと単純に言うと、一つ目において、無限小は否定的な概念で、否定によって定義されています。それは、どれほど小さい量を考えようともそれではないような量です。常にさらに先へ行かなければならないのです。それは与えられたあらゆる量よりもさらに小さい量であり、否定的なものなのです。もう一つの考え方では、無限小は何か肯定的・積極的（positif）なもの、おそらくは最も肯定的である何か存在するものとなります。それは大きさを生み出すもの、量を生み出すものなのです[445]。

話をより明晰にし、この講義に特有の観点に身をおくなら、私は次のように言いたいところです。一つ目のケースでは、無限小は空間として扱われていますが、だからこそ純粋に否定的なものと見なされるわけです。というのも、空間のうちには無限に小さいものはありえないからです。どんなに小さいものでもいいので、ある大きさを取り上げてみてください。それを半分に分割し、半分の半分をとりあげ、さらに同様に続けることができますが、いつまでも変わらず無限小からはほど遠いことでしょう。どれほど先まで行っても、そのとき辿り着いた点と到達したい点とのあいだには常に無限の隔たりがあることでしょう。〔こうして〕空間の観点からは無限小はありえないわけですが、しかし二つ目の観点があって、それは時間の観点、内的持続の観点です。ええそうです、持続のうちには無限小があって、しかも無限小しかないとさえ言えるのです。それは大きさ・量としての無限小ではなく、意図としての・強度としての無限小です。というのも、持続とはそうしたものであり、それは動的な意図（intention mobile）であって、そして意図とは直観であり、分析の観点からすると常に二重性すなわち二つの数学的点——それらがそれ自体では常に一性であるとしても——を含み込んだものなのですから。さらに言い換えると、無限小は、分割によってすなわち存在するものの分解によって到達するものとされる限りは否定的な概念なのですが、しかし人がそこを目指すのではなくそこから出発するとき、それは肯定的な概念となり、一つの実在となります。分割によって無限小に辿り着くことは決してありませんが、しかし無限小から出発することはできるのであって、そして無限小から出発するなら、それは本来の意味での持続に身を置くということであり、ある実在へ、肯定的な何かへと辿り着くのです。

無限小理解の革命はいつ生じたのか――カヴァリエリ

無限小を考える仕方におけるこの革命がどの時期に、どのような影響のもとで生じたのかに関しては、容易に理解することができます。私はみなさんに、古代ギリシアの数学者たちは無限小の方法を使用していたと言いました。その方法は、次のことを論証することに存しています。すなわち、人が計測しようとするある大きさ〔例えば円の面積〕は、それとは別のある大きさ〔例えばその円に内接するn角形の面積〕によって計測することができるわけですが、ここで〔例えばnを大きくしてゆくことで〕二つの大きさの差異がどんな与えられた量よりも小さいものになることを論証することで、人はこの別の大きさ〔内接するn角形の面積〕が最初の大きさ〔円の面積〕と等しいことを示す、ということに存しているのです。ところで、この方法が続いたのは一六ないし一七世紀までです。第一の観点から第二の観点への移行、両者の境界を印づけると言えるような仕事をした人物が登場します。カヴァリエリです*446。この数学者は、不可分者に関するある方法〔不可分者の比に基づくカヴァリエリの求積法（la méthode des indivisibles）〕を考案しました。この方法についてくどくど述べる必要はないでしょう。彼自身の表現を使うなら、この方法によると面積は線から合成されていて、例えば三角形はその底辺と平行な諸々の線から合成されており、角錐はその底面に平行な諸断面のすべてから合成されており、したがって体積は諸面積から、面積は諸線から合成されていることになります。

カヴァリエリは無限小に肯定的な役割を与え、無限小を何か実在的なものとしています。このことでもって彼は新しい数学への途上にいると言うことができますが、しかし彼は空間のうちにとどまっており、それで彼の方法にはある種の不合理があるのです。これについて直ちに指摘しておかなければなりません。人は、補償・埋め合わせ（compensation）によって諸面積から体積を生み出し作り出すと言い張るのは不合理だと宣告します。そこでカヴァリエリは、論理的であろうとして――彼は必然的にこうしなければならなかったのですが――古代の観点へ立ちもどり、無限小が計算のための工夫でしかないために、結局のところ自分の方法はアルキメデスの方法と異なるものではないのだ、ということを示すよう余儀なくされました。さてここで私たちは、無限小を肯定的なものとして扱う傾向と同時に、空間にとどまる限りそうすることが不可能であるということを摑んでいます。反対に、時間に身を置いたときから、この方法は誰が発明するともなく自ら展開します。本当に、それは自ら生じたと言うことができるのです。私たちはガリレオについてお話ししましたが、それはガリレオの考え方に関して、持続における無限小の微積分解析へと移行するためでした。これは、動くものだけではなく動かないものへも適用可能な何かだったのです。

以上について説明します。問題は、運動・動性に身を置く方法を手段として、私たちが結局は不動であるものとして目にするような事物を扱うということに関わります。それは可能だとア・プリオリに言うことができます。というのも、私たちが不動性と呼ぶものは、運動の静的なヴィジョンでしかないからです。空間内で考える不動な実在がどのようなものであれ、それは結局のところ、何と言えばいいでしょうか、固化し具体化した（solidifié, concrété）運動、ある観点から考えられた運動なのです……。私の手元にあるこの紙の上には、私が書いた数行の文章があります。これら数行の文章とは何でしょうか。それは、これら数行を書いた私の手の運動が停止したもの、不動化したものです。真なる実在は運動です。ではこの紙とは何でしょうか。それは、木のくずやかけらを紙へと変換した労働者の仕事が固化し、具体化し、不動化したものです。これら木のくずやかけらとは何かというと、それは太陽の仕事、すなわち太陽が多くの年月をかけて行使した振動的な運動、木や棉木を成長させた太陽の仕事であり、そして以下同様にしてこうした分析を先に進める、と言うよりは遡ることで、私は次第に運動へと近づいてゆくことになります。要するに、実在的なものがあるわけですが、それは運動なのです。私が延長と呼ぶのは、あるヴィジョンでしかない何らかの空間なのであって、私たちがそれを図形によって概念的に把握したいと考えるとしても、それはいわば持続の年代記（les annales de la durée）が載せられる帳簿（registre）なのです[447]。そして実在的なものがあるとして、それはこの持続であり、延長が記入されるカタログのようなものであって、それ以外のものではないのです。人が事物をこのように考察するあかつきには、人は科学について古代の考えとは反対の考え方に到達します。科学は今や本質的に動的なもので、静的なものではまったくないのです。もちろんこの〔動的な〕科学がそうしたものとして一挙に構成されるなどということはありえませんでした。それは持続から始まり、何か静的な・停止した・不動なものですが、すでに注意を促したとおり、その記法（notation）は図形ではなく図形が描かれる運動を考慮するものでした。私は空間内における外的運動についてお話しするつもりはありませんが、というのも、それについてであればデカルトの幾何学がすでにそうしたものだと言えるからです。

曲線を描く点、動体を考えてみてください。その動体は横座標に沿って移動しているとしましょう……。とはいえ私は、これの数学的な証明に立ち入る必要はありません。外的運動のことを考えるなら、それはデカルトのうちにすでにあると言えるわけですが、それはまったくもって人工的な観点でしかなく、デカルトは決してそれを自身の方法へ幾何学的な仕方で導入しはしませんでした。

線の形而上学——ガリレオ、ロベルヴァル、バロー

私たちの言う数学的な考え方は、実在的な持続のうちへと真に身を置きます。いかにしてでしょうか。みなさん、今はとても要約的な仕方でしか説明できないのですが、私はそれについての説明を、論理的観点からはおそらく不合理な形式で、しかし形而上学的観点からは実在に関わる説明だと私には思われるような形式の下で提示したいと思います。この観点では、直線を意図として考えなければなりません。私には直線を定義する他の仕方がわかりません。それは意図なのです。ある方向が必要となります。もちろん、ここで人は方向という言葉を幾何学的な観点から理解するかもしれませんが、しかしそのときには別の方法の話をしていることになります。というのも方向とは直線でしか定義されえないからです。私たちとしては、直線とは意図であると言いましょう。さて、点すなわち動体を、ある時点において、お望みの時点において取り上げ、その直線を空間内で考えるなら、明らかにその動体は一つの方向しか取りえません。点は必然的にどれか一つの直線の上にあるわけですが、しかし持続のうちに身を置き、動体がもつ内的なものを考えるなら、その動体が二つひいては複数の異なる方向、二つの異なる意図をもつということが可能です。心理学的生とはそうしたものから成っています。すなわち、一つの単純な意図が同時に複数の意図なのであって、私が決心できるのはその決心のうちに無限の動機をもつ場合のみです。言い換えると、一つの単純な意図が同時に持続において多であるのであって、ここに矛盾したことは何もありません。

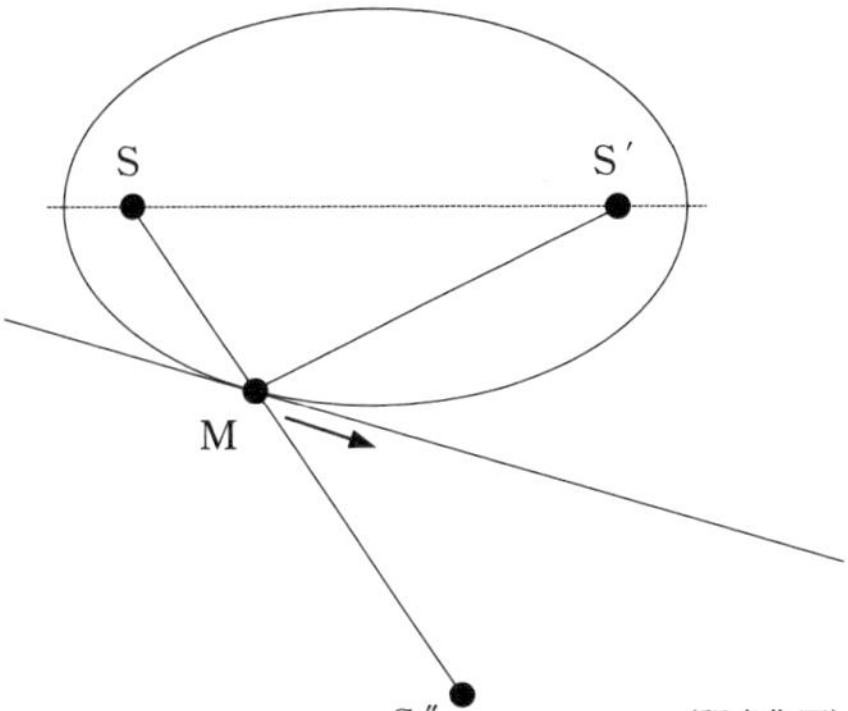

（訳者作図）

この観点に身を置いて、点の意図を考えてみましょう。曲線を取り上げたので、点の運動によって描かれたものとしての曲線のことを考えてみましょう。例として、あの方法を最初に適用した数学者の例のうちの一つを取り上げてみます。例えば、楕円があって、その二つの焦点をSとS′とします。その楕円は、ある点Mの運動に

よって描かれたと考えます。さて、その点Mの意図とは何かを問おうとして、いささかも数学ではなく形而上学的心理学の観点に身をおくなら、楕円とは何であることになるでしょうか。それは、ある条件に従属した点の運動によって生み出された曲線です。すなわち、二つの点SとS′とに対する距離の合計が一定のままになる、という条件です。MからSとS′までの合計が一定ということです。この動体〔M〕が左から右へ移動するとしてみましょう。その動体の意図とは何でしょうか。動体は、二つの点SとS′とへの距離の合計が一定でありつづけるという仕方で移動するのでなければならず、したがってその動体は、S′に近づいてゆくのと正確に同じ量だけSから離れてゆくのでなければなりません。このように移動するのがこの動体の意図なのです。よって動体の意図を二つの線によって表象することができ――MSを、MS′と同じ長さであるMS″ぶんだけ延長しましょう――、動体の意図を、互いに等しい二つの線MS′とMS″によって表象できます。

あるいはこちらの方がよければ、動体がSから離れる力ないし強度は、それがS′に近づく強度と正確に同じです。したがってこの二重の意図は、二つの線MS′とMS″を互いに等しいと考えるなら、まさしくこれら二つによって表示されるのです。

空間において点Mが同時に二つの線を占めていて、二つの異なる方向へ同時に動いているということは可能ではありません。しかし時間においては、二つの意図が一つになっているということを理解できますし、一つの点は同時に一つの物事しかなしえない以上は二つの意図は一つになっていなければなりません。二つの意図が幾何学的に一つになっているとするなら、それは角S′MS″*[448]を二等分する線によって表示されます。というのも、二つの線が等しい以上、その意図を表示する点が二つの線のいずれかにより近いことのどんな理由もないからです。私たちとしては、点Mの意図、点Mの方向は、その点で楕円に接する接線と呼ばれるべきものによって表示されている、と言いたいと思います。それゆえ、曲線が描かれる運動がもつ内部を考えるなら、点は実在的には決して曲線上にいるのではなく、常に曲線の接線上にいるのだ、と言うことができるのです。持続においては接線しか実在的なものはないわけですから、持続においてはそれこそが実在そのものです。曲線における実在的なものとは、接線なのです。そして、私たちが曲線と呼ぶものはというと、持続のうちで実際に〔実在において〕生じていることに関する、いわば外的なヴィジョン・外的な登録（enregistrement）でしかないわけです。さて、私は先ほどこの意図を形而上学的な言葉で説明しました。実際、以上のすべてがガリレオ以後の数学者たちのうちに見出されるのであって、ガリレオから発してロベルヴァルとともに継続され、バロー*[449]（ニュートンの先生だったイギリスの数学者です）にまで至る流れがあります。近世の無限小解析の本質的な考えはほぼそのままバローのうちに見出されるのでして、ニュートンとライプニッツに残されていた仕事はもはや記法（notation）を見出すことだけでした。もっとも、この仕事はこの仕事で重大であり、こうしたことが両者の栄光を減じるわけではありません。とりわけ、計算をなし、驚嘆すべき適用の計算をなしたニュートンの栄光を減じるものではありません。実際のところは、ガリレオからロベルヴァルに至るまで、そしてニュートンの師〔バロー〕において、あの計算は進化していて、ニュートンが記法を与えたときには要はそれは構成されてあったのです。その進化とはどのようなものでしょうか。それは、あの計算を次第に幾何学的に扱うようになるということに存しています。ロベルヴァルの論考が依拠している考えは、例えば平面上の曲線は二つの運動の合成によって生み出されると考えられねばならない、というものです。それは要するに私たちが先ほど述べた考えです。そこでニュートンが計算のための規則を与えるとき、彼は先人たちよりも先を行っています。彼はこの発明品になされてしかるべきである利用のあり方を示している点で、真の発明者なのです*450。

計算の形而上学――ニュートン

ニュートンはまた、計算の形而上学的観点とでも呼べるようなものを先人たちよりもよく示しているという点で、形而上学的な方向において先人たちよりも先に進んでいると言うことができます。

ここにニュートンがこの計算の形而上学を予感していたことを示すテクストがあります。例えば以下は、『小論集』（*Opuscula*）第一巻の一節です。

私はここで、数学的量というものを、可能な限り小さい部分から構成されるものとしてではなく、連続的な運動によって描かれるものとして考えている。線が描かれると、この描くということにおいてその線は、部分の付加によってではなく、点の連続的な運動によって生み出されるのだ。そして面は線の運動によって、立体は面の運動によって、角度は辺の回転運動によって、時間は連続的流れによって（*tempora per fluxum continuum*）、それぞれ生み出されるのであって、その他に関しても同様である*451。

数学的時間そのものは流れによって生み出されます。したがって数学的時間よりも深い何かがあるのです。それは流れです。

私たちが持続と呼んでおいたものです。彼はさらに次のように述べていますが、これはきわめて重要なことです。

こうした発生は、自然のうちで実際に起きている*452[そして物体の運動において毎日のように目にする]。(*Hæ geneses in rerum natura locum habent [& in motum corporum quotidie peraguntur & coram oculis exhibentur].*)*453

したがって、実際の発生(génération réelle)が取り上げられているのです。この一節の続きもやはり劣らず示唆に富んでいます。彼はこう続けています。

[したがって、等しい時間において増加し、そしてこの増加によって生み出される量の大小は、その増加や発生の速さの大小に応じたものとなっていることを考察しつつ]私は、量を生み出す運動や増加の速さに基づいて、その量を決定する方法を探求していた。そして、運動ないし増加の速さを流率(fluxions)と呼び、生み出された量を流量(fluentes)と呼ぶことで、私は一六六五年[と一六六六年]にかけて少しずつ流率法へと辿り着いたのだ。私はここでこの方法を曲線の求積のために用いた*454。

この一節は、あるヴィジョン(今日では派性的(dérivé)と呼ばれるもの)について語り、また原始的ヴィジョンについて語るときのニュートンの例の考えと関連づけて考えることができるでしょう。彼は生み出された事物、*genita*〔被生成量(generated quantity)〕のことを「原始的ヴィジョン vision primitive」と呼んでいます。これは非常に注目すべきことです。つまり、もし彼が「原始的ヴィジョンと派生的ヴィジョン」という現代の言葉遣いを前にして、そこから選ばなければならなかったとしたら、私たちが現在原始的と呼んでいるものを彼は派生的と呼び、派生的なものを原始的と呼ぶであろう、ということです*455。派生的ヴィジョンとは実のところ、他方〔原始的ヴィジョン〕を生み出すもののことなのですから。結局のところ、今日の私たちは、純粋な形而上学的観点に身を置くなら、あの計算の発明とは逆の観点に身を置いているのです。あの発明の[観]点はもちろん厳格さの点でははるかに劣っていますが、しかしそれは持続の観点なのであって、これこそ検討しなければならないものなのです。

今日は半分数学的（semi-mathématique）で半分形而上学的（semi-métaphysique）な、実に特殊な考察に入り込みました。本年度の講義が終わるまでに残された三、四回の講義では、本来の意味での哲学に立ち戻ろうと思います。デカルトの体系を取り上げて、以上のような考えの変容が哲学的観点にどのような影響を与えたのかをお示しするつもりです。次回の講義は四月二四日です。

第17講　デカルト的直観　一九〇三年四月二四日

デカルト哲学に内在する二つの傾向――直観と体系の精神

みなさん、前回の講義では、私たちが純粋持続と呼ぶものに関する心理学的次元の考察がどれほど現実存在に浸透し入り込んで、数学すらも、いやとりわけこの数学という科学を変様させていった様子を示そうと試みました。さらに、そうして変様させられた数学が、今度はいかに諸体系を構築してきたか、いかにあらゆる種類の知を吸収・併合しようとしているのかを示すことも可能かもしれません。とはいえ、もう残り三回しか講義がありませんので、私たちにその時間はないのですが……。言い換えると、同じ途を継続し、ますます高い領域へと持続の直観をますます探し求めていくことはせず、絶えずそのように事を運ぶ代わりに、科学はむしろ――これは自然で正当なことでした――、数学がこの直観から受け取った変様ないし改良を活用して、数学をより大々的に、より広範囲にわたる仕方で適用しようと試みたのでした。

しかし、私たちに残された二、三回の講義で論じるべきは、こうした点ではありません。私たちは、これと同じ直観が数学にではなく形而上学、哲学一般に与えた影響を探求したいと思います。今日これからお話しするのは、デカルトについてです。

デカルト哲学はそれ自体が、ある闘争、ある戦い、ともかくある継続的な対立を表明しています。すなわち、私たちが直観と呼ぶもの*456、持続の直観と言うことさえできるでしょうが、そうしたものと、他方で体系の精神（esprit de système）*457と呼ぶべきもの、古代人たちであればこの表現をそのように解したであろう意味での体系の精神、すなわち総合を行なって全体を単純な形式の下で見たいという欲求、こうした二つのもののあいだの対立です。デカルトには二つの傾向があるということです。本質的な点のすべてに関して、すなわち、(1)自我や人格とは何かという問い、(2)物質や物理的世界や外界一般とは何かという問い、(3)意識と自然の合一やそれらの関係・相互影響、例えば精神的なものの身体的・物理的なものへの作用とはいかなるものか、要するに自由とは何かという問い、これら三つの問いに関して、一方には直観、それも持続における直観があり、他方にはある努力が――私はこれを前者と対立関係にあると考えずにはいられません――、すなわち持続において見出したものを持続から引き出して、それを永遠にまで高めて純然たる概念とし、この概念がすべての事物とまでは言いませんが無際限の事物を包摂できるようにするための努力があるのです。

ここから、デカルト哲学のうちにいくつかの袋小路が生じてしまうことになります。哲学史家たち、とりわけクーノ・フィッシャー*458が指摘した、出口のない困難が一定数あるのです。直観と体系の精神という二つの極のあいだでのこの揺れは実際、体系の弱点であると考えることもできる一方、体系の力を作り出してもいます。というのも、デカルトの学説に入り込んでいる個人的な直観的諸要素は、体系自体が廃れていったその後にも生き残りうるものであり、またおそらく実際に生き残り続けるであろうものだからです。そしておそらくはこのようにして〔二極間の揺れとしてデカルト哲学を読み解くことで〕、デカルト哲学がもつそれらの〔直観的な〕諸要素から、この哲学が含んでいるもののすべて、人がそこから引き出しえたものすべてを、引き出したことになるのでしょう。

第一の傾向――直観的精神（懐疑の対象と時間における行為としてのコギト）

みなさん、デカルトの第一歩はどのようなものでしょうか。それは方法的懐疑です。デカルトは、暫定措置として、自身が真だとして容認してきた臆見のすべてを廃棄しにかかります。なぜ廃棄するのでしょうか。この懐疑はどのような意味をもつのでしょうか。人が何度か述べたように*459、それは理性を超えたあらゆる類の信念、信仰を廃棄する手順のことなのでしょうか。いいえ、そうではありません。その反対にデカルトは信仰の真理を残しており、この点からすると私たちは信仰に対する彼の誠実さを疑ういかなる理由ももち合わせていないからです。したがって懐疑の意味はこれではありません。

ではそれは、古代一般の権威、特にアリストテレスの権威を廃棄することでしょうか。そのように述べる人もいました*460。これも違うように思います。たしかに、デカルトの方法的懐疑のうちには、彼が確実性に辿り着くために与えた規則のうちには、権威の廃棄があります。しかし、理性に訴える必要性を示すためにデカルトの存在が必要であったわけではありません。そうしたことははるか昔から何度も言われていたのであって、アリストテレスの権威は、なるほどある種の場所《ミリュー》ではなおも重大でしたが、しかし一般には非常に揺らいでいたのです。そうです、言うまでもなく方法的懐疑は、哲学的な臆見を対象とするものですが、そうしたもの〔古代人たちの権威〕を対象とするのではありません。

結局のところデカルトは、これまで教わってきた哲学に対して何を非難し、したがって哲学者たちの信念に関して自身が信頼し受け入れてきた臆見に対して何を非難しているのでしょうか。

〔『方法序説』の〕第一部でデカルトが述べているところによると、〔彼以前の〕哲学とは、あらゆる事物に関して真らしく見えるように（vraisemblablement）語り、学識の劣る人に自分を賞賛させるように振る舞う手段です。もう少し進んだところで彼は、真らしく見えるにすぎないものはすべて、ほぼ偽と見なしておくに至ったと宣言しています*461。

これを見れば、哲学的な臆見を対象としている限りでのデカルト的懐疑が何であり、その起源とはどのようなものであるのかが非常にはっきりと分かります。懐疑の対象たる臆見とは、単に真らしく見えるだけのもののことなのであり、そして哲学は真らしく見えるものについて語ることしかできないというのです。

なぜでしょうか。みなさん、古代哲学者たちによる、特殊な論点、科学的な問題、例えばアリストテレスの諸問題についての著作を読むと、彼らにはまさに真らしく見えるもので十分であったという事実に大変驚かされます。これらの事柄に関しては真に見える臆見に至れば彼らにとって十分なのです。これこれの事実の原因は何であろうか。どうやらその原因はこれこれのものらしい……、どうやらその対象はこれこれのカテゴリーに入れることができるらしい〔といった具合です〕*462。

ではなぜ古代人たちは真らしく見えることで満足したのでしょうか。それは彼らの方法に起因しています。概念の適用で事に当たる方法、純粋に概念的な方法は、すでに知られすでに構成された概念のうちのどれにこれこれの対象が入るのかを探し見つける、ということに存します。ほとんどの場合、人は数多くの異なる概念のあいだで選択の余地を有します。概念とは枠組みなのであって、人は同じ対象を異なる枠組みのなかに保持することができます。なぜなら、枠組みとは一般的に、対象よりもはるかに広い何かだからです。対象、それもその対象だけの輪郭に正確に沿う枠組みを探求しないなら、そして対象が内部で保持されるということで十分だとするならば、一つではなく多くの、しばしば無限の数の枠組みを見出すことになり、人は選択の余地を有することになります。こうして、ある概念のなかに対象が入ると主張するための判断は、他の判断を下すことも等しく可能であるという意味で、真らしく見えるものであることになるのです*463。

すっかり出来上がった概念、今目の前にある〔現前している〕諸対象をすっかり出来上がった諸概念のうちに閉じ込めるという仕方で、概念の探求を通じて真理を発見するという方法があるわけですが、こうした方法は単に真らしく見えるものに満足することしかできない方法です。何より言語や話し言葉に重要性を与えるような方法は、それがどんな類のものでも、事情を同じくしますし、またもっぱら文字だけによる教育的な方法はそうした類の結果に行き着きますが、そうした方法はあらゆることについて巧みに話せるように人を仕込むのです。これこれの特定の観念を入れるための概念を見つける以上に簡単なことはありませんし、そうすることでもっともらしい展開に到達することでしょう。こうして、人はあらゆることについて話し書く術を学ぶことはできますが、しかしながら行動する術を学ぶことはできません。というのも、行動の瞬間がやってきて、実践との接触において〔現場で〕概念を判断することが問題になると、人はようやく気づくからです。枠組みがあまりに広すぎて、なすべきことが何であるのか、その事態から引き出すべきことは何か、したがってその事態が実際にはどのようなものであるのかについて、枠組みそれ自体は何も教えてくれないということに。

さてみなさん、哲学的臆見を対象とする限りでの暫定的懐疑、すなわち単に真らしく見えるにすぎないものとしての紋切型の臆見を斥けることのうちに私がまず何よりも見てとるのは、これまで言われてきたような権威に依拠する方法への批判ではなく、すっかり出来上がった観念の適用でもって事に当たる方法への批判なのです。すっかり出来上がった観念を峻拒することが問題になっているのです。古代哲学は、真理はすっかり出来上がった形で存在しており、いわば言語のうちに託されている、と信じていました*464。ソクラテスやプラトン以来、アリストテレスを通じて新プラトン主義者たちに至るまで、古代哲学はいわばある一つの考えの上を歩んできたのです。すなわち、言語とは真理の受託者（dépositaire）であるという考え、すっかり出来上がった概念の体系があって、その中からしかじかの概念を摘み取ってしかじかの事象へ適用すればそれで十分なのだという考えの上を歩んできたのです。

もちろんおそらくは言語を訂正し、修正し、改良していかなければなりません。言語とは、それ自体としてはまったくもって完全な何かであるものの堕落、すなわち純粋な諸観念のヒエラルキーを表象しているのです。ただそれでもやはり、古代哲学のうちには陰に陽に以上のような考えがあるというのはたしかなことで、デカルトが手始めに追い払っているのは、古代哲学全体が保持している、以上のような意味でのすっかり出来上がった観念なのです。

こうして、すっかり出来上がった（tout fait）観念は追い払われました。ではデカルトはそれに代えて何をもち出すのでしょうか。デカルトがもち出すのは、出来つつあるもの（se faisant）です。彼は、真理の根底そのものとして、ある行動

(action)、ある行為(acte)をもち出します。すなわち「我思う、ゆえに我あり」です。これが根底的な真理であり、彼の全哲学の出発点です。私は思考する、すなわち私は思考しているという意識をもっていて、しかもそれは超越的な仕方で、つまり永遠においてのことではありません。もしそうだとすれば、それはもはや意識ではないでしょう。そうではなく、時間においてのことなのです。意識とは何か時間的なもの*465なのであって、私の思考と私の現実存在——私の思考と合致している限りでの私の現実存在——の二つを私が同時に意識するのは、まさしく時間において、持続においてのことなのです。以上が出発点です。

古代哲学とデカルト哲学における「思考する私」と「ある」について

みなさん、私はここにこそ非常に新しいものがあると言いましたし、また他のあらゆる人もそう言いました。なぜなら、古代人たちであれば、こうした命題を受け入れはしなかったでしょうし、彼らの出発点を考えれば、そもそも理解ができなかったでしょうから。

プラトンやアリストテレスのような人に、あるいはプロティノスのような人でさえも構いませんが、この点を質問してみましょう。私とは何であり、どうやって私は私の現実存在を確信できるのか、と。彼らの返答は次のようなものでしょう。イデアそのものがあり、私はそれを分有している。私とは、イデアを、思考を分有する限りで、思考する存在である。したがって私は、その同じ思考を分有する限りで、現実存在するのだ。別の言い方をすれば、出発点は自我ではなく、時間のうちにある私の思考でもなく、純粋なイデア、非時間的なイデア、そして非時間的な思考である。そして時間のうちにある思考が現実存在を有するのは、それが非時間的なものに結びつけられうる限りで、あるいはむしろそれが時間の外にある思考の縮減ないし減弱として定義されうる限りでのことでしかないのだ。

古代人たちであればこのように答えるのではないかと思います。そして実際に私たちはこの点に関する彼らの返答を手にしています。プロティノスは、私たちが努めて示そうとしたように、他の多くの側面では近世哲学を準備したわけですが、彼の非常に重要な論文である第五エネアス第三論文「認識を可能にするヒュポスタシスと超越者について(περὶ τῶν γνωριστικῶν ὑποστάσεων, καὶ τοῦ ἐπέκεινα*466)」においては、〔他の古代哲学者同様〕まず自分自身を認識し自分自身のことを思考できる存在とはいかなるものかを問い、次いで、では人間の魂は自らを認識できるのかを問うています。そして、この最後の点に関してプロティノスは、あらゆる意識が――すでに私たちはこのことを仄《ほの》めかしておいたと思います――、すでにして時間における意識の分裂（scission）であり、二重性を表象している事の次第を示しています。意識とは二つに切断されたものであり、自らの映しを見るもの、鏡の中の自らを覚知するもの、したがって自己自身を覚知しはせず、自己に対して自らを外在化するものなのです。語の時間的な意味で意識があるなら、もはや存在が自らを認識することはなくなり、その存在が認識するものは自らとは異なるものとなります。というのも、一方に見るものがあり、他方に見られるものがあるからです。認識するものと認識されるもの、つまり二つの異なる項があるのであって、したがってもはや自己の認識というものはなくなるというわけです。自己の認識が可能だとしても、それは叡知的なもの、時間の外にある純然たる叡知的なもののうちでしか可能ではありません*467。

　純粋な思考でありしたがって時間のうちでは思考しない存在、すなわち非時間的思考は、自己自身を思考します。ここでは主体と対象が一つになっており、叡知的なものと意識が合致しているという意味で、そうなのです。しかし、そこになお意識があると言えるでしょうか。それは疑わしいことで、プロティノスはここではもうアンティレープシス（ἀντίληψις）〔把捉〕という言葉を使っていません。パラコルーテーシス（παρακολούθησις）〔随伴〕という言葉はなおのこと使われません*468。

　それどころか事態はさらにいっそうはっきりとしていきます。彼はさらに、認識するとはどういうことか、思考するとはどういうことか、自らを認識し自己自身を思考するとはどういうことかと問うのです。彼が言うには、人は一つのものしか認識できません。それはト・オン（τὸ ὄν）〔存在〕です。ですが何が現実存在するのでしょうか。それは、時間のうちにはないものです。なぜなら時間のうちに存在するのは存在（être）ではなく、生成変化（devenir）だからです。事実、ト・オンという表現はプロティノスによるなら、タ・ノエータ（τὰ νοητά）、すなわち純然たる叡知的なものないし純然たる非時間的イデアの同義語です。こうして、人が認識することができるのは存在のうちで、したがって不変性のうちでのみだということになるのです。

　それはそうだとして、ではプシュケー（ψυχή）〔魂〕は自己自身を認識できるのかと問うてみましょう。私たちは、プロティノスひいては一般に古代の人々によればプシュケーとは何であるのかを知っています。それは時間のうちで繰り広げられ展開される何かであり、そして時間的な現実存在とは、魂の現実存在そのもの、時間における繰り広げ・展開であるところの魂です。したがって、魂が自らを認識するとしても、それが魂である限りでの魂、時間的なものとしての魂による認識であるなら、それは認識ではなく、存在についての損傷した認識であるということになります。ここからプロティノスはこう結論づけます――そしてこれは彼の全著作のライトモチーフです――、魂にとって自己自身を認識するとは、魂から出て行き、叡知的なものへと遡ることである、と。魂のより高い部分はイデアの世界にいるので、イデアの世界において魂は時間より高次のものです。そして、魂が自己自身から出て行く限りで、本来的に魂であるものが叡知的なもの・純然たるイデア・純然たる知性のうちへと帰ることができるのであって、魂はいわばそこに頭の部分を残していたのだというわけです。これによって魂は自己自身を認識できるわけですが、しかしそのとき魂が認識するのはもはや魂ではありませんし、魂が自らを認識する手段はもはや意識に属するものではありません。

みなさん、以上が、思考・存在・両者の関係について古代人たちが有していた見解です。したがって、古代人たちは「我思う、ゆえに我あり」とは言わなかったでしょう。彼らであれば、「存在があり、存在とは思考に属するものである。私が思考に属するものである限り、私は存在を分有するのだ」と言ったことでしょう。それに対して、存在の根を「私が思考するという」或る行為のうちに、あるいは別の角度から言えば持続のうちに探し求め、それを哲学の出発点にするというアイデアは本質的にデカルト的なものであり、古代哲学が思考について述べていたことすべてと際立った対照をなしています。

第二の傾向――体系の精神（不連続なものとしての時間と神）

かくして、以上がデカルトの出発点をなすわけです。さてみなさん、今日の講義の冒頭で予告しておいたように、そこでは非常に教えるところが多く、またドラマチックであるとさえ言えるようなスペクタクルが展開されています。近世哲学一般の思考において、直観と体系の精神とのあいだに生じた闘争のことです。

「私は思考する、ゆえに私はある」という真理が確保され、哲学的真理を探求するための出発点が時間のうち、純然たる持続のうちに探されたとして、次に生じるのはどのようなことでしょうか。デカルト哲学の次なる歩みはどのようなものになるのでしょうか。みなさん、私たちが何度か述べたように、ある哲学者が時間に関して告白する見解は、一般に、その哲学者の哲学に多大な光を投げかけるような見解です。この見解は明示的なこともあれば暗示的なこともありますが、人がそれを摑み、ある哲学者が持続について何を考えたのかを人が知るとき、その人は、当の哲学者の学説一般を認識したとまでは言いませんが、その学説の主要な点をそこから推測することはできると言えるのです。

時間の問いに関して見てみると、デカルトが時間の問いを時間の問いとして扱ったところでは、彼は精確なことを何も述べておらず、結局のところ興味をそそられるようなことは何も述べていないことがわかります。何より彼は、時間が何であるのかという問いに真剣に没頭したことがありませんでした。彼が時間について語ったのは、何かそれとは別の事柄について語るときでしかなかったのです。

『哲学原理』第一部で、時間は数に、そして延長にさえ、結びつけられています。時間に関して、それはある様態であり、存在し続ける限りでの事物を考察するためのある仕方なのだ、ということが言われています[*469]。

さらに、エリザベト王女宛書簡の一つでデカルトは、時間を本有観念の一つに分類しています。本有観念であるところの時間・数・その他諸々の観念があるというのです[*470]。

また別のエリザベト宛書簡の一つで彼が言うところによると、時間とは諸思考の継起であり、今日の私たちの言い方をすれば諸表象の継起です[*471]。もっとも、こうした諸見解が全体としてどのように共存するのかはよくわかりません。真実としては、デカルトはこの点に関してはっきりとしないままだったのであって、時間を時間として論じた際にも、彼は事柄の本性を深めはしなかったのです。

彼が専門家として、いわば観念分析の専門家として問いを扱う際も事情は同じです。ところで、一方で人がついでに、また他の分析によってそうする必要に迫られたがゆえにある観念を分析するということと、他方でその観念を使用するということ、これら二つは別の事柄です。

ええそうです、哲学者がある観念を本質的な仕方で適用するとき、その適用は、当の哲学者がその観念にどのような本性を認めているのかということを私たちに教えてくれます。ですので、デカルトが時間の観念をどのように適用し、どのように使用しているのかを問うてみましょう。

この点に関して、私たちが外的持続と呼んだものと内的持続と呼んだものとを考察することができます。私たちは〔両者に関して〕同じ答えを得ることになるでしょう。では外的持続を考察してみましょう。物理的時間、事物の持続と呼んでもいいもののことです。世界の持続についてのデカルトの見解はどのようなものであり、事物にとっての持続とは何であることになるでしょうか。『方法序説』の第五部でデカルトが述べるところでは、物質的世界・宇宙に関して、神がそれを概念的に把握する[*472]働きは、神がそれを創造する働きと同じです。これは非常によく知られたデカルトの理論です。神は、あらゆる瞬間、時間の各瞬間に、創造を再開するのです。事物は絶えず神によって再創造されるのでなければならないというわけです。第五の反論すなわちガッサンディの反論への答弁において、デカルトはこの理論を刷新し、その理由を与えています。すなわち時間の諸部分が独立していることに、この理論は由来するのだというのです。これが理由なのでして、時間の諸部分が独立しているがゆえに、神はあらゆる瞬間に創造の働きを再開するのでなければならないというわけです。デカルトはさらに付け加えて、ガッサンディに対して次のように述べます。持続の諸瞬間が互いに分離していて、諸事物は存在するのをやめることが可能だということ、それもあらゆる瞬間に存在するのをやめることが可能だということ、このことをあなたは否定できません……。フレーズの末尾を正確には思い出せませんが、冒頭はたしかにこのようなものです*473。

以上が理由です。すなわち、時間の諸瞬間は互いに独立で互いに分離しており、だからこそ神があらゆる瞬間に創造の働きを再開するというのでなければならないのです。

ここまでが外的持続に関する議論です。さて今、私たちが内的持続を取り上げても、同じことに行き着きます。これに関してはすでに何度もみなさんの注意を引いたのですが、記憶についてのデカルトの理論、あるいは論証された真理を保存するものとしての記憶の価値についての理論と言うべきかもしれませんが、この理論を思い出してみてください。これは、まずは『方法序説』でデカルトが頻繁に、何度も立ち返った点です。また、『哲学原理』の第一部、そしてクレルスリエとアルノーによる第二反論と第四反論に対する答弁において、これが問題になっています*474。これらすべてのテクストでデカルトは同じことを言っています。すなわち、諸々の前提を表象したままで、それと同時にそこから引き出されてくる結論へと至るときには、私たちはその真理について確実であることができるわけですが、しかしながら私たちがその結論に至るのが記憶によってであり、その結論の諸前提を同じ直観の中で一挙に覚知しないでのことなのであれば、ええ、そのときには私たちは過ちをおかす可能性があります。実際、事物がそのままの状態にとどまっていたことを示すものは何もありませんし、私たちが前進するあいだに真理がいわば解体してしまうということが可能だったのです。私たちが結論と同時にその理由をもつかんでいないならば、私たちはもはやその結論について確信してはいません。言い換えると、ここにはやはり不連続性があり、誤解によって私たちが誤る可能性があるのです。私たちが結論において諸前提を覚知しているときにはその結論の真理について確かなのですが、それと同じく、私たちがただ記憶だけによって結論しかもはや見ていないならば、その結論について確実でありはしないということです。

かくしてデカルトは、外的持続であれ内的持続であれ、事物における時間を不連続なものとして扱っているのです。したがって、デカルトには持続の不連続性の観念があるわけですが、それはなぜでしょうか。古代人たちが時間についてそう考えたから、そして真だとして容認してきた臆見のすべてを廃棄しても無駄で、人が最後の端まで分析するのを怠る臆見があってこれについて人はすっかり出来上がった分析を容認するものだから、こうしたこと以外の理由を私は見出すことができません。私たちはすでに、時間の諸瞬間が不連続であるという考えを古代哲学者たちのうちに見出していました。デカルトはそれをそのまま受け入れたように思われます。

ああ、しかしここから重要な帰結が出てきます。ここで、私たちが冒頭で述べたことに立ち戻りましょう。すなわち、一たび時間において思考する自我の直観から出発した後で、デカルトにとってその直観では十分でなく、十分でありえないとわかるということです。ああ、もし持続が何か堅固なもので、持続のうちに連続性があり、持続がそれだけで自足した実在であるならば、「私は思考する、ゆえに私はある」で十分であるということになるのですが、しかしデカルトは、その直観を取り上げる必要性を体感し、要するに真理と確実性の根を持続のうちに探し求めながらも、その直観を取り上げるや否や時間の不連続性に尻込みしてしまったというわけなのです。デカルトにとって、時間のうちで取り上げられた「私は思考する、ゆえに私はある」とは瞬間のうちで取り上げられたもの、すぐに宙づりとなってしまうものであり、その永続性を確証するために何かより堅固なものがなければならないように思われるのです。では彼はどのようにことに当たるのでしょうか。もしも、自分が思考していることを覚知し、したがって自分が存在していることを覚知する瞬間、この瞬間のうちに、完全な存在の観念・「私は思考する」において自分自身のことを思考する（se penser）働きと固く結びついたものとして与えられる永遠的なものの観念、こうした観念を一挙に覚知するのでないならば、すべては完全であることになるでしょう。ここでの完全な存在の観念には、非時間的で永遠的な現実存在を含み込んでいるという驚嘆すべき点があります。これは、存在しないよう意志することなどできない存在の現実存在です。こういう次第で、神の現実存在が確立され、論証され、それも瞬間のうちに論証されるのですが、これで十分なのです。すなわち、私はその瞬間のうちに何か永遠的なものをつかんでいて、そしてそれから私は、私に属する私の現実存在の継起的で不連続な諸瞬間を、その永遠へと帰属させることになるということです。かくしてここに、人がデカルト的循環と呼んできたものがあります。私は、持続のうちにとどまりながらも、この持続を永遠に基づかせることになるというわけです。以上が、デカルトの思考の体系的な部分です。

みなさん、私は神の現実存在についてのこの論証がもつ偉大な価値を否定しようなどとはまったく思っていません――たぶん人はまだこの論証が含んでいる帰結のすべてを引き出してはいません――。また、デカルトの神の概念は、事物の根底であるのですから総体において考えられており、また結局は存在というよりは働きとして、すなわち有限な思考――これは時間のうちの思考です――の働きが訴えかけようとする非時間的で永遠的な働きとして考えられているわけですが、私はこうした神の概念の偉大な価値を否定しようとも思いません。これらはすべて非常に偉大な価値を有しています。ただしそれでも、デカルトはここで純粋な持続の観点を放棄しているという真実に変わりはありません。彼は、意識をそれだけで自足したものとして、意識的直観・時間における直観をそれだけで自足したものと考えようと試みており、したがってこの点では、少なくともこの意味では、彼は自らが適用を開始した方法に対して絶対的に忠実であるというわけではないように思われるのです。

いずれにせよ人は、体系を批判して、デカルトがあのようにしてことに当たったのはまずいやり方だったなどと言うことはできません。その後の哲学の発展を考えると、「私は思考する」が神の現実存在に対してもつ関係は、デカルト以後の哲学によって取り上げ直され、発展させられたことがわかります。というのも、私にはライプニッツ哲学の大部分はそこに立脚しているように見えるからです。これは、一方の「私は思考する」と他方の神の現実存在とのあいだにかけられたある種の橋なのですが、その哲学は袋小路に行きつき、全面的に展開する力能を有してはいなかったように見えます。

デカルト哲学の純粋に直観的な側面、すなわち彼が持続に身をおく働きは、かつても今でも無際限の数の帰結と適用とを伴うものであるということを示すことができるでしょう。ですので、学説の価値を、その学説がうちに含みもつものやその適用がもつ肥沃さによって判断するなら、体系の側面よりも直観の側面の方が優越した価値をもつと思われます。

デカルト自然学の真価――物質の実在性としての運動

さてここで、第二の問いに移ります。この点については、なされるべき面白い研究があります。みなさんご存知のとおり、デカルトの自然学〔物理学 la physique〕、物質の理論は批判されてきました。人が言うところによると――これは特にドイツで発せられた意見ですが、例えばヒューウェルのようなイギリスの歴史家たちも採用する意見です*475――、デカルトはこの点に関しては自分の力を発揮しておらず、ガリレオに遅れをとり、ガリレオ哲学の自然学的・力学的射程を理解していませんでした。この最後の批判に関しては、おそらく一部真実のところがあるでしょう。しかしながらデカルトの自然学は、その本質的な考えからすると、すなわちそれが含みもつ直観からすると、たしかに非常に高い価値をもった自然学なのであって、それに着想を与えた支配的な考えは、今日になってようやくその肥沃さと射程とが垣間見られ始めた考えなのです。

それはどのような考えのことでしょうか。デカルトの全自然学を支配している考えがあるように私には見えるのですが、ただ彼はそれを解明してはおらず、この点について私たちを誤謬に誘い込むような仕方で表現してさえいます。その支配的な考えとは、つまるところ、物質を構成しているのは運動だという考えです。物質はそれ以外のものではありません。すなわち、物質は運動であり、出来上がったものではなく「できつつあるもの」だというのです。そしてこの点に関して誤謬へと誘うのは、デカルトが明示的には運動から物質を構成しておらず、運動している延長から物質を構成しているということです。

覚えておいででしょうが、デカルトは物質を本質的に延長であるものとして考えています。彼は自らの考えをそのように表現しており、そうすると物理現象とは先ほど述べた延長における運動に属する現象であるということになるのです。運動する延長のうちで、さまざまな厚みをもった運動する粒子を切り抜く（découper）のでなければならず、これらの粒子・これらの小片の運動によって宇宙一般の現象が説明されることになるわけです。

延長の小片が本当にもっている実在性とはどのようなものでありえるのでしょうか。ある事物が現実存在し、真らしく見えるのは、その規定によって・その質によってのみです。ところで、その延長の小片の一つはどのような質をもちうるでしょうか。私たちがデカルトにこの点を尋ねるなら、彼は私たちに、小片は質をもたず、もち得ないのだと答えるでしょう。色についてはどうでしょう。〔小片が色をもつことは〕不可能です。というのも、周知のとおり、光の様相である色は、光そのものと同様、このうえなく微細な物質の第一要素である諸粒子の単なる運動によって産出されるものだからです。

熱はどうでしょうか。これも不可能です。というのも、微細な物質の同じ諸粒子が、互いに衝撃を与えられあって、より微細でない物質を運動させ、そうして生まれてくるのが熱であるからです。

奥行きはどうでしょうか。これも不可能です。というのもデカルトは、まさしく渦の遠心的な運動によって深さを説明するからです。それは運動に帰着するものであって、質ではないのです。さてこのようにして、どんな類の規定をももたない延長の粒子があるわけです。みなさんは、いやその粒子は規定として形をもっているではないか、とおっしゃるかもしれません。デカルトはさまざまな大きさをもつ諸粒子を切り抜き、これらすべてが異なる形をもっている。そしてこれらの形・姿こそが、一片の延長を定義することになる〔のではないか、と〕。ええ、それはそのとおりです、がしかし、空虚というものは〔デカルトにとって〕存在せず、したがってそうして切り抜かれた形は実際に切り抜かれたわけではありません。なぜなら、空間を埋める延長がその空間と結局のところ合致していることを考えるなら、諸々の形が切り抜かれる元となる延長は、それを取り囲むものと異なるところがまったくない以上、観念的にしか切り抜かれえないからです*476。

宇宙のある一状態を取り上げると、その諸粒子はある特定の仕方で配置されています。次いで宇宙のまた別の一状態を取り上げると、同じ諸粒子が別の仕方で配置されています。なぜなら、どちらの場合でも、諸粒子のあいだに空虚はなく、諸粒子は互いに質的に異なっていないのですから。どちらの状態においても、すべてが物質であり、差異はなく、何も生じなかったのです。真実のところは、ある状態を別の状態から差異化させ、ある期間を別の期間から差異化させる何か実在的なものがあって、それこそ運動なのです。ああ、運動とは一つの実在なのです。デカルトは常に運動について一つの実在のようにして語り、運動を一つの実在のようにして扱い、論述の中で物質よりもはるかに運動の方を気にかけていました。

ただし、事柄をこのように考察して運動を物質の基体（substratum）とし、物質を動性に帰着させ、この考えを徹底的に推し進めるなら、ないしもっと良い言い方をすれば運動・動性・私たちが持続と呼ぶもののうちにとどまるなら、そのとき運動は必然的に何か心理学的なものであり、運動は内部を有している――運動は内部なしには何ものでもないのですから――ことになります。

純粋に空間的な運動と、たった今私たちが定義したようなものとしての延長せる諸粒子とを想定してみてください。世界のある状態は世界の別のある状態からどの点においても異なっていない以上、ある状態から別の状態へ移行する運動はあたかも存在しないかのようです。もしそうした運動が実在的であるなら、それはその運動が質を、内的質をもっているからであり、その運動が何か心理学的なものであるということです。ただしここへ至り着くためには、まず先ほど述べたように運動に内部を認め、運動を絶対的なものと考えるのでなければなりません。そして何より、あらゆる運動が世界の唯一にして同じ体系を構成していること、普遍数学があること、任意の瞬間における諸現象の計算が可能であること、こうしたことをア・プリオリに肯定することはできないというのでなければなりません。問題になっている運動が唯一の体系を形成することを示すものなど何もないのであって、運動が多くの体系を形成している可能性もあり、また普遍数学が存在せず、運動は純粋に数学的なものではない可能性もある、ということです。

以上は、デカルトが到達できていなかった点です。というのも、すでに述べた通り、デカルトには常に体系の精神へ立ち戻ろうとする傾向があるからです。彼は普遍数学の考えから身を引き剥がすことができず、彼にとっては世界の唯一の体系があるのでなければならなかったのです。

デカルトの動揺

私は、ここにもやはり、古代哲学からの無意識的な影響を見ずにはいられません。というのも、哲学の古代的な考えには、互いに完全に結びつけられた諸事物の唯一の体系というものがあるからです。古代人たちにとって、イデアこそがそうした唯一の体系を形成することになるのでした。近世科学にとって、デカルトにとっては、世界に内属的な数学的諸関係こそがその体系を形成することになるわけで、ともかくそうした体系があるのでなければならず、そこでデカルトはこうした途を通って世界のその唯一の体系に辿り着くために、運動をまずは純粋に数学的であるものとして取り扱ったという次第なのです。

非常に興味深いことに、『哲学原理』やヘンリー・モア宛の書簡で、デカルトが運動を純粋に相対的なものとして、空間の単なる移動として考えているのが見受けられます。デカルトが言うには、AがBへ向かうのであれBがAへ向かうのであれ同じことで、その運動を区別するいかなる手段も存在しないのだ、実際に（en réalité）あらゆる運動は相互的で相対的なのだ、というのです*477。

そもそも十七世紀以来、人は、運動をこのように純粋に相対的なものと見なす考え方とデカルトの自然学全体とのあいだにある矛盾に気がついていました。ライプニッツはその矛盾そのものを純粋な自然学の観点からさえ教示しています*478。運動が純粋に相対的なものであるなら、デカルト哲学の原理を理解するのは非常に難しくなるということなのですが、しかし私としては、形而上学的観点からすると困難はさらに増大するということを付け加えておきます。というのも、もし運動が純粋に相対的であるなら、運動は空間の偶有物でしかなくなるからです。運動を有する粒子も固有の実在をもちえないので、もはや何も残らないのですが、しかしデカルトは、体系を構築しようという例の傾向のために、運動は相対的であると宣言し、あたかも運動はそれ自身で自足することができないかのように運動を粒子に依存させ、そして数学的な諸問題のうちで、自然学的な事物と現象とについての唯一の体系の考え方へと辿り着くことになるのです。したがって、ここでもやはり私たちは実際に、時間における直観と、事物を心理学的実在へともたらそうとする傾向のようなものを有しているのです。これこそが、徐々に生き残り、またこれからも生き残るだろうことであると私は思います。現在の傾向としては、物質を排除して、エネルギーや力の移動しか残さない傾向が、要はその起源に関して、観念の起源に関して*479、多かれ少なかれ心理学的な本性を帯びたものしか残さないようにする傾向があります。

以上が物質と精神とに関する言説です。ところで、思考の理論を辿ることによってもしくは諸現象の理論を辿ることによって至り着く体系だけにデカルトがとどめていたとしても、デカルトにおいてこれら二つの項の関係を研究することは、どれほど示唆に富んだものとなることでしょう。そこでは彼は明らかにあらゆる類の自由意志（libre arbitre）を否定するに至っていたことでしょう。というのも、神があらゆる瞬間に創造の技巧を再開するなら、ここからの帰結として、神は私自身ではありませんがまさに神こそが私に働きかけるのであるということになるからです。同様に他の観点からしても、世界の諸運動の唯一の体系、普遍数学があるなら、運動を創造する余地も方向を創造する余地もないことになります。空間内で達成された運動はすべて、先行する運動から必然的に結果する運動でなければならないのであって、私の自由の力（décret）から結果する運動ではないということです。

したがって、内的時間が非連続的であり、その時間を永遠に基づかせる必要があると考えるにせよ、あるいは事物の時間・外的時間が非連続的であり、ここからある種の普遍数学が結果すると考えるにせよ、いずれの場合においても自由意志が否定されているのであり、人はこうした否定に辿り着くことになるのです。しかし、直観、自由の直観が問題になる際に、デカルトはエリザベト王女に次のように明言しています。以下は彼自身の表現です。「私たちは、私たちが自由であることを体感し、感じ、経験します（Nous éprouvons, nous sentons et exprimons）。これは経験の事実です」*480。したがって、自由意志を認めなければならないのです。

しかし、この自由意志はいかにして、神の全能および自然の有機的組織と折り合いをつける手段を見出すのでしょうか。この折り合いに関してデカルトは、それは概念的に把握することが非常に難しい事柄であると述べるにとどめました。「神はわれわれの行動を予見し、また望んでもいるが、ただし神がそれを望むのは自由な行動として、自由意志の結果としてのことである。これは概念的に把握するのが非常に難しいことだが、しかし受け入れられなくてはならないことなのだ」*481。

自然のメカニズムからくるはずである障害に関して言うと、デカルトは次のように想定することによってその障害を取り除いていることを思い起こしておきましょう。その想定とは、私たちが方向を体感するのは運動の継起を理由にしてのことでしかないが、この継起は自由の事実・心身合一の事実に起因するものである、という想定です。そして、この合一の方はというと、これはいわゆる体系のうちにある体系的なものにとどめておくなら不可能となりますが、しかしこの合一は現実存在するもの、事実なのであって、デカルトが言うようにそれは経験の事実なのです。

数年前、デカルト全集が準備されていたときに、ビュルマンとの対話が再発見されました。その中でデカルトは、デカルトの体系内部で心身合一を概念的に把握することは非常に難しいと述べたビュルマンの問いに対して、次のように答えています。「このことは説明するのにきわめて困難ですが、しかしここでは経験で十分であり」*482、経験は非常に明晰なのでそれが否定されることはありえない、というのです。

それとは別のところ、エリザベト王女宛の有名な書簡では、彼は次のように言います。「魂と身体の合一が何でありうるかについては、高きところで省察してはなりません。高きところで省察するひとは、それをまったく理解しないでしょう。実生活を送り、単に感覚を参照するひと、そうしたひとだけが魂と身体の合一が何であるのかを知り、それを受け入れるでしょう」*483。

第18講　ライプニッツの時間論　一九〇三年五月一日

デカルト哲学の古代哲学化としてのスピノザ・ライプニッツ

みなさん、前回の講義で、デカルト哲学に入り込んだ直観について研究しました。私たちが強調したのは、デカルトのうちにはしばしば、直観（intuition）と体系精神（esprit de système）とでも呼べるものとのあいだに対立が見られるということでした。つまり、一方では持続のうちに身を置く直観がありつつ、他方でそれが体系精神の手にかかることで、単純な統一性、時間の統一化に帰されてしまう、ということです。私たちが「体系精神」という言葉で理解し定義しているのは、何か本質的にギリシア的なもの、古代哲学直系のものです。

本日、非常に簡潔にではあるものの、みなさんにお示ししたいと考えているのは、デカルトの後継者たちが、デカルト自身よりもはるかに後者の論点・後者の側面〔体系精神〕を強調したということです。スピノザやライプニッツのような哲学者たちの努力は、かなりの部分、デカルト主義を、古代哲学のような哲学の形式・構造へと帰着させることに費やされたのです*[484]。

この種の主張をしたところで、私が非常に新しいことを述べたというわけではまったくありません。少なくともこの道に分け入る作業はすでに着手されています。最近現れたいくつかの論文の中では――私としては特に興味深いものとしてブロシャール氏のもの*[485]を挙げておきたいと思いますが――、まずスピノザ哲学とアリストテレス哲学の諸関係が示されています。この比較は決してこじつけではなく、両哲学者の隔たりは、多くの点で人が想定するよりもはるかに小さいのです。

最近出た別の論文では、プロティノス哲学とライプニッツ哲学とが類比しており、いくつかの点ではほとんど同一であるとさえ言えそうなほどであることが示されております*[486]。この点について思い出していただきたいのは、もう五年も前になりますが、まさにここ〔コレージュ・ド・フランス〕で行われたある講義の中で、ライプニッツ哲学の主要なテーゼ、さらに言えば、ライプニッツがよく用いていた諸々の表現までもが、プロティノスのうちに見出されるのだというお話をしたということです。それらの表現は間違いなくライプニッツ自身がプロティノスから取ってきたものです。というのも、彼自身が述べているように、彼はプロティノスのことを知っていたからです。おそらくはまだ若い頃に読んだのでしょうが、その教説はライプニッツに深い印象を残し、意識的か無意識的か、彼はプロティノスの主要な論点を再生することになったのです。

みなさん、スピノザ哲学を論じることはできません。脇に置いておくことにしましょう。ライプニッツ哲学についてすら、深く掘り下げようなどとは考えていません。本日の講義ではただ、ライプニッツの諸テーゼのうちでも、主要で本質的だと私が見なすものだけを大まかにお示ししたいと思っています。それは、まさに時間と、持続しないものとの関係に関するテーゼです。言うまでもなく、この点についてのライプニッツの見解をごく手短にしかも大まかにお示しすることしかできません。それでも、この点を理解するためには、モナドということで彼が意味しているものについて説明し、彼の体系の一般的な構造についてある程度の考えを提示する必要があります。

ライプニッツは――もっとも、スピノザもそうなのですが――、先ほどこの講義の冒頭でお話ししたように、デカルト哲学の中心と基軸をずらしたのでした。デカルトは直観から、したがって持続から出発しました。すなわちコギト・エルゴ・スムです。彼は自らを第一に考察し、かつその自己を時間のうちで考察しています。すでに〔前回〕見たように、たしかに彼はただちにこの立場を離れ、時間のうちでは逃れ去ってしまう彼の自我の支えとなるようなより安定した堅固なものを、純粋な観念のうちに、すなわち永遠のうちに探し求めたのでした。それでもやはり、彼がこの直観から出発したのは本当であり、あらゆる重要な契機には、そして言うなれば、彼の体系にとっての決定的な曲がり角〔転回点 tournant〕ではいつでも、この直観に立ち返っているのです。

反対に、スピノザとライプニッツの哲学を特徴づけるのは、はじめからただちに、永遠と呼びうるもののうちに、神のうちに彼らが身を据えるという点です。これこそがスピノザの出発点であり、ライプニッツの出発点なのです。両哲学者にとってはあまりに脆弱なものと映る直観などに拘泥せず、存在の中心であり、彼らにとっては思考の中心となるような中心へと、ただちに身を移さねばなりません。ライプニッツがまさにそのように考えていたことは、彼と知り合ってすぐ、おそらくは教説のごく一部しか知らない段階でも、真のデカルト主義者には気づかれるほどでした。というのも、「グローテフェント」

版＊[487]の二一頁にあるように、アルノーがライプニッツに宛てた最初の書簡で、アルノーはこう述べているからです。

このように私が確信するのも、ものの種概念であれ個体概念であれ、われわれが自分で考えるべきことを、神が認識するようなしかたで探求するのは、とうてい哲学をする態度とはいえないからです。たしかに神の悟性はもの「それ自体」の真理基準ではありますが、われわれ人間が現世にあるかぎりは、それが「私たちの」真理基準になるとは思えません。はたして私たちは現時点でいったい神の知の何を知っているというのでしょう。私たちは、神が全知であると知っています。ただ一度のきわめて単純なはたらきで神はすべてを知るのだということもわかっています。それが神の本質だからです。私たちはこの神の知のありようを知ってはいますが、ただし、ことはそうあるはずだと確信している程度にすぎません。われわれはこのことをわかっているのでしょうか。たしかにそれを確信してはいますが、そのありようについては理解がおよばない、とこうわきまえるべきではないでしょうか＊[488]。

別の言い方をすれば、神は存在の中心ではあるが、神を認識の中心とする権利はないのだ、と言ってもよいでしょう。

宇宙の「複合」を表象する二つの方法——原子論とモナド論

ライプニッツにおいて基調的な思考は以上のとおりです。要するにこれは古代の観点への回帰であり、ただちに真理の中心そのものへと身を置こうとする試みなのです。というのも存在の中心は、まさにそのことによって真理の中心ともなるのですから。

この地点〔存在と真理の中心〕に身を置いて、ライプニッツはいったい何を見出すのでしょうか。彼が見出すのはモナドです。ただちにその教説を決定的・最終的な形のもとで取り上げることにしましょう（もっとも、ライプニッツに紆余曲折があったわけではなく、彼自身は徐々にこの形へと歩みを進めていったのですが）。モナドの教説は、この語が用いられるずっと前から、ライプニッツの全哲学を通じて見出されると言えます。

こういうわけで彼が見出したのはモナドなのですが、ではこれをどう理解すればよいのでしょうか。宇宙全体がモナドの複合から成ると述べることは、説明されるべき何かがあるということを意味します。なぜなら、ここで「複合」（composition）

という語は、通常の言語におけるのとはまったく異なる意味を有しているからです。

　諸対象の総体、こう言ってよければ、物質宇宙を構成する空間上の諸対象の全体を考えてみましょう。こうした自然の複合を表象するやりかたには二つあります。まず、物質的で延長〔広がり〕をもつ粒子を想定し、互いに外在的で、切り離されたものとして互いから独立な粒子たちが、にもかかわらず互いに対して相互的な作用を及ぼし合っていると考えるやりかたがあります。

　原子論という個別の観点からすれば、原子の哲学、およびそれに類したあらゆる哲学とは以上のようなものです。原子を想定するところにまですら行かないにしても、ただ物質的宇宙が諸物体から、要するに科学が示すような諸対象の複合から成ると述べるだけでもよいのです。教卓や、この教卓を含む教室など、要するに互いに包含し合い、無際限に支え合っているような一連の諸事物を考えればよいでしょう。これは常識の観点であり、お分かりのように、原子論的な観点にきわめて近いものです。原子論の観点は、常識の観点と同じなのです。原子論は、常識によって開かれた道をただ、より遠くまで押し進めただけのものです。

　以上が、宇宙の複合を表象する第一のやり方です。第二のやり方があり、こちらがまさにライプニッツのものです。こちらは、理解するのにはるかに骨が折れるもので、物事をこのやり方で表象できるようになるのはずっと難しいことですが、ひとたびこのやり方を身につければ、もう一方と同じくらい自然なものに思えます。どういうことかお示ししましょう。宇宙の任意の点から、宇宙全体についての眺めをとることを考えてみて下さい。これは写真的な眺め、写真機がとる眺めにも比すべき眺めです。するとたしかに、この眺めは、自然な大きさを有することを想定しなければなりません。また、宇宙そのものについて語っているのですから、この眺めは〔白黒写真のように色彩を欠いたものではなく〕色鮮やかなものとして想定しなければなりません。さらには、この眺めを立体視的（stéréoscopique）なものとして、つまり事物に凹凸を与える立体鏡を介して見るときのようなものとして想定することすらできるでしょう。

　こうした写真的な眺めは、実際にあるがままの視覚的宇宙と、いったいどこで異なっているのでしょうか。ああ、決定的な違いが、それも一つだけですが、あるかもしれません。すなわち、この写真は、自然な大きさを有し、色鮮やかで、立体視的なもので、私にまさにある視点から現れるがままの諸対象を与えてくれるのですが、しかしそれはただ、その視点から現れるものとしてのみなのです。諸対象は写真の上ではそこにあるのですが、私からの眺めではその周りをぐるりと一周することはできません。他の諸対象によって多かれ少なかれ覆い隠されている諸対象もあります。要するに、これは一つの視点であって、一つの視点に過ぎないということです。しかし、空間上のすべての点について、同じ操作が繰り返され、空間上のすべての点について、同じ類いの眺めをとったと想定してみて下さい。そして、全体についてとられたこれらの諸視点の全体を考えてみて下さい。そうすると、私たちが手にしているのは、大きさと、凹凸と、色とを備えたすべての対象ということになりましょう。すべての可能な視点についての一つの視点です。この類いの表象は、いったいどこで、あるがままの宇宙の視覚的表象と異なっているのでしょうか。もはや区別をするいかなる手段もないことでしょう。ですから、それ自体における宇宙とは、この宇宙についての可能な視点の全体、すべての可能的な視点からとられた眺めの全体のことなのだと言うことができます。

　これがライプニッツの考えたやり方でしょうか。実際のところ、ライプニッツはモナドを、全体についてのある眺め、ないしある視点であり、宇宙の一つの鏡であると定義しています。それは諸事物についての展望《パースペクティヴ》であり、展望的な眺めであると彼は述べています。

　さて、以上が実在を表象する第二のやり方です。最初のものとは甚だしく異なっていることがお分かりいただけるでしょう。対立していると言えるほどの違いぶりです。それは、第一の場合に「複合」という語がどういう意味を有していたかを考えれば分かります。第一の場合には、諸部分が全体を複合します。宇宙の全体を表象したければ、まずは一つの対象を取り、次いでこれに近接する別の対象を、という具合に進んでいきます。こうして部分に部分を複合していくことで、全体の表象を得ることができるということになりましょう。これに対して、第二の考え方では、そしてまさにこれが第二の考え方の本質なのですが、全体しかないのです。教卓というものはありません。一つの教卓といった一対象を取ったとしても、この対象は、独立した対象としては、いかなる実在性ももたないのです。ではこの対象はどのように構成されているのでしょうか。私は、この対象を含む宇宙についてのあらゆる可能的な表象をもっているのですが、それら表象の一つ一つは絶対的に不可分な或る全体をなしている必要があります。どのようにしてかと言えば、この教卓とだけ関わりをもっているのでないイマージュの全断片のあいだに相互干渉が生じ、この教卓以外のすべてがいわば消し去られるという次第によってです。対象としての教卓は、この操作の残滓であり、この教卓でないすべてのイマージュが互いに行なう相互的消去から帰結するものということになりましょう。

その結果、この第二の宇宙の捉え方においては、繰り返しになりますが、部分というものはなく、ただ諸々の全体があるのみであるのに対し、第一の捉え方では、全体は諸部分の複合によって得られるものであり、ここ〔第二の捉え方〕では諸部分は、諸々の全体の複合によってしか得られないと言うことさえできるかもしれません。ですから、もう一方の仮説とはちょうど逆になっているわけです。ライプニッツのモナドとは以上のようなものです。

モナド論と原子論のあいだにあるこうした根本的な違いについて注意を促してきましたが、他にも違いはたくさんあります。なかでも、これからすぐお話しするつもりのことに関連して、次のような違いについて知っておくことは重要です。原子論においては、宇宙の諸部分が互いに相互作用するということが必然的です。ある物体は別の物体に対して外在的であり、その結果、ある物体から別の物体へのあいだには、二つの物体を一緒に結び合わせ、空間が両者のあいだに打ち立てている独立性をいわば弱めるような何かの存在を想定しなければなりません。

反対に、ライプニッツのような考え方においては、諸実体のあいだに、彼の言葉を借りれば、諸モナド相互のあいだに、いかなる相互的影響もありえないことは明白ですが、それは、各々のモナドが一つの全体であるといううきわめて単純な理由によるのです。ですから、モナドの外には、モナドが働きかけることのできるようなものも、そこからモナドが印象を受けとることのできるものも、何もないのです。

しばしば引用される一節で、ライプニッツはこう述べています。「モナドは外に向けた窓をもたない」*489。そのとおりだと思います。モナドには外というものがないのですから、どうやって窓をもつことなどできるでしょう。各モナドは全体（le tout）であり、それぞれがすべて（tout）なのです。その結果、諸モナドのあいだに何かがありうるとすれば、それは、他の諸モナドが同じ全体を或る別の視点から表現するようにさせるものです。多数の視点があるという意味では、多数のモナドがあると言えますが、それらは視点にすぎず、またそれぞれが全体についての一つの眺めである以上、相互作用はありえません。あるのはただ、互いが補完し合う働きにおける合致のみです。これこそ、ライプニッツが予定調和（harmonie préétablie）という語によって意味している事態です。実際のところ、調和は「予」定（pré-établi）されているのではなく、単に定まって（établi）いるのであって、端的に存在しているのです。複数のモナドがあり、複数の視点、複数の眺めがあるからには、同じ理念的な全体についての眺めであるそれらは、ただちに互いに符合するのでなければなりません。したがって、それらのあいだに存在するのは調和であって、相互作用は一切ないのです。

ライプニッツとプロティノスの親縁性

これがモナドロジーの観点であり、ライプニッツの観点です。深遠な想念であり、原子論的な考え方とは根底的《ラディカル》に対立しています。これは絶対的に新しい考え方でしょうか。まったくそうではありません。ライプニッツがこの想念を提示するために用いた諸々の表現そのものも含め、それら一切が、すでにプロティノスのうちに見出されるのであり、プロティノスにしても、この点については、ただ古代の叡知を要約しているだけにすぎません。

プロティノス哲学の出発点を思い出してください。彼もまた、一者という名の下に彼が構想しているもののうちにまずは身を置くことから始めるのです。〈一者〉とは純粋な一性であり、そもそもそれについて何も語りえないものです。次に、この一性についてのあらゆる可能的な視点というものがあります。プロティノスがノエータ（νοητά）、可知的なものと呼び、プラトンがイデア、純粋イデアと呼ぶものがそれです。

プロティノスは、イデアの発生を次のように定義しました。ひとたび一者を措定すれば、一者についてのさまざまなヴィジョン、一者についてのあらゆる可能なヴィジョン、一者についてのあらゆる可能な視点を思い浮かべなければなりません。こうして私たちは、その視点分だけのイデア、可知的なもの、ノエータを手にすることになります。これらのノエータのそれぞれが、一つのヴィジョンであり、それぞれが一つの全体であると彼は言うのです。

私たちはかつて、プロティノスとライプニッツには、多くの比較可能な点があることを指摘しました。きわめて重要な一、二のテクストを取り上げるだけに留めますが、例えば、第五エネアス第八論文第四章にはこうあります。訳します。

> 可知界においては、すべての存在は透明である（διαφανῆ πάντα）。一切は一切のうちで、その内部に至るまで可視的である（πᾶς παντὶ φανερὸς εἰς τὸ εἴσω）。したがって宇宙的な透明性というものがあり、一切は一切のうちにあるのである。

そしてプロティノスはこう続けています。

> すなわち、各存在は他のすべてを自らの内部に含んでいるため（ἔχει πᾶς πάντα ἐν αὑτῷ）、一切は遍在しており（πανταχοῦ

πάντα）、各存在が全体となっている（ἕκαστον πᾶν）*490。

これはモナドロジーのテーゼそのものです。というのも、ライプニッツが述べるように、モナドとは鏡であり、宇宙を自らの視点で表現するものだからです。

他にもいくらでもテクストを挙げることができますが、もう一つ挙げておくとすれば、これなども、ライプニッツの書いたたくさんの文章のうちにその翻案を見出すことのできるものでしょう。

> 可知的な世界は可視的な世界であり、第一の世界である。部分はそこで全体を再生産する（τὸ μέρος παρέχεται ὅλον）。そして全体は、自らとすっかり調和しており（πᾶν αὐτῷ φίλον）、この全体のうちでいかなる部分も他の部分から切り離されることはない*491。

別のところでプロティノスが述べるところによれば——そしてそれは、今しがた私たちが解説したばかりの［モナドロジーに関する］テーゼからの帰結でもありますが——、可知的なものの各々は、絶対的に自閉していながらも、他を表現しているため、あたかも他のすべてと交流しているかのように事態は推移します。そもそも、プロティノスには、結局のところは予定的であるような調和が見られるのですが、［「予定調和」という］表現自体が用いられているわけではありませんので、むしろプロティノス自身の言い方で「宇宙的呼応」（conspiration universelle）があるのだと言ったほうがよいでしょう。ただしみなさん、ここでプロティノスとライプニッツのあいだにあるのは単なる偶然の一致だと思ってはいけません。つい先ほど述べたように、ライプニッツが若くしてプロティノスを読んでいたことを私たちは知っています。そのうえ、エルトマン版（p. 445）で公刊されている［ハンシュ（Hanschius）］宛てのある書簡には、重大な仄《ほの》めかしが見られます。

> あらゆる魂は、プロティノスがはっきり看て取ったように、自らのうちに可知的世界の全体を含んでいる*492。

たしかに、この書簡でライプニッツが語っているのは、魂であって可知的なものではありません。しかし思い出さねばならないのは、プロティノスにとって、自己知をもつ限りでの魂は可知的なものの一部をなすということです。真に自らを認識することができるのは、プシュケー（ψυχή）ではなくノエートン（νοητόν）なのであって、魂はこのノエートンのプシュケーなのです。以上のことから、ライプニッツは、その学説の最良の部分をプロティノスから借り受けたのだということが確証されます。したがって類似しているのは明白です。

第一の相違点――神は真の発生原理か、万物照応の説明原理か

しかしながら、急いで付け加えておきますが、根本的な違いもあります。まず、ライプニッツの出発点、その体系の中枢部分、要はライプニッツがそこに身を置く直観（プロティノスもつまるところそうした直観に身を置いていたわけですが）をとりあげるにしても、それは〔プロティノスと〕すっかり同じ着想というわけではないし、両者において事情がすっかり同じわけでもないと言わねばなりません。プロティノスの神は、諸事物を真に発生させる神です。私たちはプロティノスがこの働きを特徴づけるのに用いる表現をすべて見ましたが、その中に、彼が頻繁に立ち返る表現が一つありました。光源の比喩です。神は光源であり、残りのすべては光線だというのです。それゆえ、神の働きを説明するのは光の放射、照射です。したがって、まずは光源を、実在《レアリテ》として、あるいはプロティノスが言うように、実在以上のものとして措定しなければなりません。それは実在以上、存在以上であり、いずれにせよこの焦点を消してしまえば、後にはもう何も残らないようなものです。

ライプニッツにとっても同様でしょうか。おそらく見かけ上はそう見えるかもしれません。ライプニッツは、神が諸モナドを産出する閃光について語っているからです*493。しかし、この閃光の本性は〔著作の〕どこでも説明されていませんし、彼の体系の中でさしたる役割を果たしていないのです。まったく役目を果たしてないとすら言っていいかもしれません。本当のことを言えば、すでに指摘されているように*494、神の観念は、ライプニッツの学説にあって、最初に思うほどには重要でも本質的でもないのです。それが本質的になるのは、モナドが数多くある場合のみです。もしモナドが一つしかなかったとしたら――よくよく考えてみれば、それもありうるわけです――、神は必要でなかったでしょう。これがライプニッツの神学です。神の観念はそこでは必ずしも必要ではないのかもしれません。実際、ライプニッツは、一つ以上のモナドがありうるということをどこモナドが一つしかないということはありえます。

でも述べていません。もし一つ以上あるなら、モナドは無限個あります。一つ以上のモナドがあるとすれば、ただちに無限個のモナドがあるということになり、結局のところすべての可能な眺めがあって、これらが互いに照応することになります。するとどうでしょう。各々のモナドがそれぞれその眺めであるような、一つの全体としての実在がなければならないことになりますし、この実在の全体こそ、ライプニッツが私たちに描いてみせるような神であるということは、まったく確かなことです。

ただし、スクレタンが著書『自由の哲学』において、かなり深い仕方で述べているように——もっとも彼の言い方は行きすぎていて、誇張がありますが——、「ライプニッツの神は理念にすぎない。それは実在でなく、理念の全体であり、諸モナドはこれに対して実在的な仕方で取られた視点である」*495。

誇張があると申し上げたのは、諸モナドのあいだに一致、予定調和がある以上、ライプニッツにおいて、全体はそれ自体〔理念ではなく〕一つの実在であるからです。ただし、ライプニッツは彼の思考の基盤にあるものを、よく引用される次の一節で明かしてくれています。「神は予定調和である」*496。言い換えれば、ライプニッツにおいて神性に訴えるのは、とりわけこの点のため、つまり諸モナド間の照応を説明するため、あるいは結局同じことになりますが、複数のモナドがあって互いに補完し合っているという事態を説明するためなのです。要するに、この体系において、神は本質的な仕方で存在を産出し発生させるものであると言うことはできないのです。

第二の相違点——存在論的二元論か、認識論的二元論か

これが最初の違いです。さらに第二の、言ってみればそこから帰結する違いがあります。これこそ、ようやく立ち入ることになる時間の研究という観点からすれば、私たちにとっていっそう重要な違いであって、その違いとは以下のようなものです。古代の哲学者たちが可知界、イデア界、ノエータ（νοητά）界、どう呼んでも構いませんが、とにかくそういったものを構築した際、空間に属する実在的な可感界へと移行するために、さらにしなければならないことが残されていました。すでに見てきたことですが、彼らにとってみれば、この可感界とは可知界が縮減（diminution）し、減弱（affaiblissement）したようなものにほかならないことを、私たちはすでに見てきました。この点は、プラトンにおいては確かなことです。というのも、彼にとっては、イデア界の下には、物の世界があり、そこには宇宙霊魂が浸透しているからです。またこの点は、ア

リストテレスにおいても確かです。というのは、アリストテレスにおいてイデアないし形相は物に内在していると言ったところで無駄であって、プラトン的な世界〔イデア界〕に対応するのは依然として神であり、思惟の思惟であり、諸イデアの全体であり、数々の可知的なものが唯一無比の可知的なものへと凝縮した（contracté）ものであることは確かだからです。さて、ひとたび神が措定されたとしても、世界が存在するためには、さらに神の力能の縮減、弛緩（distension）が必要です。この縮減こそが、空間において延長した〔広がりをもつ〕世界です。

これがお示ししようとした点です。この点は、プロティノスにおいてきわめてはっきりした、明白な点です。というのも、プロティノスが第一と第二のヒュポスタシス〔基体・位格〕である神と可知的なものを構成した際、空間の可感的な宇宙を得るためには、彼にはさらに第三のヒュポスタシスである宇宙霊魂とそこに含まれた世界を想定する必要があったからです。

ライプニッツにおいても事情は同様なのでしょうか。いいえ、違います。そしてこの点に、デカルト哲学の影響があるのです。ライプニッツにおいては――私たちはここで時間論に関わっています。というのも、私たちは空間論に到達したからであり、これら二つの理論は浸透し合っているのですから――、モナドすなわち可知的なものから、空間と可感的な世界に移行するためには、何も新たなものを創出する必要はなく、新たにつくらねばならないものなど何もありません。ライプニッツが述べるように――そしてこれは人々がよく引用してきた表現ですが――、空間は共存の秩序（ordre de coexistence）にすぎないのです。彼はこの表現によって何を言わんとしているのでしょうか。よく引用される表現であるにもかかわらず、説明されたり解釈されたりすることはそれほど多くありません。共存の秩序ということで彼は何を理解しているのでしょうか。確かなのは、一つのモナドしかなかったならば、空間はなかったであろうということです。モナドとは非延長的（inétendu）なものです。一つのモナドとは、全体についての一つのヴィジョン、絶対的に単純で未分の（indivisé）ヴィジョンのことです。それは一つのヴィジョンですが、モナドは無数にあり、全体の眺めは無数にあります。どうすれば有限の知性である私たち人間は、この眺めの多様性のことを表象することができるでしょうか。それは、一つの同じものについて多様な視点を表象することによってです。その証拠に、先ほどライプニッツの哲学がどういうものかをお話ししようとした際に、私自身、空間を想定し、そこから眺めを取る複数の点を想定するという形で話を進めざるをえませんでした。ですから、私たちはモナドを目の前にしているのです。諸モナドしかありません。私たちは全体の未分な眺め、非延長的な眺めを前にしているのであって、存在しているのはただ、これらの非延長的な眺めのみなのです。

しかしながら、多数性や一致というものを表象しようとするのであれば、私たちは一種の等質的な媒体を表象し、この媒体のうちに、好きなだけ多くの視点を表象することになります。これらの点の各々から、眺めを取ることが可能になるのです。実在としては、これは諸モナドからなる全体であるわけですから、実在とは、すべての視点から取られた全体についての眺めの総体のことである、と言えましょう。

複数の視点（point de vue）を取るためには、複数の点（point）を想定しなければなりません。複数の点がある以上、複数の位置の秩序があることになります。すなわち複数の位置をもつわけです。複数の位置をもつからには、一つの空間を手にしているわけで、こうしてその結果として空間があるということになります。

実際には、諸々の眺めしかないのですが、私たちがこれらの眺め（vue）の多様性を表象することができるのは、ひとえに視点（point de vue）の多様性によってなのです。繰り返しますと、複数の点、複数の位置があるのは、空間があるということですが、この空間は単なる記号であって、何か人間的なもの、純然たる人間的なものでしょう。不完全な知性である私たちは、自ら空間的な位置（position）を複数作り出すのですが、それらは諸モナド間に存在する関係を実現し、これらの位置を視点と見なすことによって互いを引き比べるための想定物（supposition）にすぎないのです*497。

ライプニッツが「空間は共存の秩序にすぎない」と述べるとき、言わんとしているのはこうしたことなのです。事態を別の仕方で理解しようとすると、紛れもない同語反復か論点先取になってしまうでしょう。空間とは錯雑した、つまり人間的な知覚にすぎないと彼は付け加えてもいます。少なくとも多くの文章でそう仄《ほの》めかしています*498。諸事物を実際にあるがままに見るであろう〔神のごとき〕存在にとっては、もはや空間などはなく、空間というものは消え去ってしまうことでしょう。空間とは、私たちが諸モナドの共存・一致を表象しようと欲するときに、一時的に経由せざるを得ない記号的な表象なのです。だからこそライプニッツは、共存の秩序と言うのです。単に共存ではなく、秩序というのが肝要であって、すなわち諸モナドのあいだに成り立つ或る種の一致こそが問題となっているのです。ライプニッツ哲学における空間とは以上のようなものです。

さて、ここから出てくる重要な帰結がお分かりでしょう。実在的世界・経験的世界と可知的な世界を区別する必要は少しもない、両者は同じものだ、ということです。感覚が関わる実在的・可感的世界は、可知的な世界が、空間という雲を通じて錯雑した仕方で知覚されたものです。この雲の外にいるのであれば、私たちはそれをある種の色合いを伴って覚知することでしょう。色つきの集塊を覚知するのです。山上に登って、雲の真っ只中にいるときには、もはや何も見えません。水滴しかないのです。これがライプニッツの考えです。空間とは、この雲のことです。実在のうちにあって、実体そのもののうちに身を置けば、もはや非延長的な実在しかなく、モナドしかありません。さて、空間とは共存の秩序にすぎないと言うとき、ライプニッツはさらに「可能的な」と付け加えてもいます。私の記憶違いでなければ、彼はどこかで「空間とは諸可能性の総体である」と述べています。こうしたことすべてが、ライプニッツの考えをよく説明してくれています。ライプニッツと古代人たちのあいだには決定的な違いがありますが、この違いは、デカルト哲学からの、あるいはより一般的にはガリレオ以降の科学からの影響によって、ごく自然に説明がつきます。というのも、近代人たちの科学、デカルトが理解していたような科学が、古代人たちの科学と異なっているのは、まさに前者が類や、感性を超えた一般的な大文字の観念《イデア》ではなく、諸実在に関わるものであるという点においてなのですから。科学は経験そのものの所与であるものを覚知するのですが、そのところで、ライプニッツは、古代人たちのところに立ち返っています。すなわち、プラトンやアリストテレスの哲学に立ち返っているのです。しかし、立ち返るそのやり方は、この哲学を、要はデカルトが解していたような科学と両立可能なものとして扱うというものであり、そうやって可感的なものが可知的なもののうちに内在すると見なすことによって、まさにライプニッツは両者を接近させることができたのでした。

言い換えれば、そしてここまでのまとめとして言えば、この哲学においては、可感的な実在と可知的なものとのあいだの二元性は、現に存在する二元性、存在のうちに生起する二元性ではないのです。二元性が存在するのは、ただ認識の観点においてのみです。これこそ大いなる革新であり、その全帰結を、クラーク*[499]が引き出すことになる考えなのです。

ライプニッツの時間論（一）等質的時間批判

みなさん、このように空間論と時間論を強調するのは必要なことでした。ライプニッツは時間論を、空間論と同じ種類の、これに相関的なものとして提示しています。私たちがライプニッツの用いる表現自体と、彼が時間を明白な仕方で扱っているテクストに留まっていたら、時間についてごく不十分で不完全な、かなり不正確とさえ言える考えをもつことになったでしょう。もっともそれは、空間について彼が語るテクストに留まっていた場合にはさらにひどいことが生じていたでしょうが。みなさんもご存じのとおり、彼が時間とは何かという問いに明白な仕方で着手したのは、とりわけクラークとの書簡においてでした。彼は、空間を共存の秩序と定義したように、時間を継起の秩序と定義しています。クラークとの書簡と、ベールの反論に対する答弁*500のうちに見出される定義は、次のようなものです。

延長は可能的な諸共存の秩序であり、時間は非定常的な諸可能性の秩序である*501。

というわけで時間は一つの秩序です。諸継起の秩序だと彼は付言しています。一見すると、こうした類いの定義は、若干子どもじみたものに見えるかもしれません。というのも、共存が空間を前提するように、継起は時間を前提しているからです。もしライプニッツがそれだけで満足していたのであったなら、彼は要するに時間を時間そのものによって定義していたことになるでしょう。たしかにそのとおりなのですが、しかし注意しなければならないのは、ライプニッツはこの定義を一度ならず、しばしば持ち出している点です。彼は時間の定義を一般にこの形で与えているのです。例えば、クラークへの第三返信第四節のテクストを読みましょう。

私にしてみれば、幾度も示してきたように、空間とは、時間同様、純粋に相対的なものであるという立場です。時間が諸継起の秩序であるように、それは諸共存の秩序です*502。

注意していただきたいのは、「空間とは共存の秩序でしかない、時間とは継起の秩序でしかない」という定義が現れるすべてのテクストで用いられている、「しか」という語です。この語が意味しているのは、こうした定義が純然たる論争的なものだということです。ライプニッツは、時間のうちに継起の秩序とは別の何か、空間のうちに共存の秩序以外の何かを見届けようとする者たちに向けて語っているのです。現代の言い方で言うなら、実在について語るかのように、等質的時間について語る論者たちに向けて語っているのです。この等質的時間こそ、ライプニッツがまずもって否定しているものですし、彼が時間について語るとき、たいていはこれについて語っているのです。この等質的時間を考察してみると、ライプニッツ自身が非常に深遠な仕方で述べているように、この等質的時間は、それを取り囲んでいるものの外部においては、何でもありません。これは、時間を何か絶対的なものに仕立てようとする者たちに対抗してのことであり、ただいまご覧いただいたように、この議論が差し向けられているのは、まさにこうした論者に対してなのです。クラークとの往復書簡全体を通じて、ライプニッツは同じやり方で意見を表明しています。最も重要なテクストは、おそらくはライプニッツのクラークへの第五返信に見出される以下のくだりかもしれません。

人はここで次のように反論するでしょう。時間が継起的な諸事物の秩序ではありえない、なぜなら継起の秩序〔順序〕は同じでありながら、時間の量が増えたり減ったりすることはありうるのだから、と。私は、それはまったくそうではないと返答します。というのも、もし時間がより大なるものとなれば、より多くの同様の継起的状態があいだに介在してくるであろうし、より小なるものとなれば、継起的状態の数も減るだろうからです。なぜなら場所においてと同様、時間においても、空隙もなければ、言ってみれば凝縮や浸透もないからです＊503。

ですから、本当を言えば、クラークとの往復書簡は、ライプニッツの著作のうちで、時間と空間の理論が扱われる際に一般に引用される部分ではあるものの、時間に関するライプニッツの考えについて、あるいは空間についてさえ、実際には私たちに教えるところのないテクストなのです。この往復書簡でのライプニッツの論述は、まったくもって論争的です。彼は敵対者たちの立場、常識の立場に身を置いて、敵対者が考える時間を考察し、そうした時間が純粋に相対的なもので、一つの秩序にすぎないことを、彼の言葉を借りれば、諸継起の秩序にすぎないことを明らかにしてみせているのです。

ライプニッツの時間論（二）　持続概念

持続について、継起についてのライプニッツ自身の考えを知りたければ、彼の著作群の別の部分を取り上げる必要があります。とりわけ『形而上学叙説』と、エルンスト・フォン・ヘッセン゠ラインフェルス方伯を介してのアルノーとの往復書簡とを取り上げねばなりません。書簡集のほうも『形而上学叙説』と一緒にグロートフェントによって出版されたものです＊504。

『形而上学叙説』には、ある重要な一節があり、まさにこの一節の重力によって、その周囲をライプニッツ哲学全体が回っていたように思われます。それは、一三節の次のようなくだりです。このように言われています。

ある個体的実体の概念はいつか自身に起こりうることを一挙に含み――この考えもまたアルノー宛書簡の基調的な考えなのですが――、この概念を考察すれば、この実体について真に言われうるすべてをそこに見ることができるのだが、それはちょうど、円から演繹されうるすべての性質が円の本性のうちに看取できるようなものである*[505]。

もう少し先では、以下のように述べています。

実際にもしもシーザーという主語と彼の見事な企図という述語との結合を論証できるような証明をまったく完遂できる者がいたとしたならば、この者は、シーザーが後に行なう独裁政はその基盤を彼の概念ないし本性のうちにもつこと、彼がなぜその場に留まらずにルビコン河を渡ろうと決意したのか、なぜファルサルスの戦いに敗れないで勝利したのか、といった根拠がそこに見てとれるだろう*[506]。

これらのテクストや、他にも同じ類のテクストがあって引用を増やそうと思えば増やせるのですが、そうしたテクストは何を意味しているのでしょうか。〔増やすのであれば〕そういった引用は、まずはアルノー宛書簡から、次にはずいぶん前にフーシェ・ド・カレイユによって出版された『ライプニッツ新書簡と未刊小論集』から、さらにはずっと未刊に留まっていたものの、つい最近クーチュラによって編集された『ライプニッツ未刊小論集・断章』*[507]から取らねばならないでしょう。そこでも相変わらずこの考え、すなわち、ある命題を発し、この命題が真であるならば、この命題の属性は主語のうちに含まれていなければならないという考えが見出されるでしょう。このことは、数学的命題の場合には確かなことです。例えば、円の性質についてのよく知られた命題など。性質を指示する述語は、円の観念、円の定義のうちに含まれていたものです。ライプニッツによれば、このことは、どんな命題についても真です。円に関する命題のような必然的命題についてのみならず、シーザーがルビコン河を渡るというような偶然的命題についてもやはり真なのです。というのも、シーザーの観念をくまなく見ることができたとすれば、つまりシーザーという主語のことを完足的に（complètement）捉えることができたとすれば、私たちはそこにシーザーのすべての属性を、具体的にはルビコン河を渡るという属性を認めることになるだろうからです。換言するなら、論理的な主語、命題の主語はその述語を含むのです。ライプニッツに従うなら、幾何学的で必然的な命題と、シーザーがルビコン河を渡ったというような事実命題とのあいだには、次のような唯一の差異があります。すなわち、前者のケースにおいては幾何学的な分析によって、述語が主語に内属していることが示せるのに対して、後者のケースにおいて分析は無限に至り、ルビコン河を渡ることとシーザーの観念のあいだの媒介項を探し求める者は、媒介項の系列を無限に背進することとなり、それらは決して尽きることがないであろうということ、ただし、無限の知性であれば、私たち〔の有限な知性〕が円の観念のうちに、円周についての任意の性質を見出すのと同じくらい明晰・判明な仕方で、シーザーの観念のうちにルビコン河を渡ることを認めるであろうということです。

以上が、私たちが先ほど引用した『形而上学叙説』*508においてライプニッツが述べている考えです。このテーゼが意味するところは何でしょうか。それが意味しているのは、時間、持続は実在ではないということ、延長が実在である程度以上には実在ではないということです。

円周に関する命題を取り上げて、主語すなわち円の観念と、述語すなわち私が〔円周に関して〕主張したことのあいだにある媒介項を調べてみると、そこには有限個の媒介項があります。言い換えれば、常に有限個の命題によって、当の命題がなぜ定義に結びつけられるのかが理解できるようになっている、ということです。少し慣れると、一瞬のうちに、帰結が定義のうちにいわば含まれているということを一挙にみてとることができます。少々手慣れた幾何学者なら、円周の定義のうちに、そこから出てくる一切のことを、時間を要することなく看取します。彼にとっては、そのすべては瞬間のうちに存在しています。ライプニッツやスピノザなら、永遠のうちにと言うところでしょう。

任意の概念、つまり円の概念ではなく真正の存在――私たちには時間のうちにあるものが真正の存在に思えるのですが――を取り上げるのであれば、同じことはさらに当てはまります。ただし、汲み尽くしえないものを汲み尽くそうと努めなければならない不完全な存在にとっては時間が存在するであろうという違いがあります。というのは、どこまでも媒介項を差し挟んでいかねばならず、ついぞ時間についての瞬間的な、いわば永遠なるヴィジョンを得るには至らないからです。けれども、神という無限知性にとって、事情は同様ではありません。

この違いは、互いに共約可能な量〔有理数〕と共約不可能な量〔無理数〕の違いと同じです（これは、この問題を論じているすべてのテクストで、ライプニッツが用いている比喩です）。例えば、1.414213…という数、これは無理数です。どこまで続けても、小数が続くことになります。この数は何でしょうか。2の平方根です。人間の知覚では、無理数の小数を枚挙し続ける羽目に陥りますが、神にとっては、2の平方根という可視的なものが一つあるだけです。

ライプニッツがこの区別を論じているすべてのテクストで、この比喩が見出されます。明らかにこの比喩こそが、観念についての彼の理論に着想を与えたのです。持続するものと持続しないものの違いはこの点にあります。これは要するに、持続は、延長同様、錯雑した知覚であり人間的な何かであるということです。持続とは諸継起の秩序である、とライプニッツは言います。これはどういうことでしょうか。全モナドが全体についての眺めとして表象されたうえで、例えば人間のような思考するモナドを取り上げて、今度はこのモナドのうちに、それが自分自身について抱きうるすべての可能的な眺めを想定しなければなりません。というのも、主語のうちに含まれる述語は、主語についての一定の眺めであり、それがいわばモナドの属性となるのだからです。ライプニッツにしてみれば、持続とは、いわば二階の延長（étendue au second degré）です。全体についてのすべての可能な眺めをとれば、モナドが問題になります。モナドについてのすべての可能な眺めをとるなら、このモナドの全知覚が、すなわち、このモナドの諸知覚の秩序が、問題になります。前者の〔宇宙全体の〕場合も後者の〔個別のモナドの〕場合も、延長あるいは時間のいずれについてであれ、ある全体に関して常に錯雑した知覚が問題となるのであって、そのような知覚は、まったくもって完足的（complet）で判明な認識によって消え去ってしまうものです。

ご覧のように、ライプニッツにおける時間とは、知覚同様、それ自身においてまったく相対的なものです。この点で、ライプニッツが古代の哲学者たちに近いこともお分かりのことと思います。持続は絶対的なものではないという意味で、彼は古代人たちに立ち返っているわけですが、それでも彼らとは異なっています。他日申し上げましたように、デカルト哲学のあの〔直観の〕路線を辿っていけば、持続を一つの絶対たらしめることに行き着くことでしょう。ライプニッツにとって、それはある意味で絶対ではありませんでした。その結果、持続について彼は、古代人たちと同じことを述べているのですが、しかしながら、古代人たちが可知的なものを永遠のうちに置いた際、それによってただちに持続が措定されたわけではありませんせん。時間における流れを得るためには、この永遠の縮減を想定する必要があるのでした。反対にライプニッツにとって、持続する諸事物は、モナドと可知的なものの外部には存在していません。諸モナドを永遠のうちに措定し、錯雑した知覚をモナドのモナド自身による諸知覚の秩序のうちに想定するだけで十分なのです。時間を得るには、この錯雑さを措定すれば足りるのです。したがって、ライプニッツはここでまたしても、古代人たちの実体二元論に遡っていることになります。ただし二元論が存在していると言えるのは、存在の観点からではなく、認識の観点からのことです。明晰判明な認識を想定すれば、時間は消え去ります。これが〔ライプニッツと古代人たちの〕本質的な差異です。

次回が本講義の最終回になります。私たちに残された務めは、カントが、こうしたライプニッツの時間概念および科学観から出発して、あたかもそれが唯一可能な考え方であり、科学・持続・存在を表象する他の可能なやり方はないかのように考えるに至ったその次第についてお話をすることです。また、『純粋理性批判』において、理性がまずもって理性一般ではなく、諸事物の総体におけるデカルト的な科学観を理解する際に用いられる限りでの理性であるとされたその次第についてもお話しするつもりです。

第19講　カントの空間論・時間論　一九〇三年五月八日

古代哲学からルネサンス哲学へ（講義前半のまとめ）

みなさん、半年にも及ぶ（それ以上ではなかったと思いますが）本講義の前半で、私たちは、古代哲学が、一方ではイデア界という完璧に体系化され序列化された諸概念の世界、他方では可感的世界、という二つの世界のあいだの対立によって全面的に支配されているさまを見てきました。

一方にあるのは、イデアの体系であり、したがって非時間的なものです。他方には、時間とそれが含むすべてのものがあります。時間とは、イデアのうちに巻き包まれた（enroulé）実在が不完全な形の下で繰り広げられる（se dérouler）ものであり、よりいっそう物質を担うにつれて、イデアに対してそれだけ逆らうものに、要するに、次第に整合性を欠いたものになっていきます。

このように、可感界と可知界、持続と永遠（持続が完璧さと整合性を欠いたそのコピーでしかないところのもの）が対立しており、この対立が古代哲学を支配しているわけです。

こうした哲学の起源がどこにあるのかと言えば、その起源はつまるところプラトンにあるのでした。もちろん、さらに古い時代にまで遡ることができるにしても、結局はプラトンのところで、こうした哲学はとりわけはっきりとその姿を取ることになったのです。アリストテレスがこれを手直しし、プロティノスはこれに最も完全で最も融合的（syncrétique）な形を与えることで、同時に、哲学に一つの曲がり角〔転回点〕*[509]を準備したのでした。というのも、プロティノスが諸ヒュポスタシス〔基体・位格〕の理論を最も厳格な形で提示し、魂すなわち時間、持続を〔三つのヒュポスタシスのうちで〕最低位に置き続けたのだとしても、宇宙的世界霊魂が最低位に位置づけられるのだとしても、プロティノスこそは、私たちが内的生（vie intérieure）と呼ぶものに大いにこだわった人なのであり、彼こそが、意識というものを深く掘り下げ、分析し、それに注意を注いだ最初の人なのですから。プロティノスは、著作の中で魂の理論と意識の分析に彼が与えた位置づけそのものによって、やがて意識にこれまでよりはるかに重大な役割を演じさせ、要するに魂を最高位に置くことになる哲学を準備したのです＊510。

〔新たな哲学の胚胎という〕この動きが生じ始めたのは、ルネサンスの時期のことです。本講義が明らかにしようとしてきたのは、ルネサンス哲学全体が前提としてうちに含んでいたプラトン的思考とは、プロティノスの与えた姿形をまとったものにほかならないということ、しかしながらルネサンス哲学は、まさしく魂に付与される位置づけのゆえに、古代哲学とは異なっているということです。おそらくそれは依然としてイデア論であり、なおも語のプラトン的な意味でのイデアについて語られているように思われるかもしれません。けれども、観念はまず諸事物のうちに降下してきており、次いで生き生きと生気に満ちて働いており、最後に事物というよりは関係と化し、諸事実のあいだのつながりと化しているのです。

哲学はその頃、宇宙霊魂や生命力というものを、そして生命力とともに、要するに持続を最重要のものとするような物事の捉え方へと方向づけられつつありました。これまで見てきたように、この新たな思潮から、ある新たな科学観、とりわけ当時組織化されていた唯一の科学すなわち数学を規範とする科学観が生まれたのです。こうして科学の対象となる諸観念がきちんと機能するものとなり、私たちがそれらを持続のうちに置き直すようになると、科学の対象は、もはや古代人たちが望んだように持続を超越し永遠のうちに置かれるものではなくなり、実在に可能な限り肉薄するものになってきます。科学の対象は、動くもの（le mouvant）になってきたのです。

そこで第一に数学が、形態や事実を研究する純粋に静的（statique）な科学であることをやめ、努めてそれら諸形態の形成プロセスを辿り、観念の運動とその再現、数学における運動とその再現を辿ることになります。そこから新しい数学、動性（mobilité）の数学が現れてきます。私たちが明らかにしようとしたように、この新たな数学の起源には、一見すると逆説めいていますが、心理学的な次元の考えがあります＊511。一言で言えば、それはこの講義〔の第一〇講〕において持続の感じ（sentiment de la durée）と呼んだものであり、この持続の感じこそが、歴史が示しているように、また私たちが〔第一六講で〕テクスト自体に基づいて示そうとしたように、数学の変容を規定したのであり、そして数学を介して私たちの全科学の刷新を規定したのです。というのも、近代科学が生まれたその起源にあったのは、新たな実験手法への依拠というよりもはるかに数学の変容のほうだからです。あるいはむしろ、この数学の変容こそが実験方法の変化を規定したのです。〔数学の変容に促されるようにして〕実験はこぞって計測を目的とするものとなり、互いに結びついた諸現象の量的処理と量的変動へ向けられるものとなったのです。

以上が、みなさん、私たちが本講義の前半で論証してきた事柄です。この一六世紀そして一七世紀まで含めた時代の科学を、時を隔てた今日の観点から見るならば、またその後に続いて起こってきた哲学運動の光に照らして見るならば、人間の思考はこのとき、二つの方向、二つの道のあいだで選択することが可能だったということがとてもよく分かります。これら二つの道は、歴史的偶然を考慮に入れず、ア・プリオリに言えば、どちらも等しく辿ることができたであろうと思われます。

二つの道——持続・直観・動性の科学と普遍学

第一の道は、先ほど記述したように〔ルネサンス期に〕開始された運動を継続し延長することで踏み入っていく道であり、まったく純粋な持続の直観とその掘り下げの方向へとますます向かっていく道です。私たちはその場合、次第に深みを増していく持続の諸層（couches de durée）、次第に深みを増す直観、さまざまな形の動性などと以前の講義で呼んでいたものを手にすることになっていたでしょう。数学の下に、あるいは上にと言っても構いませんが、純粋に数学的な科学でありながら、例えば生物学的事実を、おそらくは社会現象さえも起源とし、等しく直観的でもあるような科学が構築されていたことでしょう。言葉を換えて言えば、持続の諸変化について、次第に深みを増す一連の直観をとることで、おそらくは多様で、還元不可能な、いずれにせよ互いにきわめて異なった諸科学が構築され、同時に、互いに並行する形で発展していったことでしょう。たしかに、古代の科学観、つまり一なる科学、完全に総合され体系化された科学、論理的単純性のうちに諸事物の全体を包括することができるような諸概念の唯一の体系という考え方からは、次第に遠ざかっていったことでしょう。

私たちが歩み出すこともできたであろう第一の道は以上のようなものです。しかし、もう一つの道があり、実際に私たちが辿ったのはこちらでした。このもう一方の道を歩み出すことで、私たちはまったく別のやり方で物事を進めることになりました。新たな数学が採用され、いくつかのきわめて深い直観を導入することで構築され刷新されたばかりのこの新たな数学によって、〔一六・一七世紀の〕人々は古代思想の仕事を取り上げ直し、再開することに努め、もう一度、普遍的で唯一の統合された学を打ち立てようとしたのでした。もっとも、この普遍学（sciencce universelle）は古代人たちの科学と比べて非常に優れたもので、それはちょうど私たちの数学が古代の幾何学と比べて優れているのと同じです。古代の幾何学は静的なものとしての形態の研究に切り詰められていたため、現象の動性に合わせてしなやかに撓《たわ》む〔順応する〕ことができなかったのですが、新たな数学はこうした動性をある範囲で、ある程度までは辿ることができるようになりました。

それゆえこういった〔古代思想を取り上げ直すという〕仕事が開始されえたのですし、その際、人々は大いなる数学に対して、同時に実在の体系でもあるような記号の体系に到達する望みを抱いていました。こうして、動的な実在にはるかに近づく形に変容したプラトン主義*512に到達したかに思われたのですが、それはやはり依然としてプラトン主義でした。すなわち、一にして単純な体系、概念・イデア・表象によって完全に規定されるような体系であったのです。

実際そうなると、数学的科学がそこから生じることになる*513、起源そのものであったあの直観から必然的に、そしてますます遠ざかることになっていきました。そして、私たちが純粋持続と呼んできたものを、次第に視界から見失っていったのです。

以上が第二の道です。私たちが実際に歩み出したのはこちらの道で、すでに述べたように、こちらの道を歩み出したのには多くの理由がありました。主要な理由は、すでに獲得され確証を得た成果を簡単に手放して、偶然に左右される（aléatoire）企てのために大変な労力を払うことはできない、というものでした。私たちが動体の直観と呼んだもの、毎瞬間概念を直観するということは、何よりも骨の折れる作業であって、自然に反しており、思考の自然な働きを逆向きに転換することを想定します。このうえなく骨が折れるばかりか、このうえなく偶然に左右されるものです。というのも、この直観の有効性は、得られた成果によってしか計ることができないものだからです。ここで真なる直観と見せかけの〔錯覚にすぎない〕直観を区別するのは、到達した成果であり、実践です。適用する段階では不確かな方法であったのです。要求される努力は途方もないため、そのような企てにコミットしないのは自然なことです。すでに払った努力とすでに得られた成果から、求めている成果に十分な一般性をもって到達できるかどうかの見込みが得られるまで、そのような努力に身を投じようとしないのは当然のことです。手始めに、古代思想が当時の数学に対して成し遂げた仕事を、このように変貌を遂げた数学によって再開しようとしたのは自然なことで、ほとんど必然的と言ってもよいことでした。というのも、プラトン主義は、すでに申し上げたように、幾何学の模倣であり延長であるからです。

デカルトとライプニッツ（講義後半のまとめ）

みなさん、人はこの道を歩み出したわけですが、もう一つの道も精神に開かれていて、このもう一つの道の方へと、幾度も揺れ動き、脱線し、逸脱してもきたのです。本来の意味での哲学者だけを見ても、すでにお示ししましたように、例えばデカルトの哲学は、他の哲学にもまして、大部分が直観的な哲学なのであって、あらゆる決定的な瞬間に、私たちがまったく純粋な持続と呼ぶものとの接触を取り戻す哲学です。それは、思考の本性を見定めることが問題となっているときだけでなく、他にも自由や心身合一、ひいては哲学の重要な問題を扱っているときはいつでもそうでした。基礎を築いたのはデカルトなのです*[514]。

普遍数学（mathématique universelle）の基礎を築いたのはたしかにデカルトですが、彼の哲学ははるかに広範なもので、この普遍数学を無限に横溢し、越え出ています。この哲学を埋め尽くし満たしている数々の直観のすべてによって、この哲学は普遍数学を横溢しているのであり、そうした直観の全内容が汲み尽くされたとは到底言えないことについても、すでにお話ししてきました。ですから、〔持続・直観・動性の哲学は〕一度ならず試みられてきたのです。デカルトは重大な例で、そこには一度ならず直観に立ち返り、動くものや能動性との接触をふたたび試みようとする努力が見られるのです。

近代の思想・哲学が発展してきたのは、この方向ではありませんでした。前回はこのことを手早くお示ししようとしました。おそらくはかなり不十分なやり方だったかもしれませんが、ともかくライプニッツ哲学という特定の例に即して示したわけです。デカルトの後継者たちの努力は、デカルト思想に活力を取り戻させ、可能であれば古代哲学の鋳型に流し込もうとするものであったのでした。

かなり以前にここ〔コレージュ・ド・フランス〕で行なった哲学の講義でお話しした考えを取り上げ直し、さらに『形而上学・道徳雑誌』に最近掲載された論文の著者*[515]と合流するかたちで、ライプニッツ哲学の大部分が、その本質的な点において、プロティノス哲学への回帰であることを私たちは示しました。ライプニッツの方法は、プロティノスにおける可知的なもの、ノエートン（νοητόν）です。ライプニッツに先んじてプロティノスは、可知的なものが実在の全体であり、存在そのものであると論じました。というのも、彼の言語において、タ・ノエータ（τὰ νοητά）〔可知的なもの（ノエートン）の複数形〕は、タ・オンタ（τὰ ὄντα）〔存在（オン）の複数形〕を意味し、両者は同じものなのです*[516]。プロティノスにとって、こういった可知的なものはすべて実在の全体であり、これら可知的なものは、全体についてのヴィジョンであり、眺めです。全体を複合するのは、全体についてのさまざまなヴィジョンであり、全体の反復であるこれらのヴィジョンすべては、その各々をある視点からとるならば、それぞれが全体である以上、互いに交流することはできません。交流も、相互作用もなく、相補性があるのです。それは、すべての可知的なものが互いに合致するように仕向ける何かであり、そこにはプロティノスの言う宇宙的呼応、ライプニッツの言う予定調和があるのです*517。

ライプニッツが取り上げ直しているのは、この教説です。彼はプラトン主義哲学に回帰しているのですが、それはプロティノスが与えた〔新プラトン主義的な〕形の下での迂回を経てのことなのです。つまりライプニッツは〔プラトンのように〕世界を複数の可知的なものによって構成するのですが、〔それに重大な変更を付け加えたプロティノス同様〕可知的なもののそれぞれは一定の視点から全体を見たものだというのです。こうして彼が到達する哲学について言えることは、もはや機械論的哲学つまり常識の哲学のように、全体を諸部分で構成するのではなく、きわめて注目すべきことに、各部分を諸全体で構成するのを目的としているということです。各部分を構成するそれら諸全体は、互いに干渉し合うものです。

以上が、これまでお話ししてきましたように、ライプニッツ的な発想の本質的な考えです。ただし私たちはさらに、これはデカルトの影響がもたらした結果なのですが、このライプニッツ哲学とプロティノス哲学とのあいだには、刮目すべき違いがあることも付け加えてお話ししました。プロティノスにおいては、可知的なものがひとたび構成されるや、そこに別のものが付け加わってこなければなりません。可知的なものが空間と時間のうちに縮減し、延長し、拡散するという事態が付け加わらねばならないのです。これが世界霊魂と、魂の下位に属する世界そのものとなるのです。これに対し、ライプニッツでは、ひとたび諸モナドが措定されれば、何も付け加えるべきものはありません。空間と時間は錯雑した知覚です。私たちが空間と呼ぶものは共存の秩序であり、時間と呼ぶものは継起の秩序です。ライプニッツが言わんとしているのは単に、私たちのような不完全な精神にとっては、多数の諸モナドは、必然的に一連の視点という形を取る、ということです。私たちが自分に対して自身を表象し、他人にモナドという考え方を説明しようとすれば、私たちが前回やったように、諸々の視点、諸々の点について語り、したがってそれらの点を互いに並置して、空間を構成する以外にやり方がないのです。するとこの空間は共存の秩序ということになりますが、これは多数の諸モナドを単に記号的に示すだけのものにすぎません。同様にまた、諸モナドから一つをとり、これを一つの全体としてみるならば、このモナドが不完全なものとして自身に現れるのは、ただ諸状態の系列を構成することによって、あるいはより正確には、一連の述語を含む一連の判断をこの同じ主語について陳述することによってでしかありません。これらの判断はこの主語についての異なる視点であり、この主語が自身に現れるのはそれらの視点の並置のおかげでしかないのですから、この主語は時間のうちにあります。時間と空間は、万物を判明な仕方で知覚するような存在、すなわちモナドをもはやモナドとしてしか見ないような存在にとっては、必然的に消失することになるでしょう。

以上が時間と空間についての、また実在についてのライプニッツの捉え方です。さて、ライプニッツがなぜプロティノス哲学に回帰したのか、そしてまたなぜ、プロティノス哲学をこのような仕方で改変し、実体と時間・空間のあいだにこうした特別な関係を打ち立てたのかを自問しながら、私たちは以上のような地点へと導かれてきたのでした。そうして私たちが見出したのは、ごく単純に言えば、ライプニッツの望みは、デカルトが企てたよりもさらにいっそう堅固なやり方で、普遍数学を基礎づけること、万物を包括するような科学の可能性、さらには必然性を確立することにあった、ということです。最近、非常に力強いやり方で――私はクーチュラ氏のきわめて興味深い書物のことを念頭に置いているのですが――、この普遍記号学の企てが、いかにライプニッツの思考のうちに当初から浸透しているか、彼の全努力の目指すところ、普遍記号学、すなわちより拡張可能でより包括可能な数学、実在についての一にして単純で統合的な科学、こうした考えが、いかにライプニッツ哲学全体のうちに浸透しているかが論じられています*518。

ですから、ライプニッツにとって重要だったのは、こうした唯一の記号学、一般化された数学というものが可能であり必然であることを確立することでした。そしてこれを成し遂げるためには、存在の基盤そのものが可知的なものであるという古代の考えを取り上げ直す以上に巧いやり方はないとライプニッツは考えていたのです。ライプニッツ哲学の原理となっている可知性とは、予定調和のことです。万物の中心に神があるのですが、これをライプニッツは彼なりの言葉で調和と呼んでいるのです。神とは予定調和のことであり、普遍的可知性のことであり、可知性の全体のことです。次に、そうすると、この可知性について取られうるすべての視点、すべての概念、すべてのモナドがあることになります。これらは生きた概念で、それが要はモナドなのです。そこにはライプニッツが「予定された（préétabli）」と呼ぶ合致がありますが、彼が言わんとするところは必然的ということであり、「定められた（établi）」ということで、完全にして普遍的な可知性のさまざまな表現にすぎない諸モナドすべてのあいだには、この合致があるわけです。

すでにしてデカルトは、万物を包括するような巨大な数学というものについて語っていました。こうした数学を、どのようにして彼は基礎づけていたでしょうか。この機械論を、どうやって基礎づけていたでしょうか。森羅万象がこの数学によって統制され、この機械論に服しているのでなければならないことを、デカルトはどうやって打ち立てていたでしょうか。彼は結局のところ、神の自由意志、神の善き意志のうえにこのことを打ち立てていたのでした。

思い出していただきたいのですが、デカルトによれば、神がそれを望んだがゆえに、神の恩寵の結果として、神の善意の結果として、世界は現にあるように、この普遍数学は必然性を備えていません。ライプニッツは、デカルトがこの普遍数学を十分堅固な仕方で基礎づけたとは考えませんでした。実際、デカルトが彼の教義の中で何と言おうと、私たちの数学に完璧に従うかたちで組織されている、ということでした[519]。さて、ライプニッツは、デカルトがこの普遍数学を十分堅固な仕方で基礎づけたとは考えませんでした。実際、デカルトが彼の教義の中で何と言おうと、この普遍数学は必然性を備えていません。というのも、神の自由な決定に依存しているからです。神の本性と、世界を現にあるようにならしめた神の働きとのあいだには、深淵が横たわっており、そこには無限の隔たりがあります。神は、その本性の必然性そのものによって、世界を現にあるように作ることを強いられているわけではありません。言い換えれば、デカルト哲学において、私たちの確実性である数学のうちに見出される保証は、十分な保証ではないのです。ライプニッツが果たしたのは、この隔たりを埋めることでした。数学に従うとされている世界と、この世界の創造者にして主催者である神とのあいだの間隙を埋めることでした。ライプニッツの思想においては、普遍数学の堅固さと必然性を回復し保証するために必要な分だけを神に帰するというかたちで、神を表象すれば十分でした。ライプニッツの神がつまるところ可知性そのものであり、諸モナドの調和そのものであるのは、そのためです。前回の講義で述べましたが、ライプニッツの神とは、スクレタンが彼の『自由の哲学』で述べたように、言ってみれば調和ないし単なる理念でしかないのです[520]。ライプニッツの神とは、普遍的な可知性が、その周りにこれに対する可能な視線のいっさいを備えたものです。これはこの可知性について可能なすべての反復です。言葉を換えて、これまで述べてきたことすべてを要約して言うなら、ライプニッツは、可知的なものについての古代の考え方に立ち帰っているのであり、それによれば、可知的なものは完全に秩序だったシステムをなし、それが実在の全体を構成しているのです。そして彼は、時間と空間を、これら可知的なものについての錯雑したヴィジョンと見なしたのです。デカルトの機械論は、言ってみれば貫通するべき包皮であり雲であって、この包皮、この雲を貫かなければ、その背後に、普遍的可知性とすべての可知的なもの、すなわち神と全モナドを見出すことはできません。普遍記号学、普遍数学は、偶然的なものではなく、必然的なものなのです。

ライプニッツの仕事は以上のようなものであったと思われます。それは、デカルトの数学をより堅固な仕方で基礎づける試み、努力であり、まさにそうすることによってまた、古代思想への、より正確には、プロティノスが与えた特別な形のものとでのプラトン哲学への回帰でした。

デカルトの神、ライプニッツの予定調和、カントの超越論的統覚

みなさん、私はカント哲学のうちに、少なくとも純粋理性の批判としてのカント哲学のうちに、これと同様の努力、同じ本性の努力を見ないわけにはいきません[521]。その目的はまさに同じものであるように見受けられます。特に変わった点は、手段の選択です。カントもまた、時間についての単純にして一なる、統合的な科学というものが可能だと考えていたことは、『純粋理性批判』の特定の箇所にそれとして表明されてはいませんが、この書物の至るところに顔を覗かせています。諸事物の統合的な科学というものがあるのだと、私たちの知覚に示されるもの、その全体についての完璧に体系化された、論理的にして一なる認識というものがあるのだというわけです。この考えは、繰り返しますが、未だ定式化されていないとしても『純粋理性批判』の至るところに現れており、それはちょうど、カントの考えていた解決策が、ライプニッツの残した解決策と似たものであったということと、同じくらい疑いえないことです。というのも、一七七〇年の正教授就任論文「可感界と可知界の形式と原理について」は、ライプニッツ的なカントから批判哲学の著者であるカントへの移行期の作品として通っているものですが、この作品からしてその結論はライプニッツ的な結論であったからです。その考えは、現れから実在に移行するためには、時間と空間の外に出て、純然たる観念、純然たる可知的なものへと上昇しなければならない、というものでした[522]。ですから、カントは、ライプニッツ同様、一なる科学を信じていたのです。普遍記号学の可能性を、とは言いません。より正確には、普遍数学、時間の統合的な一なる科学の可能性を信じていたのです。またライプニッツ同様、彼は、この科学を、プラトン的な純然たるイデアの哲学への回帰によって基礎づけようと考えたのです。しかし、彼の批判哲学、紛れもなくカント固有の仕事である書物については、相変わらずその意図は自然についての統合的な一なる科学の基礎づけにあるとしても、その手段はまったく異なっています。カントの目的はライプニッツの仕事をやり直すことなのですが、その実践に際して、可能なかぎり公準を節約するのです。

みなさん、次のことは、まったくもって哲学的な仕事です。すなわち、可能なかぎり公準を少なくし、可能なかぎり精神

に要求する概念の数を減らしたうえで、可能な最大のものを得ること、最も容易かつ最も完全な仕方で諸事物を説明することは、きわめて哲学的なことです[523]。これがカントの企てたことでした。

したがって重要なのは、可能なかぎり少ない公準でもって、全体についての単純にして統合的な、完全に整合的かつ論理的な科学というものの必然性を打ち立てることです。これが目的です。デカルトが追求したのはこの目的でしたし、ライプニッツもまたそうでした。デカルトからライプニッツにかけて、科学における進展がありましたし、公準の節約も進んでいますが、カントによれば、この進展は未だ十分なものではありませんでした。

デカルトの解決策はどのようなものだったでしょうか。自由なる神がおり、その自由は無限です。神は欲するすべてをなしえるのであり、具体的には普遍的機械論を欲しました。ここでは、原因は結果を無限に越え出ていて、機械論の創造者たる神と、この機械論そのもののあいだには、あまりに大きな隔たりがあります。この隔たりは、ライプニッツにおいて大幅に減じました。神はもはや、無制限の自由を有する、要するにデカルト的な、無差別の自由を備えた、自由な存在ではありません。そうではなく、神は諸事物の可知性そのものにすぎません。ライプニッツが述べるように、神は中心的な機械であり、可知性の全体なのです。その結果として、私たちは諸事物の調和、普遍的可知性、可知的なもののシステムを手にするわけです。これが私たちに機械論を保証してくれるのです。というのも、機械論とは、ヴェールで覆われた可知性にほかならないからです。私たちが安んじて完全に整合的な科学を手にすることができるのは、可知性が存在のまさに基盤にあって、この可知性が単純にして概念的なものだからです。

さて、この解決策はカントにしてみれば未だ過剰なものでした。ただ過剰であるだけでなく、相当に過剰です。彼の考えでは、この科学を基礎づけるには、この科学の必要性そのものを公準として立てれば十分です。統合的な認識が存在すること、実在の全体についての一にして体系的な認識が存在することを措定すれば十分なのです。統合的科学と普遍的機械論を保証する神などまったく必要ありません。可知的なもの相互の予定調和さえも必要ありません。調和の要請、調和の必要性で十分なのです。カントが統覚の始原的・総合的統一と呼んだもの[524]、意識の客観的統一とも呼んだものがあれば足りるのです。

神の概念が、デカルトからライプニッツへ、ライプニッツからカントへと徐々に切り詰められていく過程をこのように辿ることができます。ただし、カントが実際にはしなかったことをするならば、つまり、統覚の始原的統一のことを神の名で呼ぶならば、の話ですが。デカルトの神は、ライプニッツにおいて全体の予定調和となり、カントにおいては統覚の始原的・総合的統一となりました。普遍数学を保証するために必要なのはそれだけでした。この系譜が実在のものである証拠に、カント思想の進展をカント以後にまで辿ってみれば、この統覚の始原的・総合的統一が神の名を取り戻し、ふたたび神になっていく様子が見てとれます。私たちはそのような進展を目撃しているのです。この統覚の始原的・総合的統一が、そこから出来するものが露わにされるにつれて、ふたたび神になる傾向にあることが、はっきりと分かります*525。

これがカント哲学の出発点です。普遍機械論、普遍数学を基礎づけるには、統一の要請、統合的にして単純なる科学の要請、全体の論理的整合性の要請を根源において打ち立てることができれば十分です。

さて、この要請はどこに位置づければよいでしょう。諸事物のうちに、でしょうか。それだと私たちが自らに課した節約の法則・原理に反することになります。諸事物のうちに置けば、これを精神のうちで反復しなければならなくなりますが、精神のうちに置くなら、諸事物のうちで反復する必要はありません。というのも、諸事物は精神を介してしか知られえないわけですし、精神はその本質からしてこの要請によって構成されているわけですから、諸事物はこの完璧に論理的な整合性を示すほかはないでしょう。そういうわけで、この始原的統一、この統覚の統一は、悟性一般の形式であると言われるのです。これが出発点です。

カントにおける空間と時間

さて、ここまで申し上げてきたとおり、カントは、ライプニッツがしたように、ただし最小の公準でもって、全体についての統合的な科学を基礎づけようと試みたのですが、それと同時に、全体という数学的概念の方向へ、ライプニッツよりもさらに歩みを進めたのでした。ライプニッツが語ったのは、普遍数学というよりも普遍記号学でした。普遍記号学とは、完全に論理的な諸概念からなるシステムに還元された世界ですが、普遍数学は、より特別なものです。それは単に論理的な概念ではなく、数学的な概念なのです。つまりは、カントの考えでは、ライプニッツがこの機械論を基礎づけたやり方は不十分なものでした。このことを、カントは以下の言葉で表明しています。「空間と時間はライプニッツが考えた以上のものである」、と*526。空間と時間は単なる否定ではないし、単なる錯雑ではありません。ライプニッツにとって空間と時間は錯雑した論理です。論理的体系としての世界の体系を考えてみてください。この論理の錯雑さこそ、ライプニッツが空間と時間と呼ぶであろうものです。それは論理の錯雑した知覚であり、これが時間と空間の見かけを生じさせるのであり、したがって、時間と空間は純粋に否定的なものです。

カントにとって空間と時間は、はるかにそれ以上のもので、積極性を有しています。なぜでしょうか。それは、数学が、論理以上のものであるからです。数学は、完全に論理的です。数学に論理は適用されますが、逆は真ではありません。純然たる論理だけでは数学は作れません。なぜなら、数学のうちには、さらに加えて、空間と、空間化された時間とがあるからです。数学とは、論理が時間と空間の面へ投射されたものです。だから純然たる論理だけでは数学は作れないのです。これこそ、数学的命題はア・プリオリな総合的命題であるという、カントが非常に重視したように思われるあの命題が意味するところです。その意味するところとは、論理は、それだけでは数学を構成するのに十分でなく、さらに加えて、空間と時間がなければならないということです（ただしカントにとって時間は空間的なものであり、空間にきわめて似たものとなっています）。時間と空間が与えられなければならないのです。その結果、ライプニッツは、一方で、予定調和の方法によって行き過ぎており、他方で、空間と時間を単なる錯雑した知覚にしてしまった点では十分でなかったということになります。数学と純粋な論理のあいだにある隔たりを説明するためには、空間と時間にある種の実在性を与え返してやる必要があるのです。かくして、〔カントによって〕両面から同時に、普遍機械論が確固たるものに仕立てられることになります。すなわち、まず一方で、最小限の公準つまり最大の堅固さでもって、諸事物の一にして統合的な科学の必要性が示され、他方で、空間と時間にある種の積極性を取り戻してやることで、諸事物の一にして統合的なこの科学がなぜ、またどのようにして、数学的な形態を取らなければならないのかが示されることになるのです。

以上が、カントが、悟性を構成する統覚の総合的統一を措定すると同時に、空間と時間を措定する理由です。

カントはそのような統一をどのように措定するのでしょうか。また、時間や空間をどこに措定するのでしょうか。諸事物のうちに措定するのは無駄です。先ほど述べた節約の原理からして、それはありえません。もし諸事物のうちに措定していたら、それを精神のうちで反復しなければならなかったでしょう。なぜなら、精神は諸事物を空間と時間のうちでしか知覚しないようにできているからです。これに対して、精神のうちに置けば、諸事物のうちでこれを反復する必要はありません。ですから、空間と時間は、形式、それも私たちの知覚の純粋形式であるかぎりにおいて実在的なのですが、とはいえ私たちの知覚の純粋形式にすぎないのです。他方で、統覚の始原的・総合的統一でもって、私たちは認識の全体を再構成するわけですから、認識は全体として、この基礎の上に位置づけ直されることになりましょう。そして、諸事物の統合的で〔整合的*527〕な科学の必然性は、その科学が私たちの前に姿を現わすものとしての実在の基底そのものとなるという意味において、正当化されることになりましょう。自然法則の悟性についても話は同じです。カント哲学が言うには、私たちはそれを純粋理性の批判のうちに見出すのです。自然の統合的科学の必要性を証明することは、一方では、完璧に論理的です。というのも、一切はまずもって私たちの意識の総合的統一によって構成されるものだからです。他方で、この証明はいつも数学的形態をとろうとします。なぜなら、この意識の総合的統一がなされうるためには、空間と時間の形式というものがあって、まずもってその形式を通して感性的多様を通過しなければならないからです。

総括と来年度の見通し

以上が、前々年度と前年度、そして今年度の講義で私たちが辿り着いた結論です。というのも、過去三年間に行なってきた講義はすべて、「カント哲学とは何にもまして自然の一にして完璧に整合的、すっかり概念的で体系的な科学というものについての理論の法典である」という考えを中心として、その周りをめぐってなされ、この考えがその結論として用いられたのですから。この科学についての哲学は、この科学そのものと同じ価値をもちます。その哲学は、科学の概念が持続可能で決定的な分だけ、持続可能で決定的なものなのです。

ここで立てられる問いは、カント以降、科学は、ルネサンス期の数々の発見以来方向づけられた道を継続してきているのかというものです。この一世紀来、科学者たちは、科学者として、全体についての一にして単純な体系的科学の可能性を信じているのでしょうか。これは相当疑わしいことです*528。もしそうでないとすれば、未来の哲学の役割はとりわけ、全体についての体系的統一の理論ではもはやなく、絶え間なく働くさまざまな直観、それのおかげでさまざまに異なる科学を打ち立てることができ、その各々の科学は自らのために存在することができるような、そうした一連の諸直観についての理論を作ることであるように思われます。この場合、一つ一つの科学は、実在のただ一部分を含むのであり、〔体系的統一ではなく〕全体についての異なる諸科学という形をとるのです。

そうだとすれば、非常に異なる、非常に新しい、試みるべき努力というものがあることになるでしょう。こうした努力は、一般に哲学的伝統、伝統的な哲学によっては支持されてこなかったし、また残念なことに、おそらくは科学者たち自身によっても支持されてこなかったかもしれません。なぜなら、自らが専門とする科学において科学者たちが完璧に有能でありうるとして、また現にそうであるとして、自らの科学について哲学する権利と義務を有しているとしたら、彼らは非常にしばしば、いやほとんどの場合、無意識のうちに普遍数学という考え方、全体についての一なる科学という考え方に立ち戻ってしまうからです。この考え方は、彼らが自らの科学を〔体系的統一ではなく、多様な直観をそれぞれ追究する個別科学として〕実践するかぎりで、彼ら自身が誰よりもまずその実践において矛盾してしまうものなのですが、にもかかわらず、彼らは必ずしも自覚することなしに、喜んでその考えへと立ち戻ってしまうのです。彼らがこうした科学についての哲学をなす際には、いつもこれを普遍数学の一部と見なしてしまいがちなのです。

過去三年のこの〔コレージュ・ド・フランス〕講義の目的は、はじめに告知しておきましたように、古代哲学が近代において蒙ったさまざまな変形を探求することにありました。この変形は、徹底されたものではありませんでしたが、常に同じ哲学についての一般的な捉え方によって支配されてきたのです。探求してきたのは、私が三年前、この講義を開始するにあたって、哲学が辿らねばならない曲線の方向と呼んでおいたものです。

みなさん、来年度以降は、こうした一般性、抽象性は脇に措いて、さまざまな応用事例、より特殊的な諸問題の研究に移ることに致しましょう。来年度は、心理学の個別的な問いに取り組むことにしたいと思います。もっともこれは、生物学の哲学に関わる問いの研究への準備に過ぎないのですが。この生物学の哲学によって私たちは、可能であれば、物質の哲学に関わる、はるかに困難な諸々の問いに向けて歩みを進めていきたいと思っています。ここでは新たな眺め〔を提示すること〕は問題になりません。古代ないし現代の素材を用いて、ただこれらの素材を組織することで、科学一般や哲学一般についてのあらゆる種類の先入観、あらゆるア・プリオリな考え方を清算することに努めねばならないでしょう。

最後に、みなさん、本講義に際してみなさんが払って下さいました親切な注意と、私にお送りいただきました所見や反論に感謝いたします。それらのおかげで、教授と聴衆のあいだに絶え間ない協働関係が次第に築かれていくのですから。

補遺　講義要約（レオナール・コンスタン）

一　一九〇一―一九〇二年度講義「時間の観念」

ベルクソン氏が別のところで論じていることによれば、時間と空間の混同こそが、自由の問題と、エレア学派のゼノンによる運動を否定する諸議論を生じさせている。彼はこの講義において、この同じ混同に端を発する新たな諸困難を挙げている。これらもまた、時間と空間を丁寧に分けることで消え失せる困難である。だが、それにとどまらずこの講義で彼は、この混同の起源そのものを探り、それを行動と社会生活に向けられた概念的思考のもついくつかの性格から必然的に帰結するものと見ている。

実際、所与には、連続性と動性という本質的な性格が備わっている。それは、こう言ってよければ、動的な連続性、すなわち持続である。さて、いかなる努力を果たせば人間精神はその実在性を捉えることができるであろうか。例えば、ある光の感覚を取りあげてみれば、そこには膨大な数の振動が一瞬のうちに要約され固定されている。したがってこの感覚は、何かそれ自体において無限に動いているものを、停止させ凝固させたものである。概念的思考もまた、同じような仕方で事を進める。思考に与えられるのは連続した動的な所与であるが、思考はそのうちに諸対象を切り抜いては（découper）それらを不動化する。すなわち、概念的思考は動性を不動性へと、時間を空間へと変形させるのである。したがって、思考が概念を練り上げていく作業と、思考が時間を空間に置き換える作業とは、つまるところ同じものなのである。

こうした時間と空間の混同は、乗り越えがたい諸困難を招き入れる。ベルクソン氏は、この経緯を、〔1〕自我、〔2〕運動、そして〔3〕カント的アンチノミーといった論点について示している。

〔1〕自我とは絶えざる流れであり、進展である。自我は純然たる持続のうちにある。ところが、われわれが思考によってこれを捉えようとすれば、不動化することになる。それは、継起する諸瞬間が互いに浸透し合っているような連続性なのである。この連続性のうちに、思考は截然と切り分けられた諸状態というものを切り抜く。ここから、心理的生についての連合主義的な考え方が出てくるのであって、この考えの特徴は、意識の諸状態をまったく出来上がった事物のように、互いに外的で、物質的原子のごとく並置されるものと見なす点にある。現代の心理学は、誤りが明らかとなったこの考えを次第に放棄するようになってきてはいる。それは単に深層の諸状態についてだけでなく、表層の諸状態についても当てはまる。こうした考えはさらに、その帰結として、心理的生を一連の輪切り状のものへと断片化してしまうものだが、一旦そうしてしまえばもはやふたたびつなぎ合わせることはできない。そうなると、自我の統一性を考えるのに、まったく抽象的で作為的な一性、外から押しつけられた形式の統一性として理解するしかなくなってしまう。こうした一性は、科学が諸現象を一つの法則によって結びつける際に、諸現象に対して課している一性と似たものである。これでは、自我についてわれわれが抱く認識は、科学的認識がそうであるように、部分から全体へと進むものということになってしまう。さらに、われわれがわれわれ自身に対して、外的な諸事物に対するのと同じ動機しかもたず、同じくらい外的なものにすぎないということになってしまう。

〔2〕持続の象徴である運動と走破された空間の混同に対して責任があるのは、またしても概念的思考である。エレア学派のゼノンの議論を論駁するには、この混同を払拭して、不可分なる運動と、等質的にして無定形なる空間、すなわち無際限に可分的である空間とを区別するだけで十分である。運動は不可分であって、仮に分割するとしても、一連のそれ自体不可分である諸行為へと分割することしかできない。

〔3〕最後に、カント的アンチノミーもまた、時間と空間の混同を含意している。ベルクソン氏は、この件に関して、第一アンチノミーと第三アンチノミーを検討している。彼の示すところによれば、第一アンチノミーにおいて、カントは時間を代わる代わる空間的なものとして（したがって無限なものとして）考察したり、純粋状態で（したがって有限なものとして*[529]）考察したりしている。また逆に、空間を純粋状態で考察する場合には、カントは空間を無限と見なしており、時間から借り受けた要素を混入させる場合には有限なものと見なしているのである。時間と空間が、定立と反定立とでは同じ仕方で考察されていないのだとすると、実のところアンチノミーになっていないわけだ。時間に関しては、カントは定立において

正しく反定立において誤っている。空間に関しては、定立において誤り反定立において正しい。

第三アンチノミーもまた、同じ混同に起因している*530。

したがって、哲学にとって決定的に重要なのは、時間の観念と空間の観念をはっきり区別し、両者の主要な対立点を銘記することである。（一）空間は無限と考えられる。なぜなら、所与の全体と考えられ、他方で、定義そのものからして「普遍的な容器」だからである。反対に、われわれは時間を有限なものとしてしか表象できない。なぜなら、時間はすっかり出来上がったものとして捉えられるものではなく、反対に、絶えず遂行の途上にある働きとして考えられるからである。（二）時間は純粋に異質的なものであり、空間は純粋に等質的なものである。（三）持続は常に意識を含意し、意識とは、〈過去の現在のうちへの保存〉と定義される（というのも、この保存がないところでは本来の意味での持続はなく、ただ一連の諸現在（une série de présents）があるだけだからである）。反対に空間は、〈意識に対して外的なもの、意識を抹消してもなお残存すると考えられるもの〉として定義される。（四）時間とは、空間のように、そこで展開される諸現象の本性に対して無差別的な境域《ミリュー》の一種ではない。時間のこうした性格は本質的であって、立ち止まって考えるに値する。諸事物の本性は、それが占める空間の大きさに依存しない。幾何学が、さまざまな形態が有する性質や特性についてその大きさを考慮に入れることなしに検討することができるのはそれゆえである。われわれの空間の特徴であるこの特性は、幾何学者たちやさまざまな流儀の形而上学者たちによって定式化され、ユークリッド幾何学の基礎として用いられている。反対に、持続を延ばしたり切り縮めたりすれば、必ずや現象の本性や性質を変えることになると考えられる。このことは心理的現象については明白である。そして、以下の事実を確認するだけで、同じことを意識に対して外的な諸現象に対しても認めるように導かれることだろう。すなわち、これらの諸現象が生じるために一定の時間を要するということである。諸現象は「一定の持続のリズムに従って」展開する。そしてこの持続のリズムは、現象の本性そのものに依存しており、われわれがそれらについて抱く概念の一部をなしている。かくして、諸現象の持続とそれらの本性とを区別することは不可能である。前者は後者の一部をなしている。持続とは、諸事物の一性質なのである。ここから、以下の重要な帰結が引き出される。すなわち、空間については一つの形式しかないように、持続にも一つしか形式がないというのではなく、持続する存在の種類の数だけ異なる種類の持続がある、と。これらの持続を認識することは、それを内側から捉えることである。われわれは自らの持続を捉えるが、他の持続をわれわれが捉えられるのは、ただそれらの持続している諸存在との共感の努力によってのみである。

だとすれば、われわれがいかにしてさまざまな種類の持続から、常識の考えるような等質的時間（これは結局のところ空間に属するものにすぎないわけだが）へと移行するのかを説明しなければならない。こうした変形の理由は、以下の点に存する。すなわち、われわれは意識であると同時に、空間の中を運動する有機体であり、そのイメージは至るところでわれわれにつきまとっていること、である。空間内の運動と持続というこれら二つのプロセスは、共時的に並行しているが、われわれは前者で後者を置き換える。その第一の理由としては、概念的思考は持続を表象することができないため、持続を抹消するような言葉遣いへと持続を翻訳することを強いられるからであり、第二の理由としては、各個人が自らの持続と他の諸存在の持続との共通の尺度を得ることができるとすれば、それはひとえにこの置換のおかげだからである。

空間による時間の置き換えは、すでに述べたように、概念的思考の本性そのものが原因である。では、諸概念はどのようにして形成されるのか。ベルクソン氏によれば、人間精神が諸概念を作成するのは、個体的諸対象に共通する諸特徴を抽象したり比較したりすることによるのではない。というのも、もしわれわれが、これから構築しようとする類について、錯雑ではあれ表象というものをあらかじめもっていなかったなら、さまざまな個体のうちから、われわれが相互に比較するべき諸個体をどうやって選ぶことができただろうか。例えば、もし私がすでに人間という類についての観念をもっていなかったら、どうして私はピエールをテーブルとではなくポールと比較するだろうか。それゆえ、われわれははじめから、一般化という作業の基礎として用いるために、類似一般というものの知覚をもっていなければならず、これこそがまさに、説明し表現するのが困難なものなのである。

言語について言えば、それは二つの本質的な要素から成っている。（一）実詞ないし主語。これは一方で具体的・個体的なものを、他方で不動の安定したものを表現する。（二）形容詞ないし属性。これは反対に、一方で一般的なものを、他方で変化するものを表現する。かくして思考は、実詞によって実在の連続を断ち切っておいたうえで、形容詞の助けを借りてこの連続を再建しようと努めるわけである。さらに、ベルクソン氏は、言語のこうした二つの要素を、社会的存在としての人間に備わる根本的な二つの本能に結びつけている。安定的なものである実詞は、個体が社会的規範に従おうとする傾向を表現し、動的なものである形容詞は、個体が革新をもたらす傾向を表現しているのである。

こうした研究から、いかなる結論が引き出されるだろうか。結局のところすべての哲学者によって立てられてきた問題とは、生成を、すなわち持続を説明することであった。そしてその解決はいつも、それを概念で置き換えることに尽きていた。

実際、歴史が示しているのは、こうした説明様式が完全に失敗しているということである。いかなる学説体系も、可知界から可感界へと移行する手段を見出すことはできなかった。そして、われわれは今や、なぜそうなのかを見てとることができる。概念の世界から可感界を引き出すことができると想定することは、変化するもののうちには不変のものよりも少ないものしかないと想定することである。ところで、これとは反対に、概念は実在の多くの要素を、とりわけ連続性と動性を無視するものであることをわれわれは知っている。ここから帰結するのは、概念的思考には、形而上学の可能性を信じる哲学者たちが想定しているほどの価値はないということ、さらに、カントとともに、人間精神が実在を認識するのに〔概念的思考以外に〕他のいかなる手立てもないことを認めてしまえば、この哲学者とともに、形而上学は不可能であると結論せねばならなくなるということ、である。しかし、見てきたように、人間精神にはもう一つ別の道が開かれている。定まった輪郭を有した判明な諸概念から出発して、それらでもって動性と持続を再構築しようと努める代わりに、諸概念を乗り越え、少なくとも一時的には「カテゴリーを退け」なければ、純然たる持続に身を置くことは望めない。そしてそこから、諸概念へと下降し直せばよいのである。なすべき努力は、構築の努力ではなく、直観の努力である*531。しかしながら、恣意に堕さないためには、概念的思考との接点をすっかり失ってもならない。達すべき成果は常に、可能なかぎり概念へと翻訳可能であるべきだろう。

（「コレージュ・ド・フランス。ベルクソン氏の講義」『哲学雑誌』第二巻第六号、一九〇二年一〇月、八二八―八三二頁）

二　一九〇二―一九〇三年度講義「時間観念の歴史」

時間観念の歴史についてのベルクソン氏の講義は、直観の方法と分析の方法の比較、絶対的認識と記号や概念による相対的認識との比較から始められた。講義は続いて、この方法の問いが根本の問いに緊密に結びついていることを示していった。というのも、持続を記号的に表象するほうへ向かうというギリシア哲学が有していた原初の方向性は、プロティノスに至るまで、ひいては近代哲学全体を貫いてカントに至るまで、実在と科学に関するある考え方を産み出してきたのだが、この考え方には解決不能な諸困難が宿命的に植え付けられていたからである。

事物を認識するのに二つのやり方がある（そしてただこの二つだけしかない）。（一）絶対的な認識。このためには、事物のうちに身を移し、事物についての単純にして直接的な直観を得なければならない。（二）相対的な認識。これは事物について人が取りうる諸々の観点を再構成することによる、あるいは事物を既知の言語に翻訳してくれる記号や象徴による、外からの認識である。事実を外から認識させてくれる記号というものの性格が、その記号によって意味される事実、内から認識されたその事実が有する性格とは反対のものであることは、見るに容易い。記号は一般であり、実践を指向しており、固定化の力を有している。ベルクソン氏が自らの思考を明快に説くにあたって巧みに選んだ四つの例のなかから、一つ取り上げよう。運動というものは、外から見れば一つの場所移動であり、軌跡である。内から見れば、何かしら単純で、魂の一状態にも似たものである。というのも、異なる運動は、動体の内から見れば、一つの不可分にして独特な印象を与えるものであろうからだ。さて、われわれが運動を表現するのに用いる記号体系は、はっきりと一般的である。というのも、それによって運動を無限小の速度を備えた無数の要素（点や、直線要素、別の場合には同様に利用可能な数といったもの）へと分解することができるからである。記号体系というものは、行動指向的（*orienté vers l'action*）である。運動を不可分の事実として直観的に認識することは、生にとって有益なことではない。われわれの関心を惹くのは、動体がどこにあるかである。というのも、この知識だけが、この動体に対する足がかりを提供してくれるからである。しかし、運動に対して足がかりを設ける手段とは、この運動を一連の静止となし、軌跡上の点の各々を潜在的な位置取りと見なすことにほかならず、これによって目印として取られた固定点からの距離の計測が可能となるだろう。複数の同時性のあいだの関係だけが、運動において計測可能なものであり、実践的認識の対象となるものである。しかし、まさにそれゆえに、記号が固定化の力を有することは明白ではないか。記号は動的なものを不動化する。しかし不動なものとは、われわれが軌跡上に投射した継起的な眺めのうちにしか存在しないのである。

記号の中でも、こうした諸性格を最も高い状態で集結させているのが、概念というもので、それはすべてが知的操作のために準備された観念のことである*532。さて、いかなる概念的表象にも抗うようなものがあるとすれば、それが時間であり、事物の実在的生成である。常識にとって時間とは、無際限な直線上を動体が一様に運動することである。このように外在化されてしまえば、今しがた見たように、内奥にある時間の本性は、概念で捉えることはできない。もし生きていると感じることで満足するなら、具体的持続について単純な認識を抱くことにはなるが、しかし言表不能である。抽象的な持続にほかならないこの運動を外側から表象しようとすれば、各地点、各瞬間に、それが一つの移行であるという性質を与えるのでないかぎり、不動のものから、現在から抜け出すことは不可能である。これはすなわち、実在的持続の内的な表象を再統合することである。

このようにして、諸概念から時間へではなく、直観的に知覚された時間から諸概念に移行することができる。言語だけから出発するような哲学では、それゆえ時間を無視するほかなくなってしまう。それこそがギリシア哲学に生じたことであった。

ギリシア思想の特徴は、精確さである。この性質が文学のうちに生み出したのが、観念とそれを表現する語とが絶対的に適合しているという古典的な様式である。科学においては証明論的な方法である。哲学においてはこの性質によって、ロゴス（λόγος）、言説、表現可能性に従わないものは、思考にとって重要なものではなく、実在ではないと認めるように仕向けられてきたのであった。

エレア学派は、この公準を全面的に受け入れている。生成を根本的に否定することは、ここから来ているのである。ゼノンの論証の数々が今日まで乗り越えられないほどの力で示しているのは、もし実在を論理に合わせて屈曲させるならば、多様性も変化も偶有的ないし錯覚的なものと見なさざるをえなくなる、ということである。

プラトン哲学のうちには、二つの観点を見分けることができる。初期哲学においては、エレア学派にきわめて近い立場を取っており、実在は不動の諸要素に依拠していると考えていた。彼の出発点は、実在的な生成ではなく、すでに精神によって思考された生成である。判断、すなわち二つの観念の分有ないし混合は、いかにして可能か。プラトンの解決は、変化というものを、永遠が頽落（décheance）したものと見なすことに存している。巨大な虚空の中に、色とりどりの光の束が投射されているところを表象してみよう。その混合した状態は、スクリーンとなっている闇自体のうちで生じるものであり、これが可感界である。これら光の束同士の関係や序列を知るためには、弁論家〔前期プラトン的哲学者〕はそれらを遡る必要がある。この光の束たちが諸イデアであり、諸イデアの光明と実在性は、〈善〉のイデアから借り受けたものである。これがプラトンの初期哲学である。力強い方向転換（*conversion*）の努力、と新プラトン主義者たちが名付けることになるものがそこにある。

プラトンの後期哲学は、これと対称的な、発出（*procession*）の努力に対応している。永遠なる諸イデアから、移ろう諸事物へと降下することには、多大な困難があり、それは、単に判断という論理的な問題ではなく、実在的生成の問題を解くことの困難である。ベルクソン氏は、ルトスワフスキ氏の計量文献学的手法による対話篇の年代推定を受け入れつつ、後期対話篇の概念主義的な解釈を退けて、プラトンの後期哲学において神話的な陳述形式が果たしている役割を重視している。『ティマイオス』のような真摯で深刻な神話のうちには、弁論（dialectique）を神話で置きかえようとする努力を見てとるべきなのだ。弁論は、起源も創造も説明しえない。神話では、生成の実在的な原因として、魂、宇宙霊魂、神々が介入してくる。時間はデミウルゴスの産物であり、デミウルゴスは、「不動なる永遠の動く似像」（『ティマイオス』、三七―三八）を形成するべく、世界霊魂を包んでいる天球の数に応じた回転を統御しているのである。

アリストテレスは、イデアという考えは保持したまま、生成についての神話的な考え方を取り除こうとする。しかし、諸イデアが完全な仕方で表現されることは決してない。それらが十全な現実態となることを妨げているのは、それらに付け加えられるヒュレー〔質料〕という負量（quantité négative）のためである。エイドス（εἶδος）・形相ないしイデアは、個体のうちに受肉して、自己を探求し、進展を辿る。だが完全な実現を見ることなく死ぬ。別の存在が取って代わるが、目的を達するには同じように無力である。そしてこの生成の恒久性こそが、永遠の似姿なのである。全面的に実現された形相としての神は、必然的に存在する。実際、イデアの不完全さが質料性に他ならないのであれば、つまりは不完全な仕方で存在するのが減算の結果にすぎないのであれば、この減算を施す元となる実在的な量があるはずだ。これこそが完全な型であり、世界のうちでは部分的にしか実現されていないものが、そのうちに要約され、集中しているのである。

この神と世界の関係は、永遠と時間の関係と同じである。時間は運動の一様相にすぎず、運動の恒久性が時間の恒久性をなしている。しかし、運動の恒久性はどのように語られうるだろうか。われわれがこの世界で目にするのは、部分的で断続的な諸運動だけである。連続性が帰されうる運動は円環運動しかない。世界の第一天球は、無際限かつ一様な仕方で自転している。同心円状に配置された諸天球へと、そして月下界へと次々に伝播していくことで、完全な運動は堕落していく。地上では、もはや振動運動しか残されていない。反対物から反対物への移行、成長と死の入れ替わり等、これらは円環性の劣化版の複製にすぎない。完全なる円環運動こそ、思惟の思惟（νόησις νοήσεως*533）としての神、自らの対象へと向かうかぎりで自己に立ち返る思考としての神についてなしうる最も妥当な模倣である。神と世界、永遠と時間の関係についてのこうした考え方を受け入れるためには、以下の公準を受け入れる必要がある。すなわち、上位のものが存在するなら、下位のものが存在しなければならない、という公準である。金貨を得ることによって、必ず小銭を得ることになるのだ。原因の観点からすれば、この必然性は作用性（*efficience*）であろう。結果の観点からすれば目的性（*finalité*）であろう。そしてこの二つの関係は、神と世界とが永遠の接触（*contact*）によって結びつけられている、という同じ事実についての二つの観点にすぎない。

しかしながら、時間は第一天球の完全なる運動である、と述べるだけでは十分でない。この運動が数えられる必要があり、そして魂だけが数えることが可能である。アリストテレスは、魂がなければ時間がないということを、幾度も強調している。そこから、時間というものが魂に相対的なものなら、それは偶然的なものである、と結論づけてはならない。というのも、魂は必然的に存在するものだからである。先に述べた根本的な公準に従うなら、最初の不動の動者である神を措定することで、その縮減された似像である円環運動も措定されるのと同様に、永遠なる能動知性を措定することで、魂という弁論的知性も措定されるのだ。そしてこの魂が数え、時間を創り出すのである。アリストテレスが、完全なる天球の存在と同時に世界霊魂の存在も主張することになったのは、対称性の要求によるものであったはずだとも思われよう。この欠落は、プロティノスによって埋められることになる。

プロティノスの目論見の一つは、師であるプラトンとアリストテレスを調停することであった。プロティノスが彼らから受容したのは、「諸概念の集中から生成を引き出すのでなければならない」という考えである。彼の学説の調和をもたらす深い基礎にあるのは、発生的根拠としてのロゴス（λόγος）という考えである。ロゴス（λόγος）とは一つの役であり、時間とは独立に書き込まれたものでありながら、時間の中で役者の諸々の発語や身振りなどを通じて展開される。ロゴス（λόγος）によって、一者は可知的なもののうちへと放散させられ、可知的なものは魂のうちへと展開し、魂はといえば、その一つの辺〔頂点〕では不動でありつつも、底辺としては時間の中で繰り広げられるのだ。だから存在論においては、プロティノスは二人の師に実に近い立場にある。〔時間的〕繰り広げが生じる必然性については、その出所をアリストテレスよりも高いところにまで持ち上げてさえいる。というのも、可知的なもの・形相といったものは、知性だけでなく存在に対してすら高次に位置する、純粋なる一性について取られる数々の眺めであるから。したがって、知性においてはすでに幾ばくかの〔時間的〕展開があることになる。こうしてプロティノスは、時間の発露の起点を唯一なる原理にまで遡行させることで、結局のところプラトンとアリストテレスの理論を激化させている。

　だが、プロティノスは、その形而上学においてまったくギリシア的であったとしても、魂の位置づけ・意識の理論・自由の問題の立て方においては、すでにすっかり近代的であった。彼はギリシア思想に愛着を示し、異教的思想に対しては抵抗していたが、それでもユダヤ・キリスト教の宗教的息吹は彼にも及んでいた。ベルクソン氏は、彼の心理学〔魂の理論〕が有する生き生きとした複雑さを論じているが、この心理学によって、プロティノスは時間の問題に対する新たな解決を準備しているのである。もし現在が過去のうちに全面的に与えられているとしたら、つまりもし世界霊魂（必然的な展開の秩序として考えられた時間）によってわれわれの全運動を説明できるのだとしたら、われわれの行為はどうしてわれわれのものたりうるだろうか。そして、われわれの魂の役割はどうなってしまうだろうか。プロティノスは、自由の問題に対して三つの解決を与えているが、そのうちの最後のものは、実際彼の存在論の諸原理に通じている。すなわち、自由は行為ではなく純粋知性のうちにある、自らの観念に一致しなければならない、行動とは縮減された観想にほかならないという、まったくギリシア的な考えである。しかし、問題を心理学の用語・魂の用語で立てたというその事実だけでも、新たな哲学の準備がなされているのである。幾つかの結論においてわれわれとはかけ離れているとしても、プロティノスはその方法においてわれわれにきわめて近いのである。

　ルネサンス期の新プラトン主義者たちは、時間を、可知的なものが物質のうちへと失墜し散逸することを余儀なくされたものだとする考えを次第に捨てていった。プラトンよりもはるかにプロティノスの影響を受けた彼らは、相変わらず諸イデアについて語ってはいるが、それは生きた諸イデアであり、実在から切り離せない、作動する諸イデアである。持続という考えは、生命性の考えに結びついている（ジョルダーノ・ブルーノ）。なかんずく、数学的科学についてまったく新しい考え方が準備されることになった。科学の対象は、永遠ではなく、変化するもの・動くものとなった。数学は、形態の発生を辿ることに勤しむのである。ベルクソン氏は、こうした諸々の新しい考え方をかなり立ち入って論究している。世界は、心理学的であると同時に計測可能なものである（ニコラウス・クザーヌス）。ケプラーにおける力の観念は、彼の『宇宙の神秘』第一版と第二版のあいだで深化している。ベネデッティは、有限の直線上では連続運動は不可能であるとしたアリストテレスの見解が誤っていることを論じた。こうした運動も、運動体に意図（intention）のような内的なものを取り戻させてやれば不条理な考えではなくなるのである。これと同じ心理学的な手法は、ガリレオの発見の数々にも着想を与えたようである。さらにこの手法は、ボナヴェントゥーラ・カヴァリエリ、ジル・ド・ロベルヴァル、ニュートンの師であるアイザック・バローらを介して、無限小計算という考えにまで達することとなる。

一六世紀の終わりには、科学的方法には二つの方向が可能であった。一つ目の方向は、持続という考えを掘り下げていくもので、数学の上なり下なりに、異なる持続の諸平面を構築し、そこでさまざまな諸科学が並行して展開されるというものである。この道を進んでいれば、古代の科学、ある種の論理からは次第に距離を取ることになったであろう。

実際に歴史が辿ったのはもう一つの道である。普遍的にして統合的な科学、古代の科学と同じくらい体系的であるが、よりしなやかな科学を構築すること。プラトン主義をはるかに実在に寄り添った形にし、実在を再構成できるようにしたものである。こうしてひとは、直観から次第に距離を取ることになった。

直観と体系というこれら二つの傾向のあいだに、デカルトは彼の哲学を打ち立てた。彼の哲学に見られる数々の対立、コギトの恒久的な働きを論じる意識理論と、純粋な幾何学的機械論に服する物質理論との対立は、この点に起因している。デカルトの後継者たちは皆、デカルト的な思考を古代の鋳型に流し込むことに努めた。ライプニッツのモナドは、プロティノスのノエータ（νοητά）〔可知的なもの〕であり、全体について取られた数々のヴィジョンでありながら、「いっさいは呼応している」（σύμπνοια μία*534）という事態、予定調和という事態に基づいて互いに息を合わせて呼応・協働して（conspirer）いる。『形而上学叙説』において描き出されている個体的実体の理論は、個体的実体の永遠性を基礎づけている。すなわち、「述語は主語に内属する」（*predicatum inest subjecto*）。これが意味しているのは、持続は実在ではない、ということだ。持続とは、帰結を原理のうちに、述語を主語のうちに瞬時に覚知できないような知性がもつ錯雑した知覚でしかない。しかし、モナドが自らについて無数の眺めを取ると想定すれば、モナドはそのすべての述語、すべての知覚を同時にもつことになるだろう。モナドにとって時間とは、この不動の実在のことである。二乗化された延長とでも言うべきものだ。

デカルトは、神の自由について彼自身が作り上げた考えから、自らの主知主義に〔主意主義的な〕制約を設けた。世界が、数学によって解明できるような仕方で組織されているのは、神がそう望んだから、なのである。ライプニッツは、確実性の基礎をより深いところに求めた。普遍記号学は恣意的ではなく必然的である。神は普遍的な可知性でしかなく、世界はこの可知性について取られうる眺めの総体にすぎない。カントもまた類似の努力を通じて、一にして全体的、体系的な科学というものの理論を基礎づけようとした。しかし、デカルトからライプニッツへと移行する際に顕著であった諸公準の節約は、ライプニッツからカントになると、さらに押し進められている。こうした科学を基礎づけるには、一にして体系的な認識、統覚の始原的・総合的統一という要請を立てれば十分なのである。これこそ、カントにとって真の神なのである（この帰結はとりわけフィヒテに明白である）。この一性はどこに置くべきか。事物のうちに置くのでは、節約の原理に反することになろう。なぜなら、〔事物のうちに置いた一性を〕精神のうちにも複製しなければならなくなるから。ならば、精神のうちに置けばよいのである。というのも、諸事物は認識されるためには精神をくぐらねばならないのだから。他方で、空間と時間は、単に錯雑した論理以上のものとなる（数学的諸命題は、ア・プリオリな総合命題である）。これら〔空間と時間という〕二つの形式と、統覚のア・プリオリな総合的統一があれば、われわれの認識の総体を基礎づけるために必要な一切を手にしていることになるのである。

以上がカントの理論である。それは古代から継承した一にして体系的な科学という考え方と、それに結びついた時間の考え方からの、必然的な到達点である。持続しない時間という考え方が逆説的なものと見えないのは、それが古くから存在しているからにすぎない。

しかし、われわれはカント哲学という袋小路で行き詰まることを余儀なくされているわけではない。カント哲学には、その科学理論と時間理論に見合うだけの価値しかない。さまざまな科学を持続の異なる平面上で構築させてくれるような数々の直観、それら諸直観の連続性を取り戻すことこそが、新しい哲学の役割であるだろう。

（「ベルクソン氏の講義」『哲学雑誌』第四巻第一号、一九〇四年一月、一〇五―一一一頁）

注

校訂者序

＊1 アルノー・フランソワによって『ベルクソン年鑑』第一巻（*Annales bergsoniennes*, volume I, Paris, PUF, 2002, « Épiméthée », pp. 25-68）に発表された第一講・第二講は除く。

＊2 ベルクソンの遺言、一九三七年二月八日。一九三八年五月九日の遺言変更証書（*Correspondances*, éd. A. Robinet, avec la collaboration de N. Bruyère, B. Sitbon-Peillon, S. Stern-Gillet, Paris, PUF, 2002, p. 1670）。〔『書簡集』に関しては、現在前半部分が邦訳されているが（『ベルクソン書簡集I　1865-1913』、合田正人監修、ボアグリオ治子訳、法政大学出版局、二〇一二年）、当該部分に関してはまだ出版されていない。〕

＊3 【訳注】アルベール・アデス（Albert Adès, 1893-1921）はフランス語で執筆したエジプト人作家。一八九三年にカイロに生まれ、一九二一年パリで死去した。

＊4 【訳注】アンリ・グイエ（Henri Gouhier, 1898-1994）は、演劇に関する研究でも知られるが（『演劇の本質』、佐々木健一訳、TBSブリタニカ、一九七六年）、やはり哲学史家として名高い。デカルト、パスカル、マルブランシュ、ルソー、メーヌ・ド・ビラン、コントなどに関して、綿密な歴史資料の分析を基に、主に宗教思想的な方面で哲学史研究の新境地を開いた。ベルクソン研究では『ベルクソンと福音書のキリスト』（*Bergson et le Christ des Evangiles*, Fayard, 1961）が有名。ちなみに、ベルクソン自身が遺言の適正な執行を見守ることを託していた「私の友たち」（mes amis）は、「ル・ロワ、シュヴァリエ、ブランシュヴィック、ジャン・ヴァール、ジャンケレヴィッチ、シャレ（Challaye）、ギトン」であった（Rose-Marie Mossé-Bastide, *Bergson éducateur*, PUF, 1955, p. 354, n. 1）。

＊5 H. Bergson, *Cours*, éd. H. Hude, I, 1990, II, 1992, III, 1995, IV, 2000; *Cours*, éd. S. Matton, présenté par A. Panero, I, 1892-1893, II, 1886-1887, III, 1892-1893, Paris-Milan, Séha/Archè, 2008, 2010.〔ユード編『ベルクソン講義録』に関しては合田正人ほかの手によって法政大学出版局より全四巻の邦訳が刊行されている。内容は第一巻「心理学講義　形而上学講義」、第二巻「美学講義　道徳学・心理学・形而上学講義」、第三巻「近代哲学史講義　霊魂論講義」、第四巻「ギリシャ哲学史講義」となっており、特に第三・四巻は本書と関係が深い。〕

＊6 Voir *Bergson professeur*, M. Delbraccio, S. Matton et A. Panero (dir.), Louvain, Peeters, 2015.〔デルブラッチオほか編『教師ベルクソン』

Antoine-Pierre Mongin, *L'aveugle Frélon*, huile sur toile, 1814, Paris, Musée national des Arts et Traditions populaires.
（訳者による図版挿入〔絵画：部分〕）

＊7 【訳注】ジャン・ギトン（Jean Guitton, 1901-1999）はフランスのカトリック系哲学者。ベルクソン研究においては、ここでも引用されている『ベルクソンの召命』（次注参照）が、ベルクソン自身の言葉とされるものを含んでいるがゆえに、重要な情報源の一つとなっている。ベルクソン哲学と政治の関連を考えるうえで、ペタン元帥の序文を付した『フランス共同体の基礎』（一九四二年）を刊行するなど、ギトンがヴィシー政権を支持していたことは見逃せない事実である。

＊8 J. Guitton, *La Vocation de Bergson*, Paris, Gallimard, 1960, *Œuvres complètes*, I, Paris, Desclée de Brouwer, 1966, p. 600.〔ギトン『ベルクソンの召命』〕

＊9 *Ibid.*, p. 601.

＊10 J. et J. Tharaud, *Notre cher Péguy*, 1926, Paris, Ad Solem, 2014, p. 160.〔タロー『我らの親愛なるペギー』〕〔「盲人の横で〔施しを得るために〕椀を咥えた犬」に関しては、例えば上掲の絵画を参照のこと。〕

＊11 F. Azouvi, *La Gloire de Bergson*, Paris, Gallimard, 2007, p. 16.〔アズーヴィ『ベルクソンの栄光』〕

＊12 【訳注】シャルル・レヴェック（Charles Lévêque, 1818-1900）は主に美学系の著作で当時名を馳せた哲学者。一八五二年に博士論文『アリストテレスの体系における第一動者と自然』を刊行し、一八五七年にコレージュのギリシア・ローマ哲学講座（chaire de philosophie grecque et latine）の講師、六一年に正教授就任。六五年には精神科学・政治科学アカデミー（Académie des sciences morales et politiques）の会員に選ばれた。現在、同アカデミー哲学部門によって四年に一度、形而上学に関する著作に与えられる賞には、彼の名前が冠されている（Prix Charles Lévêque）。

＊13 【訳注】ガブリエル・タルド（Gabriel Tarde, 1843-1904）はとりわけ『模倣の法則』（一八九〇年。邦訳、池田祥英、村澤真保呂訳、河出書房新社、二〇〇七年）で知られ、デュルケム学派とは異なる特異な理論体系を構築した社会学者・社会心理学者。近年では、ドゥルーズやラトゥールといった現代思想家たちによる再評価の対象となっている。ベルクソン研究との関連では、Pierre Montebello, *L'autre métaphysique : essai sur la philosophie de la nature, Ravaisson, Tarde, Nietzsche et Bergson*, Paris, Desclée de Brouwer, 2003 といった著作や Anne Devarieux, « Évolutionnisme et psychologie : Maine de Biran, Gabriel Tarde et Henri Bergson », in *Annales bergsoniennes*, IV, 2008, pp. 213-236 と

いった論文がある。

*14　一九〇四年一一月九日付のベルクソンの行政官への書簡、「現代哲学講座への異動願」、M, p. 638.

*15　【訳注】タンクレード・ド・ヴィザン（Tancrède de Visan, 1878-1945）はリヨンの文筆家ヴァンサン・ビエトリクス（Vincent Biétrix）の筆名。学生時代、ベルクソンのコレージュ・ド・フランス講義を聴講。次注の著作には「ベルクソン氏の哲学と現代抒情詩」と題された一章がある。

*16　Tancrède de Visan, *L'Attitude du lyrisme contemporain*, Paris, Mercure de France, 1911, p. 428.〔タンクレード・ド・ヴィザン『現代抒情詩の動向』〕

*17　J. Guitton, *La Vocation de Bergson*, *op. cit.*, p. 600.〔ギトン『ベルクソンの召命』〕

*18　ベルクソン「〈生きている人のまぼろし〉と〈心霊研究〉」、ES, p. 83, note 1. そこで問題となるのは、とりわけ本書第五講である。

*19　ベルクソン『創造的進化』第四章、邦訳四八〇頁注九五（EC, chap. IV, p. 272, note 1）。

*20　これこそ、私たちが拙著『ベルクソンのアルケオロジー』（*Archéologie de Bergson*, Paris, PUF, « Épiméthée », 2009）第九節「形而上学の歴史におけるプロティノスという中心的形象」において提案したことであった。

*21　【訳注】ジャック・シュヴァリエ（Jacques Chevalier, 1882-1962）はフランスのカトリック系哲学者。ベルクソン研究においては、『ベルクソンとの対話』（仲沢紀雄訳、みすず書房、一九六九年）が、ベルクソン自身の言葉とされる膨大な情報を時系列順に報告しているがゆえに、きわめて重要な情報源の一つとなっている。先にギトンに関する注でも触れたが、ベルクソン哲学と政治の関連を考えるうえで、シュヴァリエが、ペタン元帥率いるヴィシー政権下において、わずか三か月とはいえ、国民教育相を務めたことには留意しておく必要がある。

*22　Voir J. Chevalier, *Bergson*, Paris, Plon, 1926, 1941, pp. 82, 92, 150.〔ジャック・シュヴァリエ『ベルクソン』〕

*23　本書に「補遺 二」として収録した。

*24　Tancrède de Visan, *L'Attitude du lyrisme contemporain*, *op. cit.*, p. 427.〔タンクレード・ド・ヴィザン『現代抒情詩の動向』〕

*25　Charles du Bos, « Journal du mercredi 22 février 1922 », Île-Saint-Louis, *Journal, 1921-1923*, Paris, Corrêa, 1946, p. 62.〔シャルル・デュ・ボス『日記　一九二一―一九二三』より「一九二二年二月二二日水曜日の日記」〕

*26　【訳注】シャルル・ペギー（Charles Péguy, 1873-1914）はフランスの作家・詩人。『歴史との対話　クリオ』（山崎庸一郎訳、中央出版社、一九七七年）などで思想家としても知られる。一八九八年に高等師範学校でベルクソンに学んで以来、深い影響を蒙る。ベルクソン研究においては、彼の『ベルクソン氏とベルクソン哲学に関するノート』（一九一四年）が有名（最近もまた新たな版が出た。Cf. Charles Péguy, *Note sur M. Bergson et Note conjointe sur M. Descartes*, édité par Andrea Cavazzini et Jonathan Soskin, Presses Universitaires de Liège, 2016）。本書の校訂者リキエにもペギーに関する大著がある（Camille Riquier, *Philosophie de Péguy*, PUF, 2017）。

*27　「時間観念の歴史」（一九〇二―一九〇三年度）と「自由の問題の進展」（一九〇四―一九〇五年度）。

＊28 「時間の観念」（一九〇一―一九〇二年度）と「記憶の諸理論の歴史」（一九〇三―一九〇四年度）。

＊29 Ch. Péguy, *Par ce demi-clair matin*, posthume 1905, Paris, Gallimard, « Bibliothèque de la Pléiade », éd. R. Burac, vol. II, 1988, p. 214.〔ペギー、『あの薄明の朝から』、一九〇五年の遺稿〕

＊30 *Ibid.*, p. 215.

＊31 【訳注】ベルナール・ラザールの従弟に当たる彼らのうち、とりわけ弟のフェルナン・コルコス（Fernand Corcos, 1875-1959）は、後にフランスのユダヤ人の歴史および社会主義の歴史において重要な役割を果たすことになる。

＊32 Ch. Péguy, *Réponse brève à Jaurès*, 1900, Paris, Gallimard, « Bibliothèque de la Pléiade », éd. R. Burac, vol. I, 1987, p. 571.〔ペギー『ジョレスへの短い返答』〕

＊33 *Ibid.*, p. 571.

＊34 【訳注】ジョルジュ・ソレル（Georges Sorel, 1847-1922）が古典的名著となった『暴力論』（文献情報は次注参照）においてベルクソンを重要な理論的源泉としていることはよく知られているが、ソレルには『創造的進化』に関するかなり長編の書評も存在することを指摘しておこう。『社会主義運動』誌に五回にわたって掲載されたものである（*Le mouvement socialiste*, 191（le 15 octobre 1907, pp. 257-282), 193（le 15 décembre 1907, pp. 478-494), 194（le 15 janvier 1908, pp. 34-52), 196（le 15 mars 1908, pp. 184-194）et 197（le 15 avril 1908, pp. 276-294））。

＊35 Georges Sorel, « Lettre à Daniel Halévy », dans *Réflexions sur la violence*, Paris, Seuil, 1990, p. 6.〔ジョルジュ・ソレル「ダニエル・アレヴィへの手紙」、『暴力論』所収、今村仁司、塚原史訳、岩波文庫、二〇〇七年、二〇頁。〕

＊36 J. Chevalier, *Bergson, op. cit.*, p. 3.

＊37 Ch. Péguy, *Débats parlementaires*, 1903, Paris, Gallimard, « Bibliothèque de la pléiade », éd. R. Burac, vol. I, 1987, p. 1109.〔ペギー『国会討論』〕

＊38 M. Merleau-Ponty, *Éloge de la philosophie*, Paris, Gallimard, « Folio », 1993, p. 65.〔メルロ＝ポンティ「哲学を讃えて」、『目と精神』、みすず書房、一九六六年、二二六頁。『メルロ＝ポンティ・コレクション』第二巻『哲学者とその影』、みすず書房、二〇〇一年、三九―四〇頁。なお文脈にあわせて訳文には手を加えている。〕

第1講

＊39 「時間の観念」に関する一九〇一―一九〇二年度の講義のことである。その終盤でようやく、本講義と同様の速記法を用いて記録がとられるようになったので、本講義はその恩恵を被り、全面的に保存されたのであった。エルンスト・プシシャリ（Ernest Psichari）〔一八八三―一九一四、愛国者たちの人気を博しもした自伝的諸作品を残したフランス人作家・士官。一次大戦下、ベルギーでの戦闘中に三〇歳で死亡〕の取っていたノートが、マリタン文庫（Fonds Maritain）に保管されていたノート群の中からガブリエル・メイエル＝ビシュ（Gabriel Meyer-Bisch）の手で発見され、これにより、欠けていた講義の無視しえない痕跡が保存されることとなったのである。今後刊行される講義録の中でその全体像が明らかとなろう。〔実際この『時間の観念』講義は、メイエル＝ビシュによって二〇〇一

九年三月に刊行された。〕その全体像に関して、現段階で参照可能なものとしては、『哲学雑誌 *Revue de philosophie*』（一九〇二年一〇月刊行の第二巻第六号）初出であり、『雑纂』（M, pp. 513-517）に再録された要約もある。本書に「補遺 一」として収録した。〔*1〕

*40　Cf. « IM », PM, pp. 177-182。当該論文だけを切り出した個別論文版（édition séparée）に付されたフレデリック・フリュトー・ド・ラクロ（Frédéric Fruteau de Laclos）の序文も参照のこと（Paris, PUF, « Quadrige », 2013）。本講義の開始時、ベルクソンは、「形而上学入門」の執筆をほとんど終えようとしていた。その大半は、一九〇二年九月三日までにはすでに執筆されていたということが、グザヴィエ・レオン（Xavier Léon）〔一八六八―一九三五、フランス人哲学者。特にフランス哲学会と後述の雑誌の創設者として有名〕とのやりとりから判明している。この論文のために、ベルクソンはレオンに、『形而上学・道徳雑誌』の次号のうちの「三〇頁ほどを取っておく」よう頼んでいたのである。論文は実際、一九〇三年一月にこの雑誌に掲載される。ベルクソンはそれを、「今準備している仕事の導入に使うことができる試論」として提案していた（X・レオンへの手紙、一九〇二年九月三日付、『ベルクソン書簡集 I 1865-1913』、六〇頁）。本講義の最初の数回には、この論文で提示されたものに近い、時には論文以上に展開された分析が見出されるのであり、そこでは、生と進化の問いをめぐって彼が準備していた仕事がなおいっそうはっきりとした形で表れている。フレデリック・ヴォルムスの『ベルクソン、あるいは生の二つの意味』（Frédéric Worms, *Bergson, ou les deux sens de la vie*, Paris, PUF, « Quadrige », 2004, pp. 154 *sq.*）を参照のこと。〔*2〕

*41　ベルクソンは、カント主義者たちの「物自体」と、それを知ることに対するカントの禁止――というのも、それだけが唯一物自体への接近を可能にしてくれる「知的直観」を彼らが認めないからだが――のことを考えている。Cf. « IM », PM, p. 177 注一も参照のこと。〔*3〕

*42　一九〇三年に発表された「形而上学入門」のオリジナル版において、直観に対してベルクソンが与えた定義がこれである。「それがユニークなものとして、その結果、表現しえぬものとして手にしているものと合致するために、それによってある対象の内部に身を移すこの種の知的共感が直観と呼ばれる」（PM, p. 181 およびヴァリアント）。この同じバージョンにおいて、ベルクソンは、明らかにカント的な語彙を参照しつつ、なおも「知的直観」について語っていた。Cf. グザヴィエ・ティリエット『カントからヘーゲルに至る知的直観に関する研究』（Xavier Tilliette, *Recherche sur l'intuition intellectuelle de Kant à Hegel*, Paris, Vrin, 1995, rééd. 2002）。〔*4〕

*43　Cf. ルネ・デカルト『哲学原理』（一六四四年）、第二巻、第二八―二九条、AT VIII。一六一四年に生まれ、一六八七年に死んだイギリスの哲学者〔ケンブリッジ・プラトン学派の一人〕ヘンリー・モア（Henry More）は、デカルトの死によって中断されるまで書簡のやりとりを続けていた（『アルノーとモアとの往復書簡集』、ジュヌヴィエーヴ・ルイス編、Paris, Vrin, 1953。ヘンリー・モア『哲学的著作集』（H. More, *Scripta philosophica*, 1679, t. II, p. 248）を参照のこと。ルネ・デカルト『書簡集』（*Correspondance*, 2, éd. J.-R. Armogathe, Paris, Gallimard, 2013, pp. 638-663）。Cf. MM, ch. 4, pp. 215-220; « IM », PM, p. 178）。〔*5〕

*44　単純に取り上げ直しているわけではないが、ベルクソンはこの例に関して、彼が『笑い』第三章で芸術に対して行なった諸分析に依拠している。〔*6〕

＊45 タイプ原稿では、「無限」(infini)。[*7]

＊46 タイプ原稿では、「与える」(donnent)。[*8]

＊47 Cf. « IM », PM, p. 190 *sq.* [*9]

＊48 ベルクソンが、諸体系の歴史についての見方を発展させるために、この講義で決然と腰を据えて取り組もうとするのは、まさに姿を現さないこの中心である。諸体系の歴史の「簡潔な要約」については、『創造的進化』第四章に見出される。Cf. EC, p. 272 *sq.* [*10]

第2講

＊49 Cf. « IM », PM, p. 226 :「なぜなら、実在の表面的なあらわれと長いあいだ付き合って (par une longue camaraderie) 信頼をかち得たのでなければ、実在の直観、つまり実在の最も内的なものとの精神的な共感を得ることはとうていできないからである」。[*11]

＊50 タイプ原稿には「不完全な」(imparfait) とある。[*12]

＊51 【訳注】記法・記譜 (notation)。第一講 (三八頁) では音楽の記譜 (notations musicales) として登場していた。この後、第一六講 (二六九―二七〇、二七四、二七七頁) にも登場する。

＊52 【訳注】結果として「態度」と訳した attitude には「構え・姿勢・物腰」といった意味があり、さらに心理学用語として「判断や思考を一定の方向に導く永続的な反応傾向」「認知・反応に対する準備状態」を意味することもある。いずれにせよ、次のダンスの例を見ても分かるように――そこでは、「動き」まで含められるなら「構え」や「姿勢」という訳語のほうがふさわしいようにも思われるが――、ベルクソンはかなり広い意味で用いているように見受けられる。

＊53 患者は、一八七四年にヴェルニッケ (C. Wernicke) によって発見され、クスマウル (A. Kussmaul) によって厳密化された感覚的失語症 (その形態から言えば「言語聾」(surdité verbale)) に冒されている。Cf. MM, chap. II, p. 120 *sq.* [*13]

＊54 下記 (補遺) 参照のこと。[*14]

＊55 Cf. ES 所収「夢」(p. 85 *sq.*)。ブリジット・シットボン編『ベルクソンとフロイト』(B. Sitbon (dir.), *Bergson et Freud*, Paris, PUF, 2013) 参照のこと。また、個別版のギヨーム・シベルタン＝ブランによる序論 (Paris, PUF, « Quadrige », 2013) も参照のこと。[*15]

＊56 「形而上学は記号なしにすませようとする科学である」(« IM », PM, p. 182)。[*16]

＊57 本書「補遺 一」三二九頁以下参照。[*17]

＊58 Cf. DI, chap. I, pp. 10-14, chap. III, pp. 123-124. [*18]

＊59 ベルクソンは、『思考と動き』への導入的な試論で、快という事例に立ち戻ることになる (PM, pp. 52-53)。[*19]

＊60 「原因の観念」(一九〇〇―一九〇一年度) は、ベルクソンがコレージュ・ド・フランスのギリシア・ラテン哲学の講座に当選した後で行なうことを選んだ一般哲学の最初の講義のタイトルである。講義は二〇回行われた (一二月七、一四、二一日、一月一一、一八、二五日、二月一、八、一五、二二日、三月一、八、一五、二二日、四月一九、二六日、五月三、一〇、一七、二四日)。まだ講義が終了していない時点ではあったが、きわめて短い要約が『哲学雑誌』に掲載され (*Revue de Philosophie* I, 3, avril 1901, pp. 385-388)、『雑

纂』に収録された（M, pp. 439-441）。講義に先立つ夏のあいだ、一九〇〇年八月四日、国際哲学会議（Congrès international de philosophie）の、グール氏（M. Gourd）司会のセッションで、「因果法則に対するわれわれの信仰の心理的起源に関するノート」（Note sur les origines psychologiques de notre croyance à la loi de causalité）のレクチャーがベルクソンによって行われた。そのテクストは最初、『国際哲学会議叢書』（*Bibliothèque du Congrès international de philosophie*（Paris, Colin, 1900, pp. 1-15））で刊行され、会議でレクチャーの後に行われたディスカッション（の要約）とともに、『雑纂』に収録された（M, pp. 419-428。ディスカッションは pp. 428-435）。これらすべては『哲学著作』に再録されている（*Écrits philosophiques*, Paris, PUF, « Quadrige », 2011, éd. F. Worms, pp. 213-231）。[*20]

＊61 チャールズ・ダーウィン（Charles Darwin, 1809-1882）、このイギリスの著名な博物学者は、種の進化に関する仕事、とりわけ一八五九年に刊行された『種の起源』という著作によって生物学に革命を巻き起こした。ベルクソンは、知覚しえない変異（variations insensibles）に関するダーウィンの理論をここで批判しているが、後に『創造的進化』でこの批判を取り上げ直すことになる（第一章、pp. 63-66）。アルノー・フランソワの論文「生命の進化。機械論と合目的性」（« L'évolution de la vie. Mécanisme et finalité », dans *L'Évolution créatrice*（A. François éd., Paris, PUF, 2007, pp. 17-110））を参照のこと。[*21]

＊62 ベルクソンはここでアメリカの博物学者でネオ・ラマルキズムの信奉者エドワード・コープ（Edward Cope, 1840-1897）のことを念頭に置いている。後に『創造的進化』において彼の仕事を取り上げ直すことになる（第一章、pp. 35, 77-78）。金森修の論文「『創造的進化』とネオ・ラマルキズム」（« *L'Évolution créatrice* et le néo-lamarckisme », dans *L'Évolution créatrice*（A. François éd., *op. cit.*, pp. 111-123）を参照のこと。[*22]

第3講

＊63 【訳注】「生まれかけの（naissant）」は、しばしば「遂行された（exécuté）」や「完遂された（accompli）」との対比で「（反）作用」を形容するのにベルクソンが用いる表現。受容された刺激に対する反応が身体内部で開始されているが、外的な行動として顕現するに至っていない未完了相の状態を指す。

＊64 第一講（二七頁以下）、第二講（四三頁以下）を参照のこと。[*23]

＊65 【訳注】「それを観念へと解釈する」の原文は nous les interprétons en idées であり、「音が演ずる観念」の原文は les idées que les sons interprètent である。よく知られているように、interprétation には「解釈」と「演奏」の二つの意味がある。

＊66 ベルクソンは『物質と記憶』で発展させた運動図式の理論のことを示唆している（chap. II, pp. 106-107, 121-123, 126-129）。[*24]

＊67 第一講（三三頁以下）を参照のこと。[*25]

＊68 Cf. ベルクソンの講義「ライプニッツ――「事物の根本的起源について」」（一八九八年）、マティアス・フォレット校訂、アルノー・フランソワ協力、『ベルクソン年鑑』第三巻（*Annales bergsoniennes*, vol. III, Paris, PUF, « Épiméthée », pp. 25-52）。[*26]

＊69 本書「補遺 一」を参照のこと。[*27]

＊70 ルドルフ・ヘルマン・ロッツェ（Rudolf Hermann Lotze, 1817-1881）は、すでに『試論』（chap. I, p. 69）や『物質と記憶』（chap. I, p.

51）にも引用されていたドイツの論理学者・心理学者・形而上学者。クリストフ・フォン・ジグヴァルト（Christoph von Sigwart, 1830-1904）は、ドイツの哲学者・論理学者で、とりわけ二巻本の大著『論理学』（*Logik*, 1873-1878）の著者。ベルクソンはなおも『創造的進化』において、自身の判断に関する理論を展開するに際してこの著作に依拠していた（chap. IV, p 287, note 1）。ヴィルヘルム・マクシミリアン・ヴント（Wilhelm Maximilian Wundt, 1832-1920）は、ドイツの論理学者・心理学者・形而上学者で、三巻本の『論理学』（*Logik*, 1880-1883）の著者。すでに『物質と記憶』（pp. 97, 109-110, 133, 143）に引用されているヴントはまた、ベルクソンが熱心に読んだ二巻本の『生理学的心理学』（*Psychologie physiologique*（1874）, tr. E. Rouvier, Paris, Alcan, 1886）の著者でもある。これらのドイツの論理学者たちはみな、プロティノスの個別的観念（idées individuelles）の理論を取り上げ直していたわけだが、ベルクソンもすでにこの理論について前年の講義で喚起しており、本講義でもまた喚起することになるだろう（第二講一九三頁）。[*28]

＊71　Cf. MM, chap. I, p. 24. そこでは、知覚に与えられた実践的目的（destination pratique）とともに、ベルクソンの「プラグマティズム」がはっきりと表れており、それはまもなく精神の他の諸能力にも適用されることになるだろう。「「生きることが第一」なのだ。記憶も、想像も、概念も、知覚も、そして一般化作用も、「何のためにでもなく、ただ慰みのために」あるのではない」（PM, p. 54）。[*29]

＊72　「罰を受けた子ども」のイメージは『思考と動くもの』にふたたび見出される（PM, pp. 69, 137）。[*30]

＊73　Cf. « IM », PM, pp. 212, 223. [*31]

＊74　「形而上学入門」におけるように、ベルクソンはここでは、後に知性に関して採用することになる決定的な観点に達しておらず、知性が二つの正反対の方向をとることが可能であり、知性を行動へと向ける傾向に抗うことが可能だとまだ信じている。この点に関して、「形而上学入門」は、『創造的進化』がそうすることになるようには、直観と知性を対立させていない。レオン・ユッソン『ベルクソンの知性主義——直観観念の生成と発展』（L. Husson, *L'Intellectualisme de Bergson. Genèse et développement de la notion d'intuition*, Paris, Alcan, 1947）およびフリュトー・ド・ラクロの校訂版（二〇一一年）を参照のこと。[*32]

＊75　本書「補遺 一」三三二頁以下を参照のこと。[*33]

＊76　Cf. MM, chap. III, pp. 173-181. [*34]

＊77　ここで問題となっているのは、テオデュール・リボー（一八三九—一九一六）の提起する研究を通じて流布した「類的イメージ」（image générique）の観念で、まずフランシス・ゴルトン（一八二二—一九一一）やトーマス・ヘンリー・ハクスリー（一八二五—一八九五）のもとで見られたものである。実際ゴルトンは、典型的な容貌、例えば、一つの同じ家族の異なるメンバーの典型的な肖像（portrait-type）を取り出す目的のために、多様な個々のフィルムをただ一枚の（類的と言われる）イメージのうちに融合させる合成写真（photographie composite）の方法によって有名である。ハクスリーはこの語を心理学の領域に持ち込んだ最初の人物であった。類的イメージは、諸々の一般観念の真の素材だと考えてのことであった。これに対して、テオデュール・リボーは、〔類的イメージが一般観念に関わるとしても、〕その最も基礎的な形式においてのことにすぎないと考え、ハクスリーに反対した。一八九五年のコレージュ・ド・フランスにおける心理学講義の要約である『一般観念の発展』（*L'Evolution des idées générales*, Paris, Alcan, 1897, rééd. L'Harmattan,

2007, avec une introduction de S. Nicolas）において、リボーは実際、「類的イメージ」を「個別的表象と狭義の抽象の中間にある」ものとして定義している。それは、「似たような、あるいはきわめて類似的な出来事の反復によって生じた、イメージの自然発生的な融合である。融合は、受動的な吸収という手順で生じる。それは意図的なものではなく、素材となるのは大雑把な類似にすぎない。それらの類似は数の力によって支配的となるが、それはそれらが多数を占めるからである。こうして意識において支配的となる堅固な核、似通ったあらゆる対象に適う一つの抽出物が形成され、さまざまな差異は忘却されていく」（pp. 27-28）。[*35]

＊78 【訳注】ここから展開される一般概念の生態学的起源についての議論は、『物質と記憶』第三章および『思考と動き』緒論第二部で扱われている。次注を参照。

＊79 Cf. MM, chap. III, pp. 173-181; PM, pp. 53-54. ジョルジュ・カンギレム「概念と生命」、『科学史・科学哲学研究』（1968, Paris, Vrin, p. 335 sq.〔金森修訳、法政大学出版局〕所収を参照のこと。[*36]

第4講

＊80 【訳注】原文は au point de vue relatif, à l'attitude... だが、カンマをとって au point de vue relatif à l'attitude... と読む。

＊81 タイプ原稿の八頁目は上半分が切り取られているが、その切り取りは丁寧になされているので、講義の部分が欠けていることはないと思われる。[*37]

＊82 後にたびたびなされることになる反知性主義（anti-intellectualisme）という非難に関して、ベルクソンはすでに自ら弁護している。「直観はそもそも知性によってしか伝達されないであろう。直観は観念以上のものであるが、にもかかわらず、自らを伝えるためには、諸観念に馬乗りにならねばならないのである」（PM, p. 42）[*38]

＊83 第一講（二九頁）を参照のこと。[*39]

＊84 Cf.『思考と動くもの』第二序論（PM, pp. 27-29）、「形而上学入門」（PM, p. 210）。「拡張・膨張・（心などが）晴れ晴れとすること」（dilatation）という語の運命に関しては、ジャン＝ルイ・クレティアン（Jean-Louis Chrétien, 1952-）の『ゆったりとした歓喜。膨張に関する試論』（*La Joie spacieuse. Essai sur la dilatation*, Paris, Minuit, 2007, pp. 7-31）を参照のこと。[*40]

＊85 Cf. MM, chap. IV; « IM », PM, pp. 211-219. [*41]

＊86 【訳注】（マットン記載なし）原書には「特殊化された（spécialisé）」とあるが、「空間化された（spatialisé）」と読む。

＊87 ベルクソンはここで、前回の講義の後で聴講者たちから彼に伝えられた反論に答えているが、それらの反論が、彼自ら立てていた問いの方向に向かうものであったがゆえに、いっそう進んで答えている。講義の最終回の一番最後の個所でも、あらためてそのことを強調することになる（本書三二七頁を参照）ように、どうやらベルクソンの中には、来たるべき書物『創造的進化』の準備のために講義しようと考えていた幾つかの講義の全体像があったようである。実際ベルクソンは、一九〇三―一九〇四年度の金曜の講義を、「記憶の諸理論の発展」を研究することに、一九〇四―一九〇五年度の金曜の講義を、「自由の問題の発展」を研究することに宛てており、それらの講義では、生命に関する諸理論が非常にしばしば引き合いに出され、論じられることになる。[*42]

*88 ヘルマン・フォン・ヘルムホルツ（Hermann von Helmholtz, 1821-1894）は、ドイツの生理学者・物理学者で、『生理光学』〔ドイツ語原著は一八六六年〕（*Optique physiologique*, trad. E. Javal et N.-Th. Klein, Paris, V. Masson, 1867, 2 volumes）の著者。ベルクソンはこの著作について、すでに『意識に直接与えられたものについての試論』において議論していた（DI, pp. 17, 38）。ミュラー（Johannes Peter Müller, 1801-1858）の特殊神経エネルギー説〔さまざまな感覚器はそれぞれ固有の様式で外界からの刺激を受容する、例えば、視神経は、どのような方法で刺激しても、光の感覚しか起こさないという説。ミュラーの法則とも呼ばれる〕の影響を受けて、ヘルムホルツは、私たちの感覚は、外的対象によって引き起こされたその記号であって、外的対象に似せて形成されるものではないという、知覚の記号学的理論を擁護している。Cf. MM, chap. I, p. 50 sq.（校訂版の注も参照のこと）[*43]

*89 Cf.「精神物理学的並行論と実証的形而上学」について、一九〇一年五月二日に行われた会を締めくくる、ベルクソンとクーチュラの議論を参照のこと（M, pp. 499-502. 最近刊行された *Ecrits philosophiques*, pp. 268-272 にも再録されている）。〔そこでベルクソンは、天体の運行のような物理現象と血液循環のような生理現象との違いを、後者が相対的に閉じた、孤立した系をなしている点において強調している。〕[*44]

*90 本書第二講（五六頁以下）および注61を参照のこと。[*45]

*91 チャールズ・ダーウィン『種の起源』（trad. T. Hoquet, Paris, Seuil, 2013 は、一八五九年の初版の全訳）。[*46]

*92 「生命的な努力」（effort vital）は、「知的努力」〔effort intellectuel〕（後に『精神のエネルギー』において再刊されることになる、一九〇二年の論文）と『創造的進化』において到達されることになる「エラン・ヴィタル」（élan vital）とのあいだで、なおも模索途上の表現であるように思われる。[*47]

第5講

*93 【訳注】原文は l'inconnu（未知なるもの）であるが、すぐ前の文にも「すっかり出来上がった、あらかじめ定式化された問い」とあるので、文脈上 le connu（既知なるもの）と読む。

*94 Cf.《IM》, PM, p. 202:「これはいくら繰り返して言ってもいい。直観からは分析に移行できるが、分析からは直観に移行できない」。[*48]

*95 ベルクソンはここで、講義のごく直近に提示された一九〇二年の改革のことを示唆している。改革の目的は、中等教育を一元化し、古典学習と現代的なものの学習に同等の価値を認めることであった。当時のパリ・アカデミーの副大学区長（vice-recteur）ルイ・リアールはその主要な策定者であった。ある人々はそこに古代文化の支配的地位の終焉を、そして一九〇九年からは、「フランス語の危機」と呼ばれたものに責任のある原因を見ることになる。ベルクソンは、このような改革に対する彼の敵意を示すようないかなる公的介入も行わず、ギリシア・ラテン文化の重要性に関してここで強調するにしても、ただ厳密に哲学的観点から行なっているにすぎない。にもかかわらず、ベルクソンがこのような余談を自らに許す政治的文脈は、進行中であった改革に反対する態度表明として、そうした敵意を響かせている。逆に、その後に起こってくる「フランス語の危機」に関しては、公教育高等審議会（Conseil Supérieur de l'Instruction publique）のメンバーであるベルクソンは、今度は一九二三年の改革に対して、ベラール大臣があらかじめ開いた議論に参加し、公的に働きかけることになる。こうして彼は、一九二二年一一月四日、道徳・政治科学アカデミーの前で、一つの講演を行なうことになる。一九二三年五月の『パリ雑誌』（*Revue de Paris*）に発表されることになるこの講演は、「ギリシア語・ラテン語学習と中等教育の改革」（M, pp. 1366-1379）に関するもので、この一九〇二―一九〇三年度講義第五講で開陳された「ギリシア人たちによる〝精確さ〟の発明」についての見方と通底するものがある。[*49]

＊96 本第五講のこの箇所は「ギリシア人たちによる〝精確さ〟の発明」に関する決定的な部分であって、ベルクソン自身が論文「〈生きている人のまぼろし〉と〈心霊研究〉」において、コレージュ・ド・フランスで行なわれたさまざまな講義、とりわけ一九〇二―一九〇三年度の本講義を参照させつつ、はっきりと言及している（ES, p. 83, note 1）。カミーユ・リキエ『ベルクソンのアルケオロジー』（C. Riquier, *Archéologie de Bergson : Temps et métaphysique*, PUF, 2009）第一四節「精確さと哲学におけるその使用の発明」を参照のこと。[*50]

＊97 Cf. EC, chap. IV, p. 333. [*51]

＊98 タイプ原稿では、「年（année）」となっている。[*52]

＊99 コロフォン（イオニアに位置する）のクセノファネスによって創始されたエレア学派は、現在のイタリア南部で発展を遂げた。その代表的な哲学者はパルメニデスとゼノンであるが、ベルクソンは形而上学の誕生を彼らまで遡らせている（Cf. EC, chap. IV, pp. 308-313）。[*53]

＊100 ベルクソンがここで参照させているのは、パルメニデスの『詩』の断片六である。
「あるもの〔のみ〕があると語り、かつ考えることが必要である。なぜなら、あるはあるが、無はあらぬからである」（『初期ギリシア自然哲学者断片集』第一巻、日下部吉信編訳、ちくま学芸文庫、二〇〇〇年、四三六頁）。
Χρὴ τὸ λέγειν τε νοεῖν τ' ἐὸν ἔμμεναι
ἔστι γὰρ εἶναι, μηδὲν δ' οὐκ ἔστιν τά σ' ἐγὼ φράζεσθαι.
« Ce qui peut être dit et pensé se doit d'être:
Car l'être est en effet, mais le néant n'est pas »,
あるいは、さらに断片二も参照のこと。
「他方は「ない」、そして「ないがあらねばならない」という道。だがこれはまったく探りえぬ道であることを私は汝に告げる。なぜなら、ないものを汝は知ることもできねば（それはなしえぬことであるから）、語ることもできないから」（同、四三三頁）。
ἡ δ' ὡς οὐκ ἔστιν τε καὶ ὡς
χρεών ἐστι μὴ εἶναι,
τὴν δή τοι φράζω παναπευθέα ἔμμεν ἀταρπόν
οὔτε γὰρ ἂν γνοίης τό γε μὴ ἐὸν

- οὐ γὰρ ἀνυστόν - οὔτε φράσαις :
« *La seconde* [voie], *à savoir qu'il n'est pas, et qu'il est*
Nécessaire au surplus qu'existe le non-être, C'est là, je te l'assure, un sentier incertain
Et même inexplorable : en effet le non-être
(*Lui qui ne mène à rien*) *demeure inconnaissable et reste inexprimable* »
(tr. J.-P. Dumont, « Fragments restitués », *Parménide*, dans *Les Présocratiques*, éd. J.-P. Dumont, Paris, Gallimard, « Bibliothèque de la Pléiade », 1988, respectivement p. 260, 258). ガリマールのプレイアッド叢書（Pléiade）にはH・ディールスとW・クランツによって編集された三巻本に収集・分類されたテクストが翻訳されている（H. Diels et W. Kranz, *Die Fragmente des Vorsokratiker*, Berlin, 3 volumes, 1903）。[*54]

*101 【訳注】この箇所の文の区切り方は、定本でなくマットンの修正案に従った。

*102 タイプ原稿では、「さえ（Même）」となっている。[*55]

*103 「時間の観念」に関するコレージュ・ド・フランス講義（一九〇一—一九〇二年度）およびその要約を参照のこと（*L'idée de Temps : Cours au Collège de France 1901-1902*, édition présentée par Gabriel Meyer-Bisch, PUF, 2019, 251 p. 要約は、M, pp. 513-519〔白水社版全集第八巻、二五四—二五五頁に収録されているベルクソン自身によるごく短い要約とは異なる〕）。ゼノンのパラドックスないし議論は四つあり、順に(1)二分法、(2)アキレスと亀、(3)矢、(4)競技場である。これらのパラドックスは何度も繰り返しベルクソンの著作において扱われている（DI, chap. II, pp. 84-85 ; MM, chap. IV, pp. 213-215 ; EC, chap. IV, pp. 308-315 ; DS, chap. I, pp. 32, 51, 72, 207-208 ; PM, pp. 8, 156, 160-161）。ゼノンのアポリアは、ルヌーヴィエと彼の一八五四年の著作『一般的批判に関する試論』*Essai de critique générale*, 1er essai, 1854, Paris, Armand Colin, 1912, pp. 42-49）によって、哲学的な議論の中心にふたたび置かれることとなった。その後も、シャルル・デュナン（Charles Dunan）、エヴラン（Évellin）やポール・タヌリ（Paul Tannery）によって議論され、それらのアポリアは、形式主義と直観主義という二つの陣営の対立に影響を及ぼしていた。この問題と当時の文脈の再構成に関しては、ジャン・ミレー『ベルクソンと微積分学』（J. Millet, *Bergson et le calcul infinitésimal*, Paris, PUF, 1974）第二章「連続体の問題」（pp. 37-59）を参照のこと。Cf. ベルクソン「『幾何学的知性の発達』について、E・ボレルの論文に対する反駁」（H. Bergson, « à propos de 'l'évolution de l'intelligence géométrique' », Réponse à un article d'É. Borel, *Revue de métaphysique et de morale*, XVI, 1908, M, p. 758, repris dans *Écrits philosophiques*, pp. 354-359 ; EC, 2007, A. François éd., p. 616）〔白水社版全集第八巻に翻訳がある。当該箇所は、三三四頁。〕[*56]

*104 矢の議論は、アキレスと亀の議論より有名さでは劣るが、「同じ詭弁がよりはっきりと現れる」という点で、より教えるところの多いものである。だが、一八九六年に〔『物質と記憶』において〕書かれ、また本講義でももう少し先で同じことが述べられるとおり、「ひどく不当に軽視されてきた」第四の議論（競技場）は、「他の三つの議論では偽装されていた要請が、そこではその覆いを剥ぎ取られ展示されているのが見てとられる」という点で、「おそらくは」「ゼノンの議論の中で最も多くのことを教えてくれる」ものなのである（MM, chap. IV, pp. 214-215）。[*57]

*105 第一講（二八―三〇頁）を参照のこと。[*58]

*106 ベルクソンは、この議論に非常にこだわっており、『物質と記憶』の長い注ですでにこれを想起させ、十中八九それをよりはっきりさせるために、再定式化していた（cf. MM, chap. IV, p. 215, note 1）。[*59]

*107 【訳注】原文のままでは意味が通らないため、この一文を補い、図も訳者が新しく用意した。

第6講

*108 ベルクソンが言及しているのは、ギリシア語のテクストの37c-38c、「永遠の動く似像」（『ティマイオス』、37d）としての時間という有名な定義が登場する箇所である。〔『プラトン全集』第一二巻、種山恭子訳、岩波書店、一九七五年、四六―四八頁。〕ベルクソンはこの定義を、『創造的進化』第四章（p. 317〔邦訳四〇二頁〕）でも引用することになる。[*60]

*109 【訳注】マットンに従い、リキエの誤り（ギリシア語綴り）を修正。

*110 プラトン『ティマイオス』、37c-37e。提示されている翻訳は、続きも含め、ベルクソンによるもの。ベルクソンは、プラトンやアリストテレス、プロティノスのギリシア語原書版の蔵書の行間に、必要を感じたとき、翻訳を鉛筆で書き込む習慣があった。タイプ原稿では、引用文が、フランス語への翻字で書かれていたため、ここではそれをギリシア語原文の後に再現した。なおその原文は、講義後に置かれていた紙に書き留められていた。〔該当箇所の邦訳は次のようになっている。「ところで、このようにして生まれてきたもの（宇宙）が生きて動いていて、永遠なる神々の神殿となっているのを認めたとき、それの生みの父は喜びました。そして上機嫌で、なおもっとよくモデルに似たものに仕上げようと考えたのです。すると、モデルそのものは、まさに、永遠なる生きものとしてあるので、そのようにまたこの万有をも、できるだけそれと同性質のものに仕上げようと努めました。ところで、かの生きものの場合は、その本性まさに永遠なるものだったのでして、そのような性質は、じっさい、生成物に完全に付与することのできないものでした。しかし、永遠を写す、何か動く似像のほうを、神は作ろうと考えたのでした。そして、宇宙を秩序づけるとともに、一のうちに静止している永遠を写して、数に即して動きながら永遠らしさを保つ、その似像をつくったのです。そして、この似像こそ、まさにわれわれが「時間」と名づけて来たところのものなのです。というのは、昼も夜も、月も年も、宇宙が生じるまでは存在しなかったのですが、神は、宇宙が構成されると同時に、それらが生じるように仕組んだからです」『プラトン全集』一二巻、四六―四八頁。〕[*61]

*111 『ティマイオス』、38a〔「むしろ、それらのこと〔「あった」「あるだろう」「なり行く」など〕は、永遠を模倣し、数に即して円運動をして行くところの時間の様相として生じたものなのです」（邦訳四八頁）〕。[*62]

*112 【訳注】（マットン指摘なし）ベルクソン自身、速記者、タイプ原稿作成者、編纂者のいずれのタイミングで生じたものかは不明だが、〔 〕内は単純な訳し落としだと思われる。

*113 【訳注】（マットン指摘なし）ベルクソンによるフランス語訳、したがってわれわれの翻訳には ὢν に相当する部分が欠けている。

*114 『ティマイオス』、38b-c〔「しかしそれはともかくとして、時間が宇宙とともに生じたのは、何しろ両者はともに生み出されたのだから、またいつかそれらに解体ということが何か起こる場合にも、やはり両者がともに解体するようにということだったのですし、ま

た、時間が「永遠」をモデルとして生じたのは、宇宙ができるだけかの〔宇宙の〕モデルに似たものであるようにということだったのです。というのは、モデルのほうは全永遠にわたって、あるものなのですが、宇宙のほうは、これはこれで、全時間にわたって終始、あったもの、あるもの、あるだろうものだからです」（邦訳四九頁）〕。[*63]

*115 【訳注】（マットン指摘なし） 定本ではここまでが『ティマイオス』からの引用であるかのように示されているが、これは速記者、タイプ原稿作成者、校訂者のいずれかによる誤植であるように思われるため、ベルクソンの地の文であることがわかる形に改めた。

*116 これはもちろん、これまでの講義のこと（本書第五講九八頁以下参照）であるが、エレア学派に長い時間をかけて立ち戻っている、前年の「時間の観念」（本書「補遺 一」三三〇頁参照）についての講義のことも指している。この一節は、要約的な形で、『創造的進化』の第四章（pp. 311-312）〔邦訳三九五―三九六頁〕に再登場する。そこでベルクソンは、ゼノンの議論を、質的生成と進化的生成とに拡張しようとしている。[*64]

*117 「思考の映画的メカニズム」について書き、知性を一八九五年にリュミエール兄弟によって発明されたシネマトグラフと比較する（EC, chap. IV, pp. 304-306, pp. 312-313〔邦訳三八六―三八八、三九五―三九六頁〕）以前に、ベルクソンは、「幻灯機（lanterne magique）」――映写機の原型、発明者不明――について語っていたということである。幻灯機とは、絵付きのガラス板と対物レンズから構成され、これらを光が通過することで、板に描かれた絵の倒立像を投影する、カメラ・オブスクラの役割を果たす装置のこと。[*65]

*118 アリストテレス『形而上学』Λ巻、第十章、1075a25-30〔『形而上学』下巻、出隆訳、岩波文庫、一六五―一六六頁〕。翻訳はベルクソンによるもの。ジュール・トリコ訳では次のようになっている。「例えば、哲学者は皆、あらゆる事物を反対のものたちから生じさせる。しかし、あらゆる事物と言うのも、反対のものたちからの発生を語るのも誤りである。また、反対のものたちを容れる事物に関しても、それがどのようにして反対のものたちから生じるのだろうか。これこそ、彼らが説明していないことである。というのも反対のもの同士は、相互作用をもたないからだ。だが、私たちにとって困難は、第三項の存在によって、まったく自然に解消される」(Paris, Vrin, 1991, tome 2, p. 708)〔反対のもの（le contraire）とは、ここでは赤さや青さそのもののこと。アリストテレスの主張は、赤さが青さに変化するのではなく、赤い基体（質料）が、青い基体（質料）に変化するのだ、というもの。邦訳下巻三一八頁訳注（八）を参照〕。[*66]

*119 アリストテレス『形而上学』Λ巻、第一章、1069b, p. 644〔前掲仏訳の頁数。邦訳の対応箇所は下巻一三五頁〕にはこうある。「感覚的基体は変化を被る。ところで、変化が、対立するものたち、あるいは〔それらの〕中間項から生じるとすれば――ただしそれは、あらゆる反対のものたちからではなく（というのも、音は非白であるのだから）、ただ反対のものからである――必然的に、反対のものから反対のものへと変化する基体が存在することになる。というのも、一方から他方へと変わるのは、反対のものたちではないのだから」。「さらに、あるものは恒存的であるが、反対のものはそうではない。それゆえ、反対のものたちに加え、ある第三項が存在する。それが質料である」（第二章、1069b, p. 644）。[*67]

*120 これが、アリストテレスによる「プラトンのイデア論」の説明であり、彼にとってこれは、しばしば、ピュタゴラス学派の理論と調

和するものであった。「彼〔プラトン〕は、形相因と質料因という、二種類の原因だけを用いた（実際、諸イデアは、他のあらゆる事物にとっての形相因であり、「一」は諸イデアにとっての原因である）。他方で、あの質料とは基体（感覚的事物の場合、そのイデアが語られたが、イデアの場合、「一」によって語られるところの）であり、これは〈二〉、すなわち〈大〉と〈小〉である」（アリストテレス『形而上学』、A巻、第六章、988a8-13, *op. cit.*, pp. 65-66〔邦訳上巻四八―四九頁〕）。[*68]

*121 【訳注】マットンに従い、リキエの誤り（アクセント記号）を修正。

*122 プラトン『ティマイオス』、50c〔邦訳七九―八〇頁〕。原語は「τῶν ὄντων ἀεὶ μιμήματα」。ちなみに、アリストテレスは、『自然学』第四巻において、プラトンの受容者（le réceptacle, χώρα）を質料（ὕλη）と解釈した最初の人である。「ある領域から限界と諸特性とを取り除くなら、そこには質料しか残らない。だからこそ、プラトンもまた、『ティマイオス』において、質料と空間は同じものである、というのも空間と受容者は一つの同じものなのだから、と述べたのである。プラトンがそこで受容者について、いわゆる不文の教説とは異なる仕方で語っていたとはいえ、場所と空間は、同じものとして示されていたのである」（chap. II, 209b11-16, trad. A. Stevens, Paris, Vrin, 2002）〔『自然学』出隆、岩崎允胤訳、岩波書店、一二五頁〕。〔マットンに従い、タイプ原稿の誤り（ギリシア語語順）を修正〕[*69]

*123 プラトン『国家』第七巻、532a-b〔『国家』下巻、藤沢令夫訳、岩波文庫、邦訳一四一―一四二頁〕を参照。「「それでは、グラウコンよ、まさにそこにこそ、問答法が演奏するあの曲があるのではないかね」と私は続けた。「それはもっぱら知性によって知られるものであるけれども、それでもなお視覚の機能は、すでに示したように、まずは生物を、次いで星々を、そしてついには太陽そのものそのものをも見ようとするとき、あの曲を模倣する。同じように、問答法によって、いかなる感覚に頼ることもなく、理性を用いて各々の事物の本質に到達しようと努め、ただ知性だけによって善の本質を把握するに至るまで立ち止まらないなら、そのとき人は、知解可能なものの極致にいたることになる。これはちょうど、先の比喩の場合に人がただちに視覚可能なものの極致に至るのと同じことである」。「まったくそのとおりです」と彼は言った。「では、まさにそこにこそ、君が問答法的行程と呼ぶものがあるのではないかね」（trad. E. Chambry, Paris, Les Belles Lettres, 1989）。このパッセージは、この少し後でベルクソンが講義で扱うことになる洞窟のアレゴリーの後に続くものである。[*70]

*124 コレージュ・ド・フランスでの「因果の観念」についての一九〇〇―一九〇一年度のベルクソンの講義を参照（M, pp. 439-441）。[*71]

*125 プラトン『パイドロス』258e-259d。おそらく一八九八―一八九九年度のプロティノス講義（『ベルクソン講義録Ⅳ ギリシア哲学講義』、pp. 36-39〔邦訳二六―三〇頁〕）で、すでにベルクソンはこれら二つの側面――ディアレクティケーと神話――を区別しており、その時点でこれらはプラトン哲学の二つの半分ではなく、プラトン哲学に対して取られる二つの視点となっていた。[*72]

*126 順に、『饗宴』201d-212b、『国家』第一〇巻、614b-621d、『ティマイオス』27c-92c。[*73]

*127 ヴィンツェンティ・ルトスワフスキ（Wincenty Lutoslawski, 1863-1954）は、論理学の教授であり、哲学者であり、古代ギリシア語の研究者であった。グスタフ・タイヒミュラーの弟子でもあった彼に、私たちは、プラトンの著作の年代確定に対する最も大きな貢献の

うちの一つを負っているが、この点についての最初の研究は、テンネマンにまで遡ることができる。プラトンの論理学の起源と発展の説明をしようとして、ルトスワフスキは、実際、「プラトンの諸著作の年代推定についてのさまざまな研究の混乱状態に投げ込まれ」、それによって、「シュライエルマハーやヘルマン、ツェラーといった学者たちの支配的な権威」と手を切るに至った（*Sur une nouvelle méthode pour déterminer la chronologie des dialogues de Platon*, Mémoire lu le 16 mai 1896 à l'Institut de France devant l'Académie des sciences morales et politiques, Paris, H. Welter, 1896）。「論理的かつ方法論的な進展は、一旦得られれば、揺るがないものであり、当該の哲学者の形而上学的確信以上に確かな、哲学者の知的発展の性格を構成する」（p. 7）という考えにまずもって支配されていたため、彼は、プラトンの各対話篇と、その総体についての詳細な研究を行い、一八六七年にキャンベルによって開始され、一八七八年以降はドイツで、ブラス、ロイパー、ディッテンベルガー、イェヒト、フレーダーキング、ヘーファー、シャンツ、キュグラー、ゴンペルツ、ヴァルベ、ジーベック、リッター、ティーマン、そしてヴァン・クリーフによって継承されたプラトンの文体についての研究は「プラトンの著作の年代推定の問題にとって最も有効な手段のうちの一つである」と考えた。論理的比較と文体的かつ語彙的な比較は、こうして結びつき、「一定の客観的な確実さ」をもつにいたったのだが、著者はこれを「プラトンの著作の年代学についての研究史においてこれまで知られていなかったもの」（p. 11）だと考えた。こうして彼は、結論として、プラトンの後期の著作――六〇歳以降に書いたと想定されるもの――を確定した。すなわち『パルメニデス』『ソピステス』『政治学』『ピレボス』『クリティアス』『法律』のことである。さらに、『テアイテトス』と『パイドロス』は『パイドン』の後、『パルメニデス』よりも先に書かれたものであり、「『パルメニデス』は『テアイテトス』と『パイドロス』とから、プラトンが執筆をしなかった長い間隔によって隔てられている」（p. 10）。ルトスワフスキが問題となるたび、タイプ原稿では、「M. Lout...」と記されている。[*74]

*128 一八九七年、アカデミーの前で、ルトスワフスキは自らが次のような仕方で発見した計量文献学の法則を説明した。「十分な数の文体的特徴が調査されたとき、ある同じ作家による等しい長さをもつ二つのテクストのサンプルは、それらが共通の文体的特徴をもっていればいるほど、時間的にも近いものである」（*Comptes rendus des séances de l'Académie des Inscriptions et Belles-Lettres*, 1897, vol. 41, n° 3, p. 311）。[*75]

*129 【訳注】参考までに次のような入門書の一節を紹介しておく。Cf.「古代ギリシア語には小辞（particle）と呼ばれる文字通り「小さなことば」がある。小辞は、定義・意味内容ともに曖昧で、日本語の「で、あら、ええ、まあ、おや、うーん…」などに似た「実態感に乏しい香気」のごとき言葉である。副詞・接続詞・間投詞・感嘆詞・否定辞などとの境界線が流動的で、文法家によって取り扱いが異なり、品詞分類して一義的に語義を示すことが困難である。（…）そのニュアンスの説明には一定の文脈が必要であり、語形変化中心の初級文法書の範囲を超える。小辞の理解なくしては、古代ギリシア語を味読し、その香気に触れることは不可能であり、古代ギリシア語全般における小辞を取り扱ったJ. D. Denniston, *The Greek Particles*（…）などに学ぶことをお勧めしたい」（土岐健治『［改訂新版］新約聖書ギリシア語初歩』、教文館、一九九九年、一三三頁）。

*130 タイプ原稿には、「Phé」とあり、そのあと鉛筆書きで「don」と続いている。後者は、校正者――おそらくはペギー――の手によるた

だの推測であり、修正が必要である。ここで問題となっているのはおそらく『パイドロス』であって『パイドン』ではない〔と編者は述べているが、マットンも指摘しているとおり、ここで問題となっているのは『ピレボス』(*Philèbe*) である (cf. W. Lutosławski, *The Origin and Growth of Plato's Logic*, Londres, 1897, spéc. pp. 469-470)。なおこれは現代の著作年代区分から見ても不自然な推定ではない〕。

[*76]

＊131 ルトスワフスキは、プラトンが後期の著作において、壮年期の対話篇、すなわち『饗宴』、『パイドン』、『国家』において提示したような形のイデア論を破棄したという主張も提起していた。すなわち、『ソピステス』以降、「プラトンのイデアは、それを思考する人の心の外にはもはや存在しておらず、私たちは、カントの『純粋理性批判』に類似したプロセスによって、客観的な存在をもたないが、それを考える主体によって創造される、そのような観念 (idées) のシステムへと到達する。『テアイテトス』において、比類なき技術によって理想化されたこの主体は、学問を創造するために、もはや神を必要としない。この主体は、人知の富を増大させるために自らの理性を用い（『政治学』)、自分が作り出す諸概念を分類、区別、定義することに堂々と自らの生を用いる。このきわめて論理的な教説は、イデアについての形而上学的な教説の後に続くものであり、その名残は『法律』のうちに容易に見出すことができる」(*Sur une nouvelle méthode...*, *op. cit.*, p. 31)。こうしたものが、ルトスワフスキが諸著作の新しい年代学についての結論から引き出すことができると考えた哲学的主張であり、ベルクソンはというと〔次の段落以降で〕これを否定しているのである。[*77]

＊132 【訳注】ベルクソンの著作にも何度か登場するこの金貨の比喩は、これ以後この講義にもたびたび登場する（本書第一〇講（一七七、一七九頁および注232)、第一三講（二一八頁)、補遺 二（三三七頁）を参照のこと)。ちなみに、この喩えが分かりにくいとすれば、それは私たちがもはや金本位制のもとに生きていないからかもしれない。金というものの不変の価値を前にしたとき、たとえ同額とされる小銭を用意したところで、金のもつ〝真正〟な価値には敵わない、無限に追いつけない。そういった感覚が問題となっているように思われる。

第7講

＊133 EC, p. 314〔邦訳三九八頁〕を参照。このようにプラトンとアリストテレスを、イデア（ないし形相）の哲学という同じ一つの哲学に与するものとして近づけようとしたために、ベルクソンはイデアでなく、エイドスという用語を選択している。この語は、プラトンとプロティノスと同様に、アリストテレスにも用いられているのである。実際、イデアは感性的なものとの分離を維持しているのに対し、エイドスも同じくまずもって形相（モルフェー）であるものの、これは質料に内在的な形相なのである。[*78]

＊134 【訳注】マットンに従い、リキエの誤り（長音）を修正。

＊135 タイプ原稿では、「特別な (spécial)」となっている。[*79]

＊136 タイプ原稿では、「特別な (spécials)」となっている。[*80]

＊137 第六講（一〇九頁以下）を参照。[*81]

＊138 アリストテレス『形而上学』Λ巻第十章、1075a〔『形而上学』下巻、出隆訳、岩波文庫、一六五―一六六頁〕。注118も見よ。[*82]

＊139 アリストテレス『自然学』第一巻第五章、188a26-30〔『自然学』、出隆、岩崎允胤訳、岩波書店、二二―二三頁〕。H. Carteron 訳では次のようになっている。「諸原理は、互いに形成されるべきでなく、原理以外のものから形成されるべきでもない。諸原理からこそ、あらゆるものが形成されるべきである。ところで、第一の反対のものたちの集合は、まさにそうしたものである。第一であるがゆえに、それらはどんな他のものからも形成されないからであり、反対であるがゆえに、それらは互いに形成されるものでもないからである」(Paris, Belles Lettres, 1996, p. 39)。[*83]

＊140 アリストテレス『形而上学』Λ巻第十章、1075a25-30〔『形而上学』下巻、一六五―一六六頁〕。注66も参照のこと。タイプ原稿には「λυεται ημιν το τριτον ειναι」とある。[*84]

＊141 おそらくベルクソンは、このような比喩をすでに前年の講義で用いていたのだろう。この比喩は、「形而上学入門」でも見出すことができる (PM, p. 223) [*85]

＊142 アリストテレス、『霊魂論』第三巻第八章、431b20〔『霊魂論』、山本光雄訳、岩波書店、二三頁〕、「魂は、潜勢態としては、あらゆる事物である」(ἡ ψυχὴ τὰ ὄντα πώς ἐστι πάντα)。[*86]

＊143 アリストテレス、『霊魂論』第三巻第四章、429a27-28〔『霊魂論』、一〇八頁〕。J. Tricot 訳 (Vrin, 1977, p. 175) では次のようになっている。「それゆえ、魂はイデアの場所であると主張した人々に同意しなければならない。ただしここで問題となっているのは全体としての魂でなく、知的な魂であり、エンテレケイアにおけるイデアでなく、潜勢態としてのイデアである」。[*87]

＊144 cf. EC, chap. IV, pp. 314-315〔邦訳三九八―三九九頁〕[*88]

＊145 第六講（一一四頁以下）を参照。[*89]

＊146 【訳注】定本の原語は、「toutes les Idées acceptées（受け入れられたすべてのイデア）」。マットンはこの箇所を速記手稿ないしタイプ原稿の誤植と見なし、「toutes les Idées, <*l'Idée des Idées*> *exceptée*」と修正するよう提案している。後者の場合、日本語訳としては、「イデアのイデアを除き、どんなイデアも」となる。われわれはマットンの解釈を採用した。

＊147 イデアをモデルとして感性的世界を作り上げる神、すなわち『ティマイオス』のデミウルゴスがここでは問題となっている。[*90]

＊148 『創造的進化』においてアリストテレスの理説を説明する際、ベルクソンは、模倣という用語を何度も用いている。天球は、自転することで「神の原理の最初の減退」を表し、「神の思考の円環の永遠性をその円運動の永続性によって模倣している」(EC, p. 324)〔邦訳四一〇頁〕。ベルクソンは、この説明を――単発的に――明確な出典に依拠して行っているが、参照先に模倣という語は含まれていない（『天体論』第二巻、287 a 12; I, 279 a 12;『自然学』第四巻、212 a 34)。しかし、〔同じ箇所で〕アリストテレスにおいて「円運動を伴う第一の天球は、神の模倣である」(EC, p. 324) と改めて喚起している以上、ベルクソンが〔ここで〕、第一〇講で問題となる（一七二頁参照）『形而上学』Λ巻第七章を念頭に置いていることは明らかである。[*91]

＊149 タイプ原稿では「他方」(l'autre) となっている。[*92]

＊150 【訳注】マットンに従い、リキエの誤り（長音）を修正。

*151 アリストテレス『形而上学』Λ巻第二章、1013a25-35〔『形而上学』上巻、出隆訳、一五四―一五五頁〕[*93]

*152 「ところで（Or）」が、タイプ原稿では、線を引いて消されている。[*94]

*153 【訳注】おそらく、ベルクソンはこの表現を板書し、矢印を添えたのだと思われる。

*154 EC, 322-323〔邦訳四〇八―四〇九頁〕を参照。[*95]

*155 タイプ原稿には、αρωτη とある。[*96]

*156 プロティノス、第四エネアス第三論文第三〇章。プロティノス講義録を参照。vol. IV, H. Hude éd., Paris, PUF, 2000, p. 72.〔『ベルクソン講義録Ⅳ』七二頁〕[*97]

*157 【訳注】定本では、「νοήσεως νόησις」となっているが、ここではタイプ原稿に基づくマットンの指摘により、修正を加えた。

*158 【訳注】マットンに従い、リキエの誤り（ギリシア語綴り）を修正。

*159 EC, 321-322〔邦訳四〇七―四〇八頁〕[*98]

*160 EC, 323-324〔邦訳四一一―四一二頁〕[*99]

第8講

*161 『形而上学』Λ巻第六章1071b7-8, *op. cit.*〔邦訳下巻、一四八頁〕。「（…）運動が始ったということも、終わるということも不可能である。というのも、運動は永遠だからである。時間（オーデ・クロノン）についても同じである。というのも、時間が存在しなければ、「先」も「後」も存在しないだろうから」。[*100]

*162 『自然学』第八巻第一章251b10-27〔邦訳二九七―二九八頁〕。H. Carteron 訳（Les Belles Lettres, pp. 103-104）では次のようになっている。「時間がないのなら、「先」や「後」はいかにして存在するのだろうか。そしてまた運動がないのなら、時間はいかにして存在するのだろうか。時間が運動の数であるか、あるいは時間がある種の運動であるということが本当だとすれば、時間は常にある以上、必然的に運動もまた永遠でなければならない。（…）さて、もし時間が常にあるなら、運動もまた、必然的に、常にあることになる。というのも、時間とは運動のある様態（une affection）だからである」。ベルクソンはパトスを「様相（modalité）」と訳している。[*101]

*163 【訳注】マットンに従い、リキエの誤り（気息記号）を修正。

*164 『自然学』第三巻第一章200b28-201a8〔邦訳八三頁〕を参照。[*102]

*165 『自然学』第三巻第五章204a8-206a8〔邦訳九八―一〇七頁〕および『形而上学』K巻第一〇章、1065a35-1066b22〔邦訳一二〇―一二一頁〕を参照。[*103]

*166 第一六講（二六五頁以下）を参照。[*104]

*167 タイプ原稿では、「内部の（intérieures）」の語の下に、おそらくはペギーの手によって、疑問符の鉛筆書きがある。〔定本では「de la sphère inférieure aux sphères intérieures」となっているが、これは「de la sphère *extérieure* aux sphères intérieures」の誤植だろうというマットンの指摘に基づき訳文には修正を加えた。〕[*105]

*168 タイプ原稿では、「人間学（*De l'homme*）」となっている。[*106]

*169 アリストテレス『動物発生論』第二巻第一章、731b25-32。P. Louis 訳（Paris, Les Belles Lettres, 1961）では次のとおり。「［偶然的な］存在者たちのそのような類の本性は永遠なのだから、発生するものはそれが可能な限りにおいてのみ永遠なのである。それは数としては永遠であることはできない、なぜならその存在者たちの実在は個別的なもののうちにあるからであって、もしそれがそのような永遠であったなら、それは永遠であることになる。しかし種としては永遠であることができる。だからこそ、人間や動物や植物の類は常に存在しているのだ」〔邦訳一四七頁〕。『霊魂論』第二巻第四章、415a25-30, *op. cit.*〔邦訳五〇頁〕。「あらゆる生物にとって、様々な機能のうち最も自然なもの（…）それは、可能な限り、永遠的なものおよび神的なものに与るように、自らに似た他の存在を創造すること、つまり動物は動物を、植物は植物を創造することである」。[*107]

*170 【訳注】マットンに従い、リキエの誤り（気息記号）を修正。

*171 『自然学』第四巻第一四章、223b23 前掲書〔邦訳一八八頁〕。「それゆえ、人間的事象が一つの円環であるという一般的な考えは、自然的運動、生成消滅を有する他の諸事物にも当てはまることになる。それは、それらの事物がすべて、時間を規則として有しており、また終わりと始まりとを、あたかもそれがある一定の周期によって展開されるかのごとく、必要としているからである」。[*108]

*172 【訳注】ここでベルクソンは板書をしているように思われる。なお、ベネデッティについての第一六講の図も参照（二六六頁）。

*173 【訳注】（マットン記載なし） 定本では単にAとなっているが、誤植と思われるため改めた。

*174 サディ・カルノー（フランスの物理学者、技術師、一七九六―一八三二）によって定式化された熱力学第二法則が問題となっている。カルノーの法則は、物理現象の不可逆性を確立するものである。『創造的進化』において、ベルクソンは、この法則のうちに、「記号の介入や測定の技巧なしに世界が進む方向を私たちに示してくれるという点で、諸々の物理法則の内で最も形而上学的な法則」を見てとることになる（EC, p. 244〔邦訳三一〇頁〕および校訂版におけるアルノー・フランソワによる注（pp. 488-490）も参照）。[*109]

*175 タイプ原稿では、「破壊（destruction）」となっている。[*110]

*176 『自然学』第八巻第五章 256a4-256b23（邦訳三一七―三二〇頁）を参照。[*111]

*177 ここでまずもって問題となっているのは、トマス・アキナス『神学大全』第一部第二問題第三項に示された、理性による神の存在へのアクセスを可能とする「五つの道」の内、第一の道である。この道は「運動から取られる」。というのも、動かされるものは、それを動かす他者によってしか動かされ得ず、後者はさらに別の他者によってしか動かされ得ないからであり、またこのようなことを無限に続けることは不可能だからである。「したがって、それ自体はいかなる他者よっても動かされることのない第一の動者へと達する必要があり、そのようなその存在とは神であると皆が理解している」（tr. A.-M. Roguet, Paris, Le Cerf, 1984, p. 172）〔邦訳『神学大全』第一冊、高田三郎訳、創文社、一九六〇年、四五頁〕。[*112]

*178 EC, chap. IV, pp. 324-325〔邦訳四一〇―四一二頁〕を参照。[*113]

*179 ベルクソンは、デカルトの語彙を用いている（「古代哲学についての講義」（*Cours*, t. IV, *op. cit.*, p. 140）を見よ）〔邦訳一五二頁〕。

[*114]

＊180 タイプ原稿では「段階（phases）」となっている。[*115]

＊181 【訳注】定本の原語は「moteur」であるが、マットンはこれを「matière」（質料）の誤植として修正している。

＊182 タイプ原稿では「à la légende」となっている。[*116]

＊183 タイプ原稿では、「第一の動者（primo-moteur）」となっている。[*117]

＊184 EC, 第四章、pp. 326-328〔邦訳四一二—四一五頁〕を参照。[*118]

＊185 【訳注】定本の原語は「compter」であるが、マットンはこれをタイプ原稿に基づいて「combler」の誤植と判定しており、それに従った。

第9講

＊186 場所についての研究は、『自然学』第四巻の第一章から第九章（208a25-217b27）において扱われている。時間についての研究は、続く第一〇章から一四章（217b29-224a17）において扱われており、『自然学』第四巻を締めくくるものである。この点において、ベルクソンの二つの博士論文との比較をしたくなったとしても無理もない。というのも、ラテン語で書かれた〔副〕論文は、「アリストテレスにおける場所の観念」（*Quid Aristoteles de loco senserit*, 1889, reproduit dans *Écrits philosophiques*, annotation A. François, pp. 67-123）を扱うものであり、また主論文は、その中心となる章において、持続の観念を論じている（*Essai sur les données immédiates de la conscience*, 1889）からである。ハイデガーは、持続のベルクソン的経験を、時間についてのアリストテレス的な考え方を直接継承するものとしようとし続けるために、二つの論文のあいだに本質的な繋がりをみようとした（Heidegger, *Sein und Zeit*, 1927, Max Niemeyer, 2006, § 82, p. 432, note）。次の文献を参照。C. Riquier, « Heidegger lecteur de Bergson », dans Servane Jollivet et Claude Romano (dir.), *Heidegger en dialogue (1912-1930)*, Paris, Vrin, 2009, pp. 33-67. [*119]

＊187 PM, 序論（第二部）p. 73を参照。[*120]

＊188 『自然学』第四巻第六章 213a19 以降、またとりわけ第九章 216b22 以降。ベルクソン「アリストテレスにおける場所の観念」第五章（*Écrits philosophiques*, p. 80 *sq.*）を参照。〔「アリストテレスの場所論」、『ベルクソン全集』第一巻所収、村治能就・広川洋一訳、白水社、一九六六年。〕[*121]

＊189 タイプ原稿の余白には、おそらくはペギーによって、疑問符が添えられている。実際、この文の構成は、ぎこちないものである。〔定本の原語は「quioque mobile peut être indépendant de lui」だが、ここではマットンによる「quioque mobile *peut-être en dépendant* de lui」と読むべきだという指摘に基づき変更を加えている。〕[*122]

＊190 【訳注】マットンに従い、リキエの誤り（アクセント記号）を修正。

＊191 ベルクソンはアリストテレスの『自然学』第四巻第一一章 218b21 以降の内容を辿り、少し後で認めているように、「ほぼ文字通りに」訳している。[*123]

＊192 【訳注】原書は mouvement となっているがギリシア語から maintenant の誤植だと思われる。

*193 『自然学』第四巻第一一章、219b。〔マットンに従い、リキエの誤り（アクセント記号）を修正。〕[*124]

*194 【訳注】定本では nombre nombre となっているが、nombre nombré の誤植であるため改めた。

*195 『自然学』第四巻第一一章 219b1。[*125]

*196 タイプ原稿では〔カッコ内の末尾が〕「…」となっており、おそらくはペギーの手によって、疑問符が付されている。この文は一つ単語を欠いているということである。〔しかし、マットンによれば、タイプ原稿の該当箇所は正確には「[…]」となっている。ここではマットンの修正案に従って訳出している。〕[*126]

*197 『自然学』第四巻第一四章 223b21 以降。[*127]

*198 【訳注】定本で「対して」の部分は「un」となっているが、マットンの指摘によればタイプ原稿では「au」となっているため、このように訳出した。

*199 【訳注】定本では、「il n'y a plus personne non plus qui soit nombre」となっているが、最後の nombre は「nombré」の誤植であるように思われたため、修正の上訳出した（マットンも同様の指摘をしている）。

*200 【訳注】『自然学』第四巻第一四章 223a20-a30。

*201 【訳注】亀甲括弧内は、定本には存在しないが、（マットンの指摘によれば）タイプ原稿には存在する。

*202 アリストテレス『動物発生論』第二巻第三章 736b21-29。「実際、魂のあらゆる能力が前もって存在しているということは不可能である。その証明は次のとおり。その作用（action）が身体的であるあらゆる原理にとって、身体がなければそれら原理は存在しえないことは明らかである。例えば、足がなければ、歩行はないといったように。したがって、諸能力が外から導入される（テュラテン・エイシエナイ）こともまた等しく不可能である。というのも、諸能力はそれ自体によって導入されることも、身体と不可分である以上不可能であり、またある身体の媒介によって入り込むことも不可能なのだから。実際、精子とは、生成途上の栄養の残滓である。とすれば、知性は外からやってくる（テュラテン・エペイシエナイ）のであって、知性のみが神的なものであると考える他ない。というのも、身体の活動は、身体に対する神の活動と共通点をもたないのであるから」〔邦訳一六二―一六三頁〕。[*128]

*203 （受動知性については）『霊魂論』第三巻第四章、（能動知性については）同第五章を参照。『創造的進化』第四章（pp. 321-322）〔邦訳四〇七―四〇八頁〕においてベルクソンは、『霊魂論』の 430a14 を引用する前に、こうした二知性論が、アリストテレス以降、リュケイオンの最初の学長であったテオプラストス（B. C. 371-288）から、アフロディシアスのアレクサンドロス（150-215）を経て、アレクサンドリアの人々に至るまで、重要なものであったことを仄《ほの》めかしている。[*129]

*204 【訳注】定本では、このパラグラフでいくつか小文字の forme となっているが、大文字の Forme の誤植と思われるため改めた。

*205 【訳注】マットンに従い、リキエの誤り（アクセント記号抜け）を修正。

*206 ベルクソンはほぼ間違いなく、外からやってくる「知性」を、それ自体第一原因であると見なされた能動知性と同一視したアフロディシアスのアレクサンドロスの解釈を念頭に置いている（Alexandre d'Aphrodise, *De l'âme*, 89, 17, trad. M. Bergeron et R. Dufour, Paris, Vrin,

2008)。D. Papadis の次の論考を見よ。« 'L'intellect agent' selon Alexandre d'Aphrodise », *Revue de philosophie ancienne*, 9 (2), 1991 ; et M. Rashed (dir.), « Alexandre d'Aphrodise commentateur d'Aristote et philosophe », *Les Études philosophiques*, 2008, 86. [*130]

第10講

*207 タイプ原稿では「ノイエーシス」となっている。[*131]

*208 第七講（一二一頁以下）を参照。[*132]

*209 【訳注】（マットン記載なし） ギリシア語原典に従い、リキエの誤り（アクセント記号抜け）を修正。原文では大文字の Idée となっているが誤植と見なし修正した。

*210 エドゥアルト・ツェラー（Eduard Zeller, 1814-1908）は、ドイツの哲学史家。ヘーゲル哲学の継承者のうちに数えられる彼は、文献学的な学識と概念的な体系化を結びつけたギリシア哲学についての業績で有名である。*Die Philosophie der Griechen in ihrer geschichtlichen Entwicklung*, 6 vol., Leipzig, O. R. Reisland, 1869-1881, trad. (partielle) E. Boutroux, *La philosophie des Grecs considérée dans son développement historique*, Paris, Hachette, vol. 1, 1877, vol. 2, 1884. [*133]

*211 『天体論』第一巻第九章 279a30-279b38、および『ニコマコス倫理学』第一〇巻第八章 1178b18-23 を見よ。いくつかの異なる種類の行為（action）（正当な行為、勇敢な行為、自由な行為、節度ある行為）を検討した後で、アリストテレスは、それぞれの行為を取り巻いている状況を、「神々にはふさわしくない、取るに足らないもの」と見なしている。「しかし、神々は常に、生命と活動を有するものとして、思い浮かべられる。というのも、私たちは、神々がエンドュミオーンのように眠り込んでいると想定することはできないのだから。ところで、生物から、ひとたび行為を、さらには産出を奪ったのならば、観想以外に何が残るだろうか〔何も残らない〕。したがって、神の活動は、その他のあらゆる活動をこのうえなく超越するものであるものの、理論上のものでしかありえないだろう」。[*134]

*212 【訳注】（マットン記載なし） 定本では、「του μεν πραττειν αφαιρουμενου」となっているが、ギリシア語原典に従って改めた。

*213 【訳注】（マットン記載なし） ギリシア語原典に従い、リキエの誤り（アクセント記号抜け）を修正。

*214 タイプ原稿では「パラグラフ」となっている。[*135]

*215 『形而上学』Λ巻第七章 1072a18-1073a13。ベルクソンは、慎重にも、自らのギリシア語原典（*Aristotelis metaphysica* rec. W. Christ, Leipzig, Teubner, 1895）の行間に、この章の全体を翻訳している。M. Narcy と Ph. Soulez は、その翻訳の校訂を行っている（*Philosophie*, Paris, Minuit, n° 54, 1er juin 1997, « Henri Bergson », pp. 9-13）。[*136]

*216 【訳注】ここではマットンが定本を修正したギリシア語を記載したが、原典該当箇所は「τὸ κινούμενον καὶ κινοῦν」（「動かされ且つ動かすもの」、『アリストテレス全集』第一二巻、出隆訳、岩波書店、一九八八年、四一七頁）となっている。

*217 【訳注】ここではマットンが定本を修正したギリシア語を記載したが、原典該当箇所は「κινεῖ δὲ ὡς ἐρώμενον, κινουμένῳ δὲ τἆλλα κινεῖ.」（「後者は愛されるものが動かすように、動かすのである。そして、他のものは、動かされて動かす」、『アリストテレス全集』第一二

巻、四一八頁）となっている。
*218 【訳注】マットンに従い、リキエの誤り（アクセント記号抜け）を修正。
*219 Théophraste, *Métaphysique*, éd. et tr. par A. Laks et G. W. Most, Paris, Les Belles Lettres, 1993, I, 7-8, 5 *a* 14 – 5 *b* 7.〔*137〕
*220 E. Zeller, *Die Philosophie der Griechen in ihrer geschichtlichen Entwicklung, op. cit.*, vol. 2, *Aristoteles und die alten Peripatetiker*, 1884, p. 821 *sq.*〔ツェラー『ギリシャ哲学史綱要』（大谷長訳、未來社、一九七〇年）は、注210および本注に挙げられている同じ著者の畢生の大作『ギリシア人の哲学』全六巻を初学者のために要約したものであるが、その第五六項「アリストテレスの形而上学」第三節「動かすものと動かされるもの」（二三四―二三八頁）にも同様の記述がみられる。〕〔*138〕
*221 『自然学』第三巻第二章 202a7〔*139〕
*222 『自然学』第七巻第一章 242b59-64〔*140〕
*223 『自然学』第七巻第二章 243a32-35〔*141〕
*224 『自然学』第六巻第一章 231a21-23〔*142〕
*225 『自然学』第八巻第五章 256a4 以下。例えば 256b には次のようにある「必然的に三つのものがある。すなわち、動かされるもの、動かすもの、動かすものがそれで動かすところのそれ、である。」〔*143〕
*226 【訳注】マットンに従い、リキエの誤り（アクセント記号位置の間違い）を修正。
*227 『自然学』第八巻第一〇章、267b6-9。〔*144〕
*228 【訳注】マットンに従い、リキエの誤り（気息記号抜け）を修正。
*229 『霊魂論』第二巻第五章 416b33 以降。〔*145〕
*230 【訳注】（マットン記載なし）定本では、[...] のあとに、νοῦς の語があるが、これは原典該当箇所にはなく、またベルクソンによる仏訳にも反映されていないので誤植として削除した。
*231 『生成消滅論』第一巻第六章 323a25-35。J. Tricot 訳（Paris, Vrin, 1989, p. 61）では次のようになっている。「たいていの場合、たしかに、触れられるものは、それに触れるものに触れている。そして実際、私たちの月下の世界のあらゆる、あるいはほとんどの動者は、動かされることによって動くのであり、そうだとすれば、触れられるものがそれに触れるものに触れるのは必然的なことであり、そのうえ人が観察することでもある。しかしながら、単に動者が運動体に触れるだけで、触れられるものの方はそれに触れるものに触れることはない、というような場合が存在する。ところで、接触を相互的なものと想定するのが必然的だと判断されるのは、運動体と同類の動者が、動かされることによって動くからである。したがって、もしある事物が動かされていないのに動くのであれば、その事物はそれ自体が何ものにも触れられないのにもかかわらず、運動体に触れることができる」。〔*146〕
*232 この講義でたびたび用いられる金貨の比喩は、著作においても二回用いられている。PM, p. 180 および EC, p. 324〔四一一頁〕。〔monnayage は通常「造幣、鋳造」を意味するが、monnayable（現金化しうる、換金できる）を念頭に置けば、ここでは「現金化・換金」と

訳したほうがよい。ちなみに、この比喩はES, p. 161にも登場するし、PMには「濫発された銀行券に価値を与えている金庫のなかの黄金のようなもの」(58)や「紙幣は金に対する約束でしかありません」(145)といった、よりイメージしやすい喩えが挙げられている。注132も参照。〕[*147]

*233 〔parle de は〕タイプ原稿では「dans la」となっている。[*148]

*234 『創造的進化』第四章（EC, pp. 322-323〔四〇八―四〇九頁〕）を参照。[*149]

*235 タイプ原稿では「antérieurement（先に）」となっている。[*150]

第11講

*236 本書第六講を参照（一〇七頁）。[*151]

*237 ベルクソンは、この講と続く三講〔第一一講から第一四講まで〕をプロティノスに割くことになる。ベルクソンはM.-N. Bouillet（3 vol., Paris, Hachette, 1857-1861）の（部分）訳については批判的で、一八五五年のKirchof版（Teubner）に依拠しつつ、引用する箇所は自ら訳出している。彼がプロティノスに認めている決定的な重要性については、ローズ＝マリー・モセ＝バスティッドの博士論文（Rose-Marie Mossé-Bastide, *Bergson et Plotin*, Paris, PUF, 1959）の研究対象ともなっているが、少なくとも一八九七―九八年度にまで溯ることができる。その年、シャルル・レヴェック（Charles Lévêque）の代わりに、一学期のあいだコレージュ・ド・フランスで二つの講義を行ったのである。一つは火曜の一四時から「プロティノスの心理学」について、もう一つは金曜の一五時から『エネアデス』第四巻の説明についてであった。翌年度〔一八九八―一八九九年度〕には、高等師範学校に講師として新規採用され、もう一つプロティノスについての講義を行っている。そのときの学生ノートがソルボンヌのヴィクトル・クザン図書館に保存されており、既刊テクスト（『ベルクソン講義録Ⅳ』、合田正人、高橋聡一郎訳、法政大学出版局、二〇〇一年）の校訂に役立てられた――はずなのだが、明示的な指示はないものの、用いられているのは、前年度にコレージュ・ド・フランスで行われた二つの講義のうちの一つ、火曜日の講義である。いずれにせよ、この講義にはプロティノスの全般的な紹介ときわめて役に立つ参考文献リストが含まれているので参照されたい（上記『講義録Ⅳ』三―一七頁）。最後に、一九〇一―〇二年度、つまり本書によって公刊される講義の一年前に、ベルクソンは土曜の講義を第六エネアス第九論文の説明と注釈にあてていた。これについては、この日の講義のもう少し先で言及されることになる。[*152]

*238 ポルピュリオス（二三四―三〇五年）は新プラトン主義の哲学者で、プロティノスの弟子。師の著作の編集と、ブレイエ訳『エネアデス』第一巻の巻頭（tr. É. Bréhier, Paris, Les Belles Lettres, pp. 1-31）〔邦訳一巻九三―一四七頁〕を飾る『プロティノスの生涯』（三〇一年頃）は、彼の手による。[*153]

*239 【訳注】「六という数字の完全性と、エネアス（九論集）という数とにたまたま遭遇したのは嬉しいことであった」（『プロティノス伝』、邦訳『プロティノス全集』第一巻所収、一四一頁）とポルピュリオスは述べている。例えば、「魂の諸問題について　第一篇―第三篇」（第四エネアス第三―第五論文）をはじめとして、『エネアデス』には同一主題が複数の論文にまたがって論じられているケースが何

度か見られるが、これは五四という数になるようポルピュリオスが機械的に論文を切った結果なのかもしれない。しかし、仮にそうではなく、プロティノス自身がそのように分割する形で執筆したのだとしても、彼の思考法・文体は有機的連関を有したひと連なりの全体的なものだ、とベルクソンは言いたいのであろう。

*240 【訳注】第一三講でふたたびこの話題に言及することになる（本書二一九頁）。

*241 前年度（一九〇一―〇二年度）、一五時一五分からの土曜の講義は、「善なるもの一なるもの」と題され、第一原理の教説〔プロティノス哲学〕にとって中心的とされる第六エネアス第九論文の説明にあてられていた。『コレージュ・ド・フランス史料』にある講義概要は以下のとおりである。「土曜の講義は、プロティノスの第六エネアス第九論文の説明と注釈にあてられた。教授は、この論文においてプロティノス自身に属するものと、プロティノスがプラトンやアリストテレスから借用したものを画定することに専心した」(*Archives du Collège de France*, II, 1902, p. 49; *Mélanges*, *op. cit.*, p. 512 に再録)。[*154]

*242 「哲学的直観」（一九一一年）『思考と動き』所収（PM, 117-119）参照。「私たちの中で哲学史を教えている人々、つまり同じ学説の研究にたびたび立ち返り、その学説をさらに深めようとしている人々が誰しも指摘することが一つあります。（…）その哲学者の思索の周辺をまわることをやめて、内部に入り込もうといっそう努力するにつれて、私たちは彼の学説が次第に姿を変えていくのを眼にします。最初に、その複雑さが減じていきます。次に各部分が融合し、最後にすべてがただの一点にまとまります。そこに到達することは無理だとしても、次第に接近していくことができると感じるようになります。その点には何か単純なもの、限りなく単純なもの、あまりに並外れて単純なためにその哲学者が言うことに決して成功しなかったものがあります」。〔『思考と動き』で論じられる〕こうした哲学的直観が、〔本講で論じられる〕「残りすべての鍵となるものをもたらす、あのきわめて単純な何か」、ただしまだ名前が見つからないあの何かと完全に重なることはないにしても、この直観のおかげで、ベルクソンがプロティノスにおいて発生的根拠という「全般的な観念」に与えた中心的な重要性を強調するよう、私たちは促されるのである。[*155]

*243 第九講冒頭以下を参照のこと。[*156]

*244 ベルクソンは各講のあいだに、紙に書いた形で質問や、もしかしたら提案すら受け取っていたのかもしれない。こうしたものの背後には、ベルクソンの持続理論の先駆者を見出そうという意図が透かし見える。ベルクソンは、礼節をわきまえ、慎み深く口をつぐんでいるように見えるが、ヘラクレイトスのことが人々の念頭に浮かび、自分の説が彼の学説と混同されかねなかったまさにそのときに、ベルクソンが〔その混同に対して〕反論していたこともまたわれわれは知っているのである。ストバイオスは、五世紀中頃に活動していたということで識者たちの見解が一致しているギリシア人著述家で、彼が編んだ『抜粋集』(*Anthologie*) には、彼が読んだもののからの抜粋が収められており、そのお陰で私たちにまで伝えられることになった古代ギリシアの断片が一定数存在する。その断片三三は、時間についてのさまざまな考えを列挙している。[*157]

*245 ベルクソンが言及しているのは、偽オリゲネスとでも言うべき異教徒オリゲネス、〔アンモニオスの弟子として〕プロティノスと同門であり、『神霊について』と『王だけが創造者であること』の著者でもある人物の方であって、真のオリゲネスとでも言うべき、教父

の一人として有名なオリゲネスではない。〔原書に挙げられている *Macitis philosophorum* を Matton に従って *Placitis* ～と読み替えるとすると、これはプルタルコスの著作と考えたほうがよい。ここではポルピュリオスの『プロティノス伝』（『プロティノス全集』第一巻、一〇一―一〇二頁）に拠って、古代より知られているオリゲネスの著作二篇を挙げた。〕いずれにせよ、この二人のオリゲネスのどちらも、プロティノスの師であるアンモニオス・サッカスの講義に出てはいたようである。[*158]

*246 例えば『アンモニオス・サッカスの生涯と学説についての史的試論』（*Essai historique sur la vie et la doctrine d'Ammonius-Saccas*）の著者であるドゥオー（L.-J. Dehaut）の場合がそうである。彼は結論としてこう述べている。「ポルピュリオスは、プロティノスの弟子にして親友で、のちに彼の師の熱狂的な称賛者となり、その伝記を書いた。彼の書いたものは、プロティノスの著述だけでなく、アンモニオスの思想体系にも緊密に結びついている」（Bruxelles, Hayez, 1836, p. 195）。また、É. Vacherot の『アレクサンドリア学派の批判的歴史』（*Histoire critique de l'École d'Alexandrie*, Paris, Ladrange, 1846, I）には、「アンモニオスは、新プラトン主義の真の創設者である。この時代の歴史家たちの証言はすべて、それを認めることで一致している」（pp. 341-342）とあり、「アンモニオス・サッカスが創始した伝統を、プロティノスとポルピュリオスが書かれた教義の形に変えた」（p. 5）とされている。[*159]

*247 ネメシオスは、四世紀末の新プラトン主義者で、エメサ（現シリアのホムス）の司教。『人間の本性について』（*De la nature de l'homme*, tr. J.-B. Thibault, Paris, Hachette, 1844）の著者。そこには、アンモニオス・サッカスの教説についての、二つのそれなりに分量のある断片（二つ目は特に）が収められている。一つ目の断片は、魂の非物質性を証明するもので（第二章「魂について」仏訳 p. 29）、二つ目は心身関係を説明している（第三章「心身結合について」仏訳 pp. 67-71）。しかしながら、ネメシオスは、厳密な引用を復元するつもりはないようで、ただ口頭で述べられたことを報告しているようである。アンモニオス・サッカスが書かれた作品を決して残さなかったという点については、了解があるように思われる。[*160]

*248 〔九世紀のコンスタンティノポリス総主教にしてビザンティン人文主義の始祖〕フォティオス『ビブリオテーケー〔図書総覧・古典文献解題〕』（Photius, *Bibliothèque*, III, codex 214）には、次のような記述がある。「［〔五世紀の新プラトン主義者〕ヒエロクレスが］付け加えるところによれば、以前の著述家たちは、みな群れをなして似たような見解を唱えているだけであったが、それもアンモニオス・サッカスの叡知が輝き出す瞬間までのことであって、彼は「神の徒」と綽名されたとヒエロクレスは断言している。ヒエロクレスによれば、彼こそは、古代哲学者たちの学説を純化し、彼らのあいだで伸び放題となっていた余計な枝々を刈り込み、最も必要度の高い重要な学説上の諸問題に関して、プラトンとアリストテレスの思想が一致していることを示したのである」（『摂理論の断片とそれに関する論評』（*Fragments et témoignages sur le Traité de la providence*, 172 a 1-8, tr. R. Henry, Paris, Les Belles Lettres, p. 126）。なお、『ベルクソン講義録 Ⅳ』五―七頁も参照。[*161]

*249 【訳注】マットンに従い、リキエの誤り（アクセント記号抜け）を修正。

*250 ポルピュリオス『プロティノスの生涯』第三節には、以下のようにある。ある友人が「彼〔プロティノス〕を、アンモニオスのところに連れて行った。初対面だった。入室し、話を聞いたとたん、彼は友人に「彼こそが探し求めていた人物だ」と言った。その日以

来、彼はアンモニオスのところに足繁く通った」（『エネアデス』ブレイエ訳 p. 3〔邦訳第一巻一〇〇頁〕）。[*162]

*251 Carl Hermann Kirchner, *Die Philosophie des Plotin*, Halle, H. W. Schmidt, 1854, p. 7.「この点については、ずいぶん前から、新プラトン主義のことを、同じ権利をもって新アリストテレス主義と呼びうることが指摘されてきた」。ベルクソンは、「プロティノスは新アリストテレス主義者であって、新プラトン主義者ではない」と述べるのは言い過ぎだと認めつつも（『講義録Ⅳ』七―八頁）、そのような形で提示されたキルヒナーの指摘そのものには同意しているのであって、この点は『道徳と宗教の二源泉』第三章のある一節でも依然として示されることになる。「プロティノスの哲学は、プラトンと同じくらいアリストテレスに負っている」（DS, p. 232）。[*163]

*252 プロティノス『エネアデス』第三エネアス第八論文「自然、観想、一者について」第三―四章（ブレイエ仏訳、p. 156〔邦訳第二巻四二六頁以下〕）。また「変化の知覚」『思考と動き』（PM, p. 153）、『道徳と宗教の二源泉』第三章（DS, p. 234）も参照。〔distraction は文脈によって「気晴らし」と訳すことも可能だが、ここでは観想していないとき（観想の合間）ではなく、観想しているとき（観想の最中）が問題となっているので、「放心」が適切であると考える。〕[*164]

*253 ポルピュリオス『プロティノスの生涯』第二三章。「神託によれば、神々はしばしばプロティノスが道を逸れたときには「まばゆい光線で彼の目を照らして」彼を正しい道に連れ戻した。また、プロティノスが、神々を観想し、神々の視るものを享受することで自らの作品の執筆を行ったことも真実であると言える」（『エネアデス』ブイエ訳（Plotin, *Ennéades*, I, tr. M.-N. Bouillet, Paris, Hachette, 1887）p. 27〔邦訳第一巻一三九頁〕）。[*165]

*254 プロティノスに対する東方思想の影響については、エミール・ブレイエの古典的な仕事『プロティノスの哲学』（Émile Bréhier, *La Philosophie de Plotin*, 1928, Paris, Vrin, 2000）を参照。ブレイエは、この点では、Brucker や Tenneman や Lassen の系譜に属しており、これに対立するのが Richter, H. K. Muller らで、彼らはベルクソン同様、プロティノスのうちにギリシア合理主義の流れを見ようとする。Cf. J. Chevalier, *Histoire de la pensée*, II, « D'Aristote à Plotin », Paris, Flammarion, 1956, rééd. PUF, 1992, p. 311 sq. ベルクソン自身は意見を変えた末この立場になったのであるが、一八九四―一八九五のアンリⅣ校での高等師範学校文科受験準備クラスの講義で教えていた頃はまだ、アレクサンドリア学派の哲学がなした「ギリシアの全哲学の総合」は、「東方から借り受けた思想の光に照らして」果たされたのであり、「明らかにユダヤ・キリスト教神学から」着想を得たものであると述べていた（『講義録Ⅳ』一五八頁。さらに一八八四―一八八五年度のブレーズ・パスカル高校での講義（一六三頁）、クレルモン＝フェラン大学での講義（一七八―一七九頁）も参照）。『道徳と宗教の二源泉』（一九三二年）では、中庸的な立場に戻っているように見えるが、それでも本講義に示された見解に近い立場を維持している。すなわち、仮にプロティノスの哲学が「アレクサンドリアの界隈できわめて普及していた東方思想の作用を被っているとしても、そのことにプロティノス自身も気づいておらず、彼自身は、まさに外来の学説に対抗すべく、ギリシア哲学の全体を凝縮する以外のことをしているとは考えていなかった」（DS, p. 232）。[*166]

*255 アレクサンドリアのフィロン（紀元前二〇―後四五年頃）はユダヤ人哲学者で、ユダヤ信仰とギリシア哲学の一致を示す試みを作品で行っている。ヌーメニオスは、アパメイア（現シリア）生まれで、二世紀に活躍した中期プラトン主義哲学者。cf. Eric Dodds,

Numenius and Ammonius, in *Les Sources de Plotin*, Genève, Fondation Hardt, 1960. [*167]

*256 ベルクソンは、ここでアレクサンドリアのクレメンス（一五〇―二一〇年）とオリゲネス（一八五―二五三年）という二人のアレクサンドリア出身の教父に触れているが、後者は、先にベルクソンが引いていたプロティノスと同門の偽オリゲネスとは別人であることに注意。[*168]

*257 プロティノスのグノーシス主義者たちに対する批判が彼らに対人的に差し向けられるのが第二エネアス第九論文においてのみだとしても、この論文は、第三エネアス第八論文に始まる、観想についての大規模な論述を締め括るものである。グノーシス主義を論駁するこの大規模な論考は四つの論文からなり、執筆の時系列順で言えば次のように連なる。（一）論考三〇、第三エネアス第八論文「観想について」、（二）論考三一、第五エネアス第八論文「叡知的な美について」、（三）論考三二、第五エネアス第五論文「叡知的なものは知性のうちにある」、（四）論考三三、第二エネアス第九論文「グノーシス主義者たちに抗して」〔邦訳第一巻七頁に、エネアデス編纂順と、執筆時系列順の対照表が掲載されている。また、特にこれら四つの論考の執筆順については、同巻所収の「プロティノス入門」四五頁の記述も参照〕。[*169]

*258 『宗教史学』に論文「プロティノスとエレウシスの密儀」を発表することになるフランソワ・ピカヴェ（一八五一―一九二一年）のことかもしれない（François Picavet, « Plotin et les Mystères d'Éleusis », *Revue de l'histoire des religions*, Paris, E. Leroux, 1903）。プロティノスがエレウシスの密儀に認めた重要性を指摘しつつ、ピカヴェが示そうと努めていたのは、プロティノスの作品を研究すれば、彼が同時に詩人として、哲学者として、ハイエロファント〔密儀をつかさどる祭司〕として心血を注いでいたことが明らかになるということであった。それによって「彼がどのようにして密儀の儀式・しきたり・式文を出発点としつつ、そこに彼の哲学を丸ごと置き入れたかが理解できる。しかし、このことを十全に明るみに出すためには、彼の哲学を、ポルピュリオスが押しつけた恣意的な順序ではなく、執筆の時系列順で辿る必要がある」（p. 5）。新プラトン主義の哲学は、まずは「それを施すに値すると判断された人々のために用意された通過儀礼として」（p. 4）示され、そこでは宗教と哲学はかつてないほど緊密な仕方で結合していたのかもしれない。Cf. J. Laurent, « La prière selon Plotin », *Kairos*, 2000, p. 99 sq. [*170]

*259 W・ジェイムズ（一八四二―一九一〇年）は、プラグマティズムの流れに属するアメリカの哲学者・心理学者。『創造的進化』の出版後に、ベルクソンの友人となる。一九〇二年に、彼は『宗教的経験の諸相』を出版し、一九〇五年には Frank Abauzit の手により仏訳される（*Les Formes multiples de l'expérience religieuse. Essai de psychologie descriptive*, Paris, Exergue, 2001）。そこにはこうある「〔宗教の〕本質をつかみたければ、感情と行動を考察しなければならない。これらこそが最も恒常的な要素であるのだ」。そして、感情は「異論の余地なく歓びに満ちた興奮であり、生の力に活力を与え生き返らせる「力動発生的 dynamogénique」な拡張である」（p. 459、邦訳『宗教的経験の諸相』下、桝田啓三郎訳、岩波文庫、三六六―三六七頁）。神学は、「「最も偉大なもの」の存在を肯定する。しかし、一部の者たちにとっては、それは人格神であり、別の者たちはこれを単に宇宙を永遠に循環する流れの一種として考える」（p. 463、邦訳同上、三七四―三七五頁）。Cf. S. Madelrieux, *William James, l'attitude empiriste*, Paris, PUF, 2008, chap. IX, pp. 415-452. [*171]

*260 Cf. プロティノス講義、『講義録 IV』七一頁。[*172]

*261 これが一八九八―一八九九年度のプロティノス講義の対象であった。「魂の理論」が中心に置かれ、結論部で「意識の理論」が論じられた（『ベルクソン講義録 IV』七〇頁以下）。[*173]

*262 プロティノス『エネアデス』第五エネアス第七論文「個別的事物のイデアは存在するか」を参照。[*174]

第12講

*263 【訳注】以下では、基調的な意味を与える(1)を踏まえたうえで、とくに(2)が総合的で上昇的な側面、(3)が分析的な下降的な側面を指示する概念として解明され、最終的には、魂と時間の発生がこうした「二重の観点」を同時に容れるものとして主題化されることになる。

(1)随伴（パラコルーテーシス）

(2)共感（シュナイステーシス）　(3)把捉（アンティレープシス）

*264 『ベルクソン講義録 IV』「プロティノス講義」第九講、七〇頁以下を参照。Cf. R.-M. Mossé-Bastide, *Bergson et Plotin*, *op. cit.*, ch. II, « La conscience », p. 39 sq. [*175]

*265 科学的な姿をまとった随伴現象説は最近のものだとしても、ベルクソンはすでに先立つ講義において（『ベルクソン講義録 II』「心理学講義 1893-1984」第九講、二五一頁）、唯物論には、古代、とりわけデモクリトスにまで遡る学説上の連続性があると主張していた。この点で、ベルクソンは、フリードリヒ・アルベルト・ランゲ（Friedrich Albert Lange, *Histoire du matérialisme et critique de son importance à notre époque*, tr. B. Pommerol, Paris, Reinwald et Cie, 1877, rééd. Coda, 2004, part. I, chap. I, « Période de l'ancienne atomistique, particulièrement Démocrite », p. 8）の説に従っている。[*176]

*266 タイプ原稿には « ουδε παρακολουθει εαυτο » とある。第五エネアス第三論文〔原著に第一巻とあるが誤り〕「認識する実体について」第一三章のブレイエ訳には「自らについて感覚も意識ももたないのであれば、それは自らを知らないのである！」（ἀναίσθητον οὖν ἑαυτοῦ καὶ οὐδὲ παρακολουθοῦν ἑαυτῷ οὐδὲ οἶδεν αὐτό）〔邦訳『プロティノス全集』第三巻、四三八頁「かのものは自分を知覚せず、自分を意識することもなく、自分を知りもしない」〕とある。〔マットンに従い、引用中のリキエの誤り（気息記号）を修正。〕[*177]

*267 【訳注】原文は « considérer cet épi-phénomène comme du moins [ce] qui se surajoute à » となっており、リキエは « du moins » をおそらくは成句（「少なくとも」）ととり、そのため « ce » を補ったと予想されるが、意味からして、ここは « du moins » 自体が部分冠詞付きの名詞（「マイナス分」）として用いられていると解釈し、« ce » を補うことは不要と判断した。

*268 【訳注】マットンに従い、リキエの誤り（アクセント記号抜け）を修正。

*269 『ベルクソン講義録 IV』「プロティノス講義」第九講、七〇頁以下および、以下を参照。R.-M. Mossé-Bastide, *Bergson et Plotin*, *op. cit.*, ch. II, « La conscience », p. 39 sq. [*178]

*270 【訳注】マットンに従い、リキエの誤り（不要な挿入）を修正。

*271 【訳注】マットンに従い、リキエの誤り（単語抜け）を修正。

*272 プロティノス、第一エネアス第一巻「動物とは何か」第九章。後にブレイエは「いわばそれらを観想し、感覚する（シュナイステーシス（συναίσθησις））」、「知性はしばしば外的諸事物とわれわれの内的諸観念とのあいだの同化であり、絆である」と訳出している。〔邦訳第一巻一七三頁「思考は――少なくとも、厳密な意味で真正の魂に属する思考であれば――感覚からもたらされる印影を判定する時には、同時に形相を観るのであり、しかも、いわば直接的な知覚によるがごとくにして（すなわち、自己自身を知覚するような仕方で）観るのである。というのも、真正の思考は直知の活動であるし、外的なものと内的なもの間には、しばしば類似性と共同関係があるからである」。〕[*179]

*273 【訳注】原語は synthétiquement だが、前後の文脈から sympathiquement と読む。

*274 【訳注】マットンに従い、リキエの誤り（気息記号）を修正。

*275 プロティノス、第五エネアス第一論文「三つの実体について」第一二章。ブレイエ訳「われわれは、魂のうちにある一切を感覚するわけではない。感覚にまで入り込んできたものだけが、われわれにまで届くのである。活動が感受性に伝達されない限り、その作用は依然として魂全体を駆け抜けることはない」。〔邦訳第三巻三九一―三九二頁「魂のうちにあるものなら、何でもすでに知覚されているのではなく、われわれの知覚のうちに入って来て、はじめてわれわれの意識に入るのである。これに反して、活動していても、その各々がこれを知覚する部分の共同に移さなければ、それは未だ魂全体に徹底したことにはならないのである。したがって、それだけでは、未だわれわれは覚らないのである」。〕またその数行後にはこうある。「さらに、魂の各部分は、絶えず固有の機能に従って生き、作用するが、その交流と知覚がない限り、われわれはそれについての認識を有さない」。[*180]

*276 【訳注】マットンに従い、リキエの誤り（アクセント記号抜け）を修正。

*277 プロティノス、第五エネアス第三論文「認識する実体について」第一三章。ブレイエ訳「思考が生じるのは、多数の諸要素が結合し、それらの総体に或る共通の感覚があるときである」（ἐπεὶ καὶ ἡ συναίσθησις πολλοῦ τινος αἴσθησίς ἐστι.）。〔邦訳第三巻四三八頁「一般に〈直知する〉ということは、多くのものが集まって一つになっている時に、その全体を一緒に知覚することであるようだ」。〕〔マットンに従い、リキエの誤り（気息記号）を修正。〕[*181]

*278 タイプ原稿には、鉛筆で、「心理的（morale）」の上に、「脳の（cérébrale）」と書かれている。[*182]

*279 第一一講〔原書の infra は supra の間違い〕、一九三頁。[*183]

*280 【訳注】マットンに従い、リキエの誤り（ギリシア語の綴り複数）を修正。

*281 第四エネアス第三論文「魂に関する諸困難 I」第三〇章。〔邦訳第三巻一一四頁「観念は部分のないものでまだいわば口外されていないので、気付かれないまま内部にとどまっているのであるが、ことばがその内容を観念から取り出して展開し、表象する能力のほうへ導いていって、その（展開された）観念をいわば鏡に映し出すようにして（表象する能力に）示し、そのようにすることによって、その観念の把握ととどまりが、すなわち記憶が成立するのである。」〕Cf. J. Trouillard, *La Purification plotinienne*, 1955, Paris, Hermann,

2011.〔*184〕

*282 【訳注】プリズムの比喩は、ベルクソン自身のラヴェッソン論でも用いられている。「真の統合の道は、それはまったく別である。それは青、紫、緑、黄、赤などの無数の色合いを手放すことなく、それらを収斂レンズにかけて一点に集めることである。そのとき、純粋な白色光が輝き出るだろう。こちらではさまざまな色合いに分散して知覚されるが、あちらでは不可分な統一のうちに多彩な光線の限りない多様さを含んでいた白色光である。（…）それぞれの色合いはその白色光から生じたのであり、その共通の輝きから自らの固有の色を引き出したのだ。（…）諸々の個的存在のうちには、そのおのおのに固有のニュアンスを授けつつも、まさにそのことによって当の個的存在を普遍的光へと結びつけ直すような、特有の光線がある。形而上学の目的は、諸々の個的存在のうちにそうした特有の光線を捉え直し、それが発出する源にまで、光線を辿ることである」（PM, p. 260）。

*283 第一エネアス第四論文「幸福について」第一〇章、ブレイエ訳「目覚めているときでさえ、しっかりした活動、瞑想や行動をなしていながら、それを行っている最中には意識をともなっていないケースが見出される。例えば、読書をしている者は、とりわけ集中して読書している場合には、読書していることの意識は必ずしももたない。勇気をもって行動する者は、勇気ある行動をしていることを、その行為を遂行している限りは、意識しない。同じような事実はいくらでもある。まさにこうした点で、意識は、それが随伴する行為を弱めるように思われる。単独でなら、こうした諸行為は、より純粋で、力強く、生気を有している。実際、無意識の状態において、叡知にまで達した存在は、より強度の高い生を有するのである。この生は、感覚的のうちに散逸してしまうことなく、自らのうちに一点に身を寄せ集めているのだ」。〔邦訳第一巻二四八―二五〇頁「人は、われわれが目覚めた状態にある時でも（すなわち、明確な意識をもち感覚を十分に働かせている状態にある時にも）理論や実践面で数多くのすぐれた活動をしているのを見出すだろう。けれども、われわれはそれらの活動を意識して、考えたり実践したりしているわけではないのである。つまり読書をしている人は、必ずしも読書をしていると意識しているわけではないし、読書に熱中している時には特にそうなのである。それにまた勇気ある人が、自分は男らしく（勇敢に）ふるまっているとか、自分の活動はすべて勇気（という徳）にかなっていると意識しているわけでもないし、このような例は、他にもたくさんあるのである。この点から考えると、おそらく意識は、これが諸活動に伴えば、ほかならぬその活動を弱めてしまうだろうが、活動がただそれだけである時には純粋で活動の度合いも大きく、いちだんと生き生きしてくるだろうし、特に賢者がそのような状態にある時には、その生は感性界《アイステーシス》（意識界）に四散させられることなく、一体となって生それ自身の中に集められるので、いちだんとすぐれたものになるのである。」〔*185〕

*284 【訳注】マットンに従い、リキエの誤り（母音）を修正。

*285 注283と同箇所。意識（アンティレープシス（ἀντίληψις）、ブレイエはこれを印象（impression）と訳している）は、「思考が自らに折り返され、魂の生において行動しているものが、いわば逆方向に送り返されるときに生じるように思われる。ちょうど、磨きあげられ輝いた鏡面が不動であれば、鏡の中に像が生じるのと同じである。鏡はそこにあって、像が生じるのだ。そこに鏡がなかったり、不動でなかったりする場合でも、そこに反射することになる対象は、より現実味を失うわけではない」。〔邦訳第一巻二四八頁「知性《ノエーマ》が

もとにもどり（直知内容が反射され）、魂の生の側で活動しているもの（としての悟性的思考）がいわば後に押しやられる時に（感性的）把握があり、かつ生じるように思われるのであって、それはちょうど、鏡の滑らかで輝いている表面が静止している時、そこに像が映るようなものなのである。それゆえ、鏡がそばにある時には、そのような条件のもとで像が映るのであるが、鏡がそばにない時でも、あるいはその表面が滑らかで輝いているようなことがなくても、像の本体が実際にそこにあることにかわりはないのであって、魂についても同じことが言えるのである」。〕[*186]

＊286 タイプ原稿には、「anais teton」とある。プロティノス、第五エネアス第八論文「叡知的な美について」第一一章、ブレイエ訳「病人においては、感覚ははるかに強い衝撃を生み、それに出くわしたときには知的な認識を減じさせるほどである。病気はわれわれを襲い、打ちのめす。健康は、われわれを平穏に留め、さらには本来の状態の認識をもたせてくれる。健康は自然な状態としてわれわれの生を采配し、われわれと結合している。しかし、病気は、われわれにとって疎遠なもの、自然でないものであり、われわれと甚だしく異なった現れ方をするというまさにその点によって病気と知られるのである。さて、われわれ自身に属するものについて言えば、われわれは自ら感覚を有していない（ἀναίσθητοι）のである」。〔邦訳第三巻五五〇頁「たとえば、病気はより大きい衝撃を（われわれに）与えるが、健康は穏やかに（われわれに）寄り添って、より多く自己（健康自身）を覚知せしめるであろう。なぜなら、健康はわれわれにとって親近的（本来的）であるので、ぴったりとそばに座って（われわれと）一つになるが、病気はよそ者で親近的ではなく、そのためわれわれとは非常に違和する（他者である）ように感じられることによって、鮮明な印象を与えるからである。他方われわれに属するものとわれわれ自身とは、（われわれによって）知覚されえないものなのである」。〕[*187]

＊287 プロティノス、第四エネアス第四論文「魂に関する諸困難Ⅱ」第四章、ブレイエ訳「魂がこうした性向をそれについての意識なしに有していることはありうるし、その方が、それを認識している場合よりもはるかに力強い仕方で有するものだ。魂がある性向を有していることを知っている場合には、魂はおそらくこの性向とは異なったものとなるが、もしそれを有していることを知らなければ、自らが有しているものと一体となる恐れがある」。〔邦訳第三巻一二九頁「なぜなら、たとえ人は或るものを持っていることを意識していなくても、それを持っていることを知っている時よりも、さらに強力にそれを自分のところに持っているばあいがありうるからである。人が或るものを持っていることを知っている時には、自己自身とその或るものとは別であるから、それを自分とは別のものとして持つことになるであろうが、持っていることを知らないばあいには、おそらくその人は、〈自分の持っているところのもの〉としてあることになるであろう。まことにこの状態《パテーマ》こそ、魂をしてさらに深く下降の道を辿らせることになるのである」。〕[*188]

＊288 プロティノスが一人称で記述する稀なテクストの一つである。第四エネアス第八論文「魂の肉体への降下について」第一章、ブレイエ訳「自分自身へと覚醒し肉体から抜け出してしまうことがしばしばある。他のあらゆるものから疎遠で、自らに対しては親密なまま、私はありえないほど素晴らしい美を目の当たりにする。とりわけこうしたときに、私は自分が高次の使命を有していることを確信するのだ。すなわち、私の活動は最高度の生命であり、私は神的な存在に結びつけられていて、こうした活動に達するや、他の叡知的な諸存在を越えて、神的な存在そのもののうちに自らを集中させるのだ。しかし、神的な存在のうちでのこうした休息ののち、知

性から反省的な思考へと降り戻った私は、次のように自問する。すなわち、現にどうやってこの降下を果たすのか、どうやって魂は肉体のうちに到来しえたのか、実際私に生じたように、肉体のうちにありながら魂自身のうちにあるなどということがどうやって可能になるのだろうか、と」。〔邦訳第三巻三二二頁「私はしばしば肉体（の眠りを）脱して（真の）自己自身に目覚め、他のすべてのものから脱却して私自身の内部へとはいりこみ、ただただ驚嘆すべき素晴らしい美を観ることがあるが、この時ほど、自分が高次なるものの一部であることを確信したことはなかった。その時の私は最善なる生を生き、神的なものと（完全に）合一してそのなかに自らの居場所を与えられ、あの最善の生命活動を通して他の一切の知性的なものを超えたところに自らを据えていたのである。このようにして神的なもののなかで安らぎを得た後に、直知の領域から思惟の領域に下ってきて、「今はどうしてこの領域に下ってきているのか、いったいどのようにして私の魂は肉体のなかに宿ったのか、私の魂はたとえ肉体のなかに宿っていても、自己自身のみで現われた時と同じ神的な姿をしているのに……」と思い惑うのである」。〕[*189]

*289 【訳注】マットンに従い、リキエの誤り（気息記号）を修正。

*290 プロティノス、第三エネアス第二論文「摂理について」第一六章、ブレイエ訳「〔理性は〕不可分な統一であることなしに、一なる全体である。理性は、その諸部分においては自らと戦争状態にある。理性はそれでも、戯曲の主題が有するのと同じ統一性、同じ繋がりを有している。戯曲の主題は、それが含む数多くの抗争にも関わらず、一である」。〔邦訳第二巻二一九頁「そしてそれは（自己の）諸部分を相互に対立せしめ、欠乏的なものとし、戦争と争いを発生させ、存続させ、このような仕方でそれは一つのものではないが、統一された全体的なものである。というのは、それ（この原理）は自分自身に対して――自己の諸部分（相互間）において――敵対的であるけれども、劇の筋《ロゴス》と同じような意味で一つであり、（自己に対して）友好的である。（というのも）劇の筋は、それ自身のうちに多くの戦い（対立）を含みながら、（全体として）一つのものであるのだから」。〕タイプ原稿には、« ôsper o dramatos logos en auton echôn pollas machas » とある。[*190]

*291 【訳注】マットンに従い、リキエの誤り（気息記号）を修正。

*292 プロティノス、第三エネアス第二論文「摂理について」第一七章、ブレイエ訳「可感界は、その理性ほどの統一性を有していない。したがって、それはより多である。そこにはいっそう多くの対立がある。各個体は、より大なる生命欲求と、自らの統一を保存しようとするより強い傾向をもつ」。〔邦訳第二巻二二一頁「この感覚される世界は、それの原理よりもより少なく一であり、したがってまた、それはより多く多で、（そこには）より多くの敵対性があり、それぞれのものは生きることへのより多くの希求と、合一へのより多くの愛欲を持つことになる」。〕[*191]

*293 プロティノス、第五エネアス第一論文「原理となる三つの実体について」第一章。〔邦訳第三巻三六一頁「はたしていったい何ものが、魂に父なる神を忘れさせてしまったのであろうか。（…）あえて生成への一歩を踏み出して、（…）それが魂にとってそのような不幸のはじめとなったのである」。〕〔マットンに従い、リキエの誤り（単語抜け）を修正。〕[*192]

*294 プロティノス、第四エネアス第三論文「魂に関する諸困難 I」第一二章、ブレイエ訳「では人間の魂はどうか。それらは、ディオ

ニュソスの鏡のうちに自らの像を見、そして高みから、〔他の〕魂たちへ向けて飛び出すのである」。〔邦訳第三巻七一頁「しかし、人びとの魂は（宇宙の魂と違って）いわばディオニュソスの鏡に映っている自分自身の影を見て、あの上方の世界から飛び降り、影の世界へと入ってきたのである」。〕[*193]

第13講

*295 【訳注】邦訳第三巻三二三頁「またエンペドクレスは、「過ちを犯してこの世へ降下することは魂どもの定めである」と述べ、彼自身も「神よりの追放者」となり、「狂える争いの信奉者」となってこの世へきたと述べている（…）」。

*296 プロティノス、第四エネアス第八論文「魂の肉体への降下について」第一章。〔邦訳第三巻三二三―三二四頁「しかしながら、彼はいたるところで感性的なものをすべて軽蔑し、魂の肉体との交わりを非難して、「魂は（肉体という）鎖につながれている」とか「肉体（という墓）に埋葬されている」などと述べ、「魂は（この世では肉体という）牢獄につながれているのだ」と説く神秘宗教のことばを深い意味を持つものとして重視しているのである。」〕引用された最後のフレーズに関して、タイプ原稿ではフランス語とギリシア語が逆になっている。[*194]

*297 【訳注】例えば第三エネアス第二論文第一章。

*298 【訳注】学への喩えとしては、ヌースの全体と部分について次のように言われる。「では、これ（イデア）は何なのか。英知《ヌース》である。そして、直知する実有だ。イデアのそれぞれが、英知と別のものでなくて、それぞれが英知なのだ。そして、英知全体は諸形相の全体であり、形相のそれぞれは、英知のそれぞれである。それはあたかも（一つの）学問全体が諸定理の全体であり、そして各定理はその学全体の一部だが、場所的に（互いに）分断されているのではなくて、各部分が全体の内で（各自の）力を発揮するのと同様である。かくして、この（真実の意味での）英知は自己自身の内にあるのだ。」（第五エネアス第九論文第八章、邦訳第三巻五七四頁）。部分と全体のあり方に関して学に喩えつつ論じる箇所として、第三エネアス第九論文第二章、第四エネアス第三論文第二章、第四エネアス第九論文第五章参照。

*299 【訳注】幾何学に関してプロティノスが述べている典拠として、例えば第四エネアス第九論文第五章を挙げておく。「それゆえ、もしその部分が学問に値するものであれば、潜勢的には（全体としての学問の）すべての部分をも持つものであることになる。とにかく、学のある者は、（学問の或る特定の部分を）注意深く考察することによって、他の諸部分をいわば論理的な連関性によって推論するからである。それに、幾何学者も解析において、一つの定理がその定理に先立つすべての定理を自己自身の内に持つとともに――それらの定理を通して解析が行なわれるのである――その定理に続く諸定理をも――それらはその定理から導き出されるのであるが――自己自身の内に持っていることを明らかにするのである。」（邦訳第三巻三五三頁）

*300 【訳注】ベルクソン自身も主著の中でも何度か、円の図形ないしその定義のうちに、そこから帰結する諸性質があらかじめ先在しているという喩えを持ち出している。Cf.『意識に直接与えられたものについての試論』二二四―二二五頁（DI, p. 153）、『創造的進化』三五一頁（EC, p. 277）。

*301 【訳注】この「緊縮」という動詞は、『物質と記憶』においてしばしば用いられている。pp. 7, 116, 185, 186 参照。

*302 ここでベルクソンは、彼が後に『自由の問題の進展』に当てた一九〇四―一九〇五年度のコレージュ・ド・フランス講義においてと同様、ショーペンハウアー哲学の源を求めて、ドゥンス・スコトゥスにおいて興隆したが、おそらくはプラトンとプロティノスの哲学にその真の源泉を有するような、ある傾向にまで遡っている。とはいえこれは、後世の哲学にとって、以上の哲学者たちの問題の立て方が重要であったという理由からのことにすぎないかもしれない（一九〇六―一九〇七年度のコレージュ・ド・フランスの講義 « Théories de la volonté »,『雑纂』（*Mélanges*）, *op. cit.*, pp. 716-719 を参照）。またA・フランソワ、*Bergson, Schopenhauer, Nietzsche*, Paris, PUF, 2009 も参照。［*195］

*303 【訳注】以上については、第三エネアス第二論文、特に第一六、一七章。例えば次のように言われる。「劇の方は対立する諸要素を、いわば説明（筋書き）全体の進行のうちで、互いに唱和するものと化せしめることによって、対立して来たものたちを（最後には）いわば一つの調和へとまとめ上げるのだが、他方、この世界のばあいには不和である諸要素の対立は、（当初より）一つの（統一的な）原理から出て来るのである。したがって、人はこれを（劇になぞらえるよりも）、相対立する音から成り立つ（音楽的）調和により適切になぞらえることができるだろう。そしてまた、人は、ではいったいなぜ原理の内に対立するものが含まれているのかを問い求めることだろう」（邦訳第二巻二一九頁）。

*304 【訳注】注517を参照。

*305 タイプ原稿では、「神秘的」（mystique）。〔リキエはここを「神話的」（mythique）と校訂しているが、「半神話的かつ半精神的」とされた「第一の観点」とは区別されるされる観点が問題とされている以上、ここは「神秘的かつ物理的」のほうが文脈に整合的である。われわれの仮説を補強する材料として、第一二講における mystique/mythique の対比を挙げることもできるだろう（上掲二一一頁）。〕［*196］

*306 【訳注】プロティノスの原文通りではない。原文では次注307にある通り、πολὺ αὐτῶν となっている。

*307 プロティノス、第四エネアス第三論文「魂の諸問題について第一篇」第六章、「たぶん霊魂の多様な要素（πολὺ αὐτῶν）が下方へと引かれて、自分とともに霊魂それ自体――霊魂とその表象――をも道連れにするのだろう。」〔邦訳第三巻五二四頁「下へ引かれたのは個別的なものの魂の大きな部分なのであって、その部分がそれらの魂の考えと相俟って、それらの魂自体をも下方の存在へと引き降ろしたのである。」〕（これは『ベルクソン講義録Ⅳ』「プロティノス講義」第八講、六二頁で引用されている）。ベルクソンはここで、同じフレーズについて、終わりの部分を切り落としたうえで、二つの可能な翻訳を提案している。タイプ原稿では、これらに続けて、一連のテクスト「（μεριστην ενεργειαν εν μεριστῃ φυσει）」〔出典は III 9, 1, 36-37〕がカッコに入れられてギリシア語で挿入されているが、しかしこれは翻訳されたフレーズとは無関係のものである。［*197］

*308 【訳注】これについてはすでに第一一講（一八三頁）で触れられていた。

*309 プロティノス、第四エネアス第三論文第九章。ブレイエ訳では以下のとおり。魂は「広大無辺の光のようなもので、その輝きは、最果てまで届くと、暗がりに変化した。魂は、その暗がりを生み出した後、それを見ながら、それに形（forme）を与えた。なぜなら、

魂に近づくものがいかなるロゴス（raison）の分け前にも与っていないなどということがあるべきではなかったからである。この分け前は、暗がりが受けとりうる最大の大きさのものであった。魂に由来する影における不判明な影。」〔邦訳第三巻六二―六三頁「まことに、魂の静止がまさに静止そのものにおいて、いわば確固としたものとなった時、その魂からいわば大いなる光のごときものが輝き出て、その火（つまり光）の最辺端に暗闇が生じたのであった。そして、ひとたび暗闇が生じたからには、魂はその暗闇を見、それに形を与え（て、物体を存立せしめ）たのである。というのも、「魂に境を接しているものがロゴスにあずかっていない」ということは、許されざることであったからである。ただし、諺にもあるように、生じたものはそのロゴスを「ぼんやりとしたままで、ぼんやりと」受け取ったのであるが……。」〕[*198]

*310　例えば、プロティノス、第五エネアス第五論文第九章。[*199]

*311　【訳注】文意から考えて、「こう言ってよければ」は後ろにかかるべきであり、si l'on veut の前にカンマがあると考える。

*312　【訳注】例えば、第四エネアス第三論文第一七章。

*313　タイプ原稿では、「英雄（héros）」。〔第四エネアス第三論文第一三章。ブレイエ訳は以下のとおり。「このように、逃れられない必然性、裁きは、各魂に命令する本性に存しており、この本性は、各魂が、己の位階に応じて、己れに固有の意志と内的性向（dispositions）とをかたどって生み出された似像（image）の方へと向かって行くよう、魂に命令する。この種の魂はすべて、自らの内的性向によって運ばれてゆく先である対象の近傍に存在している。然るべき時に、魂が特定の時に特定の肉体に入るために、魂を送り出し魂を導く存在などは必要ないのであって、時が来れば、魂は肉体へと自発的（οἷον αὐτομάτως）に降下し、入るべきところに入っていくのである。この然るべき時は魂ごとに異なっているが、そのときが来たとき魂は、あたかも伝令の呼びかけに応えるようにして（οἷον κήρυκος καλοῦντος）、自らに適合した肉体（πρόσφορον σῶμα）へと降下していく。それはまるで、抗いがたい引力の魅惑的な魔法の力によって魂が動かされ、押し運ばれるようである。」〔邦訳第三巻七四頁「つまり（魂たちの降下に際しては）、〈逃れることのできないもの〉としての裁きが魂たちを支配する本性のなかに含まれていて、その（裁きをうちに含む）本性が魂たちを支配して彼らの原型（すなわちこの世での生涯の見本）の選択と（その原型の）状態の模像として生じた個別的な物体へと、彼らを秩序正しく向かわせるのである。それに、魂という種族はすべてあの世界で物体界と境を接していて、物体界へ向かう状態（傾向）（ディアテシス）を自らのうちに持っているのである。だから魂たちは、特定の時に物体界に向かうためであれ、特定の物体にはいりこむためであれ、〈時を見はからって魂を送る案内者〉を必要とすることはないのであって、然るべき時がくれば、あたかも自分の意志によるようにして自分の向かうべきところへと降りて行き、そのなかにはいっていくのである。すなわち、それぞれの魂は自らに固有の時を持っているのであって、その時がくれば、あたかも伝令（héraut）に呼び出されるようにして降りていき、適切な物体（肉体）のなかにはいっていくのであって、その行程は、いわば魔術師たちの力や或る種の強い引力に動かされ、運ばれていくのに似ているのである」。ちなみに、ブレイエは問題の οἷον αὐτομάτως を「自発的に」（spontanément）と訳しているが、最近の仏訳である Brisson-Pradeau 版では、ベルクソン同様、「自動的

*314

に」(automatiquement) と訳されている (Plotin, *Traités 27-29*, présentés, traduits et annotés par Luc Brisson, GF Flammarion, 2005, p. 85)。〕[*201]

*315 【訳注】鏡の喩えについては例えばプロティノス、第四エネアス第三論文「魂に関する諸困難Ⅰ」第一二章参照。

*316 【訳注】原文通りに訳せば「自然学的観点の後で、即座に……」(tout de suite, après le point de vue physique...) となるが、それでは意味が通らない。カンマの位置を変え、tout de suite après, le point de vue physique... と解したほうがより整合的である。

*317 〔第一〇講〕本書一七九頁および注232を参照。[*202]

*318 【訳注】原文は théorie (...) du développement de l'âme en corps et de l'Idée de conscience. そのまま訳せば「イデアが意識へと展開すること、および意識のイデアについての理論」となるが、文意から考えて、de l'Idée en conscience ととる。

*319 【訳注】第一一講一八三頁参照。

*320 「観点」(point de vue) はタイプ原稿では「本」(livre) となっている。[*203]

*321 プロクロス (Proclus ないし Proclos) は、アテナイ派の新プラトン主義哲学者で、四一二年ビザンティウムに生まれ、四八五年にアテナイに没した。Cf. *Commentaire sur le Timée*, tr. A.-J. Festugière, 1966-1969, Paris, Vrin, 5 vol., 1996-2000.〔マットンによれば、プロクロスのこの表現は *Théologie platonicienne*, III, 18 (éd. Saffrey-Westerink, p. 60, 19) で用いられたものである。〕[*204]

*322 【訳注】マットンに従い、リキエの誤り (気息記号) を修正。

*323 シンプリキオス (Simplicius) は六世紀ギリシアの新プラトン主義哲学者で、アテナイ派のアリストテレス注釈者である。Cf. *In Aristotelis Physica commentaria* (éd. Hermann Diels), coll. « Commentaria in Aristotelem Graeca » (CAG), vol. IX-X, Berlin, 1882-1895 ; trad. D. Lefebvre, « Simplicius, Commentaire du chapitre IX du 'Traité du temps' d'Aristote », in *Philosophie*, XXVI (1990), pp. 7-18.〔マットンによれば、より厳密な参照先は *In Aristotelis Physicorum libros quattuor priores commentaria*, éd. H. Diels, Berlin, 1882, "Corollarium de tempore", pp. 790, 30-31. である。〕[*205]

*324 【訳注】EC, pp. 321 (四〇七), 348 (四四〇), 356 (四四九), DS, pp. 257, 259, PM, p. 48. なお、マットンに従い、リキエの誤り (母音) を修正。

*325 【訳注】アリストテレス『形而上学』Λ巻第九章 1074b34。ベルクソンによる言及としては、『創造的進化』四〇七頁 (EC, p. 321)、四〇九頁 (323)、四四九頁 (355)、『道徳と宗教の二源泉』p. 259、『思考と動き』p. 48。

*326 【訳注】原文では第八となっているが、第三の誤り。

*327 【訳注】この章のタイトルは、ブレイエ訳では「自然、観想、一者について」、邦訳全集でも「自然、観照、一者について」となっている。

*328 【訳注】注252参照。

*329 ベルクソン『思考と動き』(一九三四年) 所収「変化の知覚」(一九一一年)、p. 153 参照。ベルクソンはそこでプロティノスの第三エネアス第八論文「自然、観想、一者について」第四章を引用し、次のように述べている。「すべての行動は (「すべての製作は」とも

言っています）観想の弱まったものである」。同じ引用が『道徳と宗教の二源泉』第三章 p. 234 にもある。［*206］

＊330 【訳注】邦訳第二巻四〇四頁「さて、それでは（われわれは）われわれ自身をふたたびあの、永遠のもとに見られるとわれわれが言ったあの状態へ、すなわちあの不動で、全体が一緒で、すでに無限で、どこへも傾斜せず、一の内で、一に向かって立ち止まっている生へ引き上げねばならない。」

＊331 【訳注】ここで「魅力」（attrait）と転記されている言葉は、「以前」（antérieur）のタイプミスの可能性もある。というのも、プロティノス自身の原文は次のようなものだからである。邦訳第二巻四〇四頁「以前には、つまり自分がまさにこの〈以前《プロテロン》〉を生み落として、〈以後〉をも必要とするにいたったその前は、自分はそれ（以前あるいは永遠）とともに有るもの《オン》の内で安らっていた。」

＊332 【訳注】マットンに従い、リキエの誤り（ギリシア語綴り複数）を修正。

＊333 【訳注】邦訳第二巻四〇四―四〇五頁「その時はまだ自分は時間ではなくて、かのもの（永遠もしくは有るもの）の内で自分自身も静かに安息していたのである。ところが、余計なことの好きな本性《もの》（つまり魂）がいて、自らが支配したいと望み、独立していること、現にあるよりももっと多くのものを求めることを望んで、それ自身も動き出し（…）。」

＊334 【訳注】これも同様に「以前」（antérieur）のタイプミスの可能性がある。

＊335 プロティノス、第三エネアス第七論文「永遠と時間について」第一一章。プロティノスはここで自らの考えを時間の活喩法《プロソポペイア》〔不在者・事物などに喋らせる擬人化的技法〕の形で提示している。〔邦訳第二巻四〇五頁「それ自身も動き出し、自分（時間）も動き出した。そしてわれわれ（時間と魂、もしくは魂としてのわれわれ人間）は〈いつもその先へ〉と〈より後〉と〈（決して）同じものでなくて、次々に変わること〉をめざして動きながら、ある長さだけ歩んで、かくして永遠の似姿である時間を作り出したのである」。「永遠の似姿である時間」というプラトン由来の表現については、本書注110と336のほか、PM, p. 115 以下、217 などを参照のこと。〕［*207］

＊336 ベルクソン『創造的進化』第四章、四〇二頁（EC, p. 317）参照。ベルクソンはこの言葉とその定義をプラトンに帰し続け、『ティマイオス』（37d）から引用したりもするものの、すでにプラトンとプロティノスの違い、および時間に関する両者それぞれの考え方をはっきり指摘している。この点については、R. Brague による以下の決定的な研究を参照。« Pour en finir avec 'Le temps, image mobile de l'éternité' », *Du temps chez Platon et Aristote. Quatre études*, Paris, PUF, 1995, « Quadrige », 2003, pp. 11-71. ［*208］

＊337 タイプ原稿では、「プラトン」。［*209］

＊338 【訳注】マットンに従い、リキエの誤り（アクセント記号）を修正。

＊339 【訳注】マットンに従い、リキエの誤り（気息記号）を修正。

＊340 【訳注】ブレイエ訳の対応箇所では、「感覚的」（sensible）な世界」となっている。

＊341 プロティノス、第三エネアス第七論文〔原文では第八論文となっているが、七の誤り〕第一一章。ブレイエ訳では以下のとおり。魂は「不動の胚から出てくる種子的ロゴスと同じように事を運び、少しずつ進展しながら多性へと展開するように見え、自らを分割しながら自らの多性を顕現させる。自らの内的一性を保持する代わりに、その一性を外で浪費し、この前進そのものにおいて自らの力

を失う。以上と同じように、魂は可知的な世界を似像として感覚的世界を作った。それも、可知的な運動をではなく、可知的な運動に類似し、可知的な運動の似像であることを希求する運動をするような感覚的世界を作った。」〔邦訳第二巻四〇五—四〇六頁「そして、たとえば静かに安らう種子の内から原理《ロゴス》が自己を展開して、多大なるものへ——と原理には思えるわけだが——進出し、（実は）分割することによって多大を消失せしめて、自己の内の一（統一性）を維持しないで、その代りにその一を自己の外で消費しつつ、前進してより弱体なある長さへおちいるように、まさに同様な仕方であの魂も、かの世界を模して感覚される世界を——かの所の動きをではなくて、かの所のに似た、かの所の動きの似姿であろうと欲する動きをする世界を——作ろうとして（…）。」〕[*210]

*342 【訳注】マットンに従い、リキエの誤り（気息記号）を修正。

*343 *Ibid.* ブレイエ訳は以下のとおり。「魂は、まず永遠の代わりに時間を産出することで自らを時間的にし、次いで自ら生み出した世界を時間に従属させ、その世界をすっかり時間のうちにおき、自らの全展開をその時間の中に閉じ込めた。」〔邦訳第二巻四〇六頁「第一に、永遠の代りに時間を作り出すことによって自己を時間化した。そして第二に、この生まれた世界の全体が時間の中にあるように作り、世界のすべての経過を時間の中へ包み込むことによって、世界が時間に隷属することを許した。／なぜなら、この世界は魂の中で動いているので——というのは、この世界の場所としては魂以外には何もないのだから——それはやはり魂の時間の中で動くことになる。なぜなら、魂は次から次へと自分の新たな活動を順次に提供することによって、活動と一緒に〈順次に〉というものを生み出した。」〕[*211]

*344 【訳注】以下は同じく第三エネアス第七論文第一一章末尾のパラフレーズである。ブレイエ訳および邦訳の対応箇所を記していく。

*345 【訳注】ブレイエ訳では「同一性、一様性、永続性ではなく、変化およびいつも異なっている活動性」、邦訳は「同一性と〈同じように〉とどまるものとの代りに同じものの内でじっととどまってはいないもの、次々に異なる働きをするもの」（第二巻四〇七頁）。

*346 【訳注】ブレイエ訳では「不可分性と一性ではなく、一性の似像が、連続的なものにおける一者」、邦訳では「延長を欠く一の代りに一の映像である連続的な一つのもの」（第二巻四〇七頁）。

*347 【訳注】ブレイエ訳では「全体である無限ではなく」、邦訳では「無限で全体であるものの代わりに」（第二巻四〇七頁）となっている。速記者が「全体」(le tout) を「時間」(le temps) と聞き間違えた可能性もある。

*348 【訳注】ブレイエ訳では「一挙に全体で全体であるものではなく、部分的に到来せねばならず、常に未来において到来する全体」、邦訳では「また密集している全体の代りに「部分的に（少しずつ存在しながら）常に（未来において）全体であろうとしているもの」があるのだ」（第二巻四〇七頁）。

*349 【訳注】「顕現」はブレイエ訳では「生の状態」となっている。

*350 【訳注】邦訳第二巻四〇六頁「時間とは魂の、ある生活から別の生活へ移行する動きにおける生命である。」なお、マットンに従い、リキエの誤り（気息記号、単語抜け）を修正した。

*351 *Ibid.* ブレイエ訳は以下のとおり。「しかし永遠を存在の外でとらえないようにするのと同様、時間を魂の外でとらえないようにしよ

う。」〔邦訳第二巻四〇七頁「ただし（われわれは）、ちょうどまたかの世界での永遠を有るものの外にあると考えてはならないように、時間を魂の外部にあると理解してはならない（…）。」〕[*212]

＊352 ベルクソンは後に、まさにこのプロティノス的な図式に基づきつつ、スピノザ哲学を解説しようとして、その中心的な直観にまで遡っている。『知性改善論』に充てられた講義（一九一一年）と『エチカ』講義（一九一二年）の中でベルクソンがやろうとしているのは、そのような試みである。これはすでに、次回以降の講義で、ベルクソンがライプニッツ哲学を解説するために用いる手法でもある。これについては以下を参照。C. Riquier, *Archéologie de Bergson, op. cit.*, §13, pp. 210-233.[*213]

＊353 「時間の観念」についてのコレージュ・ド・フランス講義（一九〇一—一九〇二年度）、『雑纂』（*Mélanges, op. cit.* pp. 513-517）を参照。また、本書の補遺も参照。[*214]

＊354 ベルクソンは、一者が超越的原理であって「イデア以上のもの」（『ベルクソン講義録Ⅳ』、一四九頁）であることを完璧に意識しているが、しかし彼は一者と知性とを分離する差異を緩和しようとしている。その理由は明らかにプロティノスを、その先駆者であるプラトンとアリストテレスとの延長線上によりうまく組み入れることができるようにするためである。「デカルト主義者ならこう言うだろうが、〈一〉は下位の諸事物を形式的（formel）にではなく優勝的に含んでいた。〈完全なもの〉が不完全なものを内包しているのだ。なぜなら、不完全なものは〈完全なもの〉より以下であるからだが、ただし、〈完全なもの〉による不完全なものの内包は、〈完全なもの〉の分割をまったく前提としてはいない。」（『ベルクソン講義録Ⅳ』、一五二頁）[*215]

＊355 ポルピュリオス、『プロティノスの一生』第二三節を参照。プレイエ訳では以下のとおり。「私が彼とともにいた時、彼は四回この目標を達成したが、それはえも言われぬ活動（acte）のおかげであって、決して潜勢態においてのことではない」。〔邦訳では以下のとおり。「ちなみに、私が彼のもとにいた時期（二六三—二六八年）に、ことばで言い表すことのできない（魂の）活動《エネルゲイア》によって、四度ばかり彼はこの目標に到達した。」（『世界の名著　続2　プロティノス　ポルピュリオス　プロクロス』、中央公論社、一一六頁）。〕われわれの知る限り、キリスト教的なものとプロティノス的なものという二種類の忘我の恍惚（extase）を比較し、二つの神秘主義者を区別するに至るのは、ベルクソンがここではじめてなしていることである。この比較は、『道徳と宗教の二源泉』第三章 p. 233 以下で詳しく展開されることになる。[*216]

＊356 ベルクソンによる未公刊のコレージュ・ド・フランス一九〇四—一九〇五年度講義『自由の問題の進化』を参照。本書の次の巻として、この講義録の完全版が二〇一七年にPUFから刊行される予定である（編者はA・フランソワ）。〔その後、実際に刊行された。〕[*217]

第14講

＊357 【訳注】ベルクソンがプロティノスを通じてプラトンとアリストテレスを見ているという点については、S. Roux, « L'ambiguïté néoplatonicienne : Bergson et la philosophie grecque dans le chapitre 4 de L'Évolution créatrice », dans *Bergson, L'Évolution créatrice*, Paris, Vrin（Études et commentaires）, 2010, pp. 285-305 ; C. Riquier, *Archéologie de Bergson, op. cit.*, pp. 210-219.

＊358 【訳注】例えば『ティマイオス』（37D-E）で次のように言われる。「ところで、かの生きものの場合は、その本性まさに永遠なるもの

だったのでして、そのような性質は、じっさい、生成物に完全に付与することのできないものでした。しかし、永遠を写す、何か動く似像のほうを、神は作ろうと考えたのでした。そして、宇宙を秩序づけるとともに、一のうちに静止している永遠を写して、数に即して動きながら永遠らしさを保つ、その似像をつくったのです。そして、この似像こそ、まさにわれわれが「時間」と名づけて来たところのものなのです。というのは、昼も夜も、月も年も、宇宙が生じるまでは存在しなかったのですが、神は、宇宙が構成されると同時に、それらが生じるように仕組んだからです。そして、これらはすべて時間の部分なのですし、また、「あった」や「あるだろう」も時間の相（種）として生じたものなのです。」（『ティマイオス』（29d）、『プラトン全集』第一二巻、種山恭子訳、岩波書店、一九七五年、四七―四八頁）。本書一〇七頁も参照。

*359 【訳注】「だから、ソクラテスよ、われわれが、神々（天体）だとか万有の生成だとかいったいろいろの事柄について、どこから見ても完全に整合的な、高度に厳密に仕上げられた言論を与えることのできない点が、多々出てくるとしても驚いてはなりません。いやむしろ、話し手のわたしも、審査員のあなた方も、所詮は人間の性を持つものでしかないということ、従って、こうした問題については、ただ、ありそうな物語を受け入れるにとどめ、それ以上は何も求めないのがふさわしいのだということを思い起こして、何人にも劣らず、ありそうな言論をわれわれが与えることができるなら、それでよしとしなければなりません。」（邦訳『ティマイオス』、同上、三〇―三一頁）

*360 【訳注】Cf. アリストテレス、『形而上学』A巻第九章、991a、「他の事物がエイドスからであるということも、これが普通に言われる意味でのからであるということは、どうみても不可能である。エイドスは原型《パラディグマ》であり他の事物はこれに与ると語られているが、こう語ることは空語することであり、詩的比喩を語ることにほかならない。というのは、（a）たとえばイデアをながめつつ作り出すものというのは何者なのか。……」（『形而上学』上巻、出隆訳、岩波文庫、六二頁）。

*361 Cf. 本書一七九頁、二一八頁。「『創造的進化』のベルクソンは、プラトンからプロティノスに至る古代哲学の流れの根底に、次のような原理があると考える。「ある実在性（*réalité*）の措定は、それと純粋なる無のあいだのすべての程度の実在性を同時に措定することを含意する（…）神の完全性から「絶対的な無」に至るまで低下していく存在のすべての程度が、神を措定するや否やいわば自動的に実在化されることになる」（四〇九頁、EC, p. 323）。」[*218]

*362 【訳注】ここでベルクソンは「時間の乗り物」（véhicule du temps）という表現でアリストテレスの時間を説明しているが、第一五講（二五四頁）、一六講（二六四頁）で、プラトンにおける時間を説明する際にもこの表現を用いている。

*363 【訳注】Cf.『創造的進化』四〇九―四〇一頁（EC, pp. 323-324）。天の運動と時間について、例えばアリストテレスの『自然学』では、時間とは「前と後ろに関しての運動の数である」（219b）とされ、運動の尺度として「均等的な円環運動」が最も良い尺度だとされる（223a30-b20）。「時間はすなわち天球の運動である、とも思われるのである、そのわけは、この天球の運動でその他の種類の運動が測られ、また時間もこの運動で測られているからである。またこのゆえに、つぎのような慣習的な言い方も生じてくるのである、すなわち、人間的な諸事象は円環をなしており、またその他の自然的な運動や生成消滅をもつ諸事象にも円環がある、と人は言う。それ

は、これらすべての事象が、時間によって判定〔測定〕され、そしてその終りと始めとが、あたかも或る周期的循環路における終りと始めとのように解されているからである。そしてまた、人のこう言うのも、時間それ自らが或る種の円環であると考えられるからである。そして、このように考えられるのは、さらにまた、時間がこのような移動〔天球の円環的運行〕の尺度であるとともに、この時間それ自らがこのような移動によって測られるがゆえにである」(224b)。

*364 【訳注】ここでベルクソンは質料を「形相の縮減（diminution de la Forme）」と表現している。「形相の否定」という表現を含めて、古代哲学における質料に関するベルクソンのこうした捉え方については、『創造的進化』四〇〇―四〇一頁（p. 316）、四一三頁（326）参照。

*365 【訳注】原文では「これはプロティノスにおいてすでに時間の展開の問題ではなく、以来時間の展開の問題であり続け、常に時間の展開の問題となりました。」となっていたのを修正した。

*366 講義の筆写は残されていないのだが、これは、一九〇〇―一九〇一年度にコレージュ・ド・フランスで行なわれたアフロディシアスのアレクサンドロスの『運命について』に関する講義で、彼が擁護しようとした主張の一つである可能性が高い。アフロディシアスのアレクサンドロスは、運命に関するある種のストア学派的な考え方を受け継いで、これをさらにより明瞭な仕方で自然の必然性およびその因果の連結（concaténation）と同等に扱っており、この考え方は近代科学の機械論的な考え方をいわば先取りするものとなっている。ベルクソンによると、人間の自由と自然の因果性の問題を、またしても近世以降の哲学のそれと同じ言葉遣いで、決定的に定着させる仕事は、プロティノスに帰せられる。ベルクソンがこの第一四講でこれから強調していくのはまさにこの問題の発生についてであり、一九〇五年にはこの点により詳しく立ち戻ることになる（cf. ベルクソン、『自由の問題の進化』（*L'évolution du problème de la liberté, cours du Collège de France*）, Paris, PUF, 2017）。[*219]

*367 【訳注】第一二・一三講（二〇七、二一九頁）参照。

*368 【訳注】行動に選択の余地がある場合から行動が自動的習慣になる場合にかけて「意識」が減弱して行くというのは、ベルクソンの基本的な考え方の一つ。彼は、（行動そのものというよりは）行動における選択の余地と意識とを関連させる。例えば『物質と記憶』全体（特に第一章全体わけても MM, pp. 24-27 や MM, pp. 100-101）、『創造的進化』一八五―一八六頁（EC, p. 145）三三五―三三六頁（EC, pp. 264-265）、「意識と生命」（ES, pp. 10-11）、などを参照。

*369 『意識に直接与えられたものについての試論』刊行以来、自らの主張が惹き起こしてきた諸々の反論に対して、『物質と記憶』第四章（p. 207）においてすでにそうであったように、ベルクソンはここでも間接的に応答している。『試論』第三章で自由の問題を論じたベルクソンだが、彼が擁護した自由は、非理性的・非合理的（irrationnel）な性格を有し、感情に還元されるものではないか、との非難が向けられたのである。Cf. L. Lévy-Bruhl, « Recension de l'*Essai sur les données immédiates de la conscience* de Bergson », *Revue philosophique de la France et de l'étranger*, Paris, Alcan, mai 1890, XXIX, pp. 536-537 ; G. Belot, « Une théorie nouvelle de la liberté », *ibid.*, octobre 1890, XXX, pp. 361-392）. その重要な抜粋が、A・ブアニッシュ版の参考資料に収められている（DI, pp. 286-288）。次も参照。F. Worms, *Introduction* *à Matière et mémoire de Bergson*, Paris, PUF, 1997. [*220]

＊370　タイプ原稿では、「刺激（excitation）」となっている。[*221]

＊371　【訳注】ただしベルクソン自身が、単純に、複数の選択肢があってそのあいだで躊躇するということや別の選択も可能であるということでもって自由を捉えているわけではない。より精確な議論として『意識に直接与えられたものについての試論』一九〇頁（DI, p. 128）以下を参照。

＊372　【訳注】例えば『意識に直接与えられたものについての試論』二〇三頁（DI, p. 138）以下、特に二〇九頁（DI, p. 142）以下参照。

＊373　Cf.『創造的進化』第三章三〇八頁以下（EC, p. 242 以下）。[*222]

＊374　タイプ原稿では、「同様の厳密さを欠く仕方で」。[*223]

＊375　タイプ原稿では、「与える（l'a donne）」。これは、「与えた（l'a donné）」と〔過去形に〕修正することも可能である。[*224]

＊376　タイプ原稿では「もの」（chose）と「非」（non）がない。[*225]

＊377　【訳注】Cf. プロティノス、第三エネアス第一論文「運命について」第七章冒頭。「最後に、すべてのもの（事象）を相互に編み合わせ、いわば〈貫き連ね〉て、それぞれのものの有り方（様相）を定める、ただ一つとみなされる始原——そしてこれから始まって、すべてのものが種子的原理にしたがって成就されるのだが——これを考察する仕事が残っている……。」（邦訳第二巻一七〇頁）。

＊378　プロティノス、第三エネアス第一論文「運命について」第七章。タイプ原稿では、「τὸ ἐφ' ἡμῖν ὄνομα μόνον」となっている。〔邦訳第二巻一七〇頁「（われわれの）表象は先行する諸原因にしたがっており、また（行為への）発動は表象にしたがっていることになるし、「われわれ次第」（自由）ということは名前だけのものになるだろう（…）。」〕[*226]

＊379　【訳注】マットンに従い、リキエの誤り（アクセント記号）を修正。

＊380　プロティノス、第三エネアス第一論文「運命について」第八章。〔邦訳第二巻一七一—一七二頁「何一つ無原因のものを残さず、（すべてのものの）連結と秩序を維持し、またわれわれが何らかのもの（自立的なもの）であることを許し……」。〕ベルクソンは、同じ一節に関して、ほぼ同じ表現を用いた翻訳を、『自由の問題の進化』講義（第一一講）でも与えている。「一方で因果性の原理を保存し（逐語的には、原因のないものは何も残さず、事物の脈絡と秩序を保存し）、そして他方でわれわれ自身が何者かであることを許すような、そのような解決を見つければ十分である」〔*L'évolution du problème de la liberté, op. cit.*, p. 182.〕[*227]

＊381　【訳注】マットンに従い、リキエの誤り（気息記号）を修正。

＊382　【訳注】マットンに従い、リキエの誤り（アクセント記号）を修正。

＊383　【訳注】念頭に置かれているのはおそらく第三エネアス第一論文第八章の以下の箇所だと思われるが、ベルクソンはかなりまとめている。「いやむしろ魂を、（物体的なものとは）別種の始原であるものとしての魂を、存在するもののひとつとして持ち込まねばならないのだ。世界の魂ばかりでなく、それとともに各人の魂を決して小さくない始原として。そして、（このようにしたうえで）あらゆるものを編み合わせなければならない。そのばあい、魂も他のものと同様に子種から生まれるのではなく、それ自身が第一次的に作用

する原因であると考えねばならない。／さて、魂は身体と結びつかないでいる時には、自己自身のこの上なく強力な主人であり、自由であり、宇宙的因果（系列）の外にあるのだが、いったん身体の内に入りこむと、他の事物と一緒に（この因果系列の中に）配置されるので、もはやあらゆることに関して権力をもつわけにはいかなくなる。そして、魂がここ地上へやって来て遭遇する、あたり一面のすべて（の事象）を導いているのは、たいていは運（偶然）である。したがって、魂はあることをこれら（偶然的な事象）の影響下に行なうのだが、他のことを自分で支配しつつ、自分が望むままに導く。そのばあい、より優れた魂はより多くのことを、より劣った魂はより少ないことを支配する。なぜなら、後者は身体の混合状態に何ほどか譲歩するので、欲望をもつとか、腹を立てるように強いられるし、あるいは貧之のために心が卑しくなり、富によって驕り高ぶり、権力をもつと専制的になる。しかし前者、つまり資性の善良な魂は、その同じ境遇にあっても抵抗して、自らは変えられることなく、むしろそれらの境遇を変えようとするので、その結果、ある状況を変化せしめるし、他の状況には自分が劣悪となることなしに譲歩するのである。」（邦訳第二巻一七二頁）

*384 プロティノス、第四エネアス第四論文「魂の諸問題について　第二篇」第三二章。ブレイエ訳は以下のとおり。「可感的なものの全領域における存在はすべて宇宙の一部分である。身体をもつ限りにおいて、それは宇宙の一部分にすぎない。そしてそれは、魂をもっている限りにおいて、宇宙の魂に参与〔分有〕しており、その一部分であるのだ。この魂にしか参与していない諸存在は、宇宙の諸部分でしかないが、しかしもう一つの別の魂に参与している諸存在は、まさしくそのことによって、完全には宇宙の諸部分ではないという特権を有している。」〔邦訳第三巻一九六頁「そしてこの感性的な宇宙に含まれているものは、そのそれぞれが身体の面では完全に宇宙の部分であるけれども、それらが宇宙の魂をも分有している限り、その魂の面でも、その分有の程度に応じて、宇宙の部分なのである。すなわち、宇宙の魂だけを分有しているものが、あらゆる面で宇宙の部分であるのに対して、他の魂も分有しているものは、その点で完全には宇宙の部分ではないのである……」。〕[*228]

*385 第三エネアス第一論文「運命について」第八章。[*229]

*386 タイプ原稿では、「私たちが述べていた（disions）ように」〔校訂で di[r]ions とされた〕。[*230]

*387 【訳注】念頭に置かれている箇所がはっきりしないが、徳と必然性の関係に関して例えば次のように言われる。第二エネアス第三論文第九章「つまり、（プラトンの）これらの論は、われわれは魂を星々からもらって来るのだとして、われわれを星々に縛り付け、またこの世界にやって来る際にわれわれを必然性に従属させるのである。したがって、われわれの性格もまた、彼ら（星々）から来るわけだし、性格に基づく行為と情念的な性向から起きる情念もそうである。／では、結局「われわれ」として何が残されているのか。それは、われわれが真実にそれであるところのものである。自然が情念を支配する力をそれに付与したところの「われわれ」である。というのも、身体の本性を介して、これら（地上の）諸悪のうちに巻きこまれたわれわれに、それにもかかわらず「主人をもたぬ（何ものにも隷属しない）徳」を神は与えられたのだから。なぜなら、徳が必要なのは、安穏である時のわれわれにではなくて、徳が現前していなければ悪に陥る危険のある時だからである」〔邦訳第一巻四一二頁〕、第四エネアス第四論文第三九章「だが、宇宙内のすべてのものは常に一定の秩序のもとに配列されていて、すべてのものは一つのものを終極の目標としてこれに寄与しているのである

から、すべての出来事は〔星々の〕〈告げ知らせ〉によって示されることになるのである。だが〔プラトンの言うように〕、「徳は、何ものにも支配されない」のであるが。しかしその徳の働きでさえも、この配列の中に組み込まれているのである。なぜなら、「この世界の出来事は、あの知性界に依存しているのである」から、すなわち、「この宇宙内のものは、より神的なものに依存し、この宇宙も、あの知性界の諸存在を分有することによって〔自己の存在を得て〕いる」からである。」〔邦訳三巻二一五頁〕

*388 第四エネアス第四論文「魂の諸問題について　第二篇」第三九章。ブレイエ訳は以下のとおり。「それゆえ、宇宙の出来事はいささかも種子的ロゴスに依存しているのではなく、種子的ロゴスに先立つ諸存在に属する、より包括的なロゴスに依存しているのである。というのも、種子的ロゴスの中には、種子的ロゴスそのものとは反対の出来事の原因も、質料から生じて宇宙に協力する事実の原因も、最後に、生み出された諸存在が互いに行使し合う作用の原因も、いずれも見出されないからである。」〔邦訳第三巻二一五―二一六頁「それゆえ、宇宙内の出来事は、種子的ロゴスにしたがって生ずるのではなくて、諸々の種子のもつロゴスより上位のロゴスを内に含みもつロゴスにしたがって生ずるのである。なぜなら、種子的ロゴスのなかには、種子的ロゴスそのもの〔の作用〕を超えた出来事も、素材の側から全体者〔としての宇宙万有〕に寄与する事柄も、生成せるものの相互作用に関する事柄も、ともに含まれていないからである。」〕〔*231〕

*389 第一八講を参照〔原書では「p. 310 以降を参照」となっている〕。〔現在通用の Leibniz ではなく〕タイプ原稿では「Leibnitz」となっており、以下すべてこの綴りとなっている。〔マットンも指摘する通り、ベルクソン自身、『試論』では Leibnitz と綴っていたが（DI, pp. 113, 116, 163）、すでに『物質と記憶』（MM, pp. 26, 215）では Leibniz となっている。ちなみに、ライプニッツについては第一八、一九講で主に取り上げられる。〕〔*232〕

*390 プロティノス、第四エネアス第三論文「魂の諸問題について　第一篇」第一二章。〔邦訳第三巻七二―七三頁「なお、このことは、「魂たちが、この宇宙の秩序と協和していること」からも証明されるのである。すなわち、魂たちは、この宇宙から分離しているのではなく、降下に際しては自らを〔この宇宙の秩序に〕合わせ、〔宇宙の〕回転運動に完全に協和させているのであって、だから魂たちの運命も生涯も選択も、星々の図形によって前以て示されることにもなるのであるし、また〔この回転運動との協和によって〕或る種の純一な音声が雑音を混えることなしに発せられることにもなるのである。そして、これがとりもなおさず、「星々の奏でる調和のとれた音楽の調べについての〔昔の人びとの〕教え」の隠された意味なのである。」〕〔*233〕

*391 【訳注】これも念頭に置かれている箇所がはっきりしないが、前の引用箇所のしばらく後（第四エネアス第三論文第一五章）に、プロティノスがやはり降下する魂について次のように語っている箇所がある。「或る魂たちはこの世の運命に完全に従属しているのであるが、別の或る魂たちは、或る時にはこの世の運命にしたがうけれども、別の時には自己自身の独立性を保持しており、さらに別の魂たちは、必要やむを得ざる事柄についてはこれにしたがうことを認めるけれども、自分のなすべき事柄については、すべてこれを自分の責任においてなすことができるのである。なぜなら、それらの魂は自己自身を〔この世の運命とは〕別の〔高度の〕掟にゆだね、〔この世の〕すべての存在を支配する別の法秩序《ノモテシアー》にしたがって生きるからである。／なお、この法秩序は、この感性界で活動する諸々

のロゴスその他の諸原因のすべてから、そしてさらには魂に由来する諸々の動や知性界に由来する諸々の法から織りなされているのである。つまり、この法秩序は知性界の真実在と一致協和していて、自らの諸原理を知性界に仰ぎ、知性界の真実在に続くものを（自らのなかに）織り込んでいるのであって、知性界の真実在のあり方に自己自身を合致させることのできるものはすべてこれを確固不動のものとして保持するが、それ以外のものはこれをその本性に適したところへと引き回しながら導くのである。」（邦訳第三巻七八―七九頁）

*392 【訳注】以下の部分はブレイエ訳では「各々の魂は自らが接近する部分に自らの態度（attitude）を適合させるが、それは踊り手が自分に与えられた演劇テーマに自らの態度を適合させるのと同様である。」（第六エネアス第七論文第七章）となっている。邦訳は次の注の末尾にある通り。

*393 プロティノス、第六エネアス第七論文「いかにしてイデアの群が成立したか。および善者について」第七章。〔邦訳第四巻四一三―四一四頁「というのも、世界の魂の能力が――（この能力は）全原理であるので――かの魂のもとから、諸々の魂的な力（個別的な魂）が（この世界の素材へ）やって来る以前にすら、（素材の上にあらゆるもののいわば）下書きをしておくことを何が妨げるだろうか。そして、この下書き（下ごしらえ）は、素材へのいわば前触れ的な照明であって、その後で、仕上げをする魂たちが、このような〈痕跡〉をたどりながら、個々の部分ごとに、これらの痕跡を鮮明なものとすることによって、（個々のものを）作り出し、このようにしてそれぞれの魂が、自分がそれに近づいたところのものになるのである。その際に、魂が自分の姿を変じるありさまは、ちょうど（パントマイム劇の）踊り子が、自分に課せられた主題に合った身ぶり手ぶりをするのに似ている。」〕〔（マットン記載なし）ギリシア語の引用で抜け落ちているいくつかの単語を、プロティノス原文から補った。〕[*234]

*394 プロティノス、第六エネアス第八論文「一者の自由と意志について」。[*235]

*395 【訳注】原文は小文字だが、文脈からPenséeと解する。

*396 プロティノスとスピノザの比較については、注352と注485参照。[*236]

*397 【訳注】出典は、I 4, 8, 9 / III 2, 10, 19.

*398 プロティノス、第六エネアス第八論文第二章。「そしてそれがわれわれ次第のものであるなら、われわれ次第のものは行動のうちにあるのではなく、われわれの知性に存している」（καὶ ἐνταῦθα τὸ ἐφ' ἡμῖν, οὐκ ἐν πράξει τοῦτο ἔσται, ἀλλ' ἐν νῷ στήσεται τοῦτο）。〔邦訳第四巻五一三頁「この「われわれ次第」は行為に存するのではなくて、ヌースの内にあることになろう。」なお、本文の引用では、指示代名詞 τοῦτο（それ）が、その指示している内容 τὸ ἐφ' ἡμῖν（われわれ次第のもの）と入れ替えられている。〕[*237]

*399 【訳注】プロティノスは第六エネアス第八論文第一章で、「われわれ次第」を「反省された自発的な行為」と区別して、以下のように定義する。「「われわれ次第のもの」という表現の観念（意味）は、「われわれの意志《ブーレーシス》に隷従し、われわれが意志した限りで生じ、もしくは生じないであろうようなもの」であるだろう。／というのは、一方、強制によらないで、（自分が何をしているかを）知りつつわれわれが行なうことはすべて、自発的《ヘクウシオン》（な行為）であるが、他方、まさにわれわれがそれを行なうことの主人《キュリオイ》（決定者）である

ことがらが、われわれ次第なのである。」（邦訳第四巻五〇九頁）。邦訳の訳注（五〇七頁注1）でも指摘されているように、この「だれだれ次第」という用語は、アリストテレスが特に『ニコマコス倫理学』第三巻で用いている。

*400 【訳注】ここも次の文も原文は小文字だが、文脈からPenséeと解する。

*401 Cf. ベルクソン「哲学的直観」、『思考と動き』、PM, pp. 123-124. [*238]

*402 【訳注】プロティノスは同じ第六エネアス第八論文で、自由とヌースの関係に関して、次のように問いを提起したうえでさまざまに論じている。「しかもまた、ヌース自身についても、次の問題を提起しなければならない。すなわち、ヌースは本性的に定まった活動を、本性的に定まった仕方で行なっていて、それを「しないこと」は彼次第でないのだから、自由と「彼次第」とをもつと言われうるのかどうか。さらに、およそ行為することのないかのものたち（直知界のもの）について、そもそも「彼ら次第」ということが、本来の意味で言われうるのかどうか。もっとも、行為をするものにしても、外部から強制されるのである。なぜなら、彼らは無目的に行為しはしないだろうから。しかしとにかく、かの世界のものたちも自己の本性に隷属しているのだとすると、どうして自由をもちうるであろうか。」（同論文第四章、邦訳第四巻五一五頁）、「しかし単純な本性が、そして単一な活動が、そして可能態と現実態（活動態）との区別をもたないもの（活動）が、どうして自由でないことがあろうか。なぜなら、かの世界では「有る」と「活動する」とが同一であるとすれば、あたかも有（本質）と活動とが別々のものであるかのように、「本性的に定まった仕方で活動する」と言われることすら、できないであろうからである。／かくて、かの本性（単純な本性、すなわちヌース）は、他者によって（活動するの）でもなく、他者次第であるのでもないのだから、どうして自由でないことがあろうか。」（同章、邦訳第四巻五一六頁）、「かくて、行為における自主性とわれわれ次第のものもまた、行為することや外面的活動に帰せられるべきではなくて、徳性自身の内面的な活動と直知と観想に帰せられるべきである。」（同六章、邦訳第四巻五二〇頁）

第15講

*403 Cf. ベルクソン『創造的進化』第四章、pp. 335-344（四二三―四三五頁）[*239]

*404 タイプ原稿では、「心のちり」は「mindust」、「諸事実」は「frains」となっている。[*240]

*405 ハーバート・スペンサー（Herbert Spencer, 1820-1903）、ジョン・フィスク（John Fiske, 1842-1901）、アルフレッド・バラット（Alfred Barrat, 1844-1881）、ウィリアム・クリフォード（William Clifford, 1845-1879）といった著者たちのことが念頭に置かれている。「心的材料（Mind-stuff）」という表現は、クリフォードに負うものである（« On the Nature of Things-in-Themselves », 1878, *Mind*, vol. 3, N° 9, pp. 57-67）。ウィリアム・ジェイムズは、『心理学原理』の中でこの理論について詳しく論じている（William James, *The Principles of Psychology*（1890）, 2 vol., Cambridge, MA: Harvard University Press, 1983, t. I（1981）, chap. VI « The Mind-Stuff Theory », pp. 145-182.）。これについてのレジュメ（『多元的宇宙論』（1909）の第五講）も同じく参照のこと。*Philosophie de l'expérience*, Paris, Les Empêcheurs de penser en rond, tr. St. Galletic, préface D. Lapoujade, 2007, p. 128 に次のようにある。「魂とか自我とかまたはこれに類似した統一原理は存在しないのであって、精神質料の原始的な単位が寄り集まって複合的なかたちをなし、これがさらに寄り集まりまた寄り集まると

＊406 いう過程がくりかえされて、我々の高級で複雑な精神状態がかたちづくられるのである。たとえば、Aの元素的な感覚と、Bの元素的な感覚とは、ある状況においであう時、結合してAプラスBの感覚となる。これはまた、同様にしてつくられたCプラスDの感覚と結合し、ついにはアルファベット全体が、意識の領域の中にあらわれるが、この際各要素の感覚以外のものが、原理としてたちあうことはない」（『ウィリアム・ジェイムズ著作集6　多元的宇宙』、吉田夏彦訳、日本教文社、一九六一年、一三九―一四〇頁）。［「心のちり」やそれに類する考え方に対するジェイムズの批判としては、例えば“A world of pure experience”, in William James, *Essays in Radical Empiricism*, London and New York: Longmans, Green, & Co., 1912, p. 43.（邦訳、W・ジェイムズ『純粋経験の哲学』、伊藤邦武編訳、岩波書店、二〇〇四年、五〇頁）。この批判はジェイムズが次のように述べる文脈に位置する。「経験どうしを結びつける関係はそれ自体が経験される関係であり、経験されるいかなる種類の関係も、他のすべてのものと同様に、その体系において「実在的なもの」として数えられなければならない」（邦訳四九頁）。］［*241］

＊407 【訳注】「形而上学的入門」（PM, pp. 190-211）でベルクソンは、「部分」（partie）と「要素」（élément）の区別を用いて、心理的諸状態の複合として自我を捉える考え方を批判している。「実際、心理学はほかの科学と同じように、分析によってことを処理している。最初は単純な直観の中に与えられた自我を、感覚、感情、表象などに分解し、それらを別々に研究している。つまり、自我を一連の構成要素で置き換え、それらの要素を心理学的事実であるという。しかし、そうした要素は部分であろうか。問題のすべてがここにある。」（PM, p. 190）ただし本講義ではベルクソンは二つの用語のこのような区別を一貫させてはいない。

＊408 二八頁以下、および三八頁以下を参照。［*242］

＊409 【訳注】当時のフランスの病理学的心理学において、意識を語る際にこの言葉が用いられることがあった。Cf. Janet, Pierre. *L'automatisme psychologique : Essai de psychologie expérimentale sur les formes inférieures de l'activité humaine*, Paris, Alcan, 1889, Premier Partie, Chapitre III（邦訳、ピエール・ジャネ『心理学的自動症』、松本雅彦訳、みすず書房、二〇一三年、第一部第三章）。ベルクソンの一九〇三―一九〇四年のコレージュ・ド・フランスにおける講義「記憶の理論の歴史」も参照（Bergson, *Mélanges*, *op. cit.*, p. 621）。ベルクソン自身主著の中ではこの表現をあまり用いないが、この講義の二か月前ほどにジェイムズに宛てた手紙の中で、以下のように用いている。「問題について反省すればするほど、生命というものは徹頭徹尾、ある注意現象であるとの念を強くします。脳とはこの注意の方向づけそのもので、それは行動に必要な心理的狭縮（*rétrécissement psychologique*）を徴づけ、限界づけ、その尺度となるものです」（*Mélanges*, p. 581）。この表現には驚かされるかもしれない。しかしながら思い出しておかなければならないのは、絶対的なものの認識――ベルクソンはこれに形而上学のリアリティをかけていた――に適合した定式を彼は同時期になおも探していたということである。「形而上学入門」（一九〇三年）の彼がちょうど出版したばかりの版で、ベルクソンは「知的直観」というカントの表現を用いているが、彼は後にこれを一九三四年の版で修正する。［*243］

＊410 コレージュ・ド・フランスにおける「時間の観念」（一九〇一―一九〇二年度）についての講義のこと。コップ一杯の砂糖水の例はその後も有名であり続け、『創造的進化』第一章 pp. 9-10（二八頁）でふたたび取り上げられた。［*244］

*411 【訳注】この表現は、『物質と記憶』で意識と運動ないし質と量の対立を緩和する議論において用いられる。「具体的な運動は、意識とおなじように、自らの過去をその現在へと繰りのべることができ、反復を通じてさまざまな感覚的質を生みだすことが可能なものであって、その運動はすでに意識に属する何ものかであり、あらかじめ感覚に属する何ごとかである、ということだ。この具体的運動は、希薄になり、無限にその数を増やすことのできる瞬間へと配分されたくだんの感覚とおなじものだろう。」(MM, p. 278) Cf. MM, pp. 203, 233-234.

*412 タイプ原稿では、一つ目の「数百万」が半分ほど線で消されている〔つまり「数百万もの外的現象」となっている〕。しかし、それは消さない方が良い。赤色光線に関する『物質と記憶』第四章の記述にその例が見出せるからである。「一秒という幅の中に、赤色光線——波長が最大の光線であり、その振動数は、したがって最小となる——は四〇〇兆の継起的な振動を繰り返している。」(MM, p. 230) [*245]

*413 【訳注】Cf. MM, p. 236.

*414 この表現はライプニッツから来ている。ライプニッツにとって物体とは瞬間的精神（*mens momentanea*）である（一六七一年一一月アルノー宛書簡、*Œuvres*, Prenant, p. 108、「物体とはすべて瞬間的精神、ないし想起を欠いた精神である。」）〔この表現は次の文献にも出てくる。Leibniz, *Die philosophischen Schriften von Gottfried Wilhelm Leibniz*, Gerhardt, IV, p. 230. ベルクソンは『精神とエネルギー』でこの表現に言及している。「意識はまず何よりも記憶を意味します。記憶はひろがり（ampleur）を欠くかもしれません。過去のごく僅かな部分しか含まないかもしれません。たったいま起こったことしか記憶していないこともあります。しかし、それでも記憶は存在します。記憶が存在しなければ、意識は存在しません。自分の過去をいっさい保存しないような意識、絶えまなく自分を忘れているような意識、つまり瞬間ごとに死滅してはまた生ずるような意識は、無意識という以外にどう定義することができましょうか。ライプニッツが物質は「瞬間的な精神」であると言ったとき、彼は好むと好まざるとにかかわらず、物質とは感覚をもたないものだと宣言したのです。」(ES, p. 5) また、彼はこれに類する仕方で、しばしば物質を「絶えず始め直す現在」と定義する。Cf. MM, pp. 168, 236, EC, pp. 201-202, ES, p. 142, PM, pp. 183-184 など。〕[*246]

*415 われわれはテクストを元のまま残しておくが、しかし本書の直後の箇所とベルクソンの著作そのものからすると、われわれは直ちに訂正せざるを得なくなるはずである。すなわち、以上とは反対に、一九〇三年以来、われわれの持続よりも緊張した持続を想定する十分な理由があるのである（Cf.「形而上学入門」、一九〇三年、『思考と動き』、PM, pp. 210-211）。〔原書 p. 257 では、**je n'ai aucune raison de supposer** (...), **J'ai même de fortes raisons de supposer que** (...) つまり「より緊張した持続が存在しないと想定するいかなる理由もなく、そう想定する強い理由すらある」と矛盾する文章となっている。この後者の文要素を、次の文（より緊張した持続の存在を想定する強い理由がある）の先取り・先走りと見なして抹消すれば、問題は解決するので、本書ではそのように訳出し、リキエの言う「訂正」を行なった。〕[*247]

*416 【訳注】原文では小文字の「観念」であったが、大文字の「イデア」と解する。

*417 Cf. ベルクソン、「形而上学入門」、『思考と動き』、PM, p. 219。「プラトン派の用語をふたたび借りて、しかしそこから心理学的な意味を取りさり、ある容易な知的理解への確信を「イデア」と呼び、ある生命の不安を「魂」と呼ぶとすれば、近世の哲学においては、目に見えない一つの流れが「魂」を「イデア」の上に高めているように思われる。近世の哲学は近世の科学と同じく、いやそれにもまして、古代思想とは逆の方向に進む傾向を示している。」[*248]

*418 フランシス・ベーコン（Francis Bacon, 1561-1626）は、英国の哲学者で、その主著は『ノヴム・オルガヌム』（一六二〇年）。これを近世科学の前兆を告げるものと考える人はいないが、ここで彼は実験的方法の諸規則を与えている。しかしベルクソンにとって、古代科学と近世科学の本質的な差異があるのは実験のうちにではない（『創造的進化』第四章、pp. 332-333（四二〇―四二二頁））。[*249]

*419 ニコラウス・クザーヌス（Nicolas de Cues、他の書き方として Nikolaus Von Kues ないし Nicolas de Cusa, 1401-1464）は、ドイツの哲学者で、枢機卿および教皇ピウス二世期の臨時司教を務めた。[*250]

*420 タイプ原稿では、「プラトン」。[*251]

*421 ニコラウス・クザーヌス『知ある無知』（一四四〇年）。その三つの巻はそれぞれ神（第一巻）、宇宙（第二巻）、イエス・キリスト（第三巻）に当てられている。ベルクソンが特に言及しているパッセージは、第二巻第一〇章にある。「ところで、どのようにして、この運動が、普遍的なもの universale から個物に至るまで、整然と秩序を保ちながら、その諸段階を経て縮減されるのか、このことはつぎの例によって考察されよう。「神は存在する」とわたくしが言うとき、この言表は或る運動によって進み出るのであるが、そこでは、つぎのような秩序が保たれている。わたくしは、まず第一に字母を発出し、つぎに音節を、つぎに単語を、最後に全言表を発出する、聴覚はこの秩序を段階的に識別しないけれども。このように、運動は、普遍から個物へと de universo in particulare、段階的に下降し、そのさい、時間的なあるいは自然的な秩序に従って縮減されるのである。しかし、この運動、すなわち、霊は、運動それ自体によっていっさいの事物を動かすところの神的な霊 Spiritus divinus から下降する。したがって、ちょうど、話し手のうちに或る息 spiritus が存在しており、その息が、話す人から進み出て、言表へと縮減されて発出されるように、霊であるところの神が存在しており、どんな運動もこの神から下降するのである。」（ニコラウス・クザーヌス『知ある無知』、岩崎允胤、大出哲訳、創文社、一九六六年、一三二―一三三頁。フランス語版は tr. P. Caye, D. Larre, P. Magnard, F. Vengeon, Paris, GF, 2013, pp. 145-146）[*252]

*422 【訳注】おそらく第一巻第一一章のこと。ここで、上位のものの探求に数学ないし比が重要であるということをすべての人が一致して説いているということが述べられている。

*423 ジョルダーノ・ブルーノ（Giordano Bruno, 1548-1600）はイタリアの哲学者で、異端として宗教裁判所により火刑に処された。彼の著作は、コペルニクスの宇宙論に賛同するもので、非常に重要で大きな影響力をもったが、その意味は時代によって変わった。ライプニッツは、モナドと無限に関する彼の考えから着想を得ている。『原因・原理・一者について』（一五八四年）は、著者によると、彼の哲学の中心をなす著作である（*Œuvres complètes*, Paris, Les Belles Lettres, 1996, vol. III, tr. L. Hersant）〔邦訳『ジョルダーノ・ブルーノ著作集3　原因・原理・一者について』、加藤守通訳、東信堂、一九九八年〕。第五対話でブルーノは「自然的かつ神的な認識全体の

建物の基盤」（p. 24、邦訳一七頁）を完成させている。［*253］

*424 ヨハネス・ケプラー（Johannes Kepler, 1571-1630）は、ドイツの数学者にして天文学者で、近世天文学の創始者。『宇宙形状誌論考への序説ないし宇宙形状誌の神秘』（*Prodomus dissertationum cosmographicarum seu mysterium cosmographicum*）は彼の最初の著作である。彼は宇宙の構造に関心をもち、コペルニクスが擁護した地動説を確証することを可能にしている（*Astronomi opera omnia*, vol. I, Frankfurt, Heyder & Zimmer, 1858, chap. XX, p. 173 sq.; *Prodrome aux dissertations cosmographiques contenant le secret du monde*, Paris, Gallimard, 1984, tr. A. Segonds, p. 166 sq.）〔邦訳、ヨハネス・ケプラー『宇宙の神秘』、大槻真一郎、岸本良彦訳、工作舎、一九八二年。〕ベルクソンが最初に引いている第一版は一五九六年のもので、次いで引いている第二版は一六二一年のものである。［*254］

*425 〔フランス語表記だと〕ジュール・セザール・スカリジェ（Jules César Scaliger, 1484-1558）のこと。彼は哲学者で、イタリア出身の碩学であり、ジョゼフ・ジュスト・スカリジェ（Joseph Juste Scaliger, 1540-1609）の父。彼の師はピエトロ・ポンポナッツィ（Pietro Pomponazzi ないし Pomponace, 1462-1525）で、一四八八―一五〇九年にパドヴァ大学で教えた人物である。ケプラーが言及しているスカリゲルの著作は次のもの。*Exotericarum exercitationum liber XV*（Paris, 1557, chap. 359, §8）。［*255］

第16講

*426 Cf. ベルクソン、「哲学的直観」、PM, pp. 119-120.［*256］

*427 Cf. 注103、104を参照。［*257］

*428 タイプ原稿では〔女性形で〕médiatrice となっている。〔こちらに従うならこのフレーズは〕次のようにも理解できることになる。「〔可知的なものと感覚的なもののあいだを〕ある意味で媒介する魂」［*258］

*429 ジロラモ・カルダーノ（Jérôme Cardan ないし Girolamo Cardano, 1501-1576）は、イタリアの数学者・占星術師・医者・哲学者である人物。彼の主著の一つは『精妙さについて』（*De subtilitate*, 1550）（tr. R. Le Blanc, *De la subtilité et subtiles inventions, ensemble les causes occultes, et raisons d'icelles*, Paris, Charles Langelier, 1556）で、これはスカリゲルに大いに批判された。タイプ原稿では「Cardon」というスペリングになっている。［*259］

*430 【訳注】原文は une nouvelle conception de la science de la philosophie であり、「哲学という学知についての新しい考え方」という翻訳も可能だが、後続する文脈を考慮に入れ、de la science, de la philosophie と解する。

*431 ジャンバッティスタ・ベネデッティ（Giovanni Battista Benedetti, 1530-1590）は、イタリアの数学者にして物理学者。彼の書いた *Disputationes de quisbudam placitis Aristotelis* は、なおもアリストテレス主義が染み付いているとはいえ、このスタゲイロス人の自然哲学およびその閉じた世界についての考え方を批判している（*Diversarum speculationum mathematicarum et physicarum liber*, Turin, 1585, reprint EOD Nerwork 2014）。［*260］

*432 タイプ原稿では「ついでに（au passage）、運動についてのアリストテレス的な考え方、近世的考え方をおさえることができます」となっている。［*261］

＊433 【訳注】以下の説明は、実際の講義では黒板に書きながら行われていたに違いない。本文中に訳者による作図を追加しておいた。アリストテレスの円運動についての第八講の図も参照（一四一頁）。

＊434 タイプ原稿では「顔面的（facial）」となっている。[*262]

＊435 【訳注】原文は extensible（伸縮自在の、伸展性のある）だが、文脈から extensif と解する。

＊436 例えば、アリストテレス『自然学』第四巻第八章、215 a 14。「さらに、（3）、現に、押し飛ばされたものは、このものを押し出したものがもはやこのものに触れていないときにも、そのまま運動を続けるが、そのわけは、或る人々の言うように相互置換〔入れ替り〕によってか、あるいは押された空気が、押し飛ばされたものを、このものがこれ固有の場所へ運ばれる移動よりもより速い運動で、押すことによってかであろう。しかるに、空虚のうちでは、これらのことのどちらも起こらないし、またそこでは、なにものも、ただ持ち運ばれているものが移動していると言われるような仕方によってでしか、移動しえないであろう。」〔『アリストテレス全集』第三巻、出隆、岩崎允胤訳、岩波書店、一九六八年、一五二頁〕[*263]

＊437 タイプ原稿では「顔面的（facial）」となっている。[*264]

＊438 【訳注】intensité は通常「強度」「強さ」と訳されるが、ここから数頁に登場するこの語に対しては、形容詞 intensif（内包的）の意味合いを意識しておく必要がある。よく知られているように、『試論』第一章が主題的に取り上げる intensité は、外延量（長さや重さなど、同じ種類で加え合わせることのできる量）と対比的に捉えられるべき内包量（温度や速度など、加え合わせても意味のない量）概念の批判的再検討という文脈で登場していた。たしかに、内包量とは性質の強さを表す量だが、強さが問題なのではなく性質であるという点が重要なのである。本文においても、ベルクソンは運動の強さを論じているのではなく、ある種の特異な質的量・内的異質性・質的多様性を運動の内部に見ようとしているように思われる。

＊439 【訳注】ここから数頁にわたって続く「意図」——intention は「志向」と訳すことも可能である——に関する議論は、少なくともベルクソンの著作に目立っては現れてこない、なかなか珍しいタイプのものであるように思われる。例えば『創造的進化』にも一か所かなり近いように見える用法があるが（EC, p. 307, 邦訳三九〇頁）、そこで問題となっているのは「それらでもって元の運動は決して構成されない」ような、単なる「実在的な不動」でしかない。あるいは、intention（意図）と発音がまったく同じで綴りが一字だけ違う intension（内包）の可能性も皆無ではないかもしれない。

＊440 ガリレオ・ガリレイ（Galileo Galilei, 1554-1642）は、イタリアの数学者・天文学者・物理学者であり、近世科学の創立者である。「近代科学は天文学の娘である。ガリレオの斜面に沿って天空から地上に降りてきたのだ。なぜならガリレオを介して、ニュートンと彼の後継者たちはケプラーに結びつくからである。」（『創造的進化』四二三頁（EC, p. 334））。[*265]

＊441 【訳注】ガリレオは等速直線運動を「任意の相等しい時間内に物体の通過する距離の相等しい直線運動を、等速直線運動という」と定義したうえで、次のような注を付している。「我々は、等速直線運動を単に、等しい時間内に、等しい距離を通過する運動と定義している古い定義に対して、「任意の」という言葉を追加し、それによってすべての等しい時間間隔を意味せしめる。何となれば、運動体

はある等しい時間内には等しい距離を通過しているが、それらの時間のある小部分においては、等しくとった時間間隔内に、不等の距離を通過する、ということが起こりうるからである」（ガリレオ・ガリレイ『新科学対話（下）』、今野武雄、日田節次訳、岩波文庫、一九四八年、五頁）。

＊442 等速直線運動に続いて、自然加速運動を論じる際に、ガリレイは次のように述べている。「放り上げられた石が、次第にその速度を減じて、ますます静止の状態になるまでには、あらゆる遅さを経過せねばならぬということに疑問の余地はありますまい。（…）物体がその経路上の各点を通過するのはただ一瞬時にすぎません。そしてその各々の瞬間もなお、小さい時間間隔に分割され、無限数の瞬間を生じるのですから、それらは、まさしく減少しゆく速さの無限の程度に対応せしめるに十分です」（『新科学対話（下）』、二一頁）。なお、「静止状態と任意の速さの度合との間に無限のより小さな速さの度合がある」ことに関して、『天文対話』も参照のこと（ガリレオ・ガリレイ『天文対話』、青木靖三訳、岩波文庫、一九五九年、三八頁）。

＊443 タイプ原稿では「顔面的（facial）」となっている。[*266]

＊444 アルキメデス（Archimède, 紀元前287-212）は、シラクサ生まれで、古典古代における主要な数学者にして自然学者の一人。ベルクソンは彼の『方法』（*Traité de la méthode*）を参照しており、螺旋の求積計算（le calcul de la quadrature de la spirale）に関しては、彼の証明の微積分的方法を参照している。これは、近世の微積分学を喚起するものである。アルキメデスは、アンティポン（Antiphon）とエウドクソス（Eudoxe）の初期の論考に依拠しながら、後に一七世紀になってグレゴワール・ド・サン・ヴァンサン（Grégoire de Saint-Vincent）が回顧的に「取り尽くし法（méthode d'exhaustion）」と命名することになる方法を明確に記した。[*267]

＊445 Cf. ベルクソン、「形而上学入門」、PM, pp. 214-215. また、D. Lapoujade, *Puissances du temps*, Paris, Minuit, 2010, chap. I, p. 27 以下も参照。[*268]

＊446 ボナヴェントゥーラ・カヴァリエリ（Bonaventura Cavalieri, 1598-1647）は、イタリアの数学者にして天文学者。彼の不可分者の方法（ないしカヴァリエリの原理）は、面積や体積の計算に関してアルキメデスの取り尽くし法よりも有効であり、ほんの少し後にニュートンとライプニッツが発見した積分法を多くの点で予告している。彼はケプラーの影響を受けており、その主要な論考としては『いくつかの新しい推論によって主張された、不可分者による連続体の幾何学』（*Geometria indivisibilis continuorum nuova*, 1635）。エヴァンジェリスタ・トリチェリ（Evangelista Torricelli, 1608-1647）は、彼の弟子でもあり友人でもあった人物で、その方法をポリトロープ過程（processus polytropiques）へと一般化した。トリチェリは、不可分者に厚みを与えた点で師よりも一歩先に進んだ。このラインはロベルヴァルとバローを通じてニュートンまで続いており、ベルクソンはこのラインをもう少し後、この一六講末尾で取り上げる。[*269]

＊447 この特異な表現は、『創造的進化』の中の表現を思い起こさせる。「何かが生きているところには、どこかで時間が記入される帳簿（*registre*）が開かれている。」（三七頁、EC, p. 16）[*270]

＊448 **【訳注】**原文は「SMS」だが、誤記だと思われる。

＊449 ジル・ペルソンヌ・ド・ロベルヴァル（Gilles Personne de Roberval, 1602-1675）は、フランスの数学者にして物理学者。彼は「不可分

者の方法（la méthode des indivisibles）」の父として認知されている。この方法は、秘密裏に整備され念入りに秘蔵されていたが、カヴァリエリによって並行して公開されていた。少なくともそれが、一六四七年六月のトリチェリ宛書簡で彼自身断言していることである。一六三〇—一六四〇年のあいだに位置づけられるいくつかのテクストは、彼がその時期にその方法を用いていたということを証言している。彼の『不可分者について』（*Traité des indivisibles*）は、一六六〇年ごろ書き終えられたのだが、遺稿という形で一六九三年に出版された。その中で彼は、カヴァリエリ以上に、アリストテレス形而上学という背景を捨て去っている。アイザック・バロー（Isaac Barrow, 1630-1677）は、ロベルヴァルの影響を受けたイギリスの数学者にして神学者で、微積分学の長大な前史の中にニュートンの師として登場する、決定的な先駆者の一人である。以下のものを参照。A. Koyré, *Études d'histoire de la pensée scientifique*, Paris, Gallimard, 1973 ; E. Barbin, *La Révolution mathématique au XVIIe siècle*, Paris, Ellipses, 2006. [*271]

＊450 アイザック・ニュートン（Isaac Newton, 1643-1727）の流率法（La méthode des fluxions）とゴットフリート・ヴィルヘルム・ライプニッツ（Gottfried Wilhelm Leibniz, 1646-1716）の微分学が、これに関わる歴史に決着をつけた。「形而上学入門」のベルクソンは、微積分学とともに「人間の精神が手にした最も強力な探求方法」（PM, p. 214）を賞賛するとき、この歴史の末尾に関する記述のみを残している。ベルクソンは一九〇三年の論文では「人間の思想の歴史を深く掘り下げてみるならば、形而上学における生命に満ちた思想と同じく、これまで科学においてなされた最も偉大な数々の成果もそうした逆転〔講義録の編者は、代名詞が指すものとして「逆転」ではなく「直観」を補っているが、ベルクソンの原著の付近の箇所にこの単語はない。〕によってなされたことがわかる」（PM, p. 214）と明確化している。今回の講義は、平行して、まさしくこの歴史に寄与することで、「単純なヴィジョン」に基づく新しい科学の出現に立ち会い、そうした科学の発見の出現元である直観——それはライプニッツにおいてよりもはるかにニュートンにおいて明晰に露わとなっている——に遡ろうとしている。Cf. J. Milet, *Bergson et le calcul infinitésimal*, Paris, PUF, 1974. [*272]

＊451 I. Newton, *Opuscula mathematica, philosophica et philologica*, Lausanne et Genève, 1744, I, « Tractacus de quadratura curvarum » (1704), p. 203. タイプ原稿では以下のフレーズがふたたび書き写されている。「私は、数学的量というものを連続的な運動によって描かれるものとして、線を点の運動によって、時間を連続的な流れによって、考えている。」タイプ原稿では「*tempora per fluxum continuum*」〔というラテン語での表記が〕線で消されているが、別の紙には転記されている。[*273]

＊452 【訳注】ニュートンの原文では「事象の本性のうちにその場を有している」。

＊453 *Ibid.* タイプ原稿では「こうした発生は、自然のうちで実際（réellement）に起きている」。ラテン語のフレーズは別の紙に書かれている。[*274]

＊454 *Ibid.* pp. 203-204. タイプ原稿では「私は量を決定する方法を探求していた（…）」の続きが空白になっており、引用を補完するよう促している。また次の遺稿も参照。Newton, *Méthode des fluxions et des suites infinies*, posthume 1736, tr. M. de Buffon, 1740, Paris, Debure. [*275]

＊455 【訳注】ニュートンの流率法とは要するに現代の微分積分学なのだから、導関数（derivative または derived function）と原始関数（antiderivative または primitive function）のことを考えれば分かりやすいかもしれない。微分とは原始関数から導関数を導く過程であり、

積分とは導関数から原始関数に戻す過程のことだが、用いられている用語（primitive/derivative）から現代の微積分学の中心的思考法が察せられる。これに対して、ニュートンは先の注で引用された死後刊行の草稿「流率法」序文をこう始めていた。「私の観察によれば、現代の幾何学者たちの大部分が古代人たちの総合（Synthèse）を無視して、もっぱら解析（Analyse）を発展させることに専心してきた」（p. 1）。また、別の遺稿「曲線の幾何学」（*Geometria curvilinea*）の序文にはこうある。「私が以下の論考を記したのは、解析によって解くのがならわしになっている多くの種類の問題が、（少なくとも大部分は）総合によってより簡単に解くことができるからである」（*The Mathematical Papers of Isaac Newton*, vol. IV: 1674-1684, edited by D. T. Whiteside, Cambridge: Cambridge University Press, 1971）。ベルクソンが足早に指摘しようとしていたのは、いずれにせよこの種の対比なのではないか。

*456 【訳注】ベルクソンはやがて「フランス哲学概観」（一九一五年）において、「純粋な理性に依存する」デカルト主義者たちがデカルトを自分たちのほうに引き付けて解釈する傾向への留保として、「デカルト哲学そのものにおいてわれわれが出会う直観の気配（velléités d'intuition）にもかかわらず」と述べることになる（« La philosophie française », in *Mélanges*, p. 1160）。

*457 【訳注】フランス哲学の文脈で言えば、まずはダランベールの「百科全書序論」の言葉が有名である。「体系的精神（esprit systématique）を、これと常に一致するとは限らぬ体系の精神（esprit de système）と取り違えぬよう充分に警戒しなければならぬ」（ディドロ、ダランベール編『百科全書――序論および代表項目――』（桑原武夫訳編）、岩波文庫、一九七一年、三六頁）。ベルクソン自身も、先の注で引いた「フランス哲学概観」において「フランス哲学の特徴の一つ」を挙げる際に、この対立を利用している。「もしフランス哲学が時に体系的になることに同意したとしても、体系の精神の犠牲になることは決してない（…）。そこでは常に体系よりも個々の事実がよきものとされている」（*ibid.*, p. 1161）。本講との関連で見落としてならないのは、そこでも体系化への意志がギリシア的なものとされているという点である。「われわれがデカルトの後でも、ギリシア哲学をデカルト主義に近づけながらそれを利用しようと試みたのは自然なことであった。われわれはとかく、哲学者特有の傾向によって、彼らの思想を或る一つの体系的形式（forme systématique）のもとに置こうとしがちであった。なぜならその〈体系〉（« système »）というのは特に、プラトンとアリストテレスによって準備され、新プラトン主義者たちによって決定的に組織立てられ強化されたものであるからであり、一つの完全な体系（système complet）を樹立するためのあらゆる企ては、いずれもアリストテレス主義、プラトン主義、あるいは新プラトン主義の何らかの側面から霊感を受けていることを示すのはいともやさしいからである」（*ibid.*, pp. 1160-1161）。Cf. PM, p. 237, ES, p. 2.

*458 エルンスト・クーノ・ベルトホルト・フィッシャー（Ernst Kuno Berthold Fischer, 1824-1907）は、ドイツの哲学者にして哲学史家。経験主義と合理主義という対立図式は彼に負うものであり、この図式を用いることは古典的となっている（そしてベルクソンもこの図式をよく用いている）。フィッシャーの主要著作として一八五四年から一八七七年のあいだに出版された六巻本の『近世哲学の歴史』（*Geschichte der neueren Philosophie*, Stuttgart-Mannheim-Heidelberg, 1854-1877; Heidelberg, 1897-1901）がある。「デカルトとデカルト学派」がその一部をなしていて、これは本とは別の形でも出版されている（*Descartes und seine Schule*, 1865, Ulan Press, 2012）。[*276]

＊459　一七世紀以来、ライプニッツを筆頭に、デカルトの信仰の誠実さを疑う人が何人かいた。ただし、ここでベルクソンが仄《ほの》めかしているのはおそらくリュシアン・ラベルトニエール神父（Lucien Laberthonnière, 1860-1932）である。デカルトに関するこの人物の初期の著作はデカルトに好意的ではあるのだが（« L'esprit cartésien et l'esprit scolastique », 1884）。ラベルトニエールによると、思考の自由は理性が独立したものであることを要求するがゆえに、この自由――これは各人が真理を探究し認識することを可能にする――は古代人たちの権威という原理に対立するのと同じく信仰の真理にも対立する。理性は、それ自身で信仰にアクセスすることができず、単に信仰に合意することができるだけなのである。（以下を参照。*Études de philosophie cartésienne et premiers écrits philosophiques*, L. Canet (éd.), Paris, Vrin, 1937, pp. 313-345）。ラベルトニエールはその後、より一般的な仕方でデカルトを非難している。すなわち、デカルトが自然学（物理学）の基礎に神をおいたのは、同時に人間に自体的かつ対自的な現実存在を認めることによって、次いで神なしで済ませられるようにするためでしかなかった、という点で非難しているのである。デカルトはそこでは哲学にしか取り組んでいないので、彼が信仰の真理を容認するとしても、それは伝統と信用によってでしかないのだ。（*Études sur Descartes*, 2 vol., Paris, Vrin, 1935）［*277］

＊460　やはり数多くの人が方法的懐疑をそのように理解した。ラベルトニエールもその一人である。一つ前の原注を参照。ベルクソンの次の講義録も参照。Bergson, *Cours de morale, de métaphysique et d'histoire de la philosophie moderne de 1892-1893 au lycée Henri-IV* (édité par S. Matton, présenté par A. Panero), Paris-Milan, Arché, 2010, « Descartes », p. 329 sq. ［*278］

＊461　タイプ原稿では、「デカルトの『哲学原理』では」となっている。〔しかし〕もちろんベルクソンがここで言及しているのは『方法序説』の第一部である。「〔学校で従事する〕哲学はどんなことについても、もっともらしく語り、学識の劣る人に自分を賞賛させる手だてを授ける」（Paris, Vrin, AT VI, p. 6、邦訳『方法序説』、谷川多佳子訳、岩波文庫、一九九七年、一三頁）。〔段落後半はAT VI, p. 8、邦訳同上一六頁。〕デカルトからのこの引用には、ベルクソンがのちに『思考と動き』の序論で与えることになる「言語人《ホモ・ロカクス》（*homo loquax*）」（Paris, PUF, « Quadrige », 2010, p. 92）ないし「あらゆることをもっともらしく（vraisemblablement）器用に話す「頭のいい人」」（PM, p. 90）の定義が、こだましている。［*279］

＊462　これもやはりデカルトが実際に、今度は『哲学原理』への「序文にも役立ちうる書簡」（Paris, Vrin, AT IX（édition Adam-Tannery）, pp. 5-6）で書いていることである。そこでデカルトは、プラトンとアリストテレスとのあいだにあった差異は次のことにあると見積もっている。すなわち、前者が「自分にとって真理らしく見えることがらを書き、その際この目的のために若干の原理を想定して、これによって他の事物の説明を試みることで満足したのだと。これに対してアリストテレスはやや率直さの点で劣っていた。」（邦訳『哲学原理』、桂寿一訳、岩波文庫、一九六四年、一五頁）［*280］

＊463　Cf. ベルクソン、『思考と動き』への「序論」、*op. cit.*, PM, p. 84 sq. ［*281］

＊464　Cf. ベルクソン、『創造的進化』第四章、四一一―四一三頁（EC, pp. 325-326）。［*282］

＊465　タイプ原稿では「時間的 temporel」が「一時的 temporaire」となっている。［*283］

＊466　【訳注】マットンに従い、リキエの誤り（ギリシア語綴り複数）を修正。第五エネアス第三論文の表題で、ギリシア語から直訳する

と、「認識する諸ヒュポスタシスと、その彼方の者について」。

*467 プロティノス、第五エネアス第三論文「認識する諸位格と一者のかなたにある原理について」第六章。ブレイエ訳は以下のとおり。「知性は知性であるがゆえに自らを思考する。知性は自らをあるがままに思考する。知性は、自ら自身の本性によって、自ら自身の方を向くことによって、自らがそれであるところのものを思考する。諸存在を見ることによって、知性が見ることになるのは自ら自身である。そして、働きにおいて見るもの（ce qui voit en acte）とは、知性の働き、すなわち知性そのものである。知性と知性の働きとは一つのものである。知性は知性全体によってその全体をすっかり見るのであって、知性は自らのある一部によって自らの別のある一部を見るのではない。」〔邦訳第三巻四一七—四一八頁「英知は自己自身である限りにおいて（自己を直知し）、自己がどのようなものであり、何者であるかを、自己の本性からして、そして自分のほうを振り向くことによって、直知するから。なぜなら、英知は諸諸の有るものを見ることによって自己を見るのであり、しかも現実の働きによって見ているのであり、その働きが英知自身であるのだから。なぜなら、英知と直知（する働き）とは一つのものだから。そして、英知全体が全体によって見るのであって、或る部分によって他の部分を見るのではないからである。」〕[*284]

*468 【訳注】これら二つに関しては第一二講参照。

*469 デカルト、『哲学原理』第一部「各事物の持続とは、事物が存在し続けるかぎり、我々がそのもとにこの事物を捉える様態〔様式〕にすぎない」（五五、AT VI, p. 49）〔邦訳七二頁〕、「時間を一般的意味の持続から区別し、運動の数であるというとき、時間は単なる思惟様態〔様式〕であるにすぎない。何となれば、我々は決して運動のうちに、運動していないものの場合とは別の持続を理解するわけではないからである。」（五七、AT VI, pp. 49-50）〔邦訳七四頁〕[*285]

*470 デカルト、一六四三年五月二一日エリザベト王女宛書簡。「われわれのうちにはある種の原初的概念（notions primitives）があります。それがいわば原型になり、それを雛形にしてわれわれはすべての他の認識を形成していると考えます。そうした概念はきわめてわずかしかありません。というのは、われわれが理解することができるすべてのものに適合する最も一般的な概念（存在、数、持続など）に次いで、われわれがとくに身体について持つのは延長の概念（ここから形や運動の概念が出てきます）のみだからです。魂のみについては、われわれが持っている概念は思考だけです。思考のうちには、知性の認識や意志の傾向が含まれています。最後に、魂と身体とを合わせたものについては、われわれは合一の概念しか持ちません。」（AT III, p. 663, *Correspondance*, 2, J.-R. Armogathe (éd.), Paris, Gallimard, « Tel », 2013, p. 176）〔『デカルト全書簡集　第五巻（1641-1643）』、持田辰郎、山田弘明、古田知章、吉田健太郎、クレール・フォヴェルグ訳、知泉書館、二〇一三年、二六五頁〕[*286]

*471 これはむしろ一六四八年七月二九日にデカルトからアントワーヌ・アルノーに宛てられた書簡のことであるように思われる。「私は、動いているものの継起的な持続、あるいはその運動自身の持続を、動かないものの持続とは別のものとして理解していません。実際、いかなる持続のより先やより後も、異なったものがそれに対して共在している私の思考において、私が見出す継起的持続のより先やより後によって、私に知られるようになるのです。」（AT V, p. 223, *Correspondance*, 2, *op. cit.*, p. 816）〔『デカルト全書簡集　第八巻

*472 (1648-1655)』、安藤正人、山田弘明、吉田健太郎、クレール・フォヴェルグ訳、知泉書館、二〇一六年、七九頁〕[*287]

*473 タイプ原稿では「conçoit」が「concepte」となっている。[*288]
デカルト、『ガッサンディによる第五反論への答弁』。「太陽が、それから発現する光の原因であるのは、また神が被造的な事物《もの》の原因であるのは、単に「生起に関して」というばかりではなくて、また「存在《エッセ》に関して」もそうなのであって、それゆえかかる原因は常に同じ仕方で〔その〕結果に対して、これを維持するというために、はたらきかけねばならないのです。このことは、私が時間の諸部分の独立性について説明したことから、明白に論証されますが、このことをあなたは、抽象的に考察された「時間の諸部分のあいだに存する連結の必然性」を引き合いに出すことによって、回避しようと空しく努めておられます。〔しかし〕ここで問題は、その点についてではなく、持続する事物《もの》の時間あるいは持続についてなのであり、あなたもその持続の個々の瞬間がそれに隣接するものから分離されうることを、言いかえるならば、持続する事物《もの》は各瞬間に存在することを罷めうるということを否定されないでしょう。」(AT IX, tr. C. Clerselier, pp. 369-370)〔『デカルト著作集 2 省察及び反論と答弁』、所雄章、宮内久光、福井純、廣田昌義、増永洋三、河西章訳、白水社、一九七三年、四四五—四四六頁〕[*289]

*474 タイプ原稿では「ガッサンディによる」となっている。デカルト、『哲学原理』第一部、三〇（AT IX, p. 38)。〔これは四四（AT IX, pp. 43-44）の誤りかと思われる。〕「メルセンヌによる第二反論への答弁」（AT IX, pp. 110-111）。「アントワーヌ・アルノーによる第四反論への答弁」（AT IX, pp. 189-190）。後二者への言及の中でベルクソンは、アルノーが「循環」と表現するもの（AT IX, p. 166）に対するデカルトの答弁を喚起している。〔デカルトの答弁はAT IX, pp. 189-190、『デカルト著作集 2』、二九四—二九五頁。〕ベルクソンがガッサンディを引くことができたのは、神の存在の論証のうちに見ることができる欠陥についてガッサンディが三度目に述べ直しているように、ガッサンディは実際アルノーの「循環」という表現を取り上げ直しているからである（*Disquisitio metaphysica*, in *Meditationem IV, dubitatio IV, Instantia 2*, AT VII, p. 405〔in *Disquisitio metaphysica seu dubitationes et instantiae adversus Renati Cartesii metaphysicam et responsa. Recherches métaphysiques ou doutes et instances contre la métaphysique de René Descartes et ses réponses*, Vrin, 1962, p. 462 sq.〕）。デカルトからの答弁は一六四六年一月一二日のクレルスリエ宛書簡にある（AT IX, p. 211）。[*290]

*475 ウィリアム・ヒューウェル（William Whewell, 1794-1866）は英国の哲学者、科学史家。彼はケンブリッジ大学（トリニティ・カレッジ）で鉱物学と哲学を教えた。タイプ原稿では「Wewell」というスペリングになっている。彼の *Philosophy Of The Inductive Sciences* (*Novatum organum renovatum*, 1858, *De la construction en science*, tr. et présenté par R. Blanché, Paris, Vrin, 1938）は、とりわけ帰納の問題に関して重要な本であったにもかかわらず、第二巻を除いてフランス語に翻訳されていなかった。帰納の問題に関しては、この本がJ・スチュアート・ミルの本よりも革新的で情報豊かであると思った人々もいた可能性がある。Cf. R. Blanché, *Le Rationalisme de Whewell* (Paris, Alcan, 1935). 彼の書いた科学史はおそらく、ベルクソンが『物質と記憶』第四章を書くときに、近代物理学に関する彼のリソースの一つを構成している。本講義のこの箇所でベルクソンが仄《ほの》めかしているパッセージは、*A History Of The Inductive Sciences* の第二巻（London, J. W. Parker, 1847）第四部の「機械論の歴史」（« History Of Mechanics »）p. 24 以下にある。[*291]

*476 【訳注】Cf.『哲学原理』第二部の特に一〇以降（AT IX, p. 68 sq）。空虚に関しては、『哲学原理』第二部一六—一八、『宇宙論』第四章（AT XI, pp. 16-23,『デカルト著作集 4』白水社、一九七三年所収、一四二—一四六頁）、一六三九年一月九日メルセンヌ宛書簡（AT II, pp. 479-492,『デカルト全書簡集 第三巻（1638-1639）』知泉書館）、一六四九年二月五日モア宛書簡（AT V, pp. 267-275,『デカルト全書簡集 第八巻（1648-1655）』同上）と同年四月一五日モア宛書簡（AT V, pp. 340-348,『デカルト全書簡集 第八巻（1648-1655）』同上）。また近藤洋逸、『近藤洋逸数学史著作集 第4巻 デカルトの自然像』、一三八頁以下参照。

*477 デカルト『哲学原理』（一六四四年）、第二部「物質的事物の諸原理について」（AT, VIII）。運動は、それに接した諸物体に相対的であるだけではなく（『哲学原理』第二部二八）、これら諸物体は静止していると考えられる以上それらの関係は相互的なのである。移動は「相互的（reciproca）なものであって、物体ABが物体CDの近くから移動すると理解し得るには、同時に物体CDが物体ABの近くから移動すると、解しなくてはならず、まったく同じ力と働きとが、一方の側からも他方の側からも要求されるからである」（二九、AT VIII, p. 56〔邦訳『哲学原理』、桂寿一訳、岩波文庫、一九六四年、一一七頁〕）。しかし別の方向から、三六、三七、三八では、自然の第一法則（慣性の法則）が表明され、運動はそれ自身によって〔他のものから妨げられることなく〕止まることができるという誤った先入見に反対している。「というのは、静止は運動の反対（contraria）であり、いかなるものも自分の反対、即ち自らの破壊のために、その固有の本性から働くということはあり得ないからである」（三七、AT VIII, p. 63〔邦訳同上一二七頁〕）。また、デカルトからヘンリー・モア（Heny More ないし Morus）へ宛てた一六四九年四月一五日（AT V, pp. 340-348）と一六四九年八月（AT V, pp. 402-405）の手紙〔共に『デカルト全書簡集 第八巻（1648-1655）』同上所収〕も参照。加えて『創造的進化』の第四章四三六頁（EC, p. 345）も参照。そこでベルクソンは『哲学原理』第二部二九および三六以下を引き合いに出している。また、『物質と記憶』第四章 p. 215 以下も参照。そこでベルクソンは、運動のデカルト的な考え方とその自然学（物理学）全体とのあいだにある反対関係をすでに記していた。というのも、静止と運動との絶対的な区別は、それによって絶対的な運動があると想定することなしには、あり得ないからである。〔この編者による原注で念頭に置かれているのは『物質と記憶』p. 216。リキエが編者となった同書の同箇所の編者注（«Quadrige» 版 p. 402）に同じことが書かれている。〕以下のものを参照。V. Carraud et F. de Buzon, *Descartes et les Principia II: corps et mouvement*, Paris, PUF, 1994. [*292]

*478 ライプニッツは、一六七五年以来、デカルトの『哲学原理』に関する考察を行なっている。*Animadversiones in partem generalem Principiorum Cartesianorum* (tr. Schrecker in *Opuscules philosophiques choisis*, Vrin, 2002, pp. 20-21). 特に以下のものを参照。Leibniz, *Specimen dynamicum* (1995), *Mathem. Schriften*, GM VI, p. 246. Cf. ベルクソン、『物質と記憶』第四章、p. 216、注三。そこでライプニッツの著作が言及されている。[*293]

*479 タイプ原稿では「関して（quant à）」が「qu'à」となっている。[*294]

*480 デカルト、一六四五年一一月三日、エリザベト王女宛書簡。「われわれは自らにおいて自由意志を経験し、感じていますから、神の存在の認識がわれわれに自由意志を確信させせないはずがないのと同様に、自由意志の認識が神の存在を疑わせるはずはありません。と

申しますのも、われわれが自らにおいて経験し、感じている独立性は、われわれの行為を称賛または非難すべきものとするに十分ですが、それは、すべてのものは神に服するという、それとは性質を異にする依存性と両立しないものではないのです。」(AT IV, pp. 332-333, *Correspondance, 2, op. cit.*, p. 243〔『デカルト全書簡集 第六巻(1643-1646)』、倉田隆、山田弘明、久保田進一、クレール・フォヴェルグ訳、知泉書館、二〇一五年、三六五頁〕)[*295]

*481 例えば、デカルト『哲学原理』(一六四四年)の四一。さらに、一六四五年一一月三日のエリザベト宛書簡、そしてとりわけ一六四六年一月のエリザベト宛書簡。「それゆえ私は、自由意志について殿下が提起された難問に移ります。私はそれについて隷属と自由を一つのたとえによって説明してみましょう。ここに一人の王がいるといたします。この王は決闘を禁じていますが、その王国の別々の町に住んでいる二人の貴族が喧嘩をしており、彼らがもし出会うなら互いに剣を交えることを誰も制止することができないほどともにいきり立っていることを、王は重々承知しているといたします。この王が、ある日彼らの一人に、他方の人が住んでいる町になにか使いにやらせ、そして同じ日に他方の人にも、一方の人がいる場所へ使いにやらせるといたします。王は、彼らが必ず途中で出会い、剣を交え、かくして王の禁令に背くことになろうことを十分に承知していますが、だからといって王は彼らにそれを強制しているのではありません。王がそれを承知していることや、王が彼らをこのように仕向けようとした王の意志さえも、彼らが出会うようになった場合、自由にかつ意志的に決闘することを妨げません。それは、王が何も知らず、彼らが出会ったのはなにか他の機縁による場合にそうなるのと同じです。そして彼らは禁令に背いたのですから、同様に正当に罰せられることができます。ところで、予知と無限な力をもつ神は、王がその臣下のある自由な行為についてなしうることを、人間のあらゆる自由な行為について、誤ることなくなすのです。神はわれわれをこの世に送り出す前に、われわれの意志のあらゆる傾向がどういうものであるかを正確に知っていたのです。けだし、それらの傾向をわれわれの内に置いたのは神自身ですし、われわれの外なる他のすべてのものを配置して、これこれのものがこれこれの時にわれわれの感覚に現われるようにしたのも、神自身なのです。それを機会に、神はわれわれが自分の自由意志によって、これこれのものに向かうことを知っていたのです。神はものがそのようにあることを欲したのですが、だからといって神は意志にそれを強制することは欲さなかったのです。さて、この王において意志の二つの程度が区別できます。一つは、その意志によって王はこれらの貴族を出会うようにしたのだから、彼らが決闘をすることを欲したということであり、もう一つは、その意志によって王は決闘を禁じたのだからそれを欲しなかったということです。それと同様に、神学者たちは神において絶対的で独立的な意志と相対的な意志とを区別します。前者によって神はすべてのものが現在そうなされている通りになされることを欲し、後者は人間の功罪に関するものですが、それによって神は人が神の法に従うことを欲します。」(AT IV, pp. 353-354, *Correspondance, 2, op. cit.*, **p. 249**〔『デカルト全書簡集 第七巻(1646-1647)』、岩佐宣明、山田弘明、小沢明也、曽我千亜紀、野々村梓、武藤整司、長谷川暁人、クレール・フォヴェルグ訳、知泉書館、二〇一六年、四―五頁〕)。ベルクソンはこの長いパッセージを記憶に関するのちの講義で引用している。[*296]

*482 デカルト『ビュルマンとの対話』、manuscrit de Göttingen, texte présenté, traduit et annoté par Ch. Adam, 1937, Paris, Boivin et Cie, p. 71.

「〔問〕——しかしどのようにしてこのことは起こりえますか、またどのようにして魂は体によって影響され、また逆のことが起こりうるのですか。魂と体はまったく異なる本性ですのに。／〔答〕——このことは説明するのに極めて困難ですが、しかしここでは経験でじゅうぶんであり、経験はここではどんな仕方によっても否定できないほど明晰であって、それはいろいろの情念などにはっきりあらわれます。」〔『ビュルマンとの対話』、『デカルト著作集 4』所収、三宅徳嘉、中野重伸訳、白水社、一九七三年所収、三六七頁〕[*297]

*483 デカルト、一六四三年六月二八日のエリザベト王女宛書簡。「それゆえ、まったく哲学したことがなく感覚しか使わない人は、魂が身体を動かし身体が魂に作用することを少しも疑わないのです。彼らは両者を一つのものとみなします。つまりそれらの合一を理解しています。というのは、二つのものの間の合一を理解するとは、それらを一つのものと理解することだからです。（…）最後に、魂と身体との合一を理解するようになるのは、実生活と日常の交わりだけを用い、省察したり、想像力をはたらかせるものを研究したりすることをさし控えることにおいてです。」(AT III, p. 692, *Correspondance, 2, op. cit.*, p. 181〔『デカルト全書簡集　第五巻 (1641-1643)』同上、三〇一頁〕)[*298]

第18講

*484 cf. ベルクソン『創造的進化』第四章、四三八頁 (EC, p. 346)。「形而上学を科学の体系化にしようとするとすぐに、プラトンとアリストテレスの方向へ滑り落ちていく。そしてギリシアの哲学者達が進んだ引力圏に一旦足を踏み入れると、彼らの軌道に引きずり込まれてしまう。／このようにしてライプニッツとスピノザの学説は形成された」。[*299]

*485 ヴィクトル・ブロシャール (Victor Brochard, 1848-1907) は、フランスの哲学者で、古代哲学の専門家。ベルクソンが参照しているのは以下の論文。« L'éternité des âmes dans la philosophie de Spinoza » (*Revue de métaphysique et de morale*, 1901, pp. 688-699, repris dans ses *Études de philosophie ancienne et de philosophie moderne*, 1912, Paris, Vrin, 1926, 1974). 著者は、アリストテレスとスピノザのあいだの数ある類似点——これを最初に示し得たのはオクターブ・アムランである (« Sur une des origines du spinozisme », *Année philosophique*, 1900)——よりも、むしろプロティノス哲学が果たした仲介的役割に重きを置いている。「したがって、仮にプラトンとアリストテレス、またスピノザのあいだの類縁的な繋がりがあり、これは疑義の対象とするにはほど遠いとしても、あまりに本質的な違いもまたあるため、何らかの教説が媒介となっていることを想定しないわけには行かない。この中間項を見出すのはさほど難しいことではない。われわれが思うに、それはプロティノス哲学のうちに見出される。そこを起点として、おそらくはイアンブリコスとシンプリキオスの教説を経て、さらにはシリア派と、アムラン氏が重要な役割を強調するアラビアのスコラ学派を経由したのだろう」(*op. cit.*, p. 378)。ベルクソンはこの路線で後に複数の講義をスピノザに割いており、そこではプロティノスとスピノザのあいだの並行関係を打ち立てることを試みることになる。コレージュ・ド・フランスでのスピノザ『知性改善論』講義（一九一一）については、学生による二冊のノートがドゥーセ文庫 (BGN2998 (3) et (4)) に、同じくコレージュ・ド・フランスでのスピノザ『エチカ』講義（一九一二）についても学生による二冊のノートがドゥーセ文庫 (BGN2998-7) にある。『思考と動き』所収の「哲学的直観」(PM, pp. 123-124) も参照の

こと。この仮説の展開については、cf. F. Manzini, *Spinoza : une lecture d'Aristote*, Paris, PUF, « Épiméthée », 2009. [*300]

*486 G. Rodier, « Sur une des origines de la philosophie de Leibniz » (*Revue de métaphysique et de morale*, t. X, n° 5, septembre 1902, pp. 552-564) を見よ。ジョルジュ・ロディエ（Georges Rodier, 1864-1913）は、一九〇七年のヴィクトル・ブロシャールの死後、故人の意向により、ソルボンヌの後継についた。論文の冒頭を引くと、「本誌に最近掲載された論文で、ブロシャール氏は、プロティノスの考えのいくつかが、ギリシアの弟子たち、次いでシリア人やアラビア人たちの仲介を経て、スピノザの教説に影響を及ぼしたはずであることを示している。われわれとしてはここでは、新プラトン主義がライプニッツの体系に何らかの働きかけをしたということを示唆するに留めることにしよう。それを完全に明らかにしようと思えば、ほとんど一冊の本が必要になるだろうからだ。今度は、確証されるべきは直接的な類縁関係である。実際、ライプニッツはプロティノスを読んでいるのだから。ハンシュ宛の書簡の中で、本質的な点について、彼自身がプロティノスを参照している箇所がある。ライプニッツはまた、少なくとも部分的にではあれ、ギヨーム・ド・メールベックの翻訳によってプロクロスも読んでおり、幾度も言及しているのだ。「この書物は、自由と偶然性、悪の問題についてのものである」とライプニッツは述べている」（p. 552）。以前にプロティノスがほぼ間違いなくライプニッツ哲学に影響していることを強調しておいたことを喚起しながら、それでもベルクソンは、しっかりと丁寧に、自らの仮説がロディエの仮説よりも優れている点を譲らない。われわれの見解では、この点こそが、『創造的進化』において、ここでの議論に対応する箇所に付された注の存在理由でもある。そこでライプニッツを論じ、モナドとプロティノスの可知的なものを引き比べた後で、彼はこう述べている。「コレージュ・ド・フランスにて一八九七―一八九八年に行ったプロティノス講義において、こうした類似を取り出すことをわれわれは試みた。類似点は数多く、息をのむものである。それは双方で用いられる定型句にまで及んでいるほどである」（『創造的進化』四八二頁（EC, p. 353）、原注一〇八）。[*301]

*487 タイプ原稿には「エルトマン」（Erdmann）とある。J・E・エルトマンの版も、実際、ベルクソンはもう少し先で引用することになる。[*302]

*488 アルノーからライプニッツに宛てた最初の書簡、一六八六年五月一三日。Briefwechsel zwischen Leibniz, Arnauld und dem Landgrafen Ernst von Hessen-Rheinfels, herausgegeben von C. L. Grotefend, Hannovre, 1846, pp. 21-22〔『形而上学叙説　ライプニッツ―アルノー往復書簡』、橋本由美子監訳、秋保亘、大矢宗太朗訳、平凡社ライブラリー、二〇一三年、一四八頁〕。また次も参照。（éd J.-B. Rauzy）*Correspondance entre Leibniz et Arnauld*, dans *Discours de métaphysique*, Paris, Agora Pocket, 1993, p. 177.〔原書ではこの後、タイプ原稿と実際のアルノー書簡の異同が述べられるが、割愛する。〕[*303]

*489 ライプニッツ『モナドロジー』（一七一四年）第九節。「モナドには、何かがそこを通じて出たり入ったりするような窓がない」。[*304]

*490 プロティノス、第五エネアス第八論文〔原著では第六論文となっているが誤り〕「可知的な美について」第四章、ブレイエ訳「そこでは、生は容易である。真理は彼らの母であり乳母であり、彼らの身にして糧である。彼らはいっさいを見る。生成を免れない諸事物ではなく、存在を我が物とする諸事物を。そして、それらのただ中に自ら自身をも見る。すべては透明である。曖昧なものも、抵抗

するものもない。いっさいがいっさいに対して、その内奥に至るまで、明瞭である。それは光に対する光である。各々が自らのうちに全体を有し、他の各々のうちに全体を見る。いっさいは遍在しており、いっさいはいっさいであり、各々がいっさいである」。〔邦訳第三巻五三二頁「なぜなら、かしこには、あの「安らかに生きる」ことがあり、そして彼らには真理が母であり、乳母であり、財産（自己の実質）であり、栄養である。だから、彼らは（ゆったりと行きめぐりながら）すべてのものを見るのである。ただし「生滅が付着している」ものをではなく、実有をもつすべてのものを見るのであり、しかも他者において自己自身を見るのである。というのは、（かしこでは）すべてのものが透明で、暗黒な所や反撥する部分は全然なくて、すべての者がすべての者にとって内面まであらゆる点で明瞭なのである。なぜなら、光は（別の）光にとって明瞭だからである。つまり（かしこでは）すべての者がすべてのものを自己の内に有してもいるし、また（一個の）他者の内にすべてのものを見るのでもあるから、あらゆる所にあらゆるものがあり、あらゆるものがあらゆるものであり、またそれぞれのものがあらゆるものであって、その輝きは無限である。」〕[*305]

*491 プロティノス、第三エネアス第二論文「摂理について」第一章、ブレイエ訳「知性ないし存在は、真の第一世界、非延長的な世界をなしており、これは分割によって弱められることがない。それは何も欠いておらず、その諸部分のいずれにおいてさえもそうである。というのも、これらの諸部分は全体から引き剥がされた断片ではないから。それは、あらゆる生とあらゆる知性を、不可分な統一のうちに統合している。もっとも、この一性のおかげで、各部分は全体となっているのであるが。各部分は、それ自体に結合していながら、他の諸部分から切り離されてもいない。各部分は、ただ異なる一部分なのである。しかし、それは他の諸部分に対して疎遠なわけではない。どの部分も他の部分に対して、仮にその反対となる部分である場合ですら、何ら損失を与えるわけではないのである」。〔邦訳第二巻一八四―一八五頁「英知《ヌース》および（英知と同一のものである）有《オン》という本性《もの》こそ、真実の、そして第一義的な宇宙《コスモス》（整った完全なもの）である。かの宇宙は、自己から離れ去ることがなく、（部分への）分割によって弱まることもなく、部分においてすら何一つ欠けたところがない。なぜなら、各部分が全体から引き離されていないからである。むしろ、かの宇宙の全生命と全英知は、一において（渾然と一体を成して）ともに生き、直知している。そして、それ（この全生命と全英知）は、部分を全体と化せしめ、全体を自己自身と仲良くさせる。なぜなら、ある部分が他の部分から分離していないし、単なる他者となってしまって、他の諸部分に対してよそよそしいものとなることもないからである。したがって、（そこでは）あるものが別のものに対して、たとえ（相手が自分と）反対のものであっても、不正を働くことがない。」〕[*306]

*492 ライプニッツ、「プラトン哲学にかんするハンシュ〔Michael Gortlieb Hansch, 1683-1749〕宛て書簡」一七〇七年七月二五日、*Opera philosophica*, éd. J. E. Erdmann, Berlin, 1840, II, §3, p. 445 b。「さらに言えば、まさにプロティノスが述べたように、世界は可知的なもののうちに含まれているということ、あるいはむしろ私の見解では、自身にとって可感的なものとして表現されるものであるということを理解しなければなりません」。[*307]

*493 【訳注】「連続的閃光」(fulgurations continuelles) は『モナドロジー』四七節に登場する語。

*494 例えばシャルル・スクレタン（Charles Secrétan, 1815-1895）。スクレタンはスイスの哲学者でプロテスタント神学者。ベルクソンもす

ぐ後で、スクレタンのことをとりあげている。*La Philosophie de Leibniz, fragments d'un cours d'histoire de la métaphysique, donné dans l'Académie de Lausanne*, Genève, Cherbuliez & Kessmann – Tubingue, Fuess – Paris, Cherbuliez & Jubert – Lausanne, Imprimerie-librairie de M. Ducloux éditeur, 1840.［*308］

*495　Ch. Secrétan, *Philosophie de la liberté, cours de philosophie morale prononcé à Lausanne*, Lausanne, G. Bridel, 1849, tome I. ベルクソンが用いているのは引用ではなく同書のライプニッツを扱う第八講義の以下の部分を要約したものである（pp. 154-155)。「舞台を埋めているもの、存在するもの、それは思考する思考であり、さまざまな度合いで自己意識を有し、それゆえにさまざまな度合いで実在的である。というのも、実在化するとは自らを了解することであるから。ただし、同じ目的に向けて万物と呼応・協働しつつ（conspirant）の自己了解である。現在、現実、宇宙、一言で言えば存在は、それゆえ多に満ちている。一性は上にも下にも見出せる。根底には、永遠なる源泉として、可能者の系列として（これは神を別様に定義するものであり、この定義はライプニッツによって大胆にも前面に押し出された）。上方には、イデアとして、目的として、諸事物の調和として。一性は実在的ではなく、ただ理念的で潜在的である。理念的にして潜在的。諸君、ある意味ではそれは同じことであるが、別な意味ではまったく異なるのだ。可能者の系列は、潜在的な神である。諸事物の調和とは、理念的な神のことである。永遠に潜在的であり、永遠に理念的である神は、決して実在的であることはなく、常に（諸モナドのうちに現れ出る）潜在的なものから理念的なものへと赴く運動のうちに巻き込まれている。一言で言うなら、スピノザにとって同様、あるいはスピノザにおけるよりもまして、神は実体なのである。しかしライプニッツは、実体が実体である限りは存在しないことを、より明晰に了解していたのである」。［*309］

*496　同書（p. 153)「もし多数の諸モナドを不動にして絶対的な出発点と取るならば、ライプニッツもそうしているように見えるが、体系を理念的な原子論として定義しなければならないだろう。一性は理念的なものでしかなく、一性とは秩序であり、目的である。この解釈は、多くの者を怖じ気づかせるものではあるが、テクスト上の裏付けを有している。調和のことを、ライプニッツは普通神の仕事として示しているが、時折神自身と同一視してもいるのである。例えば「神ないし諸事物の調和への愛」という具合に」。［*310］

*497　『創造的進化』四四二―四四八頁（EC, pp. 350-355)。［*311］

*498　例えば、『形而上学叙説』一二節「大きさ、形状、運動の概念は、思われるほどには判明ではなく、この概念には何か想像的なもの、私たちの知覚に関わるものが含まれている、ということも証明できるだろう。ちょうど、私たちの外部のものの本性のうちに本当にあるのかどうか疑わしいような、例えば色や熱などのような諸性質と同様である（色や熱の方がその度合いは強いのだが）。これらの性質が実体を構成できないのはこういう次第なのである」、二四節「しかし判明な認識にもさまざまな度合いがある。というのも、定義に含まれる諸概念それ自体が、通常定義を要するような、混雑して認識されるものだからである。けれども、定義あるいは判明な認識に含まれるすべてのものが、原初的概念にいたるまで、判明に知られるのであれば、私はこのような認識を「十全な」認識とよぶ。また、ある概念に含まれている原初的要素のすべてを、私の精神が一挙に判明に把握するとき、私の精神は「直観的」認識をもつのであるが、このようなことはきわめてまれで、私たち人間の大部分の認識は混雑した認識あるいは「推測的な」認識にすぎない

のである」。『モナドロジー』六九節も参照のこと。[*312]

*499 サミュエル・クラーク（Samuel Clarke, 1675-1729）はイギリスの神学者。ニュートンと、ニュートンの時間と空間についての理論を引き継いだクラークに従えば、自由と必然、空間と時間は、二つの「絶対的存在」であり、「永遠で無限」であることになり、「まさにそのことによって自然を区別する諸物体から異なっている」（C. Piat, « La substance d'après Leibniz », *Revue néo-scolastique*, 1900, vol. VII, n° 25, p. 53）。ライプニッツとの往復書簡は、一七一七年に刊行され、今なお有名である。*A Collection of Papers which passed between the late learned Mr Leibnitz And Dr Clarke, in the Years 1715 And 1716, relating to The Principles Of Natural Philosophy Of Religion*, London, James Knapton, 1917.[*313]

*500 タイプ原稿には誤ってWeilと書かれている〔ただしくはBayle〕。[*314]

*501 Leibniz, Réplique aux réflexions contenues dans la seconde édition du dictionnaire critique de Mr. Bayle, article Rorarius sur le système de l'harmonie préétablie, 1702, Opera philosophica, éd. Erdmann, *op. cit.*, p. 189 b:「しかし、より正確を期すなら、延長は可能的諸共存の秩序であり、時間は非定常的であるがそれでも連結を有している諸可能性の秩序である。結果として、これらの諸秩序は、ちょうど数が「数えられるもの」となりうるあらゆるものに対して無差別であるのと同じように、その場所に置かれうることになるものに対して、それらをただ枠づけるのである」。タイプ原稿には、「延長は可能的共存の秩序であり、（…）それは時間が（…）諸可能性の秩序であるのと同様である」とある。cf. C. Piat, art. cit., p. 56:「事物の論理がこのようなものであるとすれば、われわれの外部に、諸モナドが構成する絶対的世界のうちにはもはや空間があると想定してはならない。というのも、諸モナドのあいだには、液体が小瓶の内壁とのあいだに有しているような関係と似たいかなる関係もないからである。そこには含むものも含まれるものもない。ましてや、諸モナドが時間のうちにあるなどと考えてもならない。時間の方こそ諸モナドのうちにしかないのである。たしかに諸モナドは持続するが、外部から考察すれば、諸モナドは本質的に不動にとどまり、一方から他方へとどんな場合でも継起を生み出すことはありえない。時間と空間は、われわれの思考によって、われわれの思考にとってしか存在しない。両者は純然たる現象なのである。そしてこの意味においてこそ、ライプニッツが空間を定義して共存の秩序と言い、時間を定義して継起の秩序と言うその措辞を理解しなければならない」。[*315]

*502 神、魂、空間、持続などについてのライプニッツ・クラーク往復書簡集、*Opera philosophica*, éd. Erdmann, *op. cit.*, appendice, 1715-1716, ライプニッツからクラークへの第三返信、一七一五年一二月、§4, p. 752 a.「私はどうかと言えば、一度ならず述べましたように、空間は時間と同様に純粋に相対的なものだと考えています。空間は共存の秩序だと考えているのです。時間が継起の秩序であるように。というのも空間は、一緒に現実存在する限りでの同時に存在する諸事物の秩序を、可能性の言い方において示すものだからです。そしてこれら事物の個々の存在の仕方に立ち入ることなくです。そして、幾つもの事物が一緒に見られるとき、私たちは事物相互間のこの秩序に気付くのです」。〔「ライプニッツとクラークとの往復書簡」、米山優、佐々木能章訳、『ライプニッツ著作集』第九巻、二八五頁。〕「しか…ない」という定式は、この引用では現れていないが、「純粋に…なもの」という相当する表現を保持している。他の用法につ

いては、ベルクソンはすでにクラークとの往復書簡を彼のラテン語の学位論文「アリストテレスの場所論」の中で引用している〔村治能就・広川洋一訳が『ベルクソン全集』（白水社）第一巻に収録されている〕。タイプ原稿に引用文の誤りあり。[*316]

*503 *Ibid.* ライプニッツからクラークへの第五返信、一七一六年八月半ば、ベルリン、éd. Erdmann, *op. cit.*, p. 776 a。また以下も参照。*Correspondance Leibniz-Clarke, présentée d'après les manuscrits originaux des bibliothèques de Hanovre et de Londres*, A. Robinet (éd.), Paris, PUF, p. 172. タイプ原稿に引用の誤りあり。[*317]

*504 Ernest (landgrave de Hesse-Rheinfels)（1623-1693）, *Briefwechsel zwischen Leibniz, Arnauld und dem Landgrafen Ernst von Hessen-Rheinfels, herausgegeben von C. L. Grotefend*, Hannovre, 1846. 方伯や編者の名前の綴りに関してタイプ原稿に誤りがあったが、本書では訂正してある。[*318]

*505 ライプニッツ『形而上学叙説』一三節。タイプ原稿に引用の誤りあり。[*319]

*506 タイプ原稿に誤りあり。[*320]

*507 *Nouvelles Lettres et opuscules inédits de Leibniz*, par L. A. Foucher de Careil, Paris, Auguste Durand, 1857, réimpr. Georg Olms Verlag, 1971 ; *Opuscules et fragments inédits de Leibniz, extraits des manuscrits de la Bibliothèque royale de Hanovre*, par L. Couturat, Paris, Alcan, 1903, réimpr. Georg Olms Verlag, 1988 ; *Correspondance entre Leibniz et Arnauld*, *op. cit.*〔ここで言及されている遺稿集は、原書ではそれぞれ *Nouveaux Opuscules*（『新小品集』）と *Opuscules*（『小品集』）と記されているが、新旧が紛らわしく、そもそも正確な書名でもないので、本注に記された書誌情報に基づいてより正確な書名に置き換えた。〕[*321]

*508 【訳注】原書には *Opuscules*『小品集』とある。

第19講

*509 タイプ原稿には「曲がる運動」とある。[*322]

*510 『ベルクソン講義録Ⅳ ギリシア哲学講義』プロティノス講義、「3 プロティノスの教説——霊魂論がそこで占める位置」、一七頁以下を参照のこと。[*323]

*511 第一六講、二六五頁以下を見よ。[*324]

*512 タイプ原稿には platonicisme という記載があるが、この表記は、仏語刊行版ではすべて platonisme に置きかえられている。後者が同時期のベルクソンによって用いられている表記であり、例えば「形而上学入門」（PM, p. 222）に用例が見られる。[*325]

*513 【訳注】dont elle allait procéder の前にカンマを打ち、elle を数学と取って、前文の言い換えと解する。

*514 『創造的進化』四三六—四三八頁（EC, pp. 344-345）。[*326]

*515 ジョルジュ・ロディエのこと。詳細は第一八講注486を参照のこと。[*327]

*516 【訳注】原書では、「ノエータはノエータを意味しており、両者は同じもの（car τὰ ὄητα [ta nôeta], dans sa langue, ça signifie τὰ νοητά [ta nôeta], c'est la même chose）」となっており、語形が不完全であるだけでなく文脈上意味が通じない。おそらく前者の τὰ ὄητα [ta nôeta] の部分が τὰ ὄντα [ta onta] の誤記であると想定し、そう訳出した。

*517 *συμπνοια μία.* ライプニッツによって少なくとも二度引用されているヒポクラテスの表現で、ライプニッツは「いっさいは呼応・協働している（tout est conspirant）」と訳出している。『モナドロジー』六一節、『人間知性新論』（エルトマン版 p. 197b〔邦訳、ライプニッツ『人間知性新論』、米山優訳、みすず書房、一九八七年、一一頁〕）。[*328]

*518 L. Couturat, *La Logique de Leibniz, d'après des documents inédits*, Paris, Alcan, 1901. その主要テーゼは、「ライプニッツの形而上学は彼の「論理学」の諸原理のうえにもっぱら依拠しており、まるごとそこから生じている」(p. X)。「われわれとしてはこうした結論を探し求めていたわけでも、予想していたわけですらなかった。望まずとも、ほとんどわれわれの意に反して、そこに行き着いてしまったのである。われわれはただ、ライプニッツを近代のアルゴリズム的論理学の先駆者として研究すること、彼の論理計算と幾何学的計算を分析して、普遍記号学という考えを再構築することを提案する。しかし、これら諸理論の哲学的原理に溯ろうとしたとき、われわれが気付いたのは、一方で、そうした哲学的諸原理が、彼が自ら作った普遍数学という独創的な考えおよび若い時期に発明した結合学に端を発したものであること、他方で、彼の普遍言語の試みに、したがってまた彼が生涯を捧げた証明的百科事典という大計画にも緊密に結びついているということであった。また、彼が、彼の全哲学テーゼを、彼の「一般科学」すなわち彼の方法論の諸原理から導出していたことにも気付かされた。そのようなわけで、われわれは、彼の論理学が、単に彼の体系の核心に位置しているというのみならず、彼の知的活動の中枢であり、彼の全発明の源泉でもあるということを見出すに至った。そして、論理学のうちに、かくもまばゆい「閃光」の数々が湧き出てくる、暗き火床、すくなくとも隠れた火床を認めることになったのである」(p. XII)。クーチュラは、前年（一九〇二年二月二七日）にフランス哲学会にて「ライプニッツの論理学と形而上学の関係について」という発表を行い、ベルクソンはそこに出席していた。ベルクソンは多くの点でクーチュラと見解を異にするものの、彼の仕事とその質に敬意を表しており、コレージュ・ド・フランスの運営者に対して、一九〇五—一九〇六年度に後任としてクーチュラを推薦することになる（*Archives du Collège de France, C-XII-Bergson-46, autographe, Mélanges, op. cit.*, p. 661）。[*329]

*519 第一七講、二七九頁以下を参照。[*330]

*520 第一八講、三〇四頁、注〔494および〕495を参照。[*331]

*521 『創造的進化』第四章、四四八—四五八頁（EC, pp. 355-362）を参照。[*332]

*522 一七七〇年の論説「可感界と可知界の諸原理について」〔岩波版『カント全集』第三巻（前批判期論集）所収〕。「感性的なものと知性的なものとに関する形而上学の方法はあげて次の規則に帰着する。つまり、感性的認識に固有の諸原理が自らの境界を超えて知性的なものを刺激しないように細心の注意を払わなければならない」「以上が、主として感性的認識と知性的認識の区別に関わる方法についての議論である。いつの日かもっと細心の研究によって厳密なものに仕上げられるならば、この方法は学問の予備学の位置を占めるであろう。この予備学は、形而上学の奥義を窮めようとするすべての人々にとって、はかり知れない効用をもつことであろう。（第五章二四節と第五章三〇節〔アカデミー版 pp. 411, 419〕）。[*333]

*523 『創造的進化』第四章、四五一頁（EC, p. 357）「この視点からすると、カントの批判は、彼の先行者たちの科学についての考え方を受

け容れ、その考え方が含意する形而上学的なものを最小限に縮小して、彼らの独断論を制限することにとりわけ存していた」。［*334］

＊524 カント『純粋理性批判』「概念の分析論」第一六節、「統覚の根源的に総合的な統一について」。タイプ原稿に誤りあり。［*335］

＊525 『創造的進化』第四章、四五〇—四五一頁（EC, 356-357）を参照。［*336］

＊526 カント『純粋理性批判』AKIII, 66-67［A44/B61-62］。［*337］

＊527 タイプ原稿に誤りあり。［*338］

＊528 『創造的進化』第四章、四五八頁（EC, pp. 362-363）を参照。［*339］

補遺

＊529 ベルクソン氏によれば時間は有限、空間は無限なものとして考えられることについては、後に触れる。

＊530 ベルクソン氏はまた、このアンチノミーに関して、カントの因果性概念が、彼の時間の概念に結びついているということを指摘している。すなわち、カントの時間は一箇の等質的な境域であって、相互に外在的な諸現象がそこで繰り広げられる。とすれば、因果的な結合は、外から課された硬直的なものとなり、結合されるすべての諸現象にとって同じもの、現象の本性には無差別的な結合となる。因果性は、さらには自由についても同様であるが、ニュアンスも程度も容れない。絶対的な結合か、さもなければ絶対的な断絶か、という二者択一を認めなければならないことになる。反対に、もし時間が諸現象の質であり、自然のうちに互いに外在的でないような現象系列があるということを認めるならば、それらのあいだにわれわれが考える結合はこれら諸現象の本性に応じて変動しうるのである。

＊531 この方法は、ベルクソン氏によれば、つまるところ発明家たちが従っている方法であり、それは科学においてもそうである。この点では皆が一致して以下のことを示している、すなわち、概念的思考からかなりの程度自由になって、直観の努力を果たすことで、「動性と持続のうちへと、より深くまで測深を投じた」のである。

＊532 概念というものの起源がまったく功利的なものである点については、ベルクソン『物質と記憶』（MM, p. 173 以降）を参照。

＊533 【訳注】マットンに従い、リキエの誤り（アクセント記号）を修正。

＊534 【訳注】マットンに従い、リキエの誤り（アクセント記号抜け）を修正。

訳者解説

平井靖史

1　本講義の位置付け

本講義は、一九〇二―一九〇三年度にベルクソンが行ったものである。主要著作と別に、日本語で読めるものとしてアンリ・ユード編による『ベルクソン講義録』四巻と『書簡集』*1が既刊であるが、これとは異なる重要な特徴が二つある。まず、校訂者序に詳しいように、プロの速記者による詳細な記録であること。学生のノートから復元されたものとは、資料的価値に格段の違いがある。二点目は、「処女作出版前後の若き高校教師による授業」にあったいくつかの制約から自由であること。上述の『講義録』に収められているのは、ほぼ全て「プレ『物質と記憶』」期（一八九六年以前）における高校生向けの授業である*2。これに対し、本書は、『物質と記憶』を出版し、そして数年後の一九〇七年には『創造的進化』を出すことになる、まさにその黄金期にある哲学者によって、フランスの知の頂点である「コレージュ・ド・フランス」においてなされた講義である。日本に同様の機関が存在しないため、一般聴衆に開かれていると聞いて「市民講座」のようなものを想像してしまう人もいるかもしれないが、本書を繙けば一目瞭然のように、その内容は最高度に専門性の高い、学者の独創性が遺憾無く発揮されたものである。

それにしても圧倒的な質である。本書を手にした読者の方々には、いち早く興奮を隠さずにそう伝えたい。プレソクラティクスからカントに至るまで、あらゆる章に、詳細なテクスト読解に基づきながら、現代の私たちの目から見ても鮮烈にして魅惑に満ちた解釈が次々と繰り出される。枚挙すれば限りがないのだが、この解説でその全てを紹介することは到底できないことを、予めお断りしておく。

本講義の主題は、「時間観念の歴史」である。つまり、時間の観点から紡がれた哲学史である。なぜ、時間なのか。それは、ベルクソンという哲学者が、「哲学のアポリアは時間を適切に扱うことによって解決される」と考えているからである。それゆえ、哲学的問題に取り組んだ哲学者の数だけ、時間への取り組みが見いだせる。そして、それは当の哲学者の思考の核を象るものだ。「ある哲学者が時間に関して告白する見解は、一般に、その哲学者の哲学に多大な光を投げかけるような見解です。」（二八六頁）

もちろん、持続の多元論者、ベルクソンである。彼は決して安易に脚色された、単線的な歴史を描こうとはしない。一人一人が見せる手腕に寄り添ってその固有の魅力を引き出しつつ、それら多くの思考の線のそれぞれが、時間という巨大な問題のどこをどのように掘り進んでいるのかを丁寧に描き出してみせる。こうして繰り広げられる時間の哲学史絵巻は、思索の個性で豊かに彩られていて、通り一遍の哲学史を頭に入れたつもりの哲学マニアにもきっと新鮮な驚きと知の歓びを思い出させてくれることだろう。

同時に、本書は、ベルクソンの哲学に関心を持ち、よき入口を探し求めている多くの人々にとって、特別な価値を持つことが疑いえない。哲学者自身によるベルクソン哲学コーパスへの親しみやすい入門としては、従来は、小品集『精神のエネルギー』と『思考と動き』、そして『笑い』しかなかった(『講義録』については上に述べた通り)。その点、本書は、聴衆に語りかける非常に明瞭な語り口のうちに、歴史上の思想家たちと語り合うベルクソンその人の思考の機微を肌で感じることができる、これまでにないテクストとなっている。それも、『物質と記憶』において爆発的に登場した幾多の異形なアイデア群が、多くの事例によって練磨され成熟していく、紛れもなく格別な時期に立ち会いながら、である。

近年PBJ (Project Bergson in Japan) が明らかにしたように*3、『意識に直接与えられたものについての試論』(一八八九年) に次ぐ第二主著である『物質と記憶』には、以降のベルクソン哲学の骨組みを作るものとして機能する独特の「ロジック」群が、一気呵成に登場する。たとえば、減算的な生成のモデル、中間的混合物としてのイマージュ、反射・屈折・吸収・投射のモチーフ、生きられた/思考された類似、持続のリズム、凝縮と繰り広げのモデル、汎心論などなど。これが初学者にとって大きな壁となっている。個人的な話で恐縮だが、哲学科に編入したばかりの若き私の天狗鼻を粉々に砕いてくれた洗礼が、まさに演習で初めて接した『物質と記憶』だった。ベルクソンのテクストを開いてつまずくのは、個々の「概念」というよりも、それらを走らせる「ロジック」の独自さだった。各々のテクニカル・タームがわからないというより、文字通り「読め」ないのである。これら(全てではないがそのいくつか)が、本書においては、哲学史のうちに文脈化される形で語られ、その着想の生成過程を擬似的にたどり直せるようになっており、馴染みのない理路にも読者が自然に導きいれられるような形になっている。

さて、こうしたアイデアたちのなかにあって、疑いもなく中枢の位置を占めるものこそ、〈時間〉・〈意識〉・〈自由〉のトリアーデ、これら三者の緊密な結びつきである。本書のうちには、なぜベルクソンが時間の問題にこだわり、どのような意味でそれが意識や自由をめぐる哲学的な課題にとって本質的であると考えているのか、その筋道をたどり直すために有用な多くの具体的な思想の素材が溢れている。

以下では、まず本書の構成と大まかな議論の流れをたどりながら――遺憾ながら、先ほど触れた「細部にこそ宿る魅力」を大幅に切り捨てることをお許しいただきたい――、どの哲学者のどこの議論でどのアイデアが見出されるかを確認し、ついでそれらを一つずつ解説していきたい。それらを通じて、意識と自由を時間で解明するというベルクソンの戦略のもつ意味が開示されるだろう。

2 全体の流れ(1)――古代編

まずは章立てを確認しておこう。冒頭の四回の講義をかけて、丁寧に、概念的・方法論的な準備が重ねられる。古代ギリシアの哲学は、第五講から、プレソクラティクス、プラトン、そして四つの講義が割かれるアリストテレスまで。続く第十一講からの四講義はプロティノスに費やされる。第十五、十六講で近世における時間論の根本的転回を跡づける。残りの三講義（第十七、十八、十九講）が、デカルト、ライプニッツ、カントに割り当てられて年度が終わる。それにしてもリッチな講義で、当時これを聴講できた大衆をうらやまずにはいられない。

大きな流れとしては、時間が「永遠の動く似像」（『ティマイオス』、37d、本講義一〇七頁）の地位に甘んじていた古代編と、立場を逆転し実在への固有の権利を獲得した近世編に二分できる。これはすでに『創造的進化』第四章（まさに本講義がその大きな源泉のひとつであることが間違いない）で読むことのできた筋である。もう少し詳しく辿ってみよう。

古代において時間についての言説は、基本的に、知性主義に根ざした「永遠本位」の枠組みのうちにあった。時間は、哲学者たちによってどのように論じられてきたか。ロゴスが、イデアが、思考の思考がア・プリオリに上位の位置を占める彼らにとって、取り組まれるべき哲学的課題は、ベルクソンが何度も繰り返すように、なぜ永遠があるのかではなく、むしろなぜ時間があるのか、その必然性を示すことであった（一一八頁）。

プラトンは、その哲学的な正当化を提供することができず、『ティマイオス』による神話的な語り（デミウルゴスの神）に依拠するにとどまった。

時間の存在に初めて理論的な正当化を提供したのは、アリストテレスである。それは「最完全者を定立すれば不完全者も定立したことになる」という「因果律」の導入によるものだった。ここで（ベルクソンが自説においては意識的知覚の成立を論じる際に用いる）〈減算的生成〉というモデルの祖型が、著作でおなじみの「黄金と小銭」の換金の比喩（注232参照）とともに用いられている。完全者である永遠から、不完全者である時間を得るには、「マイナスを足す」必要がある、という次第である。

だが、それは依然として「含意」関係に過ぎず、時間が永遠のうちに潜在的に含まれていることは示せても、なぜそれが実際に出来しなければならないのか（なぜ「負量が追加される」ことになるのか）の必然性は示されていない。ここに登場するのが、プロティノスである。

プロティノスは、従来最高位を占めていたヌースという可知的な水準のさらに上位に、新たに「一者」の水準を設定することで、時間が現実に生み出される根拠を与えたとされる。プラトン・アリストテレスにおいては、最高位の座は「存在」であり「知性」であったが、プロティノスの一者は「知性より高次のもの、存在より高次でさえあるもの」（二三三頁）だ。複数形の「可知的なもの」（プラトン・アリストテレスなら諸イデア・諸形相）は、すでにしてこの「純粋な一者」に対する「観点」であり「ヴィジョン」として、第二の位格《ヒュポスタシス》へと降格されることになるわけだ。自然の原理たる宇宙霊魂は第三となる。

もちろん、プラトンにおいても諸イデアの上には〈善〉のイデアがあったし、アリストテレスにも形相の形相、思考の思考があったことは、ベルクソンも詳述している。だが、階層的上下だけがあっても、それらの間に発生論的な関係がなければ、さらに下の階層の産出は説明できない。プロティノスの流出・放射の学説は、その要請に応えるものだとベルクソンは説く。そこに（自説においては生物進化の文脈で用いることになる）〈躍動〉の言葉が用いられている。

> プロティノスは、知性・宇宙霊魂・ヌースから時間を必然的に生じさせるために、いわば後退し、アリストテレスやプラトンよりも高いところに遡ったのだと言うことができます。彼は時間を生み出すための躍動（élan）を探し求め、弾みを高次の原理の中に探し求めたのですが、その原理とは非常に一なるもの、非常に単純なものであって、時間すなわち諸生成のプロセスは、すでにその途上にあるかのように、躍動――この躍動の中で時間が産み出されます――の途中にあるかのように現れるのです。（二三三―四頁）

かくして、超時間的な原理からいかにして時間が成立するか、という古代的問題設定のもとでは、行き着くところまで来た*4。相変わらず永遠なる一者は最上位に、時間世界は最下位に位置するのではあるが、そして前者が光で後者が闇ではあるのだが、それでも初めて、積極的な時間生成の概念的仕組み（収縮の繰り広げ・放射・発出）が提供されるのである。

　そして興味深いことに、この同じプロティノスにおいて、初めて〈意識〉が哲学史に登場するというのである。「プロティノスこそは、意識の理論に関して完璧な深い洞察力を発揮した最初のギリシア哲学者なのです」。意識は、その概念的出自において、時間と連動していた、ということだ。

　実は、すでにアリストテレス講義においても、「魂がなければ時間はない」（二六〇頁）という論点は登場している。しかし、単に認識論的ではない、発生論的な観点がプロティノスにおいて登場した、というのがベルクソンの読みである*5。

> プロティノスのうちには、彼の先駆者たちの誰のうちにもなかったもの、心理学的な響き（note psychologique）があります。そのときお示ししたように、すでに時間の問題・持続の問題は彼にとっては部分的にであれ心理学的な形式の下で姿を現していたのであり、彼は意識の理論を提示した最初の人であったのでした。（二三四頁）

3　全体の流れ（2）――近世編

そして講義は、近世編に突入する。時間が、永遠の影であることを止める、決定的な転回が訪れる。近世科学の黎明期に、矢継ぎ早に登場した多くの理論家たちの時間直観を論じる第十五、十六講のくだりは、本書の大きな山場と言えるだろう。

> 古代の観点と近世の観点の移行に関して、生成変化に関して、持続に関して、事物一般に関して、すべてはある逆転によって説明されると思います。（…）哲学において、そしてどれほど逆説的に見えようとも、科学においてさえ生じた刷新、改革はとりわけ、三つのヒュポスタシスのうち古代人たちにとっては最低位にあったもの、すなわち世界霊魂・宇宙霊魂を前景へと移し、最重要のものとした点にあったのです。（二五八頁）

古代から引き継いだ伝統的な「体系」の枠組みの中から、次第にそれを超え出る「直観」が声を上げ始める。注目すべきは、この人類史的な転回点において本質的な役割を果たしたのが、哲学者たちではなく科学者たちの「直観」であったという点である。「直観の部分について判断するためには、(…)哲学と混ざってきた科学を考慮しなければならない」(二五五—六頁)。ベルクソンが力を入れて講じる科学者・数学者たちの決定的な貢献に比べれば、第十七講以降で論じられるデカルト、ライプニッツ、カントら近世哲学者たちへのベルクソンの評価は、むしろ相対的にひややかな印象さえ与える。

ベルクソンは、決して、科学が理論的抽象を志向し、哲学が経験的具象性に拠って立つ、というような差別的な二元論を取っていない。それどころか歴史的経緯にあっては、むしろ哲学の方こそ、上述の古代的な「体系」の束縛を引きずっていたと言う(そのようなものとしてデカルト、ライプニッツは描かれる)。世界の実在的な動性と、そしてそれが孕む心的性格にいち早く目を開いたのは、黎明期の科学者たちだったのだ。

ざっと列挙しておこう。ベーコンが、数学に従属したものではない、(連続的)「実験・経験」の科学を提唱する(二五六—七頁)。クザーヌスにおいて宇宙的精神と個別運動の「表現モデル」が登場する(二五九頁)。カルダーノは、「心理学を排除しない数学」のアイデアを示す(二六五頁)。ブルーノもまた、宇宙霊魂の問題を「共感(συμπάθεια)」の観点から論じる(二六〇頁)。ポンポナッツィからスカリゲルを経てケプラーへと、「力(force)」の概念化、とりわけ、物質に属しながらも「脱物質化された dé-matérialisé」ものとしての力の概念化が引き継がれていく(二六〇—一頁)。

こうした多元的な流れにおいてベルクソンが取り上げる人物たちの中で、ここで注目しておきたいのが、ベルクソンの主著や既存テクストには現れないイタリアの数学者ベネデッティである。彼において、新しい運動の捉え方が、初めてその姿を見せるとベルクソンは言う。すなわち、運動の記述において、空間に還元できない次元が、彼において初めて数学的な形で直観されるのである。「運動とは全面的に空間的であるのではない」(二六七頁)。詳しくはあとでじっくり見ることにして、ここでは熱のこもったベルクソンの語りを引用しておこう。

> アリストテレスがしたように空間の観点に身を置くなら、「空間上の点」AとBに不動性があることは明らかで、このことは疑いようもないのですが、しかしベネデッティがAとBにはなおも運動があると言うとき、それはつまり彼が事柄をただ空間の観点からのみ考察してはいないということです。彼は点AとBにおいて、現在起こっていることではなく、これから起きることのほうを考えているのです。(…)空間内の数学的点の各々には、この点で生じていることだけではなく、さらにこれから後続することになるものの先取りも存在している、というのです。(強調引用者、二六七頁)

同じ問題系は、ガリレオ、カヴァリエリ、ロベルヴァル、バロー、そしてニュートンに至る、「無限小」概念の洗練へと連なっていく。無限小が「純粋に否定的なものと見なされる」のは、それが空間の観点から扱われているからである（二七二頁）。むしろ、無限小の肯定的な側面にこそ、近世における「時間の発見」が存している。以上が講義の（他の細部を削ぎ落とした）大きな流れである。

4　プロティノスの意識の理論

では概念的内容の解説に入ろう。上で述べたように、ベルクソンにとって、時間を論じることは、〈意識〉を論じること、〈自由〉を論じることと切り離せない。どうしてそうなっているのか。そこで用いられる「ベルクソン的ロジック」に注目しつつ、その経緯を（ベルクソンの描く）時間観念の歴史から辿り直してみる。

古代時間理論の到達点を示すプロティノスにおいて、同時に、哲学史上初の意識の理論が登場するということを、先ほど述べた。プロティノスでは、一者が頂点に加わることで、一者・ヌース・宇宙霊魂という三階層モデルになったのであった。しかし、以下に区別を確認する第三の意味での意識は、宇宙霊魂に至ってもなお登場しない。意識の登場には、個別的霊魂が形成されなければならないのだが、それには2節で触れた一般的な論点だけでは足りないのである。ここで、すでにアリストテレスで顔を見せていた「減算的生成」モデルに、重要なニュアンスが付加されることになるのを確認しよう。

ベルクソンはプロティノスの意識理論を構成する三つの概念を順番に検討する。第一は「随伴」（パラコルーテーシス）である。ベルクソンは、プロティノスにおける意識の「随伴」を、現代の随伴現象説（epiphenomenalism）との対照のもとに説明している。後者では、意識に「燐光」の比喩が用いられ、これが（暗黙裡にであれ）加算的に考えられている（現代においてもそうであろう）のだが、他方、プロティノスにおいては、一者こそが光であり、随伴するのは暗がり（マイナス分）である。お気付きの通り、ここまでは上で紹介したアリストテレスの減算モデルとおよそ同型である。これは「一般的観点」と呼ばれている。

だが、プロティノスには、固有の論点として、残りの二つの「特殊的観点」、すなわち、第二の「共感」（シュナイステーシス）と第三の「把捉」（アンティレープシス）がある。前者は、多の「統一・総合」の契機であり、諸要素の調和を意味するのに対し、後者は、「分裂・疎隔化」の契機である。さしあたり、ごく簡単に押さえるなら、意識は中間層を占めており、ボトムアップの統一とトップダウンの分割との合流点に位置する、と整理できる。

> 生命に満ちた肉体を形成すべく、互いに調和的に諸部分が組み立てられているとすれば、意識とはこの全体の一種の総合ということになるでしょう。しかし、別の観点からすれば、それは分析でもあります。なぜならイデアは、魂の形で落下することで、分割され、分離され、多数のものになろうとするからです。したがって、生命の起源自体が二重であるわけで（…）。（二〇九頁）

重要な点は、宇宙霊魂はこの第二の「共感」条件を満たすが、未だ意識を持たないと言われている点である。「宇宙霊魂は、シュナイステーシスはもちますが、意識はもちません」（一九八頁）。確かに、諸要素が、原子論的・離散的に集積しているのではなく、ある種の全体論的な統一・連係・協調を持っていなければならないというのは、生命や意識の問題を考えるときにしばしば見られる主題であるだろう。また、ベルクソン自身が指摘するように、近世においても「統一性」は意識の重要な条件であり続けている。だが、第二条件を満たす宇宙霊魂は、第三条件である「分裂・疎隔化」を欠くために無意識にとどまるとされるのだ。

ここは非常に面白いと同時に、あいまいな点の多い議論でもある。少しばかり整理をしてみよう。個別的霊魂をもたらすこの「分割」は、第一には、世界の、あるいは宇宙霊魂の分割という意味に取れる。この分割は、魂自身の「分割する力能」、「分割するという本性」に起因すると語られている（二一六頁）。そこから、ベルクソンのテクストに馴染んだ読者なら、知覚とは世界の分割・選別であるという『物質と記憶』の知覚論を想起するかもしれない*6。だが第二に、この分割は、一者の多者への分割でもある。現に、別な箇所では、一者そのものの「内属的な必然性」（二一八頁）に帰されている。実際、この多者への（放射的）分割こそが、プロティノスの流出説を支えるものである点を考えれば、この点にも得心が行くだろう*7。この場合、部分に対する全体は、もはや世界ではなく一者ということになる。さらに第三に、それは意識自身の内的な懸隔化、疎隔化の側面も持つ。（これは『講義録Ⅳ』でのプロティノス講義からの主題でもある。邦訳七四頁）。ベルクソンはこう説明している。完全な思考であれば、もはや「観念を持つ」のではなく「観念になる」だろう、つまり観念に合致してしまうだろう（二〇四頁）。そしてその限り無意識であるだろう。それゆえ、意識であるということは、そこに意識されるものとの懸隔が開く限りにおいて成り立つ、というのだ。これはちょうど、「感覚‐運動カップリングがタイトで瞬時的であればあるほど無意識で、逆にその緩み（遅延）が意識の条件である」というベルクソンの（いわば時間版）テーゼと類比的なロジックになっていることに気づかれるだろう。

最後にもう一点、拮抗的個体化について。この放射は、一方では光そのものに内属する必然性でありながら、具体的な影の帯び方は、（マイナスである）個別的な闇の側に起因する、という点である。第十三講の終わりに示唆される、この微妙な緊張を伴った関係は、一方で『思考と動き』所収のラヴェッソン論における光の放射の論述*8を強く喚起させると同時に、『創造的進化』の読者に、同書における〈生命〉と〈物質〉の相克の議論への参照を促さずにはおかない。

こうして、ベルクソンの〈減算モデル〉が、単純に集合的な意味での「全体‐部分」関係に還元されないニュアンスを帯びていく様を、読者は発生的に疑似体験できる。本講義が圧倒的に面白いのは、単にプロティノス解釈としてどうであるか、というだけでなく、この例を含む多種多様なベルクソン的ロジックが、歴史上の哲学者との対話のただなかで——単なる流用としてではなく——、その都度生成してくるさまに立ち会えるその臨場感のゆえである。なお、この「適用ならざる哲学」という方法については、第三、四、五講等で丁寧に示されているのでご覧いただきたい。概念から対象へと向かう、通常の思考の方向を逆転させること（六五—六六、九二頁）。「それなしでは、哲学的反省はなく、とりわけ形而上学は可能ではないのです」（八二頁）。

5　プロティノスと自由

実を言えば、プロティノスに見出されるのは意識の理論だけではない。〈自由〉も見出される。ベルクソンは、「意識と時間、時間一般、さらには自由（…）についての完全な理論（théorie complete）を彼［プロティノス］のうちに初めて見出す」（二六〇頁）のだ、と論じている。ここで完全な《コンプリート》、というのは「欠けるところのないひと揃いの」という意味である。

プロティノスの学説のうちには、時間があり、意識がある。そして彼は、まさにそれゆえに、時間についての理論的な扱いと、心的経験の現象的な側面――これをベルクソンは「意識の証言」（二三九頁）という表現で指示している――との狭間で、揺れ動いた最初の哲学者でもあった。なぜそこに緊張があるのか。永遠本位の時間と意識を結び付けようとすれば、そこで〈自由〉が軋みを上げるからだ、とベルクソンは議論を進める*9。

> 彼は、（…）まず意識が時間のうちで［与える］ような自由、現象的な自由（liberté phénoménale）と言ってもいいかもしれませんが、そうしたものを打ち立てようとしたのです。これは本能的な所作でしたが、しかし彼は直ちに、これが彼の仮定と両立しないことに気づきました。そこで彼は、時間は［非］時間的な何かある［もの］を繰り広げているという考えと両立しうるような自由の定義を探し求めるのですが、しかし自由のそうした定義はもはや、意識が提示するような意味での自由を否定するものでしかありません。要するに意識が立てる問いに示唆されたものである自由の理論を求めて出発したのに、この途を辿っていった結果、反対に、意識の証言を否認し、それと絶対的に矛盾するような理論に行き着くことになるのです。（二三八―九頁）

プロティノスは、時間論においては永遠本位のフレームに属しながらも、現象的意識というパースペクティブから、自由という極めて近代的な問題に面前してしまっている。当然、両者はフィットしない。そこでプロティノスは前者に取り込める形で自由の問題を書き換えることを試みるが、それはもはや彼が見出したはずの自由ではなくなってしまう……。

ここでベルクソンが、歴史を引き合いに出しつつわれわれに暗に示唆していることは、以下の方法論的な二択である。すなわち、永遠本位の時間モデルを保持して自由を諦めるか、「別の時間モデル」を構築するか、である。このように定式化するなら、ベルクソンの指摘している問題が、決して過去のものではないことがわかるだろう。ただし後者の道を取るために、物理学における決定論を放棄する必要はない、というのがベルクソンのスタンスである*10。時間についての不用意に単純すぎるモデルを見直す道がある、とベルクソンは述べているのである。

実際、実験的に観察可能な範囲を超えてエネルギー保存則を拡大適用するとき、人は時間がその他の領域（人間を含む生物を含め）においても、同一にして一様であることを「仮定」している。これはいい。だが、この未実証の「仮定」が、いつのまにか「主張」にすり替わるとき、もはやそれは、いわゆる「科学者の中の形而上学」に過ぎず、これをベルクソンは古代プラトン主義をそのまま継承した「信仰」だと揶揄するのだ（二三八頁）。

そして、実際に、――ここが本講義のスリリングなところであるが――近世の幕開けとともに、古代永遠モデルを脱却するべく、それゆえに意識と自由の問題をア・プリオリに排除してしまうことのない時間のモデルが模索されたのだ、とベルクソンは言う。

6　ベネデッティと「運動の内部」

そこで注目されるのが、第十六講に登場するベネデッティである。通常の哲学史において決して有名とはいえないこのヴェネツィアの数学者のうちに、ベルクソンは「運動についての新しい考え方」（二六五頁）の登場を見出している。ベネデッティにおいて、「運動とは全面的に空間的であるのではない」（二六七頁）ことが初めて示されたというのである。

まず、二六六頁に掲げた図を再掲する。点N′が、円周上を回転移動する。この点N′が、円と交わらない直線上に射影された点Nは、二点AB間を往復することになる。読者はお気づきだろうが、これとほぼ同じ図がアリストテレスを論じた第八講にも登場していた（図はいずれも訳者が再構成したもので、本訳書にしかない）。しかし、両者の意味するところには決定的な違いがある*11。

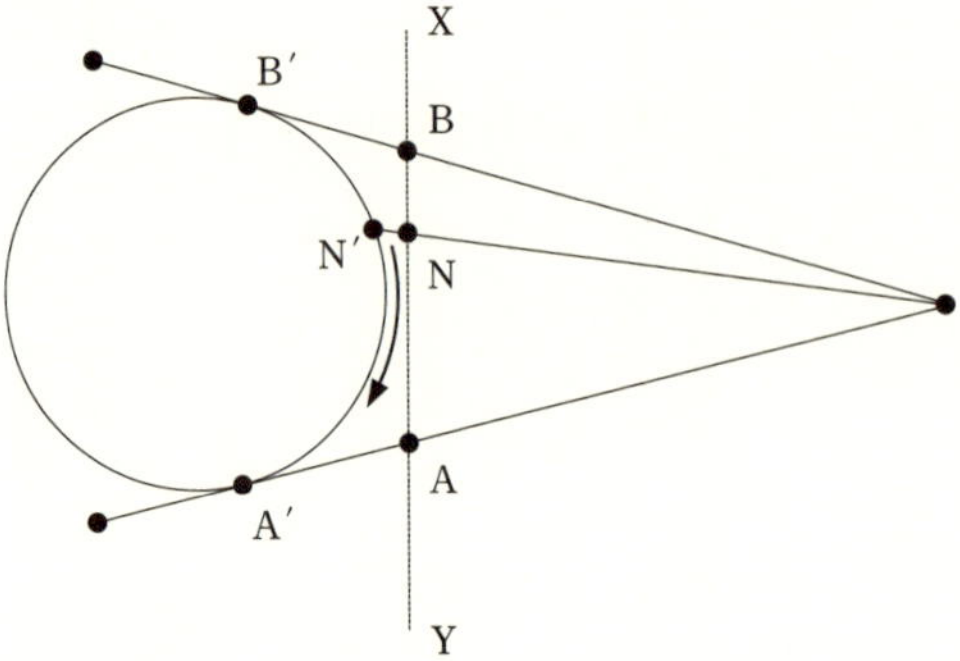

古代編である第八講では、永遠から時間の発生を論じていたことを思い出そう。円は、永遠なる不動の動者そのものではないが、それに最も近い（最も失墜度の少ない）運動、すなわち第一天球の自転を表現している。それは「運動するがその運動によって変わらない全体」としてなお可知的な水準に属するものとして捉えられる（本解説注4参照）。それに対し、「往復運動、反対のものから反対のものへの振り子運動（…）は、第一の天球で起こること、つまり世界の最後の外皮の円運動の、不完全な、美しくなく、完璧でない再現にすぎない」（一四〇頁）。これが可感界における時間である。

これに対して、ベネデッティで登場する図では、観点がまったく異なっている。確かに直線XYの上の往復運動は両端（点AとB）に見かけ上の静止を持つ。しかしそれは、運動を空間に、言い換えれば理念的な現在に還元して捉えているがゆえ、に過ぎない。背後にある円周は、むしろ射影において潰れてしまった、運動が本来持っていたはずの隠れた次元を復元して表現するために用いられているのである。さらに、円周の運動も、もはや永遠の擬似表現としてではなく、「常に傾きを変えつつある点」の絶えざる変化をこそ示すものとなっている。すなわち、アリストテレスでは、円が完全なる「永遠」を、直線が不完全なる「時間」を指していたのに対し、ベネデッティでは、直線が「空間化された運動」を、円が――もはや永遠ではなく――「運動における空間に還元されないもの」を補塡するべく導入されているのである。ベルクソンの解するベネデッティにおいては、円の方こそが、今や実在的なものと解されるに至った「動性である限りの運動」を体現しており、直線は、その――空間化された、つまり運動に固有の内的な性質を捨象された――という「運動の不適切な描写」の位置を占める。

この決定的な転回のうちに、ベルクソンは二つの論点を込めていると思われる。第一の論点として、「静止」が見かけ上の相対的なものでしかなく、実在世界は「運動」だけで構成されているということ。アリストテレスにとって、「運動と静止という対立」そのものが、「実在たる永遠」との対立において虚構側に置かれていたのに対し、もはや永遠を戴かないベネデッティ－ベルクソンにとって、運動こそが世界の実在的構成素であり、静止は認知的虚構であるという配置転換が生じているのである。しかもそれは、運動を空間に還元する見方では、すなわち後述の「運動の内部」を捨象する見地においては、見えてこない描像であるとベルクソンは考えている。運動と静止が互いに相対的なのではなく（第十七講、デカルトへの批判を参照）、静止だけが観点に相対的で、運動は絶対であるというベルクソンのテーゼを思い出しておくとよいだろう。

第二の論点として、円周上の各点は、位置ではなく運動の方向によって識別される、という点である。カヴァリエリ、ロベルヴァル、バローを経てニュートンに至るまでの不可分者・無限小概念の形成が後に続くことになるわけだが、ベネデッティはすでにして、点でありながらただの幾何学的点によっては表現されない属性の次元を、言いあてようとしていたことになる。ベルクソンはこう説明している。

> 彼は点AとBにおいて、現在起こっていることではなく、これから起きることのほうを考えているのです。彼の考えによれば、人は持続する運動から数学的点を孤立させる権利を有していません。空間内の数学的点の各々には、この点で生じていることだけではなく、さらにこれから後続することになるものの先取り（anticipation）も存在している、というのです。言い換えれば、彼は運動を、純粋に広がりをもつ外延的なものとしてではなく、ある側面からは内包的で強度的（intensif）なものとして、内部（un intérieur）を持つものとして、考えているのです。（強調引用者、二六七頁）

こうして「運動の内部」という、本講義最大の鍵概念が引き出されることになる。運動が内部を持つとはどういうことか。それは、上の引用に明らかなとおり、理念的な瞬時に還元できない、先行する瞬間・後続する瞬間にまたがる持続、すなわち時間的延長をもつ、ということだ。それは生物が意識を持つがゆえにそうだというのではなく、物理・数学的なあらゆる運動においてそうだ、というのである（逆に、時間的延長を持つがゆえに内部を、ひいては意識を持つ）。しかしこの「内部」は、空間に投影すると潰れてしまう。実際、未だ極限概念を持たない数学者ベネデッティは、点として表現する以外の手立てを持たなかったわけだが、以上のような独自の仕方で、かかる点の内部にくりこまれた前後への時間的延長をすでに見ていたのだ、とベルクソンは言う。

> 運動のもつ内部性とは何でしょうか。それは何か意図（intention）のようなものだと言っておきます。それは、いわば（pour ainsi dire）数学的な瞬間、つまり空間の或る一点にある瞬間、（…）後続する瞬間・数学的に後続する瞬間への直観であり、言い換えれば持続を帯びたもの、実在的な持続を帯びたものです。（二六九頁）

微分を初めて習った日のことを思い出していただきたい。与えられた曲線区間がなんらかの傾きと呼べるものを持つはずだと言うことは理解できる。その区間を「どんどん短くしていって……」と先生が言う。しかし、「大きさを持たない点」にまで至ってしまえば、もはや傾きを語ることはナンセンスだ。だからそこまでは行かないのだ、と先生は「極限」を説明してくれる。だが、問題を解く段になると、いつのまにか点における傾きであるかのように話は進んでいく。「無限小」概念の直観的な微妙さはそこにある。それがなんでもないただの線の話なら、それでもよい。だがそれが現実の運動の表象であると言うなら、時間次元を決して還元できない。ベネデッティをはじめとする近世の科学者たちは皆そこを見ていたし、ベルクソンに言わせれば、微分とは、実際には空間に射影できないはずの「内部」、還元し得ない運動の時間的広がり（持続）を、数学的に飼いならす技法として開発されたものだ、ということになるだろう。

近世における永遠から時間へのパラダイムシフト。こうまとめてしまえば、『創造的進化』で既に知った話である。だが、書物では明かされないこうした具体的な諸論点のおかげで、その意味するところの肌触りを伝えてくれるのが、本講義の最大の魅力といっていいだろう。

繰り返すが、このような手管を使って時間を取り込んだことが、近代科学の知的貢献であることを、ベルクソンは最大限に高く評価している。実際、これに対して、古代では、「運動には内部がなく、運動は人が目にするもの、人がそれと看取するもののうちにすっかり存して」（二六三頁）いた、との評定が下されているのだ。単なる永遠の影としての時間ではなく、実在的なものとしての運動――「事象の曲折」とベルクソンは表現する――を積極的に捉えようと試みた近代科学。その黎明期にあって、思想家たちはそれぞれのやり方で、時間の積極的な動性についての直観を、なんらかの数学的・科学的表現にもたらそうと苦慮していた。だが、そうした模索の只中で摑まれようとしていたものは、技法の完成とともに、どうなってしまっただろうか。

7　非空間的な意味における「内部と外部」

この運動の「内部」という特異な表現を、ベルクソンは決して不用意に用いているわけではない。事実、第七講でイデア／形相の「内在と超越」の問題に取り掛かる上で、ベルクソンは「内／外」という用語を空間的でない意味で使うことには十分な注意が必要であることを強調していた。

> （…）内在、超越といった用語は、［空間的な］メタファーに訴えている限り、つまり私たちが空間のうちに身を置いている限りは、非常に明晰なものなのです。しかし（…）空間という領域を捨て去るや否や、内在や超越ということで何が理解されているのかを述べるのは非常に難しくなります。そしておそらく、時間という問い、時間という問題は、まさしくこうした［空間的包含関係を示す用語の］問題をとりまく曖昧さの一部を消し去るのに役立つことになるでしょう。（一二二頁）

アリストテレスの形相は、いかなる意味で「内在」だったろうか。それは、彼が時間を認める程度において、であるとベルクソンは解釈している。アリストテレスでは、プラトンと異なり、どんな形相も運動・変化を分有しているだけ不完全とされるが、まさにその理由で、形相は「内在」なのである、と。逆に、プラトンのイデアが「超越」と言われるのは、それらが空間的世界に含まれないからというより、時間内変化から完全に超脱しているからである。

　この論点は、実はベルクソン自身の意識理論の議論手順を理解する上で、以下の二つの点で、大きなヒントとなるものだ。まず、われわれは、意識が「内的」であるとか性質が「内在的」であるとかと頻繁に口にするが、その時、これらが空間的な意味でないことを銘記しておかなければ、意識の問題において道を誤ることになること。次に、空間的な意味での「内／外」という対自体が、同時性において成り立つものである以上、時間的な意味での「内部」に対する「外部」にあたること。

　アリストテレスが永遠本位の古代モデルの範疇にいることに変わりはない。したがって彼が示した時間は、すでに述べたように最も原型的な〈減算モデル〉である。永遠なるイデアから時間を得るには何を足せば良いか。それが「マイナス」としての質料であった。

> 何も加える必要はなく、何かを削除するだけで良いのです。このある種の算術的な差異、形相の現にある姿と形相が全面的に自己自身であるためにあるべき姿との間の隔たり、それこそが生成であり、世界における変化なのです。それゆえ神話は必要ありません。私たちは、プラトンが認めていた実在に加えて、認めざるを得ない何かを認めれば十分なのです。

（一二九頁）

あらためてこの点に立ち返ったのは、時間がこのように減算として表現されることになるのが、永遠モデルに視座を置くがゆえだという点を強調するためである。アリストテレスは確かに「最初の因果性の理論を構築した人物」として描かれるが、それはあくまで永遠優位の「公準」（一七九頁）の支配する世界のなかでのことだ。

　このことは、翻って、『物質と記憶』における知覚の減算モデルについて、再考を促す。というのも、たしかに『物質と記憶』では、減算的な生成モデルによって意識的知覚が説明されているのだが、それは第一章、すなわち方法的に記憶を捨象した議論段階に位置している。だから、意識的知覚の発生を引き算として表現すること自体が、ある観点（空間）からの記述の仕方になっている可能性があるからである。実際、空間から見て損失であるものが、時間から見れば利得でありうる。

8　減算的生成とは何か

実を言えば、ここまで登場した諸論点の助けを借りれば、ベルクソン自身の減算的生成のアイデアについてほとんど再構成できる。締めくくりに、試みてみよう。

　まず、ベルクソンは世界の構成素を静的な諸事物としてではなく、環境との相互作用、つまり作用反作用カップリングとしてモデル化している（上述の、静止は虚構という論点）。人が何かを空間的事物と呼びそう扱うのは、こうした諸作用の海の一領域について、その作用反作用カップリングにおける時間的遅延を無視できるとき、すなわち、同時とみなせるときである。物質間の相互作用は、一つの瞬間のうちで釣り合っており、ベルクソンはこの状態をしばしば「相殺された se compenser」「中和された se neutraliser」状態と記述する（MM, pp. 247, 264）*12。

ところが生物において遅延が生じると、この相殺が時間的に延長したスケールで行われることになるため、作用があるのに反作用がまだない期間というものが成立することになる。一時的に「中和」が崩れているわけである。このとき、同時性断面としての空間からみると損失である。本来は作用と反作用があったのに、今やその片方しかないからである。だが、時間にすれば利得である。先ほどまで作用と反作用の間に時間的な「間隔」はなかったのだから。言うまでもなく、この「間隔」は、前節で見た時間的な意味での内部になる。「質に関して厳密に規定された間隔（intervalle rigoureusement déterminé en qualité）」（二五一頁）は、これを指す。さて、ベルクソンは、この意味での遅延・持続が、この「間隔」のただなかでだけ成立する作用反作用カップリングの崩れた状態こそが、意識の発生条件と考えるのだった。なぜだろうか。

考えてみれば、我々は生まれてこのかたずっとこの内在的視点から世界を経験してきた。さて、その「内在的」とは、空間的な意味ではない。経験とは、一定の持続にまたがるものであり*13、そこで生じる変化を我々は内側から生きてきた。否、時間的内部をしか我々は生きていないのだ。確かに、自分を身体という空間的な筐体の内部にあるものとして思い描くことは可能である。しかしそれは、具体的で現象的な持続経験を外から定位する点で事後的である。そうすると、ベネデッティに倣って、視座をシフトする準備は整っているのではないだろうか（二五五頁*14）。時間のほうが実在で、空間とはその理想化された断面（スナップショット）に過ぎない。静止をいくら集めても運動にはならない。内在的性質の実在を否定しない限りは、時間こそが絶対で、われわれは経験によってそれにすでに触れているのだ、と（四一頁）。論理的に、時間の方が先行するのである。

例えるなら、ローンによって、即金では買えないものが手にできてしまうケースを改めて考えてみてほしい。もちろん長期的には収支はトントンになるのだが、しかし、その時点での資金以上の商品を手にできてしまうのは、一時的に収支の帳尻を破っているわけだ。ローンを完済する頃には辻褄は戻るのだが、返済を先延ばしにしているその期間は、確かに、まるで無から何かを得ているかのようなことが成立するのである。永遠の目線からすれば、どこにも「魔法」などない。だが、実際に持続の中では、その魔法が効いているのである。

意識もちょうどそれと同じと考えよう。同時的相互関係で調和した物質世界に、上乗せで、あらたな存在が付け加わったと考えるなら、それは解き難い困難となるだろう。そうではなく、減算的に、均衡が破れている（cf. アンティレープシス）その持続の間、時間方向に内部が成立し、そこに内在的な諸性質（意識）が帯びる、と考えるのだ。だから意識を同時性断面としての物質側から、構成的に記述することは原理的にできないのである*15。

時間のトリックと言ったが、「本当はない」ものをあるように見せかけている意味ではないことに注意されたい。そのように言いたくなる視座こそが、すでに空間に依拠しており、その無自覚な維持については反省する余地があること、時間的視座にシフトするなら、それはオカルトでも魔法でもなく正規のプロセスであること、つまりは、トリックと見えること自体が空間側からのトリックであるということ、それをベルクソンは指摘しているのである。
自由についても、同じことが当てはまる。ベルクソンは、説明の原理的な「事後性」を強調しつつ、こう指摘している。

とはいえ、私は自由行為が原因のない行為であるとか、説明不可能な行為であるなどと言いたいわけではありません。(…)自由行為は、ひとたび遂行されれば、それの先行事象によって説明できるのです。躊躇や熟慮を経てから決心する行為を、それに先立った事柄によって説明できるのですが、他の行為を決心したとしても、これはこれでまた同じ先行事象によって等しく説明可能だったことでしょう。ある行為を先行事象によって事後的に説明することはできますが、前もって説明することはできないのです。(二三六頁)

9　ベルクソンの持続の多元論

そうすると、われわれが漠然と想定している「一般的時間」なる表象についても、その抽象的・便宜的性格が見えてくる。「人が唯一の時間(temps unique)と呼ぶところのものはと言えば、それはひとつの数であって、単なる数え方〔numération 記数法〕、いくつかの同時性の数え方として表象されるべきものです」(二五四頁)。この宇宙全体を同時にカウントするようなクロックなど存在しない。様々な運動体が固有のペースで雑多に寄り集まって運動しているだけである。
大事なことは、永遠と持続を逆転させただけでなく、多元性を確保したことである。物質の持続から、途中に様々な段階を挟んで人間意識の経験する持続まで、内的リズム*16によって区別される多くの持続の様態が共存するという、〈『物質と記憶』で導入された〉〈持続の多元論〉を、ベルクソンはこの講義でも中心的な位置に据えている。

実在のことを、こうして複数の持続によって構成されるものと見なすなら——私は先ほど二つの持続、私の持続と物質の持続とについて語りましたが、物質と私のあいだには中間的な存在を数多く想定することは可能ですし、そうするべきです。(二五三頁)

もちろんこのような教義を、近世の思想家たちが展開したとベルクソンが述べるわけではない。しかも、物質の持続をわれわれが直接経験できるわけではない以上、これは原理的に「仮説」でしかない。しかし、ベルクソンはこう続ける。

直ちに注意していただきたいのは、仮に以上の考えが仮説であって内的経験の事実ではないとしても、こうした仮説とともに私たちが到達する哲学は総体として、全古代哲学が向かわせる結論とは逆の結論に向かうものであるということです。(強調引用者、二五四頁)

以上、講義を通じて、ベルクソンが援用している哲学的ロジックを中心に、解説を試みてきた。ベルクソンが時間・持続の問題にこそ、哲学のマスターキーを見出している理由について、読者諸氏が検討する材料を提供できていれば幸いである。もちろん、このような時間の偏重が、別な問題を見逃している可能性は大いにある。例えば、空間についてわれわれに重要な洞察を与えてくれる議論もあるだろう。万能の哲学はない。ただし、われわれの思考に空間化（ないし永遠化）バイアスがあることは、どうやら隠しきれない事実だろう。その限りで、ベルクソンの時間哲学には、なお尽きぬ知的刺激が宿っていると思う。

取りこぼした魅惑的な論点は、数え切れない。冒頭数章のベルクソン的「知覚記号論」は、まとまった規模の議論になっており、例えば「行動誘導性」の論点や、「生きられた類似」（一般観念の生態学的起源）、とくにベルクソンの著作では手短にしか触れられないリボーの中間的一般性の理論、意識不要の「機械的な一般化（une première généralisation inconsciente, machinale）」の文脈については、全く触れることができなかった。デカルト、ライプニッツ、カントについても同様である。だがきりがない。そろそろ読者諸氏に、本書を委ねるタイミングだろう。

注

*1 全て法政大学出版局。『講義録Ⅰ』（合田正人・谷口博史訳）一九九九年、『講義録Ⅱ』（合田正人・谷口博史訳）二〇〇〇年、『講義録Ⅲ』（合田正人・江川隆男訳）二〇〇〇年、『講義録Ⅳ』（合田正人・高橋聡一郎訳）二〇〇一年。『書簡集Ⅰ』（合田正人・ボアグリオ治子訳）二〇一二年。

*2 ただし、ユードの推定によれば、『講義録Ⅳ』所収の「プロティノス講義」については、高等師範学校で一八九八—一八九九年度に行われたものである。

*3 第三期PBJ（二〇一五—二〇一七年）で『物質と記憶』を扱い、三冊の書籍として出版している。いずれも書肆心水。平井靖史・藤田尚志・安孫子信編『ベルクソン『物質と記憶』を解剖する——現代知覚理論・時間論・心の哲学との接続』二〇一六年、『ベルクソン『物質と記憶』を診断する——時間経験の哲学・意識の科学・美学・倫理学への展開』二〇一七年、『ベルクソン『物質と記憶』を再起動する——拡張ベルクソン主義の諸展望』二〇一八年。なおPBJは、二〇〇七年に発足した、日本を起点とするベルクソン哲学の国際協働研究プロジェクトである。現在の代表は平井。http://matterandmemory.jimdo.com/

*4 永遠から時間が生じる過程を、時間的に描くことはメタ時間を想定することになり理論的な不具合をきたすことは、哲学者たちによって早くから自覚されていた。すでにアリストテレスにおいて、運動と、その原因である神（不動の動者）の間には、第一天球の回転が媒介させられる。それ以上外がない宇宙全体の回転は、事実上、不動と区別がつかないというのがポイントである（宇宙全体の回転という問題は、時空の関係説の課題としてライプニッツにおいて再燃する。内井惣七『空間の謎・時間の謎』中公新書、二〇〇六年、五九頁以降参照）。さらに興味深いのは、ベルクソンが、アリストテレスにおける永遠と時間の関係を、「共永遠」な原理‐帰結関係として描写する点である。「神が運動の原因であるのは、歴史的な観点から（historiquement）ではありません。神は時間において（dans le temps）運動の原因なのではなく、ある瞬間に運動を生じさせたのではないのですが、近代的な言い方をするなら、運動と神は共永遠的（co-éternels）なのであって（…）」（一四三頁）

*5 なお、後述するように、第三のヒュポスタシスである宇宙霊魂は、「心理的」ではあっても、（個別的魂が持つことになる）〈意

識〉は持たないとされている。「世界霊魂は意識を有していませんが、しかし何か心理学的なものであって（…）」（二六四頁）。

＊6 もちろん、ベルクソンでは知覚とは、まずもって、「生存に有用な情報を」選別する、生態学的な意味づけをなされており、その点で大きな違いがあることは言うまでもない。ここでは、対象の選別という形式的な点での引き較べをしている。

＊7 こうして「個別的魂」に文字通り光が投げかけられるわけだが、アリストテレスもまた個体的実体をある意味で重視したことと、どのように異なるのかについて、ここでの論点を足がかりに思索をしてみたくもなる。付言しておけば、一般に、個体主義哲学の第一人者といえばライプニッツを挙げるのが哲学史的通念であるが、本講義でのベルクソンは、予定調和にしろ（二四二、二四五頁）、個体概念にしろ（一九三、二〇三頁）、すでにプロティノスにその同型な議論が見られることを指摘しており（三〇二―四頁）、ライプニッツの面目は相対的に下げられてしまっている。

＊8 引用しておく。「諸々の個的存在のうちには、そのおのおのに固有のニュアンスを授けつつも、まさにそのことによって当の個的存在を普遍的光（lumière universelle）へと結びつけ直すような、特有の光線（rayon particulier）がある。形而上学の目的は、諸々の個的存在のうちにそうした特有の光線を捉え直し、それが発出する源にまで、光線をたどることである」（PM, p. 260）。本書二〇五頁および注282も参照。

＊9 〈自由〉については、本講義の二年後に、同じコレージュ・ド・フランスでの主題としてベルクソンによって取り上げられており、フランスでは二〇一七年に出版済みである。リキエによる校訂者序（二〇頁）を参照。

＊10 問題は、それを不用意に拡張する際である。そこには根深い古代の「永遠本位」モデルが作用している。「エネルギー保存則が科学的な法則であり、実験の所与《データ》であるなら、この法則は、それが実験的に確証されたところではどこでも適用されますが、ただそこでのみ適用されるにすぎない、ということです。もし人がこの法則をさらに拡張して使用し、生物に見られるようなこの上なく高度で複雑な現象にまで、まったくもって厳格な仕方で適用すると言いはるのであれば、その人はこれまで実験が与えてくれたものから大きく超え出ることになり、したがってもはや実験の内部にいるのではなく、仮説を作っていることになります。この仮説の暗黙の前提を探してその下を掘り下げてみると、この仮説には、（…）古代の最初期にまで遡る信仰（…）以外の存在理由はないことが分かります。この信仰は、時間とは何物でもなく、何も創造できず、いささかも肯定的なものではないという考え、（…）非時間的な何かあるものの線的な展開にすぎないという考えにほかなりません」（二三七―八頁）。

＊11 アリストテレスとベネディッティのこの隔たったつながりについては、すでに第八講で予告的に先取りされている。「恒常的に再生される振り子の運動に、両端における休止の時間があるとしたら、運動がないように思われるところから運動が再び生まれることができる。これはつまり空間内の移動という形の運動において私たちに現れるものは、運動のすべてではないということである。そして、極限において運動が間欠的であるように思われるとしても、そこにはなお何かが、つまり運動の内部があるのだ、と」（強調引用者、一三九頁）。

＊12 ただし、物理的であっても、それが具体的な運動である限りは、この「瞬間」はけっして時間幅ゼロになることはない。そして、この後見るように、時間的内部がある限り意識が成立するのであれば、「汎心論」はもうそこにある（第十五、十七講を参照）。「運動は必然的に何か心理学的なものであり、運動は内部を有している――運動は内部なしには何ものでもないのですから――ことになります。（…）もしそうした運動が実在的であるなら、それ

はその運動が質を、内的質を持っているからであり、その運動が何か心理学的なものであるということです。ただしここへ至り着くためには、まず先ほど述べたように運動に内部を認め、運動を絶対的なものと考えるのでなければなりません」（二九二頁）。

*13 「持続とは必然的に以前と以後を含み込んだ何かなのですが、それは、もし以前と以後がないならば記憶も意識もないことになるがゆえに、そうなのです」（二六九頁）。「持続と本当に関係を持つには何が必要でしょうか。後続するものへの先行するものの浸透（pénétration）が必要です。連続性が必要であり、記憶が必要です。先にお話しした諸状態の一つ、例えば状態bがあるとしましょう。もしそれが真に心理状態であるなら、その過去の何がしかがその現在のうちに存続しているはずです。もし現在の瞬間がまだ次の瞬間のうちにないのであれば、状態は絶え間なく終わり、再開するだけです。絶え間なく終わり再開する意識、それは無意識（inconscience）です。したがってこの意識状態の前の部分が、後の部分に、後発の部分に延長されている必要があるのです」（八六頁）。

*14 「私たちが到達した説はこれとちょうど逆のものでした。実在的であるもの、揺るぎがなく、私としては堅固（solide）であるとさえ言いたい——というのもこの持続以外に堅固なものはなく、この持続とは意識なのですから——ような実在であるもの、こうした実在とは、流れてゆく個体的な現実存在たちなのです。（…）私は、こうした考えが反知性主義的な意味で解釈されて欲しくないと思っています」（二五五頁）。

*15 「もし事物の外側に身を置くのであれば、ひとは分割し、固定し、その結果、もはや持続はなく、流れ（écoulement）はありません。流れが捉えられるのは、内部に身を置くとき、観点（vision）が真に内的で心理的である場合だけなのです」（八六―七頁）。

*16 しばしば誤解されるが、ベルクソンの持続は決して分節なき「のっぺらぼう」の連続体ではない。『試論』からして、すでにその点を示すべく「異質的（hétérogène）」という術語を用いていたわけであるが、『物質と記憶』でははっきりと「持続のリズム」という概念が標榜されるに至る。プラトン『パイドロス』における表現に倣って「内的な分節」という措辞も用いられている。本書でも、ゼノンのパラドクスを論じるくだりで、「一歩一歩」（四九頁）という具体的な時間単位を尊重している。

訳者あとがき

藤田尚志

本書は、Henri Bergson, *Histoire de l'idée de temps. Cours au Collège de France 1902-1903*, édition établie, annotée et présentée par Camille Riquier, sous la direction scientifique de Frédéric Worms, Paris: PUF, 2016, 395 pp. の全訳である。本書には二〇世紀前半のフランスを代表する哲学者アンリ・ベルクソン（一八五九―一九四一）が、フランスの学問的権威の最高峰たるコレージュ・ド・フランス＊[1]（以下「コレージュ」と略す）で一九〇二―一九〇三年度に講じた講義が収められている。書名では省略されているが、正式な講義題目は「諸体系との関係における時間観念の歴史」（*Histoire de l'idée de temps dans ses rapports avec les systèmes*）である。何よりまず「時間の哲学者」として有名なベルクソンが、「時間観念の歴史」について講じた講義、しかも聴講者たちのノートではなく、速記者による速記録といういわばライブ録音である。ベルクソンが今まさに目の前で哲学史上の巨人たち（諸体系）と死闘を繰り広げている。一九九七年にパリのジャック・ドゥーセ文学図書館（Bibliothèque littéraire Jacques Doucet）に原稿が寄託されて以来＊[2]、ベルクソン研究者のあいだではその存在をよく知られた講義であったが、これまではそのうち二講分だけが二〇〇二年にアルノー・フランソワによって『ベルクソン研究年鑑』（*Annales bergsoniennes*）に発表されただけであった＊[3]。それが今回初めて完全版として刊行されたのである。彼がコレージュで行なった講義は全部で十一あるが、現時点では、全四冊の刊行が予定され、実際に刊行されている＊[4]。本書は（邦訳としても）その記念すべき一冊目として刊行されたものである。本書とともに、伝説の講義の幕が開ける。

1　ベルクソンのコレージュ・ド・フランス講義

本書の校訂者カミーユ・リキエ（Camille Riquier）＊[5]による当を得た「校訂者序」が付されているので、本講義がこれまで出版されなかった事情、ここに至って出版されることとなった経緯に関しては贅言を要しない。また、訳者の一人であり、現在の日本のベルクソン研究を文字通り牽引している平井の手になる解説が、躍動感あふれる文体で、本講義全体の概要、そして注目すべきポイントを過不足なく扱ってくれているので、それも不要である。ここではリキエの序、平井の解説で論じられなかった、あるいは簡単にしか触れられなかった講義周辺の事情を補っておくことにしたい。

まずはこの講義前後のベルクソン哲学全般の動向を見ておこ

う。一九〇一年はベルクソン哲学の「離陸」の年である。フランス哲学会での記念すべき発表「心身平行説と実証的形而上学」でベルクソンはこう宣言する。古い形而上学（デカルト、スピノザ、ライプニッツ）が依拠していた数学モデルと訣別し、「生物学、心理学、社会学などの諸学を考慮に入れて、より広くそれらの基礎の上に一つの形而上学を樹立しなくてはならない。その形而上学は、経験の重視という点で道を同じくするすべての哲学者たちの、絶えることのない、前進する、組織化された努力によって、ますます高まることのできるものである」（M, p. 488）。実際、ベルクソン自身も三つの前線において同時に戦っていた。第一の前線は、因果性に関する諸研究である。これは第一主著『意識に直接与えられたものについての試論』（一八八九年）のとりわけ第三章において意識と持続と自由の関係を理解するうえで決定的に重要な役割を果たした「因果性」の問題系を発展させるものであり、コレージュにおけるベルクソンの最初の講義『原因の観念』（一九〇〇―一九〇一年度）そして国際哲学会での発表「因果律への我々の信憑の心理学的起源についてのノート」（一九〇〇年）において展開された。第二の前線は、心理学的生のさまざまな水準に関わる研究である。これは第二主著『物質と記憶』（一八九六年）のやはり第三章において有名な逆円錐の図と共に提示された「意識の諸平面」の問題系を発展させるものであり、いずれも後に『精神のエネルギー』に収録される「夢」（一九〇一年）、「知的努力」（一九〇二年）といった講演・論文にまとめられた。第三の前線は、時間と進化についての諸研究である。これは第三主著『創造的進化』（一九〇七年）に結実することになる生物学的生の問題系を発展させるものであり、時間に関する二つのコレージュ講義（一九〇一―一九〇二年度、一九〇二―一九〇三年度）からスペンサーに関する演習（一九〇四―一九〇五年度、一九〇六―一九〇七年度）において深められた。ヴィエイヤール＝バロンも指摘する通り、これら三つの前線での同時展開は、爆裂した砲弾の破片のような、さまざまな方向へと向かう放射状の発展ではまったくなく、むしろ一点へと収束する諸々の線であり、それらのおおよそは『創造的進化』へと総合されることになる*6。

　以上の全般的な動向を念頭に置いたうえで、次に本講義に対してその枠組みを提供しているコレージュ講義全体について一瞥しておく。ベルクソンがコレージュ・ド・フランスで初めて講義を行なったのは、一九世紀末のことである。一八九七年、ギリシア・ローマ哲学講座を担当していたシャルル・レヴェックの代講を務めたのであった（講義　プロティノスの心理学、演習　プロティノス『エネアデス』）。ソルボンヌ大学の哲学教授に二度立候補するも落選し（一八九四年、一八九八年）、コレージュの「近現代哲学講座」でもガブリエル・タルドの後塵を拝したベルクソンだが（一九〇〇年）、同年レヴェックの死去に伴い彼の後任教授に選出される。コレージュ教授となった者はしばしば開講講義（leçon inaugurale）を活字化してきた（メルロ＝ポンティの『哲学をたたえて』、フーコーの『言説の領界』、バルトの『文学の記号学』など）が、非常に奇妙なことに――なぜならベルクソンの名講義ぶりはその後フランス中で話題となるのであり、実際『形而上学・道徳雑誌』は開講講義の数ヶ月前にその原稿掲載を打診していたのだから――決して活字化されることはなく、コレージュのアーカイヴにも残されていない*7。いずれにせよベルクソンは、以後十一の年度にわたって、原則的に一二月から翌年の五月にかけて、金曜日に講義を、土曜日に演習を行なっていた*8。その一覧は校訂者序にあるとおりである*9。

ベルクソン哲学の内的発展を辿るために本講義録に近づこうとする者にとってさらに重要なことは、講義・演習の時系列的な流れの中に厳密な論理を発見することである。だが、この題目一覧を眺めるだけでは、それは困難であるようにも思える(Soulez, p. 108)。『物質と記憶』から『創造的進化』へ、まして『創造的進化』から『二源泉』へという直線的な移行は少なくとも自明ではない。せいぜい言えることは、「演習で扱われている哲学者を見れば、一九〇三—一九〇四年度までと一九〇四—一九〇五年度以降のあいだに大きな断絶があることが分かる」ということであろうか。これはむろん、ベルクソンが一九〇四年のタルド死去に伴い、「近現代哲学」講座に異動したことによる。

土曜日の演習に関する詳しい報告は存在しないので、詳細は不明である。ベルクソン自身による要旨を見ても、演習については一・二行で簡潔にまとめられているので、それほど重要視していなかったのだろうか。だが、これらの演習が後の著作に対して持っている意義は決して小さなものではない。『創造的進化』第四章については よく知られているが(邦訳四八〇頁)、『道徳と宗教の二源泉』第二章も想起しておこう。一九三二年になってもまだベルクソン自身、忘れていなかったのだ。「私は、一八九八年のコレージュ・ド・フランスの講義で、「アフロディシアスのアレクサンドロスの『運命について』」という題目の下に、この偶然の観念を詳述した」(DS, p. 154)と書いている以上は。

2 本講義の位置づけ

本講義の最終講となる第一九講の結びの部分で、ベルクソンはこう述べていた。「以上が、前々年度と前年度、そして今年度の講義で私たちが辿り着いた結論です。というのも、この三年間に行なってきた講義はすべて、「カント哲学とは何にもまして自然の一にして完璧に整合的、すっかり概念的で体系的な科学というものについての理論の法典である」という考えを中心として、その周りをめぐってなされ、この考えがその結論として用いられたのですから」(三二七頁)。また、こうも言われていた。「過去三年のこの「コレージュ・ド・フランス」講義の目的は、はじめに告知しておきましたように、古代哲学が近代において蒙ったさまざまな変形を探求することにありました」(三二八頁)。ベルクソンが最初の三年間の講義(「原因の観念」、「時間の観念」、「時間観念の歴史」)をひとつのまとまりとして考えていたらしいこと、そこでは「哲学が辿らねばならなかった曲線の方向」を辿り、「古代哲学が近代において蒙ったさまざまな変形を探求すること」が問題となっていたこと、そしてその中心には自然に関する統合的な科学の哲学としてのカント哲学が位置していたことが分かる*10。

その中核には、次のようなテーゼがある。「私の意識は私に、自由をひとつの事実として明かし、時間の現実性・実在性を事実として明かし、そして何より、意識が多ければ多いほど、意識の強度が高ければ高いほど、要するに持続のうちに現実性が多くあればあるほど、より多くの自由があるということを私に理解させ信じさせてくれるのです」(第一四講)。残念ながら「原因の観念」講義と「時間の観念」講義については、後者の後半に関する部分的な速記録を除けば、ベルクソン自身によるごく簡潔な講義要旨と聴講者による講義要約・講義ノートが存在するだけだが、本書と読み合わせれば、これら初期三講義のおおよその流れを再構成できる。

まず「原因の観念」講義である。二部からなり、第一部は原因観念の分析である。言語と常識によってかなり縁遠いはずの諸関係が「原因」という名の下に集められているが、「困難のすべてはつまるところ因果法則を絶対的に厳格な形式の下で適用することから来ているのだ」というのが『試論』以来のベルクソンの主張である。「哲学者は、原因から結果への関係一般について考えるべきではなく、各々の特殊な場合において結びつけられる諸項からその関係が受けとるところの特殊な形態あるいはニュアンスについて推論すべきである」(M, p. 438)。因果法則の厳格さを主張することのうちには、「諸条件が与えられ、諸原因が与えられると、結果もまた与えられている」という暗黙の前提が含意されている。本書第一四講の主張は、この基本コンセプトの発展型として理解できる。「以上から、因果法則をあのような厳格な形式の下で立てることは、全古代哲学の暗黙の前提をはっきりと表明することにほかならないという帰結が生じてきます。すなわち、時間とは、時間ではない何かの展開であり繰り広げでしかないということ、時間とは永遠を展開するだけのものにすぎないということです」(本書二三七頁)。講義の第二部では、因果性に関する古代哲学者の観点と近世哲学者の観点との間の類似点と相違点とを明らかにすることが試みられたようである。

次に「時間の観念」講義であるが、これに関してはレオナール・コンスタンによるかなり詳しい要約が本書「補遺」に収められているので、幾つかのポイントだけに絞って強調しておこう。まず第一に、「金曜日の講義は、「時間の観念」の分析にあてられたが、それは、来年度に予定されている諸体系との関係における時間観念の歴史の検討を目指すものである」(M, p. 512) という言葉からも分かるように、本書との連続性がすでに前年度から意識されていたということである。次に、講義の第一部では、「直接に観察される持続とそれの表現ないし測定のためにそれを言い表す際に使わなければならない記号との間の隔たりから、哲学上の最大の諸問題の幾つかが生まれている」こと、「こうしてギリシア哲学は、ほぼすべて「生成」の問題を中心に回っているのであり、エレア学派におけるその問題の起源にまで遡るとき、それが大部分記号を通して時間を垣間見るときに感じられる困難さに由来している」ことが主張される(同上)。第三に、またしてもカントとの対決が、しかも、アンチノミーという核心部分において、試みられている(本書「補遺」参照)。第四に、本書とは逆に、第二部は歴史的なパートではなく、「実在的な時間とその記号的な表現とのあいだにこのような区別を設けることによって、哲学一般、特に心理学に対して、幾つかの帰結が導き出せる」(同上) ことを指摘している。こうして以上二つの講義が、第三番目の講義である本書において総合され、次の講義に展開していくに至る理路が瞥見されたことになる。

ちなみに、ベルクソンの書いたものと話したこと、著作と講義の関連も指摘しておこう。一九〇三年一月に『形而上学・道徳研究』誌に論文の形で掲載された「形而上学入門」は、ベルクソンの仕事の中で、はじめて哲学的な諸理論の歴史に対して重要な位置が与えられた作品である*[11]。この論文の最後の数頁は、まさに直観の観点から哲学の歴史を描き直している。つまり「形而上学入門」は、過去三年間のコレージュ講義の成果を凝縮したものだと言っても過言ではなく、やがて『創造的進化』第四章の「諸体系の歴史についての手短な考察」において頂点に達することになる。ベルクソン的思考の運動の最初の特異点である。なぜ「形而上学入門」以後、ベルクソンは自身の概念彫琢作業に、諸体系の歴史を統合することを必要不可欠と感じるようになったのか？　それは、持続・意識・自由が、それらを捉えきれない知性の無能力によって、否定的・消極的な側面から規定されるからであり、その無能力には或る種の理由・事情・必然性があるからであり、形而上学の歴史とは、まさにこの無能力とその諸様態の変遷の歴史に他ならないからである。アルノー・フランソワの言うとおり、『形而上学入門』のもう一人の著者であるハイデガーが、形而上学の歴史を「存在の忘却」の歴史と同一視したように、ベルクソンは形而上学の歴史を「持続・意識・自由の忘却」の歴史と同一視しているのだ。ベルクソンとハイデガーは、それぞれが特異な仕方で、ほぼ同時代に、哲学史との格闘を、哲学に不可欠の営みと見なして統合しようとしていたのである。

3　ハイデガー的「解体」とベルクソン的「否定」——哲学史読解をめぐって

ここで、ベルクソンとともに二十世紀最大の哲学者の一人であり、卓抜した哲学史家の一人でもあったハイデガーとの比較をごく手短に試みたい。まずベルクソンに関してである。ベルクソンが哲学史を読み直す際の読解格子は、論文「哲学的直観」において「直観のこの否定作用は何という特異な力でしょうか」(PM, p. 120) と言われる際の「否定」(négation) と密接に関連しているように思われる。「この力はどうして哲学史家の注意をもっと引かなかったのでしょう。哲学者の思想がまだ十分に確立されておらず（…）彼が肯定するところを変えるのは、それもまた直観あるいは直観的なイメージに備わる否定の力によるのです。（…）ある学説の紆余曲折というものは、このような出入りによって、すなわち自分を失っては取り戻し、際限なく自分を訂正していくことから出来上がっています。これが「発展」と呼ばれているものの正体なのです」(PM, pp. 120-121)。正確を期しておこう。ここでベルクソンが「否定」と呼んでいるものは、際限のない自己訂正の運動である。したがってベルクソン的な哲学史読解の原則は決して先に言及した心身平行論に関する論文に見られる次の言明と矛盾するものではない。「然りと否は哲学においては不毛です。興味深く、ためになり、実り豊かなものとはどの程度かということです」(M, p. 477)。実際、本書は、プラトン、アリストテレス、プロティノスにおいて古代哲学的時間論という「一つの同じ思考が発展し進展しつつ、三者それぞれがこれに独特の刻印を刻んでいく次第」（本書一八五頁）を丹念に辿っていく。あるいは、プロティノスにおける意識論と自由論の衝突——「要するに意識が立てる問いに示唆されたものである自由の理論を求めて出発したのに、この途を辿っていった結果、反対に、意識の証言を否認し、それと絶対的に矛盾するような理論に行き着くことになるのです」（本書二三九頁）——、ないしデカルト哲学に内在する二つの傾向である「直観」と「体系の精神」との間の緊張関係ないし「揺れ」(oscillation) を見て取っていたのも（本書二八一頁）、その種の「否定作用」に注目した哲学史読解であったと言えるだろう*12。

次いでハイデガーである。彼の『カントと形而上学の問題』は、

『存在と時間』の未刊の第二部の展開に連関して構想された講義を基にしている。この第二部は、ハイデガーの当初の計画では、「時間性の問題を手引きとする存在論の歴史の現象学的解体の綱要」を内容とするはずであった。ここで「解体」(Destruktion)と呼ばれているのは、伝統の否定ではなく、むしろ伝統をその積極的な可能性において、しかも常にその限界において示そうとする。例えば、カント解釈に関しては、『純粋理性批判』第二版では、第一版において熱情的な筆致で明らかにされた超越論的構想力は――悟性に好都合なように押しのけられ解釈し直されている」という点に注目し、以下のような解釈が提示される。

「この根源的な超越論的構想力に「根ざす」人間の本質構成は、カントが「われわれに知られない根」について語ったとき、彼が覗き込まなければならなかった「未知のもの」である。この未知のものはもちろん、われわれがまったく知らないものではなく、むしろ認識されたもののうちにあって不安の念を起こさせるものとしてわれわれに迫ってくるものだからである。しかるにカントは超越論的構想力のいっそう根源的な解釈を遂行しなかった。いな、彼自らがそのような分析への明瞭な予示をはじめて認識したにもかかわらず、そうした解釈に着手さえしなかった。反対に、カントはこの知られない根から退避したのである」(第三章第三一節)。

カント哲学に或る種の「退避」を見てとるハイデガー的読解は、ベルクソンの哲学史読解の原則「哲学的問題の多く、哲学において克服不可能であるとさえ思われている困難の多くは、事物の本性、ひいては人間精神の本性にさえ起因しているわけではなく、むしろある種の偶有的な状況に、すなわち歴史の中で人が問いを立て解決するに至ってきた仕方に起因するのだ」と共鳴している。「ある問題の来歴を歴史的に説明する(faire l'historique)こと、いかにして人が問題をある特定の形式で立てるに至ったのか、その形式で問題を立てているからこそ、解決が困難でいわば不可能なものとなっている次第を示すこと、これがつまりは問題の来歴を歴史的に説明することなのですが、これはほとんど問題を解決するということです」(本書二三五頁)*13。

ベルクソンも実際に、時間概念の歴史に分け入るにあたって、その前に予備的考察を展開している。前節でも述べたように、哲学的教説に関する研究(étude dogmatique)と哲学史的研究(étude historique)の不可分離性を唱えていた。一方、ハイデガーの『時間概念の歴史への序説』*14は、一九二五年の夏学期にマールブルク大学で行われた週四時間の講義を自筆手稿や学生の筆記ノートを基に再構成したものである。当初予定されていた表題は「時間概念の歴史」、副題は「自然と歴史の現象学への序説」であったというから、もし予定通り行われていれば、本書『時間観念の歴史』との対比はさらに興味深いものとなったであろう。実際に講義が行なわれたのは、序論と第一部だけであったが、当初の予定では、次の三部に分けて行われるはずであった。第一部「時間現象の分析と時間概念の獲得」に続く第二部「時間概念の歴史の開示」では、現在から遡って次のような追跡が予定されていたのである。

第一章　H・ベルクソンの時間論
第二章　カントとニュートンにおける時間の概念
第三章　アリストテレスにおける時間の最初の概念的

時間概念の歴史をこれら「三つの主要段階」に分けて追跡するのは、それらが「時間概念の相対的変革が形成された根拠地」を表示しているからである。ハイデガーはこう続ける。

> わたしが「相対的」というのは、時間の概念が根本において、アリストテレスが捉えたままに、固持されているからである。ベルクソンは実際、この概念を越えて、より根源的な概念に達しようとする試みをなしている。このことによってベルクソンを歴史的な時間概念の問いのうちで特別に論じることが正当化される。根本においては、すなわちベルクソンの前提している範疇上の基底——質——継起——を見ると、ベルクソンは伝統の中にとどまっている。すなわちベルクソンは事象を進展させていない。（GA20, 11）

「時間概念の歴史」に接近するための「基礎的考察法」は現象学である。時間についてのさまざまな哲学者の見解をどれほど綿密に集めても、そうした史的知識取得において絶えず何が問われているのかをあらかじめ明らかにしておかないかぎり、時間概念の史的研究から時間そのものの理解は得られない。では、時間概念の単純な究明で十分ではないのか。しかし、「最も内的な根底において史的である」ことなしに、真の哲学的営為もありえない。「現象学的」とはこの場合、「まさしく哲学的探究の根本の問い、存在者の存在への問いによって、哲学的作業が史的認識と体系的認識へと伝統的に分割されるに先立って存している根源的探究領域へ迫る」（10）研究方法を指すのである。

　このように時間概念の歴史に関して一見きわめて類似した問題構成に拠る両者の違いは①哲学史観、②言語観、③転回観と少なくとも三つの次元に直接表れている。二人はかなり異なる形で哲学の歴史と向き合ってきたわけだが、「哲学史を読み直す」という営為は、一方で「言語」の問題と格闘するという営為と切り離せず、他方で「思考の転回」「危機」の問題とも切り離しえない。ごく簡潔に指摘しておこう。

①哲学史の読み直し作業　ハイデガーとベルクソンに共通しているのは、形而上学の完成をプラトンとアリストテレスに見ることであるが、その超克の仕方は異なっている。ハイデガーには、かつて Vorsokratiker と呼ばれ、現在では「初期ギリシア哲学者」と呼ばれる者たちへの執拗な回帰があることはよく知られている。ハイデガーは初期ギリシア哲学に遡ることで超克しようとするのに対し、ベルクソンはプロティノスに下ることで超克しようとする。

ベルクソンとハイデガーの顕著な違いは、プロティノスに与えている重要性に関わる。ハイデガーが明らかにプロティノスを重要視していないのに対し、ベルクソンはプロティノスに「古代哲学の完成」を見ている（本書第一四講）。ハイデガーは数多くの論文・講義を古代ギリシア哲学者の研究に捧げているが、プロティノスに関してはほとんど触れられていない[*15]。それに対して、一九五九年にモセ＝バスティッド（Rose-Marie Mossé-Bastide, 1909-1999）が『ベルクソンとプロティノス』（*Bergson et Plotin*, PUF, 1959）を博士副論文として提出したことからも窺えるように[*16]、ベルクソンはかなり早い時期からプロティノスに親しんでいた。

最後に、ベルクソンの本講義における大きな特色であり、同時にハイデガーの哲学史読解との顕著な差異は、もちろん古代哲学に大きな割合を割きながらも（「ギリシア・ローマ哲学講座」から来る特権でもあり制約でもあるが）、哲学史が科学の歴史と密接に絡み合ったものとして描き出されているということである。とりわけ第一五・一六講で展開された「半分数学的（semi-mathématique）で半分形而上学的（semi-métaphysique）な、実に特殊な考察」に彼の科学史との距離感が顕著に表れている。

②二つの言語観　ハイデガーにとって「言語は存在の家である」。住居モデル、居住モデルである。ベルクソンにとって言語は、生成変化の交通手段（transport）である。郷愁や回帰ではなく、歓喜であり前進（marche en avant）である。ロゴス理解をめぐって、両者はまたしても交錯する。ハイデガーは『形而上学入門』において、ヘラクレイトスとパルメニデスから出発して、古代ギリシア哲学におけるロゴスの役割の根本的捉え直しを提案する。それによれば、ロゴスとは「存続的集約」である。これに対して、本講義第二部は、古代ギリシア哲学の代表的な哲学者たちの時間論を概観する。その導入的な役割を果たす第五講でベルクソンは、古代ギリシア哲学全般の特徴、「ギリシア精神の真に特徴的な特性」（九七頁）は「精確さ」（précision）であると語っている。『思考と動き』冒頭の有名な言葉「〔従来の〕哲学に最も欠けているのは精確さである」（PM, p. 1）を思い起こすなら、無視できない重要性を持つ言葉である。そして、プロティノスの哲学において、ロゴスは「最前面に登場して」くる、とベルクソンは言う。ベルクソンによれば、プロティノスのことを理解しようと望むのであれば、「観念と生成変化のあいだに張り渡された」発生的根拠（raison génératrice）としてのロゴスから出発しなければならない。プロティノスは「ひそやかなやり方ではあれ、この有機組織化という意味がロゴスという語の元々の意味にどのようにして付け加えられるのかを、私たちに示すように心を砕いていた」。その元々の意味とは「役者の役のようなもの」「役者が朗唱する役の台詞」である。或る生物の生命、それは書かれた台詞の朗誦のようなものであり、「巻き取られたものの繰り広げ・展開」である。こうして、思考と生命性という「現実の本質的な二つの側面」が「言説という語を意味する同一の語によって表現される」ことになる。

③二つの転回（Kehre と tournant）　「危機を司っているのは、この、いまだ熟考されていない、おのれを転回するはたらきなのである」（GA79, 71）。ベルクソン的 tournant 同様、ハイデガー的 Kehre も決して単にある状態から別の状態への意向を意味しているわけではない。「しかしまだひとつ最後の企てを試みねばなるまい。それは、経験をその源泉にまで求めに行くこと、というよりはむしろ、経験が私たちの有用性の方向に屈折して固有な意味で人間的な経験になるその決定的な転回点（*tournant* décisif）を越えたところまで、それを求めに行くことであろう」（MM, pp. 360-361. 強調原著者）。

4　声の肌理（grains du voix）——本書の魅力と危険

リキエが校訂者序で力説しているとおり、本書はたしかに、これまでに出た数々の講義録[*17]の中でも最も肉声に近い、いわばベルクソンのライブ音源のような側面を持つ。これまでに刊行されてきた講義録はどれも学生のノートに基づくものであった。しかし、今回は違う。病気がちであったペギーが、当時宣誓速記者（sténographe assermenté）ないし法廷速記者（sténographe judiciaire）をしていたラウールとフェルディナンのコルコス兄弟を雇って作らせた速記が基になっている以上、ある意味ではベルクソン

声〟とも言えるものである。実際に講義を読んでいただいた方は、即座に違いを実感されたことであろう。私たちがこれまでに読んだどの講義録よりもリアルなディテールの数々が、圧倒的な説得力をもって読む者に迫ってくる。これらの講義が瞬く間に広く好評を博していったのも頷ける話である。ペギーはサン・ジャック通りを挟んだ二つの機関のあいだには驚くべきコントラストがあると語っていた。ソルボンヌの教授たちは常に source（原典・原資料・出典・典拠）について語っていたが、ベルクソンは sourcier（振子や棒で地下水を発見する水脈占い師）だったのだ、と*18。魅力的な語りを構成する要素の一つに巧みな喩え（comparaison）がある。これらはおそらく著作以上に講義録において威力を発揮しているのではないか。

だが、魅力と危険は隣り合わせである。学生のノートを基にした講義録ならば、私たちは初めから適度の警戒感と緊張感をもって、それらに接近することができた。しかし、その名も「ベルクソンのコレージュ・ド・フランス講義『時間観念の歴史』（一九〇二—一九〇三）の校訂に関する批判的注記」と題する論文において*19、シルヴァン・マットン（Sylvain Matton）——この後何度も登場する本「あとがき」中の重要人物なので、記憶に留めておいていただきたい——も鋭く指摘するように、本書の元となった原稿は、速記者による速記をタイプ原稿として打ち直したものである（Matton, p. 2）。コルコス兄弟による速記をいったい誰がタイプしたのかさえリキエの序からは明らかではなく*20、時に誰の手になるものか不明な書き込みや添削すら見られる（リキエはペギーのものと推定している）というように、二重三重に人の手が入っている。少し長いが、マットンの指摘を引用しておこう。「本書の裏表紙が確言するところによれば、『時間観念の歴史』に関する講義は、「シャルル・ペギーの速記者たちによって一言洩らさず書き留められた」。以上相違なし、である。だが、いかなる速記者、たとえ宣誓した速記者といえど、聴き取り間違いを免れるものではない。そのうえ、本書の速記は、タイプ原稿にするために転記されており、どんな転記も、新たな間違いの潜在的な源泉である。それに、タイプ原稿が講演者によって見直されていない（今回はまさにそのケースである）以上、速記を転記したタイプ原稿は、綴りに関しても、句読点に関しても、段落の区切り方に関しても信頼性（autorité）のあるものでないことに議論の余地はない。このような状況下では、『時間観念の歴史』に関する講義のタイプ原稿を純粋かつ単純に復元したとしても、満足のいくものにはならないであろう。そのようないわば当たり障りのない（diplomatique）校訂が正当化されうるのは、講義の筆記者が、何らかの形で思想史や歴史一般において興味を惹く人物である場合のみである。例えば、アンリ四世高校において一八九一—九二年度・一八九二—九三年度にベルクソンによって行われた哲学講義について、〔戯曲『ユビュ王』などで有名なフランスの劇作家・詩人〕アルフレッド・ジャリがノートをとっていたケースがそれに当たる。あるいは本書の場合も、もしペギー本人が講義のノートを取り、あるいは書き写していたとしたら、まさにそのケースに当てはまっていたであろう」（*id.*, pp. 2-3）。フェルディナン・コルコス（一八七五—一九五九）はたしかにシオニズムと社会主義の歴史において一定の役割を果たした重要人物であるが、彼がベルクソンの講義に接したのは速記者という職業を通してである以上、先の二例と同列に論じることはできない。

以上のマットンの指摘の中で最も重要と思われるのは、本講義録はベルクソン本人の許可を得て出版されたものではないという点である。もちろん、権利問題のためではない。思想表現の媒体としての文章のレベルで、ベルクソン本人の校閲を経ていない、まさに文字通り著者自身によって「オーソライズ **authorize**」されていないという点が見逃せないのである。現在刊行中のフーコーの講義録やデリダの講義録には、多くの場合、彼ら自身があらかじめ準備した読み上げ原稿があり、場合によっては録音さえ残されている。これに対して、ベルクソンのコレージュ・ド・フランス講義には原稿も録音も残されていない。これは講義録を公刊するにあたって、重大な障害となりかねない事実である。コルコス兄弟がたとえプロの速記者であり、かつ哲学に深い造詣があるとしても、彼らの速記・転記に間違いが潜んでいないとは限らない。まして本講義では哲学だけに限っても、古代ギリシアからルネサンス・近世を経て現代に至るまで、さまざまな時代のさまざまな哲学者の文献がそれこそ縦横無尽に引用され、分析・検討されている。さらに講義中盤（第十五・十六講）では、哲学と交差する形で、カヴァリエリからガリレイ、ケプラーを経てニュートンに至る、数学・物理学の歴史がディテールを伴って物語られている。速記者が名前や概念を誤って書き留めてしまったとしてもそれほど不思議ではない。

　さらに、講義の文字起こしに関しては原理的な問題がある。実はこちらのほうが厄介とも言えるのだが、それは「どのように書き起こすのか」という問題である。録音が残っていれば、筆写は簡単だと考える人は多いだろう。だが、事はそう単純ではない。同じ文章でも言い方ひとつで意味するところは無限に変化する。「それは歴史的偉業だ」は賛辞なのか、皮肉なのか。「思想のしんか」という言葉が発せられたとして、それは「進化」なのか「深化」なのか「真価」なのか（それらすべてを包含しているという可能性もある）。言葉を発した当時は思ってもみなかった意味が、言葉を発したという事実そのものによって現れてくる場合もあるだろう。この無意識と言語の関係性ゆえに、概念的な言葉遊び（例えば **Les noms du père/Les non-dupes errent.**）を駆使し続けた極限的な事例は、精神分析家ジャック・ラカンの『セミネール』であった。微妙な言葉のニュアンスや声のトーン、きっぱりとした調子も、ためらいや言い淀みも、紙上に復元するのは至難の業だ。流麗に朗々と繰り広げられる語りをどこで切るのか。切るとして、ピリオドなのか、コロンなのか、セミコロンなのか。はたまた平叙文なのか、疑問文・感嘆文なのか、などなど。要するに、いかに「名講義」であっても、いや名講義であればこそますます、録音しそのまま書き起こせば「名講義録」になるとは限らない。たとえ本人が書き起こしたとしても、文字による書き起こしはいわば講義の再創造、再解釈にならざるをえないのである。

　したがって、ベルクソンの講義録は、そのようなブラッシュアップを経ていない、なまの書き起こし原稿のようなものだと考えておいたほうがよい。リキエはそのような性質のタイプ原稿に対して、なるべく介入しないという方針を採択した。これは、フランス語の「正典《スタンダードエディション》」を作るという重い任務を背負った者の選択としては十分理解できることであり、**diplomatique** というマットンの批判はいささか辛辣に過ぎるのではないか。

5　翻訳の方針

このような「正典」としてのフランス語版がすでに存在しているからこそ、日本語版では言ってみれば可能な限り「校閲」を加え、読みやすさ・理解しやすさを重視したエディションを目指すことにした*21。もちろん急いで付け加えておくが、原典に忠実なことは言うまでもない。翻訳の精確さには万全を期したつもりである。しかし、私たちはそれに加えて、次のような補正・補足を試みた。

マットンの寄与　我々の（本邦訳の）翻訳方針に関して、真っ先に言及しないわけにはいかない一つの重要な存在がある。それは、先にも言及したが、本書の原書刊行の翌年に発表されたシルヴァン・マットンの批判的書評である。マットンは、アンリ四世高校でのベルクソンの心理学講義*22の出版・校訂を手掛けた人物としてベルクソン研究者の間では知られているが、この書評において、マットンはリキエの校訂に対して、さまざまな角度から批判を加えている。時にいささか辛辣の度が過ぎるこの文章が、しかしながら看過しがたいものであるのは、これがフランス国内における派閥闘争あるいは個人的ルサンチマンを反映しただけの単なる誹謗中傷の文書でなく、とりわけギリシア語やラテン語の表記ミスに関する厳密な指摘、校訂者注に対するきわめて的確な補足や提案に溢れたものでもあるからである。私たちは、マットンの個別の指摘や補足を最大限取り入れている。

マットンの校訂方針　しかし他方で、残念ながら原理的な問題で取り入れられなかったものもある。マットンは、「転記者の誤記を校正し、講演者はそのままに」を一般的な格率（maxime）として、次の三つを校訂上の原則としている（Matton, p. 3）。いずれも厳密で素晴らしく、ここで紹介するに値するとは思うが、以下に述べるような理由で、ほとんどの場合、原理的に邦訳では採用できない、ないし実際的に本書では採用しない。

①マットンは「タイプ原稿に綴り間違いがある場合、注記なしに修正し（リキエが断りなく*Enéade* を *Ennéade* と、Clark を Clarke と訂正しているように）、意味的に影響がある場合のみ修正したことを注記すること。また、複数の綴りが可能な場合、講義と同時代にベルクソンが用いていた綴りに合わせること（例えば、リキエがタイプ原稿の Leibniz という綴りを Leibniz に訂正したのは妥当である。というのも一八八九年刊行の『試論』（pp. 113, 116, 163）においては前者であったが、一八九六年の『物質と記憶』（pp. 26, 215）ではすでに後者の綴りが採用されていたからである）」を第一原則としている。だが、日本語訳の場合、「ライプニッツ」の元々の綴りがどうであったかということはそもそも表記上問題になりえないので、注記はしない。名前などの綴り間違いが気になるというのはすでに相当専門的な関心であって、その場合、フランス語の原書に当たってもらうのが一番であろう。

大文字・小文字に関する著者の流儀――例えば、ベルクソンは「古代人たち」と言いたい場合、たいてい正書法に則って les anciens と書き、les Anciens とは書かない――についても、マットンは「ベルクソン流」に統一することを提唱しているが、幸いなことに日本語翻訳では表面化しないことがほとんどである。しかし、内容的に問題になる場合もある。ベルクソンが、プラトン的な「イデア」という意味を込めて大文字の Idée と言ったのか、単に「観念」

という意味で小文字のidéeと言ったのか、アリストテレス的「形相」(Forme)か単なる「形態」(forme)か、といったケースである。私たちは気になるケースに関して、煩瑣になることを厭わず原語を挿入することにした。

②句読点の打ち方(ponctuation)に関して「可能な範囲で(dans la mesure du possible)ベルクソンのそれに合致させる」ことを原則とし、注記なしで修正すること、意味的に重要な影響がある場合には、タイプ原稿に対して加えた修正を注記することが望ましいとマットンは言う。この原則はフランス語版ではきわめて重要になりうるが、二葉亭四迷の『あひゞき』ではあるまいし、日本語への翻訳において忠実に再現可能であるとは思われないので、これも原則としては放棄した。ただし、時に解釈に関わる致命的な誤りであると思われたケースがあり、それに関しては注記し、翻訳を変更した(例えば、注311、316、430、513参照)。

③速記者ないしタイピストに帰される誤りとベルクソン本人に帰される誤りを区別し、前者に関しては、本文中では特段の注記なしに修正し、注に修正したことを記す。後者に関しては、注でその旨を記すが、本文はそのまま保持する。マットンはこの点に関しても、リキエを批判している。リキエは自らの校訂方針についてまったく明らかにしていないが、「綴りや句読点の打ち方に至るまでタイプ原稿を再現するという立場」を選択しているように思われる(タイプ原稿に修正を加える場合、必ず[ ]によって修正であることを明示している)。これは残念な選択(choix regrettable)だ、なぜなら十分に満足のできる状態にないテクストを私たちに提供することになるからだ、と(Matton, p. 3)。これもフランス語の正典をつくる際には問題になりうることであるが、私たちにとってはタッチしようのない問題である。

我々の翻訳方針 次に私たちが翻訳作業においてどのような操作を加えたかについても明示しておこう。

(1)本講義録の文章には、繰り返しがかなり多い。ベルクソンの教育者としての配慮が如実に窺えて興味深いとも言えるが、読み物としてはやはり冗長な印象を与えるものであり、翻訳として妥当な範囲で簡素化を心掛けた。例えば、原書三二七頁にqu'aux résultats acquis, aux résultats obtenusとあり、直訳すれば「獲得された成果、得られた成果によってしか」となるが、ベルクソンがもし自分で講義録の書き起こしに筆を入れ読みやすくするとしたら、ほぼ間違いなく一つにしたと思われるので、こういった場合は圧縮し「得られた成果によってしか」(本書三一八頁)とした。意味のある言い換えの場合はもちろん残してある。

(2)読者の理解に資することを願って、原書には付されていない図をいくつか追加したり、原書の図が不正確である場合は改良を加えた。図が我々の追加・改良したものである場合、訳注や図のキャプションでその旨断っている。

(3)速記者(コルコス兄弟)・校訂者(リキエ)のいずれかに起因するであろうミスや思い違いを指摘・修正した。その際、マットンの指摘を可能な限り取り入れた。指摘・修正がマットンによるものか、訳者によるものかもその都度明確にしている。したがって、注には原注(リキエの注)と訳注(我々+マットンの注)があるが、私たちはそれらを別々の場所に分けて置くことはしなかった。どちらもベルクソン本人の付けた注ではなく、ベルクソンの言ったことを分かりやすくするために、他の誰かが付けた注という意味で変わりはないからだ。リキエもマットンも私たちも、言ってみれば等しく「校閲者」の立場にあり、よりよいエディションを作るための努力を全員でしているという理解で注をひとところにまとめた次第である。

（4）本講義録の半分以上を占めるギリシア哲学に関する部分の翻訳に関しても一言しておこう。ベルクソンは基本的にはその場で原典から逐語訳していることが多い。したがって講義の原文中には、例えばプロティノスなら、①彼のギリシア語と②ベルクソンによる逐語訳が記されている。これに対して、リキエは補足として、プロティノスのケースなら、フランスで比較的広く流通していた③ブレイエ版の翻訳を注に付している。ベルクソンの逐語訳は原文を適宜省略している場合もあるし、前後の文脈があった方が分かりやすい場合もあるからである。私たちとしては、煩瑣を厭わず、ギリシア語原文とベルクソンによる逐語訳、そしてブレイエ版の翻訳に加えて、④邦訳『プロティノス全集』の該当部分も併記することにした。ベルクソンによる解釈が何をどのように切り取っているかが少しでも精緻に読み取れるようにとの配慮からである。逆に、省いたものもある。リキエはギリシア語の単語や引用が登場するたびごとに、ラテン文字による翻字・文字転記（transliteration）を併記しているが（理由や諸事情については注110を参照されたい）、マットンの指摘するように「ベルクソン本人は決してギリシア語を文字転記しなかった」こともあり、ラテン文字による転記はカットした。意味を取りたいだけなら日本語翻訳があるし、ギリシア語が読めるならラテン文字転記はそもそも必要ないからである*23。

翻訳の分担について説明しておく。まず序と第一講から第五講を藤田が、第六講から第十講を岡嶋が、第十三講から第十七講を木山が、第十一・十二講および第十八・十九講および補遺を平井が訳出した。詳細は省くが、その後四人で互いの担当部分に関して数度の翻訳チェックを行ない、最終調整を藤田と平井が行なった。したがって翻訳に関する最終的な責任は藤田と平井にある。

最後に謝辞を述べたい。まず何よりも平井さんに。大変な時期にいつも快く助けていただいて、本当に言葉に尽くせないほど感謝しております。次に、共訳者の岡嶋さん、木山さんに。当初は下訳をお願いするだけのつもりが、見事なお仕事ぶりに、いつしか頼もしい共訳者としてこちらが頼ってばかりになってしまいました。篤く感謝いたします。上記（3）（4）の作業に関しては、とりわけ上智大学博士後期課程在籍中の若手ベルクソン研究者（ベルクソンと新プラトン主義の関係について研究をされている）持地秀紀氏の貴重なご助力を得たことを強調しておきたい。きわめて良質の校訂注が実現できたとすれば、それは彼の惜しみない協力のおかげである。また、会ったことはないが、シルヴァン・マットンの存在も大きかった。彼の論文の存在を偶然発見したのは不覚にも翻訳作業の最終盤であり、そこから大慌てでいろいろな確認・修正作業に着手せざるを得なくなったが、そのおかげで翻訳チェックのレベルを一段引き上げることになった。マットン論文がなければ、翻訳のクオリティが一段も二段も低いものであったことは疑いえない。記して感謝に代えたい。そして本書の翻訳出版をご提案くださった書肆心水社長の清藤洋さんにも心からお礼を申し上げます。度重なる翻訳作業の遅延にもかかわらず、最後まで辿り着くことができたのは、ひとえに清藤さんが辛抱強く叱咤激励してくださったおかげです。以上のどなたを欠いても、とても完成まで辿り着くことはできませんでした。本当にありがとうございました。

注

＊1　せっかくの機会なので、ここで十九世紀以降のコレージュ・ド・フランスの哲学関係講座をまとめておこう。「ギリシア・ローマ哲学」(Philosophie grecque et latine) 講座の歴代の正教授には、Édouard BOSQUILLON（在任期間 1775-1814）、Jean-François THUROT (1814-1832)、Théodore JOUFFROY (1832-1837)、Jules BARTHÉLÉMY SAINT-HILAIRE (1838-1852)、Émile SAISSET (1853-1857)、Charles LÉVÊQUE（講師 1857-1860、正教授 1861-1900）、Henri BERGSON (1900-1904) がいる。「ギリシア・ローマ思想の歴史」(Histoire de la pensée hellénistique et romaine) と名前を変えた講座が一九八一年に Pierre HADOT (1982-1991) のために創設された。一八七四年に創設された「近現代哲学」(Philosophie moderne) は Jean NOURRISSON (1874-1899)、Gabriel TARDE (1900-1904)、Henri BERGSON (1904-1921)、Édouard Le ROY (1921-1940)、Louis LAVELLE (1941-1951)、Maurice MERLEAU-PONTY (1952-1961) によって引き継がれていった。一九六二年に「認識の哲学」(Philosophie de la connaissance) 講座が Jules VUILLEMIN のために創設され、一九九〇年まで続く。一方で「中世における哲学の歴史」(Histoire de la philosophie au Moyen Âge) 講座が一九三二年から一九五〇年まで Étienne GILSON によって担当された後、Martial GUÉROULT (1951-1962) のために「哲学的諸体系の歴史とテクノロジー」(Histoire et technologie des systèmes philosophiques) という講座に置き換えられ、次いでこの講座は Jean HYPPOLITE (1963-1968) のために「哲学的思考の歴史」(Histoire de la pensée philosophique) と名付けられる。この講座は次いで Michel FOUCAULT (1970-1984) のために「思考の諸体系の歴史」(Histoire des systèmes de pensée)、Gilles-Gaston GRANGER (1985-1990) のために「比較科学認識論」(Épistémologie comparative) となった。一九九四年に創設され、Jacques BOUVERESSE (1995-2010) が講じていた「言語と認識の哲学」(Philosophie du langage et de la connaissance) は「認識の形而上学と哲学」(Métaphysique et philosophie de la connaissance) 講座に引き継がれ、二〇一〇年以来、Claudine TIERCELIN が講じている。一九九九年には「生物学・医学の哲学」(Philosophie des sciences biologiques et médicales) が Anne FAGOT-LARGEAULT (2000-2009) のために、「科学的諸概念の哲学と歴史」(Philosophie et histoire des concepts scientifiques) が Ian HACKING (2001-2006) のために創設された。最近では、Alain de LIBERA のために二〇一四年に「中世哲学史」(Histoire de la philosophie médiévale) が創設された。狭義の哲学分野ではないが、他にもポール・ヴァレリー、ロラン・バルト、マルセル・モース、クロード・レヴィ＝ストロース、ピエール・ブルデューなど錚々たる人々がコレージュの歴史に名を連ねている。

　ベルクソンは、この壮麗な歴史に対して、決して受動的に書き込まれるがままになっていたわけではなく、モセ＝バスティッドやスーレーズも指摘するとおり、コレージュの教授会で幾つかの interventions（関与・介入）を行なっていた（本稿のコレージュに関する情報は、以下でも同様に、次の二著に依拠している。Rose-Marie Mossé-Bastide, *Bergson éducateur*, PUF, 1955, chap. III « Bergson professeur au Collège de France » ; Philippe Soulez et Frédéric Worms, *Bergson. Biographie*, Flammarion, coll. « Grandes biographies », 1997, chap. V « Le Collège de France »）。（1）一八八七年に新設された「実験・比較心理学」(Psychologie expérimentale et comparée) 講座は

Théodule Ribot（1888-1901）の引退後、消滅の危機にあったが、ベルクソンは維持することを主張し、Alfred Binet に対して、Pierre Janet（1902-1934）を推薦する報告書を書き、当選に導く。（2）自身が担当していた「ギリシア・ローマ哲学」講座の後任に立候補者がおらず、講座が消滅した後、ベルクソンはピエール・ジャネとともに「社会学」講座の創設を提案する。

＊2　コレージュ講義を「公刊された著作が構成する楽譜の演奏」と評し、その「即興演奏《インプロヴィゼーション》」を高く評価していたフィリップ・スーレーズ（一九九四年に逝去）は、したがって、おそらく講義の詳細を知りえなかった（Soulez et Worms, *op. cit.*, p. 107）。彼の描くコレージュ講義の像と、本書を読んで読者が受けるであろう印象との若干の齟齬は、そこに由来するのではないか。

＊3　*Annales bergsoniennes*, vol. I, Paris : PUF, coll. « Epiméthée », 2002, pp. 25-68.

＊4　速記者によって講義のすべてが速記された二つの講義（本書と、一九〇四―一九〇五年度の「自由の問題の進展」）と部分的に速記された二つの講義（一九〇一―一九〇二年度の「時間の観念」と一九〇三―一九〇四年度の「記憶の諸理論の歴史」）である。本書の後に、次の三冊が順次刊行された。*L'évolution du problème de la liberté. Cours au Collège de France 1904-1905*, édité et présenté par Arnaud François, janvier 2017, 384p. ; *Histoire des théories de la mémoire. Cours au Collège de France 1903-1904*, édité et présenté par Arnaud François, janvier 2018, 392p. ; *L'idée de temps. Cours au Collège de France 1901-1902*, édité et présenté par Gabriel Meyer-Bisch, mars 2019, 240p.

＊5　まずは二〇〇八年に刊行された『物質と記憶』校訂版の校訂者として（Henri Bergson, *Matière et mémoire. Essai sur la relation du corps à l'esprit*, édité par Camille Riquier, PUF, coll. « Quadrige », 2008）、次いで博士論文を改稿し二〇〇九年に刊行した『ベルクソンのアルケオロジー』によって（Camille Riquier, *Archéologie de Bergson. Temps et métaphysique*, PUF, coll. « Epiméthée », 2009）——二〇一〇年にこの著作でアカデミー・フランセーズのラ・ブリュイエール賞（prix La Bruyère）を受賞した——、ベルクソン研究者のあいだではよく知られた存在である。

＊6　ジャン＝ルイ・ヴィエイヤール＝バロン『ベルクソン』（上村博訳）、白水社文庫クセジュ、七九―八〇頁。以上三つの前線に関する記述はヴィエイヤール＝バロンの簡潔な示唆を発展させたものである。

＊7　スーレーズはその理由を、ベルクソンが「ギリシア・ローマ哲学」講座での職務を「暫定的な職務」と考えていたからではないかと推測しているが（Soulez, p. 105）、我々としてはそれよりも、開講講義の三か月前（一九〇〇年九月一七日）にグザヴィエ・レオンに送られた手紙に手掛かりがあると考える。「私の開講記念講義についてですが、Ch・レヴェックの著書の解題になるか、哲学についてのより総括的な見解に関するものになるか、まだ分かりません。しかしもし仮に後者を選んだとしても、この講義は『形而上学・道徳研究』の論文の枠内に入る性質のものにはならないと思われます。といいますのも、聴衆が私の研究を読んでいないということを仮定しなければならない——常にそうするべき仮定です——ので、輪郭の曖昧な、一般的な事実を話すにとどめる必要があるからです。」（『ベルクソン書簡集I　1865-1913』（合田正人監修・ボアグリオ治子訳）、法政大学出版局、二〇一二年、四〇―四一頁）。ちなみに、コレージュ講義録の最終巻として最近刊行された『時間の観念』の補遺には、ジャック・シュヴァリエによるノートではあるものの、『原因の観念』の講義要約が収録されており、件の開講講演（pp. 184-187）の概要を知ることができる。それによれば、「形而上学とは何か」がテーマとなっており、「心身平行論……」に近い内容であったと考えられる。

*8　ちなみに、講義と演習というこの組み合わせは、例えばフーコーのコレージュ・ド・フランス講義においても踏襲されている。フランソワ・エヴァルトらによる「緒言」にはこうある。「コレージュ・ド・フランスの教育は、特別の規則に従っておこなわれる。教師には、年に二十六時間の講義が義務づけられる（最大その半分を演習にあてることが許される）。教師は毎年、独自の研究を発表しなければならず、毎回新たな内容が要求される。講義および演習への出席は完全に自由であり、登録も学位も必要とされない。そして教師は、登録も学位も授けない。コレージュ・ド・フランスで用いられる言い方をするなら、教師は学生を受け持つのではなく、聴講者を受け持つのである」（『ミシェル・フーコー講義集成XI　コレージュ・ド・フランス講義一九八一―一九八二年度　主体の解釈学』（廣瀬浩司・原和之訳）、筑摩書房、二〇〇四年、iii頁）。

*9　校訂者序（本書二〇頁）を参照。ベルクソン自身による要約が『雑纂』（*Mélanges*）に再録されており、邦訳『ベルグソン全集』第八巻「小論集I」（白水社）には、最後の二つを除く要約が収められている。

*10　ベルクソンによるカント哲学との対決に関しては、以下の拙稿を参照のこと。藤田尚志「永いあいだ客として遇されてきた異邦人――リキエによるベルクソン的カント主義解釈をめぐって」、平井靖史・藤田尚志・安孫子信編『ベルクソン『物質と記憶』を診断する――時間経験の哲学・意識の科学・美学・倫理学への展開』所収、書肆心水、二〇一七年、五九―八二頁。

*11　以下の記述は次の研究に依拠している。Arnaud François, « Histoire de la mémoire et histoire de la métaphysique », in *Annales bergsoniennes*, tome II, PUF, coll. « Epiméthée », pp. 17-40. ただし、アルノー・フランソワが「形而上学入門」を次の「記憶の諸理論の歴史」講義との関連で持ち出しているのに対して、私たちはそれ以前の三年間の講義の結晶と見なしているという重大な違いがある。

*12　ハイデガーにとっても、ベルクソンにとっても、デカルトは「形而上学的根本立場の変転」を遂行した人物である。（1）主体とその自由、（2）「意識」概念、（3）近代科学の行く末などに関して、いずれ両者のデカルト解釈を比較してみたい。

*13　ベルクソンとハイデガーのカント読解がまさに図式論に関して交差するという点は別のところで示した。藤田尚志「ベルクソンからハイデガーへ――リズムと場所（内在的感性論と内在的論理学）」、『西日本哲学年報』第二五号（二〇一七年一〇月）、一一七―一三九頁。同号所収の西山達也氏による論文および『ハイデッガー全集』第二一巻『論理学――真性への問い――』、創文社、一九八九年、二一一頁も参照のこと。

*14　Martin Heidegger, *Gesamtausgabe*, Bd. 20, Prolegomena zur geschichte des Zeitbegriffs, GA20.

*15　アニック・シャルル＝サジェ「除去と放下　ハイデガーとプロティノス」（石原陽一郎訳）、『現代思想』一九九九年五月臨時増刊号「総特集＝ハイデガーの思想」、七八―九三頁。

*16　ただし、当時、講義の引用はタブー視されていたため、この書物の刊行は物議を醸した。Émile Bréhier (1876-1952), « Images plotiniennes, images bergsoniennes », in *Les Etudes bergsoniennes* tome 2, Paris: A. Michel, 1949, pp. 105-128. 他にもベルクソンとプロティノスに関する研究としては、リキエや持地のものがある。

*17　ベルクソンが高校《リセ》で行なった講義に関してリキエが校訂者序に挙げている講義録には一つ漏れがあるとマットンが指摘しているので、ここで補足しておく。Cf. Henri Bergson, *Leçons clermontoises*, édité par Renzo Ragghianti, Paris: L'Harmattan, t. I, 2003, t. II, 2006.

*18　本書は講義録であり、当時の講義の雰囲気をよく伝えている、その意味でも貴重な資料である。例えば、ベルクソンの講義の雰囲気と言えば、「社交界のマダムたちが押しかけ、彼女たちの席取

りをするために召使いたちが一時間以上前から（…）」といったことがよく言われる。これについて、本書刊行後に、二〇一六年二月一一日付けの新聞紙 Le Monde の書評欄に掲載された記事で、ロジェ・ポル・ドロワ（Roger Pol Droit）は、この呼びかけに驚いてみせ、次のように書いている。「小さなことではあるが、徴候的な奇妙さに気づかされる。毎回講義のはじめに、時には講義中に繰り返し、師〔ベルクソン〕は「紳士のみなさん」（Messieurs）と聴衆に呼びかけている。決して「淑女・紳士のみなさん」（Mesdames, Messieurs）とは言わない。だが周知のように、彼は二〇世紀初の哲学的スターだったのである。ベルクソンが話していたとき、コレージュ・ド・フランスの聴衆の最前列には、花飾りのついた帽子をかぶり、運転手付きの自動車に乗ってきた上流階級のご婦人方が一列に並んでいたのだ。ところがどうやら、洗練された礼儀正しさにもかかわらず、彼は彼女たちに向かって話してはいなかったのだ」。これに対して、すぐ後でも出てくるシルヴァン・マットンはこう述べている。「実際のところは、この「紳士のみなさん」は、淑女や令嬢に対するベルクソンの無礼を示しているのではなく、単純に、一九〇二―一九〇三年度にはそういった方々はまだ誰もベルクソンの講義には出席していなかったということを示しているのだ。リキエによって引用された、ベルクソンのコレージュ講義に詰めかける社交界の女性たちというタロー兄弟の文章は、この『時間観念の歴史』講義には関係していないのである」。

＊19 Sylvain Matton, « Remarques critiques sur l'édition du cours de Bergson au Collège de France sur l'*Histoire de l'idée de temps* (1902-1903) », in *Kritikon Litterarum*, 2017, Band 44, Heft 1-2, pp. 60-77. 本論文は Academia. edu 上でＰＤＦ版が公開されており、参照する場合、その頁数を指示する。

＊20 Cf.「これらのタイプ原稿について、簡単なものでもよいから、写本学（codicologie）的な説明記述があればよかっただろう。重要なことだが、もしそのような記述があれば、それらの原稿が、コルコス兄弟自身によって（あるいは、彼らに雇われた人物によって）タイプされた、講義と同時期のものであることが証明されたであろう。実際、各回の講義ごとにタイプ打ちされた紙の束が紙ばさみのなかにホッチキス止めされており、その紙ばさみには「タイプライターによる一部ないし複数部数の原本制作。法廷速記者コルコス兄弟」と印字されている」（p. 2）。

＊21 有名なジャック・ラカンの『セミネール』の編者ジャック＝アラン・ミレール（Jacques-Alain Miller）は、一九七三年、『セミネール』全二六巻の刊行を始めるに際して、編集の困難について次のように述べていた。「実際、速記録をもとにした版を原本と見なすことはできない。そこには誤解が無数にあるし、身振りやイントネーションを伝えるものは何もない。とはいえ、それは「それがなければどうしようもない sine qua non」版である。（…）最も厄介なことは句読点をつけることであった。というのは、コンマ、ピリオド、ハイフン、パラグラフなど、どんな区切りも、それによって意味が決定されてしまうからである。しかし、読みやすいテクストはこうした代価を払わなければ得られない」（ジャック・ラカン『精神分析の四基本概念』（小出浩之・新宮一成・鈴木國文・小川豊昭訳）、岩波書店、二〇〇〇年、三七三頁）。ちなみに菊地成孔と共著でジャズに関する講義録を数冊出している大谷能生の言葉も参照のこと（菊地成孔＋大谷能生『東京大学のアルバート・アイラー――東大ジャズ講義録・歴史編』、文春文庫、二〇〇九年、三二八―三二九頁）。

＊22 Henri Bergson, *Cours de psychologie de 1892-1893 au lycée Henri-IV*, édité par Sylvain Matton et présenté par Alain Panero, Paris: SEHA - Milan: Archè, 2008 (2e éd. augmentée, 2015).

＊23 良い機会なので、この文字転記問題について付言しておきたい。

私は次のような文字転記は端的に不毛であると思う。「その出来事の物語は、次のようになっている。すなわち、ヘーラクレイトス・レゲタイ・プロス・トゥース・クセヌース・エイペイン・トゥース・ブーロメヌース・エンテュケイン・アウトーイ・ホイ・エペイデー・プロシオンテス・エイドン・アウトン・テロメノン・プロス・トーイ・イプノーイ・エステーサン・エケレウエ・ガル・アウトゥース・エイシエナイ・タルーンタス・エイナイ・ガル・カイ・エンタウタ・テウース（…）〔ヘラクレイトスハ、見知ラヌ訪問客タチニ対シテ、次ノヨウニ語ッタト言ワレテイル。（以下省略）」（マルティン・ハイデッガー『「ヒューマニズム」について――パリのジャン・ボーフレに宛てた書簡』（渡邊二郎訳）、ちくま学芸文庫、一九九七年、一一八頁。ギリシア語を読める者にとってはギリシア文字で表記すればよいだけの話で、カタカナ転記はそもそも不要どころか邪魔ですらあるし、ギリシア語を読めない者にとっては、このような無意味な記号の長大な羅列を目にするのは苦痛以外の何物でもない。この転記はいったい誰に向けられたものなのか。付加された翻訳の「カタカナを用いて雰囲気を出す」という手法については一概に反対するわけではないが、少なくともベルクソンは本講義においてそういった擬古文調ないし懐古的な姿勢でギリシア哲学者たちに向き合っているのではない。

人名（学派名）索引

原書の「名称索引」にあるものを採用し、第1講から第19講および補遺より拾った。「プラトン哲学」「プラトン主義」「プラトン的」の類は「プラトン」として拾っていない。　（書肆心水作成）

藤田尚志（ふじた・ひさし）　九州産業大学国際文化学部教授。フランス近現代思想。1973年生。著書、『ベルクソン　反時代的哲学』（勁草書房、2022年）、『ベルクソン思想の現在』（共編著、書肆侃侃房、2022年）、*Mécanique et mystique. Sur le quatrième chapitre des Deux Sources de la morale et de la religion de Bergson*（共編著、Georg Olms Verlag, 2018）。訳書、アンリ・ベルクソン『記憶理論の歴史』（共訳、書肆心水、2023年）。

平井靖史（ひらい・やすし）　慶應義塾大学文学部教授。ベルクソン、ライプニッツなど近現代フランス哲学。1971年生。著書、『世界は時間でできている——ベルクソン時間哲学入門』（青土社、2022年）、*Bergson's Scientific Metaphysics : Matter and Memory Today*（編著、Bloomsbury, 2022）、『ベルクソン『物質と記憶』を解剖する』（共編著、書肆心水、2016年）。

岡嶋隆佑（おかじま・りゅうすけ）　新潟大学人文学部准教授。ベルクソンを中心とした現代フランス哲学。1987年生。論文、「初期ベルクソンにおける質と量の問題」（『哲学』第71号、日本哲学会、2020年）、「無と持続：メルロ=ポンティによるベルクソン批判を巡って」（荒畑靖宏・吉川孝編『あらわれを哲学する』、晃洋書房、2023年）。

木山裕登（きやま・やすと）　博士（トゥールーズ大学）（哲学）。帝京大学他非常勤講師。ベルクソンを中心としたフランス哲学・思想史。1987年生。論文、「ベルクソン「意識の諸平面」概念の心理学的背景」（『論集』第32号、東京大学大学院人文社会系研究科哲学研究室、2014年）、「ベルクソンにおける運動と現実態」（『フランス哲学・思想研究』第25号、日仏哲学会、2020年）。

時間観念の歴史　コレージュ・ド・フランス講義 1902-1903年度

刊　行　2019年6月©（第3刷 2023年10月）
著　者　アンリ・ベルクソン
訳　者　藤田尚志・平井靖史・岡嶋隆佑・木山裕登
刊行者　清藤 洋
刊行所　書肆心水有限会社

東京都渋谷区道玄坂 1-10-8-2F-C
https://shoshi-shinsui.com

ISBN978-4-906917-92-1 C0010

―既刊書―

記憶理論の歴史

コレージュ・ド・フランス講義 1903-1904年度

アンリ・ベルクソン［著］
藤田尚志　平井靖史　天野恵美理　岡嶋隆佑　木山裕登［訳］

シリーズ第二編。ベルクソンの時間と心の哲学における中核的概念「記憶」。『物質と記憶』からアップデートされた論点、解像度を上げた概念の姿。本体3600円＋税

ベルクソン『物質と記憶』を解剖する

現代知覚理論・時間論・心の哲学との接続

平井靖史　藤田尚志　安孫子信［編］
郡司ペギオ幸夫　河野哲也　バリー・デイントン他［著］

拡張ベルクソン主義宣言。時代にあまりに先駆けて世に出たがゆえに難解書とされてきた『物質と記憶』。最近の「意識の科学」（認知神経学・認知心理学・人工知能学）と「分析形而上学」（心の哲学・時間論）の発展により、ベルクソンがそもそも意図した「実証的形而上学」の意味で『物質と記憶』を読み解く準備がようやく整ってきたことを示す画期的論集。本体3500円＋税

ベルクソン『物質と記憶』を診断する

時間経験の哲学・意識の科学・美学・倫理学への展開

平井靖史　藤田尚志　安孫子信［編］
檜垣立哉 兼本浩祐　バリー・デイントン他［著］

シリーズ第二編。読解の諸問題、心と時間、科学との接続、芸術・道徳への展開の四部構成。本体3500円＋税

ベルクソン『物質と記憶』を再起動する

拡張ベルクソン主義の諸展望

平井靖史　藤田尚志　安孫子信［編］
村上靖彦　三宅陽一郎　フレデリック・ヴォルムス他［著］

シリーズ第三編、完結。持続と生、意識と過去、緊張と拡張の三部構成。本体3600円＋税